# Java für Fortgeschrittene

# Springer

*Berlin*
*Heidelberg*
*New York*
*Barcelona*
*Budapest*
*Hongkong*
*London*
*Mailand*
*Paris*
*Santa Clara*
*Singapur*
*Tokio*

# Springer
## und
## Umwelt

Als internationaler wissenschaftlicher
Verlag sind wir uns unserer besonderen
Verpflichtung der Umwelt gegenüber
bewußt und beziehen umweltorientierte
Grundsätze in Unternehmens-
entscheidungen mit ein. Von unseren
Geschäftspartnern (Druckereien,
Papierfabriken, Verpackungsherstellern
usw.) verlangen wir, daß sie sowohl
beim Herstellungsprozess selbst als
auch beim Einsatz der zur Verwendung
kommenden Materialien ökologische
Gesichtspunkte berücksichtigen.
Das für dieses Buch verwendete Papier
ist aus chlorfrei bzw. chlorarm
hergestelltem Zellstoff gefertigt und im
pH-Wert neutral.

Springer

**Rückgabedatum** + CD-ROM

Nt bis 27.6.97  (12 cm)

1.8.97

30. Okt. 1997

16. März 1998

24. April 1998

28. Jan. 1999

03. Dez. 1998

27. 01. 99

25. Aug. 1999

12. Juni 00

1. Aug 00

15 Mai 06

Norman Hendrich

# Java®
## für Fortgeschrittene

Mit 87 Abbildungen

Springer

Norman Hendrich
Universität Hamburg
Fachbereich Informatik
Vogt-Kölln-Straße 30
D-22527 Hamburg

Die Deutsche Bibliothek - CIP-Einheitsaufnahme
Java für Fortgeschrittene/Norman Hendrich. - Berlin; Heidelberg;
New York; Barcelona; Budapest; Hongkong; London; Mailand; Paris;
Santa Clara; Singapur; Tokio: Springer.
ISBN 3-540-61531-8  NE: Hendrich, Norman
Buch. - 1997   CD-ROM. - 1997.

IBN 3-540-61531-8 Springer-Verlag Berlin Heidelberg New York

© Springer-Verlag Berlin Heidelberg 1997
Printed in Germany

*Satz*: PostScriptdateien vom Autor, belichtet *mit Computer to film* durch
Fa. Triltsch, Würzburg. *Druck- und Bindearbeiten*: Fa. Triltsch, Würzburg.
*Umschlaggestaltung*: Andreas Hemm, Plan B, Stuttgart
Gedruckt auf säurefreiem Papier - SPIN 10543440   33/3142 – 5 4 3 2 1 0

# Inhalt

Anhänge

# Vorbemerkungen

Dieses Buch versucht eine doppelte Funktion zu erfüllen: Zum einen bietet es eine gründliche Einführung in die Programmiersprache Java mit der zugehörigen Programmierumgebung, den Bibliotheken und Utilities. Dabei wendet sich das Buch an erfahrene Programmierer mit Kenntnissen in mindestens einer der üblichen Programmiersprachen — etwa Pascal oder C/C++. Deshalb können über die Grundlagen hinaus auch fortgeschrittene Themen wie persistente Objekte, Client-Server-Applikationen und Benutzeroberflächen behandelt werden.

*Einführung in Java*

Zweitens werden viele wichtige Techniken der objektorientierten Programmentwicklung vorgestellt und an Beispielen anschaulich erläutert. Diese Kombination ist nur möglich, weil die eigentliche Sprache Java — gerade im Vergleich mit C++ oder Eiffel — auf viele komplexe Konstrukte verzichtet und daher sehr einfach zu erlernen ist. Dabei erzwingt Java einen objektorientierten Programmierstil und ist deshalb für eine Darstellung der Konzepte und Methoden objektorientierter Programmentwicklung besonders geeignet.

*Objektorientiertes Programmieren*

Das Anwendungsspektrum einer Programmiersprache wird maßgeblich von den verfügbaren Bibliotheken geprägt. Ein großer Teil dieses Buches ist daher der Vorstellung der Java-Klassenbibliotheken gewidmet. Alle wichtigen Konzepte, Klassen und Methoden der aktuellen Version Java 1.0 werden an vollständigen Beispielen anschaulich erläutert. Auch die Erweiterungen in der neuen Version Java 1.1 sind berücksichtigt und werden ebenfalls mit lauffähigen Programmbeispielen vorgestellt.

*Bibliotheken: Java Version 1.0*

*Java Version 1.1*

Erfahrene C++ Programmierer werden in Java sicherlich einige liebgewonnene Möglichkeiten vermissen; eine Diskussion der Konzepte von Java im Vergleich mit anderen Sprachen findet sich

1

in diesem Buch in Kapitel 1. Ein ausführlicher Vergleich von Java mit C++ folgt in Abschnitt 3.6.

*Performanz*

Der Nachteil von Java gegenüber C und C++ ist im Moment noch die schlechtere Performanz: Java-Programme sind teilweise um einen Faktor 20 langsamer als compilierte C-Programme. Erste Versionen der sogenannten Just-In-Time-Compiler, mit denen Java-Programme fast die Geschwindigkeit optimierter C-Programme erreichen, dürften aber mit der Drucklegung dieses Buches zur Verfügung stehen. Den Vorteilen von Java ist dann selbst für die Entwicklung sehr großer Programmsysteme nichts mehr entgegenzuhalten.

## Aufbau dieses Buches

Dieses Buch ist in vier große Teile gegliedert.

*Kapitel 1*

Kapitel 1 präsentiert zunächst einen Überblick über die Konzepte von Java und die Einbindung in das Internet und das World-Wide-Web (WWW). Als erste Beispiele werden die Applikation `helloworld` und zwei kleine Applets vorgestellt.

*Kapitel 2 – 4*

Der zweite Teil besteht aus den Kapiteln 2 bis 4 und beschreibt die eigentliche Programmiersprache Java sowie die grundlegenden Konzepte der objektorientierten Programmierung. Alle Sprachkonstrukte von Java werden vorgestellt und mit Beispielen erläutert.

*Kapitel 5 – 13*

Schließlich werden im dritten Teil des Buches ausführlich die Bibliotheken des Java-Systems vorgestellt. Einen Schwerpunkt bildet dabei die Programmierung von Animationen und Applets mit den Java-AWT-Bibliotheken. Auch die Anwendung der verschiedenen Klassen für elementare Datenstrukturen wird beschrieben und an Beispielen vertieft.

Mit Ausnahme der aufeinander aufbauenden Kapitel 7, 8 und 9 sind die einzelnen Kapitel des dritten Teils voneinander unabhängig und können in beliebiger Reihenfolge gelesen werden. Dies betrifft insbesondere das Kapitel 12 mit der Vorstellung der Eigenschaften von Threads.

*Die Anhänge*

Als Referenzhandbuch bilden die Anhänge den vierten Teil des Buches. Neben der Java-Grammatik werden die für Applets relevanten HTML-Konstrukte und einige wichtige WWW-Server vorgestellt. Außerdem werden die Programme des JDK (Java Development Kit, Version 1.0 und 1.1) und die Installation der beiligenden CD-ROM beschrieben.

Die Gliederung im einzelnen:

**Kapitel 2 und 3** stellen zunächst die grundlegenden und danach die objektorientierten Sprachkonstrukte von Java vor.

**Kapitel 4** führt die grundlegenden Techniken zur objektorientierten Programmentwicklung ein.

**Kapitel 5** präsentiert einen Überblick über die aktuellen und angekündigten Java-Klassenbibliotheken und erläutert die Klassendokumentation.

**Kapitel 6** stellt die Eingabe- und Ausgabeoperationen mit dem Konzept der Datenströme sowie persistente Objekte vor.

**Kapitel 7** beschreibt den Abstract Window Toolkit (AWT) und erläutert die elementaren Zeichenoperationen.

**Kapitel 8** behandelt die Entwicklung von Benutzeroberflächen mit dem AWT.

**Kapitel 9** demonstriert einfache graphische Animationen.

**Kapitel 10** erläutert die Programmierung von Applets sowie die Interaktion von Applets mit einem WWW-Browser.

**Kapitel 11** führt in die Netzwerkprogrammierung mit Java ein.

**Kapitel 12** enthält Beispiele für die Erstellung paralleler Programme mit mehreren gleichzeitig aktiven Threads.

**Kapitel 13** beschreibt Systemaufrufe und demonstriert die Einbindung von C/C++-Code in Java-Programme.

**Anhang A** faßt die Java-spezifischen HTML-Tags zusammen.

**Anhang B** beschreibt die Programme des JDK (Java Development Kit, Version 1.0 und 1.1) von Sun Microsystems mit allen Befehlen und Optionen.

**Anhang C** enthält die Zusammenfassung der Java-Grammatik.

**Anhang D** nennt einige interessante WWW-Server.

**Anhang E** enthält Hinweise zur CD-ROM zu diesem Buch.

**Das Glossar in Anhang F** erläutert wichtige Begriffe im Umfeld von Java und der objektorientierten Programmierung.

**Das Literaturverzeichnis** enthält kommentierte Hinweise auf weiterführende und ergänzende Literatur.

**Der Index** verweist auf alle im Buch vorgestellten Begriffe, Klassen und Methoden.

## Konventionen

Wie üblich werden Programmbeispiele, Benutzereingaben usw. in diesem Buch mit besonderen Schriftarten gekennzeichnet:

`Courier` dient zum Setzen von Java-Quelltexten und Programmnamen.

`Courier kursiv` wird verwendet, um Argumente für Programme zu kennzeichnen. Für kursiv geschriebene Argumente muß beim Aufruf der Programme ein entsprechender gültiger Wert (zum Beispiel ein Dateiname) eingesetzt werden.

**`Courier fett`** wird verwendet, um direkte Benutzereingaben hervorzuheben und so von den Programmausgaben zu unterscheiden.

```
> javac HelloWorld.java
> java HelloWorld
Hello, world!
>
```

KAPITÄLCHEN werden verwendet, um geschützte Warenzeichen anzudeuten.

Das neue Seitenlayout dieses Buches erlaubt es, zusätzliche Kommentare an den Rand zu setzen. Um trotz des schmalen Satzspiegels allzu viele Umbrüche und Fortsetzungszeilen zu vermeiden, sind die Programmbeispiele in etwas kleinerer Schrift gesetzt.

### Übersetzungen

Ein heikles Problem für eine deutschsprachige Einführung in eine amerikanische Programmiersprache ist natürlich die Übersetzung: Welche Ausdrücke sollen übersetzt werden; bei welchen schadet eine „Eindeutschung" mehr als sie nützt?

Begriffe wie *Compiler*, *Debugger* oder *Internet*, die bereits allgemein gebräuchlich sind, werden in diesem Buch nicht übersetzt. Dies gilt auch für neuere Fachbegriffe, wie etwa *Thread* oder *Toolkit*.

In den Programmbeispielen dürfen die Java-Schlüsselworte natürlich ebenfalls nicht übersetzt werden; aber wie sollen Variablennamen behandelt werden? Da Java-Programme mit dem Unicode-Zeichensatz erstellt werden, sind auch exotische Variablennamen möglich, etwa

```
double π = Math.PI;
String Äußerung = "Java macht Spaß!";
```

Fast alle Beispiele in diesem Buch verwenden trotzdem englische Variablennamen, um innerhalb der Programme eine einheitliche Darstellung zu erreichen.

## Warenzeichen

Viele der in diesem Buch verwendeten Produktbezeichnungen sind von den jeweiligen Herstellern als Warenzeichen geschützt, vor allem auch der Name JAVA$^{\text{TM}}$ durch SUN MICROSYSTEMS. Soweit möglich und bekannnt, sind derartige Warenzeichen zumindest beim ersten Auftreten MIT DIESER SCHRIFTART gekennzeichnet.

## Hardware- und Sortwareanforderungen

Mittlerweile ist Java für fast alle PC-Betriebssysteme erhältlich. Obwohl der Java-Interpreter sehr genügsam und im Prinzip auch auf älteren und langsamen Systemen lauffähig ist, macht die Arbeit mit Java doch erst auf einem schnellen Rechner wirklich Spaß. Als Mindestanforderung sollte ein PC mit Prozessor 486DX-66 und 8MB Hauptspeicher gelten. Für den Einsatz von graphisch orientierten Entwicklungsumgebungen ist ein Hauptspeicherausbau auf 32MB empfehlenswert.

*Ab PC 486/66*

Alle vollständigen Programmbeispiele in diesem Buch sind mit dem JDK 1.0.2 unter SOLARIS und WINDOWS'95 getestet worden. Druckfehler können sich für diese Beispiele nicht in das Buch eingeschlichen haben, da die Original-Quelltexte der Programme direkt dem Buch entstammen — ein eigens in Java geschriebener Konverter diente dazu, die Formatierungsanweisungen zu entfernen, bevor die Programme compiliert wurden.

*Programm-beispiele getestet*

*Netzwerk-*
*anbindung*

Bitte beachten Sie aber, daß alle Netzwerkprogramme und einige der anderen Programmbeispiele eine funktionsfähige Anbindung an das Internet mit einem TCP/IP-Protokollstack voraussetzen. Viele der kleineren Programmbeispiele sind dagegen auch ohne Internet-Anschluß lauffähig.

Falls Ihr Internet-Zugang über Modem und eine PPP-Verbindung erfolgt, müssen Sie möglicherweise ein bißchen mit der Installation herumprobieren (und einige Handbücher wälzen), bis die Programme korrekt und stabil laufen.

Zum Anzeigen und Arbeiten mit der Java API-Klassendokumentation im HTML-Format benötigen Sie einen WWW-Browser, zum Beispiel den NETSCAPE NAVIGATOR, den MICROSOFT INTERNET EXPLORER oder HOTJAVA.

*WWW-Browser*

## Danksagungen

Mein Dank gilt zunächst den Entwicklern von Java, die nicht nur das Spektrum der Programmiersprachen um ein interessantes neues Exemplar erweitert haben, sondern mit Applets und dynamisch gebundenen, portablen Anwendungen eine großartige Perspektive für verteilte Anwendungen in Netzwerken aufzeigen.

Hermann Engesser und Peter Straßer vom Springer-Verlag haben mir schrittweise beigebracht, ein Buch zu schreiben. Frank Holzwarth verdanke ich entscheidende Ratschläge für den Umgang mit den besonderen LATEX-Layoutvorlagen des Verlags.

Dieses Buch wurde fast ausschließlich mit frei erhältlichen Programmen erstellt: Die Formatierung erfolgte mit dem Satzsystem LATEX nach einer Formatvorlage des Springer-Verlags, die Ausgabe nach Postscript mit `dvips`. Die Zeichnungen wurden mit `xfig` erstellt und die Bildschirmdarstellungen mit `xv` bearbeitet. Die Java-Programme und Applets wurden mit dem JDK 1.0.2 übersetzt. Zum Test der native-code Anbindung diente der `gcc` C-Compiler. Mein Dank gilt auch allen Autoren dieser Programme für ihre hervorragende und großzügige Arbeit.

# Einführung

## Kapitel 1

> Computer programs are fun to write,
> and well-written computer programs are fun to read.
>
> Donald E. Knuth, *Literate Programming*

## 1.1  Warum Java?

Nur sehr wenige Programmiersprachen setzen sich jemals durch und erreichen weite Verbreitung. Grundlage für einen Erfolg sind leider fast nie die eigentlichen technischen Qualitäten der jeweiligen Sprache: So war (ist) FORTRAN einfach die erste höhere Programmiersprache überhaupt, und C verdankt seine Beliebtheit neben der Eignung für Systemprogrammierung vor allem der engen Anbindung an Unix.

Angesichts des geradezu unglaublichen Interesses darf die Zukunft der von Sun Microsystems entwickelten Sprache *Java* bereits als gesichert gelten. Kaum einen Monat nach Ankündigung der ersten offiziellen Version im Januar 1996 hatten bereits alle großen Softwarehäuser direkte Unterstützung für Java zugesagt — und zum Teil sogar eigene Entwicklungen zurückgezogen. Nicht einmal ein halbes Jahr danach ist Java für alle wichtigen PC-Betriebssysteme, den Macintosh und die meisten Unix-Workstations verfügbar. Java ist auf dem besten Wege, sich als die zentrale Programmierumgebung für vernetzte Anwendungen im Internet zu etablieren.

*Eine Revolution: Java*

Dabei bietet die eigentliche *Programmiersprache* Java kaum Neues, sondern lediglich eine gelungene Kombination der positiven Eigenschaften anderer Sprachen. Einzigartig an Java ist vielmehr die Programmierumgebung. Java-Programme werden in einen vollständig definierten und maschinenunabhängigen Zwischencode übersetzt und können anschließend über ein Netzwerk übertragen und auf jedem Rechner ausgeführt werden, für den ein Java-Interpreter zur Verfügung steht. Integrierte Sicherheitsmechanismen in Java garantieren, daß derart geladener fremder Java-Code keinen Schaden anrichten kann.

Die Kombination dieser beiden Eigenschaften — maschinenunabhängig und sicher — macht Java zu der ersten (und einzigen) Programmierumgebung, die mühelos und ohne Risiko im Internet eingesetzt werden kann. Eine weitere Neuerung sind

*Applets*

die sogenannten *Applets*, kleine Java-Programme, die in WWW-Seiten eingebettet werden und dynamische WWW-Seiten ermöglichen. Angesichts der derzeitigen Wachstumsraten des Internet, Schätzungen zufolge bis zu 15% pro Monat, wird das enorme kommerzielle Interesse an Java durchaus verständlich.

Neben allen technischen Vorteilen von Java gibt es noch ein

*Java is it!*

weiteres, nicht zu unterschätzendes Argument: Programmieren in Java macht einfach Spaß.

## 1.2 Die Konzepte von Java

Im sogenannten *White Paper* [Gosling & McGilton 95] wird die Sprache Java mit den folgenden bescheidenen Attributen beschrieben:

> Java: Eine einfache, objektorientierte, verteilte,
> interpretierte, robuste, sichere, architektur-neutrale,
> portable, dynamische und parallele Sprache
> mit hoher Performanz.

In den folgenden Abschnitten werden die Konzepte hinter diesen

*Konzepte oder Schlagworte?!*

Schlagworten erläutert und die Vorteile von Java im Vergleich mit anderen Programmiersprachen und Programmierumgebungen diskutiert. Anschließend werden in Abschnitt 1.3 als erste Beispiele die Java-Variante von `helloworld` und in Abschnitt 1.4 ein kleines und ein größeres Applet vorgestellt.

Obwohl in der heutigen Form noch kein Jahr alt, hat die Spra-

*Oak*

che Java bereits eine wechselvolle Geschichte hinter sich. Das

Ziel des Java-Teams war ursprünglich eine einfache Programmiersprache und Umgebung für Geräte der Unterhaltungselektronik. Um effizient auf Geräten wie Videodecodern oder Kleinstcomputern ablaufen zu können, mußte die Sprache klein, zuverlässig und portabel sein, denn diese Rechner verfügen nur über relativ leistungsschwache Prozessoren und wenig Speicher. Zwar war die damals noch *Oak* genannte Programmiersprache bald fertig, aber die Marktentwicklung für die angestrebten Geräte blieb weit hinter den Erwartungen zurück.

Statt dessen erschien 1993 die erste Version des WWW-Browsers MOSAIC, und das WWW begann, das Internet zu revolutionieren. Die verzweifelte Suche nach anderen möglichen Anwendungen für *Oak* war damit beendet: Die Sprache wurde in Java umbenannt und um die notwendigen Netzwerkbibliotheken erweitert. Plötzlich erwiesen sich die integrierten Sicherheitsmechanismen als einzigartiger Vorteil. Mit außerordentlich geschicktem Marketing sowie dem in sehr kurzer Zeit in Java entwickelten WWW-Browser *Hotjava* gelang es Sun sofort, Applets und Java als Programmiersprache und Programmierumgebung für das Internet zu plazieren.

*Mosaic und das WWW*

### 1.2.1 Java ist einfach und vertraut

Gerade im Vergleich mit anderen modernen Programmiersprachen wie C++ oder Eiffel wird das Ziel einer *einfachen* Programmiersprache verständlich, die ohne großen Aufwand und spezielle Schulung zu erlernen ist, gleichzeitig aber die typischen Vorlieben und Gewohnheiten der meisten Entwickler berücksichtigt. Tatsächlich sind die Grundlagen der Sprache Java sehr schnell zu begreifen — produktives Programmieren ist in Java von Anfang an möglich.

*Java ist einfach*

Die meisten Java-Konstrukte sehen den entsprechenden C++-Konstrukten sehr ähnlich und erscheinen Umsteigern etwa von C oder C++ sofort vertraut. Diese oberflächliche Ähnlichkeit erleichtert das Erlernen von Java beträchtlich. Die Bedeutung der Konstrukte unterscheidet sich aber teilweise deutlich von C.

Nur die einfachen Datentypen, etwa Integer und Fließkommavariablen, werden in Java aus Performanzgründen direkt zur Verfügung gestellt. Alle anderen Datentypen werden als Klassen rea-

*Kein goto*

lisiert. Damit werden zusätzliche Konstrukte wie die aus C bekannten Typen `struct`, `union` oder `enumerate` überflüssig. Die `goto`-Anweisung aus Pascal und C/C++ wird durch ein *multilevel* `break`, einen in fast allen Situationen besseren Mechanismus, ersetzt.

*Keine Zeiger,*

*sondern*
*Referenzen*

Die wichtigste — und bestimmt überraschendste — Vereinfachung ist der Verzicht auf Zeiger: dem zweifellos fehlerträchtigsten Aspekt der C-Programmierung. Da Java keine `struct`-Objekte kennt und alle Felder und Strings als Objekte realisiert sind, genügen implizite *Referenzen* auf Objekte, die vollautomatisch von Java selbst verwaltet werden. Damit sind weder fehlerhafte Zeigerarithmetik (Zugriff auf Elemente außerhalb von Arrays) noch unzulässige Objektzugriffe möglich. Alle Sicherheitsmechanismen in Java werden erst durch diese Einschränkung möglich, da der Benutzer auf keine Weise, auch nicht mutwillig, falsch auf Objekte und Speicheradressen zugreifen kann.

*Automatische*
*Garbage-*
*Collection*

Speicherlecks werden durch die automatische Speicherverwaltung von Java mit einer eigenen, unauffällig im Hintergrund und einem separaten *Thread* ablaufenden *Garbage-Collection* verhindert. Dies entbindet den Programmierer von der sowohl mühsamen als auch sehr fehlerträchtigen manuellen Speicherverwaltung. Pascal- oder C/C++-Programmierer wissen, daß die Anwendung der `new` und `delete`-Operatoren (oder gar der `malloc` und `free` Funktionen direkt) so fehleranfällig ist, daß häufig völlig darauf verzichtet wird, den angeforderten Speicher wieder freizugeben.

Obwohl Java auf viele Konstrukte aus C und C++ verzichtet, ist es doch eine vollständige und elegante Programmiersprache und nicht etwa nur ein verkümmerter Rest. Abschnitt 3.6 präsentiert einen ausführlichen Vergleich von Java mit C++.

### 1.2.2 Java ist objektorientiert

*Objekte*

Java ist *objektorientiert*. Für den Programmierer bedeutet das, sich zunächst vor allem auf die Daten — die „Objekte" — in der Applikation und deren Interaktion zu konzentrieren, anstatt sofort alles hierarchisch in Prozeduren und Funktionen zu zerlegen. Wenn Sie bisher den als *strukturiertes Programmieren* bekannten Programmierstil anwenden, werden Sie vermutlich ein wenig umdenken müssen: Aber Sie werden bald feststellen, welche Vorteile der *objektorientierte Stil* mit sich bringt, und wie die Metapher von „Objekten" grundlegende Entwurfsentscheidungen erleichtert oder sogar automatisiert. Die Grundlagen der objektorientierten Programmierung werden in diesem Buch in Kapitel 4 ausführlich erläutert.

Kernstück der meisten heutigen objektorientierten Sprachen ist das Konzept der *Klasse*: Eine Klasse vereinigt Daten mit den auf diesen Daten operierenden Funktionen, die als *Methoden* bezeichnet werden. Auf diese Weise sind zunächst die Daten und die zugehörigen Funktionen eng verknüpft. Die Daten können in der Klasse sicher eingekapselt und vor unberechtigtem (oder unbeabsichtigtem) Zugriff geschützt werden.

*Klassen*

*Kapselung*

Außerdem unterstützt Java den sogenannten *Polymorphismus*: Anders als in Pascal oder C dürfen verschiedene Funktionen denselben Namen haben: Abhängig vom Typ der Argumente und der beteiligten Klassen wird beim Aufruf automatisch die passende Funktion ausgewählt. Dies erlaubt es unter anderem, bereits compilierte Programme nachträglich zu erweitern: Wenn neue Klassen Funktionen mit identischen Namen bereitstellen, können die neuen Funktionen auch vom alten Code aufgerufen werden.

*Polymorphismus*

Schließlich lassen sich die Gemeinsamkeiten zwischen verschiedenen Klassen durch das Konzept der *Vererbung* ausnutzen. Die sogenannten *abgeleiteten Klassen* erben alle Methoden ihrer Basisklassen und müssen daher nur jene Funktionalität selbst zur Verfügung stellen, die sich von der Basisklasse unterscheidet.

*Vererbung*

### 1.2.3 Java bietet umfangreiche Bibliotheken

Um große Programme mit vielen Klassen und ihren komplexen Beziehungen untereinander verwalten und organisieren zu können, führt Java die sogenannten *Packages* ein, die miteinander verwandte Klassen aufnehmen. Auf allen Java-Implementationen steht eine standardisierte Anzahl von Packages zur Verfügung, die grundlegende Funktionen wie Ein- und Ausgabe (`java.io`), graphische Operationen inklusive eines eigenen Fenstersystems (`java.awt`) und vollständige Netzwerkoperationen (`java.net`) bereitstellen. Wichtige Hilfsfunktionen wie etwa Hashtabellen stehen ebenfalls (`java.util`) zur Verfügung. Der Umfang dieser

*Standard-Packages*

Bibliotheken übertrifft damit bei weitem die für C (ANSI-C Standardbibliothek) und erst recht für Pascal definierten Funktionen.

Die effiziente Anwendung dieser Bibliotheken wird in den Kapiteln 5 bis 13 an vielen Beispielen erläutert.

### 1.2.4 Java ist verteilt und netzwerkfähig

*Netzwerkfähig* Über die Funktionen im `java.net`-Package unterstützt Java von vornherein netzwerkfähige, *verteilte* Applikationen. Als Beispiel erlaubt die Klasse `URL` allen Java-Applikationen entsprechende Netzwerkverbindungen zu beliebigen Rechnern im Internet aufzunehmen. Über die Klasse `Socket` können auch die elementaren TCP/IP Protokollaufrufe in Java eingesetzt werden, um mächtige Client-Server Applikationen zu erstellen. Einfache Beispiele dafür werden in diesem Buch in Kapitel 11 vorgestellt.

Drei weitere Bibliotheken werden die Netzwerkfähigkeiten von Java in naher Zukunft entscheidend erweitern. Das *JDBC*-
*JDBC [SUN-96c]* Package stellt eine vollständige Schnittstelle zu SQL-Datenbanken zur Verfügung und erlaubt damit den Einsatz von Java-Programmen und Java-Applets als Front-Ends für kommerzielle Applikationen.

*OSS [SUN-96a]* Mit dem *Object Serialization*-Protokoll können alle Java-Objekte (von der einzelnen Variablen bis zur kompletten Datenbank) eindeutig und sicher in eine Byte-Repräsentation verpackt, über ein Netzwerk auf einen anderen Rechner übertragen und dort wieder rekonstruiert werden. Neben dem Java-Bytecode können damit auch alle von Java-Programmen erzeugten und benutzen Daten zwischen beliebigen Rechnern übertragen werden.

*RMI [SUN-96b]* Entsprechend bietet das *Remote Method Invocation*-Protokoll die Möglichkeit, Java-Code auf anderen Rechnern aufzurufen.

### 1.2.5 Java ist architekturunabhängig

Zwar ist es möglich, Java-Programme direkt in den binären Maschinencode für einen bestimmten Computer zu übersetzen. Mit diesem Verfahren erreichen die fertigen Java-Progamme dann etwa die Geschwindigkeit von C oder C++-Programmen.

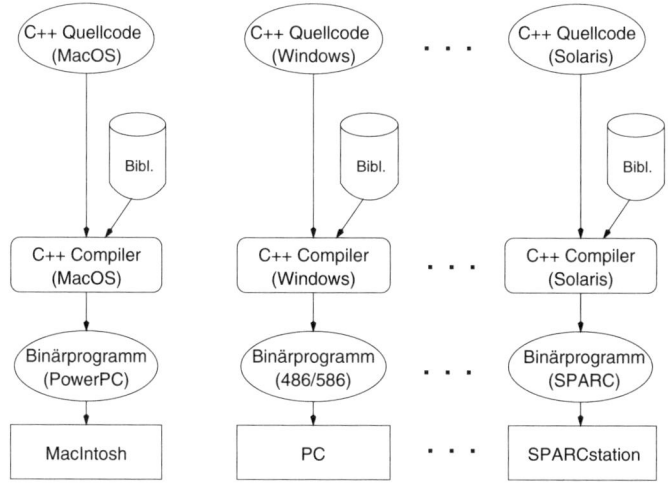

*Abbildung 1.1
Herkömmliche
Software-
entwicklung.
Für jeden
Zielrechner muß
eine angepaßte
Variante des
Quellcodes
entwickelt werden.
Die compilierten
Programme können
nicht auf anderen
Rechnern ablaufen.*

Normalerweise erzeugt der Java-Compiler aber zunächst den sogenannten Java-*Bytecode* — den Maschinencode für einen abstrakten Prozessor, die sogenannte *Java virtual machine*. Die Verwendung eines derartigen Zwischencodes ist keineswegs neu. Ein ähnliches Verfahren verwendete zum Beispiel das beliebte UCSD P-Code-System bereits vor über zehn Jahren für Pascal-Programme. Während der Bytecode auf einem einzelnen Rechner wenig Sinn macht, sondern vor allem Rechenleistung verschenkt, ermöglicht er die zusätzliche Flexibilität für den Einsatz auf unterschiedlichsten Rechnern (zum Beispiel im Internet).

*Bytecode*

Um den Java-Bytecode auf einem bestimmten Computer auszuführen, wird zunächst ein *Java-Interpreter* gestartet. Dieses Programm übersetzt die Bytecodes der virtual machine in die Maschinenbefehle des jeweiligen Mikroprozessors. Damit können Java-Programme *architekturunabhängig* auf allen Computern ablaufen, für die ein Java-Interpreter zur Verfügung steht. Dies ist im Moment bereits für PCs (unter WINDOWS'95, WINDOWS-NT, OS/2 und LINUX), für Macintosh-Rechner (MACOS) und die meisten Unix-Workstations der Fall. Portierungen des Java-Interpreters auf viele andere ältere Homecomputer und sogar Großrechner sind geplant.

*Bytecode und Interpreter*

13

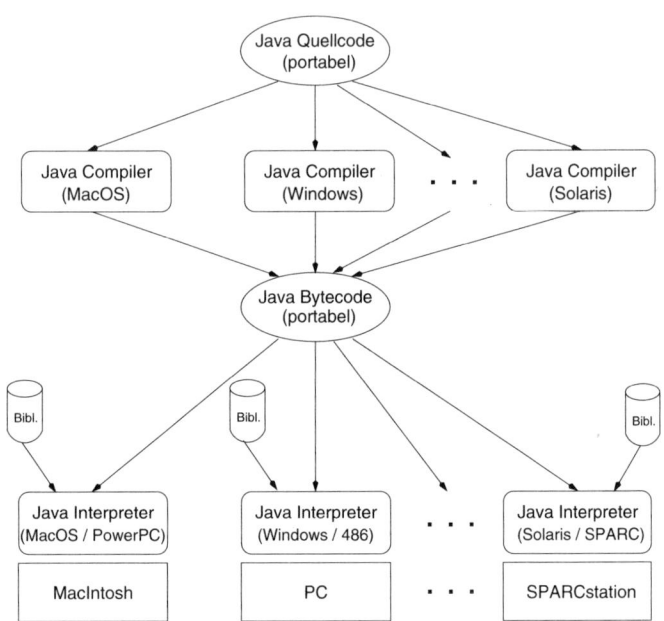

*Abbildung 1.2 Software- entwicklung mit Java. Nur der Interpreter und die Systembibliotheken werden an den Zielrechner angepaßt. Quelltexte und compilierte Bytecodes sind systemunabhängig.*

Die Abbildungen 1.1 und 1.2 illustrieren (stark vereinfacht) den typischen Entwicklungsablauf für Java-Programme und C++- Programme. Während der Quelltext von C++-Programmen an den jeweiligen Zielrechner angepaßt, *portiert*, werden muß, ge- nügt eine einzige Version des Java-Programms für alle Plattfor- men, auf denen ein Java-Interpreter zur Verfügung steht.

Erst dieser Bytecode erlaubt es auch, fertig compilierte Java- Programme effizient zwischen verschiedenen Computern über ein Netzwerk zu übertragen.

### 1.2.6 Java wird dynamisch gebunden

Java-Programme können durch den zusätzlichen Zwischenschritt des Interpreters auf die traditionelle separate *Link*-Phase verzich- ten: ein Java-Bytecode wird nicht beim Compilieren, sondern erst beim Laden der benötigten Klassen gebunden. Dies bietet ins- besondere während der Programmentwicklung deutliche Vorteile etwa gegenüber einer C++-basierten Methode, weil die sehr zeit- aufwendigen Link-Phasen entfallen.

Das Konzept des dynamischen Bindens der Java-Applikationen zur Laufzeit eröffnet im Zeitalter globaler Netzwerke zusätzlich eine neue Perspektive für die Verteilung von Software, etwa für neuere Versionen eines bestimmten Programms. Dieses Konzept wurde zuerst von Sun Microsystems im *Hotjava*-WWW-Browser demonstriert. Anders als herkömmliche WWW-Browser enthält *Hotjava* nicht eine große Anzahl fest hineincompilierter Protokolle. Statt dessen ist *Hotjava* in der Lage, dynamisch alle benötigten Protokolle nachzuladen. Dieses Vorgehen ist in Abbildung 1.3 angedeutet.

*Verteilung von Software*

*Hotjava*

*Abbildung 1.3*
*Hotjava*

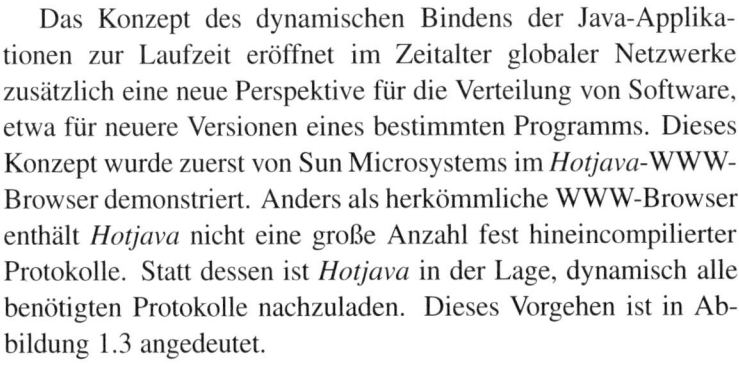

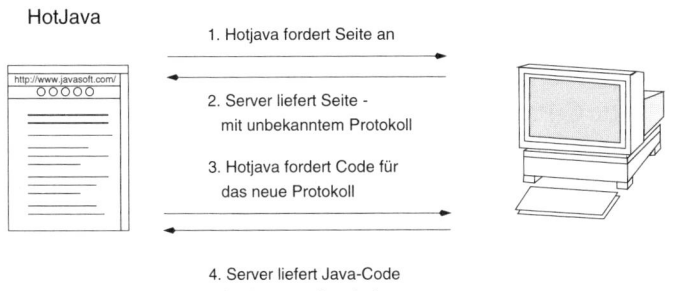

Sobald *Hotjava* auf einem WWW-Server unbekannte Inhalte antrifft — vielleicht ein neues, besonders kompaktes Dateiformat für Bilder oder ein neues Verschlüsselungsverfahren für Finanztransaktionen —, wird versucht, von diesem WWW-Server zusätzlich geeigneten Java-Code zu laden. Der Java-Code wird dann auf Viren und Fehler untersucht und nach erfolgreicher Überprüfung ausgeführt. Damit versteht *Hotjava* ein weiteres Protokoll.

Derzeit arbeitet Sun Microsystems an einem neuen Verfahren, um Java-Bytecodes mit zusätzlichen Prüfsummen als *digitaler Unterschrift* zu versehen; als Algorithmus wird dazu wahrscheinlich der sehr zuverlässige *secure hash algorithm* eingesetzt werden. Da es praktisch ausgeschlossen ist, den Bytecode zu verändern und trotzdem eine korrekte Prüfsumme zu behalten, kann jede Modifikation zuverlässig erkannt werden. Daher kann Bytecode mit korrekter Prüfsumme als vertrauenswürdig gelten und ohne Risiko mit erhöhten Privilegien ausgeführt werden.

*Digitale Unterschrift für Bytecodes*

Konsequent durchgeführt, wird dieses Verfahren auch die kommerzielle Verteilung von Software erlauben — und zwar der jeweils aktuellsten Version und mit weniger Gefährdung durch Viren als die herkömmliche Verteilung auf CD-ROMs und Disketten.

### 1.2.7   Java ist schnell

Soweit die Werbeaussage aus dem Java *White Paper*. Tatsächlich ist die Ausführungsgeschwindigkeit der Programme der wesentliche Kritikpunkt an Java — jedenfalls im Hinblick auf die direkte Konkurrenz zu C und C++: Interpretierte Java-Programme laufen typischerweise um einen Faktor 10 bis 20 langsamer ab als compilierte C-Programme. Einen Ausweg bieten die sogenannten *Just-in-time*-Compiler, die den Java-Bytecode beim ersten Aufruf zunächst direkt in die Maschinenbefehle des jeweiligen Rechners übersetzen und danach fast die volle Geschwindigkeit optimierter C-Programme erreichen.

Im Vergleich mit anderen portablen oder objektorientierten Programmiersprachen schneidet Java aber auch ohne die Just-in-time-Compiler sehr gut ab und übertrifft die Ausführungsgeschwindigkeit etwa von CLOS- oder Smalltalk-Programmen. Noch deutlicher ist der Performanzvorteil von Java gegenüber Sprachen wie Perl, Tcl/Tk oder den Unix-Shells.

Die mit dem Java-Interpreter erreichte Geschwindigkeit reicht außerdem für viele Anwendungen bereits vollkommen aus.

### 1.2.8   Java ist robust

*STRG-ALT-DEL?*   Die meisten PC-Anwender stehen einem Absturz ihres Betriebssystems eher gelassen gegenüber und sind bereit, ab und zu einen Reset mit Neustart abzuwarten. Aber nicht für alle Geräte der Elektronik sind derartige Fehler in der Betriebssoftware akzeptabel. Der Ursprung von Java als Sprache für Produkte der Unterhaltungselektronik deutet bereits an, daß Java für sehr hohe Zuverlässigkeit und Robustheit entworfen wurde.

Natürlich ist es trotzdem noch möglich, fehlerhafte Java-

Programme zu schreiben. Aber Java ist strikt typisiert, so daß viele sehr häufige Fehlerursachen bereits durch den Java-Compiler verhindert werden können.

Wie bereits angedeutet, verfügt Java über eine automatische Speicherverwaltung und verzichtet auf für den Benutzer sichtbare Zeiger. Häufige und schwer zu findende Programmierfehler wie Speicherlecks und der Zugriff auf bereits freigegebene Objekte werden damit zuverlässig vermieden. Alle Objekt- und Feldzugriffe werden zur Laufzeit überprüft, so daß unzulässige Zugriffe sofort entdeckt werden.

Außerdem übernimmt Java von Ada und C++ das Konzept der Ausnahmen („Exceptions"), was die einheitliche Behandlung von Ausnahmezuständen ermöglicht. Das Schreiben von `try/catch/finally` Blöcken ist tatsächlich so einfach und konsequent, daß viele Programmierer überhaupt zum ersten Mal ernsthaft erwägen werden, illegale Programmzustände und Benutzereingaben abzufangen — gängige Praxis in Pascal oder C und verwandten Sprachen ist immer noch, in derartigen Fällen einen Programmabsturz in Kauf zu nehmen, weil robuster Code so außerordentlich schwer zu schreiben ist.

*Exceptions*

### 1.2.9 Java ist sicher

Die wesentliche Neuerung von Java gegenüber anderen Programmiersprachen und Entwicklungsumgebungen sind die umfangreichen Garantien zur *Sicherheit*.

*Java ist sicher*

Dies ist eine wesentliche Bedingung für den Einsatz in Netzwerken. Ohne die durch Java möglichen Garantien zur Sicherheit wäre es unverantwortlich, fremden Code über ein unsicheres Netzwerk von einem unbekannten WWW-Server zu laden und auf dem eigenen Rechner zu starten — geradezu eine Einladung an „Hacker", Viren und Trojanische Pferde oder ähnlich bösartige Software zu verbreiten. Nur Java verfügt über ausgefeilte und zuverlässige Mechanismen, um sich und den eigenen Rechner vor allen derartigen Angriffen zu schützen.

Obwohl werbewirksam mit dem ähnlich klingenden Namen JAVASCRIPT versehen, bietet die im beliebten WWW-Browser NETSCAPE NAVIGATOR integrierte Scriptsprache *keine* Sicherheitsmechanismen.

*JavaScript ist
unsicher*

17

Compilationszeit                    Ausführungszeit

*Abbildung 1.4*
*Sicherheit in Java:*
*Alle geladenen*
*Bytecodes werden*
*im Verifier auf*
*Korrektheit*
*überprüft, bevor sie*
*ausgeführt werden.*

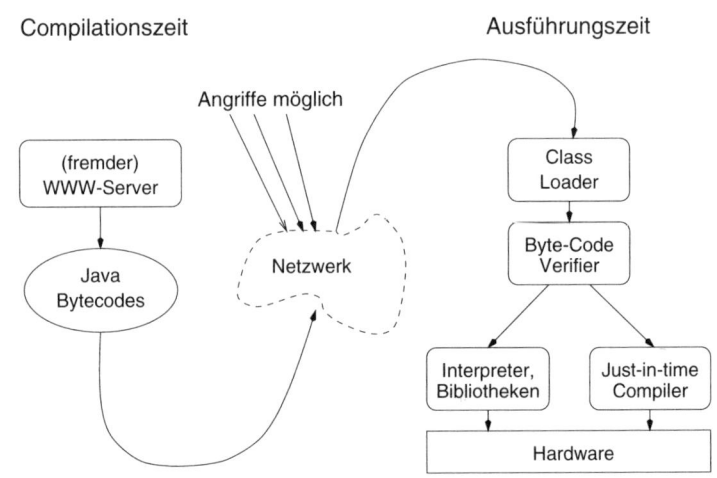

*ActiveX-Code:*
*sehr gefährlich*

Die von MICROSOFT als Alternative zu Java propagierten ACTIVEX-Programme können zwar auch in WWW-Browsern ausgeführt werden, bieten aber keinerlei Sicherheitsmechanismen, sondern haben vollen Zugriff auf alle Systemressourcen. Das Ausführen von ACTIVEX-Code ist daher außerordentlich gefährlich.

*"Sandbox"-*
*Modell*

*Applets*
*eingeschränkt*

Die zentrale Basis dieser Sicherheit in Java ist die einfache Grundannahme: *vertraue niemandem.* Deshalb werden alle über das Netzwerk geladenen fremden Java-Bytecodes zunächst auf Viren und mögliche falsche Objektzugriffe untersucht, *verifiziert,* bevor sie überhaupt aktiviert werden. Aber auch danach werden alle Zugriffe vom Interpreter auf Zulässigkeit überprüft und Probleme sofort erkannt. Bestimmte Operationen — zum Beispiel der Zugriff auf das lokale Dateisystem — sind für über das Netzwerk geladenen Code zunächst ebenfalls verboten und können nur auf ausdrücklichen Wunsch des Benutzers ausgeführt werden.

*Keine illegalen*
*Speicherzugriffe*

Durch den Verzicht auf explizite Zeiger und die automatische Speicherverwaltung ist es unmöglich, mit gültigem Java-Code illegal oder außerhalb der korrekten Speicherbereiche auf Objekte zuzugreifen. Da außerdem noch nicht einmal die Anordnung der Objekte im Speicher bekannt ist, werden gezielte Angriffe zusätzlich erschwert.

Die sicherheitsrelevanten Klassen des Java-Interpreters sind besonders geschützt und können nicht durch fremde Kopien ersetzt werden. Eine gründliche Diskussion der Sicherheitsmechanismen in Java und der verbliebenen, prinzipbedingten Probleme findet sich in [Dean et al. 96]. Leider gewährleistet auch Java noch keine absolute Sicherheit, muß aber im Vergleich mit allen anderen Programmiersprachen und Betriebssystemen als außerordentlicher Fortschritt gelten.

### 1.2.10 Java ist multithreaded

Ein weiterer zentraler Aspekt von Java ist die durchgängige Unterstützung paralleler Programme — eine Eigenschaft, die nur von sehr wenigen anderen Programmiersprachen geboten wird. Dies bietet nicht nur Performanzvorteile auf den immer beliebter (und billiger) werdenden Rechnern mit mehreren Prozessoren. Vor allem erweitern *Threads* entscheidend die Möglichkeit, parallele Operationen in einem Programm zu formulieren — auch wenn diese Operationen schließlich doch wieder von einem einzigen Prozessor nacheinander ausgeführt werden.

*Threads*

Ein *Thread*, wörtlich übersetzt *Ausführungsfaden*, häufig auch als *lightweight process* bezeichnet, ist ein separater Prozeß mit eigenem Programmzähler und Stack, aber mit vollem Zugriff auf die Objekte innerhalb des Programms. Threads vermeiden damit den Zusatzaufwand für Prozesse, wie sie von den meisten Betriebssystemen zur Verfügung gestellt werden. Derartige *heavyweight processes* verfügen üblicherweise auch über einen eigenen Adreßraum und können daher nicht auf die Objekte eines anderen Prozesses zugreifen.

Ein Beispiel für die Möglichkeiten von *multithreaded* Programmen ist die interaktive Antwortzeit von typischen Benutzerschnittstellen. Falls länger ablaufende Operationen an einen zusätzlichen Thread übergeben werden können, ist das Programm bereits wieder zu Eingaben bereit, während der Hintergrund-Thread noch läuft.

Zwar war die Entwicklung einer Thread-Bibliothek einer der Hauptgründe für den Entwurf von C++. Trotzdem sind Threads nicht in der eigentlichen Sprache C++ enthalten, sondern müssen mühsam über eigene Klassenbibliotheken bereitgestellt werden.

*Siehe*
*[Stroustrup 92]*

In C++ ist die Synchronisation mehrerer Prozesse und die Regelung des Zugriffs auf gemeinsam genutzte Prozesse daher recht problematisch.

Java dagegen enthält diese Mechanismen in der Sprache selbst und ermöglicht eine Synchronisation für alle Objekte. Außerdem enthält das Package `java.lang` die Klasse `Thread`, die alle für Threads benötigten Operationen vollständig implementiert. Die Anwendung der Klasse `Thread` sowie die Aspekte der Synchronisation mehrerer Prozesse werden in Kapitel 12 gründlich an Programmbeispielen erläutert.

## 1.3  Eine erste Applikation...

Nach diesen Vorbemerkungen wird es Zeit für ein erstes vollständiges Beispiel. Hier ist die Java-Variante des unverzichtbaren „Hello World":

```
/* HelloWorld.java --- drucke "Hello, world!" */

public class HelloWorld {
   public static void main( String argv[] ) {
      System.out.println( "Hello, world!" );
   }
}
```

Trotz einiger Unterschiede im Detail wird das Programm C- und C++-Programmierern seltsam vertraut vorkommen, aber auch Pascal- oder Modula-2-Fans dürften die Grundstrukturen erkennen. Bitte verzweifeln Sie jedoch nicht, wenn das Programm zunächst unverständlich erscheint — die einzelnen Komponenten werden in den folgenden Kapiteln ausführlich erläutert.

*Kommentar*  Die erste Zeile des Programms enthält einen Kommentar, der wie in C üblich von /* eingeleitet und mit */ abgeschlossen wird. Entsprechend dienen die geschweiften Klammern wie in C dazu, Blöcke innerhalb des Programms zu definieren.

Das Beispielprogramm `HelloWorld` enthält zwei geschachtelte Blöcke. Der äußere Block besteht aus den Anweisungen

```
public class HelloWorld {
    ...
}
```

und definiert eine Java-Klasse, d.h. einen neuen Datentyp mit dem Namen `HelloWorld`. Alle Variablen, Funktionen und Anweisungen innerhalb dieses Blocks gehören zu der Klasse `HelloWorld`. Bitte ignorieren Sie im Moment die sogenannten „Modifier" wie `public` und `static`. Diese werden in späteren Kapiteln noch eingehend behandelt. *Klasse: eigener Datentyp*

Innerhalb der Klasse `HelloWorld` ist ein zweiter Block vorhanden, der eine Funktion mit Namen `main()` abgrenzt:

```
    ...
    static void main( String argv[] ) {
        System.out.println( "Hello, world!" );
    }
    ...
```

Die Funktion `main()` ist vom Typ `void`, liefert also keinen Funktionswert zurück. Wie üblich, werden die Argumente der Funktion innerhalb der Klammern ( und ) aufgezählt; die Funktion `main()` erhält also ein einziges Argument `String argv[]`. Der Name `main`, der Typ `void` mit Modifier `static` und das Argument `String argv[]` dieser Funktion sind „schwarze Magie", aber notwendig: Jede Java-Applikation muß eine Funktion mit diesem Namen, Typ und Parameter enthalten, denn der Java-Interpreter beginnt mit genau dieser Funktion die Programmausführung. Für alle anderen Funktionen außer `main()` können Sie beliebige Namen vergeben. *main()*

Der Rumpf der Funktion besteht aus allen Anweisungen zwischen der öffnenden { und der schließenden Klammer }. In `HelloWorld` ist dies nur eine einzige Anweisung, und zwar ein weiterer Funktionsaufruf

```
    System.out.println( "Hello, world!" );
```

Wie in C/C++ wird jede Anweisung mit einem Semikolon abgeschlossen, und wie in C++ dient der „Punkt-Operator" zur Referenz auf Objekte, Methoden und Variablen. Die Referenz `System` *Der Punkt-Operator* ist zunächst eine Abkürzung für den vollen Namen einer Klasse `java.lang.System`. Mit `System.out` wird dann die Variable `out` in dieser Klasse referenziert. Diese Variable ist selbst wieder ein Objekt einer Klasse, so daß mit `System.out.println()` die Methode `println()` des Objekts `System.out` aufgerufen wird.

*Argument vs. Parameter*

Die Methode `println()` des Objekts `System.out` erwartet einen *String* (ein Zeichenketten-Objekt) als Argument und gibt dieses auf die Systemkonsole (auf Unix-Rechnern also in ihre Shell, unter WINDOWS'95 in eine MSDOS-Eingabeaufforderung), gefolgt von einem Zeilenvorschub aus. Im `HelloWorld` wird `println()` mit der fest im Programmtext vereinbarten Zeichenkette `"Hello, world!"` aufgerufen. Bei einem Funktionsaufruf wird der übergebene Wert als *Argument* bezeichnet und als *Parameter* die Variable in der aufgerufenen Funktion, die diesen Wert repräsentiert. Es ist offensichtlich, daß die Funktion `main()` ihren Parameter `argv[]` nicht weiter verwendet.

Das gesamte Java-Beispiel besteht also einfach nur aus einer Klasse mit dem Namen `HelloWorld`, die eine einzelne „magische" Funktion `main()` enthält, die ihrerseits eine Funktion `System.out.println()` mit einer Zeichenkette als Argument aufruft. Bis auf die zusätzliche Definition einer Klasse und die eigenartigen Modifier `public` und `static` sieht dies einem gewöhnlichen C-Programm sehr ähnlich.

*Namenskonvention*

Die aktuelle Version der Java-Programmierumgebung verlangt, daß der Quelltext für eine Klasse `class name` in einer entsprechend benannten Datei `name.java` abgespeichert wird. Das obige Programm muß deshalb in einer Datei `HelloWorld.java` gespeichert werden und kann anschließend mit einem Java-Compiler übersetzt werden. Im JDK (Java Development Kit) von Sun Microsystems wird der Java-Compiler mit dem folgenden Kommando gestartet,

```
borneo>javac HelloWorld.java
borneo>
```

wobei die Zeichenkette „`borneo>`" das Eingabeprompt des verwendeten Rechners (hier eine Unix-Workstation mit Namen „borneo") andeuten soll. Durch den Aufruf des Compilers wird der maschinenunabhängige Bytecode für die Klasse `HelloWorld` erzeugt und in der Datei `HelloWorld.class` abgelegt (siehe Abbildung 1.2). Um diesen Bytecode und damit auch das Java-

Programm `HelloWorld` auszuführen, wird der Java-Interpreter mit dem Namen der Klasse aufgerufen:

```
borneo>java HelloWorld
Hello, world!
borneo>
```

Bitte probieren Sie dieses einfache Java-Programm aus. Falls Sie eine andere Java-Entwicklungsumgebung als das JDK verwenden, befolgen Sie bitte die Anweisungen des entsprechenden Herstellers. Eine kurze Dokumentation zu den Programmen des JDK findet sich im Anhang B ab Seite 505. Man beachte die unterschiedliche Konvention für den Aufruf des Compilers und des Interpreters: Der Compiler erwartet als Argument einen *Dateinamen*, während der Interpreter den Namen einer *Klasse* benötigt.

*Dateiname vs. Klassenname*

## 1.4   Zwei Applets

In diesem Abschnitt wird die Applikation `HelloWorld` zu einem `Applet` erweitert. Applets sind per Definition in eine WWW-Seite eingebettet, so daß für ein funktionsfähiges vollständiges Applet zwei Komponenten benötigt werden: Erstens das Java-Programm für das Applet selbst und zweitens eine in der Sprache HTML (Hypertext Markup Language) erstellte WWW-Seite, die das Applet aufnimmt. Sobald ein Benutzer mit einem Java-fähigen WWW-Browser diese WWW-Seite anfordert, wird neben dem HTML-Text zusätzlich der Java-Bytecode für das Applet geladen, verifiziert und — sofern keine Fehler entdeckt wurden — gestartet.

*Applets: interaktive WWW-Seiten*

Dieses Buch kann keine Einführung in die Sprache HTML leisten. Die wichtigsten im Zusammenhang mit Java gebräuchlichen Befehle von HTML werden im Anhang A auf Seite 501 zusammengefaßt und an einem Beispiel erläutert. Für den Anfang reicht bereits die in Abbildung 1.5 auf Seite 24 gezeigte sehr einfache HTML-Beschreibung aus.

Als Seitenbeschreibungssprache verknüpft HTML den eigentlich anzuzeigenden Text mit bestimmten Formatierungsbefehlen, den sogenannten *Tags* oder Marken, die in HTML durch spitze Klammern < > begrenzt werden. Dabei legt HTML keineswegs

*HTML: Text mit Formatierungsanweisungen*

23

Abbildung 1.5
HTML-Seite für
das Anfang-Applet

```
<HTML>
<HEAD><TITLE>Applet-Demonstration</TITLE></HEAD>
<BODY>
<H2>Das Applet sagt:</H2>

<APPLET
   CODE="Anfang.class"
   WIDTH=400
   HEIGHT=50
>
   Wenn Sie diesen Text sehen, beherrscht Ihr
   WWW-Browser leider keine Java-Applets.
</APPLET>

<HR>
Und hier folgt noch ein bi&szlig;chen
typischer HTML-Text.
</BODY>
</HTML>
```

eine absolute Darstellung des Textes fest, sondern bietet nur Hinweise auf die Formatierung, die zusätzlich durch Vorlieben des Benutzers — etwa für Schriftgrößen und -arten — ergänzt wird.

*Marken*    Viele HTML-Marken werden paarweise benutzt, mit einer Marke <X> um ein Attribut X einzuschalten und einer zweiten Marke </X>, um das Attribut wieder rückgängig zu machen. Zum Beispiel ist ein HTML-Text immer zwischen die Marken <HTML> und </HTML> eingeschlossen, der Titel der Seite zwischen <TITLE> und </TITLE> und der eigentliche Text zwischen <BODY> und </BODY>. Mittels <H1> werden große Überschriften </H1> markiert, immer kleinere mit <H2> ... <H6>. Die Marke <HR> erzeugt einen horizontalen Strich über die gesamte Breite der Seite. Internationale Zeichen wie Umlaute können über spezielle Zeichenfolgen dargestellt werden, etwa „&auml;" für „ä".

*Die Applet-
Marke*    Java-Applets werden mit der <APPLET>-Marke eingeleitet und mit </APPLET> abgeschlossen; die vollständige Syntax dafür wird in Anhang A beschrieben. In jedem Fall müssen innerhalb der <APPLET>-Marke die drei auch im obigen Beispiel verwendeten Parameter angegeben werden. Über die Parameter WIDTH und HEIGHT wird dem WWW-Browser mitgeteilt, wieviel Platz (in Pi-

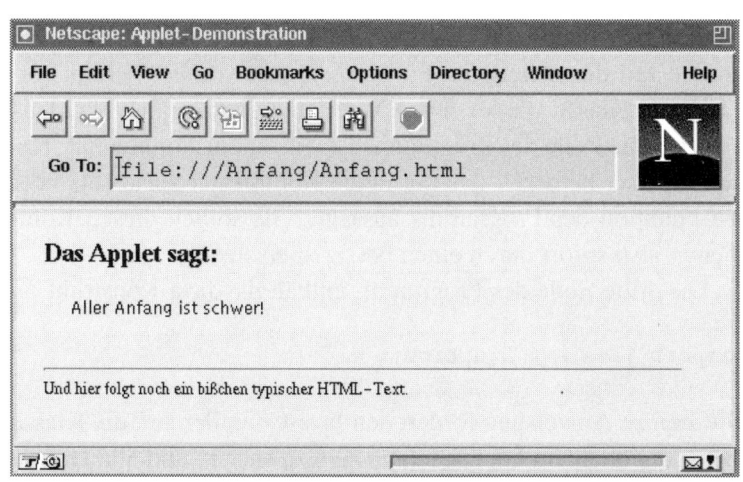

*Abbildung 1.6
Bildschirm-
darstellung des
"Anfang"-Applets*

xeln) für das Applet zu reservieren ist, und der Parameter CODE
gibt den (Datei-) Namen des Java-Bytecodes für das Applet an.

Im Beispiel wird der WWW-Browser angewiesen, ein Rechteck von 400 Pixeln Breite und 50 Pixeln Höhe für das Applet
Anfang.class freizuhalten. Der Code für das Applet wird dabei
zunächst im selben Verzeichnis wie die umgebende HTML-Seite
gesucht.

Die Funktion des folgenden Applets entspricht genau der von
HelloWorld — es gibt lediglich einen einfachen Text in das Fenster des WWW-Browsers aus:

```
/* Anfang.java --- ein erstes Applet */

import java.awt.Graphics;

public class Anfang extends java.applet.Applet {
  public void paint( Graphics g ) {
    g.drawString( "Aller Anfang ist schwer!",
              20, 20 );
  }
}
```

Auf den ersten Blick sieht das Programm für das Applet Anfang
genauso einfach aus, wie die Applikation HelloWorld; es enthält
ebenfalls nur eine einzige sichtbare Funktion paint().

Das demonstriert gleich am ersten Beispiel die Möglichkeiten
des objektorientierten Programmierens, denn tatsächlich ist das

Applet viel komplexer als `HelloWorld`; zum Glück kann ein großer Teil der benötigten Funktionen aber von der bereits vorhandenen Klasse `Applet` durch Vererbung übernommen werden.

*Vererbung*

Die erste Zeile des Programms ist wieder ein Kommentar. Haben Sie aber bemerkt, daß der obige Kommentar gar nichts über die Funktion des Programms aussagt? Sie sollten diesen Kommentar also sofort durch einen besseren ersetzen!

Die dritte Zeile des Programms enthält das Java-Konstrukt

```
import java.awt.Graphics;
```

*import statt Headerdateien*

Die `import` Anweisung fordert den Java-Compiler auf, die Klasse `Graphics` in einem Package `java.awt` zu suchen und alle Definitionen aus dieser Klasse im folgenden Programmtext zur Verfügung zu stellen. Anschließend können Objekte der Klasse mit dem kurzen Namen `Graphics` anstelle des vollen Namens `java.awt.Graphics` angesprochen werden.

Nach der `import` Anweisung wird wieder eine Java-Klasse definiert,

```
public class Anfang extends java.applet.Applet {
    ...
}
```

*Klasse Applet*

Obwohl der Inhalt der Klasse `Anfang` im obigen Beispiel sehr harmlos aussieht, stellt sie hinter den Kulissen sehr viel Funktionalität bereit. Mit dem Konstrukt `extends java.applet.Applet` wird die Klasse `Anfang` nämlich von einer Klasse `Applet` aus dem System-Package `java.applet` abgeleitet und erbt damit deren Variablen und Methoden. Die Klasse `Applet` ist ihrerseits wieder von anderen Klassen abgeleitet und stellt auch deren Funktionen bereit. Tatsächlich enthält die Klasse `Anfang` damit die Methode `paint()`, alle 22 Methoden von `Applet` und zusätzlich fast 100 weitere Funktionen der Basisklassen von `Applet`.

Alle diese Methoden von `Applet` können unverändert für `Anfang` übernommen werden und müssen daher nicht neu geschrieben werden — die zentrale Idee des Konzepts *Vererbung*. Um aber ihre eigentliche Funktion zu erfüllen (eine Zeile Text im WWW-Browser anzuzeigen), muß die Klasse `Anfang` auch eine entsprechende Methode erhalten:

```
...
  public void paint( Graphics g ) {
    g.drawString( "Aller Anfang ist schwer!",
                  40, 20 );
  }
...
```

An dieser Stelle wird also endlich die Klasse `Graphics` verwendet, die bereits in der dritten Zeile des Programms „importiert" wurde.

Die Funktion `paint()` muß mit einem Parameter g des Datentyps (der Klasse) `Graphics` aufgerufen werden. Diese Klasse aus den Java-Systembibliotheken stellt verschiedene einfache Graphikoperationen bereit, die auf die Objekte dieses Typs angewendet werden können. Innerhalb der Funktion `paint` wird die Methode `Graphics.drawString()` benutzt, um den angegeben String an die Position x=40, y=20 zu zeichnen.

*Die Klasse Graphics*

Vielleicht werden Sie sich jetzt fragen, wo denn im Applet die Methode `paint()` überhaupt aufgerufen wird. Die Antwort ist einfach: nirgends. Statt dessen ruft der WWW-Browser diese Funktion immer dann auf, wenn der Bildschirm neu gezeichnet werden muß.

*paint() wird vom Browser aufgerufen*

Die Interaktion des Applets mit dem WWW-Browser ist ziemlich komplex und wird über mehrere parallel ablaufende Threads abgewickelt. Der erste Thread ist dabei für das eigentliche Applet zuständig und ruft zunächst die Funktionen `init()` und `start()` des Applets auf — diese Funktionen werden in `Anfang` aber unverändert von der Klasse `java.applet.Applet` übernommen, und treten deshalb nicht im Programmtext auf.

*Browser und Applet*

Ein zweiter Thread sammelt die Benutzereingaben von der Tastatur und der Maus und ruft bei Bedarf weitere Funktionen des Applets auf, die ebenfalls in `java.applet.Applet` enthalten sind.

Dieser Thread verwaltet außerdem die eigentlichen Graphikausgaben des Applets. Bei Bedarf, zum Beispiel kurz nach dem Starten des Applets, ruft dieser Thread die Methode `paint()` des Applets auf. Das Applet selbst hat (normalerweise) keinen direkten Zugriff auf den Bildschirm, sondern muß warten, bis es durch Aufruf der `paint()` Funktion aufgefordert wird, seine Bildschirmausgaben vorzunehmen.

Alle diese ineinander verzahnten Abläufe sind notwendig, um

27

eine saubere Abstimmung zwischen dem WWW-Browser und allen gleichzeitig aktiven Applets zu erreichen. Die Details werden in Kapitel 10 ausführlich erläutert. Hier schon einmal eine Zusammenfassung der Vorgänge beim Start eines Applets:

1. Der Benutzer fordert mit seinem Java-fähigen WWW-Browser eine HTML Seite (etwa `Anfang.html`) an, die ein Applet enthält.

2. Der Browser lädt den HTML-Text und formatiert ihn. Anschließend lädt der Browser den Java-Bytecode für das Applet und durchsucht ihn auf Viren und Fehler.

   Zu diesem Zeitpunkt laufen bereits die Java-Threads zur Verwaltung der Tastatur- und Mauseingaben sowie zum Neuzeichnen von Applets.

3. Wenn der Applet-Bytecode unbedenklich ist, wird ein weiterer Thread für das Applet erzeugt. Dann wird zunächst die Funktion `init()` und danach die Funktion `start()` des Applets aufgerufen. In diesem Thread kann das Applet seine eigentlichen Berechnungen vornehmen.

4. Tastatur- und Mauseingaben über dem Bereich des Applets werden an das Applet weitergegeben.

   Bei Bedarf ruft der WWW-Browser die Methoden `paint()` und `update()` des Applets auf, um die Bildschirmdarstellung zu aktualisieren.

   Das Applet kann seinerseits durch Aufruf von `repaint()` den WWW-Browser bitten, sobald wie möglich die Methode `update()` aufzurufen.

5. Wenn die HTML-Seite verlassen wird, ruft der WWW-Browser die Funktion `stop()` des Applets auf und beendet danach das Applet.

Wegen der Namenskonvention für Java-Klassen und -Dateien müssen Sie das Programm für das „Anfang-Applet" unter dem Namen `Anfang.java` abspeichern. Anschließend können Sie es mit `javac` compilieren, um die Datei `Anfang.class` zu erhalten. Speichern Sie die umgebende HTML-Datei zum Beispiel unter dem Namen `Anfang.html` ab. Rufen Sie jetzt einen Java-fähigen WWW-Browser mit dem Namen der HTML-Datei auf:

```
borneo>netscape file:///java/javaff/Anfang.html

C:>hotjava file://C:\javaff\Anfang\Anfang.html
C:>appletviewer Anfang.html
```

Sie sollten (etwa) das in Abbildung 1.6 auf Seite 25 dargestellte Ergebnis erhalten.

### 1.4.1 Ein Laufschrift-Applet

Als komplexeres Beispiel für die Möglichkeiten von Applets wird im folgenden ein vollständiges „Laufschrift"-Applet vorgeführt. Diese Art von Applets hat sich als Demonstrationsbeispiel für Java bereits ähnlich durchgesetzt wie HelloWorld. Und tatsächlich eignet sich ein Laufschrift-Applet recht gut, um die zentralen Aspekte von Applets vorzuführen: An die Stelle der statischen Graphik normaler WWW-Seiten tritt eine Animation mit der Möglichkeit zur Interaktion mit dem Benutzer.

*Standard Java-Demonstration*

Bitte erschrecken Sie nicht über den Unterschied in der Komplexität zwischen den beiden vorangegangenen Beispielen und dem Laufschrift-Applet. Obwohl der Programmtext von Laufschrift immerhin drei Seiten mit zehn Funktionen umfaßt, ist die Grundidee des Applets recht einfach. Das Applet versucht zunächst, den anzuzeigenden Text zu laden, und ermittelt die Breite w und Höhe h dieses Textes in der willkürlich vorgegebenen Schriftart „Times kursiv".

*Aufbau des Laufschrift-Applets*

Dann erzeugt es ein Image-Objekt textImage mit genau der Breite w und der Höhe h des Textes und zeichnet den Text in der aktuellen Farbe color und der Schriftart font in dieses Image (in den Methoden init() und buildTextImage()). Obwohl das Image-Objekt im Hauptspeicher liegt, kann genauso in ein Image gezeichnet werden wie in den Bildspeicher. Außerdem kann ein Image anschließend sehr schnell vom Hauptspeicher in den Bildspeicher übertragen werden.

*Image-Objekt als Puffer*

Für die eigentliche Animation muß dann nur noch das bereits fertig berechnete Image-Objekt an die Position (x,y) des Bildschirms kopiert werden. In einer Endlosschleife wird die x-Koordinate jeweils um Eins verringert und das textImage an die neue Position (um ein Pixel weiter links) gezeichnet. Danach

*Die Animation*

29

muß nur der rechts an der alten Position noch stehengebliebene Rest des `textImage` mit der Hintergrundfarbe überschrieben werden. Falls die Laufschrift ganz nach links verschwunden ist, wird die x-Position wieder auf die maximale Breite des Applet-Fensters gesetzt.

Die Animation verwendet einen eigenen Thread `scroller` für das periodische Neuberechnen der Position und das danach nötige Neuzeichnen des Applets. Dies ist günstig, weil Threads in Java sehr einfach zu erzeugen und anzuwenden sind. Der Versuch, mit einem einzigen Thread für alle Aufgaben des Applets auszukommen, wäre dagegen recht aufwendig.

Nachdem das Applet in `init()` initialisiert wurde, ruft der WWW-Browser die Methode `start()` auf, um das Applet zu ak-

*start() und stop()*    tivieren. Die einzige Aufgabe von `start()` ist es, den Thread `scroller` für die Animation zu erzeugen und zu starten. Sobald der WWW-Browser durch Aufruf von `stop()` signalisiert, daß die WWW-Seite mit dem Applet verlassen wurde, wird einfach der Thread `scroller` gestoppt.

Sobald der Thread `scroller` gestartet wurde, beginnt dieser damit, die Methode `run()` auszuführen. Der Kern von `run()` be-

*run()*    steht aus der Endlosschleife für die Animation. Zunächst berechnet der Thread mit `x--` die neue Position für den Text und fordert danach mit `repaint()` ein Neuzeichnen des Bildschirms an. Durch den Aufruf von `sleep()` wartet der Thread anschließend die (in Millisekunden) angegebene Zeit ab, bevor die nächste Iteration der Schleife beginnt.

Das Neuzeichnen des Applets erfolgt in den beiden Methoden `paint()` und `update()`. Wenn das gesamte Applet neugezeichnet werden muß, wird vom WWW-Browser die Methode `paint()`

*paint()*    aufgerufen. Dies ist zum Beispiel nach einer Größenänderung des Browser-Fensters nötig. In `paint()` wird zunächst das gesamte Applet-Fenster gelöscht, die neue Höhe des Fensters ermittelt und schließlich das Bild mit dem Text an die aktuelle Position gezeichnet.

In `update()` dagegen müssen nur die Änderungen gegenüber dem vorherigen Zustand des Applets gezeichnet werden. Dazu wird das Bild mit dem Text an die neue Position (`x,y`) gezeich-

*update()*    net und anschließend der rechts stehengebliebene Rest des letzten Textes mit einem Rechteck in der Hintergrundfarbe übermalt. Dieses Rechteck ist mit 40 Pixeln Breite deutlich überdimen-

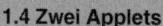
```
Applet Viewer: Laufschrift.class          _ □ ✕
Applet

              Eine interessante Laufschrift


Applet started.
```

*Abbildung 1.7*
*Das*
*Laufschrift-Applet*

sioniert, damit das Applet auch noch funktioniert, wenn einige repaint()-Aufrufe zu spät kommen und sich die Position des Textes bereits um mehr als 1 Pixel geändert hat. (Eine aufwendigere und bessere Lösung wäre es natürlich, die zuletzt gezeichnete Position des Textes zu speichern und daraus die notwendige Größe des Rechtecks korrekt zu berechnen.)

Zur Demonstration einer Interaktion mit dem Benutzer reagiert das Applet auf Mausklicks. Sobald die Maustaste gedrückt wird, ruft der WWW-Browser die Methode mouseDown() auf. Dort verringert das Applet die Wartezeit zwischen zwei Bildern auf ein Viertel, so daß sich der laufende Text deutlich schneller bewegt. Außerdem zeichnet das Applet das textImage mit einer zufällig ausgewählten Farbe für den Text neu.

Beim Loslassen der Maustaste wird die Methode mouseUp() aufgerufen, und das Applet stellt den alten Wert für die Pause zwischen zwei Bildern wieder her.

Hier der vollständige Programmtext für das Laufschrift-Applet:

```
/* Laufschrift.java - einfache Animation */

import java.awt.*;
import java.applet.Applet;

public class Laufschrift extends Applet
                         implements Runnable
{
  /* Objekte für Text, Puffer, Graphikkontext... */
  String     text;
  Image      textImage;
  Graphics   gr;
```

31

```
Color       color = Color.white;
Font        font;
FontMetrics fm;


/* Separater Thread für die Animation */
Thread    scroller;

/* Koordinaten, Farbe, Verzögerung */
int    w, h;
int    x = bounds().width/2;
int    y = bounds().height/2;
int    delay, delay_save;


/** Text und Verzögerung ermitteln */
void getParameters() {
  try {
    text = getParameter( "text" );
    if (text == null)
     text = "Er läuft und läuft und läuft...";
    delay = Integer.parseInt(
              getParameter( "delay" ));
  }
  catch( Exception e ) { delay = 50; }
}

/** Farben und Font setzen, Text einmal zeichnen */
public void init() {
  setBackground( Color.black );
  getParameters();
  font = new Font( "TimesRoman", Font.ITALIC, 20 );
  fm = getToolkit().getFontMetrics( font );
  w = fm.stringWidth( text );
  h = fm.getHeight();
  y = (bounds().height-h)/2;
  textImage = createImage( w, h );
  gr = textImage.getGraphics();
  gr.setFont( font );
  buildTextImage();
}

/** Puffer-Image neu aufbauen */
private void buildTextImage() {
  gr.setColor( Color.black );
```

```
  gr.fillRect( 0, 0, w, h );
  gr.setColor( color );
  gr.drawString( text, 0, fm.getAscent() );
}


/** Animation starten */
public void start() {
  if (scroller == null) {
    scroller = new Thread(this);
    scroller.start();
  }
  paint( getGraphics() );
}


/** Animation anhalten */
public void stop() {
  if (scroller != null) {
    scroller.stop();
    scroller = null;
  }
}


/** während der Animation zeichnen */
public void update( Graphics g ) {
  g.drawImage( textImage, x, y, w, h, this );
  g.clearRect( x+w, y, 40, h );
}


/** alles neu zeichnen */
public void paint( Graphics g ) {
  /* statische Anteile */
  g.clearRect( 0, 0, bounds().width,
                     bounds().height );
  y = (bounds().height-h)/2;
  /* Puffer-Image mit Text an Position (x,y) */
  g.drawImage( textImage, x, y, w, h, this );
}


/** neue Position berechnen */
public void run() {
  try {
    x = bounds().width;
    while (true) {
      /* schrittweise nach links, dann rechts */
      x--;
```

33

```
      if (x < -w) x = bounds().width;
      /* zeichnen und etwas warten */
      repaint();
      scroller.sleep( delay );
    }
  }
  catch( InterruptedException e ) {
    scroller.stop(); scroller = null;
  }
}


/** Maustaste gedrückt: 4x schneller, neue Farbe */
public boolean mouseDown( Event e, int x, int y ) {
  delay_save = delay;
  delay = delay/4;
  color = Color.getHSBColor(
            (float) Math.random(), 1.0F, 1.0F );
  buildTextImage();
  return true;
}


/** und wieder langsamer */
public boolean mouseUp( Event e, int x, int y ) {
  delay = delay_save;
  return true;
}
} /* class Laufschrift */
```

*sleep* (margin note)

Noch einmal der Hinweis: Das obige Applet dient zur Demonstration einer ganzen Vielzahl der Eigenschaften von Java. Vermutlich werden Sie nicht alle Teile des Programms gleich auf Anhieb verstehen. In diesem Fall lesen Sie einfach erst einmal weiter und schauen sich das Applet später noch einmal an: Die Graphikaufrufe werden in Kapitel 7, grundlegende Techniken für Animationen in Kapitel 9 und Applets schließlich in Kapitel 10 ausführlich vorgestellt.

Genau wie für das Anfang-Applet rufen Sie zum Start des Applets einen Java-fähigen WWW-Browser oder den appletviewer mit dem Namen der WWW-Seite Laufschrift.html auf:

borneo>**appletviewer Laufschrift.html**

Über das Applet-Tag in der WWW-Seite Laufschrift.html kann neben der Größe des Applets auch der Text der Laufschrift sowie

die Wartezeit zwischen zwei Bildern der Animation eingestellt
werden. Beim Start des Applets werden diese Werte über die
getParameter()-Funktion eingelesen. Für einen neuen Text muß
also nicht das Applet neu compiliert werden, sondern es reicht
aus, einfach neue Werte in die value-Spezifikation der Parameter
text und delay (in Millisekunden) in das Applet-Tag einzutragen:

```
<applet
   CODE="Laufschrift.class" WIDTH=300 HEIGHT=150
>
   <param name="text"
          value="Eine interessante Laufschrift">
   <param name="delay" value=30>
</applet>
```

Probieren Sie einfach einmal einige Texte und verschiedene Werte für die Wartezeit aus. Auf meinem WINDOWS'95-Rechner
arbeitet der appletviewer deutlich schneller als die verschiedenen WWW-Browser. Die bei gedrückter Maustaste erhöhte Geschwindigkeit der Animation ist im WWW-Browser evtl. kaum
oder gar nicht zu erkennen.

## 1.5 Einige Fragen und Antworten

*Ist Java wirklich leicht zu lernen?*

Ja und nein... Die eigentliche Programmiersprache Java ist
tatsächlich sehr einfach und schnell zu erlernen. Die Anwendung
von Java erfordert aber auch einen Überblick über die umfangreichen Klassenbibliotheken — schon in den Systembibliotheken
sind zur Zeit mehr als 150 Klassen enthalten, viele weitere Bibliotheken sind bereits angekündigt.

Die Entwicklung komplexer, paralleler und objektorientierter
Programmsysteme schließlich erfordert auch beim Einsatz von
Java die Kenntnis der angemessenen Algorithmen und Datenstrukturen, den souveränen Umgang mit den Bibliotheken und
ein Gespür für versteckte Probleme — kurz gesagt, viel Übung.

35

*Kann Java sich als universale Programmiersprache durchsetzen?*

Derzeit sieht es so aus, als ob Java sich für verteilte Anwendungen im Internet durchsetzen wird. Mit den angekündigten Klassenbibliotheken für die Unterstützung von netzwerk-verteilten Objekten und Applikationen sowie für leistungsfähige 2D- und 3D-Graphik inklusive Animationen wird Java für diese Bereiche sehr attraktiv.

Im Hinblick auf die Benutzeroberfläche reichen die Möglichkeiten der Java Klassenbibliotheken auf allen unterstützten Plattformen aber bei weitem noch nicht an die „nativen" Bibliotheken heran. Auch ist die Performanz der Java-Interpreter ohne die Just-in-time-Compiler noch kaum konkurrenzfähig.

*Wie geht es mit Java weiter?*

Angesichts der stürmischen Entwicklung ist das kaum einzuschätzen. Die *Sprache* Java soll sich zunächst nicht mehr ändern. Für 1997 sind neben neuen und stabileren Versionen der derzeitigen Klassenbibliotheken — die dann als Java Core-API bezeichnet werden — viele weitere Klassenbibliotheken angekündigt. Das Java Enterprise-API enthält die Bibliotheken JDBC für den Zugriff auf SQL-Datenbanken und OSS/RMI für persistente und netzwerk-verteilte Objekte. Mit dem Java Media-API sind Bibliotheken für 2D- und 3D-Graphik, Animationen und Multimedia-Applikationen angekündigt. Die Java Commerce-Bibliotheken schließlich sollen mittels geeigneter Kryptoverfahren sichere kommerzielle Transaktionen über das WWW erlauben.

*Java ist zu langsam für ernsthafte Anwendungen?!*

Die Antwort auf diese Frage hängt stark davon ab, welche Art von Anwendung gemeint ist. Neben der eigentlichen Ausführungsgeschwindigkeit des Programms muß aus Sicht eines Entwicklers natürlich auch der Zeitbedarf zur Entwicklung, Fehlersuche und Dokumentation berücksichtigt werden.

Gerade für Programme, die nur sehr selten oder gar nur einmal eingesetzt werden, überwiegen die letzten drei dieser Faktoren bei weitem. Durch den Verzicht auf viele der komplexen Details von C++, die umfangreichen Bibliotheken und den `javadoc`-Compiler ist Java hier den Alternativen deutlich überlegen.

Auch Programme, die fast nur auf Benutzereingaben warten, können natürlich ohne jeden Nachteil in Java erstellt werden. Für rechenintensive Programme werden erst die Just-in-time-Compiler oder native-Compiler die benötigte Leistung für Java bereitstellen. Selbst dann ist gegenüber C durch den Verzicht auf direkte „low-level" Zugriffe eine etwas geringere Geschwindigkeit zu erwarten.

Falls Ihr Programm auf einer Vielzahl von Rechnerplattformen eingesetzt werden soll, eine graphische Oberfläche benötigt und netzwerkfähig sein soll, ist Java bereits heute konkurrenzlos.

# Die Sprache Java

Dieses und das nächste Kapitel präsentieren die *Programmiersprache* Java. Ausgehend vom grundlegenden Aufbau eines Java-Programms werden in diesem Kapitel zunächst die elementaren Datentypen, Ausdrücke, Anweisungen und schließlich Funktionen vorgestellt. Die Darstellung der objektorientierten Konstrukte von Java, d.h. Klassen, Schnittstellen und Packages, erfolgt danach in Kapitel 3. Der Schwerpunkt liegt dabei auf der Präsentation anhand von Beispielen. In Zweifelsfällen kann die Grammatik in Anhang C zu Rate gezogen werden.

Obwohl sich die Syntax von Ausdrücken und Anweisungen sehr stark an C bzw. C++ anlehnt, so daß Java-Programme auf den ersten Blick vertraut aussehen, unterscheidet sich die Bedeutung einiger Konstrukte doch erheblich von C und erst recht C++. Daher sind in diesem Kapitel an vielen Stellen Hinweise auf die versteckten Unterschiede zwischen Java und C/C++ zu finden.

In Abschnitt 2.1 wird zunächst der grundlegende Aufbau eines Java-Programms beschrieben. Anschließend werden in Abschnitt 2.2 die elementaren Datentypen für Zeichen, Integerwerte, Fließkommawerte und logische Werte eingeführt. *Grundlagen*

Ausdrücke und die in Java definierten Operatoren werden in Abschnitt 2.3 erläutert. Danach werden in Abschnitt 2.4 der Aufbau und die Anwendung von Feldern (arrays) beschrieben. Anders als in C/C++ sind Felder in Java nicht als einfache Speicherbereiche, sondern als eigenständige Objekte realisiert, so daß alle Feldzugriffe zur Laufzeit überprüft werden können. *Ausdrücke* *Felder*

Die Anweisungen und Kontrollstrukturen von Java werden in Abschnitt 2.5 vorgestellt. Während die einfachen Anweisungen bis auf das fehlende `goto` genau den aus C/C++ bekannten Anweisungen entsprechen, ermöglicht Java mit den `try-catch-` *Anweisungen* finally Blöcken auch die bequeme Behandlung von Ausnahmen während der Programmausführung. Die Anwendung von try-Blöcken und die Deklaration eigener Ausnahmetypen wird in Abschnitt 2.6 erläutert.

Schließlich werden in Abschnitt 2.7 Funktionen bzw. *Methoden* eingeführt. Die mit dem Attribut static gekennzeichneten *Klassenmethoden* entsprechen in etwa den aus imperativen Sprachen bekannten Funktionen/Prozeduren. Als Beispiel dafür wird ein vollständiges Programm zur Lösung des Acht-Damen-Problems vorgestellt.

## 2.1 Aufbau eines Java-Programms

Dieser Abschnitt beschreibt zunächst den grundlegenden Aufbau eines Java-Programms: die Gliederung in Klassen und Packages, den Zeichensatz, die Kommentare, die Schreibweise für Bezeichner und Literale und die reservierten Schlüsselwörter.

Um lesbare Beispiele zu erhalten, werden dabei bereits Konstrukte (etwa für die Deklaration von Variablen und Methoden) eingesetzt, die erst in späteren Abschnitten dieses Kapitels erläutert werden.

### 2.1.1 Klassen

Wie bereits in Kapitel 1 angedeutet wurde, besteht jedes Java-Programm aus einer Anzahl von Klassen. Jede Klasse repräsentiert einen benutzerdefinierten sogenannten *abstrakten Datentyp*, dessen Eigenschaften über die Daten (Variablen) und Methoden (Funktionen) innerhalb der Klasse festgelegt werden. Als eigener Datentyp entspricht jede Klasse den üblichen elementaren Datentypen wie etwa int oder double, so daß Variablen mit dem Typ der Klasse deklariert werden können. Da Java strikt typisiert ist, dürfen diesen Variablen ausschließlich Objekte der entsprechenden Klasse (oder ihrer Unterklassen, siehe Kapitel 3) zugewiesen werden.

Die einzelnen Objekte einer Klasse werden als *Exemplare* bezeichnet. Neue Exemplare werden mit dem new-Operator von besonderen Methoden, den *Konstruktoren* der Klasse, erzeugt und initialisiert. Die meisten Klassen erlauben es, beliebig viele Exemplare zu erzeugen. Sobald einer Variablen mit dem Typ einer Klasse ein Exemplar dieser Klasse zugewiesen wurde, können ausgehend von dieser Variablen anschließend alle Funktionen der Klasse aufgerufen und die Daten innerhalb der Klasse zugegriffen werden. Da die Variablen immer nur eine *Referenz* (einen Zeiger) auf die Objekte einer Klasse enthalten, aber niemals das Objekt selbst, werden Klassen in Java als *Referenztypen* bezeichnet.

*Klassen und
Exemplare*

*Referenztypen*

Jede Klasse wiederum kann beliebig viele Variablen enthalten, die ihrerseits auf Objekte anderer Klassen verweisen. Die grundlegende Struktur eines Java-Programms ist daher die Objekt-*Komposition* — der Aufbau aus einer Anzahl von eigenständigen Objekten. Durch geeignete Auswahl der Klassen ist es häufig möglich, einmal definierte Klassen ohne Änderung in andere Programme zu übernehmen und damit wiederzuverwenden.

*Objekt-
Komposition*

Globale Funktionen oder Variablen sind in Java nicht möglich, sondern alle Daten und Funktionen müssen in Klassen enthalten sein. Die Ausführung eines Java-Programms beginnt mit der Methode `main()` der beim Aufruf des Java-Interpreters angegebenen Klasse. Da alle Klassen eine eigene `main()`-Methode enthalten dürfen, können dieselben Klassen vielfältig zu neuen und völlig unterschiedlichen Programmen kombiniert werden.

*main()*

### 2.1.2  Aufbau der Quelldateien

Der Aufbau der Quelldateien eines Java-Programms ist streng vorgegeben. Jede für andere Klassen sichtbare Java-Klasse wird mit dem Attribut `public` gekennzeichnet und muß vollständig in einer einzigen Quelldatei definiert werden. Alle Definitionen und Methoden einer Klasse `A` müssen also in einer Datei `A.java` enthalten sein. Beim Compilieren wird der Bytecode für die Klasse `A` in der Datei `A.class` abgelegt. Jede Datei darf nur eine einzige Klasse mit dem Attribut `public` enthalten (und zusätzlich eine beliebige Anzahl von nicht-`public` Klassen, die dann nur innerhalb ihres „Package" benutzt werden können, siehe Abschnitt 3.5).

*Eine Klasse
pro Datei,*

*eine Datei
pro Klasse*

Jede Klasse wiederum darf eine (beliebige) Anzahl von Variablen und Funktionen enthalten. Damit ergibt sich folgendes Grundgerüst für den Aufbau einer Quelldatei:

41

```
/* Datei A.java */
package ein.package;          // optional

// beliebig viele 'import'-Referenzen:
import  B;                    // B.class
import  java.util.Vector;  // Vector.class
...

// genau eine 'public'-Klasse:
public class A {
  // beliebig viele Elemente von A:
  float a;                    // Variable a
  int     f() { ... }         // Methode f()
  double  g() { ... }         // Methode g()
  ...
  public static void  main( String argv[] ) { ... }
}

class NurImPackageNutzbar {
  int     f() { ... }
  ...
}
/* Ende der Datei A.java */
```

Das erste Konstrukt in der Datei ist eine (optionale) package-Definition, um die Klasse A einem Package, d.h. einer Gruppe von anderen Klassen, zuzuordnen. Packages werden in Abschnitt 3.5 erläutert. Falls eine package-Definition auftritt, muß sie als erste Anweisung in der Datei stehen.

Mit den import-Anweisungen werden danach alle vom folgenden Programmtext referenzierten anderen (externen) Klassen aufgezählt. In einer import-Anweisung muß der volle Name für die externen Klassen angegeben werden, der sich aus dem Package-Namen und dem eigentlichen Namen der Klasse zusammensetzt.

Anders als in C gibt es keinen Präprozessor mit der Möglichkeit, die Quelltexte über #include-Direktiven zu schachteln. *Keine Header-Dateien* Da der Java-Compiler als 2-Pass Compiler arbeitet, sind separate „Header"-Dateien mit den Definitionen von Datentypen und Funktionen unnötig. Vielmehr überprüft der Compiler im ersten *Vorwärts-* Durchgang zunächst, daß alle extern refernzierten Klassen auch *verweise* vorhanden sind, und sammelt alle Verweise auf Klassen, Methoden und Variablen. Sie werden im zweiten Durchgang aufgelöst,

wenn alle Referenzen und die entsprechenden Definitionen vorliegen. Vorwärtsverweise auf Methoden oder Variablen sind innerhalb eines Java-Quelltextes daher kein Problem. Der Gültigkeitsbereich von lokalen Variablen beginnt allerdings erst ab der
Deklaration dieser Variablen.

Falls eine externe Referenz auf eine Klasse B.class nicht aufgelöst werden kann, aber eine Quelldatei B.java existiert, übersetzt der Java-Compiler automatisch zunächst die Datei B.java        *make unnötig*
und setzt anschließend die Übersetzung von A.java fort. Damit
kann in Java auf ein Programm zur Projektverwaltung wie make
in vielen Fällen verzichtet werden.

Die in C häufig verwendeten #define-Makros zur Definition
von Konstanten oder einfachen Funktionen sind in Java absichtlich nicht enthalten, da sie die Lesbarkeit von Programmen oft
deutlich verschlechtern.

### 2.1.3 Zeichensatz

Java-Programme werden mit dem Unicode-Zeichensatz geschrieben. Anders als die üblichen Zeichensätze wie ASCII, die auf
7-bit oder 8-bit Zeichen beruhen, verwendet Unicode 16-Bit zur
Speicherung jedes Zeichens und bietet damit Platz für 65536 ver-    *Unicode*
schiedene Zeichen. Das reicht aus, um die wichtigsten Schrift-      *ftp://unicode.org/*
zeichen aller international verbreiteten Sprachen aufzunehmen.
Die ersten 256 Zeichen von Unicode entsprechen gerade der
als ISO-8859-Latin1 standardisierten Erweiterung von ASCII um
die wichtigsten europäischen Sonderzeichen. Auf Systemen, die
nicht alle Unicode-Zeichen unterstützen, erlaubt Java die folgende Darstellung:

```
\u0000 ... \uFFFF
```

Ein einzelnes Unicode-Zeichen wird dabei durch die Folge von
Backslash, „u" und der Sedezimaldarstellung des Zeichencodes
dargestellt.

Im europäischen Sprachraum werden Programme fast ausschließlich die ASCII oder ISO-Latin1 Zeichen verwenden. In
diesem Fall ergeben sich keine sichtbaren Unterschiede zwischen
Unicode und der gewohnten Zeichendarstellung. Weitere Hinweise zu Unicode finden sich im Glossar auf Seite 571.

### 2.1.4 Kommentare

*Drei Arten Kommentare*

Java erweitert die aus C++ bekannten Kommentare um eine neue Variante. Neben den üblichen mehrzeiligen Kommentaren, die mit /* beginnen und mit */ abgeschlossen werden, und den einzeiligen Kommentaren ab // bis zum Ende der Zeile definiert Java die sogenannten *Doc-Kommentare*, die zur automatischen Erstellung der Klassendokumentation benötigt werden:

```
// Ein Kommentar bis zum Ende der Zeile

/* ein normaler C Kommentar, auch über mehrere
   Zeilen.
*/

/** Ein Doc-Kommentar für den javadoc-Generator,
    über mehrere Zeilen und optional mit
    eingebetteten <b>HTML-Marken</b>.
*/
```

Die Kommentare können nicht geschachtelt werden, und sie dürfen nicht in String- oder Zeichenliteralen beginnen oder enden. Insbesondere hat die Zeichenfolge // innerhalb eines mit /* oder /** eingeleiteten Textes keine Bedeutung. Das folgende Beispiel zeigt einen gewöhnlichen, einzelnen Kommentar:

```
/* dieser Kommentar /* // /** endet hier: */
```

*Automatische Dokumentation*

Die Doc-Kommentare erlauben in Verbindung mit dem javadoc-Programm (siehe Anhang B) die automatische Erstellung einer Hypertext-Dokumentation für die Java-Quelltexte. Innerhalb der Doc-Kommentare können HTML-Marken verwendet werden, um die Formatierung und Hypertext-Verknüpfungen zu kontrollieren. Eine Übersicht über die dabei möglichen Marken findet sich im Anhang B ab Seite 519. Abbildung 5.5 auf Seite 222 zeigt eine Beispielseite aus der Klassendokumentation. Mit dieser einzigartigen Eigenschaft realisiert die Java-Programmierumgebung die Idee des *literate Programming* und kombiniert sie mit den Möglichkeiten von Hypertext. Auf diese Weise kann jederzeit und mit minimalem Aufwand eine Dokumentation der Java-Programme erstellt werden, die stets auf dem aktuellen Stand ist.

*Siehe [Knuth 92]*

## 2.1.5 Bezeichner

Bezeichner — die Namen von Variablen, Methoden, Klassen usw.
— sind in Java eine beliebig lange Folge von Buchstaben und Ziffern. Wie in den meisten höheren Programmiersprachen üblich,
muß diese Zeichenfolge mit einem Buchstaben beginnen; dies
sind zum einen die üblichen ASCII-Buchstaben a bis z und A bis
Z sowie aus historischen Gründen (C) der Unterstrich _ und das
Dollar-Zeichen $. Groß- und Kleinschreibung ist signifikant.

Zusätzlich gelten abhängig von der zugrundeliegenden Sprache eine ganze Reihe von weiteren Unicode-Zeichen als Buch-
staben — für Details sei auf die Java-Sprachdefinition verwiesen. *Siehe [SUN-96]*
Die Funktion `Character.isJavaLetter()` liefert `true` zurück,
falls das übergebene Unicode-Zeichen in der jeweiligen Sprache
als Buchstabe gilt; entsprechend ermittelt `Character.isJava-`
`LetterOrDigit()`, ob ein Zeichen als Buchstabe oder Ziffer gilt.
Einige Beispiele für gültige Bezeichner sind:

```
String        _i1       isLetterOrDigit
MAX_VALUE     τεχ
```

Zwei Java-Bezeichner sind nur identisch, wenn sie exakt dieselbe
Unicode-Zeichenfolge aufweisen:

```
aehnlich    Aehnlich    ähnlich
```

sind also drei verschiedene Bezeichner.

## 2.1.6 Namenskonvention

Obwohl die Bezeichner für eigene Klassen, Variablen und Methoden beliebig gewählt werden können, empfiehlt sich die Einhaltung bestimmter Regeln, um die Lesbarkeit der Programme zu
verbessern. In den Java Klassenbibliotheken wird die folgende
Namenskonvention konsequent angewendet.

Die Namen von Klassen und Schnittstellen beginnen mit einem Großbuchstaben, die Namen von Variablen und Methoden
dagegen mit kleinen Buchstaben. Alle Package-Namen werden *ein.package,*
kleingeschrieben, mit Ausnahme der Top-level Internet-Domain *EineKlasse,*
(s.u.). Die Namen von Konstanten werden dagegen vollständig *eineMethode*

mit Großbuchstaben geschrieben, ähnlich wie dies in C für #define-Ausdrücke üblich ist.

Bei Namen, die aus mehreren Teilen zusammengesetzt sind, wird der erste Teil entspechend der obigen Regeln groß- oder kleingeschrieben. Der erste Buchstabe aller folgenden internen Teile des Namens wird jeweils großgeschreiben. Unterstriche werden nur für mehrteilige Namen von Konstanten verwendet — da dort alle Buchstaben großgeschrieben werden, können die einzelnen Teile nicht durch Großschreibung hervorgehoben werden. Zugriffsmethoden auf eine Variable x werden als setX() bzw. getX() bezeichnet:

*Zusammen-*
*gesetzte*
*Namen*

```
package   DE.uni-hamburg.de.informatik.javafig;
import    java.util.Date;

class EineKlasseMitEinemLangenNamen {
   String   s;
   double   radius;
   double   nochEinDouble;
   final int  MAX_VALUE = 2001;

   double   eineDoubleMethode() ...
   int      eineIntMethode() ...

   void     setRadius( double d ) ...
   double   getRadius() ...
}
```

### 2.1.7   Literale

Als *Literal* wird die Quelltext-Darstellung des Wertes eines primitiven Typs, des String-Typs oder das spezielle null-Symbol bezeichnet. Die genauen Regeln für die Schreibweise von Literalen finden sich in der Java-Grammatik im Anhang C. Außer der besonderen Darstellung der Unicode-Zeichen mit der \uXXXX Notation, ergeben sich keine Abweichungen der Schreibweise zwischen Java und etwa C. Bei der Vorstellung der einzelnen Datentypen ab Abschnitt 2.2 werden deshalb für jeden Typ nur einige Beispiele für Literale angegeben.

| abstract | else | interface | super |
|----------|------|-----------|-------|
| boolean | extends | long | switch |
| break | false [†] | native | synchronized |
| byte | final | new | this |
| case | finally | null [†] | throw |
| catch | float | package | throws |
| char | for | private | transient |
| class | goto | protected | true [†] |
| const | if | public | try |
| continue | implements | return | void |
| default | import | short | volatile |
| do | instanceof | static | while |
| double | int | | |

*Abbildung 2.1*

*Die Java-
Schlüsselwörter*

### 2.1.8 Schlüsselworte

Java reserviert eine Anzahl von Wörtern als Schlüsselwörter, die nicht anderweitig verwendet werden dürfen. Die vollständige Liste dieser Schlüsselwörter ist in Abbildung 2.1 und zusätzlich noch einmal im Anhang C auf Seite 553 dargestellt.

Die Schlüsselwörter const und goto sind reserviert, obwohl sie derzeit nicht von Java verwendet werden: Dies erlaubt dem Java-Compiler, bessere Fehlermeldungen zu erzeugen, falls diese Schlüsselwörter aus C++ fälschlich in Java-Programmen verwendet werden.

[†] : Im technischen Sinne sind true und false keine eigentlichen Schlüsselwörter, sondern die Literale der Typs boolean. Ebenso ist null kein Schlüsselwort, sondern das „Null"-Literal.

## 2.2 Deklarationen und Typen

Java bietet insgesamt *vier* verschiedene Arten von Datentypen. Dies sind zum einen die elementaren Datentypen und zum anderen die drei Referenztypen Felder, Klassen und Schnittstellen.

Die *elementaren Datentypen* umfassen den Typ `boolean` für logische Werte, den Typ `char` für Zeichen, die Integertypen `byte`, `short`, `int` und `long` sowie die Fließkommatypen `float` und `double`. Alle Zugriffe auf eine Variable eines elementaren Typs liefern oder setzen immer direkt den Wert dieser Variable. Anders als in C/C++ ist es in Java unmöglich, einen Pointer auf eine Variable eines elementaren Datentyps zu erzeugen oder auch nur die Adresse dieser Variablen zu ermitteln. Auch die Übergabe eines elementaren Datentyps als Argument an eine Funktion erfolgt immer *by-value* durch Kopieren des Wertes.

*Elementare Typen: immer by-value*

Die *Referenztypen* dagegen stehen für Objekte, die immer über einen Pointer (eine Referenz) zugegriffen werden. Die benötigten Pointer werden von Java vollkommen automatisch verwaltet und können nicht vom Programm aus modifiziert werden. Felder werden in Abschnitt 2.4, Klassen in Abschnitt 3.2 und Schnittstellen schließlich in Abschnitt 3.4 vorgestellt.

*Referenztypen: immer by-reference*

Damit ein Name in einem Java-Programm verwendet werden darf, muß er zunächst *deklariert* worden sein. Die Deklaration informiert den Compiler über die Bedeutung und den Typ des Namens. Variablen werden in Java mit der folgenden Syntax deklariert bzw. „definiert" (deklariert und gleichzeitig initialisiert):

```
Typ  Bezeichner;          // Deklaration
Typ  Bezeichner = Ausdruck; // Definition
```

Der Operator „=" bezeichnet dabei wie in C/C++ die Zuweisung an die neu erzeugte Variable. Ohne explizite Initialisierung werden Variablen automatisch mit dem Defaultwert des entsprechenden Typs vorbesetzt.

### 2.2.1  Integertypen

Java bietet die vier Integertypen `byte`, `short`, `int` und `long` zur Darstellung von vorzeichenbehafteten ganzzahligen Werten. In Abbildung 2.2 sind die Wertebereiche, Defaultwerte und der benötigte Speicherplatz für diese Typen zusammengefaßt.

*Integer-Literale*

Wie in C können Integer-Literale in drei Varianten geschrieben werden. Ohne weitere Angaben gelten Integer-Literale als Dezimalzahlen, mit einer führenden Null `0` versehen als Oktalzahl (zur Basis 8) und mit führender `0X` als Sedezimalzahl (zur

| Typ | Wertebereich | Default | Größe |
|---|---|---|---|
| byte | -128 ... 127 | 0 | 8 bit |
| short | -32768 ... 32767 | 0 | 16 bit |
| int | -2147483648 ... 2147483647 | 0 | 32 bit |
| long | -9223372036854775808 ... 9223372036854775807 | 0L | 64 bit |
| char | \u0000 ... \uFFFF | \u0000 | 16 bit |
| boolean | false, true | false | 1 bit |
| float | ± 3.40282E+38 | 0.0F | 32 bit |
| double | ± 1.79769E+308 | 0.0D | 64 bit |

*Abbildung 2.2*
*Die acht elementaren Datentypen*

Basis 16), wobei wie üblich die Buchstaben a bis f (bzw. A bis F) für die Ziffern 10 bis 15 verwendet werden.

Ein L (oder l) am Ende der Zahl markiert den Typ long-Integer. Wegen der Gefahr der Verwechslung zwischen der Ziffer 1 und dem kleinen l, sollten long-Werte aber immer mit dem großen L geschrieben werden. Beispiele für Integer-Literale sind etwa

| | | | | |
|---|---|---|---|---|
| 0 | 1 | 2147483647 | -2147483649L | *Dezimal* |
| 00 | 01 | 0377L | | *Oktal* |
| 0X0 | 0x1 | 0xCAFE | 0x7FFFFFFF | *Sedezimal* |

Alle Berechnungen auf Integerwerten erfolgen mindestens mit 32 bit Genauigkeit und sogar mit 64 bit Genauigkeit, sobald mindestens ein Operand vom Typ long ist. Der Operand des kleineren Typs wird dabei automatisch und ohne Informationsverlust in den benötigten größeren Typ konvertiert, bevor die Operation ausgeführt wird. Eine Zuweisung an den Typ byte oder short muß daher immer mit einer expliziten Typkonvertierung geschrieben werden:

*Typkonvertierung, Integer*

```
byte b1, b2=42, b3=69;
int    i = 2147483647,   i2 = 0xfedcba98;
long   k = 2147483648L,  k2 = 0x0001000200030042L;

i  =         b2 + b3;    // ok.
b1 =         b2 + b3;    // Fehler!
b1 = (byte) (b2 + b3);   // ok.

b3 = (byte)  k2;         // ok, liefert 0x42
```

Eine Typkonventierung („Cast") erfolgt dabei wie in C/C++ mit
der Schreibweise:

```
(Datentyp) Ausdruck
```

Die Umwandlung eines kleineren in einen größeren Typ in der
Reihenfolge:

```
byte  short  int  long  float  double
       char  int  long  float  double
```

(von links nach rechts) wird vom Compiler bei Bedarf automatisch vorgenommen. Bei der Konvertierung eines größeren Typs
in einen kleineren Typ, etwa von long nach int oder von short
nach byte, werden nur die jeweils passenden unteren Bits kopiert
*Konvertierung* und die höherwertigen Bits abgeschnitten. Diese Konvertierun-
*mit Datenverlust* gen werden deshalb niemals von Java automatisch vorgenommen,
sondern müssen immer mit einem Cast ausdrücklich angefordert
werden.

### 2.2.2   Der Typ char

Der Datentyp char repräsentiert Unicode-Zeichen, die als vor-
zeichenloser 16 bit Wert gespeichert werden. Die möglichen
Werte des Typs char umfassen \u0000 bis \uFFFF bzw. 0 bis
65535. Zeichenliterale werden wie in C/C++ mit einfachen
Anführungszeichen geschrieben:

```
char  c1, c2, c_a, c_b, c_A;
c_a = 'a';
c_b = 'b';
c_A = 'A';

c1 = '\n';
c2 = '\u4321';
```

Solange ein Programm keine Unicode-Zeichen im Bereich über
255, sondern nur die ASCII bzw. Latin-1 Zeichen verwendet, er-
*ASCII-Zeichen* geben sich keinerlei Unterschiede zwischen dem Typ char in Java
*wie gewohnt* und dem gewohnten Typ char aus C. Einige Zeichen können auch
*anwenden* über die aus C oder C++ bekannte „Fluchtsymboldarstellung" erreicht werden. Diese sind in Abbildung 2.3 zusammengefaßt.

| Symbol | Unicode-Escape | Bedeutung |
|---|---|---|
| \b | \u0008 | BS (backspace) |
| \t | \u0009 | HT (horizontal tab) |
| \n | \u000a | LF (line feed) |
| \f | \u000c | FF (form feed) |
| \r | \u000d | CR (carriage return) |
| \" | \u0022 | "(double quote) |
| \' | \u0027 | ' (single quote) |
| \\ | \u005c | \ (backslash) |
| \000 bis | \u0000 bis | oktaler Wert |
| \377 | \u00ff | |

*Abbildung 2.3
Escape-Sequenzen
für einige Zeichen*

Alle für die Integertypen zulässigen Operationen können bei Bedarf auch mit dem Typ char durchgeführt werden. Die Zuweisung von char zu einem short oder byte per Typkonvertierung erfolgt allerdings einfach durch Kopieren der Bits, wobei aus einem (zwingend positiven) char negative Werte entstehen können.

### 2.2.3 Der Typ boolean

In Java dient ein eigener Datentyp boolean zur Darstellung der logischen Werte mit den Literalen false und true. Um den Mißbrauch von Integerwerten für logische Werte zu verhindern, verbietet Java alle Typumwandlungen zwischen den Integertypen und dem Typ boolean.

*false
true*

Nach der in C üblichen Konvention gilt der Wert 0 als false und alle anderen Werte x != 0 als true. Die Umwandlung eines Integer in einen boolean-Wert und umgekehrt gelingt daher mit den folgenden Ausdrücken:

```
boolean  b  = false;
int      i = 1;

b = (i!=0);    // boolean -> int, 0=false, !0=true
i = b?1:0;     // int -> boolean, bedingte Zuweisung
```

Die bedingte Zuweisung mit b?1:0 ist aus C bekannt und wird auf Seite 74 beschrieben.

## 2.2.4   Die Fließkommatypen float und double

*Siehe
[IEEE-754 85]*

Für Berechnungen mit Fließkommawerten stellt Java die Datentypen `float` und `double` bereit, die dem Standard IEEE-754 für Gleitkommaarithmetik entsprechen.

*Zahldarstellung*

Eine `float`-Variable wird intern mit 32 bit gespeichert und in der Form $s \cdot m \cdot 2^e$ dargestellt, wobei das Vorzeichen $s = \pm 1$, die Mantisse $m$ ein positiver Integerwert kleiner als $2^{24}$ und der Exponent ein Integerwert zwischen einschließlich $-149$ und $104$ ist. Dies entspricht in etwa dem Bereich von $\pm 3.40 \cdot 10^{38}$ mit einer Genauigkeit von 6 bis 7 Dezimalstellen.

Eine `double`-Variable wird entsprechend in 64 bit gespeichert, wobei die Mantisse kleiner als $2^{53}$ ist und der Exponent zwischen $-1045$ und $+1000$ liegt. Die darstellbaren `double` Werte liegen deshalb im Bereich von etwa $\pm 1.798 \cdot 10^{308}$ mit einer Genauigkeit von etwa 15 Dezimalstellen.

*Literale*

Die Schreibweise von Fließkommazahlen entspricht in Java den üblichen Konventionen. Literale des Typs `float` müssen allerdings mit einem angehängten `F` gekennzeichnet werden, da alle Fließkommazahlen ansonsten als `double`-Werte gelten.

Der genaue Wert der Zahlenbereiche kann über die folgenden Konstanten der Klassen `java.Float` bzw. `java.Double` ermittelt werden:

```
double  a =   0.0;        // ohne D oder F: double
double  b =   123.456E-78D;
float   c =   42.0F;

float f, g;
f = Float.MAX_VALUE;    // 3.40282346638528860e+38f
g = Float.MIN_VALUE;    // 1.40129846432481707e-45f

double d, e;
d =  Double.MAX_VALUE; // 1.79769313486231570e+308d
e =  Double.MIN_VALUE; // 4.94065645841246544e-324d
```

Die arithmetischen Operationen +, -, *, / entsprechen voll der IEEE-754 Spezifikation und können auf `float` und `double` Werte angewendet werden. Insbesondere unterstützt Java die sogenannten „nicht-normalisierten" Zahlen für die Darstellung sehr kleiner Werte (nahe Null). Das Resultat einer arithmetischen Operation ist nur dann vom Typ `float`, wenn beide Operanden vom

Typ `float` oder ein Operand `float` und der andere Operand ein Integerwert (außer `long`) ist. Ansonsten ist der Typ der Operation von doppelter Genauigkeit:

```
float  f = 1 + 2.0F;     // 1.0F + 2.0F
double a = 3.0L * 4.0F;  // 3.0D * 4.0D
```

Neben den arithmetischen Operationen können auch alle Vergleichsoperatoren auf `float` oder `double` Werte angewendet werden. Bei Operanden unterschiedlicher Typen wird der kleinere Typ wiederum zunächst nach `float` und bei Bedarf nach `double` konvertiert.

Zusätzlich stehen in der Klasse `java.lang.Math` die Konstanten $e$ und $\pi$ sowie die üblichen mathematischen Funktionen, etwa `sqrt()`, `exp()` oder `sin()`, zur Verfügung. Diese Funktionen liefern als Resultat immer den Typ `double` zurück, so daß eine Zuweisung an einen `float` einen Cast erfordert:

*Mathematische Funktionen*

```
double area, radius = 1.00000000000001;
area = 2 * Math.PI * (radius*radius);

float dx = 0.0, dy = 1.00001;
float angle = (float) Math.atan2( dy, dx );
```

Fließkommaoperationen lösen in Java keine Fehlerbedingungen (Exceptions, siehe Abschnitt 2.6) aus, auch nicht die Division durch Null. Falls ein Überlauf entsteht, wird dem Resultat der spezielle Wert „unendlich" zugewiesen:

*Über-/Unterlauf*

```
/* Werte für +/- unendlich:
   Float.POSITIVE_INFINITY;
   Float.NEGATIVE_INFINITY.
   Double.POSITIVE_INFINITY
   Double.NEGATIVE_INFINITY
*/

float f = Float.MAX_VALUE;
float g = Float.POSITIVE_INFINITY;

if (f == g) ...     // false!
```

Das Ergebnis von undefinierten Operationen, etwa beim Aufruf von `Math.sqrt(-1)`, ist der Wert `Double.NaN` („Not-a-Number") bzw. `Float.NaN`. Alle nachfolgenden mathematischen Operationen auf dem Wert `NaN` liefern ebenfalls den Wert `NaN`, so daß der Fehler auch später nach weiteren Operationen erkannt werden kann.

*Not a Number*

Alle Vergleichsoperationen außer `!=` mit dem Wert `NaN`, auch der Test `NaN == NaN`, liefern stets den Wert `false`. Entsprechend ist der Vergleich `!=` mit einem `NaN` immer `true`, auch wenn beide Operanden den Wert `NaN` aufweisen. Nur mit der Funktion `Double.isNaN( x )` kann ermittelt werden, ob das Ergebnis x einer Fließkommarechnung ungültig ist:

```
double a = Double.NaN, b = a;

if (a == b) ...            // false!
if (a != b) ...            // true!
if (Double.isNaN(b)) ...  // true
```

Der IEEE-754 Standard unterscheidet zusätzlich zwischen einer positiven und einer negativen Null. Der direkte Vergleich von `+0` und `-0` liefert `true`, aber das Ergebnis von $1/\pm 0$ liefert `POSITIVE_INFINITY` bzw. `NEGATIVE_INFINITY`.

### 2.2.5 Konstanten

Alle Variablen der elementaren Typen können durch das Attribut `final` als Konstanten markiert werden. Sehr häufig werden *final* `final`-Variablen gleichzeitig als `static` definiert (siehe Abschnitt 3.2.3). Eine `final`-Variable muß natürlich sofort bei ihrer Deklaration initialisiert werden, da der Wert später nicht mehr geändert werden kann:

```
       final char   MAX_VALUE = '\uffff';
static final double PI = 3.14159265358979323846;

final static int MIN_PRIORITY = 1;
final static int MAX_PRIORITY = 10;
...
```

Da `final`-Variablen nicht innerhalb einer Funktion definiert werden können, sind Konstanten immer global in einer Klasse sicht-*Konstanten* *nur global* bar. Lokale Konstanten innerhalb einer einzigen Funktion sind in Java deshalb nicht möglich.

## 2.3 Ausdrücke

Als Ausdrücke („expressions") gelten in Java alle arithmetisch logischen Ausdrücke, Zuweisungen, Feldzugriffe, Funktionsaufrufe und das Erzeugen neuer Objekte (siehe die Grammatik ab Seite 550). In diesem Abschnitt werden zunächst nur die arithmetischen Ausdrücke mit allen Operatoren vorgestellt.

Bis auf minimale Ausnahmen entsprechen diese Ausdrücke in Java genau den aus C und C++ vertrauten Konventionen. Das Fehlen des „Komma"-Operators aus C wird kaum stören, der in Java definierte Shift-Operator „>>>" selten verwendet. Nur die Regeln zur automatischen Typkonvertierung unterscheiden sich in wichtigen Punkten, da Java die Typprüfungen weit restriktiver einhält als C. Mit einem potentiellen Daten- oder Genauigkeitsverlust verbundene Konvertierungen müssen immer mit einem Cast ausdrücklich angefordert werden, und eine Typkonvertierung zwischen `boolean` und `int` ist ganz verboten.

*Operatoren: genau wie in C*

Abbildung 2.4 faßt alle Operatoren mit ihrer Priorität (P), Assoziativität (As) und der Anzahl der Argumente (Ar) zusammen. In diese Abbildung sind auch der Feldzugriff, der „Punkt"-Operator für die Objektreferenz und die Klammern mit aufgenommen, obwohl es sich dabei strenggenommen nicht um eigentliche Operatoren handelt. Im Operanden-Feld der Tabelle sind die für den jeweiligen Operator zulässigen Datentypen aufgeführt. Der Wert „integer" steht dabei für alle Integertypen von `byte` bis `long` (und `char`), „arithmetisch" für alle Integerwerte sowie `float` und `double` und „primitiv" für alle elementaren Datentypen.

*Operator-Tabelle auf Seite 57*

Die Zuweisung mittels „=" hat die geringste Priorität aller Operatoren. In den folgenden Beispielen wird die Zuweisung also erst vorgenommen, nachdem der Ausdruck auf der rechten Seite vollständig berechnet wurde.

*Zuweisung*

Das Ergebnis einer Zuweisung ist wie in C ein Wert, nicht wie in C++ eine (bei Bedarf automatisch erzeugte temporäre) Variable. Der folgende Code ist in C++ legal, nicht aber in Java:

```
(a += 4)++;
```

Der Java-Compiler beklagt sich in diesem Fall über einen *missing term*.

55

Die Auswertungsreihenfolge ist in Java exakt festgelegt. Unterausdrücke in einem komplexen Ausdruck mit mehreren Teilen werden von links nach rechts bewertet. Während das Ergebnis des folgenden Ausdrucks in C/C++ vom Compiler abhängt, garantiert Java also ein eindeutiges Resultat:

*Von links
nach rechts*

```
int i = 1;
v[i] = i++;      // C++:  v[1] = 1 oder v[2] = 1 ?
                 // Java: v[1] = 1;

...              // hier hat i den Wert 2
```

Die Auswertungsreihenfolge von links nach rechts gilt natürlich nur zwischen Unterausdrücken mit Operatoren derselben Priorität.

### 2.3.1  Arithmetisch und logische Operationen

Die arithmetischen Operationen Addition, Subtraktion, Multiplikation und Division (+, -, *, /) können auf alle Integertypen und die Fließkommatypen angewendet werden. Die Vorzeichen werden natürlich ebenfalls mit „+" und „-" geschrieben. Wie in C bezeichnet „%" den Modulo-Operator (Divisionsrest). Für die arithmetischen Operationen gilt die übliche Priorität:

*Arithmetische
Operationen*

```
int u,w,x,y,z;

w =  x + y * z;        // x + (y * z)

u =  27 / 7;           // 3
w =  27 % 7;           // Divisionsrest ist 6
```

Die Division rundet in Richtung Null. Daher ergibt 7/2 den Wert 3 und -7/2 den Wert -3. Dies gilt für den Modulo-Operator entsprechend, zum Beispiel ergibt -7%2 den Wert -1. Für die Integertypen gilt daher die Gleichung (x/y)*y + x%y == x.

Bei Bedarf kann die Auswertungsreihenfolge durch Setzen von Klammern explizit vorgegeben werden:

```
w =  a * (b + (c >> 2));
```

| P | Symbol | As | Ar | Operand(en) | Bedeutung | Beispiel |
|---|--------|----|----|-------------|-----------|----------|
| 14 | () | R | 1 | beliebig | Klammern | (*expr*) |
| | [] | R | 1 | integer | Feldzugriff | *expr*[*expr*] |
| | . | R | 1 | beliebig | Objektreferenz | *obj.obj* |
| 13 | ++ | R | 1 | arith. | (pre/post) Inkrement | *lvalue*++ |
| | -- | R | 1 | arith. | (pre/post) Dekrement | --*lvalue* |
| | +, - | R | 1 | arith. | Vorzeichen | -*expr* |
| | ~ | R | 1 | integer | bitweise Negation | ~*expr* |
| | ! | R | 1 | boolean | logische Negation | !*expr* |
| | (type) | R | 1 | beliebig | Typkonvertierung (cast) | (Object) *expr* |
| 12 | * | L | 2 | arith. | Multiplikation | *expr* * *expr* |
| | / | L | 2 | arith. | Division | *expr* / *expr* |
| | % | L | 2 | arith. | Modulo (Divisionsrest) | *expr* % *expr* |
| 11 | + | L | 2 | arith. | Addition | *expr* + *expr* |
| | - | L | 2 | arith. | Subtraktion | *expr* - *expr* |
| | + | L | 2 | String | Verkettung | s1 + s2 |
| 10 | << | L | 2 | integer | Shift links | *expr* << *expr* |
| | >> | L | 2 | integer | Shift rechts (sign extension) | *expr* >> *expr* |
| | >>> | L | 2 | integer | Shift rechts (zero extension) | *expr* >>> *expr* |
| 9 | | L | | arith. | Vergleiche | |
| | <, <=, | L | 2 | | kleiner, kleiner gleich, | *expr* <= *expr* |
| | >, >= | L | 2 | | größer, größer gleich, | |
| | instanceof | L | 2 | Objekt | Typvergleich | *I* instanceof *C* |
| 8 | | | | | Vergleiche | |
| | == | L | 2 | primitiv | identische Werte? | *expr* == *expr* |
| | != | L | 2 | primitiv | verschiedene Werte? | *expr* != *expr* |
| | == | L | 2 | Objekt | selbes Objekt? | *obj1* == *obj2* |
| | != | L | 2 | Objekt | verschiedene Objekte? | *obj1* == *obj2* |
| 7 | & | L | 2 | integer | bitweises UND | *expr* & *expr* |
| | & | L | 2 | boolean | logisches UND | *expr* & *expr* |
| 6 | ^ | L | 2 | integer | bitweises XOR | *expr* ^ *expr* |
| | ^ | L | 2 | boolean | logisches XOR | *expr* ^ *expr* |
| 5 | \| | L | 2 | integer | bitweises ODER | *expr* \| *expr* |
| | \| | L | 2 | boolean | logisches ODER | *expr* \| *expr* |
| 4 | && | L | 2 | boolean | bedingtes UND | *expr* && *expr* |
| 3 | \|\| | L | 2 | boolean | bedingtes ODER | *expr* \|\| *expr* |
| 2 | ? : | R | 3 | boolean, bel., bel. | bedingte Zuweisung | cond ? *expr1* : *expr2* |
| | *=, /=, %=, +=, -=, <<=, >>=, >>>=, &=, ^=, \|= | R | 2 | Variable, bel. | Zuweisung mit Operation | *lvalue* *= *expr* |
| 1 | 2 | = | L | beliebig | Zuweisung | *lvalue* = *expr* |

*Abbildung 2.4*
*Alle Operatoren*
*in Java.*

Alle „normalen" Operatoren mit zwei Argumenten sind in Java *links-assoziativ*. Das bedeutet, daß Ausdrücke mit mehreren Operanden gleicher Priorität von links nach rechts ausgewertet werden. Die folgenden Ausdrücke sind daher gleichwertig:

*Assoziativität*

```
w =   x + y  + z;
w =  (x + y) + z;

u =   w * x  / y  * z;
u =  ((w * x) / y) * z;
```

Für Brüche muß der Nenner daher eventuell geklammert werden. Die unären Operationen (Inkrement, Dekrement, Vorzeichen, Negation, Typumwandlung) und die bedingte Zuweisung sind dagegen rechts-assoziativ. In diesem Fall sind die folgenden Ausdrücke gleichwertig:

*Unäre Operationen*

```
int u, v;

u =   ~ - ++ v;            // Identität:
u =   ~ ( - ( ++v ));      // u == v;

w =   a ? b : c ? d : e;
w =   a ? b : (c ? d : e);
```

Für den oberen Ausdruck erhält u tatsächlich wieder denselben Wert wie v, da alle Integerwerte in Zweierkomplementdarstellung gespeichert werden.

Wie in C dient der Inkrement-Operator ++ dazu, eine Inkrementation direkt auszudrücken, anstatt sie als Kombination von Addition mit 1 und einer Zuweisung zu schreiben. Unter der Annahme, daß die Auswertung von expr keine Seiteneffekte hat, sind die Ausdrücke ++expr und expr = expr+1 gleichwertig. Der Inkrement-Ausdruck wird nur einmal bewertet. Eine Dekrementation läßt sich entsprechend mit dem Dekrement-Operator -- schreiben. Die Operatoren ++ und -- können als Präfix- wie auch als Postfix-Operatoren verwendet werden. Der Ausdruck ++x liefert den Wert des neuen (erhöhten) Wertes von x, während x++ noch den alten (noch nicht erhöhten) Wert von x zurückliefert:

*Inkrement, Dekrement*

```
int i=5, j=5;
int n = 2 * ++i; // n = 12, i = 6
int m = 2 * j++; // m = 10, j = 6
int l = 2 * --j; // l = 10, j = 5
```

Während die sparsame Anwendung der Inkrement-Operatoren die Lesbarkeit eines Programms oft erhöht, führt die Schachtelung dieser Konstrukte schnell zu unverständlichem Code. Der Kommentar zeigt, warum n im folgenden Beispiel den Wert 32 erhält:

```
i = 7;
n = (i++ + ++i) * (i-- - --i); // grauenvoll

//    7->8
//          ->9    9->8  ->7
//   (7   +   9) * (9   -   7)   -> 32
```

Die Shift-Operatoren werden ebenfalls wie in C geschrieben und können nur auf Integertypen angewendet werden. Der Operator x << n schiebt die Binärdarstellung von x um n Positionen nach links und füllt die rechts freigewordenen Bits mit Nullen auf. Entsprechend schieben die Operatoren x >> n und x >>> n die Binärdarstellung von x um n Bits nach rechts. Die links freiwerdenden Bits werden entweder mit dem Vorzeichen („arithmetisches" Schieben, >>) oder mit Nullen („logisches" Schieben, >>>) gefüllt. Für logische Shift-Operationen wird in Java ein separater Operator >>> benötigt, da alle Integerwerte vorzeichenbehaftet sind und daher anders als in C keine unsigned-Variablen vorhanden sind:

*Shift-Operationen*

*Arithmetische bzw. logische Shifts*

```
int x, u, v, w;

x = 16;            // 16   0x00000010
u = x << 4;        // 256  0x00000100
v = x >> 2;        // 4    0x00000004
w = x >>> 2;       // 4    0x00000004

x = -1;            // -1   0xFFFFFFFF
v = x >> 2;        // -1   0xFFFFFFFF
w = x >>> 2;       //      0x3FFFFFFF
                   // 1073741823
```

```
byte b = -1;              // 0xFF
b = b >>> 10;             // liefert -1!
b = (b & 0xFF) >> 10;     // liefert 0, ok.
```

*Problem mit byte / short*

Leider funktioniert der >>>-Operator für negative Operanden der Typen `byte` und `short` nicht wie erwartet, da die Werte vor der eigentlichen Shift-Operation zunächst in einen `int`-Wert konvertiert werden. Die Lösung besteht in der oben gezeigten zusätzlichen Anwendung einer Bitmaske. Anschließend führen die Operatoren >> und >>> (für `byte` und `short`) zu identischen Resultaten.

Die tatsächliche Anzahl der zu verschiebenden Stellen y für x << y wird mit der Anzahl der für den Typ von x möglichen Bits maskiert. Für einen `int`-Wert (32 Bit) wird intern also x << (y & 0x1F) berechnet, für einen `long`-Wert (64 Bit) entsprechend x << (y & 0x3F). Zum Beispiel sind für einen `int`-Wert die Aufrufe x << 35 oder x << -29 äquivalent zu x << 3.

Für logische Berechnungen auf Integerwerten stellt Java die Operatoren „&" (UND-Verknüpfung, hohe Priorität) „^" (XOR) und „|" (ODER, niedrige Priorität) zur Verfügung, die ihre Operanden bitweise miteinander verknüpfen. Diese Operatoren sind

*Logische Operationen*

auch für logische Werte des Typs `boolean` mit der entsprechenden Bedeutung und Priorität definiert. Wie in C wird die bitweise Negation mit „~" bezeichnet, die logische mit „!":

```
int  mask = 0x00FF0000, arg = 0x01234567, value;

value = mask & arg;       // 0x00230000 (UND)
value = mask | arg;       // 0x01FF4567 (ODER)
value = mask ^ arg;       // 0x01DC4567 (XOR)
value = ~mask;            // 0xFF00FFFF (NICHT)

boolean  a,b,c,d,e;

e = (a | b) & (c ^ !d);
```

Die Priorität der Negation entspricht der Priorität der Vorzeichen und liegt daher über allen anderen Operatoren.

Zusätzlich zu den Operatoren „&" und „|" für UND und ODER

*Bedingte logische Operationen*

führt Java noch die Varianten „&&" sowie „||" ein. Diese *bedingten* Operatoren bewerten ihr zweites (rechtes) Argument nur dann, wenn nach der Auswertung des linken Operanden das Ergebnis noch nicht feststeht:

```
boolean c=false, d=true, e;
e = c && d;        // false, bewertet nur c
e = d && c;        // false, bewertet d, dann c

e = c || d;        // true, bewertet c, dann d
e = d || c;        // true, bewertet nur d

if ((knoten != null) && (knoten.wert > 100)) ...
```

Eine typische Anwendung für diese Operatoren ist der Test, ob ein Objekt vorhanden ist. Im zweiten Teil des &&-Ausdrucks kann bedenkenlos auf das Objekt zugegriffen werden, ohne einen Nullpointer befürchten zu müssen.

### 2.3.2 Vergleichsoperationen

Die üblichen Vergleichsoperatoren (größer, größer gleich, gleich, kleiner gleich, kleiner und ungleich) sind:

```
>    >=    ==    <=    <    !=
```

Sie können zwischen Objekten der arithmetischen Typen angewendet werden und liefern als Ergebnis den Typ `boolean`:

```
boolean b, bf = false, bt = true;
b =  17 <= 17.1;   // ok. 17.0D < 17.1D

b =  bf < bt;      // Fehler! '<' ist für
                   // boolean nicht definiert

b =  (bf != bt);   // ok.
```

Die Operatoren „==" und „!=" können natürlich auch auf den Typ `boolean` und auf Referenztypen (Objekte) angewendet werden.

Anders als für die elementaren Datentypen wird beim Vergleich von Referenztypen aber nicht der Wert, sondern die *Adresse* der Objekte verglichen. Um die Werte von Objekten vergleichen zu können, müssen diese Objekte eine entsprechende Methode bereitstellen (wie etwa `String.equals()`):

*Werte oder Adressen?*

```
String s1 = "Ein String";
String s2 = "Ein ";

s2 = s2 + "String";        // Verkettung

if (s1 == s2) ...          // false!
if (s1.equals(s2)) ...     // true!
```

Für String-Objekte (siehe Abschnitt 4.2) bedeutet der Operator
„+" übrigens die Stringverkettung.

Der Operator `instanceof` schließlich testet die Typkompa-
tibilität von Objekten (siehe Abschnitt 3.2 für die Beschrei-

*instanceof*  bung von Klassen und ihren Typbeziehungen). Der Ausdruck A
`instanceof` C ist genau dann wahr, wenn das Objekt A der Klasse
C oder einer Basisklasse von C angehört oder die Schnittstelle C
implementiert:

```
class Fahrzeug { ... }
class Cabrio extends Fahrzeug { ... }
class Kombi  extends Fahrzeug { ... }
Fahrzeug v;

... // Zuweisungen an v

if      (v instanceof Cabrio) ...
else if (v instanceof Kombi) ...
```

Über einen `instanceof`-Ausdruck kann insbesondere ermittelt
werden, ob eine Typkonvertierung legal ist, bevor diese versucht
wird.

### 2.3.3  Zuweisungen

Neben der einfachen Zuweisung mit „=" definiert Java auch alle
Kombinationen mit den einfachen arithmetischen Operatoren:

```
=       *=      /=      %=      +=      -=
<<=     >>=     >>>=    &=      ^=      |=
```

Die Bedeutung des Operators x `op=` y ist jeweils x = x `op` y,
wobei wie bei den Inkrement-Operatoren der Ausdruck x nur einmal bewertet wird. Die resultierenden Ausdrücke sind oft besser

lesbar als die ausführliche Alternative, weil sie den eigentlichen Zweck der Operation (eine Variable in bestimmter Weise zu modifizieren) deutlich machen. Besonders auffällig wird der Vorteil der kombinierten Zuweisung mit „+=" im folgenden Beispiel:

```
yyval[yypv[p3+p4] + 2] += 2;
yyval[yypv[p3+p4] + 2] = yyval[yypv[p3+p4] + 2] + 2;
```

Die linke Seite der Zuweisung ist in diesem Fall ein mehrfacher Feldzugriff.

## 2.4  Felder

Neben den elementaren Typen, Klassen und Interfaces gibt es einen vierten grundlegenden Datentyp in Java: Felder (Arrays). Ein Feld enthält eine Anzahl (auch Null) von Elementen, die nicht über ihren Namen, sondern über einen Index zugegriffen werden. Die Anzahl der Elemente eines Feldes wird bei der Initialisierung festgelegt und kann anschließend nicht mehr geändert werden. Die Länge eines Feldes kann durch Zugriff auf die in jedem Feld definierte Variable length ermittelt werden.

*Felder mit fester Länge*

Wie in C und C++ ist die Indizierung der Elemente fest vorgegeben und beginnt mit dem Index 0. Falls ein Feld n Elemente enthält, haben diese also die Indizes 0 bis n-1 (einschließlich). Zur Indizierung können alle nichtnegativen Integervariablen im entsprechenden Bereich dienen. Variablen des Typs long können allerdings nicht als Index verwendet werden, so daß die maximale Länge eines einzelnen Feldes auf $2^{31}$ Elemente begrenzt ist. Die Notation für den Zugriff auf die Elemente eines Feldes entspricht im wesentlichen der C-Syntax:

```
int i, j = 4;            // einfache Variablen
int maske[] = new int[16]; // Feld
maske[0] =  1;           // Zuweisung, Element 0
maske[1] =  1 << 1;
...
maske[15] = 1 << 15;

i = maske[4];            // Zugriff auf Element 4
if (arg & maske[15])     // Zugriff, Element 15
```

```
String monate[] = new String[12];
monate[0]   = "Januar";    // Zuweisung
...
monate[11] = "Dezember";
int i = monate.length;    // i erhält den Wert 12
String wonneMonat = monate[4]; // Zugriff

monate[3L] = "April";     // Fehler: long als Index
monate[12] = "Dezember"; // Fehler: Index zu groß
```

Obwohl Felder in Java intern als eigenständige Datenstrukturen realisiert sind, können sie genau wie Objekte des Typs Object benutzt werden. Insbesondere kann ein Feld einer Variable des Typs Object zugewiesen werden, und alle Methoden von Object sind für Felder definiert und können aufgerufen werden.

Alle Elemente des Feldes haben denselben *Elementtyp*. Wenn T der Elementtyp eines Feldes ist, wird der Typ des Feldes selbst als T[] geschrieben. In Java gibt es zunächst keine *mehrdimensionalen* Felder. Allerdings darf der Komponententyp eines Feldes seinerseits wieder ein Feld sein. Damit sind Felder von Feldern usw. bis zu beliebiger Dimension möglich.

*Mehrere Dimensionen: Felder von Feldern*

Wie alle anderen Objekte müssen auch Felder in Java dynamisch mit dem new-Operator alloziert werden. Die folgenden Beispiele deklarieren Felder, ohne sie jedoch zu allozieren:

*Ein int-Vektor*
*Auch ein int-Vektor*
*Eine Matrix*

```
int       zeile[];
int[]     spalte;
double    matrix[][];

zeile[1] = 1; // Fehler: noch nicht alloziert...
```

Das Java-Laufzeitsystem überprüft alle Feldzugriffe auf Zulässigkeit. Zugriffe auf nicht initialisierte Felder oder außerhalb der gültigen Indexgrenzen werden sicher abgefangen.

Die folgenden Deklarationen definieren Felder, allozieren also gleichzeitig die benötigten Speicherbereiche:

*Vektor*
*Matrix*
*3 Dimensionen*

```
double zeile[] = new double[42];
double matrix[][]  = new double[42][42];
Exception aaae[][][] = new Exception[2][4][8];
matrix[41][41] = 0.0D;
matrix[0]        = zeile;
matrix[1]        = new double[117]; // Länge geändert
```

```
aaae[1][3][7]      = new java.io.IOException();
Exception[][] aae = aaae[1];
Exception[]   ae  = aaae[1][3];
Exception     e   = ae[7]; // liefert die IOException
```

Die Länge eines Feldes gehört nicht zu seiner Typinformation. Einer Feldvariablen können daher nacheinander durchaus Felder verschiedener Länge zugewiesen werden, obwohl die Länge dieser einzelnen Felder nach ihrer Erzeugung nicht mehr geändert werden kann. Im Beispiel wird der Variablen `matrix[1]` vom Typ `double[]` zunächst ein Feld `double[42]` und später ein Feld `double[117]` zugewiesen.

*Typ eines Feldes enthält nicht die Länge*

Manchmal ist es nützlich, die am obigen Beispiel angedeutete Namenskonvention für tief geschachtelte Felder von Feldern anzuwenden und den jeweiligen Typ (array of array of array of Exception usw.) bereits mit entsprechenden Namen `aaae`, `aae`, `ae` anzudeuten.

Zusätzlich gibt es eine besondere Syntax, um ein Feld gleich bei der Definition zu initialisieren:

```
String monate[] = { "Januar", "Februar", "März",
                    "April", "Mai", "Juni",
                    "Juli", "August", "September",
                    "Oktober", "November", "Dezember" };
int    tage[]   = { 31, 28, 31, 30, 31, 30,
                    31, 31, 30, 31, 30, 31 };
```

Die Funktion im folgenden Beispiel erzeugt eine $n \times m$ Matrix von `double` Elementen (d.h. ein Feld von Feldern von `double`) und initialisiert alle Elemente mit dem angegebenen Wert:

```
/* erzeugt und initialisiert eine Matrix */

double[][] createMatrix(int n,int m, double value) {
  double[][] matrix = new double[n][m];
  for( int i=0; i < matrix.length; i++) {
    for( int j=0; j < matrix[i].length; j++) {
      matrix[i][j] = value;
    }
  }
  return matrix;
}
```

65

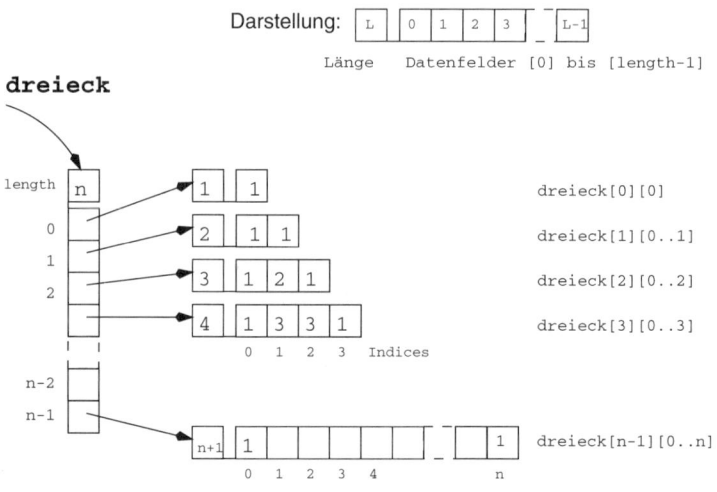

*Abbildung 2.5
Aufbau von
mehrdimensionalen
Feldern*

Da mehrdimensionale Felder aus einzelnen Feldern zusammen-gesetzt werden, sind auch besondere Datenstrukturen ohne zu-sätzlichen Aufwand möglich. Die Funktion im folgenden Bei-spiel erzeut das Pascal-Dreieck — ein „dreieckiges" Feld wobei das Element [i][j] nur für $j < i$ existiert und den Wert $i!/j!(i-j)!$ erhält:

*Besondere
Datenstrukturen*

```
/* erzeugt das Pascal-Dreieck, Ordnung n */

long[][] PascalDreieck( int n ) {
  long[][] dreieck = new long[n][];
  for( int i=0; i < dreieck.length; i++) {
    dreieck[i] = new long[i+1];
    dreieck[i][0] = 1;
    for( int j=1; j < i; j++) {
      dreieck[i][j] = dreieck[i-1][j-1]
                          + dreieck[i-1][j];
    }
    dreieck[i][i] = 1;
  }
  return dreieck;
}
```

*n Zeilen gesamt*

*Zeile i hat
i+1 Elemente*

Der Aufbau der Matrix und des Pascal-Dreiecks als Feld von Fel-dern ist in Abbildung 2.5 noch einmal dargestellt.

Auch unregelmäßig aufgebaute Felder können gleich bei der Deklaration initialisiert werden,

```
int[][] dreieck = {{ 1 }, { 2, 3 }, { 4, 5, 6 }};
```

Wegen des Aufbaus der mehrdimensionalen Strukturen als Felder von Feldern ist es möglich, nur die Anzahl der Elemente der ersten $n$ Dimensionen in einer Deklaration festzulegen, die restlichen Dimensionen aber noch offenzulassen:

```
int tensor[][][][] = new int[5][4][][]; // ok.
```

Zunächst wird das Feld `tensor` des Typs `int[][][][]` und der Länge 5 erzeugt. Anschließend werden 5 Felder des Typs `int[][][]` und der Länge 4 erzeugt und den 5 Elementen von `tensor` zugewiesen. Die Elemente dieser Felder bleiben leer (verweisen auf `null`), bis ihnen ihrerseits Felder des Typs `int[][]` zugewiesen werden:

```
tensor[0][0] = new int[3][2];
tensor[0][1] = new int[3][1];
// ... usw.
tensor[4][3] = new int[2][17];
```

Es ist natürlich unmöglich, ein mehrdimensionales Feld zu erzeugen, in dem zuerst die letzten Dimensionen initialisiert werden. Solange die ersten Felder noch nicht initialisiert sind, gibt es keine Feldelemente, denen das letzte Feld (`int[2]`) zugewiesen werden könnte:

```
int big[][][] = new int[][][2]; // Fehler!
```

Das nächste Beispiel ist ein bißchen aufwendiger. Es demonstriert den Shellsort-Algorithmus, um ein Feld von `double` Werten zu sortieren. In der Funktion `main()` wird zunächst ein Feld erzeugt, mit zufälligen Werten vorbesetzt und dann einmal ausgegeben. Dann wird die Methode `shellSort()` aufgerufen, um das Feld zu sortieren. Anschließend wird das sortierte Feld noch einmal ausgegeben:

*Shellsort, siehe [Sedgewick 92]*

```
/* SortDemo - shellsort Algorithmus */

public class SortDemo {
```

67

```
/** shellsort(): Sortiert das Array A[] mit
 *  dem Shellsort-Algorithmus.
 *  Nach R. Sedgewick: "algorithms in C++",
 *  Addison-Wesley, 1992
 */
```

*Shellsort*

```
static void shellSort( double A[] ) {
  int i, j, h, N = A.length;
  double v;
```

*Inkrement-Folge*

```
  for( h=1; h <= N/9; h = 3*h+1 )
    ;
  for( ; h > 0; h /= 3) {
    for( i = h; i <= N; i++ ) {
      v = A[i-1]; j = i-1;
      while( j > h-1 && A[j-h] > v) {
        A[j] = A[j-h]; j -= h;
      }
      A[j] = v;
    }
  }
} /* end shellSort */
```

*Feld ausgeben*

```
static void printArray( double A[] ) {
  System.out.println();
  for( int i=0; i < A.length; i++ ) {
    System.out.println( "A[" + i + "]= " + A[i] );
  }
}
```

*Hauptprogramm*

```
public static void main( String argv[] ) {
  System.out.println( "SortDemo..." );
```

*Zufallszahlen-*
*generator*

```
  java.util.Random RG = new java.util.Random();
```

*Feld A anlegen,*
*mit Zufallswerten*
*besetzen,*

```
  double A[];
  A = new double[ 30 ];
  for( int i=0; i < A.length; i++ ) {
    A[i] = RG.nextDouble();
  }
```

*ausgeben,*
*sortieren,*
*ausgeben.*

```
  printArray(A);
  shellSort(A);
  printArray(A);
}
```

```
}
```

Leider ist in den Java-Klassenbibliotheken bisher kein Sortier-algorithmus enthalten. Die obige Methode `shellSort` bietet sich daher als durchaus effizienter Ersatz an: Für kleinere Sortieraufgaben ist der Shellsort-Algorithmus mit einer Komplexität von etwa $O(N^{3/2})$ völlig ausreichend und fast so schnell wie die deutlich komplexeren Algorithmen Quicksort oder Heapsort.

Bei Bedarf können mehrdimensionale Felder natürlich auch in eindimensionalen Feldern „simuliert" werden, indem das Java-Programm die Indexberechnungen selbst vornimmt:

```
int     rows = 768, columns = 1024, pixel;
int[]   image_data = new int[rows*columns];
int     index;

// Pixel [i,j] zugreifen:
index = i + j*columns;
pixel = image_data[ index ];

// rechter Nachbar:
pixel = image_data[ index+1 ];

// unterer Nachbar:
pixel = image_data[ index+columns ];
```

## 2.5  Anweisungen

Dieser Abschnitt beschreibt alle Kontrollstrukturen der Sprache Java: die bedingten Anweisungen `if` und `switch` sowie die Schleifenkonstrukte `while` und `for`, mit denen die Abfolge der Programmausführung gesteuert werden kann. Erfahrene C-Programmierer können diesen Abschnitt beim ersten Lesen ruhig überspringen, denn mit Ausnahme von Details wie dem fehlenden `goto` entsprechen die Kontrollstrukturen in Java genau den Möglichkeiten von C oder C++. Abbildung 2.6 zeigt eine Übersicht der Anweisungen und Kontrollstrukturen in Java.

*Anweisungen: fast genau wie C/C++*

### 2.5.1  Blöcke

Wie in den meisten Programmiersprachen üblich, faßt ein Block auch in Java nicht nur eine Reihe von Anweisungen zusam-

Die Java-Anweisungen als Pseudocode auf einen Blick:

*Abbildung 2.6*
*Übersicht über die*
*Java-Anweisungen.*
*Für die Details der*
*Grammatik siehe*
*Anhang C.*

```
package Name;
import Name;

{ ... }        // Block
if ( Ausdruck ) 'true'-Block
if ( Ausdruck ) 'true'-Block
else            'false'-Block
switch ( Ausdruck ) {
    case konstanter Ausdruck : Block [break;]
    default: Block
}

while ( Ausdruck )  Block
do Block while ( Ausdruck );
for( init; test; incr ) Block
break [label];
continue [label];
return Ausdruck;

try Block
    throw Exception;
    catch ( Exception ) Block
    finally Block

synchronized( Ausdruck ) Block
```

men, sondern definiert gleichzeitig einen neuen *Gültigkeitsbereich* (auch „*Sichtbarkeitsbereich*", engl. „*Scope*") für lokale Variablen. Blöcke dürfen beliebig geschachtelt werden. Innerhalb eines Blocks dürfen neue Variable deklariert werden, die dann nur ab der Deklaration bis zum Ende des Blocks definiert und zugreifbar sind. Ein in einem umgebenden (äußeren) Block bereits für eine lokale Variable definierter Name darf allerdings nicht erneut verwendet werden.

*Scope-Regeln für lokale Variablen*

Die folgende (ansonsten nutzlose) Klasse demonstriert die Regeln zur Sichtbarkeit von Variablen in Java. Als Vorgriff auf Abschnitt 2.7 und Kapitel 3 werden dabei zwei Funktionen `f()` und `g()` verwendet. Der Rumpf einer Funktion definiert ebenfalls einen eigenen Block und damit auch einen neuen Scope:

```
public class A {    /* Scope-Regeln */
        int x = 4;    // Exemplarvariable x und
  static int i = 5;   // Klassenvariable i sind in
                      // der gesamten Klasse sichtbar
  int f() {
    int i = 6, j;     // lokales i und j in f(),
                      // Klassenvariable i 'verdeckt'
    {
      // int i = 7;   // Fehler: i bereits definiert
      // i = k;       // Fehler: k nicht deklariert

      int k = 19;     // ok.

      j = i;          // ok. j == 6
      j = A.i;        // ok. j == 5
    }
    // k ab hier nicht mehr definiert
    return i;         // liefert i == 6
  }

  int g( int i ) {
    // der Parameter i dient als lokale Variable
    // und 'verdeckt' damit A.i
    int j = f();      // liefert j == 6
  }
} /* class A */
```

Die Klasse Scope unter den Beispielprogrammen enthält ein
ausführliches Beispiel zu diesen Regeln. Anders als in C/C++
dient der Modifier static nicht nur als Attribut zur Speicherver-
gabe. Mit static wird vielmehr eine *Klassenvariable* bezeich-     *Klassenvariable*
net, die nicht einmal pro Instanz der Klasse, sondern nur genau
einmal global in der Klasse vorhanden ist (siehe Seite 120). Es
ist deshalb ein schwerer Fehler, in C-Tradition eine gewöhnliche
statische Variable innerhalb einer Methode zu deklarieren:

```
public class A {

  void f() {
    static int c = 1;    // Fehler: in f()
  }

  static int d = 2;      // o.k., außerhalb
```

```
void g() {
  ...
}
}
```

```
borneo>javac A.java
A.java:3: '}' expected.
... Meldungen über Folgefehler
```

Wie angedeutet, liefert der Java-Compiler in diesen Fällen leider
keine hilfreiche Fehlermeldung, sondern beklagt sich statt dessen
über die fehlende schließende Klammer, um die aktuelle Methode
(hier f()) zu beenden.

### 2.5.2 Die If-Anweisung

Die if-else-Anweisung wird für Entscheidungen verwendet.
Dabei ist der else-Zweig optional:

```
if (Ausdruck) {true-Anweisung};
```

```
if (Ausdruck) {true-Anweisung};
else           {false-Anweisung};
```

```
Variable = Ausdruck ? true-Ausdruck : false-Ausdruck;
```

Bei der Ausführung der if-Anweisung wird zunächst die Bedingung, d.h. der direkt nach dem if in Klammern folgende Ausdruck, ausgewertet. Falls der Ausdruck den Wert true liefert,
wird die *true-Anweisung* ausgeführt. Falls dagegen der Ausdruck den Wert false liefert und ein else-Zweig vorhanden ist,
wird die *false-Anweisung* ausgeführt. Statt einer einzelnen Anweisung können sowohl der true- als auch der else-Zweig einen
Block mit beliebig vielen Anweisungen enthalten.

*Bedingung:*
*boolean*

```
if (x < 0) x = -x;  // Absolutwert
```

```
if (a < b) {          // a und b vertauschen:
  int t; t = a; a = b; b = t;
}
```

Anders als in C oder C++ muß der Ausdruck der Bedingung einen
Wert des Typs boolean liefern:

```
int x, y;
...
if (x)      y = 1/x;  // Fehler: x kein boolean
if (x != 0) y = 1/x;  // o.k.
```

Das folgende Programmstück weist der Variablen max den größeren der beiden Werte von a und b zu:

```
if (a > b)  max = a;
else        max = b;
```

Eine mehrfache Auswahl kann als Kette von if-Anweisungen formuliert werden:

```
if (tempo > limit+50) {
                        bussgeld = 400; punkte += 4;
}
else if (tempo > limit+30) {
                        bussgeld = 250; punkte += 3;
}
else if (tempo > limit+20) {
                        bussgeld = 120; punkte ++;
}
else {
                        // vorbildlich
}
```

Die letzte else-Anweisung gehört dabei immer zum nächstliegenden (innersten) if. Es ist häufig empfehlenswert, geschachtelte if-Anweisungen vollständig mit { und } zu klammern, um von Anfang an die korrekte Zuordnung der korrespondierenden if und else-Anweisungen zu erreichen. Ansonsten tritt leicht — vor allem bei späteren Änderungen des Programms — der folgende Fall ein:

*Zuordnung des else*

```
if (n > 0)
   if (a > n)
      return a;
else
   System.out.println( "Fehler: n ist Null!" );
```

Da die Einrückung die beabsichtigte Zuordnung des else-Zweiges suggeriert, der Compiler jedoch das else zum „falschen" if zuordnet, sind derartige Fehler manchmal sehr schwierig zu finden.

Eine in Java typische Anwendung für geschachtelte `if`-Ketten ist die Auswertung der Benutzereingaben von Applets und Applikationen unter der AWT-Benutzeroberfläche. Das folgende Programmstück zeigt nur einen kurzen Ausschnitt aus einer langen Funktion, vollständige Beispiele folgen später in Kapitel 8:

```
public boolean action( Event evt, Object arg ) {
    ...
    // "Buttons" behandeln:
    s = (String) arg;
    if      (s.equals( "Quit" )) {
        // Programm beenden...
    }
    else if (s.equals( "Save" )) {
        // Datei speichern...
    }
    else if (s.equals( "Next" )) {
        // nächste Iteration...
    }
    ...
    return true;
}
```

### 2.5.3 Die bedingte Zuweisung

Freunde der C-Syntax werden begrüßen, daß die bedingte Zuweisung mittels ? und : in Java ebenfalls möglich ist. Falls die vor dem Fragezeichen stehende Bedingung erfüllt ist, wird der vor dem Doppelpunkt stehende Ausdruck ausgewertet und zugewiesen, ansonsten der hinter dem Doppelpunkt folgende Ausdruck. Auch der folgende Code weist daher der Variablen `max` den größeren der beiden Werte von `a` und `b` zu:

```
max = (a > b) ? a : b;
```

Der ?-Operator ist für einfache Ausdrücke oft platzsparend und übersichtlicher als eine zusätzliche `if`-Anweisung. Die Schachtelung derartiger Ausdrücke führt jedoch zu sehr schwer lesbaren Programmen und ist selten eine gute Idee. Auch die Klammer um den Ausdruck (a > b) ist natürlich nicht notwendig, sondern dient der Lesbarkeit.

Noch besser lesbar wird die Berechnung des Maximums zweier Werte aber durch die Verwendung der entsprechenden Java-Bibliotheksfunktion:

```
max = Math.max( a, b );
```

### 2.5.4 Mehrfache Auswahl mit Switch

Die switch-Anweisung erlaubt eine Auswahl unter mehreren Alternativen. Es wird untersucht, ob der bedingte Ausdruck einen von mehreren *konstanten* Werten besitzt. Ist dies der Fall, so wird entsprechend verzweigt. Falls keine Übereinstimmung auftritt, wird der optionale default-Zweig ausgeführt:

```
char c = getchar();

switch (c) {
    case  '0' :
    case  '1' :
    case  '2' :
    case  '3' :
    case  '4' :
    case  '5' :
    case  '6' :
    case  '7' :
    case  '8' :
    case  '9' :
                // Ziffer behandeln
                break;
    case  '+' : // Addition
                break;
    case  '-' : // Subtraktion
                break;

    default :
                error( "illegal char: '" + c + "'" );
}
```

Der bedingte Ausdruck zur Steuerung des switch muß dabei einen der folgenden elementaren Datentypen zurückliefern:

75

boolean, byte, char, short, int oder long. Andere Datentypen können nicht für die Auswahl in einem switch verwendet werden.

Man beachte, daß die im letzten Abschnitt 2.5.2 dargestellte if-Kette nicht durch eine switch-Anweisung ersetzt werden kann, da Strings in einem switch nicht als Datentypen für die Auswahl in Frage kommen. Das folgende Beispiel ist also kein gültiger Java-Code:

```
...
String s = (String) arg;
switch (s) {       //Fehler: String als Auswahl
  case "Quit" :    //Fehler: String als Wert
  case "Save" :    //Fehler:  ""
  ...
  default :
}
```

*fall-through*

Leider hat Java von C mit der switch-Anweisung auch das „fall-through" übernommen: Wenn die einzelnen case-Zweige nicht durch ein break abgeschlossen werden, wird die Programmausführung automatisch mit dem nächsten case-Zweig fortgesetzt. In einigen Fällen kann dies durchaus etwas Schreibarbeit sparen, wie etwa im obigen Beispiel für die case-Zweige der Ziffern. Meistens aber wird das „fall-through" nicht benötigt, und Fehler durch ein vergessenes break sind manchmal sehr schwer zu finden.

### 2.5.5  While-Schleifen

Wie in C/C++ steht die while-Anweisung für Schleifen, deren Bedingung vor der ersten Ausführung der Schleife bewertet wird. Solange die Bedingung im Test der while-Anweisung den Wert true behält, wird der Rumpf der Schleife wiederholt:

```
i = 123;
while( i>10 ) {
  i--;
}
```

Das folgende Beispiel zeigt die übliche Schreibweise für eine Endlosschleife:

```
while( true ) {
   // Endlosschleife
   // hier ein break oder return
}
```

Meistens soll eine derartige Schleife doch beendet werden. Dazu kann entweder eine `return`-Anweisung dienen, um die Kontrolle an die aufrufende Funktion zurückzugeben; oder die Schleife wird mittels einer `break`-Anweisung (s.u. in Abschnitt 2.5.7) verlassen. *Beenden: mit return oder break*

Falls der Inhalt einer Schleife mindestens einmal ausgeführt werden soll, bietet sich die `do ... while`-Schleife an:

```
i = 0;

do {
   // mindestens einmal ausgeführt, auch
   // wenn die Bedingung nicht erfüllt ist
} while( i>10 );
```

Die aus Pascal bekannte `repeat ...until` Schleife kann natürlich ebenfalls mit der `do ... while` Schleife nachgebildet werden.

### 2.5.6 Die For-Schleife

Das flexibelste Schleifenkonstrukt in Java ist die `for`-Anweisung mit der allgemeinen Form

```
for( for-init; test; for-incr) Anweisung;
```

Dies entspricht den folgenden Anweisungen:

```
for-init;
while( test ) {
   Anweisung;
   for-incr;
}
```

Bei der Ausführung der `for`-Schleife wird zunächst genau einmal *for-init* abgearbeitet. Falls anschließend der Ausdruck *test* den Wert `true` ergibt, wird die *Anweisung* (meistens ein

77

Block von Anweisungen) und danach der *for-incr*-Ausdruck ausgeführt. Damit ist eine Iteration der for-Schleife beendet und der *test*-Ausdruck wird erneut ausgewertet.

Die folgende Schleife druckt die Zahlen 0 bis 9 und ihre dritten Potenzen:

```
int i;
for( i=0; i < 10; i++ ) {
   System.out.println( i + " " + i*i*i );
}
// hier ist i == 10
```

Die Möglichkeiten der for-Anweisung sind aber mit einem einfachen Inkrement der Schleifenvariablen bei weitem nicht erschöpft. Das folgende Beispiel zeigt die typische Anwendung einer for Schleife, um eine Operation auf allen Elementen einer Liste durchzuführen:

```
Liste L;
ListenElement a;

for( a = L.root(); a != null; a = a.next() ) {
   // irgendeine Operation auf a
}
```

Die Schleifenvariable a ist in diesem Beispiel vom Typ „ListenElement". In der Initialisierung wird ihr zunächst durch den Funktionsaufruf L.root() die Wurzel der Liste zugewiesen. Anschließend wird getestet, ob a einen Wert ungleich null hat, also ein gültiges Objekt referenziert. Wenn ja, wird der Inhalt der Schleife ausgeführt. Schließlich wird durch die Zuweisung a = a.next() das nächste Element der Liste an a zugewiesen usw.

Aus C++ wurde die Möglichkeit in Java übernommen, die Schleifenvariable erst innerhalb der for-Anweisung zu deklarieren, was die Lesbarkeit eines Programms deutlich verbessern kann. Der Sichtbarkeitsbereich einer so deklarierten Variablen ist dann auf den Bereich der for-Anweisung beschränkt. Außerhalb der Schleife kann nicht mehr auf den Wert der Variablen zugegriffen werden:

```
for( int i=0; i < 10; i++ ) {   // das erste i
   System.out.println( i + " " + i*i );
```

```
}
// hier ist i undefiniert

for( int i=169; i > 5; i-=5 ) { // ein neues i
    System.out.println( i + " " + i*i );
}
// hier ist i undefiniert
```

Wie in C dürfen in der Initialisierung und dem Inkrement einer for-Anweisung auch jeweils mehrere Anweisungen stehen, die dann durch den Komma-Operator ",‟ getrennt werden. Das Ausnutzen dieser Möglichkeit führt zwar immer zu sehr kompaktem, nur selten aber zu leicht lesbarem Code:

```
Liste L;
ListenElement a;
int count;
for( a=L.root(), count=0;
     a != null; a=a.next(), count++)
     ;
System.out.println(
    "Die Liste hat " + count + " Elemente." );
```

Der Rumpf der Schleife ist in diesem Beispiel vollkommen leer. Vorsicht ist bei der Kombination des Komma-Operators mit der lokalen Deklaration von Schleifenvariablen geboten, denn in diesem Fall gilt die Deklaration für alle Teile der Komma-Operation:

```
for( int i=0, j=15; i < j; i++, j-- ) {        ok
    // Anweisungen
}

for( int i=0, long j=15; i < j; i++, j-- )     Fehler: unter-
    ;                                          schiedliche
                                               Typen

int k;
for( int i=0, k=15; i < k; i++, k-- )          Fehler: k
    ;                                          bereits deklariert
```

Das folgende Beispiel sieht auf den ersten Blick etwas seltsam aus, wird aber häufig verwendet, um Endlosschleifen zu beschreiben:

```
for(;;) {
    // Endlosschleife
}
```

79

## 2.5.7 Break und Continue

Manchmal ist es notwendig, die Ausführung einer Schleife oder
eines Anweisungsblocks unter bestimmten Bedingungen vorzei-
tig abzubrechen. Um die Ausführung eines Blocks ganz abzubrechen, bietet Java die break-Anweisung:

```
label: Anweisung;
{
  Anweisung;
  {
    break label;
  }
}
// hier geht's weiter
```

Die einfache break-Anweisung bewirkt, daß der aktuelle Block
verlassen wird. Die Programmausführung wird dann mit der
*Blöcke*  nächsten Anweisung hinter diesem Block fortgesetzt. Eine break
*verlassen:*  label-Anweisung dagegen bewirkt, daß alle Blöcke bis zu dem
*break*  mit dem Bezeichner *label* gekennzeichneten Block verlassen
werden. Die Programmausführung wird anschließend mit der
nächsten Anweisung hinter dem bezeichneten Block fortgesetzt.

```
loop1:
 for( int i=0; i < 10; i++) {
   for( int j=0; j < 10; j++) {
    if (A[i][j] == 0.0)
       break;        // nächstes j

    if (Double.isNaN(A[i][j]))
       break loop1;  // ans Ende
   }
 }

// hier wird nach 'break loop1' fortgesetzt
A[i][j] = 1.0;
```

Beim Umgang mit geschachtelten Schleifen ist es manchmal le-
*continue*  diglich notwendig, nur die aktuelle Iteration abzubrechen und mit
der nächsten Iteration fortzufahren. Dies ist mit der continue-
Anweisung möglich:

```
loop-label: Schleife {
    continue;
    continue loop-label;
}
```

Ein schönes Beispiel für `continue` liefert die Methode `indexOf()` der Klasse `java.lang.String`. Diese Methode überprüft, ob ein String den übergebenen Teilstring enthält. Ist das der Fall, liefert `indexOf` die erste Position des Teilstrings zurück (und `-1` sonst):

```
public int indexOf(String str, int fromIndex) {
    char v1[] = value;
    char v2[] = str.value;
    int max = offset + (count - str.count);

  test:
    for (int i = offset +
                   ((fromIndex < 0) ? 0 : fromIndex);
         i <= max ; i++)
    {
        int n = str.count;
        int j = i;
        int k = str.offset;
        while (n-- != 0) {
            if (v1[j++] != v2[k++]) {
                continue test;
            }
        }
        return i - offset;
    }
    return -1;
}
```

## 2.5.8 Synchronized

Da in einem Java-Programm mehrere Threads gleichzeitig aktiv sein können, ist es notwendig, den Zugriff auf gemeinsam genutzte Daten zu regeln (siehe Kapitel 12). Ohne besondere Vorkehrungen wäre es sonst zum Beispiel möglich, daß ein Thread die Daten verändert, während ein anderer Thread diese gerade liest. Wenn mehrere Threads gegenseitig ein Objekt verändern, können sehr leicht inkonsistente Daten entstehen.

*Zugriff auf gemeinsame Variablen*

81

Alle Stellen des Programms, die derartige Zugriffe auf kritische Daten enthalten, müssen daher vor gleichzeitiger Ausführung durch mehrere Threads geschützt werden. Dies gelingt mit der synchronized-Anweisung:

```
synchronized( Ausdruck ) Block
```

*Nur ein Thread zur Zeit*

Der Ausdruck muß dabei eine Referenz auf ein Objekt (eine Klasse) oder ein Feld ergeben. Für dieses Objekt wird dann intern ein sogenannter *Monitor* angelegt und automatisch verwaltet. Nur jeweils ein Thread erhält anschließend Zugang zu dem per synchronized geschützten Programmteil und kann auf die darin enthaltenen Variablen zugreifen, während alle andere Threads warten müssen:

```
public static void shellSort( int a[] ) {
  // Feld a sortieren, ohne daß ein anderer
  // Thread mittendrin die Werte von a verändert...

  synchronized( a ) {
    // hier das Sortieren
  }
}
```

Eine synchronized-Anweisung hilft natürlich nur, wenn alle Zugriffe auf das geschützte Objekt über synchronized-Blöcke gesichert sind. Diese Aspekte der Synchronisation von Threads werden ausführlich in Kapitel 12 erläutert.

## 2.6  Ausnahmebehandlung

Während der Ausführung eines Programms können viele Arten von Fehlern unterschiedlicher Schwierigkeitsgrade auftreten. Typische Beispiele für ernste Fehler, die eine sofortige Reaktion des Programms erfordern, sind etwa eine Division durch Null, die Referenz auf ein nicht mehr vorhandenes Objekt, das Überschreiten von Feldgrenzen oder eine Unterbrechung durch

*Exceptions*

den Benutzer. Andere Fehler, zum Beispiel ein inkonsistenter Zustand mit illegalen Variablenwerten in einem Objekt, können möglicherweise automatisch korrigiert werden. Probleme können

auch nachträglich und ohne Fehler des Programms entstehen, etwa beim Verlust einer offenen Netzwerkverbindung. Da solche
Situationen nur selten auftreten, werden sie als *Ausnahmen* („exceptions") bezeichnet.

Wie fast alle modernen Programmiersprachen unterstützt auch
Java die Behandlung von Ausnahmen mit speziellen Sprachkon-
strukten. Ohne derartige Unterstützung führt die Überprüfung *Besondere*
auch nur der wichtigsten Fehlerquellen schnell zu völlig unlesba- *Konstrukte zur*
ren Programmen, denn nach jeder „nützlichen" Anweisung sind *Fehlerbehandlung*
mehrere Anweisungen und Funktionsaufrufe nötig, um die Fehler
zu prüfen.

In Java sind alle möglichen Ausnahmen als eigene Objekte der
Klasse `Throwable` oder ihrer Unterklassen realisiert. Sobald ein *Throwable und*
Fehler auftritt, wird von der Java-Laufzeitumgebung ein entspre- *Unterklassen*
chendes Objekt erzeugt und eine Ausnahme ausgelöst bzw. bild-
lich ausgedrückt *geworfen* („throw"). Die Ausnahmen können innerhalb einer `catch()`-Anweisung oder einer `finally()`-Anwei-
sung abgefangen werden, um dort geeignet auf die Ausnahmesi-
tuation zu reagieren. Für jede `catch`-Anweisung wird deklariert,
welche Art von Ausnahmen in ihr behandelt werden sollen.

Für eine in einer Methode `f()` ausgelöste Ausnahme wird
zunächst die Blockstruktur der Methode von innen nach außen
und anschließend der Prozedurstack der Methode nach passenden
`catch`-Blöcken durchsucht. Falls der Block, in dem die Ausnahme ausgelöst wurde, keine passende `catch`-Anweisung enthält,
werden sukzessive alle weiteren Blöcke in der aktuellen Methode *Auswahl der*
geprüft. Anschließend wird die Ausnahme an die Methode wei- *catch-Blöcke*
tergereicht, die ursprünglich `f()` aufgerufen hatte, usw. Falls die
Ausnahme von keiner Methode des Programms abgefangen wird,
wird schließlich in der Methode `main()` eine Fehlermeldung mit
der Art der Ausnahme und dem Prozedurstack ausgegeben, bevor
das Programm beendet wird.

Die spezielle Syntax und die Gliederung der Fehlerzustände
in verschiedene Unterklassen ermöglicht eine sehr bequeme Behandlung der möglichen Fehlerquellen in einem Java-Programm.
Dazu wird der potentiell fehlerträchtige Programmteil einfach in *try,*
einen `try`-Block eingeschlossen. Der Java-Interpreter „versucht" *catch,*
die Ausführung des entsprechenden Codes und verzweigt beim *finally*
Auftreten von Fehlern automatisch in die zugehörigen `catch`-
Blöcke. Damit entfällt das ständige und mühsame Setzen und

Abfragen einer globalen Fehlervariablen, wie es in anderen Programmierumgebungen (etwa Unix mit dem „errno" Mechanismus) nötig ist.

Zusätzlich kann ein finally-Block angegeben werden, der
auf jeden Fall anschließend an die Ausführung des try-Blocks
und möglicherweise der catch-Blöcke ausgeführt wird:

```
f() {
    double a, b = 1.0, zero = 0.0;
    int i, j=1, k = 0;
    char[] c = new char[ 5 ];
    ...

    try {
        // Code, der möglicherweise Probleme
        // bereitet:

        a = b / zero; // keine Ausnahme, sondern Inf
        i = j / k;    // ArithmeticException
        c[6] = 0;     // ArrayIndexOutOfBoundsException
        throw new IOException(); // 'von Hand'
        ...
    }
    catch( ArithmeticException e ) {
        ... // Teilen durch Null landet hier
    }
    catch( ArrayIndexOutOfBoundsException ee ) {
        ... // ungültige Feldzugriffe hier behandeln
    }
    finally {
        ... // wird in jedem Fall nach dem try-Block
            // ausgeführt, auch nach Exceptions
    }
}
```

*Syntax-*
*regeln*

Jeder try-Block muß mindestens mit entweder einem catch-
Block oder einem finally-Block kombiniert werden. Wie im
obigen Beispiel dürfen aber auch separate catch-Blöcke für jede
innerhalb des try-Blocks mögliche Ausnahme und zusätzlich der
finally-Block angegeben werden. Der Code zur Reaktion auf
einen bestimmten Fehler kann daher in einem Block zusammengefaßt werden und muß nicht ständig wiederholt werden.

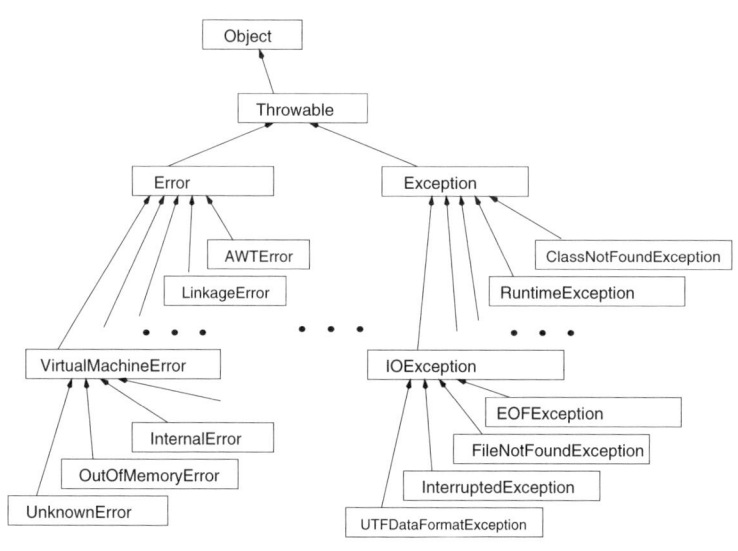

*Abbildung 2.7*
*Ausschnitt aus der*
*Java-Exception-*
*Hierarchie*

## 2.6.1 Exception-Objekte

Alle Ausnahmen in Java sind als eigenständige Objekte der Klasse `java.lang.Throwable` oder einer Unterklasse von `Throwable` realisiert. Damit kann eine ganze Hierarchie von Ausnahmen *Exception-* aufgebaut werden. In den Java-Klassenbibliotheken sind derzeit *Hierarchie* (Version 1.0) über 50 verschiedene Ausnahmen definiert (siehe Abbildung 2.7).

An der Wurzel dieser Hierarchie stehen die direkt von `Throwable` abgeleiteten Klassen `Error` und `Exception`. Obwohl die genaue Trennung in `Error` und `Exception` nicht leicht fällt, liegt die Ursache von Fehlern (`Error`-Ausnahmen) typischer- *Error vs.* weise in Systemfehlern, die vom Java-Programm nicht beein- *Exception* flußt oder korrigiert werden können, wie dem Aufbrauchen des verfügbaren Speichers oder einer fehlenden dynamischen Link-Bibliothek. Ein Programm wird daher im allgemeinen nicht versuchen, `Error`-Ausnahmen abzufangen und zu behandeln.

Die Ursachen von Ausnahmen der Klasse `Exception` und deren Unterklassen dagegen sind fast immer auf Probleme des Java-Anwendungsprogramms zurückzuführen und sollten abge- *Exceptions* fangen werden. Beispiele sind die `java.lang.ArrayIndexOut-` *behandeln* `OfBoundsException` bei Zugriffen auf Felder außerhalb der gültigen Indizes oder die `java.io.EOFException` beim Versuch, über das Ende einer Datei hinaus Daten zu lesen.

Manchmal ist es günstig, den Programmablauf absichtlich zu unterbrechen und einen bestimmten `catch`-Block anzuspringen. Dies gelingt mit der `throw`-Anweisung, die ein beliebiges `Throwable`-Objekt als Argument erwartet. Durch Auslösen einer sonst nicht abgefangenen Ausnahme kann ein Programm sich auch selbst beenden. Die häufigste Anwendung für die `throw`-Anweisung liegt vor, wenn ein `catch`-Block nur teilweise auf eine Ausnahme reagieren kann:

*throw-Anweisung*

```
try {
    ...         // hier Probleme
}
catch( IOException e ) {
    ...         // soweit wie möglich aufräumen,
    throw e;    // danach e weiterreichen
}
```

Nachdem die innerhalb des `catch`-Blocks möglichen Operationen beendet sind, wird die Ausnahme mit einem `throw` an den nächsthöheren `catch`-Block weitergereicht.

Das folgende Beispiel dagegen fängt alle Ausnahmen innerhalb des Programms ab und ignoriert diese dann — keine besonders gute Idee:

```
...
try {
    ... // schlampiger Code ohne Rücksicht
        // auf Verluste...
}
catch( Throwable t ) {
    ; // Na und: wen interessiert's
}
```

### 2.6.2 Eigene Exception-Klassen

Als Objekte können die Ausnahmen auch Daten und Methoden aufnehmen. Alle Ausnahmen enthalten zumindest einen `String` mit einer Klartext-Fehlermeldung zur Identifikation der Ausnahme. Natürlich können weitere Unterklassen für benutzerdefinierte eigene Ausnahmen von `Throwable` oder `Exception` abgeleitet werden:

```
import java.lang.Exception;

public class BookTooLongException extends Exception {
  BookTooLongException() { }
  BookTooLongException( String s ) {
     super( s ); // Konstruktor von Exception
  }
}
```

Anschließend kann diese neue Ausnahme wie jedes andere Objekt benutzt werden:

```
import BookTooLongException;

public class A {
  int f() throws BookTooLongException {
    ...
    if (pageNumber > limit) {
      throw new BookTooLongException(
         "mehr als " + limit + " Seiten!" );
    }
    ...
  }
}
```

### 2.6.3  Exception-Hierarchie

Die Kombination von `try`/`catch`-Ausdrücken mit der Hierarchie von Ausnahmen erlaubt eine sehr flexible und übersichtliche Behandlung von Fehlern während der Programmausführung:

```
import java.net.*;

try {
  // Versuch, eine Datei von einem WWW-Server
  // über eine URL zu laden:
  URL theURL = new URL(
      "http://www.javasoft.com/index.html" );
  ...
}
```

87

```
catch( MalformedURLException e ) {
  // Schreibweise der URL (Adresse/Protokoll) falsch
}
catch( UnknownHostException e2 ) {
  // Server kann nicht ermittelt werden
}
catch( IOException e3 ) {
  // Übertragung der Datei mißlungen
}
catch( Exception e4 ) {
  // allgemeiner Fehler
}
```

In diesem Beispiel versucht das Programm, eine Datei über das Netzwerk von einem WWW-Server über das http-Protokoll aus *URLs siehe* einer sogenannten URL zu laden. Die Anwendung von URLs und *Abschnitt 11.1* ein vollständiges Beispielprogramm werden in Abschnitt 11.1 ab Seite 435 vorgestellt.

Hier interessiert zunächst nur die Möglichkeit, mit mehreren catch-Blöcken flexibel auf die typischen Fehler zu reagieren. *Anordnung der* Der erste catch-Block wird aufgerufen, wenn die Schreibweise *catch-Blöcke* der URL einen Fehler aufweist, der zweite, wenn der angegebene WWW-Server nicht existiert. In beiden Fällen ist es sinnvoll, mit einer neuen URL einen neuen Versuch zu starten. Eine IOException e3 wird nach Problemen bei der Übertragung der Datei ausgelöst. Hier könnte versucht werden, die Datei noch einmal zu übertragen.

Die Anordnung der einzelnen catch-Blöcke ist übrigens relevant, da die Blöcke von oben nach unten durchsucht werden, um eine Ausnahme abzufangen. Deshalb müssen die catch-Blöcke für Exception-Unterklassen auch immer vor ihren Basisklassen stehen, da sie sonst nicht erreichbar wären.

Der finally-Block bietet sich für alle Operationen an, die *finally* nach dem try-Block unbedingt noch ausgeführt werden müssen. So sollten zum Beispiel alle geöffneten Dateien und Netzwerkverbindungen unbedingt noch geschlossen werden.

Manchmal ist es zur Fehlersuche nützlich, den Zustand des Systemstacks auszugeben, bevor eine Ausnahme an anderer Stelle behandelt oder ignoriert wird. Dies kann mit den Methoden printStackTrace() bzw. printStackTrace( PrintStream ps ) der Klasse Throwable erfolgen:

```
catch( Exception e ) {
    e.printStackTrace( System.err );
    throw e;      // e weitergeben
}
```

Hier ein typisches Beispiel für eine derartige Ausgabe:

```
java.lang.ArrayIndexOutOfBoundsException: -1
        at sorttest.shellSort(sorttest.java:24)
        at sorttest.main(sorttest.java:51)
```

Diese Meldung liefert bereits einen großen Teil der Information, die etwa unter C/C++ nur mit einem Debugger oder sehr
vielen `printf`-Anweisungen zu bekommen wäre: einen präzisen *Sinnvolle*
Hinweis auf die Art des Fehlers, die aktuelle Funktion und Pro- *Fehlermeldungen*
grammzeile sowie den vollständigen Prozedurstack. Hier wurde
offenbar versucht, auf das Element mit Index -1 in einem Feld
zuzugreifen — genau die Art von Fehler, die in C so häufig vorkommt und schwer zu finden ist.

## 2.7 Funktionen

Eine Aufgabe wird auch in einem Java-Programm normalerweise dadurch gelöst, daß entsprechende Funktionen („Methoden")
aufgerufen werden, die die eigentlichen Berechnungen enthalten. Jede Methode muß in ihrer Klasse definiert werden. Da- *Funktionen =*
bei werden der Typ, d.h. der Rückgabewert, und die Argumen- *Methoden*
te der Funktion deklariert und anschließend der Funktionsrumpf
mit den Anweisungen geschrieben. Anders als in C/C++ kann *Vorwärtsverweise*
die Funktionsdeklaration nicht von der Definition getrennt werden. Statt dessen sind Vorwärtsverweise auf eine weiter unten im
Programmtext stehende Methode zulässig.

### 2.7.1 Deklaration einer Methode

Die allgemeine Form der Deklaration einer Methode besteht aus
dem Typ und dem Namen der Methode, einer Argumentliste mit

den formalen Argumenten sowie der Liste aller innerhalb der Methode möglichen Exceptions. Optional können *Modifier* angegeben werden, um bestimmte Eigenschaften der Methode zu kennzeichnen. Der Rumpf der Methode folgt direkt nach der Deklaration. Der folgende Pseudocode faßt diese allgemeine Form zusammen:

*Modifier, Typ, Name, Argumente, Rumpf*

```
[Modifier]
Typ Funktionsname ( Argumentliste )
   [throws Exception-Liste]
{
    Rumpf der Methode.
}

Modifier =
    public, protected, private protected, private,
    static, abstract, final, native
    synchronized
```

Einige Beispiele für Funktionsdeklarationen aus den Java-Klassenbibliotheken (Erklärung folgt später):

```
void f() { }

public void paint( Graphics g ) { ... }
public static void println( String s ) { ... }

protected abstract int available()
    throws IOException { ... }

public final synchronized void
    join(long millis, int nanos)
    throws InterruptedException { ... }
```

Die Modifier-Attribute werden erst in Abschnitt 3.5.3 vorgestellt. In diesem Abschnitt ist zunächst nur das Attribut `static` interessant, mit dem eine Methode als *Klassenmethode* gekennzeichnet wird. Eine solche `static`-Methode ist nicht an Exemplare einer Klasse gebunden, sondern global für die Klasse. Sie kann daher auch aufgerufen werden, ohne daß Objekte der Klasse erzeugt wurden. Auf der anderen Seite kann eine `static`-Methode nur auf ihre eigenen lokalen Variablen und Klassenvariablen zugreifen, nicht aber auf die Exemplarvariablen eines Objekts der Klasse.

*static-Methoden*

Beim Aufruf einer Methode wird für alle formalen Argumente Speicherplatz bereitgestellt, und die formalen Argumente werden mit den aktuellen Argumenten initialisiert. Für jedes Argument wird sein Typ auf Zulässigkeit überprüft, wobei die impliziten Typumwandlungsregeln automatisch berücksichtigt werden. Eine Methode ohne Argumente ist zulässig.

*Argumentübergabe*

In Java werden grundsätzlich *alle* Argumente als Wert („by value") übergeben. Für Argumente eines elementaren Datentyps wird dabei der Wert des aktuellen Arguments kopiert und der Methode übergeben. Für Argumente eines Referenztyps (Klassen, Schnittstellen, Felder, s.u.) wird die Referenz, d.h. der Zeiger auf das entsprechende Objekt, kopiert und der Methode übergeben. Deshalb können Funktionen die originalen Argumente nicht verändern, sondern nur die lokalen Kopien der Argumente:

*Immer by-value*

```
void  f( int i, int j ) {
  i++; j *= i;     // modifiziert nur die lokalen
  ...              // Kopien der Argumente
}


...
void  g() {        // keine Argumente
  int i = 1, j = 2;
                   // f aufrufen:
  f( i, j );       // i,j bleiben unverändert
  f( i++, j );     // i wird lokal inkrementiert,
                   // dann an f() übergeben:
  ... // hier ist i=2,j=2
}
```

Funktionen mit Seiteneffekten wie die folgende typische C-Funktion sind in Java also nicht möglich:

```
/* nur in C, nicht in Java: x und y vertauschen  */
void  swap( int* x, int* y ) {
  int t; t = *x; *x = *y; *y = t;
}


void f() {
  int i = 37, j = 42;
  swap( &i, &j ); // vertauscht die Werte von i und j
}
```

*Seiteneffekte*

Derartige Funktionen lassen sich in Java nur auf Umwegen programmieren, indem die Werte des elementaren Typs zunächst in sogenannte „Wrapper"-Objekte eingepackt werden. Da der Pointer auf das Objekt übergeben wird, kann die Funktion anschließend auf das Objekt zugreifen und dessen Wert (nicht aber den originalen Pointer) ändern.

### 2.7.2 Typ und Rückgabewert einer Methode

*Typ einer Funktion*

Für jede Methode muß bei der Deklaration der Typ des Rückgabewerts und damit gleichzeitig ein Typ der Methode vereinbart werden. Als Funktionswerte kommen dabei sowohl Werte eines elementaren Typs als auch beliebiger Referenztypen in Frage. Falls eine Methode keinen Wert zurückliefert, muß dies durch Angabe des speziellen Typs void gekennzeichnet werden. Nur die Konstruktoren einer Klasse (siehe Abschnitt 3.2.1) sind von dieser Regel ausgenommen und liefern keinen Rückgabewert.

Der Rückgabewert einer Funktion wird mit der return-Anweisung spezifiziert:

```
int   f() { }        // Fehler, return fehlt
void  g() { }        // ok.

double area( double r ) {   // ok.
   return 2*Math.PI*(r*r);
}
```

Auch für die Rückgabewerte gilt die implizite Typumwandlung für Integer- bzw. Fließkommaausdrücke:

```
double f() {
   return 1;           // liefert 1.0D
}
```

Eine Methode darf mehrere (beliebig viele) return-Anweisungen enthalten:

```
int clip( int x ) {
   if      (x >  1000) return  1000;
   else if (x < -1000) return -1000;
   else                return  x;
}
```

### 2.7.3 Überladen von Methoden

In Java dürfen verschiedene Methoden mit denselben Namen bezeichnet werden — die Namen von Methoden werden „überladen". Dies ist die erste und einfachere Form des *Polymorphismus*, einem der zentralen Konzepte der objektorientierten Programmierung: Alle Methoden, die die gleiche Funktion erfüllen, dürfen auch gleich benannt werden. Da beim Aufruf einer Methode sowohl das zugehörige Objekt als auch die Typen der Argumente eindeutig angegeben werden müssen, kann der Compiler die zum entsprechenden Objekt gehörige Methode trotz der gleichen Namen auswählen:

*Polymorphismus*

```
class Rectangle {
  ...
  double area() { return w*h; }
}

class Ellipse {
  ...
  double area() { return 2*Math.PI*a*b; }
}

...

class A {
  Rectangle r;
  Ellipse c;

  r.area();     // Rectangle.area()
  c.area();     // Ellipse.area()
  ...
}
```

Obwohl der eigentliche Vorteil des Polymorphismus erst in Abschnitt 3.2 bei der Beschreibung von Klassen und ihren Beziehungen untereinander deutlich werden wird, ist ein Vorteil sofort offensichtlich: Die Namen der Methoden sind angenehm kurz und trotzdem eindeutig. In Sprachen wie C, wo Funktionsnamen global sichtbar sind, führt die geforderte Eindeutigkeit zu länglichen Namen, etwa:

*Kurze Namen, trotzdem eindeutig*

93

```
/* typische Funktionsnamen in C */

double calc_rectangle_area();
double calc_circle_area();
...
```

*Unterscheidung
über die Typen
der Argumente*
Auch innerhalb einer Klasse dürfen die Namen von Methoden überladen werden, sofern die Methoden anhand ihrer Argumentlisten unterschieden werden können:

```
class A {
    int    f() ...
    int    f( int i ) ...
    int    f( int i, int j ) ...
    int    f( int i, long j ) ...
    int    f( int i, int j, int k ) ...
    double f( double i ) ...
    ...
}
```

Da beim Aufruf einer Methode der Typ aller Argumente bekannt ist, kann der Compiler die benötigte Methode korrekt zuordnen. Eine Unterscheidung nur über den Rückgabewert einer Methode ist dagegen nicht möglich. Das folgende Beispiel läßt sich daher nicht compilieren:

```
class A {
    int    f() { ... }
    double f() { ... }  // Fehler! bereits  int f()
}
```

*Typumwandlungen*
Falls die Argumente des Aufrufs nicht exakt auf eine der überladenen Funktionen passen, versucht der Compiler erlaubte Typumwandlungen der Argumente, um eine passende Funktion zu erhalten. Falls mehrere dieser Typumwandlungen zu unterschiedlichen Funktionen passen, resultiert ein „Reference to f is ambiguous"-Fehler:

```
class A {
    int f( int i,   float e ) { ... }
    int f( float e, int i ) { ... }
```

```
void g() {
  byte b; int i; long l; float e;
  ...
  f( i, e );          // ok., f( int, float )
  f( e, i );          // ok., f( float, int )

  f( b, e );          // ok.  f( int, float )
  f( i, l );          // ok.  f( int, float )

  f( b, b );          // Fehler: doppeldeutig
  f( i, i );          // Fehler: doppeldeutig
  f( i, (float) i);   // ok.  f( int, float )

  f( l, l );          // Fehler: keine passende Funktion
  f( l, (int) l );    // ok. aber evtl. Datenverlust
  }
}
```

### 2.7.4 Rekursion

Auch rekursive Funktionen werden von Java unterstützt. Ein Objekt heißt *rekursiv*, wenn es sich selbst als Teil enthält oder mit Hilfe von sich selbst definiert ist. Wesentlich ist dabei die Möglichkeit, mit einer endlichen Aussage eine unendliche Menge von Objekten zu definieren.

Ein typisches Beispiel für eine rekursive Definition sind etwa binäre *Bäume* mit der folgenden Definition: $O$ sei ein Baum (genannt leerer Baum). Wenn $B_1$ und $B_2$ Bäume sind, dann ist auch die Struktur $B$ aus einem Knoten und zwei Verzweigungen $B_1$ und $B_2$ ein Baum.

Derartige Definitionen und damit Datenstrukturen können durch rekursive Funktionen beschrieben und berechnet werden. Zwei Fälle werden dabei unterschieden: *Direkte Rekursion* liegt vor, wenn eine rekursive Funktion sich selbst aufruft. Bei *indirekter Rekursion* ruft eine Funktion A zunächst eine Funktion B auf, die wiederum A aufruft, usw. Beide Formen der Rekursion sind in Java möglich. Das klassische Beispiel für eine rekursiv definierte Funktion ist die Fakultät $n!$ einer natürlichen Zahl: fak(0) = 1 und fak(n) = n*fak(n-1). Dies läßt sich sofort als Java-Funktion umsetzen:

*Direkte und indirekte Rekursion*

95

```
/* Fakultät von n, rekursiv */

double fak( long n ) throws Exception {
  if      (n >  1) return n*fak(n-1);
  else if (n >= 0) return 1;
  else             throw new Exception();
}
```

Um eine endlose Rekursion zu vermeiden, wird jede rekursive Funktion ein Abbruchkriterium verwenden. Typisch ist ein Parameter, dessen Wert bei jedem neuen Aufruf abnimmt, so daß bei einem bestimmten Wert (hier bei n=0) die Rekursion abbricht.

*Abbruchkriterium*

Auch wenn die rekursive Formulierung für viele Probleme naheliegt, ist der triviale rekursive Algorithmus in einigen Fällen leider ineffizient. Das bekannteste Beispiel dafür ist die rekursive Berechnung der *Fibonacci-Folge*, fib(0) = fib(1) = 1 und fib(n+1) = fib(n) + fib(n-1):

```
// Fibonacci-Zahlen, rekursiv und ineffizient:
long fib( long n ) {
  if      (n == 0) return 1;
  else if (n == 1) return 1;
  else return fib(n-1) + fib(n-2);
}
```

Dieser Algorithmus ist extrem ineffizient, weil die bereits berechneten Zwischenlösungen (sogar exponentiell oft) immer wieder neu berechnet werden. Der folgende iterative Algorithmus dagegen summiert einfach die Folge auf und ist daher viel effizienter:

```
// Fibonacci-Zahlen, iterativ und effizient:
long fib( int n ) {
  long i = 1, x = 1, y = 0, z;
  while( i < n ) {
    z = x; x = x + y; y = z; i++;
  }
  return x;
}
```

*Rekursiv oder iterativ, siehe [Wirth 83]*

Allgemein kann die rekursive Formulierung eines Problems immer in eine äquivalente iterative Formulierung überführt werden. Dazu muß allerdings unter Umständen ein Prozedurstack explizit verwaltet werden.

Aber die Rekursion kann auch als allgemeine Methode zur Lösung einer breiten Klasse von Problemen formuliert werden:

```
löse rekursiv( Problem ) {
  if (Problem ist trivial) { liefere die Lösung }
  else {
     vereinfache das Problem in Teilprobleme;
     löse rekursiv( Teilproblem );
     {
        setze die Lösungen der Teilprobleme zur
        Lösung des Gesamtproblems zusammen;
     }
  }
}
```

Eine wichtige Variante dieses Schemas wird als *Backtracking* bezeichnet. Dabei wird die Lösung des Gesamtproblems in einzelne Teilschritte zerlegt. Falls die einzelnen Teilprobleme rekursiv formuliert werden können und pro Schritt nur eine endliche Anzahl von Alternativen untersucht werden muß, kann der folgende Algorithmus eingesetzt werden:

*Backtracking*

```
versuch() {
  do {
    wähle den nächsten Kandidaten;
    if (annehmbar) {
       Kandidat aufzeichnen;
       if (Lösung unvollständig) {
          versuche nächsten Schritt;
          if (! erfolgreich) {
             Aufzeichnung löschen;
          }
       }
    }
  }
  while (!erfolgreich) && weitere Kandidaten);
} // versuch()
```

Ausgehend von einer (unvollständigen) Startlösung untersucht der Algorithmus immer weiter verfeinerte Teilprobleme und damit einen ersten Ast des gesamten Suchbaums. Falls ab einer bestimmten Stufe keine Lösung mehr möglich ist, werden solange Schritte zurückgenommen („Backtracking"), bis ein neuer Lösungsversuch möglich ist.

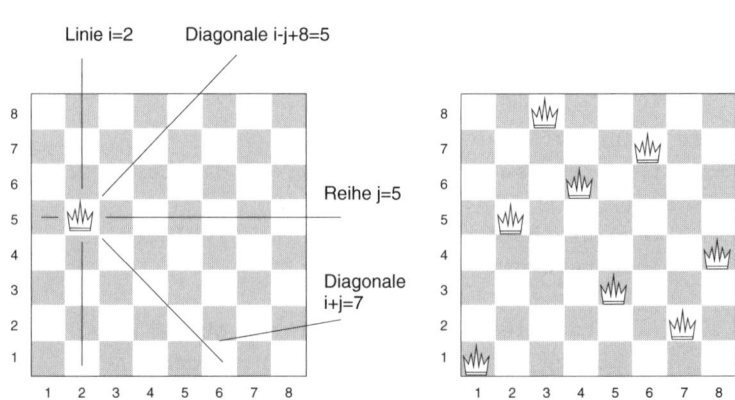

*Abbildung 2.8

Das Acht-Damen-

Problem.

Links: Eine Dame

auf Feld [2][5].

Rechts: eine

Lösung des

Problems.*

### 2.7.5 Das Acht-Damen-Problem

Ein klassisches Beispiel für die Verwendung von Rekursion und Backtracking ist das *Acht-Damen-Problem*: Acht Damen sind auf einem Schachbrett so aufzustellen, daß keine der Damen eine andere bedroht. Neben der Demonstration von Rekursion mit Backtracking zeigt sich an diesem Problem zusätzlich, wie eine geeignete problemgerechte Wahl der zugrundeliegenden Datenstrukturen die Lösung erleichtert. Das folgende Programm basiert auf einem Beispiel aus [Wirth 83] und zeigt damit auch, wie bei Bedarf C- und Pascal-Programme in Java mit `static`-Funktionen nachgebildet werden können.

*Ein klassisches Backtracking-Problem*

Ein Schachbrett besteht aus 64 Feldern in einer Anordnung aus 8 Linien (Spalten) mal 8 Reihen (Zeilen). Gemäß den Schachregeln bedroht eine Dame alle anderen Figuren, die auf dem Brett in der gleichen Reihe, Linie oder Diagonale stehen.

Daher kann die obige Bedingung (keine Dame bedroht eine andere) nur erfüllt werden, wenn jede Linie genau eine Dame enthält. Die Wahl der Position für die $i$-te Dame kann daher auf die $i$-te Linie beschränkt werden, so daß nur noch der geeignete Zeilenindex $j$ ermittelt werden muß. Zur Darstellung einer Lösung genügt also ein einfaches, eindimensionales Feld `int` `x[i]`, wobei der Wert von `x[i]` den Zeilenindex $j$ für die Dame $i$ angibt: Dame $i$ wird auf das Feld `[i][x[i]]` gestellt (siehe Abbildung 2.8 auf Seite 98).

Als nächster Schritt wird eine geeignete Datenstruktur gesucht, um jede Aufstellung der Damen — gegeben durch die acht Werte `x[1]...x[8]` — auf Zulässigkeit und die Einhaltung der Bedingung überprüfen zu können.

Auf den ersten Blick erscheint es naheliegend, die Damen dazu tatsächlich auf einem Schachbrett, d.h. einem zweidimensionalen Feld `int[8][8]` mit 8 mal 8 Elementen anzuordnen. Dies ist zwar möglich, aber nicht besonders effizient. Vor allem der Test, ob ein Feld bereits bedroht ist, erfordert in dieser Darstellung der Daten einen sehr hohen Aufwand.

*Wahl der Datenstrukturen*

Eine viel bessere und elegantere Darstellung ergibt sich aus der folgenden Überlegung: Angenommen, es sind bereits einige Damen auf dem Brett plaziert und es soll eine weitere Dame auf Linie $j$ aufgestellt werden. Natürlich kann diese Dame nicht auf die bereits bedrohten Reihen und Diagonalen gestellt werden. Es genügt also, für die acht Reihen und die jeweils fünfzehn /-Diagonalen und \-Diagonalen jeweils ein Feld zu verwalten, das angibt, ob die Reihe oder Diagonale noch frei oder schon mit einer Dame besetzt ist.

*Reihen und Diagonalen*

Allerdings ist es im Schach üblich, die Felder mit Indizes von 1 bis 8 zu bezeichnen. Da Felder in Java aber immer mit Index 0 beginnen, muß das Programm entweder alle Indizes umrechnen oder größere Felder verwenden. In diesem Beispiel ist es einfacher, die Felder um zusätzliche Elemente auf die Länge 9 bzw. 17 ($N + 1$ bzw. $2 \cdot N + 1$) zu erweitern und dafür auf die Indexumrechnung zu verzichten. Die Verschwendung der vier zusätzlichen Feldelemente mit Index 0 fällt dagegen kaum ins Gewicht. Die Bezeichnung der Felder auf dem Schachbrett und die hier gewählte Indizierung der Reihen und Diagonalen ist in Abbildung 2.8 illustriert. Insgesamt ergibt sich die folgende Wahl der Datenstrukturen:

*Indizierung der Felder*

```
int     x[9]    // Position (Reihe) von Dame i
boolean a[9]    // Reihe j frei?
boolean b[17]   // \-Diagonale i+j frei?
boolean c[17]   // /-Diagonale i-j+8 frei?
```

Mit diesen Feldern kann der Test, ob ein Feld `[i][j]` in Linie i bereits bedroht oder noch zulässig ist, sehr effizient ausgeführt werden. Die Bedingung

*Feld bedroht?*

```
if (a[j] && b[i+j] && c[i-j+8])
```

99

ist nur wahr, wenn sowohl die Reihe j als auch die beiden relevanten Diagonalen noch frei sind. Die Indizierung mit `[i+j]` und `[i-j+8]` definiert gerade die jeweiligen Diagonalen; die Addition der Konstante 8 sorgt dafür, daß keine negativen Indizes auftreten.

Sobald eine Dame auf das Feld `[i][j]` plaziert wird, werden die folgenden Zuweisungen ausgeführt, um die Reihe j und die entsprechenden Diagonalen zu markieren:

```
a[j] = false; b[i+j] = false; c[i-j+8] = false;
```

Da eine Dame nur auf ein Feld gestellt wird, wenn dieses vorher nicht bedroht war, kann sie ebenso leicht wieder entfernt werden:

```
a[j] = true; b[i+j] = true; c[i-j+8] = true;
```

Die Reihe und Diagonalen sind dann wieder als frei markiert. Die Idee zur rekursiven Berechnung aller Lösungen des Acht-Damen-Problems ist jetzt leicht einzusehen. Der Algorithmus plaziert *Der rekursive* zunächst die erste Dame auf das erste mögliche Feld `[1][1]` *Algorithmus* und versucht danach, die zweite Dame zu plazieren: die Felder `[2][1]` und `[2][2]` sind bereits bedroht, aber das Feld `[2][3]` ist noch frei. Anschließend wird die dritte Dame plaziert usw.

Diese Berechnung übernimmt im folgenden Programm die Funktion `nextPosition( int i )`, wobei der Parameter i gerade den Index der als nächster zu plazierenden Dame i angibt. Die Funktion wird daher vom Hauptprogramm zunächst als `nextPosition(1)` aufgerufen, um die erste Dame zu plazieren.

In der Funktion werden nacheinander alle möglichen Positionen j=1 ... 8 für die Dame i probiert. Falls eine zulässige Position für Dame i gefunden wird, ruft sich die Funktion mittels `position(i+1)` rekursiv selbst auf, um die nächste Dame i+1 zu plazieren. Falls schließlich eine zulässige Position mit dem Index i==8 auftritt, sind alle Damen korrekt plaziert, und die gefundene Lösung des Problems wird ausgegeben.

Das folgende Programm berechnet auf diese Weise rekursiv alle Lösungen des $n$-Damen-Problems und gibt sie aus:

```
/* AchtDamen.java --- berechnet alle Lösungen
 * des n-Damen-Problems; nur Textausgabe.
 */
```

```
public class AchtDamen {
  static int      N = 8;   // Anzahl der Damen
  static int      x[];     // Positionen der Damen
  static boolean a[];      // Reihen
  static boolean b[];      // /-Diagonalen
  static boolean c[];      // \-Diagonalen

  public static void print() {                          Lösung ausgeben
    for( int k=1; k <= N; k++) {
      System.out.print( x[k] + " " );
    }
    System.out.println();
  }

  public static void nextPosition( int i ) {            Position testen
    for( int j=1; j <= N; j++ ) {
      if (a[j] && b[i+j] && c[i-j+N]) {                 Feld noch frei?
        x[i] = j;                                       Ja! Dame setzen,

        a[j]     = false;                               Aktuelle Zeile
        b[i+j]   = false;                               und Diagonalen
        c[i-j+N] = false;                               markieren

        if (i < N)   nextPosition(i+1);                 Rekursion
        else         print();                           Lösung gefunden!

        a[j]     = true;                                Aktuelle Zeile
        b[i+j]   = true;                                und Diagonalen
        c[i-j+N] = true;                                wieder freigeben
      }
    }
  }

  public static void main( String argv[] ) {            Hauptprogramm
    if (argv.length > 0) {
      N = Integer.parseInt( argv[0] );
    }
    System.out.println(
     "Alle Loesungen des " + N + "-Damen Problems:" );
    x = new int[N+1];
    a = new boolean[N+1];
    b = new boolean[2*N+1];
    c = new boolean[2*N+1];
```

```
int i;        // zu Beginn alles frei:
for( i=1; i <= N;   i++) a[i] = true;
for( i=1; i <= 2*N; i++) b[i] = true;
for( i=1; i <= 2*N; i++) c[i] = true;
```

*Rekursion starten*
```
    nextPosition(1);
  }
}
```

Um das Programm möglichst einfach zu halten, sind die benötigten Felder a für freie Reihen, b und c für freie Diagonalen und x für die aktuelle Position der Damen global als Klassenvariablen deklariert. Die Initialisierung am Anfang von main() markiert zunächst alle relevanten Felder als frei: gemäß der Definition steht der Wert true für ein freies Feld.

Anschließend wird die rekursive Methode position(1) aufgerufen, um eine Position für die erste Dame zu finden. Das Programm benötigt auf meinem Rechner etwa 1 Sekunde Rechenzeit, um alle 92 Lösungen mit acht Damen zu berechnen. Hier sind die ersten und die letzten der gefundenen Lösungen:

```
borneo>java AchtDamen
Alle Loesungen des 8-Damen Problems:
1 5 8 6 3 7 2 4   (vgl. Abbildung 2.8)
1 6 8 3 7 4 2 5
1 7 4 6 8 2 5 3
1 7 5 8 2 4 6 3
2 4 6 8 3 1 7 5
...
8 3 1 6 2 5 7 4
8 4 1 3 6 2 7 5
borneo>
```

Mit einem optionalen Parameter kann die gewünschte Anzahl der Damen bzw. die Brettgröße vorgegeben werden. Sowohl die Rechenzeit als auch die Anzahl der Lösungen wächst allerdings mit $n$ stark an:

```
borneo>java AchtDamen 15
Alle Loesungen des 15-Damen Problems:
1 3 5 2 10 12 14 4 13 9 6 15 7 11 8
1 3 5 7 9 14 12 2 15 8 6 4 10 13 11
1 3 5 7 12 10 15 4 14 9 2 6 8 11 13
...
```

# Klassen und Methoden

## Kapitel 3

Dieses Kapitel führt die „objektorientierten" Konstrukte von Java ein: Klassen, Methoden, Schnittstellen und Packages. Wie in den meisten anderen objektorientierten Programmiersprachen sind *Klassen* auch in Java das Mittel zur Realisierung von benutzerdefinierten *abstrakten Datentypen*. Beziehungen zwischen verschiedenen Klassen können durch Vererbung, Schnittstellen und die Zugehörigkeit zu Packages ausgedrückt werden.

An einem Beispiel werden zunächst in Abschnitt 3.1 noch einmal die Grundlagen des strukturierten Programmierens und des modularen Programmierens sowie die Grenzen dieser Paradigmen zusammengefaßt. Anschließend wird das Konzept des abstrakten Datentyps eingeführt.

*Paradigmen*

In Abschnitt 3.2 werden dann Klassen als naheliegende Erweiterung der abstrakten Datentypen eingeführt. Eine Klasse verbindet Daten mit den Funktionen, den *Methoden*, zur Bearbeitung dieser Daten. Ein einzelnes Objekt (*Exemplar*) einer Klasse wird mit einem *Konstruktor* erzeugt und initialisiert. Die Eigenschaften von Methoden und Konstruktoren werden detailliert vorgestellt. Danach werden die Grundlagen der Vererbung und der dynamischen Zuordnung von Methoden erläutert. Die durch Vererbung ausgedrückte Beziehung zwischen verschiedenen Klassen ermöglicht die effiziente Wiederverwendung von Code und erlaubt gleichzeitig eine hierarchische Gliederung der Klassen.

*Klassen*

*Methoden*

*Polymorphismus*

Mit dem in Abschnitt 3.4 beschriebenen Konzept der *Schnittstellen* („Interfaces") macht Java die Trennung zwischen der Klassenhierarchie und dem Typ von Objekten explizit. Während die Klasse den internen Zustand des Objekts und die Details seiner Implementierung definiert, geben die Schnittstellen eines Objekts an, über welche Fähigkeiten es verfügt. Ein Objekt kann viele

*Schnittstellen*

Typen haben, und Objekte verschiedener Klassen können denselben Typ haben.

*Packages*

Der Aufbau und die Anwendung von *Packages* zur Ordnung der Klassen in einem größeren Projekt wird in Abschnitt 3.5 beschrieben. Dabei werden auch die Modifier-Attribute erläutert, mit denen der Zugriff auf die Elementfunktionen und Exemplarvariablen einer Klasse geregelt werden kann.

*Java vs. C++*

Schließlich werden in Abschnitt 3.6 die Unterschiede zwischen Java und C/C++ gegenübergestellt.

## 3.1 Paradigmen des Programmierens

*Objektorientiert*

*Strukturiert*

*Modular*

Objektorientiertes Programmieren ist zunächst eine Technik, ein *Paradigma,* zum Schreiben „guter" Programme zur Lösung komplexer Probleme. In diesem Abschnitt soll der Begriff *objektorientierte Programmierung* motiviert und gegen die älteren Programmierparadigmen wie das *strukturierte Programmieren* und die von Modula-2 oder Ada unterstützte Technik des *modularen Programmierens* abgegrenzt werden. Wenn Ihnen die Konzepte des objektorientierten Programmierens bereits vertraut sind, können Sie die folgenden Abschnitte bis Abschnitt 3.2 überspringen.

### 3.1.1 Prozedurales Programmieren

Dieses älteste und immer noch universell anerkannte Paradigma lautet [Stroustrup 92]:

> Entscheide, welche Prozeduren Du willst; verwende
> den besten Algorithmus, den Du kennst.

*Siehe [Sebesta 96]*

Das zentrale Anliegen dieser Technik ist die Zerlegung der gesamten Aufgabe in eine Anzahl von einzelnen Prozeduren oder Funktionen. Für jede Funktion wird ein möglichst effizienter Algorithmus ausgewählt. FORTRAN war die erste prozedurale Sprache. Die bekanntesten Nachfolger mit vielen Verbesserungen sind Algol, Pascal und C. Diese Sprachen unterstützen ihr Programmierparadigma durch ausgefeilte Möglichkeiten, um Funktionen zu definieren und ihnen Argumente zu übergeben.

Das folgende Beispiel für die Programmierung eines Stacks entstammt (sinngemäß) dem Buch [Kernighan & Ritchie 88], der klassischen Einführung in die Sprache C. Der Stack ist als Feld von double-Werten realisiert, wobei die Variable sp den Index des obersten belegten Eintrags angibt. Mit der Funktion push() wird ein Wert in den Stack eingetragen und mit der Funktion pop() daraus entnommen:

```
/* typisches Beispiel: Stack in C */
#define MAXVAL 100      /* maximale Stack-Länge */

int sp = 0;             /* Stack-Zeiger */
double val[MAXVAL];     /* Stack für Operanden */

double push( double f ) {
  if (sp > MAXVAL)
    return (val[sp++] = f);
  else {
    printf( "error: stack full\n" );
    clear();
    return(0);
  }
}

double pop() {
  if (sp > 0)
    return (val[--sp]);
  else {
    printf( "error: stack empty\n" );
    clear();
    return(0);
  }
}

clear() { sp = 0; }  /* initialisieren */

/* ab hier die Funktionen, die den Stack benutzen */
...

main() {
  double d;
  push( 5 ); push( 6 ); push( 7 );
  d = pop();
  ...
}
```

Das Programm realisiert den Stack ohne Zweifel sehr effizient. Da Stacks in vielen Programmen benötigt werden, wäre es günstig, die obigen Funktionen auch für andere Programme wiederverwenden zu können. Leider ist das nicht einfach, denn bei näherer Betrachtung fallen einige Probleme auf:

- Die Daten des Stacks und des Stackpointer sind globale Daten und in keiner Weise geschützt. Eine andere Funktion kann mutwillig oder unbeabsichtigt die Daten an den Funktionen `push()` und `pop()` vorbei verändern. Schon ein einziger Schreibfehler, etwa `sp` statt `p`, kann dazu führen, daß andere Programmteile fälschlich auf die Variablen des Stacks zugreifen und dessen Inhalt zerstören.

- Da die Daten des Stacks global sind, ist die gleichzeitige Verwendung mehrerer Stacks unmöglich.

- Die maximale Anzahl der Einträge im Stack ist fest und völlig willkürlich vorgegeben. Der Anwender des Stacks muß auf diese Begrenzung selbst achten.

- Die Fehlerbehandlung des Programms ist wenig plausibel: Jeder fehlerhafte Zugriff führt zum Löschen des gesamten Stacks, ohne daß die aufrufende Funktion davon informiert wird.

- Der Stack ist ausschließlich für `double`-Werte geeignet. Falls andere Datentypen benötigt werden, muß der Quellcode geändert werden.

*Globale Daten*  Alle Punkte zusammen ergeben die typische Situation in C-Programmen: Auf eine bestimmte Anwendung zugeschnittene und sehr effiziente Programme, deren Komponenten aber kaum wiederverwendet werden können. Besonders problematisch ist dabei die häufige Verwendung globaler Daten.

Vielleicht erscheint Ihnen die Wiederverwendbarkeit eines Stacks nicht als besonderes Problem, da ja nur zwei oder drei Funktionen benötigt werden. Für komplexere Datenstrukturen oder Komponenten von Benutzeroberflächen wird das Problem aber schnell sehr deutlich — Versuchen Sie einmal, eine wiederverwendbare Komponente für einen Texteditor als C- oder Pascal-Programm zu schreiben.

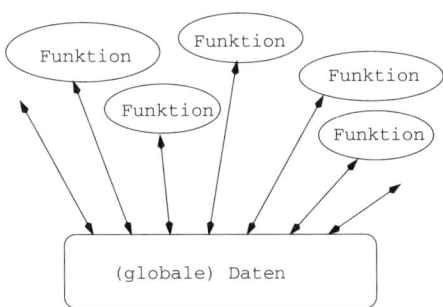

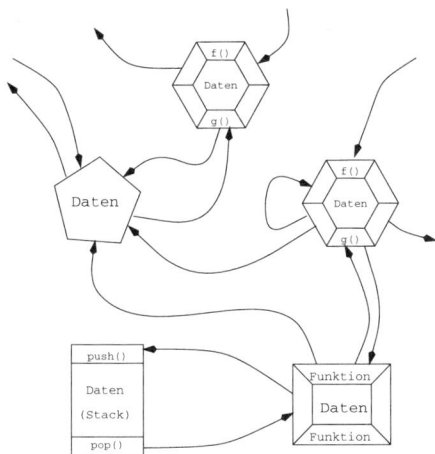

*Abbildung 3.1
Karikatur der
Programmier-
paradigmen:
Das strukturierte
Programmieren
verwendet viele
globale Daten und
konzentriert sich
auf die Funktionen.
Das objekt-
orientierte
Programmieren
kapselt die Daten
sicher in Objekten
(abstrakten
Datentypen) ein.*

### 3.1.2  Modulares Programmieren

Mit zunehmender Komplexität der Programme wird daher deutlich, daß das prozedurale Programmieren um Möglichkeiten erweitert werden sollte, das gesamte Programm weiter — in sogenannte *Module* — aufzuteilen. In jedem Modul werden bestimmte Datentypen und die auf diesen Daten arbeitenden Prozeduren zusammengefaßt. Für jede dieser Prozeduren wird natürlich weiterhin der beste bekannte Algorithmus verwendet. Damit ist das Paradigma des *modularen Programmierens* [Stroustrup 92]:

> Entscheide, welche Module Du brauchst; zerlege das
> Programm so, daß die Daten in Module eingekapselt
> sind.

107

*Kapselung*

Um die Daten in den einzelnen Modulen kapseln zu können, muß eine geeignete Benutzerschnittstelle erstellt werden, die aus einem Satz von Zugriffsfunktionen besteht. Alle Zugriffe auf die Daten erfolgen dann nur noch über diese Funktionen, so daß Prozeduren aus anderen Modulen nicht mehr (auch nicht unbeabsichtigt) direkt die Daten verändern oder lesen können. Vor der ersten Benutzung müssen die internen Daten korrekt initialisiert werden. Als Nebenprodukt wird es durch die Aufteilung in Module möglich, Teile des Programms zu ändern, ohne den Rest neu übersetzen zu müssen.

*Siehe [Sebesta 96]*

Die Technik des modularen Programmierens wird von Sprachen wie Modula-2 und Ada direkt unterstützt; tatsächlich wurde Modula-2 ja ausdrücklich dazu entwickelt. In C kann auch mit der Aufteilung eines Programms auf mehrere Quelldateien nur bedingt modular programmiert werden.

### 3.1.3  Datenabstraktion

Die natürliche Erweiterung des Modulkonzepts ist die Einführung eigener, benutzerdefinierter Datentypen, die eine geeignete Abstraktion der problemrelevanten Daten repräsentieren und daher als *abstrakte Datentypen* (ADT) bezeichnet werden. Das Programmierparadigma ist also [Stroustrup 92]:

> Entscheide, welche Typen Du willst; stelle eine komplette Menge von Operationen für jeden Typ zur Verfügung.

Viele neuere Programmiersprachen unterstützen die Definition derartiger benutzerdefinierter Datentypen und damit dieses Paradigma. Im Idealfall kann ein ADT anschließend (fast) genau

*Operationen für
einen ADT*

so benutzt werden, wie einer der elementaren Datentypen. Dazu muß ein ADT offenbar über folgende Eigenschaften verfügen:

- Erzeugung von neuen Exemplaren (Objekten) des Typs,

- Initialisierung der Daten,

- Zuweisung von Werten,

- Typkonvertierungen zwischen dem ADT und anderen Datentypen,

- Funktionen mit allen für den jeweiligen Datentyp erforderlichen Operationen. Außer als Funktionen (add(), mult(), ...) können diese evtl. sogar als Operatoren (+, *, ...) realisiert werden.

- Textausgabe (Drucken), Methoden zum Einlesen und Abspeichern von Exemplaren des Typs,

- Speicherverwaltung und insbesondere eine Möglichkeit, Exemplare des ADT zu zerstören und den belegten Speicher wieder freizugeben.

Der Versuch, in einer Sprache wie C einen abstrakten Datentyp zu realisieren, führt zu einer typischen Organisation des Programms, die bis auf die mangelnde Datenkapselung schon viele Anforderungen erfüllt. Das folgende Beispiel definiert eine Datenstruktur für ein Rechteck, eine Funktion zur Erzeugung eines neuen Rechtecks und zwei Funktionen für typische Operationen:

*Datenabstraktion
in C*

```c
/* Rechteck als abstrakter Typ in C */
typedef struct {
   int x, y, w, h; /* Position, Breite, Höhe */
} Rectangle;

Rectangle* create_rectangle(int x,int y,int w,int h)
{
   Rectangle *r;
   r = (Rectangle *) malloc(
                     sizeof(struct Rectangle));
   r->x = x; r->y = y; r->w = w; r->h = h;
   return r;
}

double calc_rectangle_area(Rectangle *this) {
   return this->w * this->h;
}

void move_rectangle(Rectangle *this,int dx,int dy) {
   this->x += dx; this->y += dy;
}
```

109

```
/* Rechteck benutzen: */
main() {
  Rectangle *r; double f;
  r = create_rectangle( 10, 10, 50, 50 );
  f = calc_rectangle_area( r );
  ...
}
```

Die Funktion `create_rectangle()` reserviert einen Speicherplatz von der benötigten Größe, weist die Variablen zu und liefert einen Zeiger auf den Speicherbereich für das Rechteck zurück. Alle Funktionen für das Rechteck verwenden anschließend einen Zeiger r auf diesen Speicherbereich, um auf die Daten des Rechtecks zuzugreifen.

*Gerüst*
*für eine*
*Klasse*

Durch eine einfache Änderung der Schreibweise ergibt sich aus dem obigen Beispiel das Grundgerüst für eine *Klasse*. Dazu wird vereinbart, daß alle Funktionen direkt in die `struct`-Datenstruktur aufgenommen werden und danach automatisch den Zeiger `*this` als erstes Argument erhalten. Der Zeiger braucht daher nicht mehr explizit aufgeschrieben werden:

```
/* Rechteck als abstrakter Datentyp in Java */
class Rectangle {
  int x, y, w, h; // Position, Breite, Höhe

  Rectangle( int x, int y, int w, int h ) {
    this.x = x; this.y = y; this.w = w; this.h = h;
  }

  double area() { return w*h; }

  void move( int dx, int dy ) {
    x += dx; y += dy;
  }
}
```

Außerdem ist die `struct` in `class` umbenannt worden, und die Namen der Funktionen wurden verkürzt. Statt

```
/* C */
Rectangle * r = create_rectangle( 10, 10, 30, 40 );
a = calc_rectangle_area( r );
    move_rectangle( r, 10, 20 );
```

wird jetzt einfach folgendes geschrieben:

```
/* Java */
Rectangle r = new Rectangle( 10, 10, 30, 40 );
a = r.area();
    r.move( 10, 20 );
```

Bereits auf den ersten Blick fällt auf, daß das resultierende Programm etwas kürzer und leichter lesbar ist. Außerdem kann der Compiler sicherstellen, daß die Funktionen von `Rectangle` nur von `Rectangle`-Objekten aufgerufen werden, um die Datenkapselung zu garantieren. Bis auf die noch fehlenden Funktionen (etwa zur Typkonvertierung und Textausgabe) erfüllt die Klasse `Rectangle` damit die oben aufgezählten Anforderungen an einen abstrakten Datentyp.

### 3.1.4 Objektorientiertes Programmieren

Leider stellt sich beim Entwurf komplexer Programme schnell heraus, daß auch das oben beschriebene Konzept des abstrakten Datentyps noch nicht ausreicht: Erstens fehlt eine Möglichkeit, um Beziehungen und Gemeinsamkeiten zwischen mehreren abstrakten Datentypen zu formulieren. Zweitens kann ein abstrakter Datentyp nach seiner Definition nicht mehr verändert und an neue Situationen angepaßt werden.

Ohne die Möglichkeit, die gemeinsamen Eigenschaften mehrerer abstrakter Datentypen zu beschreiben, müssen entweder das aufrufende Programm oder die Datentypen selbst um Typfelder und Fallunterscheidungen erweitert werden. Zum Beispiel werden in einem Graphikeditor außer Rechtecken auch andere Formen zum Zeichnen benötigt. Man könnte daher den oben definierten Typ `Rectangle` zu einem Typ `Shape` für mehrere Formen erweitern:

*Typfelder und Fallunterscheidungen*

```
/* C: erweiterte Datentypen mit Typfeldern... */
enum  form { rectangle, triangle, circle };

struct Shape {
   int x, y, w, h;
   int radius;
   form  k;
```

111

```
...

void draw() { ... }
void move( int dx, int dy ) { ... }
...
}
```

Die Variable `k` wird benötigt, um die verschiedenen Formen des Objekts auseinanderhalten zu können. Alle Funktionen des abstrakten Typs müssen erweitert werden, um die möglichen Formen zu unterstützen. Zum Beispiel könnte die Funktion `draw()` so geschrieben werden:

*Alle Funktionen anpassen...*

```
void draw() {
  switch( k ) {
    case rectangle:
        // Rechteck zeichnen
        break;
    case triangle:
        // Dreieck zeichnen
        break;
    case circle:
        // Kreis zeichnen
        break;
  }
}
```

Alle Funktionen des Typs `Shape` werden derartige Fallunterscheidungen benötigen. Die Nachteile dieses Vorgehens sind offensichtlich: Sobald eine neue Form zum Typ `Shape` hinzugefügt wird, müssen alle Funktionen von `Shape` geändert werden. Dies ist zum einen sehr fehlerträchtig, zum anderen nur möglich, wenn der vollständige Quelltext für den ADT vorliegt.

Das Problem besteht darin, daß zwischen den gemeinsamen Eigenschaften der Formen (eine Farbe, Position, die Fähigkeit gezeichnet zu werden oder die Fläche zu ermitteln) und den speziellen Eigenschaften der einzelnen Formen (einen Kreis zu zeichnen, die Fläche des Dreiecks zu berechnen) nicht unterschieden wird. Das *objektorientierte Programmieren* ist durch die Möglichkeit ausgezeichnet, die gemeinsamen Eigenschaften von Objekten zu kennzeichnen und auszunutzen.

*Objektorientiertes Programmieren*

Dazu liegt es nahe, einen eigenen Datentyp einzuführen, der die gemeinsamen Variablen und Funktionen der jeweiligen Objekte enthält. Für jedes Objekt wird der grundlegende Datentyp anschließend um die zusätzlich benötigten Daten und Funktionen erweitert. Da der neue Datentyp alle Methoden und Daten des bisherigen Datentyps übernimmt, wird dieses Konzept als *Vererbung* bezeichnet. Die einzelnen Datentypen heißen *Klassen*.

*Vererbung*

Wegen der Konzentration auf eigenständige Objekte und die Beziehungen der Objekte untereinander wird diese Technik als *objektorientiertes Programmieren* bezeichnet, und das Programmier-Paradigma lautet [Stroustrup 92]:

> Entscheide, welche Klassen Du brauchst; stelle für jede Klasse eine komplette Menge von Operationen zur Verfügung; mache Gemeinsamkeiten durch Vererbung explizit.

Wegen der offensichtlichen Vorteile wird das Konzept von Klassen und Vererbung von vielen modernen Programmiersprachen unterstützt; wichtige Beispiele außer Java sind Smalltalk, C++, Eiffel und die Erweiterung von Common-Lisp zu CLOS.

*Siehe [Sebesta 96]*

Natürlich ist das objektorientierte Vorgehen kein Selbstzweck. Falls es keine Gemeinsamkeiten zwischen den einzelnen Datentypen eines Programms gibt, genügt das Paradigma der Datenabstraktion. Die Art der Beziehungen zwischen den einzelnen Datentypen bestimmt damit, ob Objektorientierung für ein Problem notwendig (und sinnvoll) ist. Zwei wichtige Aufgabenbereiche, in denen objektorientierte Techniken wesentliche Vorteile aufweisen, sind graphische Benutzerschnittstellen und Simulationen aller Art. Programme, die lediglich einfache Datenstrukturen wie Matrizen benötigen, können ohne Nachteile auch in der proraduralen Technik (etwa in FORTRAN) geschrieben werden.

*OOP kein Selbstzweck*

## 3.2  Klassen

In diesem und den folgenden Abschnitten werden die Eigenschaften von Klassen in Java vorgestellt. Zunächst wird gezeigt, wie Klassen alle der auf Seite 108 aufgezählten Eigenschaften eines abstrakten Datentyps realisieren: In Abschnitt 3.2.1 werden die *Konstruktoren* erläutert, mit denen neue Objekte einer Klasse erzeugt und initialisiert werden. Die Zuweisung zu Variablen eines abstrakten Typs (einer Klasse) erfolgt wie für allen anderen Typen mit dem „=“-Operator. Die Funktionalität des Datentyps wird über die *Methoden* der Klasse bereitgestellt, die in Abschnitt 3.2.5 beschrieben werden. Auch die Eingabe und Ausgabe von Objekten erfolgt über Methoden. Da Java über eine automatische Speicherverwaltung verfügt, sind *Destruktoren* zur Speicherfreigabe von Objekten unnötig.

In Abschnitt 3.3 wird dann die *Vererbung* zwischen Klassen beschrieben. Da Java nur einfache Vererbung erlaubt, verfügt jede Klasse über genau eine Basisklasse. An der Wurzel der Klassenhierarchie steht die gemeinsame Basisklasse Object.

Der folgende Pseudocode zeigt die allgemeine Form einer Klasse in Java:

```
[public] [abstract] [final]
class KlassenName
    [extends BasisKlassenName ]
    [implements InterfaceListe ]
{
  Rumpf der Klasse:
  Klassenvariablen,  // static int i;
  Exemplarvariablen, //        int x, y, w, h;
  Klassenmethoden,   // static double cos(double x);
  Elementfunktionen, //        double area();
  Initialisierungen  // static { load("virus.dll"); }
}
```

Einige Beispiele für Klassen-Deklarationen aus den Java-Bibliotheken:

```
public class Object { ... }
public final class StringBuffer { ... }
public abstract class ClassLoader { ... }
public class Applet extends Panel { ... }

public class MenuBar
       extends MenuComponent
       implements MenuContainer { ... }
```

Die Bedeutung der Modifier-Attribute public, abstract und final für Klassen wird in Abschnitt 3.3.12 erläutert. Mit dem extends-Konstrukt wird die Basisklasse und mit implements die

Liste aller von der jeweiligen Klasse implementierten Schnittstellen angegeben (siehe Abschnitt 3.4).

Jede Klasse darf beliebig viele *Elemente* (engl. „fields"), d.h. Klassen- oder Exemplarvariablen und Methoden (Klassen- oder Elementfunktionen) enthalten. Die Anordnung und Reihenfolge dieser Variablen oder Methoden innerhalb der Klasse ist beliebig, sowohl Methoden als auch Klassen- und Exemplarvariablen sind überall in ihrer Klasse sichtbar. Daher ist es möglich, aus einer Methode heraus andere Methoden aufzurufen, die erst später in der Klasse deklariert und definiert werden. Der Unterschied zwischen Exemplar- und Klassenvariablen sowie Elementfunktionen und Klassenmethoden wird in den folgenden Abschnitten noch ausführlich erläutert.

*Anordnung der Elemente in einer Klasse*

Alle Elemente einer Klasse (sowohl Variablen als auch Methoden) werden über den Punkt-Operator zugegriffen:

```
public class A {
   int   x, y;
   int f( int u, int v ) { ... }
   ...
}


// Zugriffe auf ein Exemplar 'a' der Klasse A
// in einer anderen Klasse:
public class B {
   int g() {
     A  a =  new A();  // Exemplar a erzeugen

     int i = a.x + a.y;       // Variablen
     int j = a.f( 100, 200 );  // Methoden
   }
   ...
}
```

*Punkt-Operator*

Jedes Objekt einer Klasse darf beliebig viele Referenzen auf weitere Objekte (derselben oder anderer Klassen) enthalten. Der Zugriff auf die Variablen oder Methoden eines Objekts in einem Objekt gelingt über die mehrfache Anwendung des Punkt-Operators:

```
System.out.println( "Hello, world! );
object1.object2.rectangle1.move( 10, 20 );

double d = Double.valueOf( "42" ).doubleValue();
```

115

### 3.2.1 Konstruktoren

*Konstruktoren
überladen*

Bevor ein Objekt einer Klasse benutzt werden kann, muß es zunächst erzeugt und initialisiert werden. Dies ist die Aufgabe des new-Operators und der *Konstruktor*-Methoden, die in Java mit dem Namen ihrer Klasse bezeichnet werden. Der Aufruf eines Konstruktors liefert ein Objekt seiner Klasse zurück. Auch Konstruktoren können überladen werden, solange eine eindeutige Zuordnung über die Argumentlisten möglich ist:

```
class Rectangle {          // vier Konstruktoren:
  int x, y, w, h;

  Rectangle( int x, int y, int w, int h ) {
    this.x = x; this.y = y; this.w = w; this.h = h;
  }

  Rectangle( int x, int y, int w ) {
    // ruft ersten Konstruktor auf
    this( x, y, w, w );
  }

  Rectangle( int x, int y ) {
    // Defaultgrösse 100x100 Pixel
    this.x = x; this.y = y; w = 100; h = 100;
  }

  Rectangle() {
    // keine Argumente
    x = 0; y = 0; w = 100; h = 100;
  }

  Rectangle( int w, int h ) // Fehler:
                            // Argumentliste doppelt
  ... // andere Methoden von Rectangle
}
```

*Variablen vom
Typ Rectangle*

Als Klasse repräsentiert Rectangle einen eigenen Datentyp, so daß Variablen des Typs Rectangle deklariert werden können. Auch für Variablen vom Typ einer Klasse gilt die Syntax:

```
Typ  Bezeichner;          // Deklaration
Typ  Bezeichner = Ausdruck; // Definition
```

Der Variablen kann zusammen mit ihrer Deklaration auch gleich ein gültiges Objekt zugewiesen werden. Ansonsten wird sie mit dem Default-Wert `null` initialisiert, der eine ungültige Referenz (auf kein Objekt) kennzeichnet. Das Schlüsselwort `null` selbst ist typunabhängig und kann daher anstelle beliebiger Referenztypen verwendet werden:

*null-Referenz*

```
String monate[] = null;    // Typ String[]
Rectangle r1 = null;       // Typ Rectangle
...
```

Die Klasse A im folgenden Beispiel deklariert zunächst drei Variablen r1, r2 und r3 vom Typ `Rectangle`. Dann werden mittels `new` und den verschiedenen Konstruktoren neue Exemplare von `Rectangle` erzeugt und diesen Variablen zugewiesen. Der gewünschte Konstruktor kann über seine Argumentliste ausgewählt werden:

*Der new-Operator*

```
import Rectangle;

class A {
  Rectangle r1, r2, r3;          // drei Variablen

              // Rectangles erzeugen und zuweisen
  r1 = new Rectangle( 10, 20, 30, 20 );
  r2 = new Rectangle( 50, 20, 30 );
  r3 = new Rectangle( 90, 20 );

  double d, e, f;
  d = r1.area();    // 30x20 -> 600
  e = r2.area();    // 30x30 -> 900
  f = r3.area();    //100x100 -> 10000
}
```

Die erzeugten Exemplare können schließlich über die Variablen referenziert und benutzt werden.

Wie das Beispiel der Konstruktoren von `Rectangle` zeigt, darf ein Konstruktor innerhalb seiner Klasse mit der speziellen Syntax `this()` einen anderen Konstruktor der Klasse aufrufen. Ein derartiger Aufruf ist allerdings nur als allererste Anweisung im Rumpf eines Konstruktors zulässig, so daß die Klasse auf jeden Fall (nach möglicherweise mehrfacher Schachtelung von Konstruktoren) zuerst initialisiert wird, bevor andere Anweisungen ausgeführt werden können.

*Schachtelung*
*von Konstruktoren*
*mit this()*

*Der Default-Konstruktor*

Falls eine Klasse A keinen Konstruktor definiert, ergänzt der Java-Compiler automatisch einen Default-Konstruktor A() ohne Argumente, der einfach nur den für das Objekt benötigten Speicherplatz reserviert und alle Variablen mit ihren Defaultwerten (0 bzw. null) initialisiert. Sobald eine Klasse wenigstens einen Konstruktor selbst definiert, wird der Default-Konstruktor nicht automatisch ergänzt. Falls in diesem Fall ein Konstruktor ohne Argumente benötigt wird, muß dieser explizit geschrieben werden.

Ein Konstruktor darf in Java nicht von anderen Methoden aus aufgerufen werden, obwohl dies manchmal nützlich wäre — etwa zur erneuten Initialisierung der Variablen eines Objekts. Das ist aber unmöglich, da ein Konstruktor über die im Programmtext sichtbare Initialisierung der Variablen hinaus noch weitere „privilegierte" Operationen ausführt, wie etwa die Anforderung des benötigten Speichers für das Objekt.

*In einer Zeile*

Da neue Variablen überall im Programmtext deklariert werden können, ist die Deklaration und anschließende Initialisierung eines Objekts in einer einzigen Zeile möglich. Auf den ersten Blick wirken diese Konstrukte wegen der Wiederholung der Namen recht eigenartig, sind aber für Java-Programme typisch:

```
Rectangle rectangle = new Rectangle( 15, 25 );
// ^           ^                   ^
// Datentyp  Variablenname     Konstruktor

Stack      helpStack = new Stack();
Stack      userStack = new Stack();
```

*Destruktoren unnötig*

Besondere *Destruktor*-Methoden zur Freigabe des von Objekten belegten Speichers sind in Java wegen der automatischen Speicherverwaltung und Garbage-Collection unnötig. Sobald ein Objekt nicht mehr referenziert werden kann, wird es vom Garbage-Collector nach kurzer Zeit automatisch aufgespürt, und der belegte Speicher wird wieder freigegeben.

Deshalb genügt es, alle Referenzen auf ein nicht mehr benötigtes Objekt zu löschen. Für lokal innerhalb von Methoden erzeugte und nur dort referenzierte Objekte ist dies automatisch der Fall, sobald die Methode abgearbeitet und wieder verlassen wurde. Durch Zuweisung von null zu der entsprechenden Variablen kann eine Referenz auch explizit gelöscht werden, um anzudeuten, daß ein Objekt nicht mehr benutzt wird:

```
Rectangle r = new Rectangle( 10, 20, 30, 5 );
...          // Rechteck benutzen
r = null;    // Referenz auf r gelöscht
```

Nur in Fällen wie dem folgenden Beispiel ist es nützlich, dem Garbage-Collector durch ausdrückliche Zuweisung von `null` etwas nachzuhelfen. Das nicht mehr benötigte Feld `big[]` würde sonst erst beim Verlassen von `main()` (beim Programmende) wieder freigegeben:

*Nachhelfen*

```
public static void main( String argv[] ) {
  int result, big[] = new int[ 1000000 ];

  init_big( big );         // big initialisieren
  result = use_big( big ); // und benutzen

  // ab hier wird big[] nicht mehr benötigt:
  big = null;

  // Rest des Programms
}
```

### 3.2.2 finalize-Methoden

Objekte können außer Speicher noch weitere Ressourcen belegen, etwa Datei-Deskriptoren oder Netzwerk-Sockets. Natürlich darf der Garbage-Collector diese Ressourcen nicht eigenmächtig freigeben. Deshalb ruft er vor dem Löschen eines Objekts noch die spezielle Methode `finalize()` auf, die für jedes Objekt in Java definiert werden kann. In dieser Methode sollte das Objekt dann alle extern reservierten Ressourcen wieder freigeben.

*Externe Ressourcen freigeben*

Innerhalb der `finalize()`-Methode könnte ein Objekt wiederum eine Referenz auf sich selbst erzeugen, so daß es anschließend immer noch nicht gelöscht werden darf. Erst wenn es nach einmaligem Aufruf von `finalize()` erneut vom Garbage-Collector entdeckt wird, löscht dieser das Objekt. Allerdings kann für kein Objekt garantiert werden, ob und zu welchem Zeitpunkt der Garbage-Collector `finalize()` aufruft.

*Keine Garantie*

### 3.2.3 Klassen, Exemplare und Referenzen

Obwohl die Daten und die Methoden eines Objekts konzeptionell zusammengehören, wäre es offensichtlich sehr ineffizient, tatsächlich den Programmcode für die Methoden einer Klasse wirklich in jedem Objekt der Klasse separat zu speichern. Statt dessen verwendet Java intern die in Abbildung 3.2 dargestellte Beziehung zwischen Klassen, ihren Exemplaren und Referenzen auf diese Exemplare. Rechts sind die internen Datenstrukturen für drei Klassen A, B und C angedeutet. Jede dieser Klassen stellt Speicherplatz für die Klassenvariablen (Variablen mit Modifier `static`) und den Bytecode für alle Methoden der Klasse zur Verfügung. Der Programmcode für die Methoden einer Klasse ist daher nur genau einmal vorhanden, unabhängig von der Anzahl der Exemplare dieser Klasse.

*Skizze der internen Datenstrukturen*

Von der Klasse A sind insgesamt drei Exemplare a1, a2 und a3 erzeugt worden. Jedes Exemplar verfügt über seine eigenen Variablen, die *Exemplarvariablen* (im Beispiel die Variablen `int x` und `B b`). Über einen Zeiger auf ihre Klasse A können von den Exemplaren aus die Methoden von A aufgerufen und die Klassenvariable i referenziert werden. Von der Klasse B ist im Beispiel nur ein Exemplar b1 vorhanden.

*Exemplar-, Klassen- variablen*

Jede Referenz auf ein Objekt ist in Java einfach ein Zeiger auf das entsprechende Exemplar der Klasse. Das ganz links in Abbildung 3.2 dargestellte Exemplar c1 der (nur skizzierten) Klasse C enthält vier Referenzvariablen. Die ersten drei Variablen a, aa und aaa sind vom Typ A und verweisen auf die Objekte a1, a2 und a3. Die vierte Variable b ist vom Typ B und referenziert das Objekt b1.

*Referenz: Zeiger auf ein Exemplar*

Jedes Exemplar von A enthält seinerseits eine Referenzvariable des Typs B. Die Variablen b in den Exemplaren a1 und a2 enthalten den speziellen Wert `null`, mit dem die Null-Referenz (auf kein Objekt) bezeichnet wird. Die Referenz b in Exemplar a3 dagegen zeigt auf das Objekt b1.

Da auch die Variable b im Objekt c1 auf b1 verweist, wird das Objekt b1 also zweimal referenziert. Derartige mehrfache Referenzen auf ein Objekt sind völlig unproblematisch. Mit zusätzlichen, in der Abbildung nicht dargestellten, Datenfeldern verwaltet die Java-Laufzeitumgebung automatisch die Anzahl der Referenzen auf ein Objekt. Sobald keine Referenzen auf ein Ob-

*Mehrfache Referenzen*

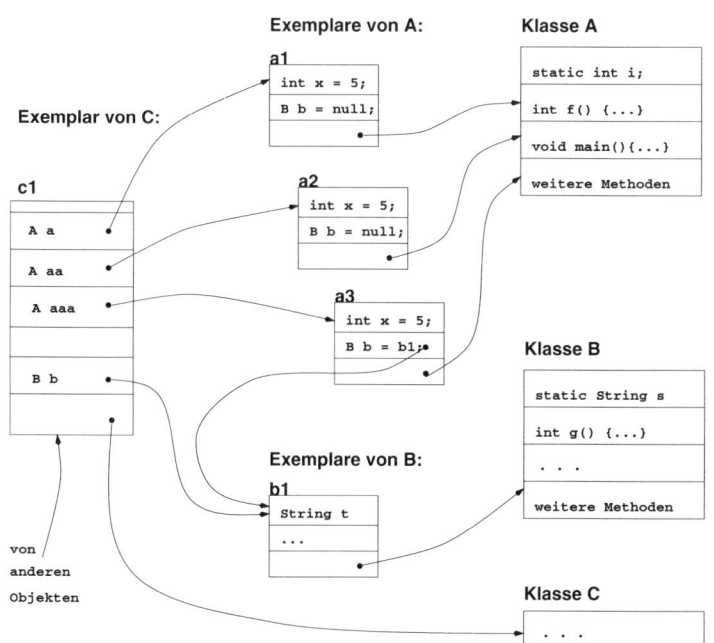

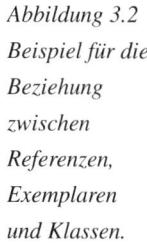

*Abbildung 3.2
Beispiel für die
Beziehung
zwischen
Referenzen,
Exemplaren
und Klassen.*

jekt mehr existieren (außer von der Speicherverwaltung selbst), wird es zur Garbage-Collection freigegeben.

Deshalb ist unten links in der Abbildung eine Referenz auf das Objekt c1 angedeutet. Anderenfalls wäre das Objekt c1 nicht mehr referenzierbar und würde bei der nächsten Gelegenheit vom Garbage-Collector gelöscht. Anschließend würden dann die ihrerseits nicht mehr referenzierten Exemplare a1 bis a3 und danach auch b1 freigegeben. *Garbage-Collection*

Bitte beachten Sie noch einmal den Unterschied zwischen „normalen" Exemplarvariablen, den mit static gekennzeichneten Klassenvariablen und drittens den lokalen Variablen von Methoden. Der interne Zustand eines Objekts (Exemplars einer Klasse) wird durch die Exemplarvariablen des Objekts beschrieben. Jedes Objekt besitzt daher seinen eigenen Satz dieser Variablen. Dagegen sind die Klassenvariablen unabhängig von der Anzahl der erzeugten Exemplare nur genau einmal direkt in der Klasse vorhanden und entsprechen damit globalen Variablen. Die lokalen Variablen innerhalb von Methoden schließlich werden auf dem Stack des Threads angelegt, der die Methode ausführt. Da je- *Klassenvariablen*

*Exemplarvariablen*

*Lokale Variablen*

121

der Thread über seine eigenen lokalen Variablen verfügt, können durchaus mehrere Threads gleichzeitig in derselben Methode eines einzigen Exemplars der Klasse aktiv sein.

Wie in der Klasse B angedeutet, kann auch eine static-Variable von einem Referenztyp (hier der Klasse String) sein. Das bedeutet, daß innerhalb der Klasse B nur genau eine Referenz auf dieses String-Objekt existiert.

**Die this-Referenz**

*Das Objekt selbst
referenzieren*

Manchmal wird auch innerhalb eines Exemplars einer Klasse eine Referenz auf dieses Exemplar selbst benötigt. Dazu dient das Schlüsselwort this. Die häufigste Anwendung für die this-Referenz ist der Zugriff auf die Exemplarvariablen des Objekts in einer Methode, deren Parameter die Exemplarvariablen der Klasse verdecken:

```
class A {
    int x, y;

    A( int x, int y ) {
        // Die Parameter verdecken die Exemplarvariablen:
        this.x = x; this.y = y;
    }
}
```

Alle normalen (nicht static) Methoden einer Klasse erhalten automatisch eine derartige Selbst-Referenz, über die die Exemplarvariablen des Objekts zugegriffen werden können.

### 3.2.4 Statische Initialisierungen

*static
initializer*

Obwohl es möglich ist, die Werte der statischen Variablen in einer Klasse von einem Konstruktor der Klasse aus zu initialisieren, reicht dies nicht immer aus: Die statischen Variablen und Methoden können bereits zugegriffen werden, bevor ein Exemplar der Klasse erzeugt und dazu der entsprechende Konstruktor aufgerufen wurde.

Zur Initialisierung dieser statischen Objekte in einer Klasse kann statt dessen ein *static initializer* eingesetzt werden. Dies ist ein einfacher Block von Anweisungen innerhalb der Klasse, der direkt nach dem Laden der Klasse genau einmal ausgeführt wird:

```
class A {
  static double[] sin_table = new double[1000];

  static { // ein static initializer,
           // außerhalb von Methoden
    double x = 0, dx = Math.PI / sin_table.length;
    for( int i=0; i<sin_table.length; i++,x+=dx) {
       sin_table[i] = Math.sin( x );
    }
    System.loadLibrary( "virus" ); // lädt virus.dll
  }
  ... // Variablen und Methoden von A
}
```

Neben der Initialisierung von `static`-Variablen und vor allem Feldern ist das im Beispiel angedeutete Laden einer externen Link-Bibliothek (siehe Abschnitt 13.3 ab Seite 493) die Hauptanwendung einer derartigen Initialisierung. Es ist möglich, die statische Initialisierung auf beliebig viele getrennte Blöcke aufzuteilen. In diesem Fall faßt der Compiler alle derartigen Initialisierungen in ihrer Reihenfolge zu einem einzigen Block zusammen, der beim ersten Laden der Klasse ausgeführt wird.

*Link-Bibliotheken laden*

### 3.2.5 Methoden

Die allgemeine Form der Deklaration einer Methode mit Typ und Argumentliste, die Parameterübergabe und das Überladen der Funktionsnamen wurden bereits in Abschnitt 2.7 ab Seite 89 beschrieben. An dieser Stelle soll jetzt der Unterschied zwischen Elementfunktionen und Klassenmethoden deutlich gemacht werden.

## Elementfunktionen

Alle Methoden einer Klasse, die nicht ausdrücklich mit dem Attribut `static` als Klassenmethoden (s.u.) gekennzeichnet sind, können nur von einem Exemplar der Klasse aus aufgerufen werden. Sie werden daher als *Exemplarmethoden* oder auch *Elementfunktionen* bezeichnet. Wie bereits in Abschnitt 3.1.3 am Beispiel der Klasse `Rectangle` auf Seite 110 angedeutet wurde, wird allen Elementfunktionen einer Klasse beim Aufruf automatisch die `this`-Referenz auf das aktuelle Exemplar der Klasse übergeben. Die Methode kann über diese Referenz auf die Exemplarvariablen des aufrufenden Objekts zugreifen. Hier noch einmal die beiden Methoden `area()` und `move()` der Klasse `Rectangle`:

*Elementfunktionen: implizit mit this-Referenz*

```
class Rectangle {
    int x, y, w, h; // Position, Breite, Höhe

    double area() { return w*h; }
    void move( int dx, int dy ) { x += dx; y += dy; }
}
```

Intern wird der Aufruf `r.move(4,2)` von einem Exemplar `r` der Klasse aus also etwa durch „`Rectangle.move(r,4,2)`" ersetzt. Ebenso wird dieser Zeiger `r` überall dort eingesetzt, wo im Programmtext einer Methode explizit eine `this`-Referenz angefordert wird:

```
class Rectangle {
    ...
    void moveAbsolute( int x, int y ) {
        // Parameter x, y verdecken die Exemplarvariablen
        this.x = x; this.y = y;   // explizites 'this'
    }
}
```

## Zugriffsmethoden

*Exemplarvariablen lesen / setzen*

Obwohl es sich um normale Elementfunktionen handelt, verdienen die *Zugriffsmethoden* wegen ihrer Bedeutung für den objektorientierten Programmentwurf eine besondere Erwähnung. Die einzige Aufgabe der Zugriffsmethoden besteht darin, die Exemplarvariablen einer Klasse auszulesen oder zu setzen:

```
class A {
  private double radius = 1.0;

  public final double getRadius() { return radius; }

  public final
  void setRadius( double r ) { radius = r; }
}
```

Mit dem Attribut `private` gekennzeichnete Variablen sind nur innerhalb ihrer Klasse sichtbar und können deshalb von anderen Klassen aus nicht direkt zugegriffen werden. Statt dessen stellt die Klasse separate Methoden bereit, um den Wert der `private` Variablen zu lesen oder zu setzen.

*private: siehe Abschnitt 3.5.3*

Der Zugriff auf die Variablen der Klasse ist nur über diese Zugriffsmethoden möglich, so daß die Datenkapselung nach außen sichergestellt ist. Dadurch sind spätere Änderungen der internen Datenstrukturen ohne Auswirkungen auf andere Klassen möglich, solange die Zugriffsmethoden selbst erhalten bleiben.

Im Beispiel sind die Zugriffsmethoden als `public` markiert, so daß alle externen Klassen diese Methoden aufrufen können. Das Attribut `final` dient dazu, einem optimierenden Compiler die Realisierung der Zugriffsmethoden als Inline-Funktionen (und damit ohne Performanznachteile gegenüber dem direkten Zugriff auf die Variable) zu erlauben.

Obwohl innerhalb der Klasse natürlich alle Methoden direkt auf die Variablen der Klasse zugreifen dürfen, empfiehlt es sich im Hinblick auf mögliche spätere Änderungen, auch innerhalb der Klasse die Zugriffsmethoden zu verwenden. Der leicht höhere Schreibaufwand wird durch die zusätzliche Flexibilität bei weitem aufgewogen. Zum Beispiel könnten dann durch einfache Änderung der Methode `setRadius()` sowohl ein Mindest- als auch ein Maximalwert für `radius` garantiert werden:

*Auch innerhalb der Klasse*

```
static final double RMAX = 2.0;
static final double RMIN = 0.1;

public final void setRadius( double r ) {
  if      (r < RMIN)  radius = RMIN;
  else if (r > RMAX)  radius = RMAX;
  else                radius = r;
}
```

Bei direktem Zugriff auf die Variablen ist eine derartige Kontrolle dagegen unmöglich.

### Klassenmethoden

*static:
Klassen-
methoden*

Mit dem Attribut `static` gekennzeichnete Methoden sind *Klassenmethoden*. Diesen Methoden wird beim Aufruf kein `this`-Zeiger eines Exemplars der Klasse übergeben. Sie sind daher auch nicht an ein Exemplar ihrer Klasse gebunden, sondern können bereits aufgerufen werden, wenn noch gar kein Exemplar der Klasse erzeugt wurde.

*Für globale
Aufgaben*

Auf der anderen Seite haben Klassenmethoden *keine* Möglichkeit, auf die Exemplarvariablen eines Objekts ihrer Klasse zuzugreifen. Klassenmethoden eignen sich daher nur für Aufgaben, die unabhängig von den Exemplaren der Klassen ausgeführt werden können.

Ein typisches Beispiel für die Anwendung von Klassenmethoden ist die Klasse `java.lang.Math`, die eine Sammlung der wichtigsten mathematischen Funktionen wie `sqrt()`, `cos()` oder `exp()` als `static`-Methoden enthält:

```
public final
class Math {
 private Math() {} // keine Exemplare möglich

 public static final double E = 2.71828182845904523;
 public static final double PI = 3.14159265358979323;

 public static double sin( double a ) { ... }
 public static double cos( double a ) { ... }
 public static double tan( double a ) { ... }
 public static double asin( double a ) { ... }
 ...
 }
```

Alle diese Funktionen können von anderen Klassen aus aufgerufen werden, ohne daß ein Objekt der Klasse `Math` benötigt wird. Tatsächlich wird durch den als `private` gekennzeichneten Konstruktor (siehe Abschnitt 3.5.3) der Klasse `Math` sogar verhindert, daß überhaupt Exemplare erzeugt werden.

# 3.3 Vererbung

Wie in Abschnitt 3.1.4 angedeutet wurde, können Beziehungen zwischen Klassen durch Vererbung ausgedrückt werden. Die *abgeleitete Klasse* oder *Unterklasse* übernimmt alle Variablen und Methoden von ihrer *Oberklasse* bzw. *Basisklasse* und ergänzt diese um ihre eigenen Variablen und Methoden. Da die Unterklasse über alle Variablen und Methoden der Basisklasse — also deren gesamte Fähigkeiten — verfügt, kann ein Objekt der Unterklasse anstelle eines Objekts der Basisklasse verwendet werden. Umgekehrt gilt dies jedoch nicht, da der Basisklasse einige Variablen und Methoden der Unterklasse fehlen.

*Unter- und Oberklasse*

Durch Vererbung wird daher eine doppelte Beziehung ausgedrückt: Zum einen übernimmt die Unterklasse die *Implementation* ihrer Basisklasse, zum anderen auch deren *Datentyp*. Java unterstützt nur die *Einfachvererbung*, so daß eine Unterklasse nur von einer einzigen Basisklasse abgeleitet werden kann. Die sogenannte Mehrfachvererbung, bei der eine Unterklasse gleichzeitig von mehreren Basisklassen erbt, ist in Java nicht möglich. Auf der anderen Seite dürfen von einer Basisklasse beliebig viele Unterklassen abgeleitet werden, die ihrerseits wieder als Basisklassen für weiter verfeinerte Datentypen dienen können.

*Nur Einfachvererbung*

Im folgenden einfachen Beispiel dient die Klasse A als Basisklasse, die nur eine Variable x und eine Methode f() bereitstellt. Von A wird die Klasse B und von dieser wiederum die Klasse C abgeleitet:

```
public class A {          // implizit: extends Object
  int x;
  int f() {
    System.out.println( "A.f()" );
  }
}

public class B extends A {
  int y;    // von A geerbt: int x, int f()

  int g() {
    f();                  // A.f()
    x = 5;                // A.x
  }
}
```

127

```
public class C extends B {
  int z;    // von B geerbt: x, y, f(), g()

  int h() {
    x = 5;              // A.x
    y = 6;              // B.y
    z = 7;              // C.z
    g();                // B.g()
  }
}
```

*Typbeziehungen*

Anschließend können Variablen der Typen A, B und C deklariert werden. Da die Unterklassen den Typ ihrer Basisklasse übernehmen, können die Exemplare der Unterklasse auch Variablen vom Typ der Basisklasse zugewiesen werden:

```
C   c1;
B   b1;
A   a1, a2, a3;

c1 = new C();   // ein Exemplar von C
b1 = new B();   // ein Exemplar von B
a1 = new A();   // ein Exemplar von A

a2 = b1;        // ok. B ist Unterklasse von A
a3 = c1;        // ok. C ist (indirekte) Unterklasse
//c1 = a1;      // Fehler! ein A ist kein C

a1.f();         // ok.   A.f()

c1.f();         // ok.   C übernimmt A.f()
c1.g();         // ok.   C übernimmt B.g()
c1.h();         // ok.   C.h()

int i;
i = a1.x;       // ok.   A.x
i = c1.x;       // ok.   C übernimmt A.x
i = c1.z;       // ok.   C.z
```

*Variablen
verdecken,
Methoden
überschreiben*

Die Exemplarvariablen und Methoden der Basisklasse(n) können in einer Unterklasse genau so zugegriffen werden, wie alle Variablen und Methoden der Unterklasse selbst. Es ist auch möglich, in einer Unterklasse die Namen von bereits in der Basisklasse vorhandenen Variablen und Methoden erneut zu verwenden und damit zu *verdecken* bzw. zu *überschreiben*. Die dabei zu beachtenden Punkte werden in Abschnitt 3.3.5 erläutert.

Das folgende Beispiel zeigt eine wichtige Eigenschaft der Typbeziehung zwischen Unter- und Basisklasse. Der Variablen a2 vom Typ A wurde oben das Exemplar b1 vom Typ B zugewiesen. Obwohl das Exemplar b1 über die Variablen und Methoden von B verfügt, können ausgehend von a2 nur die Variablen und Methoden der Basisklasse A am Objekt b1 aufgerufen werden:

```
    a2. f();   // ok.     A.f()
//  a2. g();   // Fehler! kein g() in A
((B) a2).g();  // ok!  in Typ B zurückkonvertiert
```

Durch den Typ-Cast ((B) a2) wird die Referenz auf das Objekt b1 wieder in den Typ B zurückkonvertiert, so daß die Methode g() aufgerufen werden kann.

*Cast*

### 3.3.1  Klassenhierarchie

Mit Vererbung wird eine hierarchische Beziehung zwischen den betroffenen Klassen, die *Klassenhierarchie*, definiert. Ein kleiner Ausschnitt aus der Klassenhierarchie der Java-Klassenbibliothek java.lang ist in Abbildung 3.3 skizziert. Die Klassen Thread, System und Number sind (neben anderen) direkt von der Basisklasse Object abgeleitet. Die Klasse Number wiederum ist die Basisklasse der Klassen Double, Float, Long und (nicht gezeigt) Integer.

Solche Klassendiagramme sind ein wichtiges Hilfsmittel zur Dokumentation großer objektorientierter Programmsysteme, da sie auf einen Blick eine Übersicht über die Hierarchie der vorhandenen Klassen erlauben.

Die in der Abbildung 3.3 verwendete Darstellung mit dem speziellen Pfeilsymbol für eine Vererbungsbeziehung wird in der *Object Modeling Technique* (OMT) für Klassendiagramme verwendet [Rumbaugh et al. 91]. Die Beispiele in den folgenden Kapiteln verwenden statt dessen wieder das „normale" Pfeilsymbol für die Darstellung der Klassenhierarchie. Die Pfeilspitze zeigt jeweils auf die Basisklasse.

*Pfeilsymbole:*

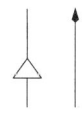

129

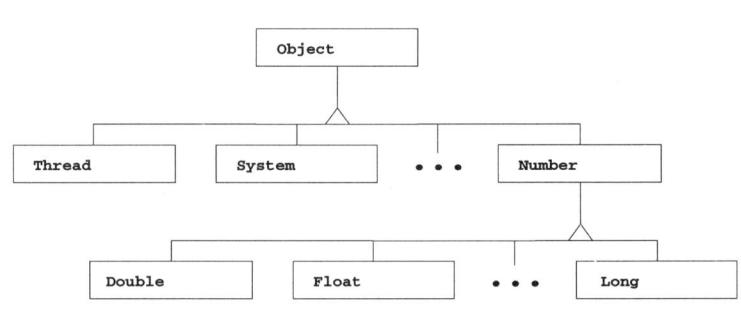

*Abbildung 3.3
Ausschnitt einer
Klassenhierarchie.
Thread, System und
Number sind von
Object abgeleitet,
Double, Float und
Long von Number.*

### 3.3.2 Konstruktoren der Unterklassen

*Auch die
Basisklassen
initialisieren*
Da eine Unterklasse einen Teil ihrer Variablen und Methoden von ihrer Basisklasse übernimmt, muß beim Erzeugen eines neuen Objekts einer Unterklasse automatisch auch ein Objekt der Basisklasse (und eventuell der Basisklasse der Basisklasse usw.) erzeugt werden. Dies gelingt über eine Schachtelung der Konstruktoren, wobei jeder Konstruktor der Unterklasse zunächst einen Konstruktor der Basisklasse aufruft.

*this()
super()*
Auch die Konstruktoren von Unterklassen dürfen überladen werden. Um eine korrekte Initialisierung aller Variablen sicherzustellen, gilt die folgende Regel: Als erste Anweisung in einem Konstruktor darf entweder mit der Notation `this(...)` ein weiterer Konstruktor der Unterklasse oder mit `super(...)` ein Konstruktor der Basisklasse aufgerufen werden.

Falls ein Konstruktor der Unterklasse weder `this(...)` noch `super(...)` explizit aufruft, ergänzt der Java-Compiler automatisch den Aufruf `super()` des Default-Konstruktors der Basisklasse als implizite erste Anweisung. Falls eine Unterklasse überhaupt keinen Konstruktor definiert, ergänzt der Compiler entsprechend einen Default-Konstruktor, der mit `super()` den Default-Konstruktor der Basisklasse aufruft.

*Basisklassen
zuerst
initialisieren*
Da der Aufruf eines Konstruktors der Basisklasse als erste Anweisung steht, wird zunächst die Basisklasse korrekt von einem ihrer Konstruktoren initialisiert, bevor danach im Rumpf des Konstruktors der Unterklasse deren eigene Variablen initialisiert werden. Auf diese Weise ist garantiert, daß beim Erzeugen eines

Objekts automatisch alle Variablen seiner Basisklassen erzeugt und mit sinnvollen Werten besetzt werden.

Zum Beispiel könnte eine Klasse `ColoredRectangle` für eine farbiges Rechteck als Unterklasse von `Rectangle` die folgenden Konstruktoren definieren:

```
class ColoredRectangle extends Rectangle {
 private Color c = null;

 ColoredRectangle() {
   // hier implizit super(), d.h. Rectangle()
   c = Color.black;
 }

 ColoredRectangle( Color c ) {
   super();    // ruft explizit Rectangle() auf
   this.c = c;
 }

 ColoredRectangle( int x, int y, int w, Color c ) {
   super( x, y, w, w ); // Rectangle(int,int,int,int)
   this.c = c;
 }

 ColoredRectangle( int x, int y, Color c ) {
   this( x, y, 100, c ); // Defaultgrösse
 }
}
```

Beim Aufruf des letzten Konstruktors `ColoredRectangle(int, int,Color)` wird zum Beispiel zunächst der dritte Konstruktor von `ColoredRectangle` und von diesem dann der Konstruktor der Basisklasse aufgerufen. Damit werden zuerst die Variablen von `Rectangle` und erst danach die Variable c initialisiert.

*Reihenfolge*

### 3.3.3 Virtuelle Funktionen

Der für das objektorientierte Programmieren mit Vererbung entscheidende Mechanismus sind *virtuelle Funktionen*. Hinter dieser Bezeichnung verbirgt sich ein ganz einfaches Konzept, um mehrdeutige Funktionsaufrufe aufzulösen: Sobald eine Unterklasse eine Methode f() der Basisklasse überschreibt, ist der

*Mehrdeutige Funktionsaufrufe*

131

*Abbildung 3.4*
*Virtuelle*
*Funktionen.*
*Die aufgerufene*
*Methode wird*
*ausgehend von der*
*Unterklasse auch*
*in den Oberklassen*
*gesucht.*

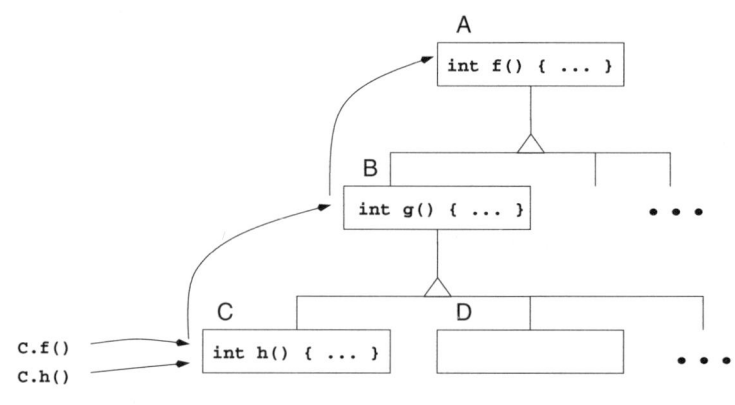

Aufruf dieser Methode von einem Exemplar der Unterklasse aus
zunächst mehrdeutig, da sowohl die Methode der Basisklasse als
auch die Methode der Unterklasse ausgeführt werden könnte.

*Immer die*
*Methoden der*
*Unterklasse*

    Mit virtuellen Funktionen wird in solchen Fällen immer auto-
matisch die Methode der Unterklasse aufgerufen. Intern werden
virtuelle Funktionen einfach dadurch realisiert, daß die aufgerufene Methode zuerst in der Unterklasse und erst anschließend auch
in allen weiteren Oberklassen gesucht wird. Die zuerst gefundene passende Methode wird dann ausgeführt. Dieses Vorgehen ist
in Abbildung 3.4 angedeutet. Im Beispiel wird beim Aufruf von
C.h() die Methode h() bereits in der Klasse C selbst gefunden.
Für den Aufruf C.f() werden dagegen nacheinander die Klassen
C, B und schließlich A durchsucht, bis A.f() aufgerufen wird.

### 3.3.4 Polymorphismus

Anders als etwa in C++ sind in Java prinzipiell alle Methoden als virtuelle Funktionen realisiert. Der Nachteil durch den
zusätzlichen Zeitbedarf für die Suche nach der jeweils aufzuru-
fenden Methode wird durch die zusätzliche Flexibilität bei weitem aufgewogen, da über virtuelle Funktionen automatisch der
*Polymorphismus* erzielt werden kann: Verschiedene Unterklassen
können eine Methode f() ihrer Basisklasse neu realisieren. Der
Aufruf von f() an einem Objekt obj liefert dann automatisch das
für die Unterklasse passende Resultat.

Das Beispiel in Abschnitt 3.1.4 hatte gezeigt, daß Typfelder und Fallunterscheidungen notwendig sind, sobald miteinander verwandte Datentypen mit einfachen *abstrakten Datentypen* modelliert werden sollen. An dieser Stelle soll der dort verwendete Typ Shape zur Darstellung von Rechtecken, Dreiecken und Kreisen mit *Klassen* realisiert werden, um die Eigenschaften und Vorteile der Vererbung deutlich herauszustellen.

*Vorteil der Vererbung*

Die gemeinsamen Eigenschaften der Objekte werden zunächst in der Basisklasse Shape gesammelt. In diesem Beispiel sind das nur die Methoden area() zur Berechnung der Fläche, draw() zum Zeichnen und move() zum Verschieben des Objekts:

*Shape: die gemeinsamen Eigenschaften*

```
class Shape extends Object { // abstrakte Klasse
   abstract double area();
   abstract void draw();
   abstract void move( int dx, int dy );
}
```

Da die Klasse Shape selbst keine konkrete Form darstellt, sind ihre Methoden als abstract deklariert — sie enthalten keinen Rumpf. Ohne den Programmcode der Methoden ist Shape nicht vollständig, sondern ebenfalls abstract, so daß keine Exemplare von Shape selbst erzeugt werden können. Durch die Definition abstrakter Methoden wird deutlich, daß die Klasse Shape selbst nicht benutzt werden kann, sondern nur als gemeinsame Basis anderer Klassen dient. Alternativ dazu wäre natürlich auch eine Default-Realisierung der Methoden von Shape möglich:

*Eine abstrakte Basisklasse*

```
class Shape extends Object { // alternative Form
   double area() { return 0.0; }
   void draw() { }
   void move( int dx, int dy ) { }
}
```

In diesem Fall können Exemplare von Shape erzeugt und benutzt werden. Die Entscheidung für oder wider eine abstrakte Basisklasse hängt davon ab, ob die Klasse selbst sinnvoll eingesetzt werden kann.

Die eigentlichen Formen für Rechteck, Dreieck und Kreis werden als Unterklasse von Shape abgeleitet. Jede dieser Klassen überschreibt die Methoden von Shape mit der für ihre Form nötigen Funktion. Die folgenden Programmfragmente zeigen

*Je eine Unterklasse pro Form*

mögliche Realisierungen der Klassen Rectangle, Triangle und
Circle:

```
class Rectangle extends Shape {
  int x, y, w, h;

  double area() { return w*h; }

  void move( int dx, int dy ) { x+=dx; y+=dy; }

  void draw() { ... } // Rechteck zeichnen
}

class Triangle extends Shape
  int x1, y1, x2, y2, x3, y3;

  double area() { ... }

  void move( int dx, int dy ) {
    x1 += dx; x2 += dx; x3 += dx;
    y1 += dy; y2 += dy; y3 += dy;
  }

  void draw() { ... } // Dreieck zeichnen
  ...
}

class Circle extends Shape {
  int x, y; double radius = 0;

  public double area() {
    return 2*Math.PI*radius*radius;
  }

  void move( int dx, int dy ) {
    x += dx; y += dy;
  }

  void draw() { ... } // Kreis zeichnen
  ...
}
```

*Keine*
*Typfelder*  Der Programmcode für die verschiedenen Formen ist also nicht
in einem einzigen Datentyp mit vielen Fallunterscheidungen realisiert, sondern auf übersichtliche kleine Klassen aufgeteilt. Als

Unterklassen von `Shape` können Exemplare der obigen drei Klassen ohne Probleme einer Variablen vom Typ `Shape` zugewiesen werden. Beim Aufruf einer der Methoden von `Shape` auf einem beliebigen dieser Objekte wird über den Mechanismus der virtuellen Funktionen automatisch die korrekte Methode der jeweiligen Klasse ausgewählt:

*Einzelne*
*Unterklassen*

```
...
Shape s1, s2, s3;

s1 = new Rectangle( 100, 120, 20, 10 );
s2 = new Triangle();
s3 = new Circle( 0, 0, 50 );

double d = s1.area(); //  20x10 liefert 200
double e = s3.area(); //  2*pi*50*50

s1.draw();     // Rechteck
s2.draw();     // Dreieck
s3.draw();     // Kreis
...
```

Zum Beispiel wird beim Aufruf von `s3.area()` automatisch die entsprechende Methode der Klasse `Circle` ausgeführt, da der Variablen `s3` ein Objekt der Klasse `Circle` zugewiesen wurde. Das Beispiel rechtfertigt damit endlich den Namen *Polymorphismus* als „Gestaltvielfalt": Über den Mechanismus der virtuellen Funktionen liefert der Aufruf einer Methode wie `area()` abhängig von der konkreten Realisierung dieser Methoden in der jeweiligen Unterklasse ganz unterschiedliche und automatisch die richtigen Resultate.

*Polymorphismus*

Man beachte, daß die Klasse `Shape` jederzeit um weitere Unterklassen erweitert werden kann, ohne daß irgendwelche Änderungen im Quelltext von `Shape` oder anderen bestehenden Klassen erforderlich sind. Sobald neue Formen wie etwa ein Stern benötigt werden, genügt es, nachträglich die neue Unterklasse `Star` zu schreiben.

*Weitere*
*Unterklassen*
*jederzeit*

In Java ist es noch nicht einmal nötig, über den Quellcode der Basisklasse zu verfügen: Zum Beispiel können eigene Applets auch dann als Unterklassen von `java.lang.Applet` abgeleitet werden, wenn nur die compilierte Klassendatei `Applet.class`, nicht aber die Quelldatei `Applet.java` vorliegt.

*Auch ohne*
*Quelltext der*
*Basisklasse*

### 3.3.5 Verdeckte Variablen

Falls eine Unterklasse die Namen vorhandener Variablen der Basisklasse für eigene Variablen erneut verwendet, werden diese Variablen der Basisklasse *verdeckt*. Alle Zugriffe mit dem entsprechenden Namen gelten anschließend den Variablen der Unterklasse:

```
class A {                  // verdeckte Variablen
  int x = 5;
}

class B extends A {
  int x = 6;               // verdeckt A.x
}

class C extends B {
  int x = 7;               // verdeckt B.x

  int h() {
    int y;
    y = x;                 // C.x
    y = this.x;            // C.x

    y = super.x;           // B.x
    y = ((B) this).x;      // B.x
    y = ((A) this).x;      // A.x
    // super.super.x;      // illegal
  }
}
```

Wie das Beispiel zeigt, gelingt der Zugriff auf die verdeckten Variablen über das Schlüsselwort super. Während die this-Referenz auf das aktuelle Objekt verweist, liefert super eine Referenz auf die Variablen und Methoden der direkten Basisklasse. Die Schachtelung zum Zugriff auf indirekte Basisklassen, etwa super.super.x, ist aber nicht möglich.

*Zugriff mit super*

Die Variablen der Basisklassen können auch über eine Typkonvertierung des this-Zeigers erreicht werden: Der Ausdruck ((B) this) konvertiert das aktuelle Objekt der Klasse C in ein Exemplar der Basisklasse B. Ausgehend von diesem Exemplar können dann nur noch die Variablen der Basisklasse zugegriffen werden.

*oder Typkonvertierung*

### 3.3.6 Überschriebene Methoden

Die dynamische Auswahl der virtuellen Funktionen wird durch einen Typ-Cast *nicht* beeinflußt. Die Methoden der Basisklasse können deshalb nicht über eine Typumwandlung erreicht werden: Variablen der Basisklasse werden lediglich verdeckt, ihre Methoden jedoch *überschrieben* („override"). Nur mit der super-Referenz gelingt der Zugriff auf die Methoden der Basisklasse:

```
class A {
  int x = 5;

  int f() {
    System.out.println( "A.f()..." );
  }

  int g() { ... }
}

class B extends A {
  int x = 6;

  int f() {
    System.out.println( "B.f()..." );
  }

  int g() {
    int y;
    y = x;              // B.x
    y = this.x;         // B.x
    y = super.x;        // A.x
    y = ((A) this).x;   // A.x    siehe oben

    f();                // B.f()
    this.f();           // B.f()
    ((A) this).g();     // B.g() Endlosschleife!

    super.f();          // A.f() ok.
  }
}
```

Die dynamische Zuordnung der virtuellen Funktionen hat Vorrang vor der Typkonvertierung. Der eigentlich naheliegende Aufruf `((A) this).g()` führt also zu einer Endlosschleife, da wieder die Methode `B.g()` ausgeführt wird. Das gilt entsprechend auch für tiefer geschachtelte Klassenhierarchien:

```
class C extends B {
  int x;

  int f() {
    System.out.println( "C.f()..." );
  }

  int g() {
    f();                    // C.f()
    this.f();               // C.f()
    super.f();              // B.f()
    //super.super.f();      // illegal!
    ((B) this).g();         // C.g(), Endlosschleife
    ((A) this).g();         // C.g(), Endlosschleife
  }
}
```

*super.super nicht notwendig*

Da die Schachtelung `super.super.f()` nicht möglich ist, kann aus `C` heraus nicht auf die Methoden von `A` zugegriffen werden. Das ist aber kein Problem, da solche Zugriffe in einer sauber definierten Klassenhierarchie selten notwendig sind.

### 3.3.7  final-Methoden

*final: nicht überschreibbar*

Mit dem Attribut `final` kann eine Methode gegen das Überschreiben in Unterklassen geschützt werden. Keine Unterklasse darf anschließend eine eigene Methode dieses Namens deklarieren, so daß die Funktionalität einer `final`-Methode nicht mehr verändert werden kann, was zum Beispiel für Methoden mit sicherheitsrelevanten Aufgaben wichtig ist. Auch (`static`) Klassenmethoden, `private`-Methoden und alle Methoden einer `final`-Klasse sind implizit `final`, siehe Abschnitt 3.5.3.

*Feste Adresse, Inlining*

Da eine `final`-Methode nicht als virtuelle Funktion in der Klassenhierarchie gesucht werden muß, sondern an einer festen Adresse liegt, kann ein guter Compiler `final`-Methoden direkt aufrufen und bestimmte Optimierungen durchführen, um bessere Performanz zu erreichen.

### 3.3.8 Mehrfachvererbung

Ein Beispiel für die (in Java nicht mögliche) mehrfache Vererbung ist in Abbildung 3.5 skizziert. Ausgehend von der gemeinsamen Basisklasse `Leichtathlet` werden Unterklassen gebildet, die auf jeweils eine Sportart spezialisiert sind, etwa ein `Weitspringer`. Für die Klasse `Zehnkämpfer` liegt es nahe, direkt von den zehn einzelnen Sportarten zu erben, so daß die Klasse `Zehnkämpfer` Methoden und Variablen von zehn unterschiedlichen Basisklassen übernimmt.

*Nicht in Java*

Wenn mehrere dieser Basisklassen Variablen oder Methoden mit demselben Namen aber unterschiedlicher Bedeutung enthalten, wird das Problem der Mehrfachvererbung deutlich. Im Beispiel könnten sowohl die Klasse `Hochspringer` als auch `Weitspringer` eine Methode `springe()` enthalten. Da die Klasse `Zehnkämpfer` beide Methoden direkt erbt, muß beim Aufruf dieser Methode jedesmal eine der beiden Varianten ausgewählt werden.

*Auswahl mehrfach geerbter Methoden*

Einfache virtuelle Funktionen reichen nicht aus, um dieses Problem zufriedenstellend zu lösen. Natürlich könnte bereits bei der Definition der Unterklasse eine der Methoden fest ausgewählt werden. In diesem Fall gehen aber die zusätzlichen Möglichkeiten der Mehrfachvererbung wieder verloren. Die zweite Variante ist es, bei jedem Aufruf einer mehrfach vorhandenen Methode die gewünschte Methode explizit anzugeben, etwa `Weitspringer.springe()`. Damit wird allerdings auf die dynamische Zuordnung von Methoden verzichtet. Eine kontextabhängige Auswahl ist zwar möglich, erfordert aber eine komplexere Laufzeitumgebung (um alle in Frage kommenden Methoden oder Variablen erst einmal aufzufinden) und in vielen Fällen zusätzliche Fallunterscheidungen in der Klasse selbst.

*Viele Probleme*

Noch schwerer als die skizzierten Nachteile wiegt der Umstand, daß mehrfache Vererbung trotz der offensichtlichen Vorteile nur in wenigen Fällen wirklich nutzbringend eingesetzt werden kann. Letztlich ist ein `Zehnkämpfer` eben weder ein `Hochspringer` noch ein `Weitspringer`, so daß keine dieser Vererbungsbeziehungen begründet ist. Selbst in Sprachen wie C++, die die Mehrfachvererbung ausdrücklich unterstützen, verzichten deshalb viele Klassenbibliotheken auf mehrfache Vererbung.

*Wenig Nutzen*

139

*Abbildung 3.5*
*Beispiel für*
*mehrfache*
*Vererbung*

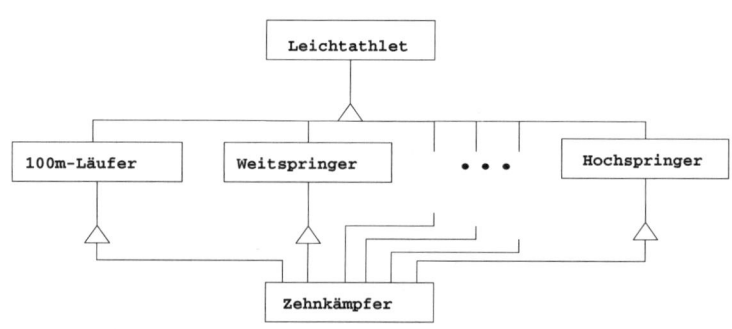

### 3.3.9 Die gemeinsame Basisklasse: Object

An der Basis der Java-Klassenhierarchie steht die zentrale Klasse `java.lang.Object`. Falls bei der Deklaration einer Klasse auf die `extends`-Klausel verzichtet wird, ergänzt der Java-Compiler automatisch ein `extends java.lang.Object`. Die folgenden Deklarationen sind also genau gleichwertig:

```
class A {       // implizit extends java.lang.Object
  ...
}
```

```
class A extends java.lang.Object {
  ...
}
```

*Methoden
von Object:*

Damit sind alle Klassen in Java direkte oder indirekte Unterklassen (über mehrere Zwischenklassen) der Klasse `Object`. Die Methoden von `Object` können daher auf jede beliebige Klasse in Java angewendet werden. Dies sind im einzelnen:

`boolean equals( Object o )`
   vergleicht das aktuelle Objekt mit dem Objekt o. Diese Methode vergleicht zunächst nur die Referenzen auf die beiden Objekte und sollte daher von jeder Unterklasse geeignet überschrieben werden, um die Inhalte der Objekte zu vergleichen,

`String toString()` liefert einen String mit einer Kurzbeschreibung des aktuellen Objekts. Auch diese Methode sollte von allen Unterklassen geeignet überschrieben werden,

`Object clone()` erzeugt eine Kopie des aktuellen Objekts. Dabei wird einfach der für die Exemplarvariablen des Objekt nötige Speicherplatz reserviert und kopiert. Eine
ausführliche Erläuterung von `clone()` folgt in Abschnitt
4.4.1. Da das direkte Kopieren nicht für alle Klassen geeignet ist, muß eine Klasse zusätzlich durch Implementieren
der Schnittstelle `Cloneable` ihre Bereitschaft zum Kopieren ausdrücken,

`Class getClass()` liefert eine Referenz auf das zum aktuellen Objekt gehörige `Class`-Objekt und damit die Laufzeit-
Typinformation (siehe Abschnitt 3.3.10),

`int hashCode()` liefert einen Hashcode für das aktuelle Objekt,
der aus der Speicheradresse des Objekts berechnet wird.
Auch die Methode sollte von Unterklassen bei Bedarf mit
einer besseren Variante überschrieben werden,

`finalize()` enthält den Programmcode, der kurz vor der Zerstö-
rung eines Objekts ausgeführt werden soll. Die Methode
`finalize()` in `Object` ist leer, kann aber von Unterklassen
bei Bedarf überschrieben werden.

`notify()`
`notifyAll()`
`wait( long ms )`
`wait( long ms, int ns )`
`wait()`
Diese Methoden dienen zur Synchronisation von Threads
und werden in Abschnitt 12.4 beschrieben.

Jede Unterklasse von `Object` sollte die Methoden `equals()` und
`toString()` geeignet überschreiben, und bei Bedarf auch `hash-`
`Code()` und evtl. sogar `finalize()`.

Besonders wichtig ist die geeignete Definition der Methode
`equals()`, um zwei Objekte einer Klasse miteinander vergleichen zu können. Die in `Object` definierte Variante von `equals()`    *equals()*
vergleicht nur die internen Speicheradressen von Objekten, nicht
aber deren Werte.

Auch eine für jede Klasse angepaßte Variante von `toString()`
ist sehr empfehlenswert. Neben dem Namen der Klasse sollte    *toString()*
`toString()` auch die wichtigsten Exemplarvariablen des Objekts
geeignet ausgeben.

141

### 3.3.10 Laufzeit-Typinformation

*Typprüfungen*

Die Typbeziehungen der Klassen untereinander müssen nicht nur beim Compilieren bekannt sein, sondern werden auch während der Programmausführung benötigt, um die für ein Objekt möglichen Operationen auswählen zu können. Diese Typinformationen werden in Java über die Klasse `java.lang.Class` verwaltet. Dabei wird für jede einzelne Klasse und jede Schnittstelle (siehe Abschnitt 3.4) ein eigenes `Class`-Objekt erzeugt.

*getClass*

Über die Methode `getClass()`, die in der Klasse `java.lang.Object` definiert ist und daher allen Klassen in Java automatisch zur Verfügung steht, kann zu jedem Objekt das zugehörige `Class`-Objekt ermittelt werden. Diese Methode ist als `final` markiert, damit „bösartige" Klassen nicht die vorhandene Typinformation umgehen können.

Die Klasse `Class` stellt folgende Methoden bereit:

`String getName()` liefert den Namen der Klasse,

`Class getSuperClass()` liefert eine Referenz auf die Basisklasse der aktuellen Klasse,

`Class[] getInterfaces()` liefert ein Feld mit allen von der aktuellen Klasse implementierten Schnittstellen,

`boolean isInterface()` liefert `true`, falls das aktuelle `Class`-Objekt eine Schnittstelle beschreibt,

`Object newInstance()` erzeugt ein neues Exemplar der aktuellen Klasse. Beim Versuch, eine abstrakte Klasse oder ein Interface zu erzeugen, wird eine `InstantiationException` ausgelöst und eine `IllegalAccessException`, wenn das angegebene Objekt nicht zugegriffen werden kann,

`forName( String name )` liefert das `Class`-Objekt für die Klasse mit Namen `name`, falls die Klasse geladen werden kann.

Die Methoden der Klasse `Class` können über `getClass()` von allen Objekten aus aufgerufen werden. Die folgende Methode ermittelt zu einem beliebigen Objekt den Namen seiner Klasse:

```
void printClassName( Object obj ) {
  System.out.println( "Die Klasse von "
    + obj.toString() + " ist "
    + obj.getClass().getName() );
}
```

|  | T Klasse, nicht `final` | T Klasse, `final` | T Interface | T = B[] Feld von B |
|---|---|---|---|---|
| S Klasse, nicht `final` | T Unterklasse von S | T Unterklasse von S | Fehler | S ist `Object` |
| S Klasse, `final` | T selbe Klasse wie S | T selbe Klasse wie S | Fehler | Fehler |
| S Interface | T implementiert S | T implementiert S | T Unterinterface von S | Fehler |
| S = A[], Feld von A | Fehler | Fehler | Fehler | entweder A und B derselbe primitive Typ, oder A Referenztyp, dem B zugewiesen werden kann |

*Abbildung 3.6*
*Erlaubte*
*Typumwandlungen*
*zwischen*
*Referenztypen. Die*
*Tabelle zeigt die*
*erlaubten Typen bei*
*der Zuweisung*
*s = t.*

## 3.3.11 Typumwandlungen

Mit den im letzten Abschnitt beschriebenen Methoden von `Class` kann die Java-Laufzeitumgebung für jedes Objekt seine Typzugehörigkeit ermitteln und damit alle Zuweisungen zwischen Referenztypen auf Zulässigkeit überprüfen. Durch die Einhaltung dieser Regeln wird sichergestellt, daß alle Objekte ausschließlich ihrem Typ entsprechend eingesetzt werden.

*Zuweisungen zu Referenzvariablen*

Die gültigen Zuweisungen und die mit Casts möglichen Typumwandlungen sind in den Abbildungen 3.6 auf Seite 143 und 3.7 auf Seite 144 zusammengefaßt.

Die Abbildung 3.6 enthält die Voraussetzungen, unter denen ein Objekt `t` einer Klasse `T` einem Objekt `s` der Klasse `S` zugewiesen werden darf. Zum Beispiel ist die Zuweisung `s = t` zu einem Objekt einer nicht als `final` markierten Klasse `S` nur möglich, wenn das zugewiesene Objekt `t` einer Unterklasse `T` von `S` angehört. Alle in der Tabelle als Fehler vermerkten illegalen Zuweisungen werden bereits vom Compiler bemerkt.

|  | T Klasse, nicht final | T Klasse, final | T Interface | T = B[] Feld von B |
|---|---|---|---|---|
| S Klasse, nicht final | T Unterklasse von S oder S von T | T Unterklasse von S | Laufzeitprüfung | S ist Object |
| S Klasse, final | S Unterklasse von T wie S | T selbe Klasse wie S | S implementiert T | Fehler |
| S Interface | Laufzeitprüfung | T implementiert S | Laufzeitprüfung | Fehler |
| S = A[], Feld von A | T ist Object | Fehler | Fehler | entweder A und B derselbe primitive Typ oder A Referenztyp, dem B per Cast zugewiesen werden kann |

*Abbildung 3.7*
*Erlaubte Typumwandlungen zwischen Referenztypen. Die Tabelle zeigt die erlaubten Typen bei der Cast-Zuweisung s = (S) t.*

Anders verhält es sich mit den Cast-Zuweisungen in Abbildung 3.7. In diesem Fall werden die Prüfungen, ob eine Klasse T eine Schnittstelle implementiert, erst zur Laufzeit durchgeführt. Ungültige Typumwandlungen lösen dann eine `ClassCastException` aus.

*Explizite Typumwandlung*

Mit dem bereits im Kapitel 2 auf Seite 62 vorgestellten Operator `instanceof` kann die Typzugehörigkeit eines Objekts zu einer Klasse oder Schnittstelle zur Laufzeit bequem überprüft werden. Hier noch einmal das Beispiel aus Kapitel 2:

*instanceof*

```
class Fahrzeug { ... }
class Cabrio extends Fahrzeug { ... }
class Kombi  extends Fahrzeug { ... }
Fahrzeug v;

... // Zuweisungen an v
if      (v instanceof Cabrio) ...
else if (v instanceof Kombi) ...
```

### 3.3.12 Modifier für Klassen: abstract und final

In den folgenden Abschnitten werden die sogenannten *Modifier*-Attribute zusammengefaßt, mit denen die Eigenschaften von Klassen, Methoden und Variablen beeinflußt werden können.

Für Klassen sind nur die beiden Modifier-Attribute `abstract` und `final` definiert. Das Attribut `final` an einer Klasse verbietet das Ableiten von Unterklassen, so daß die Funktionalität einer mit `final` markierten Klasse nicht mehr verändert werden kann. Viele der für die Sicherheitsmechanismen von Java relevanten Klassen in den Java-Bibliotheken sind als `final` deklariert, damit die Beschränkungen der Klassen nicht durch benutzerdefinierte Unterklassen umgangen werden können. *final: keine Unterklassen*

Eine als `abstract` deklarierte Klasse dagegen kann nicht direkt instantiiert werden und erfordert daher das Ableiten weiterer Unterklassen. Eine Klasse mit mindestens einer als `abstract` markierten Methode gilt selbst automatisch als abstrakte Klasse, der Modifier `abstract` braucht in diesem Fall nicht explizit geschrieben werden. Derartige Klassen werden häufig eingesetzt, um über die abstrakten Methoden eine gemeinsame Schnittstelle für eine Anzahl von Unterklassen zu definieren. Nur die Unterklassen, die *alle* abstrakten Methoden implementieren, können instantiiert und benutzt werden. Anders als in C++ können gemeinsame Schnittstellen in Java außer durch abstrakte Klassen auch explizit durch eine `interface`-Deklaration formuliert werden. *abstract: nicht instantiierbar*

Eine als `abstract` und `final` markierte Klasse ist nicht sinnvoll und kann daher auch nicht compiliert werden: Sie dürfte weder instantiiert noch abgeleitet werden.

### 3.3.13 Modifier für Variablen

Für Variablen sind neben den Attributen zur Sichtbarkeit (`public`, `private` usw.) nur die beiden Modifier `static` und `final` definiert. Mit dem Attribut `static` allein wird eine Klassenvariable gekennzeichnet. Eine `final`-Variable ist konstant und muß sofort bei ihrer Deklaration initialisiert werden. Eine mit `static` und `final` markierte Variable ist eine konstante Klassenvariable. *static* *final*

145

### 3.3.14  Modifier für Methoden

Neben dem Attribut `static`, mit dem eine Methode als Klassenmethode markiert wird, sind noch vier weitere Modifier-Attribute
für Methoden möglich:

`abstract` Eine *abstrakte* Methode wird nur mit Typ und Argumenten deklariert, aber nicht implementiert und kann daher auch nicht aufgerufen werden.  Statt dessen wird erwartet, daß weitere Unterklassen von der aktuellen Klasse
abgeleitet werden, die eine Implementation der abstrakten
Methode enthalten.
Abstrakte Methoden werden häufig eingesetzt, um eine gemeinsame Menge von Funktionen für alle weiteren (nicht
abstrakten) Unterklassen zu garantieren.

`final` Eine als `final` gekennzeichnete Methode darf nicht von
Unterklassen verändert (überschrieben) werden.  Dies ist
erstens für Methoden sinnvoll, deren Funktionalität (etwa aus Sicherheitsgründen) nicht mehr geändert werden
darf.  Zweitens können optimierende Compiler `final`-
Methoden als Inline-Methoden realisieren, um den Overhead für den Funktionsaufruf einzusparen und so die Ausführungsgeschwindigkeit des Programms zu steigern.

`native` Das Attribut `native` weist darauf hin, daß der eigentliche Binärcode für den Rumpf der Methode nicht in Java
selbst, sondern in einer externen Link-Bibliothek realisiert
ist.  Über `native`-Methoden können Java-Programme daher auf vorhandene externe Programme und Funktionsbib-
liotheken zugreifen.
Ähnlich wie für eine abstrakte Methode wird im Java-Programm nur der Typ und die Argumentliste einer `native`-
Methode deklariert.  Der Umgang mit `native`-Methoden
wird in Abschnitt 13.3 ab Seite 493 erläutert.

`static` markiert eine Klassenmethode (siehe Abschnitt 3.2.5 für
die ausführliche Erläuterung)r.

`synchronized` kennzeichnet eine Methode, die nicht von mehreren Threads gleichzeitig, sondern nur von einem einzigen Thread ausgeführt werden darf (siehe Abschnitt 12.4
ab Seite 481 für die ausführliche Erläuterung).

| Modifier | Klasse | Methode | Variable |
|---|---|---|---|
| | Klasse | Methode | Variable |
| `static` | — | Klassenmethode | Klassen-variable |
| `final` | keine Unterklassen | nicht überschreibbar | konstant |
| `abstract` | nicht instantiierbar | nicht implementiert | — |
| `native` | — | extern implementiert | — |
| `synchronized` | — | maximal 1 Thread aktiv | — |

*Abbildung 3.8*
*Übersicht über die*
*Modifier-Attribute*
*für Klassen,*
*Methoden und*
*Variablen*

Diese Attribute sind zusammen mit den entsprechenden Attributen für Variablen und Klassen in Abbildung 3.8 auf Seite 147 zusammengefaßt. Die Attribute zur Sichtbarkeit von Methoden (`private`, `public` usw.) werden in Abschnitt 3.5.3 erläutert.

### 3.3.15 Sichtbarkeit von Klassen

Während die Sichtbarkeit von Methoden und Variablen in Java sehr fein in fünf Stufen eingestellt werden kann, um die Datenkapselung zu steuern (siehe Abschnitt 3.5.3), sind die Regeln zur Sichtbarkeit von Klassen sehr einfach.

Jede Klasse ist zunächst für alle anderen Klassen innerhalb ihres `package` sichtbar. Außerhalb ihres eigenen `package` ist eine Klasse nur dann sichtbar, wenn sie als `public` deklariert wurde. In diesem Fall kann die Klasse global von allen anderen Klassen aus zugegriffen werden. Zwischenstufen, mit denen der Zugriff nur für einzelne andere Klassen oder Packages freigegeben werden könnte, sind dagegen nicht möglich.

## 3.4 Schnittstellen

*Typbeziehungen ausdrücken*

Mit dem Konzept der *Schnittstellen* überwindet Java die meisten Einschränkungen der Einfachvererbung, ohne die Nachteile einer Mehrfachvererbung in Kauf nehmen zu müssen: Über Schnittstellen können die Typbeziehungen zwischen Klassen unabhängig von ihrer Implementation ausgedrückt werden. Außerdem sind Schnittstellen die einzige Möglichkeit, um in Java „Callback"-Funktionen zu realisieren.

*Eigener Referenztyp*

Jede Schnittstelle (engl. „Interface") definiert eine beliebige Anzahl von Methoden und Konstanten und damit gleichzeitig einen eigenen Referenztyp. Um eine Schnittstelle S zu *implementieren*, muß eine Klasse C alle in der Schnittstelle enthaltenen Methoden konkret realisieren. Diese Klasse C kann dann Variablen des Typs S zugewiesen werden, und ausgehend von dieser Variablen können genau die in der Schnittstelle S definierten Methoden aufgerufen werden (nicht aber die übrigen Methoden der Klasse C).

*Mehrfachvererbung für Schnittstellen*

Eine Schnittstelle kann eine beliebige Anzahl von anderen Schnittstellen erweitern und übernimmt damit deren Methoden und Klassen vollständig. Als Pseudocode lautet die allgemeine Form einer Schnittstelle:

```
[package ein.package]

[public] [abstract]
interface InterfaceName
        [extends  BasisInterfaceListe]
{
   [public] [static] [final] Konstante1 = Wert1;
   ...
   [public] [abstract] Methode1( Argumentliste );
   ...
}
```

*Sichtbarkeit*

Wie für Klassen ist eine Schnittstelle ohne Attribut `public` nur im lokalen Package, mit Attribut `public` dagegen global sichtbar. Alle Methoden und Konstanten in einer `public`-Schnittstelle sind ebenfalls `public`. Das Attribut `abstract` darf angegeben werden, ist aber unnötig, da eine Schnittstelle automatisch als `abstract` vereinbart ist.

Jede in einer Schnittstelle definierte Variable gilt automatisch als `static` und `final`. Sie ist daher konstant und muß sofort initialisiert werden.

Während alle Klassen in Java auf der gemeinsamen Basisklasse `java.lang.Object` aufbauen, gibt es keine entsprechende „Basisschnittstelle". Zyklische Abhängigkeiten zwischen Schnittstellen sind nicht erlaubt und werden vom Compiler verhindert.

*Keine Basis-schnittstelle*

Das folgende Beispiel demonstriert den typischen Einsatz einer Schnittstelle. Sie enthält genau eine Methode:

```
/* Calories - für Diätpläne */
public interface Calories {
  public double getCalories();
}
```

Jede Klasse, die eine derartige Methode enthält, kann diese Schnittstelle implementieren:

```
import Calories;

public class ChocolateCake
      extends Cake
      implements Calories
{
  private double cals;

  public double getCalories() {
    return cals;
  }

  ... // weitere Methoden von ChocolateCake
}
```

Andere Klassen können jetzt Referenzen auf Objekte der Schnittstelle `Calories` erzeugen und diesen Objekte der Klasse `ChocolateCake` zuweisen:

```
import Calories; import ChocolateCake;

public class A {
  Calories theCake = new ChocolateCake();  // !
  System.out.println( theCake.getCalories() );
  ...
}
```

Der Nutzen der Schnittstelle wird sofort deutlich, sobald weitere Klassen mit anderer Vererbungshierarchie ebenfalls die Schnittstelle implementieren:

```
import Calories;

public class Sandwich
        extends Bread
        implements Calories
{
    ...
    public double getCalories() { ... }
}
```

Obwohl die Klassen `ChocolateCake` und `Sandwich` von unterschiedlichen Basisklassen abgeleitet sind, implementieren sie dieselbe Schnittstelle. Die Klasse `A` aus dem obigen Beispiel kann daher über Schnittstelle `Calories` die Methode `getCalories()` aller betreffenden Klassen aufrufen:

```
...
Calories o = (Calories) new ChocolateCake();
Calories s = (Calories) new Sandwich();

o.getCalories();
s.getCalories();
...
```

*Schnittstellen statt abstrakter Klassen*

Ein `interface` übernimmt in Java damit die typische Rolle einer abstrakten Basisklasse in C++ und beschreibt eine gemeinsame Schnittstelle für eine Reihe von (Unter-) Klassen. Eine Klasse, die ein `interface` implementiert, verpflichtet sich quasi in einem „Vertrag", alle Methoden der Schnittstelle bereitzustellen.

*Mehrere Schnittstellen*

Da eine Schnittstelle nur die Namen von Methoden definiert, kann eine Klasse eine *beliebige* Anzahl von Schnittstellen implementieren, ohne daß die typischen Probleme der Mehrfachvererbung auftreten: Selbst wenn eine Methode von mehreren Schnittstellen deklariert wird, ist diese Methode nur einmal in der Klasse realisiert und kann direkt aufgerufen werden. Bei der Mehrfachvererbung müßte die Laufzeitumgebung dagegen erst mit komplexen Regeln die geeignete aus allen möglichen Methoden auswählen.

### 3.4.1 Konstanten in Schnittstellen

Wie oben angedeutet, sind alle in einer Schnittstelle definierten Variablen implizit `static` und `final` und daher konstant. Aufgrund der globalen Sichtbarkeit der Namen in einer Schnittstelle ergibt sich eine zusätzliche Anwendung für derartige Konstanten.

Da Java nicht über Aufzählungstypen verfügt, kann eine Menge von Konstanten als `final`-Variablen in einer Klasse gesammelt werden:

```
public class TextAttribs {
   public static final int   LEFT   = 0;
   public static final int   CENTER = 1;
   public static final int   RIGHT  = 2;
}

public class Editor {
   static int align = TextAttribs.CENTER;
   ...
}
```

Zum Zugriff auf die Werte muß allerdings immer sowohl der Name der Klasse als auch der Name der Variablen angegeben werden. Dies ist meistens günstig, da der Leser sofort erfährt, wo die entsprechende Konstante definiert wurde. Mit der Definition der Konstanten in einer Schnittstelle läßt sich dagegen etwas Schreibarbeit sparen:

*Klarheit vs. Schreibarbeit*

```
public interface TextAttribs {
   public static final int   LEFT   = 0;
   public static final int   CENTER = 1;
   public static final int   RIGHT  = 2;
}

public class Editor implements TextAttribs {
   static int align = CENTER;
}
```

In manchen Fällen wird der Quelltext durch diese (eigentlich mißbräuchliche) Nutzung einer Schnittstelle besser lesbar.

### 3.4.2 Sortable

*Objekte sortieren*

In diesem Abschnitt soll als erstes Beispiel für den Einsatz von Interfaces in Java das Sortierprogramm aus Abschnitt 2.4 so erweitert werden, daß beliebige Objekte sortiert werden können. Dazu müssen die Objekte offensichtlich ein Merkmal bereitstellen, anhand dessen sie angeordnet werden können. Der verwendete Sortieralgorithmus `ShellSort` benötigt keine absoluten Werte,

*Größenvergleich*

sondern nur eine relative Aussage, `obj1 > obj2`. Es reicht daher aus, wenn alle sortierbaren Objekte eine entsprechende Methode `isGreaterThan()` implementieren. Diese wird im ersten Schritt in einem Interface `Sortable` deklariert:

```
/* Interface Sortable - Objekte sortieren */

public interface Sortable {

  /** isGreaterThan(): liefert true, wenn das
     aktuelle Objekt größer als s ist.
  */
  public boolean isGreaterThan( Sortable s );
}
```

*Shellsort-
Algorithmus
anpassen*

Die in Abschnitt 2.4 vorgestellte Implementation von Shellsort kann nur mit Werten des Typs `double` verwendet werden, da der Typ `double` an verschiedenen Stellen im Programmtext fest eingebaut ist. Da der Algorithmus aber nur Referenzen auf sortierbare Objekte und eine Methode zum Größenvergleich zweier Objekte benötigt, reicht es also aus, im Programmtext aus Abschnitt 2.4 einfach alle Verweise auf den Typ `double` durch Referenzen auf `Sortable`-Objekte zu ersetzen:

```
/* Shellsort-Algorithmus für Sortable-Objekte */
import Sortable;

public class ShellSort {

  /**
   * shellSort: sortiert ein Feld Sortable[]
   */
```

*Shellsort*

```
  static void shellSort( Sortable A[] ) {
    int i, j, h, N = A.length;
    Sortable v;
```

```
    for( h=1; h <= N/9; h = 3*h+1 )
      ;
    for( ; h > 0; h /= 3 ) {
      for( i = h; i <= N; i++ ) {
        v = A[i-1]; j = i-1;
        while( j > h-1 && A[j-h].isGreaterThan(v) ){
          A[j] = A[j-h]; j -= h;
        }
        A[j] = v;
      }
    }
  } /* end shellSort */

} /* end class ShellSort */
```

Der modifizierte Algorithmus ist jetzt in der Lage, beliebig große
Felder von `Sortable`-Objekten zu sortieren. Die Objekte müssen
lediglich die Methode `isGreaterThan()` implementieren, um die
Schnittstelle `Sortable` zu erfüllen.

   Das folgende Beispiel zeigt eine Klasse `SortCubes`. Es erzeugt ein Feld von 30 Quadern mit zufälligen Seitenlängen und
sortiert diese dann nach ihrem Volumen:

```
/* SortCubes: Sortable-Objekte sortieren */
import Sortable;
import ShellSort;
import java.util.Random;

public class SortCubes implements Sortable {
  static Random RG = new Random();
  double x, y, z;

  SortCubes() {
    // Zufallswerte für x,y,z
    x = RG.nextDouble();
    y = RG.nextDouble();
    z = RG.nextDouble();
  }

  double volume() {
    // Volumen der Quader
    return x * y * z;
  }
```

```
public boolean isGreaterThan( Sortable b ) {
  return this.volume() > ((SortCubes)b).volume();
}
```

*Feld ausgeben*

```
static void printArray( SortCubes[] A ) {
  for( int i=0; i < A.length; i++) {
    System.out.println( "A[" + i + "]= "
                        + A[i].volume());
  }
}
```

*Hauptprogramm*

```
public static void main( String argv[] ) {
  System.out.println( "Sorting Cubes..." );
```

*Feld A anlegen,
mit Zufallswerten
besetzen,*

```
  SortCubes[] A = new SortCubes[30];
  for( int i=0; i < A.length; i++ ) {
    A[i] = new SortCubes();
  }
```

*ausgeben,
sortieren,
ausgeben.*

```
  printArray(A);
  ShellSort.shellSort(A);
  printArray(A);
  }
}
```

*Typkonvertierung*

Die Methode `isGreaterThan()` vergleicht einfach das Volumen des aktuellen und des als Argument übergebenen Quaders. Dieses Argument ist zunächst vom Typ `Sortable`, so daß die Typkonvertierung mit dem Cast `(SortCubes)b` nötig ist, um `b.volume()` aufrufen zu können. Diese Typkonvertierung läßt sich mit einer alternativen Formulierung der Schnittstelle `Sortable` vermeiden:

```
public interface Sortable2 {
  public double sortValue();
}
```

Statt einer Funktion `isGreaterThan()` müssen die `Sortable2`-Objekte also nur eine Funktion implementieren, die einen `double` Wert für das Sortieren zurückliefert. Im Algorithmus `Shellsort` ändert sich nur eine Zeile:

```
//while( j > h-1 && A[j-h].isGreaterThan(v) ){
while( j > h-1 &&
       A[j-h].sortValue() > v.sortValue() ){
```

Für die oben verwendeten Quader könnte zum Beispiel direkt der Wert von `volume()` für `sortValue()` verwendet werden:

```
public double sortValue() { return volume(); }
```

Da alle `Sortable2`-Objekte eine Methode `sortValue()` enthalten, könnten in diesem Fall auch Objekte unterschiedlicher Klassen sortiert werden.

### 3.4.3  Zeiger auf Funktionen

In Java können Referenzen nur auf Klassen, Schnittstellen und Felder erzeugt werden — Zeiger auf Funktionen sind dagegen nicht direkt möglich. Das Beispiel der Schnittstelle `Sortable` aus dem letzten Abschnitt demonstriert aber, daß Zeiger auf Funktionen (dort `greaterThan()`) durch Schnittstellen ersetzt werden können.

*Zeiger auf Funktionen?*

Ein zweites typisches Beispiel für die Anwendung von Zeigern auf Funktionen ist die numerische Integration einer vorgegebenen mathematischen Funktion $f(x)$. Alle Verfahren zur numerischen Integration beruhen auf Algorithmen, die die zu integrierende Funktion an bestimmten Koordinaten auswerten und daraus das gesuchte Integral annähern. Da die Algorithmen für die verschiedenen Integrationsverfahren recht komplex sind, ist es natürlich ungünstig, die zu integrierende mathematische Funktion direkt in den Quelltext aufzunehmen und für jede neue Funktion $f(x)$ die Klasse neu compilieren zu müssen. Statt dessen sollte die zu integrierende Funktion als Methode einer externen Klasse realisiert und dann an die Integration übergeben werden können.

*Beispiel: numerische Integration*

In Java sind dazu mehrere Schritte erforderlich. Zunächst wird eine Schnittstelle definiert, die den Typ der zu integrierenden Funktion `f()` definiert:

```
public interface Integrable {
  public double f( double x );
}
```

Das eigentliche Treiberprogramm für die numerische Integration erhält dann eine Referenz auf ein Objekt dieser Schnittstelle und

155

kann über die Schnittstelle die Funktion `f()` aufrufen und an den Stützstellen auswerten:

```
import Integrable;

public class Integral {

  public static
  double simpson( double a, double b,
          Integrable F, double eps ) {
    double s = 0.5 * ( F.f(a) + F.f(b) );
    ... // hier ein möglicherweise komplexes
        // Integrationsverfahren...
    return s;
  }

  ... // andere Integrationsregeln etc.
}
```

*Ein Integrations-verfahren*

Im letzten Schritt kann jede Klasse, die eine Methode `double f(double x)` definiert, auch die Schnittstelle `Integrable` implementieren und anschließend die Methoden der Klasse `Integral` benutzen, um das Integral ihrer Methode `f()` auszuwerten. Dazu übergibt die Klasse eine Referenz auf sich selbst (d.h. der Schnittstelle `Integrable` und damit auch von `f()`) an die Klasse `Integral`:

*Klasse Integral benutzen*

```
import Integral;

public class Demo implements Integrable {

  public double f( double x ) {
    return  4*sqrt(1 - x*x);
  }

  public static void main( String argv[] ) {
    double a = 0.0, b = 0.0;
    Demo demo = new Demo();

    double pi = Integral.simpson( a, b, demo, 0.001 );
    System.out.println(
      "Das Integral f(" + a + ", " + b
      + ") ergibt " + pi );
  }
}
```

*Die zu integrierende Funktion*

Die Klassen `Integral` und `IntegralDemo` auf der CD-ROM enthalten ein vollständiges Beispiel zur Integration der Funktion $f(x) = 4\sqrt{1 - x^2}$ über den Bereich 0 bis 1. Da die Funktion gerade das Vierfache eines Viertelkreises beschreibt, ergibt sich als Resultat eine Näherung für den Wert von $\pi$.

Natürlich können auf diese Weise auch Schnittstellen für Funktionen mit beliebiger (aber fester) Anzahl und Art von Argumenten erstellt werden.

### 3.4.4 Zyklische Abhängigkeiten und Callback-Funktionen

Während die direkte Referenz einer Klasse A auf sich selbst sehr häufig vorkommt, etwa bei Listen oder Bäumen, ist eine zyklische Abhängigkeit zwischen zwei Klassen eher selten. Eine derartige gegenseitige Referenz entsteht zum Beispiel, wenn eine Klasse A ein Objekt der Klasse B benötigt, B seinerseits aber wiederum bestimmte Methoden von A aufrufen („rückrufen", engl. „callback") muß. Die Versuchung ist groß, dem Objekt B in diesem Fall einfach eine Referenz auf A zu übergeben. Diese Situation ist in Abbildung 3.9 (links) dargestellt.

*Zyklische Referenzen*

Natürlich schränkt die explizite Referenz auf A die Wiederverwendbarkeit der Klasse B extrem ein, da B nur noch in direkter Kombination mit A eingesetzt werden kann. Tatsächlich ist in den meisten Fällen aber gar keine Referenz auf A erforderlich, da B nur eine oder nur sehr wenige Methoden von A aufruft. Eine typische Situation liegt vor, wenn ein Fenster B in der Applikation A bestimmte Ereignisse (Mausklicks, Tastendrücke) an A weiterleiten muß.

*Extrem schlechte Wiederverwendbarkeit*

Derartige Programme können durch Einführung einer zusätzlichen Schnittstelle R verbessert werden, die alle von B in A benötigten Methoden definiert, siehe Abbildung 3.9 (rechts). Da die Klasse B jetzt nur noch die Schnittstelle R referenziert, kann sie auch in Kombination mit anderen Klassen A', A'' usw. wiederverwendet werden, sofern diese Klassen die Schnittstelle R implementieren.

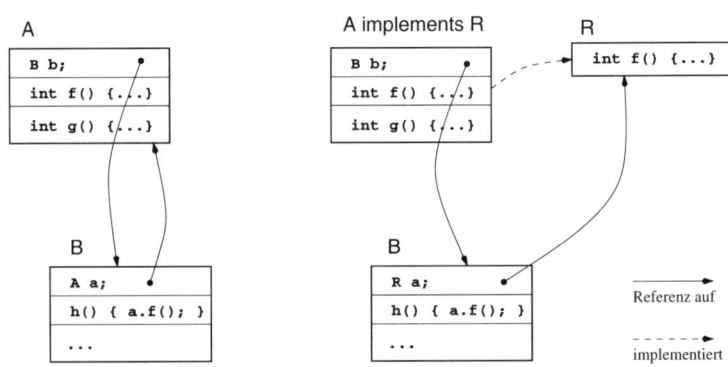

*Abbildung 3.9*
*Auflösung einer*
*zyklischen*
*Abhängigkeit*
*zwischen zwei*
*Klassen mit einer*
*Schnittstelle*

### 3.4.5 Weitere Beispiele für Schnittstellen

Weitere Beispiele für Schnittstellen in den Java-Klassenbiblio-theken werden in fast allen folgenden Kapiteln dieses Buches ausführlich vorgestellt. Dabei wird die Vielfalt der Einsatzmög-lichkeiten von Schnittstellen deutlich.

*Cloneable*

In Abschnitt 4.4.1 wird die Schnittstelle `Cloneable` disku-tiert. Alle Java-Objekte sind von `java.lang.Object` abgeleitet und verfügen daher auch über die Methode `Object.clone()`, mit der automatisch Kopien des Objekts erzeugt werden können. Um jedoch die darunterliegende Semantik deutlich zu machen, lie-fert die Methode `clone()` nur dann eine Kopie des Objekts, wenn die Klasse dies durch Implementieren der Schnittstelle `Cloneable` ausdrücklich erlaubt.

*ImageObserver*

Abschnitt 7.7 beschreibt die Schnittstelle `ImageObserver`, mit der es gelingt, Bildobjekte für graphische Anwendungen un-abhängig von der eigentlichen Applikation im Hintergrund in separaten Threads zu laden: Sobald weitere Bilddaten eintref-fen oder Fehler auftreten, wird die Applikation über den `Image-Observer` davon informiert.

*Runnable*

Zentrale Bedeutung für die Anwendung von Threads besitzt das Interface `java.lang.Runnable`. Über diese Schnittstelle kön-nen auch Klassen, die nicht selbst von `java.lang.Thread` abge-leitet sind, auf die Dienste von Threads zurückgreifen. Die An-wendung von `Runnable`-Objekten wird in Abschnitt 12.2 ab Seite 472 ausführlich erläutert.

# 3.5  Packages

Um die Vielzahl der für ein Projekt erforderlichen Klassen sowie die in den Systembibliotheken vorhandenen Klassen gliedern zu können, führt Java das Konzept der sogenannten *Packages* ein. Ein Package stellt eine eigene Ebene der Sichtbarkeit von Namen und der Zugriffsrechte zwischen Klassen dar und erlaubt damit, zusammengehörige Klassen zu organisieren. Neben Vererbung und Schnittstellen sind Packages eine weitere Möglichkeit, um in Java die Beziehungen zwischen Klassen auszudrücken. *Package: eigener Scope, Sichtbarkeit*

In den nächsten beiden Abschnitten werden zunächst der Aufbau von Packages sowie die `package` und `import`-Anweisungen vorgestellt. In Abschnitt 3.5.3 werden die *Modifier*-Attribute erläutert, mit denen der Zugriff auf die Variablen und Methoden einer Klasse geregelt werden kann. *Modifier-Attribute*

### 3.5.1  Die package-Anweisung

Wie bereits in Abschnitt 2.1.2 angedeutet, erfolgt die Zuordnung einer Klasse zu einem Package mit einer `package`-Anweisung:

```
package ein.package.name;

class KlassenName {
  ...
}
```

Falls eine `package`-Anweisung verwendet wird, muß sie als erste Anweisung im Quelltext der Klasse stehen. Ohne `package`-Anweisung wird die Klasse keinem Package zugeordnet, sondern ist global direkt unter ihrem Klassennamen sichtbar.

Der vollständige Name für ein `package` besteht aus einzelnen Komponenten, die durch Punkte voneinander getrennt werden. Obwohl dies einen hierarchischen Aufbau der Namen suggeriert, werden die Package-Namen vom Java-Compiler und der Laufzeitumgebung derzeit einfach „flach" interpretiert. *Package-Namen*

Abhängig von der Java-Implementation wird ein `package`-Name in bestimmter Weise mit der Verzeichnisstruktur auf dem jeweiligen Rechner korrespondieren. Dadurch kann jede Komponente des `package`-Namens einem bestimmten Verzeichnis im *Package und Verzeichnis-Hierarchie*

159

*Abbildung 3.10
Die Java-
Namenskonvention
für weltweit
einheitliche
Package-Namen.
Der Name wird aus
dem umgedrehten
Internet-Domain-
Namen und
nachfolgenden
beliebigen Namen
gebildet.*

## Package-Namen:

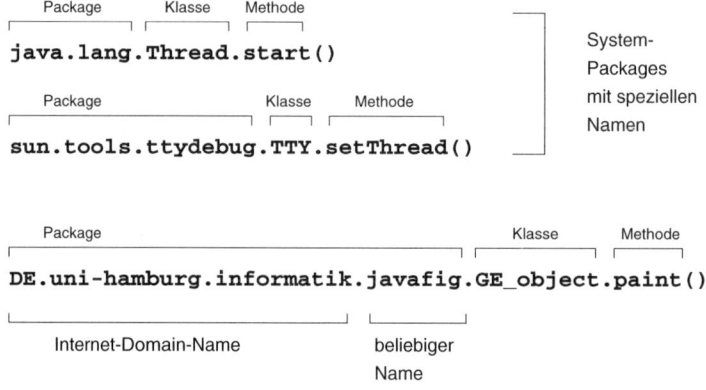

## zugehörige Datei- / Verzeichnisnamen:

```
.../java/lang/Thread.class
.../sun/tools/ttydebug/TTY.class
.../lib/classes.zip

.../DE/uni-hamburg/informatik/javafig/GE_object.class
```

Dateisystem des Rechners zugeordnet werden.  Die eigentlichen *compilation units*, d.h. Klassen und Schnittstellen, werden schließlich als einzelne Dateien im entsprechenden Verzeichnis gespeichert.

Der Name für ein benutzereigenes Package kann zunächst beliebig gewählt werden.  Für die systemweiten Packages und für weitere häufig verwendete Packages hat Sun jedoch eine Namenskonvention vorgeschlagen, die weltweit eindeutige Namen *Weltweit* für diese Packages garantiert.  Ein derartiger Name wird im we- *eindeutige* sentlichen aus dem (umgedrehten) weltweit bereits eindeutigen *Namen* Internet-Domain-Namen und dem internen Namen des Packages zusammengesetzt.  Dieses Vorgehen ist in Abbildung 3.10 skizziert.

Ein zusätzliches Package xxx der Javasoft Division von Sun Microsystems (Internet Domain `javasoft.com`) bekommt damit den Namen

```
COM.javasoft.xxx
```

wobei die Top-level Domain immer mit Großbuchstaben geschrieben wird; möglich sind dabei `COM`, `EDU`, `GOV`, `MIL`, `NET`, `ORG`
in den USA und die länderspezifischen Abkürzungen wie `DE` für
Deutschland, `FR` für Frankreich und `UK` für Großbritannien. Auf
Unix-Systemen, wo das Zeichen „/" zur Gliederung von Verzeichnisnamen dient, wird das oben angegebene Package unter
dem Dateinamen

```
.../COM/javasoft/xxx
```

abgelegt. Als Startverzeichnis werden dabei von den Program-
men des JDK (siehe Anhang B für eine Erläuterung des Java
Development Kit) alle Verzeichnisse durchsucht, die durch die
`CLASSPATH`-Variable angegeben werden.

Obwohl in Java beliebige Unicode-Zeichen für Package- und
Klassennamen verwendet werden können, ist dies wegen der
Probleme bei der Umsetzung in plattformabhängige Dateinamen
nicht zu empfehlen.

*Möglichst keine*
*Sonderzeichen*

### 3.5.2 Die Import-Anweisung

Für nur selten benutzte Klassen ist die explizite Referenz mit dem
vollständigen Namen einschließlich des Package-Namens vorteil-
haft, damit der Leser sofort erkennt, um welche Klasse es sich
handelt. Wie oben beschrieben, erhält eine Klasse `A` in einem
Package `x.y.z` den vollständigen Namen `x.y.z.A`. Die Klasse
`A` kann von anderen Klassen anschließend über diesen Namen
`x.y.z.A` eindeutig referenziert werden:

*Voller Name*

```
public class B {
  int f() {              // eine Methode B.f()
    x.y.z.A  einA;       // voller Name für Klasse A
    x.y.z.A  nochEinA;

    einA = new x.y.z.A(); // und deren Methoden
    ...
  }
}
```

Das Ausschreiben der vollen Namen für häufig benötigte Klassen führt aber zu sehr unübersichtlichen Quelltexten. In diesen Fällen ist es mit der import-Anweisung möglich, einzelne oder alle Klassen aus einem Package zu „importieren". Im folgenden Programmtext genügt dann lediglich die Angabe der Klassennamen, während der Compiler automatisch die Package-Namen ergänzt:

```
import x.y.z.A;              // nur Klasse A aus x.y.z
import x.y.z.B;              // nur Klasse B aus x.y.z

public class D {
  int g() {
    A  a = new A();          // jetzt kurzer Name
    B  b = new B();          // ...

    x.y.z.C  c = new x.y.z.C(); // nicht importiert:
    ...                      // voller Name nötig
  }
}
```

Mit der Schreibweise package.name.* ist es möglich, alle Klassen aus dem angegebenen Package auf einmal zu importieren:

```
import x.y.z.*;             // alle Klassen aus x.y.z

public class E {
  int g() {
    A  a = new A();          // kurzer Name,
    B  b = new B();          // für x.y.z.A usw.
    C  c = new C();
    ...
  }
}
```

Mit package.name.* werden alle Klassen aus genau einer Ebene der Package-Hierarchie importiert, nicht jedoch die Klassen aus eventuell vorhandenen weiteren „Unter"-Packages. Beispielsweise enthalten die Klassenbibliotheken von Java die beiden Packages java.awt und java.awt.image:

```
import java.awt.*;         // nur eine Ebene
import java.awt.image.*;   // nächste Ebene

ImageObserver i;    // java.awt.image.ImageObserver
```

Für eine Klasse aus demselben Package x.y.z wie A kann natürlich immer die kurze Schreibweise verwendet werden. Falls beim Importieren mehrerer Klassen die Eindeutigkeit der Namen verlorengeht, muß zur Unterscheidung wieder der volle Name angegeben werden:

*Eindeutigkeit*

```
import  x.y.z.A;
import  u.v.w.A;

public class D {
  int f() {
    A     einA;          // Fehler: nicht eindeutig
    x.y.z.A  einA;       // ok.
    u.v.w.A  einAnderesA; // ok.

    einAnderesA = new u.v.w.A();
    ...
  }
}
```

Manchmal bereitet der javac-Compiler des JDK (siehe Anhang B ab Seite 516) beim erstmaligen Übersetzen von Klassen in einem neuen Package Probleme, weil die referenzierten Klassen noch nicht vorhanden sind und daher auch nicht gefunden werden. In diesem Fall müssen alle zu übersetzenden Dateien mittels

*Probleme mit javac*

```
javac -d verzeichnis/name  A.java B.java ... Z.java
```

gleichzeitig auf der Kommandozeile übergeben werden. Abhängig vom Betriebssystem ist es eventuell möglich, die volle Liste der Dateien durch *.java abzukürzen.

### 3.5.3   Datenkapselung und Sichtbarkeit

Natürlich ist bereits die Aufteilung der class-Dateien auf hierarchisch gegliederte Verzeichnisse ein wichtiger Nutzen von Packages. Die eigentliche Aufgabe der Packages ist aber die Möglichkeit, weitere Beziehungen zwischen den Klassen auszudrücken: Sowohl für Klassen als auch ihre Variablen und Methoden können Attribute vergeben werden, mit denen die Sichtbarkeit der Namen und damit der Zugriff anderer Klassen auf diese Variablen und Methoden geregelt werden kann.

*Packages sammeln zusammengehörige Klassen*

163

*Abbildung 3.11*
*Übersicht über die*
*Zugriffsrechte*

| Modifier:<br><br>Zugriffsrecht: | public | default | pro-<br>tected | private<br>protected | private |
|---|---|---|---|---|---|
| Nicht-Unterklasse<br>gleiches Package | Ja | Ja | Ja | Nein | Nein |
| Unterklasse,<br>gleiches Package | Ja | Ja | Ja | Nein | Nein |
| Nicht-Unterklasse<br>anderes Package | Ja | Nein | Nein | Nein | Nein |
| Unterklasse,<br>anderes Package | Ja | Nein | Nein | Nein | Nein |
| vererbt an: | | | | | |
| Unterklasse im<br>gleichen Package | Ja | Ja | Ja | Ja | Nein |
| Unterklasse in<br>anderem Package | Ja | Nein | Ja | Ja | Nein |

*public-Klassen*

Die Bedeutung des Attributs `public` für Klassen wurde bereits in Abschnitt 3.3.12 erläutert. Eine mit `public` markierte Klasse ist global für alle anderen Klassen sichtbar, ohne dieses Attribut dagegen nur innerhalb ihres `package`.

Die Regeln zur Sichtbarkeit von Variablen und Methoden sind komplexer, da auch die Vererbung an Unterklassen berücksichtigt werden muß. Die aktuelle Version von Java verwendet fünf verschiedene Ebenen zur Kontrolle des Zugriffs, die durch die Modifier-Attribute `public`, `protected`, `private protected` und

*Zugriffskontrolle*
*in fünf Ebenen*

`private` sowie das Fehlen eines Attributs („default") gekennzeichnet sind. Die Bedeutung der einzelnen Modifier für Variablen und Methoden ist in Abbildung 3.11 zusammengefaßt. Es bedeuten:

`public` Diese Variablen und Methoden sind global für alle anderen Klassen sichtbar und zugreifbar, für die die Klasse selbst sichtbar ist. Sie werden voll an Unterklassen vererbt. Wegen der Verletzung der Datenkapselung ist dieses Attribut für Variablen im allgemeinen nicht sinnvoll.

`default` Dieser Fall tritt ein, falls keiner der anderen Modifier verwendet wird. Die Variablen und Methoden sind innerhalb des Package voll sichtbar und zugreifbar und werden auch an Unterklassen vererbt.

Außerhalb des Package sind die Elemente der Klasse dagegen nicht sichtbar und zugreifbar, und sie werden auch nicht an Unterklassen in fremden Packages vererbt.

`protected` Mit diesem Attribut wird der Zugriff auf Methoden und Variablen für alle Klassen außerhalb des Package der Klasse verhindert.

Mit `protected` markierte Elemente der Klasse werden voll an Unterklassen vererbt, auch an Unterklassen in anderen Packages.

Eine Unterklasse in einem anderen Package kann auf die `protected`-Elemente in ihren eigenen Exemplaren zugreifen, nicht jedoch auf die `protected`-Elemente in der Oberklasse.

`private protected` Dieses Attribut verhindert den Zugriff aller anderer Klassen (auch aus demselben Package) auf die entsprechend markierten Variablen oder Methoden. Nur Unterklassen (in demselben oder einem anderen Package) erben die entsprechenden Elemente.

`private` Mit diesem Modifier versehene Variablen oder Methoden können nur innerhalb ihrer Klasse zugegriffen werden, und sie werden auch nicht an Unterklassen vererbt.

Normalerweise sollten alle Datenelemente in einer Klasse als `private` markiert und nur über Zugriffsfunktionen zugänglich sein. Die Zugriffsfunktionen selbst werden im allgemeinen als `public` oder `protected` deklariert, so daß entweder alle Klassen oder nur die Unterklassen auf die gekapselten Daten zugreifen können.

*Variablen: private*

*Methoden: public*

Da Klassen- und Exemplarvariablen in der gesamten Klasse sichtbar sind, verwenden einige Programmierer die Konvention, nur die `public`-Variablen am Anfang der Klasse vor der ersten Methode zu deklarieren, alle `private`-Variablen dagegen am Ende der Klasse. Damit werden die Zugriffsrechte auch beim oberflächlichen Lesen des Quelltextes sofort deutlich.

*private-Variablen ans Ende?*

Die einmal gewählten Attribute können von Unterklassen nicht weiter eingeschränkt, sondern höchstens erweitert werden. Es ist zum Beispiel unmöglich, eine `public`-Methode der Basisklasse in einer Unterklasse als `private` zu kennzeichnen.

*Unterklassen können die Sichtbarkeit nur erweitern*

Es ist daher günstig, beim Entwurf einer Klasse zunächst restriktive Attribute zu verwenden, um die Datenkapselung sicherzustellen und auch den Zugriff auf Methoden so weit wie möglich einzuschränken. Bei Bedarf können die Zugriffsrechte dann von Unterklassen nachträglich erweitert werden.

## 3.6  Java vs. C/C++

In diesem Abschnitt werden die Unterschiede zwischen Java und C++ zusammengestellt.

*Präprozessor*

Java benötigt keine Headerdateien für Funktionsdefinitionen und daher auch keinen C-Präprozessor. Außerdem verzichtet Java absichtlich auf die Schachtelung von Dateien mittels `#include` sowie `#define`-Makros, da beide Konstrukte die Lesbarkeit von Programmen extrem beeinträchtigen. Konstanten können in Java statt dessen durch eine Variable mit Modifier `final` beschrieben werden. Zur Gliederung großer Programme werden die Klassen in Packages eingeteilt und mit der `import`-Anweisung im Quelltext eingebunden.

*Vorwärtsreferenzen*

Vorwärtsreferenzen auf Klassen, Methoden und Variablen sind in Java kein Problem, da der Compiler als 2-Pass-Compiler arbeitet: Im ersten Durchgang werden alle Referenzen gesammelt und im zweiten Durchgang aufgelöst. Nicht erlaubt sind Vorwärtsreferenzen bei der Initialisierung von Variablen.

*Datentypen*

Im Gegensatz zu C/C++ sind die Eigenschaften der elementaren Integer-Datentypen `byte`, `short`, `int` und `long` in Java genau festgelegt und nicht maschinenabhängig. Alle vier Integertypen sind vorzeichenbehaftet, der Datentyp `char` dagegen repräsentiert ein vorzeichenloses 16-bit Unicode-Zeichen. Logische Werte werden in Java mit dem eigenen Datentyp `boolean` dargestellt. Um die in C/C++ übliche Verwendung von Integerwerten für logische Operationen auszuschließen, sind Typkonvertierungen zwischen `boolean` und den Integertypen verboten. Die Fließkommatypen `float` und `double` entsprechen in Java dem Standard IEEE-754 für Fließkommarechnungen.

*Siehe*
*[IEEE-754 85]*

Der C++-Datentyp `enum` für eine Aufzählung fester Werte fehlt in Java, kann aber in bestimmtem Umfang durch Verwendung von `static final` Variablen simuliert werden. Die Datentypen `struct` und `union` aus C/C++ werden in Java nicht unterstützt. Das `typedef`-Konstrukt zur Definition von Typ-Aliasnamen ist in Java unsinnig.

Alle Referenzen auf Objekte werden in Java implizit verwaltet. Anders als C/C++ wird daher kein eigener Datentyp für Zeiger benötigt. Ohne explizit zugängliche Zeiger ist auch Zeigerarithmetik in Java natürlich nicht möglich.

*Keine Pointer*

Von kleinen Ausnahmen abgesehen, verhalten sich alle Operatoren in Java genau wie in C++. Die Priorität von `new()` ist höher als der Punkt-Operator, so daß die folgenden Anweisungen in Java identisch sind:

*Operatoren*

```
new klasse(). objekt;
(new klasse()).objekt;
```

Um trotz der zwingend vorzeichenbehafteten Integerwerte logische Rechtsschiebeoperationen ausführen zu können, also mit Nullen aufzufüllen, definiert Java einen neuen Shift-Operator `>>>`. Der Operator + dient außer zur Arithmetik auch zum Verketten von Strings. Java erlaubt und unterstützt das Überladen von Funktionen, nicht aber das Überladen von Operatoren.

*Overloading*

Alle Anweisungen aus C/C++ wie `if`, `while`, `for`, `switch` usw. haben ein entsprechendes Gegenstück in Java. Anders als in C/C++ erlauben die Kontrollausdrücke in Java nur Werte des Typs `boolean`, nicht aber Integerwerte. Die `goto`-Anweisung aus C entfällt und wird durch `break` und `continue` ersetzt.

*Anweisungen*

Lokale Variablen können in Java ähnlich wie in C++ überall im Code deklariert und initialisiert werden, insbesondere auch innerhalb einer `for`-Anweisung. Die Deklaration einer Variablen muß aber auf jeden Fall vor ihrer Verwendung erfolgen (siehe das Beispiel auf Seite 69). Allerdings führen Blöcke innerhalb einer Funktion keinen zusätzlichen Namensraum ein, so daß die mehrfache Verwendung eines Variablennamens innerhalb einer Methode nicht möglich ist.

*Variablen-deklaration*

Java kennt keine globalen Funktionen, sondern erlaubt nur Methoden innerhalb von Klassen. Allerdings können globale Funktionen durch `static`-Methoden nachgebildet werden.

*Funktionen*

Anders als C/C++ sind Funktionen mit variabler Anzahl von Argumenten (`vararg`) in Java nicht zulässig, da eine Typüberprüfung der Argumente für Funktionen mit variabler Anzahl von Argumenten nicht durchgeführt werden kann. Alle Java-Methoden müssen daher eine feste Anzahl von Argumenten aufweisen.

*vararg*

Felder sind in Java nicht einfach nur Speicherbereiche, sondern einer der vier grundlegenden Datentypen. Alle Feldzugriffe

*Felder*

167

werden zur Laufzeit auf Gültigkeit überprüft. Bei der Übergabe von Feldern als Argumente von Funktionen wird nur eine Referenz auf das Feld übergeben, nicht aber das Feld insgesamt kopiert. Mehrdimensionale Felder werden in Java als Felder von Feldern realisiert.

*Strings*

Strings sind in C und C++ einfache Zeichenketten, die mit einem '\0'-Zeichen abgeschlossen werden. In Java dagegen sind Strings eigenständige Objekte der Klasse `java.lang.String`.

*Einfachvererbung,*
*Interfaces*

Die Mehrfachvererbung aus C++ wird in Java durch eine Einfachvererbung ersetzt, die mit Schnittstellen (Interfaces) erweitert werden kann. Dieses Konzept erreicht fast alle Möglichkeiten der Mehrfachvererbung bei wesentlich geringerer Komplexität der Laufzeitumgebung und des Compilers.

*Speicherverwaltung*

Die Speicherverwaltung in Java erfolgt automatisch. Beim Erzeugen neuer Objekte wird der benötigte Speicherplatz reserviert. Nicht mehr referenzierte Objekte werden vom Garbage-Collector entdeckt und wieder freigegeben. Die Funktionen `malloc()` und `free()` aus C sind deshalb in Java nicht vorhanden.

*Kommandozeile*

Die Bedeutung der `argv[]`-Parameter in der Kommandozeile unterscheidet sich leicht. In Java ist `argv[]` natürlich ein Feld von Strings, in C/C++-Programmen ein Feld von einfachen Zeichenketten. Während C/C++-Programme im ersten Argument (`argv[0]`) ihren eigenen Namen erhalten, werden einem Java-Programm nur die eigentlichen Parameter (ab `argv[1]` in C) übergeben. Ein Java-Programm kann statt dessen über `get-Class()` ermitteln, unter welchem Namen es gestartet wurde.

# Objektorientierte Programmentwicklung

Auch heute ist das *objektorientierte Programmieren* (OOP) immer noch von einer Aura des Geheimnisvollen umgeben, obwohl die grundlegenden Konzepte bereits vor fast 30 Jahren in der Sprache Simula-67 formuliert und eingesetzt wurden. Zum einen muß das Schlagwort „objektorientiert" allenthalben als Werbeslogan und als Ersatz für konkrete Qualitätsmerkmale hinhalten, andererseits weisen Kritiker gerne auf riesengroße und quälend langsame objektorientierte Programme hin.

*Pro und kontra Objektorientierung*

Dieses Kapitel versucht, einige Grundprinzipien der objektorientierten Programmentwicklung zusammenzufassen. Im letzten Kapitel hat sich gezeigt, daß die Auswahl der benötigten Datentypen (Klassen) und deren Organisation in Klassenhierarchie und Packages das wesentliche Element der objektorientierten Programmentwicklung darstellt. In Abschnitt 4.1 werden dazu zwei einfache Faustregeln vorgestellt, mit denen recht schnell die Kandidaten für Klassen und die grundlegenden Beziehungen der Klassen untereinander ermittelt werden können.

*Auswahl der Klassen*

Ein besonders anschauliches Beispiel für die Vorteile eigenständiger Objekte gegenüber herkömmlichen Datenstrukturen bietet die Klasse `java.lang.String`, mit der in Java Zeichenketten repräsentiert werden. Die Klasse `String` wird in Abschnitt 4.2 vorgestellt.

*Klasse String*

In Abschnitt 4.3 werden danach die in den Java-Klassenbibliotheken vorhandenen *Containerklassen* beschrieben. Diese Klassen erlauben es, beliebige Objekte in grundlegenden Datenstrukturen zu organisieren: Ein `Vector` dient als Abstraktion für ein Feld mit beliebig vielen Elementen, das bei Bedarf automatisch wächst. Entsprechend leistet die Klasse `Hashtable` die Zuord-

*Containerklassen, Datenstrukturen*

nung von Werten zu nicht-numerischen Schlüsseln. Am Beispiel einer doppelt verketteten Liste wird gezeigt, wie auch komplexe Datenstrukturen mit Zeigern in Java umgesetzt werden können.

*Entwurfsmuster*

Bei der Analyse von objektorientierten Programmen zeigt sich, daß viele Probleme mit bestimmten Standardkombinationen von Klassen gelöst werden können. Einige dieser sogenannten *Entwurfsmuster* werden in Abschnitt 4.4 vorgestellt, unter anderem *Iterator*, *Adapter* und *Singleton*. Eine umfassende Liste und Erklärung mit etwa 25 derartigen Mustern findet sich im Buch von [Gamma et al. 95].

Schließlich werden in Abschnitt 4.5 einige Konzepte und Konstrukte anderer objektorientierter Sprachen vorgestellt, die in Java nicht enthalten sind. Dies betrifft neben der Mehrfachvererbung unter anderem *Klassen-Templates*, das *Operator-Overloading* und *Assertions*. Einige Tips beenden das Kapitel.

## 4.1 Programmentwurf

*Software-entwicklung: handwerklich*

Trotz des Einsatzes modernster Entwicklungsumgebungen mit Compilern, Debuggern und Hilfesystemen wird Softwareentwicklung immer noch zu großen Teilen „handwerklich" betrieben: Fast alle benötigten Teile eines Programmsystems werden immer neu geschrieben, anstatt auf vorhandene Standardkomponenten zurückzugreifen.

*statt industriell*

Das Ziel der objektorientierten Programmierung dagegen ist der Aufbau komplexer Programmsysteme aus modularen, wiederverwendbaren Komponenten. Das Mittel dazu ist der Einsatz von Klassen als benutzerdefinierten Datentypen mit klar abgegrenzten Aufgaben und präzise spezifizierten Schnittstellen (den Methoden der Klassen).

*Modulare Komponenten*

Die Analogie etwa zur Konstruktion eines Motors aus verschiedenen Komponenten, von denen einige neu entwickelt, die meisten aber fertig eingekauft werden, ist durchaus treffend: Kein Ingenieur käme auf die Idee, eine Schraube mit genau 8.3 mm Durchmesser einzuplanen, nur weil diese perfekt der zu erwartenden Belastung entspricht. Der Verzicht auf Effizienz im Detail (beim Übergang auf die nächste Standardgröße wie 10 mm) wird durch die Vorteile der Standardisierung bei weitem aufgehoben. Dies gilt nicht nur für winzige Komponenten wie Schrauben, sondern erst recht für große Funktionsblöcke (etwa den Anlasser).

Die typischen Phasen des Entwurfszyklus für mittlere bis große Softwareprojekte bleiben auch beim objektorientierten Vorgehen gültig. Dies sind die Analyse, das Design, die Implementation und schließlich der Test. In der ersten Phase, der *Analyse*, wird zunächst die Aufgabenstellung untersucht und der Umfang der gewünschten Lösung festgelegt. Anschließend erfolgt das *Design*, wobei die globale Struktur des Systems ausgewählt und dokumentiert wird. Erst danach beginnt mit der *Implementierung* die eigentliche Programmierung und das *Testen* des Systems. Fast mit Sicherheit sind mehrere Iterationen durch alle diese Phasen notwendig, bis die gewünschte Funktionalität erreicht ist. Parallel zu allen Phasen erfolgt die *Dokumentation* und das Management des Projekts.

*Analyse*
*Design*
*Implementierung*
*Test*

*Dokumentation*

Auch wenn die oben skizzierten Phasen in kleineren Projekten vielleicht nicht getrennt erscheinen, so werden sie trotzdem alle durchlaufen. Durch die zusätzliche Abstraktion eigenständiger Objekte erleichtert das objektorientierte Vorgehen in allen diesen Phasen die Entwicklung.

### 4.1.1  Auswahl der Klassen

Für komplexere Problemstellungen ist die Auswahl geeigneter Klassen und die Kombination dieser Klassen zu einer Lösung des gesamten Problems die zentrale Aufgabe der objektorientierten Programmentwicklung. In den beiden folgenden Abschnitten werden zwei „Faustregeln" vorgestellt, die sich in vielen Fällen als nützliche Ausgangspunkte erweisen. Sobald die Einteilung in Klassen einmal getroffen ist, folgt daraus fast automatisch auch die Liste der pro Klasse benötigten Methoden. Die Implementierung der Klassen und Methoden mit den Mitteln des strukturierten Programmierens fällt dann oft sehr leicht.

*Auswahl und
Kombination
von Klassen*

Wegen der Kapselung der Daten und des ausschließlichen Zugriffs über die Methoden der Klasse können im Idealfall sowohl die interne Repräsentation der Daten als auch die notwendigen Algorithmen bei Bedarf (etwa um bessere Performanz zu erreichen) beliebig verändert werden, ohne daß andere Teile des Programms ebenfalls angepaßt werden müssen. Für die erste Implementation einer Klasse können daher bedenkenlos die einfachsten Algorithmen und Datenstrukturen eingesetzt werden — spätere Verbesserungen sind jederzeit möglich.

*Spätere
Änderungen*

171

Eine Veränderung der Klassenhierarchie oder der `public`-Methoden einer Klasse hat dagegen wesentlich schwerwiegendere Konsequenzen für das Programm zur Folge, die in etwa mit einer Änderung der Datenstrukturen in einem „strukturierten Programm" vergleichbar sind. Es empfiehlt sich daher, die Klassen und ihre Methoden sehr sorgfältig auszuwählen und von vornherein auch auf zukünftige Erweiterbarkeit zu achten.

Der zentrale Unterschied zum strukturierten Programmieren ist die Reihenfolge des Entwurfs: Während das strukturierte Programmieren von Funktionen ausgeht und diese immer weiter verfeinert, erfolgt beim objektorientierten Vorgehen zunächst die Auswahl der Datentypen, d.h. der Klassen. Erst danach werden die öffentlichen Methoden der Klassen und damit die Schnittstellen des Programms definiert. Die Details der internen Datenstrukturen und Algorithmen innerhalb der Klassen werden zuletzt festgelegt.

*Reihenfolge:*
*erst die Klassen,*
*dann die Details*

### 4.1.2 Eine Faustregel

Einen guten Ausgangspunkt für die Wahl der Klassen bietet das folgende, ausgesprochen einfache Vorgehen: Versuchen Sie, die Aufgabe des Programms präzise zu beschreiben, möglichst in einer Diskussion mit dem Auftraggeber und den späteren Anwendern des Programms. Auch eine Art „Brainstorming" ist in dieser Phase sehr gut geeignet: Notieren Sie alle Stichworte, ohne diese jedoch zu bewerten.

Die Notizen dienen als Grundlage für den ersten Schritt: Alle *Substantive* in der Beschreibung deuten auf eigenständige Objekte und sind daher Kandidaten für mögliche Klassen. Alle *Verben* stehen für die benötigten Methoden und *Adjektive* sind ein Indiz für den internen Zustand der Objekte und damit für Exemplarvariablen. Dies ist natürlich nur eine erste sehr grobe Klassifikation.

Aus einem Satz wie „Das Radar muß die Position und Geschwindigkeit der Flugzeuge erfassen" ergeben sich zum Beispiel sofort zwei Klassen für „Radar" und „Flugzeug". Es ist aber keineswegs klar, ob „Position" und „Geschwindigkeit" ebenfalls eigenständige Klassen oder nur Eigenschaften des Flugzeugs sind. Vielleicht müssen tatsächlich komplexe Operationen wie Koordinatentransformationen direkt mit der Position und Geschwindigkeit ausgeführt werden, die die Umsetzung als eigene Klassen (Unterklassen von Vektor?) rechtfertigen. Ansonsten können Position und Geschwindigkeit einfach mit sechs `double`-Variablen in der Klasse „Flugzeug" dargestellt werden.

Auf der anderen Seite stehen manchmal auch Verben oder Adjektive implizit für Klassen, zum Beispiel deutet das Verb „wiederhole" auf einen Iterator (siehe Abschnitt 4.4.2).

Ausgehend von den im ersten Schritt ermittelten Kandidaten für die Klassen muß also die Auswahl der wirklich benötigten Klassen erfolgen. Ein Begriff sollte nur dann als eigene Klasse (eigener abstrakter Datentyp) realisiert werden, wenn er eine Menge von Objekten beschreibt, die von interessanten Operationen (den Methoden des Datentyps) charakterisiert werden. Außerdem bietet es sich an, zunächst die Klassen weiter zu sortieren und in Gruppen einzuteilen. Falls sich mehrere Kandidaten nur durch wenige Attribute unterscheiden, ist nur eine einzige Klasse (mit entsprechenden Variablen) nötig. Hierarchische Beziehungen zwischen mehreren Klassen deuten eine mögliche Vererbung an. Schließlich können die übrigen Attribute als Variablen in die jetzt bereits ausgewählten Klassen aufgenommen werden.

*Mögliche und
nötige Klassen*

Obwohl trivial, darf ein weiteres wichtiges Kriterium für die Auswahl der Klassen hier nicht fehlen: Natürlich sollten vorhandene Klassen soweit wie möglich (wieder-) verwendet werden. Jede gute objektorientierte Entwicklungsumgebung verfügt über Klassenbibliotheken, in denen für viele Aufgaben bereits geeignete Klassen enthalten sind.

*Vorhandene
Klassen
verwenden*

Im nächsten Schritt gilt es, die nötigen Methoden (Verben) zu sammeln und den einzelnen Klassen zuzuordnen. Das ist bei Methoden, die mehrere Objekte betreffen, manchmal nicht eindeutig möglich. In diesem Fall ist es günstig, die Methode in das eigentlich „agierende" Objekt aufzunehmen.

*Zuordnung
der Methoden*

Zu schön um wahr zu sein? Probieren Sie diese Faustregel einfach anhand einer Aufgabe aus, für die Sie früher einmal ein strukturiertes Programm (etwa in C oder Pascal) geschrieben haben. Fast mit Sicherheit werden Sie feststellen, daß die Regel mühelos dieselben (oder häufig sogar bessere) Datenstrukturen und Methoden nahelegt, die Sie in Ihrem älteren Programm gewählt hatten.

### 4.1.3 'Ist ein' versus 'Hat ein'

*Die zweite*
*Faustregel:*
*ist ein, hat ein*

Für die Entscheidung zur Kombination und Gliederung der ausgewählten Klassen gibt es eine zweite einfache Regel. In einer objektorientierten Programmiersprache gibt es drei Möglichkeiten, eine bestimmte Funktion f() in einem Objekt der Klasse X zu realisieren:

1. Die Funktion f() wird im Objekt selbst als eigene Methode X.f() implementiert.

2. Die Klasse X wird von einer anderen Klasse Y abgeleitet, die bereits eine geeignete Funktion Y.f() bereitstellt. Damit steht dann auch X.f() zur Verfügung.

3. In die Klasse X wird ein weiteres Objekt M aufgenommen, das die Funktion f() implementiert. Anschließend wird die Funktion f() von M mittels X.M.f() verwendet.

Die Auswahl zwischen diesen Alternativen muß für jede Funktion der Klasse getroffen werden und ist ebenfalls ein wesentlicher Teil der objektorientierten Programmentwicklung. In vielen Fällen ist die Entscheidung offensichtlich, manchmal aber auch ein heikles Problem. Stellen Sie sich in diesem Fall das Objekt X vor und überlegen sie, welche dieser Aussagen „wahr" ist:

- X *ist* ein Y

- X *hat* ein M

- X *kann* f()

Im ersten Fall ist es angebracht, das Objekt X durch Vererbung von Y abzuleiten. Im zweiten Fall liegt es nahe, ein Objekt M in die Klasse aufzunehmen. Im letzten Fall dagegen sollte die Funktion f() direkt in der Klasse selbst implementiert werden.

*Ein Beispiel:*
*die Aufgabe*

Ein Beispiel mag dieses Vorgehen illustrieren. Angenommen, Sie sollten ein Applet für einen Taschenrechner erstellen, der neben den Grundrechenarten auch verschiedene Zinsberechnungen ausführen kann. Natürlich soll der Rechner eine graphische Benutzeroberfläche erhalten, und der Kunde verlangt von Ihnen ein objektorientiertes Programm. Welche Klassen werden dazu benötigt?

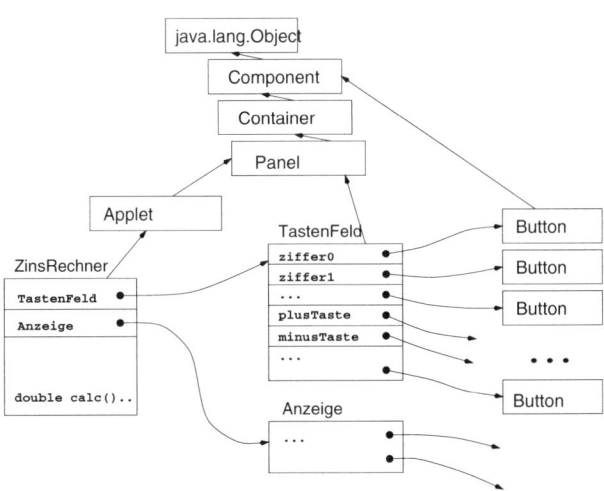

*Abbildung 4.1
Beispiel für den
Entwurf einer
Klassenhierarchie:
ZinsRechner*

Bereits aus der Aufgabenstellung geht hervor, daß der Taschenrechner ein Applet *ist*. Also muß die Klasse `ZinsRechner` von `Applet` abgeleitet werden. Der Taschenrechner *hat* ein Tastenfeld und eine Anzeige, also werden zwei Variablen für diese Komponenten benötigt. Etwas schwieriger ist die Frage nach der Funktion: Der Taschenrechner *ist* ein Taschenrechner für Zinsberechnungen, er *kann* Zinsberechnungen ausführen. Also liegt es nahe, die Klasse `ZinsRechner` von einer Klasse (etwa `ZinsMath`) abzuleiten, die diese Zinsberechnungen bereits implementiert. Mehrfache Vererbung (gleichzeitig von `Applet` und `ZinsMath`) ist in Java aber nicht möglich. Deshalb muß in Java eine Entscheidung getroffen werden, welche Basisklasse verwendet werden soll: Im Zweifelsfall ist es natürlich günstig, jene Klasse als Basisklasse auszuwählen, von der mehr (oder komplexere) Funktionalität übernommen werden kann. Im Beispiel dagegen ist klar, daß `ZinsRechner` von `Applet` abgeleitet werden muß, um als Applet eingesetzt werden zu können.

*und eine Lösung*

*Ein Applet*

Daher müssen die eigentlichen Zinsberechnungen entweder im Rechner selbst implementiert werden, oder `ZinsRechner` erhält eine weitere Komponente, die ihrerseits die Rechnungen ausführt. Falls die Zinsberechnungen in `ZinsRechner` direkt implementiert werden, kann dies auch nach außen für andere Klassen deutlich gemacht werden, indem eine entsprechende Schnittstelle definiert wird.

*Eigene Funktionen*

175

Jetzt kann die nächste Ebene der Klassenhierarchie bearbeitet werden. Das Tastenfeld dient nur dazu, die einzelnen Tasten graphisch anzuordnen; dazu gibt es in den Java-Klassenbibliotheken bereits eine geeignete Basisklasse, `java.awt.Panel`. Das Tastenfeld *ist* also ein `Panel`, und es *hat* mehrere Tasten. Die einzelnen Tasten werden daher als eigene Komponenten deklariert und in das Tastenfeld aufgenommen. Auch für die Tasten steht bereits eine geeignete Klasse `java.awt.Button` zur Verfügung. An dieser Stelle gibt es jetzt zwei etwa gleichwertige Möglichkeiten. Einerseits kann eine eigene Klasse `Tastenfeld` erstellt werden, die von `Panel` abgeleitet wird und die einzelnen Tasten erzeugt und verwaltet. Zweitens ist es möglich, sowohl das Tastenfeld als auch alle Tasten direkt als Variablen in `Zinsrechner` zu deklarieren und (etwa in der Methode `init()` des Applets) in das `Panel` einzutragen. Diese Variante ist etwas einfacher zu programmieren, eignet sich aber vor allem für kleinere Applets. Die erste Variante erfordert eine zusätzliche Klasse, führt dafür aber zu einer sauberen Trennung zwischen den Rechenfunktionen des Applets und der Gestaltung seiner Benutzeroberfläche.

*Weitere Entscheidungen*

Dieses Vorgehen wird analog auch für die Anzeige des Rechners wiederholt. Beispiele für die Gestaltung von Benutzeroberflächen und die Behandlung der Ereignisse (Tastendrücke, Mausklicks usw.) mit den Java-Klassenbibliotheken finden sich in Kapitel 8. Insgesamt ergibt sich bereits — fast automatisch — das folgende Grundgerüst für den `ZinsRechner`:

```
import Tastenfeld; import Anzeige; ...

public class ZinsRechner
        extends      java.applet.Applet
        implements   ZinsRechnung {
    Tastenfeld   tastenfeld;
    Anzeige      anzeige;
    ...

    public void init() {
        tastenfeld = new Tastenfeld();
        ...
    }

    public void start() { ... }
```

*"ist-ein" Applet*

*"hat"-Objekte*

*Funktionen aus Applet*

```
    // Funktionen zur Zinsrechnung
    double  amortisation( double ... ) { ... }
    ...
}


class Tastenfeld extends java.awt.Panel {
    java.awt.Button   plusTaste, minusTaste,
                      ziffer0, ziffer1, ..
    ...
    Tastenfeld() { ... }
}
```

*Einzelne Tasten*

*Konstruktor*

### 4.1.4  Auswahl der Methoden

Sobald die Klassen festgelegt sind, müssen die Methoden der
Klassen definiert und zugeordnet werden. Dies betrifft zunächst
die Auswahl der Konstruktoren. Falls Objekte der Klasse kopiert
werden sollen, muß außerdem die Semantik des Kopierens festgelegt werden (siehe Abschnitt 4.4.1).

Für eine klare Gliederung des Programms ist es notwendig,
unbedingt nur die *minimale* Menge an Operationen (Methoden)
für das *Konzept* der Klasse — nicht dagegen für die geplante Implementation — auszuwählen. Während weitere Methoden später
immer noch hinzugefügt werden können, ist es fast unmöglich,
öffentliche Methoden aus einer Klasse wieder zu entfernen, da
diese von anderen Klassen bereits benutzt werden. Aus diesem Grund sollten auch weitere Methoden, die die Anwendung
der Klasse lediglich *bequemer* gestalten, nur nach sorgfältiger
Überlegung eingefügt werden.

*Minimale Menge
von Methoden*

Nach Möglichkeit sollte bei der Auswahl der Methoden und
insbesondere ihrer Namensgebung die Gemeinsamkeit mit anderen Klassen des geplanten Projekts beachtet werden. Zum
Beispiel definieren alle Java-Klassen die Methoden `toString()`
zur Textausgabe eines Objekts, und die Methode zum Vergleich
von Objekten heißt immer `equals()`. Anders als in C++, wo
zusätzlich für jede Methode entschieden werden muß, ob sie als
virtuelle Funktion realisiert werden soll, sind in Java prinzipiell
alle Exemplarmethoden virtuell. Trotzdem ist eine bewußte Entscheidung sinnvoll, ob eine Methode explizit in eine zusätzliche
Schnittstelle aufgenommen wird.

*Gemeinsamkeiten,
Namenskonvention*

## 4.2 Die Klasse String

Ein schönes Beispiel für die Möglichkeiten der Objektmetapher ist die Realisierung von Zeichenketten („Strings") in Java. Anders als in C sind Zeichenketten in Java nicht nur einfache Felder `char[]`, deren Ende mit einem Null-Zeichen `'\000'` markiert wird, sondern eigenständige Objekte der Klasse `java.lang.` *String: Klasse + besondere Syntax* `String`. Gegenüber anderen Objekten nehmen Strings in Java eine Sonderstellung ein, da ihre Benutzung durch spezielle Syntax erleichtert wird: Zeichenketten können im Programmtext wie gewohnt geschrieben werden. Der Java-Compiler erzeugt daraus automatisch die benötigten Aufrufe der Konstruktoren und Methoden der Klasse `String`. Außerdem erlaubt der Operator „+" direkt die Verkettung mehrerer String-Objekte:

```
String  s, t, u, v, w;

s = "";                // der leere String
t = " ";               // String mit einem Leerzeichen

u = "Hello, world!";
v = new String( "Hello, world!" );
w = "Hello, " + "world!";    // Verkettung mit '+'
```

Leider verzichtet Java darauf, außer „+" auch den „==" Operator für Strings zu überladen. Statt dessen vergleicht der Operator „==" für Strings ebenso wie für alle anderen Referenztypen einfach nur die Adressen der `String`-Objekte (und nicht den Inhalt).

*String-Pool*      Aus Effizienzgründen verwaltet Java alle konstanten Strings in einem *String-Pool*, wobei im Quelltext doppelt oder mehrfach vorkommende Strings nur einmal gespeichert werden. Deshalb kann der Vergleich von Strings mit dem „==" Operator zu überraschenden Resultaten führen:

```
String  s1, s2, s3, s4, s5;
s1 = "Hello, ";
s2 = "world!";
s3 = "Hello, world!";
                             // Auswertung zur:
s4 = "Hello, " + "world!"; // Compilezeit
s5 = s1 + s2;              // Laufzeit
                             // abhängig vom Compiler:
if (s3 == s4) ...          // vermutlich true
```

```
if (s3 == s5) ...        // vermutlich false

if (s3.equals(s4))       // true
if (s3.equals(s5))       // true

if (s3.compareTo(s4) == 0) // true
```

Für den Vergleich von Strings sollte deshalb immer die `equals()`-Methode verwendet werden. Die Methode `s.compareTo(t)` entspricht genau der C-Funktion `strcmp()` zum (alphabetischen Größen-) Vergleich von zwei Strings mit den Rückgabewerten `-1` (s kleiner t), `0` (s gleich t) und `1` (s größer als t). *Strings vergleichen*

Die Klasse `String` stellt sieben verschiedene Konstruktoren und eine Vielfalt von Methoden zur Verfügung, so daß viele Stringoperationen sehr bequem ausgeführt werden können. Hier eine Auswahl der wichtigsten Methoden:

```
String( String s)
String( char[] c)
String( byte[] b)
String( byte[] b, int highbyte)
String( StringBuffer sb )
```
> Diese Konstruktoren erzeugen einen String, der aus dem angegebenen Objekt initialisiert wird (String, StringBuffer, Feld von Zeichen, Feld von Bytes). Bei der Initialisierung aus einem Feld von Bytes kann optional der Wert des oberen Bytes jedes Zeichens gesetzt werden.

`int length()` die Länge des Strings.

`char charAt( int i )` liefert das Zeichen an Position i, wobei die Zählung mit Position 0 beginnt.

`boolean equals( Object o )`

`boolean equalsIgnoreCase( String t )` vergleicht den aktuellen String mit dem Argument. Die beiden Strings sind gleich, wenn sowohl ihre Länge als auch alle vorkommenden Zeichen (exakt bzw. bis auf Groß-Kleinschreibung) übereinstimmen.

`int compareTo( String t )` vergleicht den aktuellen String (s) mit t und liefert die Werte `-1`, `0` und `+1`. Diese Funktion entspricht dem `strmp()` aus C.

`String concat( String t )` hängt den String t an das Ende des Strings an.

179

```
boolean startsWidth( String t )
```
`boolean endsWidth( String t )` liefert `true`, falls der aktuelle String mit der Zeichenfolge t anfängt bzw. endet.

```
int indexOf( int ch )
int indexOf( int ch, int fromIndex )
```
durchsuchen den String nach dem Zeichen `ch` (ab Position 0 bzw. `fromIndex`). Falls das Zeichen vorkommt, wird die Position der Zeichens zurückgeliefert und −1 sonst.

```
int indexOf( String t )
int indexOf( String t, int fromIndex )
```
durchsuchen den String nach dem Vorkommen des Teilstrings t (ab Position 0 bzw. `fromIndex`) und liefern die erste gefundene Position zurück bzw. −1, wenn der Teilstring t nicht gefunden wird.

```
int lastIndexOf( int ch )
int lastIndexOf( ... )
```
diese Methoden entsprechen genau den Varianten von `indexOf()`, liefern aber die letzte Position des Zeichens / Substrings im aktuellen String zurück.

```
String toUpperCase()
String toLowerCase()
```
wandelt alle Buchstaben im String in Groß- bzw. Kleinbuchstaben um.

`String replace( char oldChar, char newChar )` ersetzt alle Zeichen `oldChar` durch das Zeichen `newChar`.

`String trim()` entfernt alle Leerzeichen etc. („whitespace" Zeichen) vom Anfang und Ende des Strings.

```
substring( int pos )
substring( int pos, int endpos )
```
liefert den Teilstring ab Position pos (einschließlich) und bis Position endpos (ausschließlich).

`valueOf(Typ t)` erzeugt eine String-Repräsentation des angegebenen Datentyps. Für Klassen-Objekte wird dazu die Methode `toString()` den entsprechenden Klasse aufgerufen.

Einige wenige Beispiele genügen bereits, um den Umgang mit der Klasse `String` zu verdeutlichen:

```
char data[] = { 'a', 'b', 'c' };
String s = new String( data );
String t = "abc";
String u = new String( "abc" );
```

```
System.out.println( "abc" );
System.out.println( "abc" + "def" );

String a   = "abc".substring( 0, 1);    // "a"
String bc  = "abc".substring( 1 );      // "bc"

int i,j,k;
i = "abrakadabra".indexOf( 'a' );       // i == 0
j = "abrakadabra".indexOf( "ka" );      // j == 4
k = "abrakadabra".lastIndexOf( "abra" ); // k == 7

boolean b  = "cupHotjava.gif".endsWidth( ".gif" );

System.out.println( String.valueOf( Math.PI ) );
```

Auch für `String`-Objekte erfolgt die Speicherverwaltung automatisch und muß nicht vom Programmierer berücksichtigt werden. Nicht mehr referenzierbare Strings werden vom Garbage-Collector nach kurzer Zeit gelöscht.

### 4.2.1   Kommandozeilenargumente

An dieser Stelle wird jetzt auch die Bedeutung des Parameters `String argv[]` der Methode `main()` deutlich. Der Java-Interpreter übergibt die einzelnen Argumente der Kommandozeile als Feld von Strings. Ein `argc`-Parameter wie in C ist überflüssig, da die Anzahl der Argumente über `argv.length` ermittelt werden kann. Auch ist anders als in C `argv[0]` bereits das erste Argument des Programms und nicht der Name, unter dem das Programm gestartet wurde: Der Programmname entspricht dem Namen der Klasse und kann daher über `getClass().getName()` abgefragt werden.

*Kommandozeile*

### 4.2.2   StringBuffer

Ein `String`-Objekt repräsentiert einen „festen" Text und kann nach seiner Erzeugung nicht mehr modifiziert werden. Dies ist in den meisten Fällen kein Problem, da problemlos neue `String`-Objekte mit dem angepaßten Text erzeugt werden können. Mit

*Feste und veränderliche Zeichenketten*

181

der Klasse `StringBuffer` stehen aber auch direkt modifizierbare Zeichenketten zur Verfügung. Tatsächlich werden `String-Buffer`-Objekte automatisch vom Java-Compiler erzeugt, um typische Stringoperationen durchzuführen. Beispielsweise wird

```
"a" + 4 + "c"
```

intern durch die folgenden Funktionsaufrufe umgesetzt:

```
new StringBuffer().append("a").append(4).
                        append("c").toString()
```

Durch Aufruf der Methode `toString()` kann ein `Stringbuffer`-Objekt sehr effizient in einen `String` umgewandelt werden. Ein `StringBuffer` erlaubt zusätzlich das Setzen und Ändern einzelner Zeichen:

`StringBuffer append( Typ o )` hängt die String-Darstellung des angegebenen Typs (von `byte` bis `double` sowie Objekte) an den StringBuffer an.

`StringBuffer insert( int offset, Typ o )` fügt die String-Darstellung des angegebenen Typs ab der Position `offset` in den StringBuffer ein.

`char charAt( int i )` liefert das Zeichen an Position i.

`setCharAt( int i, char ch )` setzt das Zeichen `ch` an die Position i im StringBuffer.

`ensureCapacity( int minimumCapacity )` sorgt dafür, daß der StringBuffer mindestens `minimumCapacity` Zeichen aufnehmen kann.

Falls die Positionsangaben außerhalb der gültigen Grenzen des StringBuffers liegen, wird eine `StringIndexOutOfBoundsException` ausgelöst.

## 4.3 Datenstrukturen

Weitere eindrucksvolle Beispiele für die Vorteile wiederverwendbarer Objekte liefert die einfache Anwendung der sogenannten *Containerklassen* („container classes", „collection classes"). Diese Klassen realisieren bestimmte grundlegende Datenstrukturen, etwa eine Liste oder einen Stack, wobei jedes einzelne Element dieser Datenstrukturen wiederum eine Referenz auf ein `Object`

*Containerklassen*

enthält. Daher können beliebige Java-Objekte in die Containerklasse eingetragen und danach entsprechend der Datenstruktur des Containers verwaltet werden.

Als erstes Beispiel für derartige Containerklassen wird in diesem Abschnitt zunächst das Grundgerüst für eine doppelt verkettete Liste entwickelt. Die Liste dient gleichzeitig als Beispiel für den Aufbau und die Programmierung von komplexen Datenstrukturen mit Zeigern. Das vollständige Programm mit vielen zusätzlichen Funktionen befindet sich auf der CD-ROM. In Abschnitt 4.4.2 wird die Klasse `LinkedList` dann um die Funktionen erweitert, die zur Implementierung der Schnittstelle `Enumeration` und damit eines *Iterators* notwendig sind. Über einen Iterator können alle Elemente in einer Container-Datenstruktur der Reihe nach referenziert und bearbeitet werden.

*Datenstrukturen
mit Zeigern*

Anschließend werden die Datenstrukturen vorgestellt, die im Package `java.util` bereits fertig zur Verfügung stehen: die Klasse `Vector` ermöglicht Vektoren mit beliebiger Anzahl von Objekten, da die Länge des Vektors bei Bedarf automatisch angepaßt wird. Von `Vector` abgeleitet ist die Klasse `Stack` für einen Stack mit beliebiger Anzahl von Einträgen. Der Aufbau von Hashtabellen gelingt mit der Klasse `Hashtable`, und die Klasse `BitSet` erlaubt logische und Mengenoperationen auf beliebig großen Bitfeldern.

*Vector, Stack,
Hashtable,
BitSet*

## 4.3.1 Listen

Die grundlegende Datenstruktur mit Zeigern ist eine einfach verkettete Liste. Jeder Knoten der Liste verfügt über einen Zeiger `next` auf das nächste Element der Liste und zusätzlich über ein Feld mit den jeweiligen Daten des Knotens. Der `next`-Zeiger des letzten Knotens der Liste ist `null`, um das Ende der Liste anzuzeigen.

*Einfache Listen*

Manchmal wird behauptet, daß Listen und andere komplexere Datenstrukturen mit Zeigern in Java nicht möglich sind, weil Java nicht über Zeiger verfügt: Aber jede *Referenz* auf ein Java-Objekt entspricht natürlich einem herkömmlichen Zeiger auf das entsprechende Objekt. Der entscheidende Unterschied besteht darin, daß Referenzen in Java nicht per Zeigerarithmetik modifiziert werden können.

183

In diesem Abschnitt wird zur Demonstration der Möglichkeiten von Java für Zeiger-Datenstrukturen eine doppelt verkettete Liste vorgestellt. Jeder Knoten der Liste wird als Exemplar einer Klasse `ListNode` realisiert und enthält sowohl eine Referenz `next` auf den nachfolgenden Knoten als auch eine zweite Referenz `prev` auf seinen Vorgänger. Zusätzlich enthält jeder Knoten ein Feld, das eine Referenz auf ein beliebiges `Object` aufnehmen kann. Für die Klasse `ListNode` ergibt sich damit zunächst folgende Datenstruktur:

```
class ListNode {
    private ListNode next;    // Nachfolger
    private ListNode prev;    // Vorgänger
    private Object   data;    // Referenz auf die
}                            // eigentlichen Daten
```

Die Klasse `ListNode` kommt mit sehr wenigen Methoden aus, da die eigentlichen Listenoperationen in einer zweiten Klasse `LinkedList` realisiert werden. Neben den Konstruktoren für neue `ListNode`-Objekte werden nur die einfachen Zugriffsmethoden benötigt:

```
class ListNode {
    ...                      // Variablen s.o.

    public ListNode() {
      data = null; prev = this; next = this;
    }
    public ListNode( ListNode prev, ListNode next,
                     Object data ) {
      this.prev = prev; this.next = next;
      this.data = data;
    }

    public ListNode getNext() { return next; }
    public ListNode getPrev() { return prev; }
    public Object   getData() { return data; }

    public void setNext( ListNode next ) {
      this.next = next;
    }
    public void setPrev( ListNode prev ) {
      this.prev = prev;
    }
```

```
public void setData( ListNode data ) {
    this.data = data;
  }
}
```

Die Aufgabe des vollständigen Konstruktors mit drei Argumenten ist offensichtlich, der Konstruktor ohne Argumente dagegen bedarf einer Erklärung. Für die Darstellung von Listen sind zwei Varianten üblich. Wie oben skizziert ist es erstens möglich, nur die vom Anwender benötigten Knoten der Liste zu erzeugen und das Ende der Liste durch null-Referenzen zu markieren. Die zweite Variante verwendet zusätzliche ausgezeichnete Knoten, die den Anfang und das Ende der Liste markieren. Die next-Referenz des letzten Knotens zeigt nicht auf null, sondern auf den *Wurzelknoten* root. Die Verwendung dieses root-Knotens kostet etwas zusätzlichen Speicherplatz, vereinfacht aber die Funktionen für das Einfügen oder Löschen von Knoten am Anfang oder Ende der Liste, da keine zusätzlichen Spezialfälle berücksichtigt werden müssen.

*Listen mit
Wurzelknoten*

Der erste Konstruktor der Klasse ListNode erzeugt gerade einen derartigen Wurzelknoten für eine noch leere Liste: Sowohl die next als auch die prev-Referenz verweisen auf den Wurzelknoten selbst. Der Wurzelknoten enthält normalerweise keine Daten. Bei Bedarf könnte zum Beispiel ein String zur Identifikation der Liste in diesen Knoten eingetragen werden.

*Der Default-
Konstruktor*

Natürlich sind die Variablen in ListNode als private markiert, um die Datenkapselung zu garantieren. Die Werte der Variablen können ausschließlich über die Zugriffsmethoden getNext() usw. gelesen oder verändert werden:

```
import ListNode;

class LinkedList {        // erste Version (schlecht)
 private ListNode root;   // Wurzelknoten

 public LinkedList() {    // leere Liste erzeugen
   root = new ListNode();
 }
 public ListNode getFirstNode() {
   if (root.getNext() != root) return root.getNext();
   else                        return null;
 }
```

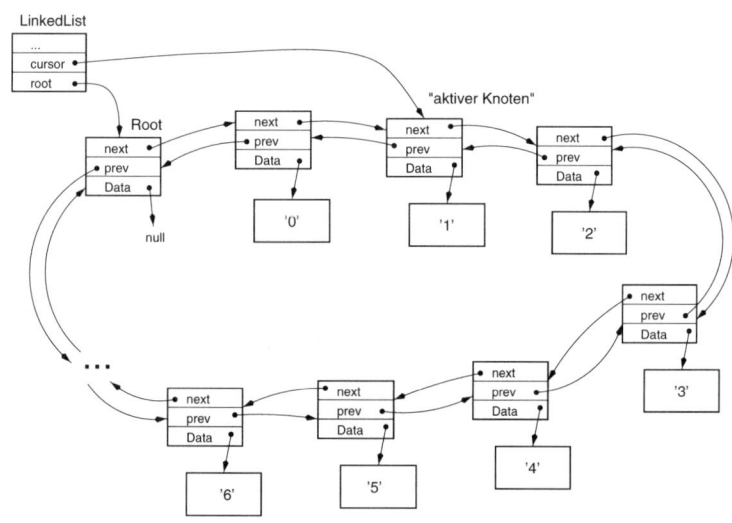

*Abbildung 4.2*
*Beispiel für eine*
*doppelt verkettete*
*Liste mit separatem*
*Wurzelknoten*
*(root)*

```
public ListNode getNextNode( ListNode n ) {
    if      (n == null) return null;
    else if (n.getNext() != root) return n.getNext();
    else return null;
}
```

Die folgenden Funktionen nutzen die Eigenschaften einer doppelt verketteten Liste aus, um auf einfachste Weise einen neuen Knoten am Ende bzw. am Anfang der Liste einzufügen:

*Knoten einfügen*

```
public ListNode append( Object data ) {
    ListNode tmp =
        new ListNode( root.getPrev(), root, data );
    root.getPrev().setNext( tmp );
    root.setPrev( tmp );
    return tmp;
}
```

```
public ListNode prepend( Object data ) {
    ListNode tmp =
        new ListNode( root, root.getNext(), data );
    root.getNext().setPrev( tmp );
    root.setNext( tmp );
    return tmp;
}
```

Jetzt könnte die Liste benutzt werden:

```
LinkedList ll = new LinkedList();
ll.append( "0" );
ll.append( new String( "1" ));
...
String s = (String) ll.getFirstNode.getData();

for( ListNode n = ll.getFirstNode(); n != null;
     n = ll.getNextNode(n) ) {
   s = (String) n.getData() // Liste durchlaufen
}
```

*Liste benutzen*

*Cast nötig!*

Zu einer wirklich einsetzbaren Containerklasse für verkettete Listen fehlen der Klasse `LinkedList` natürlich noch eine ganze Reihe von Funktionen, etwa zur Suche nach bestimmten Daten in der Liste oder zum Löschen von Daten.

*Fehlende
Funktionen*

Leider aber weist die bisher vorgestellte Klasse einen prinzipiellen und sehr schwerwiegenden Nachteil auf: Alle Funktionen, die in der Liste entlanglaufen, erwarten Objekte der Klasse `ListNode` als Parameter und liefern ebenfalls einen Knoten `ListNode` als Rückgabewert. Damit ist der interne Aufbau der Liste für den Anwender nicht etwa verborgen, sondern im Gegenteil sogar vollständig sichtbar.

*Prinzipielles
Problem*

Ein Anwendungsprogramm muß daher nicht nur die Klasse `LinkedList` selbst, sondern auch deren Interna (`ListNode`) kennen und beachten. Ein fehlerhaftes Anwendungsprogramm könnte die Zeiger innerhalb eines `ListNode` direkt modifizieren und damit die gesamte Liste unbrauchbar machen. Und bei einer Änderung der internen Datenstruktur der Liste, z.B. von doppelt nach einfach verkettet, würden sofort alle Anwendungsprogramme unbrauchbar, die direkt die Methode `getPrev()` aufrufen.

Die Lösung für dieses Problem besteht darin, den direkten Zugriff von Anwenderprogrammen auf die einzelnen Knoten der Liste zu verhindern. Statt dessen wird ein zusätzliches Objekt, der „Cursor", in die Liste aufgenommen, um eine aktive Position in der Liste zu markieren. Alle Datenoperationen wie Einfügen, Anhängen, Auslesen, Überschreiben und Suchen werden dann relativ zu dieser aktiven Position ausgeführt. Außerdem werden natürlich noch einige Methoden benötigt, um die Cursorposition in der Liste zu verschieben. Mit diesem Konzept ergibt sich eine viel bessere Implementierung der Klasse `LinkedList`:

*Cursor markiert
aktive Position*

```
/* LinkedList - doppelt verkettete Liste, brauchbar */
import ListNode;

class LinkedList {
 private ListNode  root;    // Wurzelknoten
 private ListNode  cursor;  // Cursor
```

*Leere Liste*

```
 public LinkedList() {
    root = new ListNode(); cursor = root;
 }
```

*Cursor verschieben*

```
 public void first() { cursor = root.getNext(); }
 public void last()  { cursor = root.getPrev(); }
 public void next()  {
    if (cursor.getNext() != root)
      cursor = cursor.getNext();
 }
```

*Datenoperationen:*
*an der Cursor-*
*position*

```
 public void setData( Object o ) {
    if (cursor!=root) cursor.setData( o );
 }
 public Object getData() {
    if (cursor!=root) return cursor.getData();
    else              return null;
 }
```

*Vor den Cursor*

```
 public void insert( Object data ) {
    ListNode tmp =
       new ListNode( cursor.getPrev(), cursor, data );
    cursor.getPrev().setNext( tmp );
    cursor.setPrev( tmp );
 }
```

*Hinter den Cursor,*

```
 public void append( Object data ) {
    ListNode tmp =
       new ListNode( cursor, cursor.getNext(), data );
    cursor.getNext().setPrev( tmp );
```

*schließlich den*
*Cursor verschieben*

```
    cursor.setNext( tmp );
    this.next();
 }
```

*Den Cursor-*
*Knoten löschen*

```
 public void delete() {
    if (cursor == root) return;
    cursor.getPrev().setNext( cursor.getNext() );
    cursor.getNext().setPrev( cursor.getPrev() );
    this.prev();
 }
 ...    // weitere Methoden nach Bedarf
```

## 4.3.2 Wrapper-Klassen

Jeder Knoten in der obigen Liste enthält mit der Variablen `data` zunächst nur eine Referenz auf ein `Object`. Damit können zwar Objekte beliebiger Klassen in die Knoten der Liste eingetragen werden, nicht jedoch Variablen der elementaren Datentypen wie etwa `double`-Werte. Es ist natürlich möglich, zu diesem Zweck eine neue Klasse `LinkedListOfDouble` zu schreiben, deren Knoten eine Variable `data` des Typs `double` anstelle des Typs `Object` enthalten.

*Elementare Typen sind keine Klassen*

Die bessere Lösung ist die Verwendung einer *Wrapper*-Klasse (engl. „to wrap": einpacken) für den benötigten elementaren Datentyp. Die Objekte der Wrapper-Klasse enthalten nichts weiter als einen Wert des entsprechenden elementaren Datentyps sowie die Zugriffsmethoden, um diesen Wert zu setzen und wieder auszulesen. In ein Objekt verpackt, können die Werte des elementaren Typs dann in die `LinkedList` oder in alle im folgenden beschriebene Datenstrukturen eingetragen werden.

*In Objekte einpacken*

Die Java-Klassenbibliotheken stellen derzeit die Wrapper-Klassen `Boolean`, `Character`, `Float`, `Double`, `Integer` und `Long` (JDK 1.1 auch `Byte` und `Short`) für die entsprechenden elementaren Datentypen zur Verfügung. Ein Beispiel für die Anwendung:

```
Double  d_obj = new Double( 3.14159 ); // einpacken
double  d     = d_obj.doubleValue();   // auspacken

LinkedList ll = new LinkedList();
ll.append( new Double( 0.0 ));
ll.append( new Double( 1.0 ));
...
ll.append( new Double( Math.PI ));
ll.first();                 // Cursor an den Anfang

// Zugriff in zwei Schritten:
Double e_obj = (Double) ll.getData();
double e     = e_obj.doubleValue();

// oder kombiniert:
double g     = ((Double) ll.getData()).doubleValue();
```

Die Java-Wrapper-Klassen für die elementaren Datentypen enthalten jeweils noch einige weitere für ihren Datentyp nützliche

Methoden. Zum Beispiel erlauben die Methoden `Integer.parseInt(String)` und `Double.valueOf(String)`, einen String zu parsen, um den numerischen Wert zu erhalten. Auch die Klasse `Character` enthält über die einfachen Zugriffsmethoden hinaus noch weitere Methoden. Zum Beispiel kann mit der Methode `isDigit(char c)` getestet werden, ob das Zeichen `c` eine Ziffer darstellt.

*Weitere Methoden der Wrapper*

Das Konzept einer Wrapper-Klasse kann auch auf Objekte verallgemeinert werden und führt dann auf das Entwurfsmuster eines *Adapters* (siehe Abschnitt 4.4.3 ab Seite 204).

### 4.3.3 Typüberprüfungen

Da die Datenelemente der Klasse `LinkedList` als Referenzen auf die Klasse `Object` realisiert sind, können über die (automatische) Typumwandlung beliebige Java-Klassen in der Liste angeordnet werden. Die Flexibilität, Objekte beliebiger Klassen aufnehmen und verwalten zu können, wird aber mit zwei Nachteilen erkauft.

*Zwei Nachteile*

Meistens wird die Liste benutzt werden, um nur Objekte eines einzelnen Typs aufzunehmen, etwa der Klasse `Rectangle`. Trotzdem liefern die Zugriffsfunktionen der Liste wie etwa `get-Data()` zunächst nur eine Referenz auf den Typ `Object` zurück. Die von der Methode `getData()` gelieferte Referenz muß also auf jeden Fall noch mit einer Typkonvertierung wieder in den ursprünglichen Typ zurückgewandelt werden, bevor sie benutzt werden kann:

*Typumwandlungen notwendig*

```
LinkedList ll = new LinkedList();
Object o;
Rectangle r = new Rectangle(), r2, r3;

ll.append( r );        // ok. append( (Object)r );
ll.first();            // Cursor zurück an den Anfang
o = ll.getData();      // ok.
r2 = ll.getData();     // Fehler, liefert Object

r3 = (Rectangle) ll.getData(); // mit Cast ok.
r3.move( 10, 15 );
```

Natürlich sind die ständig notwendigen Typkonvertierungen etwas unbequem.

Das zweite Problem tritt auf, wenn unbeabsichtigt Objekte eines falschen Typs in die Liste eingetragen werden. Da alle Klassen nach `Object` konvertiert werden können, wird der Fehler nicht sofort beim Eintragen in die Liste bemerkt, sondern erst wesentlich später bei der Typumwandlung nach dem Wiederauslesen des falschen Objekts. *Fehler erst spät entdeckt*

Unter Umständen ist es daher tatsächlich günstig, eine Klasse wie `LinkedList` durch Vorschalten einer anderen Klasse abzusichern:

```
class ListOfRectangle {
  private LinkedList ll = new LinkedList();

  public void append( Rectangle r ) {
    ll.append( r );
  }

  public Rectangle get() {
    return (Rectangle) ll.getData();
  }
  ...
}
```

Die Klasse `ListOfRectangle` liefert Objekte der Klasse `Rectangle` zurück, und der Versuch, ein fremdes Objekt in die Liste einzutragen, wird bereits vom Compiler entdeckt.

In C++ ist es möglich, mit den sogenannten *Templates* automatisch entsprechende Varianten einer Containerklasse zu erzeugen, die an einen bestimmten Typ angepaßt sind und alle notwendigen Typüberprüfungen vornehmen. In Java sind Typ-Templates bisher nicht enthalten, werden aber noch diskutiert (siehe auch das `pizza`-Projekt, Seite 556). *Keine Templates*

### 4.3.4  Vector

Eine Liste ermöglicht es, eine beliebige Anzahl von Elementen zu verwalten und sehr schnell Elemente am Anfang oder am Ende der Liste anzufügen oder zu löschen. Der Nachteil einer Liste ist die linear mit der Anzahl der Elemente anwachsende Zeit zum Zugriff auf ein bestimmtes Element, da im Mittel die Hälfte der Liste durchsucht werden muß.

Felder dagegen zeichnen sich gerade dadurch aus, daß der Zugriff auf ein bestimmtes Element in konstanter Zeit und daher sehr effizient erfolgt. Leider kann die Länge eines Feldes nach seiner Erzeugung aber k nicht mehr geändert werden. Die Abhilfe besteht in der Anwendung der Klasse `java.util.Vector`. Die Klasse `Vector` liefert die Illusion eines beliebig großen Feldes von Objekten, wobei die Indizes wiederum fest bei 0 beginnen:

*Beliebig große Felder*

```
import java.util.Vector;

Vector v = new Vector();
v.addElement( "Ein" );              // Elemente:
v.addElement( "langer" );           // anfügen
v.addElement( "Feld" );
...
v.setElementAt( "langes", 1 );      // setzen
v.insertElementAt( "beliebig", 1 ); // einfügen

String s = (String) v.elementAt( 0 );   // "Ein"
String s = (String) v.elementAt( 3 );   // "Feld"
```

Die wichtigsten Methoden der Klasse `Vector` sind:

`Vector()` erzeugt einen neuen `Vector`.

`Object elementAt( int i )` liefert die Referenz auf das Objekt an Position i des Vektors.

`setElementAt( Object o, int i )` trägt das Objekt o an die Position i in den Vektor ein.

`addElement( Object o )` fügt eine Referenz auf o an das Ende des Vektors an.

`insertElementAt( Object o, int i )` fügt das Objekt o an die Position i in den Vektor ein. Alle Objekte mit höheren Indizes werden entsprechend um einen Index verschoben.

`boolean removeElement( Object o )` sucht das Element o im Vektor und entfernt die (erste) Referenz auf o aus dem Vektor. Liefert `true`, falls das Objekt o gefunden und aus dem Vektor gelöscht wurde.

`removeAllElements()` löscht alle Elemente des Vektors.

`boolean contains( Object o )` liefert `true`, falls das Objekt o mindestens einmal im Vektor enthalten ist.

`int indexOf( Object o )`

`int indexOf( Object o, int pos )`

`int lastIndexOf( Object o )`

`int lastIndexOf( Object o, int pos )` sucht (ab der Position `pos`) nach einer Referenz auf das Objekt `o` und liefert den nächsten passenden Index zurück. Falls das Objekt `o` nicht im Vektor enthalten ist, liefert `indexOf()` den Wert `-1` zurück. Die Funktionen `lastIndexOf()` suchen entsprechend rückwärts.

`int size()` liefert die Anzahl der Elemente im Vektor.

`Enumeration elements()` liefert ein `Enumeration`-Objekt, um alle Elemente des Vektors nacheinander zu referenzieren (siehe Abschnitt 4.4.2 für die Erläuterung einer `Enumeration`).

Intern enthält ein `Vector` ein Feld `Object elementData[]` mit den Referenzen auf die Elemente. Sobald mehr als `element-Data.length` Elemente in den `Vector` eingetragen werden, wird automatisch ein neues, größeres Feld erzeugt und alle Referenzen werden kopiert.

*Interner Aufbau eines Vectors*

Der Zugriff auf die Elemente des `Vector` erfolgt daher in konstanter Zeit. Abhängig davon, ob die Länge von `elementData` überschritten wird, erfolgt das Einfügen neuer Objekte in konstanter oder linearer Zeit. Um die Speicherverwaltung der Klasse `Vector` zu optimieren, stehen weitere Methoden bereit, mit denen die anfängliche Größe (`capacity`) sowie der Größenzuwachs (`capacityIncrement`) eingestellt werden kann. Hier eine Auswahl:

`Vector( int n, int incr )`

`Vector( int n )`

erzeugen einen neuen Vektor mit einer Kapazität von n Elementen (bzw. einer voreingestellten Anzahl von Elementen). Der `Vector` wächst bei Bedarf jeweils um `incr` Elemente.

`Object clone()` erzeugt eine Kopie des Vektors. Die referenzierten Objekte selbst werden nicht kopiert.

`copyInto( Object array[] )` kopiert die Elemente des Vektors in das angegebene Feld `array[]`.

`int capacity()` liefert die aktuelle Kapazität, d.h. die maximale Anzahl von Elementen, bevor der Vektor vergrößert werden muß.

### 4.3.5  Stack

An dieser Stelle wird jetzt endlich die objektorientierte Lösung für den in Abschnitt 3.1.1 vorgeführten Stack präsentiert. Die Klasse java.util.Stack stellt die folgenden Methoden bereit:

Object push( Object o ) fügt ein neues Objekt o an die Spitze des Stacks ein und liefert es gleichzeitig zurück.

Object pop() entfernt das oberste Objekt vom Stack und liefert eine Referenz auf dieses Objekt zurück. Falls der Stack bereits leer ist, wird eine EmptyStackException ausgelöst.

Object peek() liefert eine Referenz auf das oberste Objekt im Stack (ohne es zu entfernen). Falls der Stack leer ist, wird eine EmptyStackException ausgelöst.

boolean empty() testet, ob der Stack leer ist.

int search( Object o ) sucht das Objekt o im Stack und liefert die (oberste) Position des Objekts (gezählt ab der Spitze des Stacks) zurück. Wenn das Objekt nicht im Stack vorkommt, liefert search() den Wert -1.

Ein Beispiel für die Anwendung der Klasse Stack:

```
Stack  urlStack = new Stack();
urlStack.push( "http://www.javasoft.com/" );
urlStack.push( "http://www.web.de/" );
...

void go( String servername ) {
  urlStack.push( servername );
  showDocument( servername );
}

void goBack() {
  if (!urlStack.empty()) {
    servername = (String) urlStack.pop();
    ...
  }
}
...
```

Die Klasse Stack ist von Vector abgeleitet, so daß auch alle Methoden von Vector auf einen Stack angewendet werden können.

Damit ist es möglich, an den Methoden `pop()` und `push()` vorbei auch auf die internen Elemente im Stack zuzugreifen. Das ist manchmal bequem, entspricht aber kaum der eigentlichen Funktion eines Stacks.

*Kein reiner Stack*

Alle für `LinkedList` beschriebenen Probleme mit den Typen der Elemente gelten natürlich auch für die Klassen `Vector` und `Stack`. Eventuell ist es wiederum günstig, eigene Unterklassen wie `StackOfString` von `Stack` abzuleiten, die bereits beim Einfügen eines Objekts in den Stack die Typüberprüfungen vornehmen. Diese Klasse könnte dann auch die nicht benötigten Methoden von `Vector` überschreiben, um den Zugriff auf interne Elemente im Stack zu verhindern.

### 4.3.6 Hashtable

Eine Hashtabelle speichert Wertepaare der Art (`Schlüssel`, `Wert`). Der zu einem Schlüssel gehörige Wert kann anschließend sehr effizient aus der Hashtabelle ausgelesen werden. In gewissem Sinne entspricht eine Hashtabelle damit einem Feld mit nicht-numerischen Indizes. Bei mehrfacher Verwendung eines Schlüssels gehen die früheren Einträge zu diesem Schlüssel allerdings verloren.

Die Klasse `Hashtable` erwartet sowohl für die Schlüssel als auch die Werte jeweils Objekte der Klasse `Object`. Daher können alle Variablen eines Referenztyps direkt in eine `Hashtable` eingetragen werden, Variablen der elementaren Typen müssen dagegen vorher in ihre Wrapperklassen eingepackt werden. Wie für die Klasse `Vector` können beliebig viele Elemente in eine Hashtabelle eingetragen werden — bei Bedarf werden die internen Datenstrukturen der Klasse `Hashtable` automatisch vergrößert. Die Klasse definiert die folgenden Methoden:

*Typ Object
für Schlüssel
und Werte*

`Object get( Object key )` sucht und liefert das Objekt zum Schlüssel `key`. Falls kein zu `key` passendes Objekt enthalten ist, liefert `get()` den Wert `null` zurück.

`Object put( Object key, Object value )` trägt das Objekt `value` unter dem Schüsselwert `key` in die Hashtabelle ein. Ein eventuell unter diesem Schlüssel schon vorhandenes Objekt wird dabei überschrieben.

195

Object remove( Object key ) löscht den zum Schlüsselwert key gehörenden Eintrag und liefert gleichzeitig das entsprechende Objekt zurück.

boolean contains( Object value ) testet, ob das mit value referenzierte Objekt in der Hashtabelle enthalten ist. Diese Methode löst eine NullPointerException aus, falls für value eine null-Referenz übergeben wird.

boolean containsKey( Object key ) testet, ob die Hashtabelle den Schlüssel key enthält.

int size() liefert die Anzahl der Einträge in der Hashtabelle.

boolean isEmpty() testet, ob die Hashtabelle leer ist.

void clear() löscht alle Einträge der Hashtabelle.

Object clone() erzeugt eine bitweise Kopie der Hashtabelle und liefert diese zurück. Die Schlüssel und referenzierten Objekte selbst werden nicht kopiert.

Enumeration elements()

Enumeration keys()

liefern eine Aufzählung aller Elemente bzw. aller Schlüssel in der Hashtabelle (siehe Abschnitt 4.4.2 für eine Beschreibung von Enumeration).

Die Klasse Hashtable erlaubt es damit, die Zuordnung von nichtnumerischen Wertepaaren ausgesprochen bequem zu verwalten. Eine typische Anwendung der Klasse Hashtable ist etwa die *Wörterbuch* Namenstabelle der aktiven Variablen in einem Compiler. Auch ein Wörterbuch kann sehr einfach mit einer Hashtabelle aufgebaut werden:

```
Hashtable  dict = new Hashtable();

// einige Paare (key,value) eintragen:
dict.put(  "Apfel", "apple" );
dict.put(  "Birne", "pear" );
dict.put(  "Pflaume", "plum" );
...

// einen Wert abfragen:
String t;
t = (String) dict.get( "Pfirsich" ); // evtl. 'null'

// alle Schlüssel ermitteln und bearbeiten:
Enumeration e; String dt, engl;
```

```
for( e=dict.keys(); e.hasMoreElements(); ) {
  dt   = (String) e.nextElement(); // nächster 'key'
  engl = dict.get( dt );           // 'value' ermitteln
  ...
}
```

Eine Hashtabelle ist nicht symmetrisch: Die Suche mit der Methode `get()` geht immer von einem Schlüssel aus und liefert den zugehörigen Wert. Die inverse Suche nach einem Schlüssel zu vorgegebenem Wert ist dagegen nicht möglich. Zwar können mit der Methode `elements()` alle in der Hashtabelle vorhandenen Werte ermittelt werden, nicht jedoch die zugehörigen Schlüssel. Bei Bedarf müssen daher zwei Hashtabellen angelegt werden:

*Keine inverse
Suche*

```
Hashtable  d_e = new Hashtable();
Hashtable  e_d = new Hashtable();

d_e.put( "Zirkus", "circus" );
e_d.put( "circus", "Zirkus" );
...
s = (String) d_e.get( "Zauberer" );
t = (String) e_d.get( "magician" );
```

Die Einträge in einer `Hashtable` sind natürlich nicht alphabetisch, sondern nach internen Werten für die Schlüssel sortiert, die über die für jedes Objekt in Java definierte Methode `hashCode()` ermittelt werden. Um die Liste der Wörter trotzdem sortiert auszugeben, kann zum Beispiel der in Abschnitt 3.4.2 diskutierte Sortieralgorithmus angewendet werden:

*hashCode*

```
import Sortable;
...

String words[] = new String[ dict.size() ];       Anzahl der Worte

Enumeration e; int i=0;                            Schlüsselworte
for( e=dict.keys(); e.hasMoreElements(); ) {       besorgen
  words[i++] = (String) e.nextElement();
}
ShellSort.shellSort( words );                      und sortieren

for( i=0; i < words.length; i++ ) {                Einträge ausgeben
  System.out.println(
    words[i] + " " + (String) dict.get( words[i] ));
}
```

Alle Schlüssel in der Hashtabelle können über die `Enumeration` nacheinander abgefragt und in ein Feld `words[]` eingetragen werden, das dann sortiert wird (dabei wird vorausgesetzt, daß die Klasse `Shellsort` auch eine Methode zum Sortieren von Feldern `String[]` enthält). Schließlich werden nacheinander die Werte zu `words[i]` aus der Hashtabelle abgefragt und ausgegeben. Bitte studieren Sie das Beispiel gründlich: Unter Verwendung der vorhandenen Klassen sind gerade einmal zehn Programmzeilen nötig, um das Wörterbuch sortiert auszugeben. Deutlicher läßt sich kaum demonstrieren, welche Vorteile das objektorientierte Vorgehen aufweist und wie lesbar die resultierenden Programme bleiben.

### 4.3.7  BitSet

Die Klasse `java.util.BitSet` repräsentiert beliebig große Mengen von Bits, die bei Bedarf automatisch wachsen. In einem `BitSet` können einzelne Bits gesetzt oder gelöscht werden:

`BitSet()` eine zunächst leere Menge von Bits,
`BitSet( int nbits )` erzeugt eine Menge von `nbits` Bits,
`int size()` die aktuelle Anzahl der Bits,
`boolean get( int index )`
> liefert den Wert des Bits an Position `index`,

`set( int index )`
`clear( int index )`
> setzt bzw. löscht das Bit an Position `index`,

`and( BitSet set )`
`or( BitSet set )`
`xor( BitSet set )`
> verknüpfen alle Bits des aktuellen `BitSet`-Objekts mit den Bits aus `set`.

Die einzelnen Bits werden in einem `BitSet` wirklich als Bits und daher sehr effizient gespeichert. Der Zugriff auf bestimmte Bits erfordert daher zusätzliche Maskierungsoperationen und ist daher etwas langsamer als der vergleichbare Zugriff auf die Werte in einem Feld `boolean[]`.

# 4.4  Entwurfsmuster

Bei der Untersuchung großer objektorientierter Programmsysteme für ganz unterschiedliche Anwendungsgebiete zeigt sich, daß bestimmte Standardkombinationen von Klassen immer wieder vorkommen, obwohl die Bedeutung der einzelnen Klassen sich je nach Anwendung natürlich stark unterscheidet. Daraus resultiert das Konzept der *Entwurfsmuster*, das derzeit für einige Furore sorgt: Die Muster bieten eine direkte Vorlage für die Auswahl und Strukturierung der Klassen in vielen, häufig vorkommenden Situationen und erleichtern damit erheblich den Entwurf neuer Programmsysteme.

*Standard-
kombinationen
von Klassen*

Außerdem bieten Entwurfsmuster die Möglichkeit, über die Ebene der Algorithmen und Datenstrukturen hinaus das Entwurfswissen erfahrener Entwickler zu dokumentieren und zu vermitteln. Die konsequente Verwendung dieser Muster kann die Wiederverwendbarkeit und Erweiterbarkeit von Programmen in erstaunlichem Maße verbessern.

*Erfahrung
weitergeben*

Einen umfassenden Katalog mit etwa 25 verschiedenen Mustern findet sich in [Gamma et al. 95]. Als typische Beispiele für diese Entwurfsmuster werden in diesem Abschnitt das Kopieren von Objekten, *Iteratoren*, *Adapter* und *Singleton*-Klassen vorgestellt. Vielleicht haben Sie Spaß daran, selbst weitere Entwurfsmuster zu entdecken — zum Beispiel im Quelltext der Java-Klassenbibliotheken.

*Katalog*

## 4.4.1  Objekte kopieren

Das Kopieren eines Objekts ist eine fundamentale Aufgabe. Zunächst wird ein neues Exemplar der Klasse erzeugt, dessen Exemplarvariablen anschließend mit den Werten der Exemplarvariablen des Originals initialisiert werden. Für Variablen der elementaren Typen genügt es offenbar, einfach die Werte zu kopieren. Falls das originale Objekt dagegen Referenzen auf andere Objekte enthält, entsteht das in Abbildung 4.3 skizzierte Problem.

Auf der einen Seite ist es möglich, einfach direkt alle Referenzen (d.h. nur die Zeiger) aus dem originalen Objekt zu kopieren, nicht aber die referenzierten Objekte selbst. Anschließend

*shallow copy:
nur die Zeiger
kopieren*

199

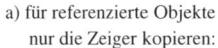

a) für referenzierte Objekte
   nur die Zeiger kopieren:

b) auch die referenzierten Objekte
   selbst kopieren:

*Abbildung 4.3
Kopieren eines
Objekts inklusive
Referenzen*

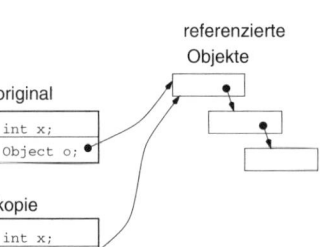

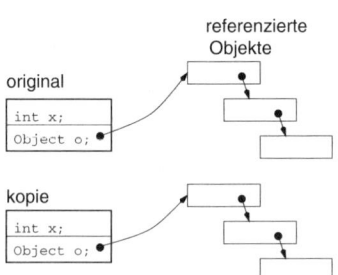

verweisen sowohl das ursprüngliche als auch das kopierte Objekt auf dieselben weiteren Objekte. Dieses Vorgehen ist auf der linken Seite von Abbildung 4.3 dargestellt.

*deep copy: referenzierte Objekte kopieren*

Die zweite, rechts skizzierte Möglichkeit besteht darin, auch alle referenzierten Objekte zu kopieren. Für jedes dabei zu kopierende Objekt muß seinerseits wieder entschieden werden, ob weitere referenzierte Objekte kopiert werden sollen oder nicht. Abhängig von der Art der Klassen kann entweder das erste oder das zweite Vorgehen sinnvoll sein. Viele Klassen stellen dazu eine eigene Methode (einen *Copy-Konstruktor*) bereit, die ausgehend von einem vorhandenen Objekt eine geeignete Kopie erzeugt.

*clone()*

Da alle Klassen in Java von `java.lang.Object` abgeleitet sind, erben sie automatisch auch die Methode `Object.clone()`. Diese Methode reserviert den Speicherplatz für ein neues Objekt der Klasse und kopiert dann einfach den gesamten Speicherbereich des originalen Objekts in den neuen Speicherbereich. Damit werden natürlich automatisch alle elementaren Variablen und alle Referenzen kopiert.

*Cloneable*

Um auf die oben skizzierte Problematik beim Kopieren der Referenzen hinzuweisen, überprüft `clone()` nach einem Aufruf zunächst, ob die Klasse die Schnittstelle `Cloneable` implementiert. Falls nicht, löst `clone()` eine `CloneNotSupportedException` aus. Nur wenn eine Klasse die Schnittstelle `Cloneable` implementiert und damit explizit ihr Einverständnis zum einfachen Kopieren des Objekts (inklusive aller Zeiger) gibt, kann `clone()`

aufgerufen werden:

```
// ein Ei gleicht dem anderen:
class Egg implements Cloneable {
   ...      // Exemplarvariablen
   ...      // Methoden
}

class A {
  Egg  o1, o2;
  o1 = new Egg();

  try {
    o2 = (Egg) o1.clone(); // Cast erforderlich!
  }
  catch( CloneNotSupportedException e ) {
     ...    // wird hier nicht ausgelöst, muß
            // aber in jedem Fall abgefangen werden
  }
}
```

Da die Methode clone() nur ein Object zurückliefert, ist ein Cast erforderlich. Außerdem muß die CloneNotSupportedException behandelt werden. Es ist deshalb günstiger, diese Aufgaben in die Klasse Egg zu verlagern und eine entsprechende Methode bereit-zustellen:

```
class Egg implements Cloneable {
  ...

  public Egg getClone() {
    Egg a;
    try {
      a = (Egg) this.clone();
    }
    catch( CloneNotSupportedException e ) {
      return null;
    }
    return a;
  }
}
```

Andere Klassen können eine Kopie des Objekts egg1 dann ein-fach durch Aufruf von egg1.getClone() erzeugen.

### 4.4.2 Iterator

Häufig muß eine Operation auf allen Elementen ausgeführt werden, die in einer Containerklasse registriert sind. Dazu muß die Containerklasse eine Aufzählung aller enthaltcnen Objekte zurückliefern. Abhängig von der inneren Struktur der Containerklasse werden sich die Funktionen zum Zugriff auf die einzelnen Objekte aber deutlich unterscheiden.

Über einen *Iterator* gelingt es, die Details des Zugriffs auf den Container vom Anwendungsprogramm zu entkoppeln. Dazu liefert der Iterator auf Wunsch das erste oder das jeweils nächste Objekt des Containers. Außerdem kann abgefragt werden, ob noch weitere Objekte vorhanden sind.

Über einen Iterator kann damit ganz unabhängig von der internen Darstellung und Anordnung der Daten auf alle Elemente im Container zugegriffen werden. Nur die Reihenfolge, in der eine Liste, ein Baum, ein Vektor oder eine Hashtabelle usw. die einzelnen Objekte aufzählen, wird sich unterscheiden. Damit die einzelnen Elemente in einer korrekten Reihenfolge und jedes nur einmal aufgezählt werden, muß sich der Iterator intern natürlich das aktuelle Element merken.

*Reihenfolge*

In Java definiert das Package `java.util` eine Schnittstelle `Enumeration` mit den beiden Methoden `hasMoreElements()` und `nextElement()`. Die Idee dabei ist, zunächst ein `Enumeration`-Objekt neu anzufordern, so daß der erste Aufruf von `nextElement()` das erste Element des Containers zurückliefert. Ob weitere Objekte vorhanden sind, kann jederzeit durch Aufruf von `hasMoreElements()` ermittelt werden. Häufig wird eine `Enumeration` in einer `for`-Schleife in der folgenden Weise angewendet:

*Enumeration*

```
Enumeration e;
for( e = getEnumeration(); e.hasMoreElements(); ) {
  Object o = e.nextElement();
  ...     // o in korrekten Typ umwandeln
          // und bearbeiten
}
```

In der oben vorgestellten Klasse `LinkedList` kann eine `Enumeration` etwa mit den folgenden Methoden realisiert werden:

```
/* LinkedList - doppelt verkettete Liste */
import ListNode;
import java.util.Enumeration;

class LinkedList implements Enumeration {
  ... // andere Methoden, siehe Abschnitt 4.3.1

  // aktueller Knoten der Enumeration:
  ListNode enumerationNode = null;

  public Enumeration elements() {
    enumerationNode = root;
    return this;
  }

  public boolean hasMoreElements() {
    return enumerationNode.getNext() != root;
  }

  public Object nextElement() {
    if (enumerationNode.getNext() == root) return null;
    else
      enumerationNode = enumerationNode.getNext();
    return enumerationNode.getData()
  }
}
```

Die Variable enumerationNode dient dazu, den aktuellen Knoten der Enumeration zu speichern. Beim Aufruf von elements()
wird dieser auf den Wurzelknoten zurückgesetzt. Die obige Lösung erlaubt daher nur genau einen aktiven Iterator pro Liste.
Falls gleichzeitig mehrere Iteratoren auf einer Liste benötigt werden, muß eine andere Lösung gesucht werden. Dazu könnte zum
Beispiel eine zusätzliche Klasse definiert werden. Um die Daten
aller Knoten der Liste auszudrucken, genügt jetzt der folgende
Code:

*Mehrere*
*Enumerations*
*gleichzeitig?*

```
...
LinkedList ll; Object n;
Enumeration e;
for( e = ll.elements(); e.hasMoreElements(); ) {
  n = (Object) e.nextElement();
  System.out.println( n.toString() );
}
```

Da eine `Enumeration` nur Referenzen auf die Klasse `Object` zurückliefert, ist wiederum eine Typkonvertierung notwendig, um die Daten der einzelnen Knoten zugreifen zu können.

### 4.4.3 Adapter

Bei dem Versuch, fremde Klassen in einem neuen Projekt wiederzuverwenden, tritt leider gar nicht so selten ein eher triviales Problem auf. Zwar wird sich oft eine Klasse `A` finden lassen, die die gewünschte Funktionalität im Prinzip bereitstellt, leider aber nicht ganz zu den anderen Klassen „paßt": Fast mit Sicherheit wird sich sowohl die Auswahl der Methoden als auch die Namenskonvention für die Schnittstelle der fremden Klasse leicht von den anderen Klassen Ihres Systems unterscheiden.

*Fremde Klassen "passen" nicht*

In diesem Fall hilft das Muster eines *Adapters*, um die Schnittstelle der fremden Klasse an die restlichen Klassen anzupassen. Die Adapterklasse enthält eine Referenz auf ein Objekt der fremden Klasse `A` und übernimmt die Umsetzung aller Aufrufe an `A`.

Im folgenden Beispiel ist es die Aufgabe, die fremde Klasse `Text` als `GraphicsObject` verwenden zu können:

```
public interface GraphicsObject {
  void resize( int x, int y, int w, int h );
  void paint( Graphics g );
  ...
}
```

Die eigenen Klassen des Systems implementieren diese Schnittstelle und können deshalb als `GraphicsObject` eingesetzt werden:

```
// eigene Klassen implementieren GraphicsObject:
class Rectangle implements GraphicsObject {
  public void resize( int x, int y, int w, int h ) {
    ... // linke obere Ecke, Breite, Höhe
  }

  void paint( Graphics g ) { ... }
  ...
}
```

Die fremde Klasse `Text` dagegen implementiert die Schnittstelle nicht und verfügt über andere Methoden und Konventionen der Methoden:

```
class Text {
  void setSize( int l, int t, int r, int b ) {
    ... // linke obere, rechte untere Ecke
  }

  boolean draw( Graphics g ) { ... }
  ...
}
```

Die Konstruktionen eines Adapters `TextAdapter` ist in diesem Fall besonders einfach. Die Klasse `TextAdapter` implementiert *Klasse* `GraphicsObject` und enthält eine Referenz auf ein `Text`-Objekt. *TextAdapter* Für die Methode `paint()` genügt es, einfach nur den Namen umzusetzen und `draw()` aufzurufen. Um auch die Methode `resize()` einsetzen zu können, müssen zusätzlich die Koordinaten umgerechnet werden:

```
class TextAdapter implements GraphicsObject {
  private Text t;

  void paint( Graphics g ) {
    // nur Namen umsetzen
    t.draw( g );
  }

  void resize( int x, int y, int w, int h ) {
    // Koordinaten umsetzen
    t.setSize( x, y, x+w, y+h );
  }
  ...
}
```

In komplizierteren Fällen wird die Adapterklasse selbst eigene Variablen und Hilfsfunktionen benötigen, um die Umsetzung der Aufrufe zu ermöglichen.

Auch die in Abschnitt 4.3.2 vorgestellten Wrapperklassen sind in gewissem Sinne Beispiele für das Adapter-Muster, indem sie *Adapter* die grundlegenden Methoden der Klasse `Object` für die elemen- *und Wrapper* taren Datentypen zur Verfügung stellen.

### 4.4.4 Singleton

Bei manchen Klassen ist es wichtig, daß es nur genau ein Exemplar gibt. Zum Beispiel sollte es in einem System unabhängig von der Anzahl der vorhandenen Drucker nur einen einzigen Drucker-spooler geben, der alle Aufträge zentral verwaltet. Auch andere Systemressourcen wie das Dateisystem oder das Fenstersystem sind typische Kandidaten für derartige Klassen.

*Einzelstück*

Für diese Klassen wird das *Singleton*-Entwurfsmuster („Ein-zelstück") eingesetzt. Von einer Singleton-Klasse kann innerhalb des Programms nur höchstens ein einziges Objekt erzeugt wer-den. Häufig wird dieses einzelne Objekt bereits beim Programm-start (etwa über einen `static`-Initializer) erzeugt und initialisiert.

*Vorteile gegenüber globalen Variablen*

Gegenüber der Verwendung von globalen Variablen hat eine `Singleton`-Klasse mehrere Vorteile. Zunächst erlaubt die Klasse anders als globale Variablen eine Kontrolle über den Zugriff auf ihre Methoden und Variablen. Außerdem kann eine `Singleton`-Klasse abgeleitet und damit spezialisiert und angepaßt werden. Schließlich wird der Namensraum nicht durch eine Vielzahl von globalen Namen überfrachtet.

*Konstruktoren schützen*

Um sicherzustellen, daß nur ein einziges Exemplar einer Singleton-Klasse erzeugt werden kann, muß der Zugriff auf die Konstruktoren der Klasse entsprechend eingeschränkt wer-den. Wegen der Sonderrolle von Konstruktoren in Java ist dies nur möglich, indem alle Konstruktoren der Singleton-Klasse als `private` markiert werden. Statt dessen wird eine Methode `get-Singleton()` zur Verfügung gestellt, die eine Referenz auf das einzige Exemplar der Klasse zurückliefert und beim ersten Auf-ruf dieses Exemplar erzeugt:

```
/* Singleton-Klasse: höchstens ein Exemplar */
class Singleton {
  private Singleton _instance = null;

  public Singleton getSingleton() {
    if (_instance == null) { // nur beim ersten Mal
      _instance = new Singleton();
    }
    return _instance;
  }
```

```
protected Singleton() { // Konstruktor geschützt
    ... // Initialisierungen
}

    ... // andere Methoden und Variablen
}
```

Von dieser Klasse `Singleton` können Unterklassen abgeleitet werden, die durch Überschreiben des Konstruktors und der Methode `getSingleton()` die Einschränkung auf ein einzelnes Exemplar umgehen können. Falls das nicht erwünscht ist, muß die Klasse `Singleton` möglicherweise als `final` definiert werden.

Für Klassen, von denen nur eine bestimmte Anzahl (aber mehr als ein) von Exemplaren erzeugt werden darf, kann das oben gezeigte Vorgehen entsprechend verallgemeinert werden. Dazu bietet es sich an, mit einer Klassenvariablen `private static int n_instances` die Anzahl der bereits vorhandenen Exemplare zu zählen.

*Genau ein oder
mehrere Exemplare*

## 4.5  In Java fehlende Konstrukte

Einige der Möglichkeiten anderer objektorientierter Programmiersprachen sind in Java nicht enthalten. Neben der in Abschnitt 3.3.8 diskutierten Mehrfachvererbung und den in Abschnitt 4.3.3 skizzierten Templates aus C++ wird vor allem das *Operator-Overloading* häufig vermißt. Auch bietet Java keine zusätzliche Unterstützung für *Assertions*, um den internen Zustand von Objekten vor der Ausführung ihrer Methoden zu überprüfen. Die Java-Entwickler halten dagegen, daß die Sprache Java möglichst einfach und lesbar bleiben sollte. Gerade Operator-Overloading wird häufig mißbraucht, und Assertions können durch normale Anweisungen ersetzt werden.

*Wunschliste?*

*Siehe [Gosling &
McGilton 95]*

### 4.5.1  Operator-Overloading

Anders als C++ und einige weitere Programmiersprachen verzichtet Java auf das sogenannte *Operator-Overloading*. Mit dieser Technik ist es möglich, die Bedeutung der vorhandenen Operatoren wie „+" oder „>>>=" für abstrakte Datentypen neu zu definieren. Damit wird gleichzeitig die Syntax der Sprache verändert.

*Veränderliche Syntax*

Viele Programmierer bevorzugen das Überladen von Operatoren gegenüber dem Aufruf von Methoden, um die Lesbarkeit ihrer Programme zu verbessern.

*Klasse Bignum ab JDK 1.1*

Die Vorteile des Operator-Overloading zeigen sich an der Klasse `Bignum` für beliebig große Integerwerte, wie sie unter anderem für einige Verschlüsselungsalgorithmen benötigt werden. In Java werden Rechnungen mit dieser Klasse etwa so formuliert:

```
// Bignum: beliebig große Integerzahlen in Java,
// aber ohne Operator-Overloading:

Bignum a = new Bignum( "12345678901234567890" );
Bignum b = new Bignum( "314159265359" );
Bignum c = new Bignum( a ).add( b )
                .multiply( new Bignum( 47 ) );
```

In C++ dagegen wäre es möglich, die benötigten Methoden zur Initialisierung, Zuweisung und für die mathematischen Operationen direkt mit den Operatoren wie „=", „+" usw. auszulösen:

```
// in C++ mit Operator-Overloading:

Bignum a = "12345678901234567890";
Bignum b = "314159265359";

Bignum c = (a + b) * 47;
```

*Gut für numerische Datentypen*

In diesem Beispiel wird das Programm durch das Operator-Overloading deutlich besser lesbar. Dies ist typisch für Programme mit einfachen numerischen Datentypen, für die die Operatoren wie „+" bereits eine präzise Bedeutung aufweisen.

*Ansonsten zweifelhafter Nutzen*

Der Nutzen von Operator-Overloading für andere Problembereiche ist dagegen eher zweifelhaft. Zum Beispiel ist die Definition der Operatoren „+" und „*" für die Addition und Multiplikation von Matrizen zwar durchaus plausibel — die elegante Schreibweise `A = B * C` täuscht aber darüber hinweg, daß viele heutige Compiler diesen Ausdruck nicht optimieren können und deshalb zunächst eine temporäre Matrix `T` anlegen, `T = B * C`, und erst dann die Zuweisung vornehmen, `A = T`. Der Funktionsaufruf `Matrix.mult( A, B, C)` dagegen benötigt die temporäre Matrix nicht und ist ebenfalls leicht verständlich.

Das entscheidende Argument gegen das Operator-Overloading ist der mögliche Mißbrauch:

```
Liste ll; ListNode e, f;
e = ll * f;          // f eingefügt?, angehängt?, ???
e = ll.getNext(f); // sofort verständlich
```

Wie das Beispiel zeigt, ist ein Programm praktisch nicht mehr zu entschlüsseln, sobald Operatoren als Abkürzung für ganz fremde Operationen benutzt werden.

*Mißbrauch*

### 4.5.2 Invarianten und Assertions

Eine sowohl beim Entwurf von Algorithmen als auch bei der Fehlersuche in Programmen sehr wirksame Technik ist die Verwendung und Überprüfung von *Invarianten* und *Vorbedingungen* („preconditions"), die erfüllt sein müssen, bevor eine Operation auf ein Objekt angewendet werden darf. Entsprechend können die Auswirkungen der Operation in „postconditions" abgefragt werden. Ein triviales Beispiel ist die Überprüfung der Indizes bei Feldzugriffen: Der Index muß innerhalb der Grenzen des Feldes liegen, anderenfalls ist der Zugriff ungültig und das Programm ist fehlerhaft.

*Invarianten, pre-/post-conditions*

Einige Programmiersprachen (etwa Eiffel) unterstreichen die Bedeutung derartiger Überprüfungen durch besondere Sprachkonstrukte, die *assertions*. Java dagegen verzichtet auf spezielle Syntax und zusätzliche Konstrukte für den Test von Invarianten, um die Sprache möglichst einfach zu halten. Trotzdem ist es — nicht nur in der Debug-Phase — sinnvoll, vor der Ausführung von Operationen auf Objekten zunächst den internen Zustand des Objekts auf Konsistenz zu prüfen. Die Tests müssen in Java als normale If-Anweisungen formuliert werden. Dabei erkannte Fehler können etwa durch das Auslösen entsprechender Exceptions sofort angezeigt werden.

*Keine spezielle Syntax*

*Assertions mit If-Anweisungen*

## 4.6 Einige Tips

Zum Abschluß dieses Kapitels noch einmal einige Tips und Grundregeln für die Auswahl und Gestaltung von Klassen:

- Verwenden Sie Objektkomposition soweit möglich, Vererbung dagegen nur, wenn diese wirklich durch die Konzepte der beteiligten Klassen gerechtfertigt ist.

  Verwenden Sie Vererbung niemals, nur um das Neuschreiben einer einzigen oder einigen wenigen Methoden zu vermeiden, obwohl die betreffenden Klassen eigentlich nicht verwandt sind.

- Benutzen Sie Schnittstellen freigiebig, um alle zentralen Methoden der Klassen zu dokumentieren.

- Vermeiden Sie `public`-Variablen, damit nicht andere Klassen direkt auf diese Variablen zugreifen können. Die Verwendung von `private`-Variablen und Zugriffsmethoden bedeutet zwar einen höheren Schreibaufwand, führt aber zu weit zuverlässigeren Programmen.

- Falls die Zugriffsmethoden als `final` deklariert werden können, sind beim Einsatz eines optimierenden Compilers (wie `javac`) auch keine Performanznachteile zu befürchten, da dieser die Zugriffsmethoden dann als Inline-Funktionen realisiert. Auch innerhalb einer Klasse sollten die Zugriffsmethoden verwendet werden.

- Die Methoden `toString()`, `equals()` und eventuell auch `hashCode()` aus `Object` sollten für jede neue Klasse geeignet neu definiert werden.

- Definieren Sie eine geeignete Methode `clone()` für jede Klasse. Falls es zum Kopieren der Exemplare der Klasse ausreicht, einfach ihren gesamten Speicherbereich binär zu kopieren, genügt es, durch Implementieren der Schnittstelle `Cloneable` bekanntzugeben, daß die Methoden `clone()` der Klasse `Object` verwendet werden kann.

- Berücksichtigen Sie die Namenskonventionen für Klassen, Variablen, Methoden und Packages.

- Benutzen Sie DOC-Kommentare und den `javadoc`-Compiler, um automatisch eine Dokumentation der Klassen zu erstellen (siehe Abschnitt 5.4).

# Die Java-Bibliotheken

Neben allen anderen interessanten Eigenschaften sind auch die umfangreichen, bereits verfügbaren Bibliotheken ein wichtiges und vielleicht sogar das entscheidende Argument für den Einsatz von Java. Im Gegensatz zu Sprachen wie C oder C++, wo nach vielen Jahren noch keine standardisierten Bibliotheken existieren, hat Sun Microsystems von Anfang an nicht nur die eigentliche Sprache, sondern auch die Schnittstellen der Klassenbibliotheken definiert. Die Packages der aktuellen Version JDK 1.0.2 umfassen mehr als 150 Klassen mit über 1000 Funktionen. Die Beta-Version des JDK 1.1 enthält bereits über 400 Klassen.

*C/C++: wenige standardisierte, Java: vollständige Bibliotheken*

Dieses und die folgenden Kapitel 6 bis 13 präsentieren daher Beispiele für den Umgang mit diesen Bibliotheken. Natürlich können dabei leider nur die bereits vorhandenen Packages, nicht aber die zahlreichen mittlerweile angekündigten weiteren Packages berücksichtigt werden. Trotzdem reichen die behandelten Themen von einer Einführung in die Ein- und Ausgabefunktionen des `java.io`-Package über die Grundlagen der Graphikprogrammierung und des Aufbaus von Benutzeroberflächen mit dem `java.awt`-Package bis zu verteilten Anwendungen, die auf den Klassen aus `java.net` aufbauen. Soweit möglich werden dabei auch die Erweiterungen und zusätzlichen Funktionen in Java 1.1 beschrieben.

*Java Version 1.0*

*und Version 1.1*

Der Schwerpunkt der Darstellung in diesem Buch liegt dabei auf der Vorstellung vollständiger, lauffähiger Programmbeispiele. Alle zentralen Klassen der „Core-API" (Application Programmer Interface) werden in einem typischen Kontext mit ihren wichtigsten Methoden vorgestellt. Wo nötig werden auch Fehler in den Bibliotheken und häufige Programmierfehler angesprochen. Eine vollständige Beschreibung aller Klassen kann im Rahmen dieses Buches leider nicht geleistet werden — schon die nackte

*Vollständige Beispiele*

*Siehe [Flanagan 96]*

Aufzählung aller Funktionen der Packages würde ein Buch füllen — ist aber auch nicht nötig: Erfahrungsgemäß bevorzugen fast alle geübten Programmierer das Lernen an vollständigen Beispielen anstelle der sturen Aufzählung und Kurzbeschreibung aller vorhandenen Funktionen.

*Core-API*

Dieses Kapitel präsentiert zunächst in Abschnitt 5.1 einen Überblick über die seit Java Version 1.0 verfügbaren acht Standard-Klassenbibliotheken, das bisherige „Core-API".

*Erweiterungen,*

Danach werden in Abschnitt 5.2 die von Sun Microsystems angekündigten zukünftigen Erweiterungen des API vorgestellt. Dies betrifft insbesondere die Übersicht über die in einer ersten Beta-Version vorliegenden Packages und Klassen des JDK 1.1.

*Java Version 1.1*

*Dokumentation*

Schließlich werden in Abschnitt 5.4 der Aufbau und der Umgang mit der Hypertext-API-Klassendokumentation erläutert.

## 5.1 Die Bibliotheken in Java 1.0

Die derzeit mit Java Version 1.0 verfügbaren acht Packages bilden die „Kern"-Funktionalität der Java-Klassenbibliotheken, das sogenannte *Core-API*. Diese Packages werden auch von allen späteren Versionen von Java garantiert unterstützt. Abbildung 5.1 zeigt eine Übersicht der Packages; dies sind im einzelnen:

`java.lang` Dieses Package umfaßt einerseits die grundlegenden Datentypen von Java (`Object`, `Boolean`, ..., `String`) und andererseits die für die Funktion des Java-Interpreters nötigen Klassen wie `Class`, `System`, `Runtime`, `Thread` und `Process`. Es wird auf allen Java-Implementierungen garantiert zur Verfügung gestellt. Die Klassenhierarchie von `java.lang` ist in Abbildung 5.2 auf Seite 214 dargestellt.

`java.awt` Dieses Package enthält alle für Anwendungsprogramme relevanten Klassen des *Abstract Window Toolkit*, des für Java definierten portablen Fenstersystems, darunter die bisher verfügbaren 2D-Zeichenfunktionen. Mit über 40 Klassen ist der AWT die umfangreichste und komplexeste Java-Klassenbibliothek.

Die grundlegenden Konzepte und die Anwendung der einfachen Graphikoperationen des AWT wird in Kapitel 7 an

| Package | Funktion |
|---------|----------|
| `java.lang` | grundlegende und System-Klassen |
| `java.awt` | Abstract Window Toolkit: |
| | das Java Fenstersystem |
| `java.awt.image` | Bildverarbeitungsfilter |
| `java.awt.peer` | Interna des AWT |
| `java.net` | Netzwerkfunktionen (URL,TCP) |
| `java.io` | Ein- und Ausgabe |
| `java.util` | diverse Hilfsklassen |
| `java.applet` | Applets |

*Abbildung 5.1*
*Die Klassen-*
*Bibliotheken*
*in Java 1.0*
*(Core-API)*

vielen Beispielen erläutert. In Kapitel 8 werden anschließend die Dialogelemente des AWT und der Aufbau von Benutzeroberflächen vorgestellt. *Kapitel 8*

Leider wird die Programmierung von Animationen vom AWT bisher nicht wirklich unterstützt. Einige besonders wichtige Techniken werden in Kapitel 9 erläutert. *Kapitel 9*

`java.awt.image` Dieses Package enthält eine Reihe von Klassen und Interfaces zur Realisierung von Filtern zur Bildverarbeitung. Das eigentlich sehr elegante Konzept hinter dem Aufbau von `awt.image` dürfte aber zunächst etwas verwirrend erscheinen.

Die Klassen aus `java.awt.image` werden nur selten von Anwendungsprogrammen eingesetzt, da die grundlegenden Funktionen zum Umgang mit GIF- und JPEG-Bildern bereits im AWT in den Klassen `java.awt.Graphics` und `java.awt.Image` realisiert sind. Wichtig ist dagegen die Schnittstelle `ImageObserver`, mit der das asynchrone Laden von Bildern in einem Hintergrundprozeß überwacht werden kann. *Abschnitt 7.7*

`java.awt.peer` Das Package dient zur Anbindung der Klassen aus `java.awt` an die Interna der Fenstersysteme auf die verschiedenen Rechnerplattformen (WINDOWS'95, MACOS, OS/2etc.).

Da normale Java-Anwendungsprogramme die Klassen aus `java.awt.peer` nie direkt verwenden, wird das Package in diesem Buch nicht weiter erläutert.

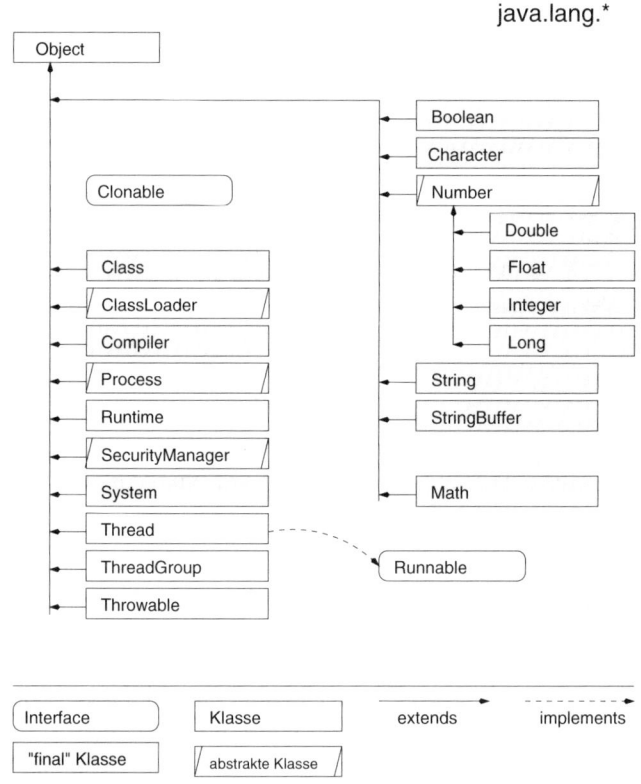

*Abbildung 5.2
Klassenhierarchie
des java.lang
Package*

java.io Zur Ein- und Ausgabe stellt dieses Package eine Vielfalt von Klasssen, darunter allein 19 verschiedene Datenströme zur Verfügung. Es wird in Kapitel 6 beschrieben.

*Kapitel 6*

java.net Diese Klassenbibliothek enthält alle Klassen, die für Netzwerkzugriffe über Sockets oder URLs benötigt werden. Die Anwendung von java.net 5 für URL-, TCP- und UDP-Übertragungen ist das Thema von Kapitel 11.

*Kapitel 11*

java.util In diesem Package sind verschiedene Hilfsklassen versammelt, unter anderem die Container-Datenstrukturen `Bitset`, `Dictionary`, `Hashtable`, `Properties`, `Stack` und `Vector`. Die Klasse `Date` stellt grundlegende Operationen für die Datumsberechnung zur Verfügung, `Random` einen guten Zufallszahlengenerator und `StringTokenizer` erleichtert das einfache Parsen von Strings. Die Klassen-

*Kapitel 4*

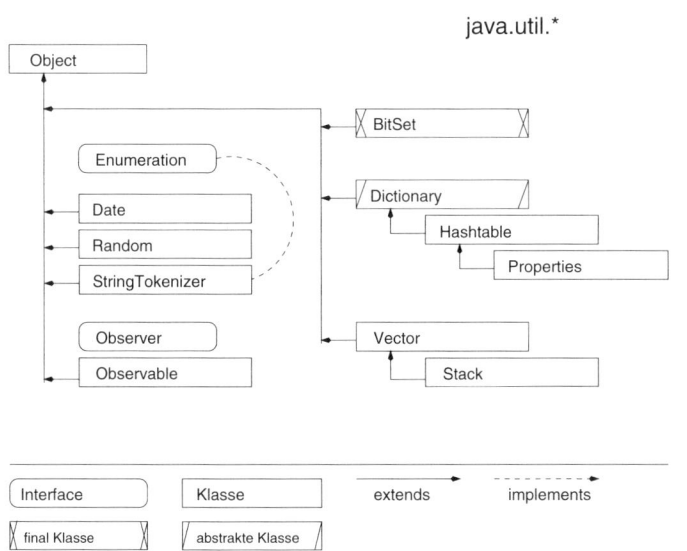

java.util.*

*Abbildung 5.3
Klassenhierarchie
des java.util
Package*

hierarchie dieses Package ist in Abbildung 5.3 auf Seite
215 dargestellt.

Beispiele für den Einsatz der Klassen aus `java.util` finden
sich in allen folgenden Kapiteln.

`java.applet`  Dieses Package definiert die Klasse `Applet` und
einige Interfaces zur Interaktion des `Applet` mit dem umgebenden WWW-Browser. Der Umgang mit Applets wird    *Kapitel 10*
in Kapitel 10 erläutert.

Zur Orientierung und zur ernsthaften Programmierung mit diesen
Packages ist eine ausführliche Dokumentation natürlich unerläßlich.  Sun Microsystems stellt dazu die mit dem `javadoc`-Com-    *Dokumentation*
piler direkt aus den Quelltexten erstellte API-Klassendokumenta-    *der Klassen-*
tion im HTML-Format bereit. Der Aufbau und die Konzepte der    *bibliotheken:*
API-Dokumentation werden in Abschnitt 5.4 erläutert.  Vermut-    *mit javadoc*
lich haben Sie zusammen mit ihrem Java-Entwicklungssystem ei-
ne Kopie dieser Dokumentation erhalten, ansonsten ist die aktuelle Version über das WWW erhältlich (siehe Anhang D).  Für
eine schnelle Übersicht über die Klassen des Core-API mit allen
Funktionen und Exceptions eignet sich auch [Flanagan 96].

*Abbildung 5.4*
*Übersicht über die*
*geplanten Klassen-*
*bibliotheken*

| Package | Datum | Funktion |
|---|---|---|
| Core API | Q2/96 | s.o. |
| Enterprise API | | Client/Server Applikationen: |
| – JDBC | Q2/96 | Datenbankzugriff |
| – Java IDL | Q2/96 | CORBA-Objektschnittstelle |
| – Java OSS/RMI | Q2/96 | persistente, verteilte Objekte |
| Commerce API | Q4/96 | sichere Finanztransaktionen |
| Server API | Q3/96 | Unterstützung für WWW-Server |
| Media API | | Multimedia-Bibliotheken: |
| – Java 2D | Q4/96 | erweiterte 2D-Graphik |
| – Media Framework | Q4/96 | Synchronisation Audio,Video,Midi |
| – Java Share | Q3/96 | verteilte Graphik (white board) |
| – Java Animation | Q2/97 | Unterstützung von Animationen |
| – Java Telephony | Q2/97 | Internet-Audioübertragung |
| – Java 3D | Q2/97 | OpenGL basierte 3D-Graphik |
| Security API | Q4/96 | Krypthographie |
| Management API | Q4/96 | Netzwerkverwaltung |
| Java Beans | Q1/97 | Objektschnittstelle |
| Embedded API | Q4/96 | eigenständige Systeme |

## 5.2 Geplante Erweiterungen

Nach der derzeitigen Planung will Sun Microsystems noch 1996 und 1997 den Umfang der Klassenbibliotheken für Java dramatisch erweitern. Eine Übersicht über die angekündigten weiteren Packages ist in Abbildung 5.4 dargestellt. Neben dem Namen der Packages und einer Kurzbeschreibung ist auch das voraussichtliche Erscheinungsdatum einer ersten Version angegeben. Der jeweils aktuelle Stand der Entwicklungen ist über den WWW-Server http://www.javasoft.com/ zugänglich.

*Enterprise-API*    Zur Zeit sind bereits die Spezifikation und die ersten Versionen der *Enterprise-API* erhältlich: JDBC [SUN-96c], OSS [SUN-96a], RMI [SUN-96b] und Java-IDL. Mit diesen Bibliotheken wird Java sich weiter als Sprache für die Entwicklung verteilter Applikationen in Netzwerken etablieren.

*Media-API*    Noch nicht fertiggestellt sind dagegen die Spezifikationen der erweiterten *Media-API* mit voller Unterstützung von 2D- und 3D-Graphik, Animationen, der Synchronisation von Bild und Ton sowie verteilten Graphikapplikationen, die von mehreren Benutzern gleichzeitig verwendet werden können.

Mit Hilfe der Java *Beans* sollen portable, plattformunabhängige APIs für Softwarekomponenten definiert werden, die auch in bisherige Objektmodelle wie OLE/ActiveX, OpenDOC oder LiveConnect eingebettet werden können. *Java Beans*

Die *Embedded-API* definiert eine minimale Programmierschnittstelle für Java-Umgebungen, die nicht den vollen Umfang zumindest der Core-API unterstützen können. Mit Hilfe dieser API sollen auch leistungsschwache Rechner, wie sie zum Beispiel für „eingebettete Systeme" (die Steuerung einer Waschmaschine, Klimaanlage etc.) typisch sind, Java nutzen können. *Embedded-API*

## 5.3   Erweiterungen in Java 1.1

Seit Ende 1996 ist eine erste Beta-Version des JDK 1.1 verfügbar, die alle der für die endgültige Version vorgesehenen Klassen enthält. Gegenüber dem JDK 1.0.2 wird der Umfang der standardisierten Klassenbibliotheken mehr als verdoppelt: Von 8 Packages auf 21 Packages, von 201 auf 478 Klassen und Schnittstellen. Neben diversen Verbesserungen in allen bisherigen Packages wurde auch die Performanz des Java-Interpreters deutlich gesteigert. *Bibliotheken in Java 1.1*

Die wichtigen Erweiterungen der acht Core-Packages aus Java 1.0 werden im folgenden jeweils am Ende der betreffenden Kapitel zusammengefaßt. Dies sind unter anderem erweiterte Funktionen zur Ein- und Ausgabe, die Serialisierung und Erzeugung von persistenten Objekten, neue Zeichenfunktionen für `Image`-Objekte und eine Vielzahl von Verbesserungen des AWT zum Aufbau von Benutzeroberflächen. Mit den beiden Packages `java.rmi` und `java.sql` sind die erweiterten Netzwerkfunktionen (RMI und JDBC) der Enterprise-API bereits im JDK 1.1 integriert. Darüber hinaus enthält die Version 1.1 die folgenden vier zentralen Erweiterungen: *Siehe die folgenden Kapitel 6–13*

*java.rmi*
*java.sql*

**Innere Klassen** („inner classes") Wie in Abschnitt 2.1 beschrieben, können Klassen in Java Version 1.0 nur innerhalb eines Package-Scope deklariert werden und sind im gesamten Package oder global sichtbar. In Java Version 1.1 wird diese Restriktion aufgehoben, und Klassen können in jedem Scope deklariert werden, also auch innerhalb von anderen Klassen, Methoden oder sogar anonym innerhalb einer Anweisung. *Ineinander geschachtelte Klassen*

217

Die Möglichkeit, Klassen ineinander zu schachteln, erleichtert vor allem das Schreiben von Adapterklassen, wie sie für Java Beans oder die Ereignisbehandlung im AWT 1.1 benötigt werden. Das folgende Beispiel zeigt, wie ein Iterator für einen Stack realisiert werden kann:

*Top-level Klasse*

```java
public class FixedStack {
  Object array[];
  int top = 0;
  FixedStack(int fixedSizeLimit) {
    array = new Object[fixedSizeLimit];
  }
  public void push(Object item) {
    array[top++] = item;
  }
  public boolean isEmpty() {
    return top == 0;
  }
  ... // andere Methoden des Stacks

  /* Als innere Klasse kann der folgende Iterator
   * direkt auf die Variablen der umgebenden Klasse
   * zugreifen: */
```

*Innere Klasse*

```java
  class Enumerator implements java.util.Enumeration {
    int count = top;
    public boolean hasMoreElements() {
      return count > 0;
    }
    public Object nextElement() {
     if (count == 0)
       throw new NoSuchElementException("FixedStack");
     return array[--count];
    }
  }
```

*Iterator:*
*auch mehrere*
*gleichzeitig!*

```java
  public java.util.Enumeration elements() {
    return new Enumerator();
  }
}
```

Durch die Realisierung des Iterators als Objekt einer (inneren) Klasse ist es in diesem Fall möglich, mehrere Aufzählungen der Elemente des Stacks gleichzeitig zu benutzen. Vergleichen Sie diese Situation einmal mit dem in Abschnitt 4.4.2 vorgestellten Iterator für die verkettete Liste.

Für die Einführung von inneren Klassen muß die Java-Syntax leicht erweitert werden, der vom Java-Compiler erzeugte Bytecode dagegen entspricht weiterhin den Spezifikationen aus Java 1.0. Für bestehende Programme ohne innere Klassen ändert sich also nichts. Die Dokumentation zum JDK 1.1 enthält eine ausführliche Beschreibung der Möglichkeiten von inneren Klassen.

**Länderspezifische Meldungen** („internationalization", „i18n") Für das Internet entwickelte Programme sollten nicht auf englische Meldungen und Eingaben beschränkt sein, sondern sich an die Muttersprache des Anwenders und deren Konventionen anpassen lassen. Die Klassen im neuen Package `java.text` unterstützen ein objektorientiertes Konzept zur länderspezifischen Formatierung von Systemmeldungen, Zahlen, Datumsangaben und Währungsbeträgen. Anders als im C/CPP „`locale`"-Mechanismus erfolgt die Auswahl der gewünschten Sprache nicht global einmal pro Programm, sondern kann einzeln für jedes Objekt eingestellt werden. Zusätzlich wurde der AWT um die Möglichkeit zur Ausgabe aller Unicode-Zeichen erweitert. Dazu werden natürlich auch die entsprechenden Fonts benötigt.

*Package*
*java.text*

Auf die Vorstellung der Klassen aus `java.text` muß in diesem Buch aus Platzmangel verzichtet werden. Das Programm `NumberFormatDemo` auf der CD-ROM demonstriert einige Methoden der Klassen `NumberFormat` und `DecimalFormat`. Weitere Beispiel-Applets zur länderspezifischen Darstellung von Datum und Zahlen sind in der API-Dokumentation zum JDK 1.1 enthalten.

**Reflektion** („reflection") Das in Abschnitt 3.3.10 beschriebene Konzept zur Darstellung von Laufzeit-Typinformation (Klasse `Class`) wird in Java 1.1 entscheidend erweitert, damit Java-Programme zur Laufzeit auch Informationen über die Methoden und Variablen der aktiven Klassen ermitteln können. Dazu enthält das neue Package `java.lang.reflect` die Klassen `Array`, `Constructor`, `Field` (Klassen- und Exemplarvariablen), `Method` und `Modifier`. Jede dieser Klassen gibt Auskunft über die entsprechenden Komponenten in einer beliebigen Java-Klasse.

*Information*
*über Klassen:*
*java.lang.reflect*

Zum Beispiel könnte ein Debugger über die Methoden der Klasse `Field` den Typ und die Modifier aller Variablen in einer beliebigen Klasse identifizieren und danach deren Werte abfragen oder verändern. Dazu wird kein Quelltext für die betroffene

Klasse benötigt, da die Klasse sich über die erweiterte Typinformation selbst identifiziert („reflektiert").

Die Anwendung der neuen Klassen wird vom Java-Interpreter über die Klasse `SecurityManager` überwacht, um unbefugte Zugriffe, etwa von fremden Applets, zu verhindern.

**JAR-Dateien** Das plattformunabhängige JAR-Dateiformat (*Java ARchive* Dateien) erlaubt, beliebig viele Java-Klassen und andere Dateien in einer Archivdatei zusammenzufassen und zu kom-

*Package
java.util.zip*

primieren. In einem JAR-Archiv gepackte Applets können mit einer einzigen HTTP-Transaktion zum Browser des Anwenders übertragen werden, womit sich der Download des Applets erheblich verkürzt. Alle oder einzelne Einträge in einem JAR-Archiv können mit digitalen Signaturen versehen und damit gegen spätere Modifikationen geschützt werden.

**Sicherheit und signierte Applets** Das Package `java.security`

*Security-API
java.security*

stellt Klassen bereit, mit denen sich digitale Signaturen für beliebige Daten erzeugen und überprüfen lassen. Dazu gehört auch die Verwaltung der für die eingesetzen „public-key" Verfahren notwendigen öffentlichen und privaten Schlüssel und eine Kontrolle des Zugriffs („access control lists") auf Rechner-Ressourcen. Die Klassen aus `java.security` selbst definieren nur eine abstrakte API-Schnittstelle zu den einzelnen Algorithmen, die von einem

*Security Provider*

*Security Package Provider* konkret umgesetzt werden. Zusätzlich sind im JDK 1.1 die Klassen des Package `sun.security.provider` enthalten, das die Verschlüsselungsalgorithmen wie DSA (digital signature algorithm) vollständig in Java implementiert. Durch die Installation und Auswahl weiterer Security Provider kann der Anwender selbst entscheiden, welchen und wessen Algorithmen er vertrauen möchte.

Der `SecurityManager` des JDK 1.1 unterstützt bereits digitale Signaturen und gewährt signierten Applets von vertrauenswürdigen Autoren die gleichen Rechte wie lokal gestarteten Applikationen. Das im JDK 1.1 enthaltene Programm `javakey` erlaubt die Erzeugung und Überprüfung von digitalen Signaturen für JAR-Archive sowie die Erzeugung und Verwaltung der benötigten Schlüssel. Die Programme `jar` zur Verwaltung von JAR-Archiven und `javakey` zur Schlüsselverwaltung werden in Anhang B ab Seite 530 bzw. Seite 534 beschrieben.

# 5.4  Die API-Dokumentation

Selbst für kleine Programme mit nur einigen hundert Programmzeilen kann kaum auf eine externe Dokumentation verzichtet wer-
den.  Für größere Softwareprojekte ist eine vollständige Doku-    *Dokumentation?*
mentation der Spezifikationen und Lastenhefte, aller erstellten    *unerläßlich!*
Quelltexte und schließlich der Testprotokolle in jedem Fall unerläßlich. Während aber Spezifikationen (im Idealfall) nur einmal
erstellt werden, erweist sich eine vollständige und ständig aktuali-
sierte Dokumentation der Quelltexte als fast unlösbares Problem.
Die Java-Sprachumgebung bietet dazu mit der automatischen Erzeugung der API-Klassendokumentation aus den *Doc-Kommentaren* (siehe Seite 44 sowie Seite 520) mit dem `javadoc`-Compiler
erstmals eine weitgehende Unterstützung an.

Dabei kombiniert die API-Dokumentation die Idee des *litera-*
*te Programming* [Knuth 92] mit den Möglichkeiten von HTML-     *javadoc: API-*
Hypertext. Da ein Doc-Kommentar genauso einfach und schnell    *Dokumentation*
geschrieben ist wie ein gewöhnlicher C/C++-Kommentar, wird      *automatisch,*
die Verwendung von Doc-Kommentaren bereits nach kurzer Zeit
zur Selbstverständlichkeit.

Dies erlaubt, auch für die selbstentwickelten Klassen ohne
großen zusätzlichen Aufwand immer eine vollständige und stets   *vollständig und*
aktuelle Dokumentation bereitzustellen.  Neben den Hypertext-    *stets aktuell*
Verknüpfungen erzeugt der `javadoc`-Compiler automatisch auch
einen Namens-Index mit allen Methoden und Klassen und ge-       *Hypertext-*
trennte Klassen-Indizes für alle angegebenen Packages, so daß   *Navigation*
sehr schnell in der Dokumentation navigiert werden kann — nur
eine Volltextsuche über mehrere Klassen hinweg fehlt.

Da die Klassendokumentation nur die nach außen sichtbaren
(nicht `private`) Variablen und Methoden enthält, kann sie ohne   *Nur public,*
Bedenken auch an Dritte weitergegeben werden, die keinen Zu-    *keine private*
griff auf den Quelltext der Klassen haben und haben sollen. Mit   *Elemente*
dieser Dokumentation ist es für Dritte dann wiederum möglich,
weitere sinnvolle Unterklassen zu erstellen, obwohl die Basisklassen nicht im Quelltext, sondern nur compiliert als `.class`-
Dateien zur Verfügung stehen.

Selbst gegenüber den Hilfesystemen und Klassendokumen-
tationen der professionellen C/C++/Java-Entwicklungssysteme
braucht sich das Konzept der API-Dokumentation nicht zu ver-
stecken. Zwar bieten diese Systeme mit ihren ausgefeilten Such-

*Abbildung 5.5*
*Beispiel für die*
*Java Klassen-*
*dokumentation.*
*Name, Vererbungs-*
*hierarchie (Klasse*
*java.lang.Double)*

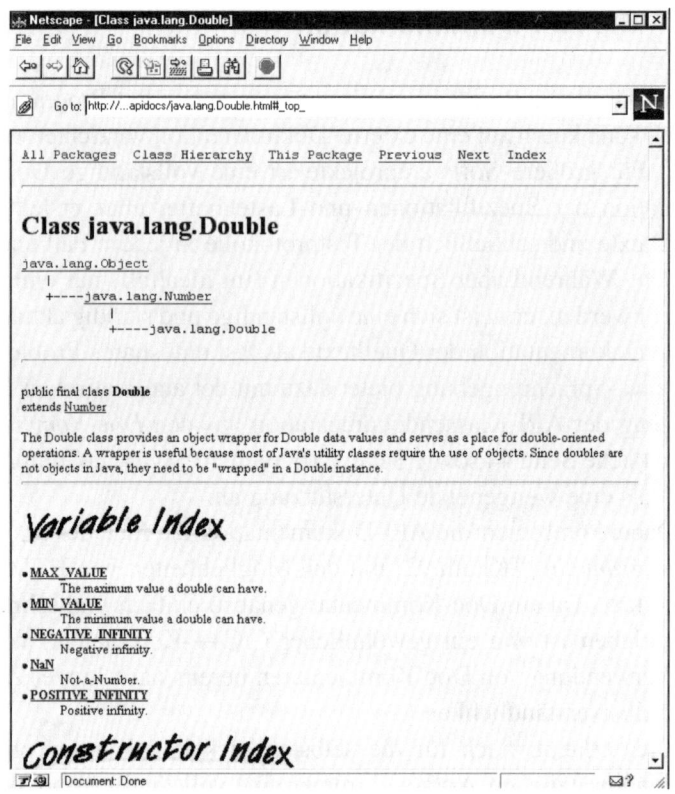

*javadoc vs.*
*Hilfesysteme*

funktionen, den häufig vorhandenen Codebeispielen sowie möglicherweise dem direkten Zugriff auf den Programmcode viele
Funktionen, die die API-Dokumentation nicht leistet. Dafür aber
sind diese erweiterten Funktionen nur für die vom jeweiligen System unterstützten Klassenbibliotheken, nicht aber für selbstent-
wickelte Klassen verfügbar. Mit Doc-Kommentaren und dem
javadoc-Compiler dagegen ist es möglich, auch eigene Klassen
(-bibliotheken) vollständig und mit allen Verknüpfungen zu den
Systemklassen zu dokumentieren.

Der Aufbau der Klassendokumentation ist in den Abbildungen 5.5 bis 5.7 am Beispiel der Klasse java.lang.Double dargestellt. Jede Seite der Dokumentation ist grob in drei Teile gegliedert: eine Übersicht, dann die Liste der Variablen, Konstanten
und Methoden und schließlich der Beschreibung aller einzelnen
Variablen und Methoden.

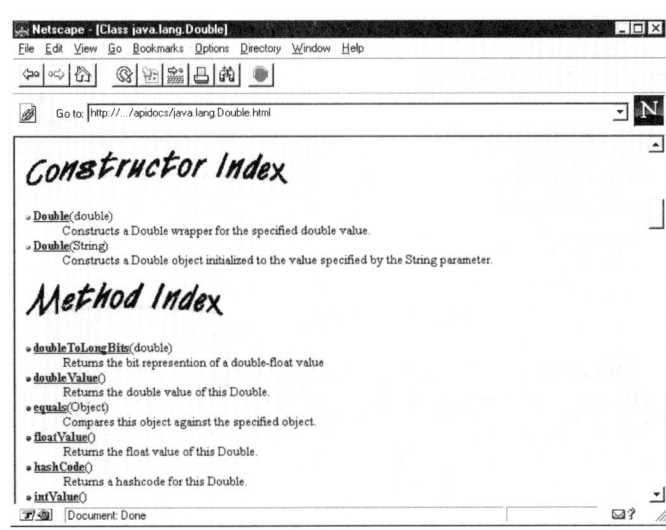

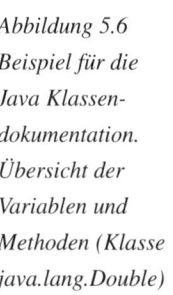

*Abbildung 5.6*
*Beispiel für die*
*Java Klassen-*
*dokumentation.*
*Übersicht der*
*Variablen und*
*Methoden (Klasse*
*java.lang.Double)*

Die Übersicht enthält den Namen der Klasse, einige Hypertext-Links zur Navigation (`Index`, Liste aller Packages, Liste aller Methoden in diesem Package, alphabetisch nächste und vori-
ge Klasse in diesem Package) sowie eine Darstellung der Vererbungshierarchie der aktuellen Klasse (siehe Abbildung 5.5). Im
Beispiel ist die Klasse `java.lang.Double` zunächst von `java.`
`lang.Number` und diese wiederum von `java.lang.Object` abgeleitet.

*1: Übersicht*

Danach folgen im zweiten Teil der Seite die alphabetisch sor-
tierten Listen aller Variablen und Konstanten, der Konstruktoren
und schließlich aller Methoden der Klasse (siehe Abbildung 5.6).
Jeder Eintrag in diesen Listen ist ein Hypertext-Link auf die
ausführliche Beschreibung der Variablen oder Methode im dritten Teil der Seite.

*2: Liste der*
*Variablen und*
*Methoden*

Schließlich werden im dritten Teil alle Variablen, Konstruktoren und Methoden der Klasse einzeln mit allen Parametern
und Modifiern aufgezählt. Falls zur entsprechenden Methode ein
Doc-Kommentar im Quelltext existiert, wird er zur Beschreibung
verwendet und gemäß der enthaltenen HTML-Marken formatiert.
Für alle Parameter einer Methode sind wiederum Hyptertext-
Verweise auf die jeweilige Klasse realisiert, so daß auch die Bedeutung der einzelnen Funktionsargumente schnell nachgeschla-
gen werden kann.

*3: Beschreibung*
*der Methoden*

*Abbildung 5.7*
*Beispiel für die*
*Java Klassen-*
*dokumentation.*
*Detaillierte*
*Beschreibung der*
*Methoden (Klasse*
*java.lang.Double)*

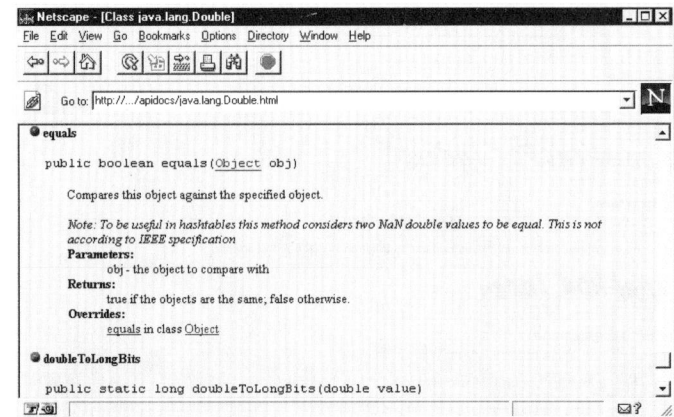

Abbildung 5.7 zeigt als Beispiel den Original-Kommentar zur Methode `Double.equals()`. Mit dem kursiv hervorgehobenen Hinweis auf eine (begründete) Inkompatibilität mit dem IEEE-Standard für Fließkommaarithmetik zeigt das Beispiel deutlich den Nutzen und die Möglichkeit der Doc-Kommentare.

In dieser Hinsicht sind alle folgenden Programmbeispiele ein sehr schlechtes Vorbild: Aus Platzmangel mußte in diesem Buch darauf verzichtet werden, in allen Beispielen durchgängig Doc-Kommentare zu verwenden. Statt dessen sind die Anmerkungen und Kommentare in die Randspalte gesetzt. Für größere Programme — und ohne Beschränkungen durch Papierkosten — verwende ich Doc-Kommentare für jede einzelne Klasse und alle nicht-trivialen Methoden.

*Schlechtes Vorbild*

Mit den neuen Klassen und Methoden der Klassenbibliotheken von Java Version 1.1 werden einige Methoden der bisherigen Klassen überflüssig oder sind durch bessere Varianten ersetzt worden. Diese Methoden werden in der Dokumentation mit dem neu eingeführten Attribut `@deprecated` (engl. „abgelehnt") markiert und sollten für neu entwickelte Programme nicht mehr benutzt werden. Werden diese Methoden trotzdem weiterhin eingesetzt, gibt der Java-Compiler (JDK 1.1) eine entsprechende Warnung aus.

*Deprecated-Marke*

# Eingabe und Ausgabe

Dieses Kapitel stellt alle Klassen aus dem Package `java.io` und damit die Möglichkeiten von Java-Programmen zur Ein- und Ausgabe von Daten vor. Wie in C++ umfaßt das grundlegende Konzept dazu auch in Java die sogenannten *Datenströme* oder „streams“: Ein Programm liest eine Folge von Bytes aus einem Eingabestrom (input stream) und schreibt Bytes in einen Ausgabestrom (output stream). Der Hauptvorteil von Datenströmen ist die vollständige Abstraktion von der Art des dahinterstehenden realen I/O-Gerätes — das Java-Programm liest und schreibt immer eine Folge von Bytes, unabhängig davon, ob es sich bei Quelle und Empfänger der Daten nun um einen bestimmten Bereich im Hauptspeicher, eine Datei auf der lokalen Festplatte, ein Peripheriegerät wie Drucker, Scanner, Modem oder gar einen Netzwerkzugriff auf einen fremden Rechner handelt.

*Datenströme*

Trotz dieses einheitlichen Modells zeigt schon ein erster Blick auf die in Abbildung 6.1 auf Seite 227 dargestellte Klassenhierarchie von `java.io` deutlich, warum dieses Package manchmal kontrovers diskutiert wird. Anders als in C, wo die Standardbibliothek nur einen einzigen universellen Dateityp `FILE` zur Verfügung stellt, definiert `java.io` einen ganzen „Zoo“ mit 19 verschiedenen Datenströmen, neben einigen unterstützenden Klassen und den spezifischen `IOException`-Klassen. Trotz dieser (übertriebenen) Komplexität fehlen auf der anderen Seite einige wichtige Funktionen, etwa zur formatierten Ausgabe von Fließkommawerten.

*Klassenhierarchie des java.io Package*

Zum Glück ist die Ordnung hinter dieser hohen Anzahl von Dateitypen leicht zu durchschauen. An der Wurzel der `java.io`-Klassenhierarchie stehen die beiden zentralen Klassen `Input-Stream` und `OutputStream`, die in Abschnitt 6.1 bzw. 6.2 beschrieben werden. Beide Klassen sind abstrakte Klassen und können daher nicht direkt instantiiert werden, sondern sammeln nur das gemeinsame Verhalten all ihrer Unterklassen. Ein Java-Anwendungsprogramm verwendet die für den jeweiligen Zweck geeigneten Unterklassen von `InputStream` und `OutputStream`.

*InputStream*

In Abschnitt 6.1 werden zunächst die grundlegenden Methoden der abstrakten Klasse `InputStream` und eine Übersicht über die verschiedenen Unterklassen von `InputStream` vorgestellt. Abschnitt 6.2 präsentiert dann die entsprechenden Methoden der Klasse `OutputStream` und eine Übersicht über die Unterklassen von `OutputStream`.

*OuputStream*

*Filterströme*

In Abschnitt 6.3 wird danach erläutert, wie sich die sogenannten *Filterströme* geeignet mit den anderen Klassen kombinieren lassen, um einen Datenstrom genau an seine jeweilige Aufgabe anzupassen.

*Binäre I/O*

Die elementaren Methoden von `InputStream` und `OutputStream` erlauben zunächst nur das Einlesen oder Schreiben von Bytes. In den Klassen `DataInputStream` und `DataOutputStream` steht ein Satz von Methoden für die binäre Ein- und Ausgabe aller elementaren Datentypen bereit. Die Methoden dieser beiden Klassen werden in Abschnitt 6.4 beschrieben.

*Textausgabe*

Anschließend wird in Abschnitt 6.5 die Klasse `PrintStream` vorgestellt, mit der zeichenbasierte Textausgaben möglich sind.

*Dateizugriffe*

Der Zugriff auf Dateien mit den Klassen `FileInputStream` und `FileOutputStream` ist das Thema von Abschnitt 6.6. Mit der Klasse `File` können Dateien und Verzeichnisse verwaltet werden.

Die in Abschnitt 6.8 beschriebene Klasse `StreamTokenizer` unterstützt die Erstellung einfacher Parser durch Methoden zur lexikalischen Analyse eines Datenstroms.

*Serialisierung*

Schließlich wird in Abschnitt 6.9 das Konzept des `Object Serialization` Package (OSS) vorgestellt. Das OSS ermöglicht es, Java-Objekte inklusive aller Referenzen auf andere Objekte eindeutig in einen Bytestrom zu konvertieren und auch wieder einzulesen. Damit sind in Java dauerhafte, *persistente* Objekte möglich, die auch außerhalb eines Java-Interpreters Bedeutung haben und gespeichert oder übertragen werden können.

*Abbildung 6.1*
*Aufbau des java.io*
*Package*

java.io.*

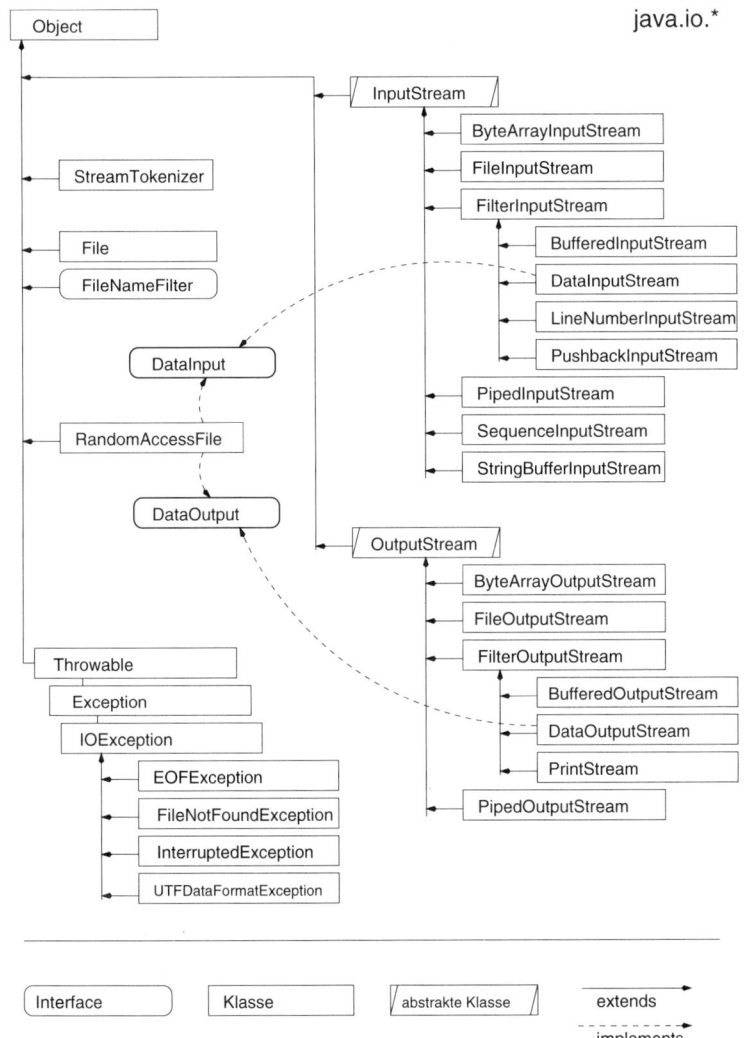

## 6.1 InputStream — Bytes lesen

Die abstrakte Klasse `InputStream` ist die gemeinsame Basisklasse aller anderen Eingabeströme. Die im folgenden besprochenen Methoden von `InputStream` stehen daher auch für alle Unterklassen von `InputStream` zur Verfügung.

*read* Die zentrale Methode `InputStream.read()` liest einzelne Bytes aus dem InputStream. Als Rückgabewert liefert `read()` einen Integerwert zwischen 0 und 255, falls ein Byte gelesen werden konnte, und -1 falls nicht:

```
import java.io.*;
...

InputStream  istream  = getAnInputStream();
byte  b;
int   i;

while((i = istream.read()) != -1 ) {
  b = (byte) i;
  ... // Byte b verarbeiten
}
...    // Ende des InputStream erreicht
```

*int vs. byte* Der magische Rückgabewert -1 wird C-Programmierern sehr vertraut vorkommen: Er erzwingt die ärgerliche Typkonventierung des gelesenen `int` zurück in ein `byte`. Anders als in C steht der Wert -1 aber nicht für einen Fehler — sobald wirkliche I/O-Fehler auftreten, werfen alle Varianten von `read()` eine `IOException`. Natürlich wäre es deutlich besser, wenn die Klasse `InputStream` ebenfalls eine entsprechende `Exception` (etwa eine „NoMoreBytesException") auslösen würde, falls keine weiteren Zeichen vorhanden sind.

Die zweite Variante von `read()` versucht, ein ganzes Feld `byte[]` zu füllen und liefert die Anzahl der tatsächlich gelesenen Bytes zurück:

```
import java.io.*;
...

InputStream  istream = getAnInputStream();
```

```
byte[]        buffer  = new byte[1024];

if (istream.read(buffer) != buffer.length) {
    ...      // weniger Zeichen als erwartet
}
...         // buffer benutzen
```

Die Länge des Puffer-Arrays kann dabei beliebig gewählt werden. Sie ist natürlich durch die maximale Größe eines Feldes in Java auf 2 GByte (`Integer.MAX_VALUE` Bytes) beschränkt. Falls gar keine Bytes gelesen werden können, liefert auch diese Form von `read()` den Wert -1 zurück. Die dritte Variante von `read()` dient dazu, nur einen Teil von insgesamt `length` Bytes eines Feldes `byte[]` ab Position `start` zu füllen:

```
istream.read( buffer, start, length );
```

Achtung: In allen folgenden Beispielen wird auf das erneu- *Folgende Beispiele*
te Hinschreiben des `import java.io.*` Konstrukts verzichtet. *unvollständig*
Um Platz zu sparen, werden außerdem nicht alle der möglichen
`Exceptions` mit `try/catch` Blöcken abgefangen. Bei Bedarf
müssen die Programmbeispiele um diese `try/catch` Ausdrücke
oder eine `throws`-Klausel ergänzt werden.

Manchmal interessiert nur ein Teil der Bytes aus einem Datenstrom. Mit der Methode `skip( long length )` können `length` *skip*
Bytes übersprungen werden. Auch `skip` liefert die Anzahl der
tatsächlich übersprungenen Bytes zurück:

```
if (istream.skip(2048L) != 2048L) {
    ... // zuwenig Bytes verfügbar
}
...      // weitere Daten aus istream lesen
```

Als Parameter und Rückgabewert verwendet `skip()` wirklich Werte des Typs `long` und erlaubt damit im Prinzip auch richtig große Sprünge (über 2 GByte). Die derzeitige Implementierung von `skip()` beruht allerdings auf `read()`:

```
public long  skip( long n ) throws IOException {
    byte[]  buffer = new byte[(int)n];
    return read( buffer );
}
```

Die Anzahl der noch im InputStream verfügbaren Bytes kann mit einem Aufruf der Methode `int available()` erfragt werden. Prinzipbedingt können einige der verschiedenen Unterklassen von `InputStream` nicht von vornherein wissen, wieviele Zeichen (etwa über eine Netzwerkverbindung oder von der Tastatur) noch folgen werden. Diese Unterklassen von `InputStream` liefern deshalb immer den Wert 0 zurück, obwohl durchaus noch weitere Bytes folgen können.

*available*

Einige Datenströme erlauben es, eine beliebige Position im Strom zu markieren, danach einige Bytes zu verarbeiten und schließlich den Strom wieder auf die markierte Position zurückzusetzen. Offenbar muß der Datenstrom dazu alle Bytes ab der markierten Position speichern. Beim Aufruf von `mark( int n )` muß daher die Anzahl der zu speichernden Bytes angegeben werden:

*mark*

```
if (stream.markSupported()) {
        // ja, Marken werden unterstützt,
...     // einige Bytes lesen

    stream.mark( 1024*1024 );
...     // weniger als 1MByte lesen

    stream.reset();
...     // ab der Marke neu lesen
}
else {
...     // nein, 'per Hand' bearbeiten
}
```

Sobald ein Datenstrom nicht mehr benötigt wird, sollte er durch Aufruf von `close()` explizit geschlossen werden, um alle belegten Systemressourcen wieder freizugeben. Das gelingt am einfachsten mit einem `try/catch/finally` Konstrukt:

*close*

```
InputStream  istream = getAnInputStream();

try {
...                 // aus istream lesen
}
catch( IOException e ) {
...                 // IO Fehler behandeln
}
```

```
finally {
  istream.close(); // Ressourcen freigeben
}
```

**Die Unterklassen von InputStream**

Ein Blick auf die Klassenhierarchie in Abbildung 6.1 auf Seite 227 zeigt sechs direkte Unterklassen von `InputStream`. Die in den vorangegangenen Beispielen als Platzhalter zitierte Methode `getAnInputStream()` sollte also ein Objekt einer dieser Unterklassen zurückliefern.

Die wohl wichtigste Unterklasse ist `FileInputStream` zum byteweisen Einlesen einer Datei:

```
byte[] buffer = new byte[1024];

InputStream s;
s = new FileInputStream( "/etc/passwd" );

s.read( buffer );
...
s.close();
```

Der Konstruktor erwartet einen Dateinamen in der systemabhängigen Schreibweise. Die ausführliche Beschreibung der Klasse `FileInputStream` folgt zusammen mit den übrigen Dateioperationen in Abschnitt 6.6. *FileInputStream*

Ein `ByteArrayInputStream` schließt einen Datenstrom an ein Feld von Bytes an:

```
byte[]  buffer = new byte[10000];
...  // buffer mit sinnvollen Daten füllen

InputStream s;
// s = new ByteArrayInputStream( buffer );
s = new ByteArrayInputStream( buffer, 100, 200 );

int i = s.read(); // usw.
```

Entsprechend funktioniert ein `StringBufferInputStream`, um die Zeichen aus einem String (aber nicht einem `StringBuffer`) als Datenstrom zu verarbeiten:

231

```
String line = "Es war einmal ...";
InputStream s;

s = new StringBufferInputStream( line );
...
```

Ein `SequenceInputStream` verkettet alle ihm übergebenen In-putStreams zu einem einzigen neuen Datenstrom.

```
InputStream s1 = new FileInputStream( "teil1" );
InputStream s2 = new FileInputStream( "teil2" );

InputStream s = new SeqenceInputStream( s1, s2 );

s.read();  // erst aus "teil1", danach aus "teil2"
...
```

*Ströme verketten*

Eine mögliche Anwendung für einen `SequenceInputStream` ist die Übergabe von Daten aus verschiedenen Quellen an eine Methode, die nur einen einzelnen Datenstrom erwartet. Ein anderes Beispiel ist ein Parser, der das Einbinden von „Include-Dateien" erlaubt. Über einen zweiten Konstruktor von `SequenceInput-Stream` ist es möglich, beliebig viele Eingabeströme zu verketten. Diese müssen dazu als `Enumeration` von `InputStream`-Objekten angegeben werden.

Die Klasse `FilterInputStream` und deren Unterklassen stellen weitere Quellen für einen `InputStream` dar. Die Anwendung und Kombination dieser Klassen zu Eingabeströmen mit maßgeschneiderten Eigenschaften wird in Abschnitt 6.3 erläutert.

In Abschnitt 6.7 wird schließlich der `PipedInputStream` eingeführt, der in Verbindung mit seiner Partnerklasse `PipedOut-putStream` eine effiziente Möglichkeit zum Datenaustausch zwischen mehreren Threads darstellt.

## 6.2 OutputStream — Bytes schreiben

*write*

Als gemeinsame Basisklasse für alle Ausgabeströme ist `Output-Stream` das genaue Gegenstück zur Klasse `InputStream`. Die grundlegende Operation eines `OutputStream` ist das Schreiben von Bytes mit der Methode `write()`:

```
byte[]  buffer = new byte[1024];
...  // buffer mit Daten füllen

OutputStream  s = getAnOutputStream();

s.write( buffer );           // gesamter Puffer
s.write( buffer, 100, 300 ); // 300 Bytes ab Pos. 100

while( ourSource.hasByte() ) { // einzeln
  s.write( ourSource.getByte() );
}
```

Entsprechend zu den drei Methoden `read()` von `InputStream` können mit den drei Varianten von `write()` einzelne Bytes, ein Feld oder ein Teil aus einem Feld von Bytes geschrieben werden.

Einige Datenströme puffern die ihnen übergebenen Daten. Dies ist vor allem bei der Ansteuerung von I/O-Geräten sinnvoll, da sich durch Übertragung größerer Datenblöcke statt einzelner Bytes meistens eine deutlich höhere Leistung erzielen läßt. Unter Umständen ist es jedoch nötig, die Daten bereits auszugeben, obwohl der Puffer noch nicht voll ist.

Für einen `OutputStream` kann das durch Aufruf der Methode `flush()` erzwungen werden. Die Klasse `OutputStream` imple- *flush* mentiert diese Methode, obwohl sie selbst gar keine Daten puffert, damit `flush()` garantiert für alle Ausgabeströme zur Verfügung steht. Unterklassen von `OutputStream`, die intern Daten puffern, überschreiben `flush()` mit einer geeigneten Funktion.

Schließlich stellt auch `OutputStream` die Methode `close()` zur Verfügung, um den Datenstrom zu schließen und alle belegten *close* Ressourcen wieder freizugeben. Eventuell noch gepufferte Daten werden bei einem `close()` noch ausgegeben.

## Die Unterklassen von OutputStream

Ein `FileOutputStream` schreibt Dateien und legt diese bei Bedarf neu an:

```
OutputStream s;
s = new FileOutputStream( "/tmp/file/name" );

s.write( 127 );        // einzelne Bytes
```

```
s.write( buffer );     // ganzes Feld
s.flush();             // bei Bedarf
...

s.close();             // nicht vergessen
```

Mit einem `ByteArrayOutputStream` kann die Ausgabe eines Datenstroms in ein internes Feld von Bytes umgelenkt werden, das mit der Anzahl der hineingeschriebenen Zeichen wächst:

```
OutputStream s;
s = new ByteArrayOutputStream();

s.write( 127 );
s.write( -128 );
...

s.size();              // bisher 2 Bytes geschrieben
s.reset();             // löscht den internen Puffer
```

Die Methode `size()` liefert die Anzahl der bisher geschriebenen Bytes. Durch Aufruf von `reset()` wird der interne Puffer gelöscht. Ein zweiter Konstruktor `ByteArrayOutputStream( size )` erlaubt es, die anfängliche Größe dieses internen Puffers zu setzen. Der Inhalt des Puffers kann mit den folgenden Methoden zugegriffen werden:

```
byte[]  buffer = s.toByteArray();
String  string = s.toString();
String  unicodeString = s.toString( upperByte );

OutputStream s2 = getAnOutputStream();
s.writeTo( s2 );
```

Die ersten drei Methoden kopieren den Inhalt des internen Puffers aus dem `ByteArrayOutputStream` in das angegebene Objekt. Die zweite Variante von `toString()` erlaubt es, Unicode-Zeichen aus Bytes zu erzeugen. Dazu wird das untere Byte jedes Unicode-Zeichens aus dem Datenstrom entnommen und das obere Byte mit dem Wert von `upperByte` gefüllt. Mit `writeTo()` kann der Inhalt des Puffers in einen anderen `OutputStream` weitergeleitet werden.

Die von `FilterOutputStream` abgeleiteten Klassen `DataOutputStream` und `PrintStream` erlauben die binäre bzw. Textausgabe von Daten aller elementaren Java-Typen.

## 6.3  Kombinationen: Filterströme

In der Klassenhierarchie des java.io-Package entfallen insgesamt neun Klassen allein auf die sogenannten *Filterstöme*
FilterInputStream und FilterOutputStream und ihre Unterklassen.  Bei der Diskussion dieser Klassen wird endlich das *Datenströme*
Konzept hinter der hohen Anzahl der verschiedenen Datenströme *maßschneidern*
deutlich: Durch die Kombination mehrerer Datenströme kann für
jeden Zweck eine geeignete Variante „maßgeschneidert" werden.
Die beiden Klassen FilterInputStream und FilterOutput-
Stream selbst stellen keine neuen Methoden bereit, erlauben aber
die folgende typische Schachtelung:

```
OutputStream    s  = getAnOutputStream();
FilterOutputStream s1 = new FilterOutputStream( s );
FilterOutputStream s2 = new FilterOutputStream( s1 );
FilterOutputStream s3 = new FilterOutputStream( s2 );
...

s3.write( 127 );    // s3 -> s2 -> s1 -> s
...
```

Jedes in s3 geschriebene Byte wird durch die Kette der Filter-
Stream-Objekte hindurchgereicht und dabei möglicherweise verändert („gefiltert").  Entsprechend können auch Eingabeströme
gefiltert werden:

```
InputStream     s  = getAnInputStream();
FilterInputStream  s1 = new FilterInputStream( s );
FilterInputStream  s2 = new FilterInputStream( s1 );
FilterInputStream  s3 = new FilterInputStream( s2 );

s3.read();      // s -> s1 -> s2 -> s3
...
```

Diese Schachtelung wird nützlich, wenn die einzelnen Daten-
ströme zusätzliche Funktionalität bereitstellen.  Die wichtigsten
Filterströme sind DataInput zur binären Eingabe und Data- *DataInputStream,*
Output sowie PrintStram zur binären und textbasierten Ausgabe. *DataOutputStream,*
Diese Klassen verdienen eine ausführliche Behandlung und wer- *PrintStream*
den in den nächsten beiden Abschnitten 6.4 und 6.5 beschrieben.
Die Klasse BufferedInputStream definiert außer allen Me-
thoden von InputStream keine weiteren Methoden.  Dafür aber

besitzt ein `BufferedInputStream` einen internen Puffer, in dem eine Anzahl der gelesenen Bytes zwischengespeichert wird. Die Lesezugriffe aus dem `BufferedInputStream` sind damit von den Lesezugriffen auf die darunterliegenden Datenströme entkoppelt. Gerade für Peripheriegeräte wie Festplatten oder das Netzwerk ist der blockweise Zugriff (Sektoren, Pakete) deutlich effizienter als ein byteweiser Zugriff.

Wie oben skizziert, wird der `BufferedInputStream` einfach zwischen die anderen Datenströme eingebaut:

```
InputStream  slowStream, fastStream;

// greift zeichenweise auf die Datei zu:
slowStream = new FileInputStream( "tmp.dat" );

// greift blockweise auf die Datei zu:
fastStream = new BufferedInputStream(
            new FileInputStream( "tmp.dat" ));
```

Die im Beispiel verwendete knappe Schreibweise mit den geschachtelten Konstruktoren wird häufig verwendet. Nur wenn einige der geschachtelten Datenströme einzeln angesprochen werden müssen, sind eigene Variablen für die „inneren" Datenströme nötig.

Die Klasse `BufferedInputStream` ist derzeit übrigens die einzige Klasse aus `java.io`, die die Methoden `mark()` und `reset()` wirklich unterstützt.

Mit der Klasse `LineNumberInputStream` ist es möglich, Zeilennummern in einem Datenstrom zu ermitteln, mit `mark()` zu markieren und mit `reset()` zu einer Marke zurückzuspringen. Zum Beispiel kann ein Parser unter Verwendung eines `LineNumberInputStream` ohne zusätzlichen Aufwand jederzeit die aktuelle Zeile ermitteln, was vor allem für Fehlermeldungen nützlich ist.

```
DataInputStream      s;
LineNumberInputStream line_s;

line_s = new LineNumberInputStream(
        new BufferedInputstream(
          new FileInputStream( "tmp.dat" )));
s = new DataInputStream( line_s );
```

```
String line;
while( (line = s.readLine()) != null) {
   ...                    // Zeile verarbeiten

  if (someError()) {
    System.out.println(
      "Fehler in Zeile" + line_s.getLineNumber());
  }
}
```

In diesem Fall wird die Methode `readLine()` eines `DataInput-`
`Stream` (s.u.) benutzt, um zeilenweise aus dem Datenstrom zu
lesen. Falls ein Fehler auftritt, kann mit `getLineNumber()` ohne
jeden Aufwand die aktuelle Zeile ausgegeben werden. Da nur
der `LineNumberInputStream` über diese Methode verfügt, wird
dazu eine explizite Referenz `line_s` benötigt. Die anderen Datenströme können wiederum direkt geschachtelt werden.

Ein `PushbackInputStream` schließlich ermöglicht es, mit der    *Pushback-*
Methode `unread()` ein einzelnes Zeichen an den Datenstrom zu-   *InputStream*
rückzugeben — eine recht eingeschränkte Variante von `mark()`
und `reset()`. Diese Funktion wird häufig in Parsern benötigt,
wenn erst nach dem Lesen eines Zeichens entschieden werden
kann, was zu tun ist:

```
PushbackInputStream s;

s = new PushbackInputStream(
     new LineNumberInputStream(
      new BufferedInputStream(
       new FileInputStream( "tmp.dat" ))));

char c; int i; StringBuffer currentName;

while( (i = s.read()) != -1) {
  c = (char) i;

  ...
  if (mode == buildNameMode) {
    if (isLetterOrDigit(c)) {
      // Buchstabe oder Ziffer: Name verlängern
      currentName.append( c );
    }
```

```
    else {
      // anderes Zeichen: Name fertig,
      // nächstes Token ermitteln
      s.unread( c ); %
      mode = someOtherMode;
    }
  }
  ...
}
```

Auch Ausgabeströme können (und sollten) gepuffert werden. Dazu dient ein `BufferedOutputStream`:

```
OutputStream s;
s = new BufferedOutputStream(
    new FileOutputStream( "tmp.dat" ));

byte b;
while( hasMoreBytes() ) {
  ...
  s.write( b ); // zeichenweise ausgeben

  s.flush();    // bei Bedarf
}
s.close();
```

*Buffered-*
*OutputStream*

Auch der `BufferedOutputStream` verwaltet einen internen Pufferspeicher, um seine byteweisen Eingaben von den Ausgaben zu entkoppeln. Beim Zugriff auf Peripheriegeräte wie Festplatten kann sich durch die blockweise Übertragung der Daten wiederum ein beträchtlicher Effizienzgewinn ergeben. Bei Bedarf kann durch Aufruf von `flush()` der gesamte Pufferspeicher sofort entleert werden.

## 6.4   Binäre Ein- und Ausgabe

*DataInputStream,*
*DataOutputStream*

Für die meisten Anwendungen reicht es nicht aus, nur Bytes lesen und schreiben zu können. Die Klassen `DataInputStream` und `DataOutputStream` erlauben die binäre Ein- und Ausgabe aller elementaren Datentypen. Allerdings gibt es in `DataOutputStream` keine Methode, um Strings auszugeben. Für Textausgaben dient statt dessen die Klasse `PrintStream`, die in Abschnitt 6.5 beschrieben wird.

Um binäre Ein- und Ausgaben nicht nur auf serielle Datenströme, sondern auch auf Dateien mit wahlfreiem Zugriff anwenden zu können, definiert das `java.io` Package die beiden Schnittstellen `DataInput` und `DataOutput`. Die Methoden dieser Schnittstellen werden sowohl von `DataInputStream` bzw. `DataOutputStream` als auch der in Abschnitt 6.6.3 vorgestellten Klasse `RandomAccessFile` implementiert. Durch Verwendung der Schnittstellen können Anwendungsprogramme dann sowohl mit Strömen als auch direkt auf Dateien arbeiten.

## DataOutput

Das Interface `DataOutput` deklariert die folgenden Methoden zur Ausgabe der elementaren Typen, die alle vom Typ `public void` sind und bei Fehlern eine `IOException` werfen:     *DataOutput*

```
// die drei Methoden von OutputStream
write( int b )
write( byte b[] )
write( byte b[], int off, int len )

// binäre Ausgabe der elementaren Typen:
writeBoolean( boolean b )
writeByte( int b )
writeBytes( String s )
writeChar( int c )
writeChars( String s )
writeDouble( double d )
writeFloat( float f )
writeInt( int i )
writeLong( long l )
writeShort( int i )
writeUTF( String s )
```

Alle Methoden schreiben eine plattformunabhängige binäre Darstellung der entsprechenden Typen. Die erzeugten Dateien können daher ohne Probleme zwischen verschiedenen Rechnern übertragen und ausgetauscht werden.     *Plattformunabhängig*

Die Methode `writeUTF()` schreibt die externe UTF-Darstellung des übergebenen Strings. Damit können Unicode-Strings

239

auch auf Systemen gespeichert werden, die nur den ASCII-Zeichensatz unterstützten. Das UTF-Format wird im Glossar auf Seite 572 beschrieben.

```
DataOutput s;

s = new DataOutputStream(
      new BufferedOutputStream(
        new FileOutputStream( "/tmp/matrix.dat" )));

// Matrix m[i][j] ausgeben
s.writeInt( m.length );          // #Zeilen
s.writeInt( m[0].length );       // #Spalten

for( int i=0; i < m.length; i++ ) {
  for( int j=0; i < m[0].length; j++ ) {
    s.writeDouble( m[i][j] );
  }
}
s.close();
```

### DataInput

*DataInput*

Die Methoden der Schnittstelle `DataInput` sind das genaue Gegenstück zu den Methoden aus `DataOutput` und erlauben das Einlesen einer binären Darstellung aller elementaren Java-Typen. Auch alle der folgenden Methoden sind natürlich ebenfalls als `public` deklariert und werfen bei Fehlern eine `IOException`:

```
// elementare Typen binär einlesen:
boolean   readBoolean()
byte      readByte()
char      readChar()
double    readDouble()
float     readFloat()
int       readInt()
long      readLong()
short     readShort
String    readLine()    // ASCII, bis \n, \r, \n\r, EOF
String    readUTF()     // Unicode
int       readUnsignedByte()
int       readUnsignedShort()
```

```
// Methoden aus InputStream:
int     skipBytes( int n )     // wie skip()
void    readFully( byte[] b ) // bzw. read()
void    readFully( byte[] b, int off, int len )
```

Hier ein einfaches Beispiel:

```
DataInput s;
s = new DataInputStream(
    new BufferedInputStream(
     new FileInputStream( "/tmp/matrix.dat" )));
try {
  // Matrix wieder einlesen:
  int n_rows = s.readInt();
  int n_cols = s.readInt();
  double m[][] = new double[n_rows][n_cols];
  for( int i=0; i < n_rows; i++ ) {
    for( int j=0; j < n_cols; j++ ) {
      m[i][j] = s.readDouble();
    }
  }
}
catch( EOFException e ) {
  ... // Datei vorzeitig zu Ende
}
catch( IOException ee ) {
  ... // allgemeiner I/O-Fehler
}
```

Für Textdateien bietet es sich an, Zeile für Zeile vorzugehen:

```
DataInput s_in  = new DataInputStream(
            new FileInputStream( "eingabe.txt" ));
DataOutput s_out = new DataOutputStream(
            new FileOutputStream( "ausgabe.txt" ));

// zeilenweise bearbeiten:
String line;
while( (line = s_in.readLine()) != null ) {
  StringBuffer tmp_line = new StringBuffer(line);
  ...    // tmp_line bearbeiten
  s_out.writeBytes( tmp_line.toString() );
}
((DataInputStream) s_in).close();
((DataOutputStream) s_out).close();
```

241

## 6.5   Textausgabe — PrintStream

Die Klasse `PrintStream` erlaubt die Ausgabe von ASCII-Text. Die zentralen Methoden von `PrintStream` sind die Varianten von `print()` und `println()` für die elementaren Datentypen sowie Zeichenketten `char[]` und Strings. Die Methode `println()` gibt ein einzelnes „\n" Zeichen als Zeilenende und Zeilenvorschub aus, die Methoden `println( v )` zunächst die Variable v entsprechend ihres Typs und danach ein „\n".

```
print( char c )                // c
print( char[] c )              // abcd
print( int i )                 // 0
print( long l )                // 2147483648
print( float f )               // 3.14159
print( double d )              // 2.71828
print( String s )              // abcd
print( Object o )              // o.toString()
println()                      // \n
println( char c )              // c + \n
...
println( Object o )            // print(o) mit \n
```

Die Ausgabe eines `char`, `char[]` oder eines `String` liefert einfach die entsprechenden Zeichen. Für den Typ `boolean` wird eine der *Ausgabe des* beiden Zeichenketten `true` bzw. `false` ausgegeben. Alle Integer-*PrintStream* werte werden ohne führende oder folgende Leerzeichen in Dezimaldarstellung ausgegeben. Die Fließkommatypen `float` und `double` werden ebenfalls ohne umgebende Leerzeichen auf maximal sechs signifikante Stellen der Mantisse gerundet und bei Bedarf mit Exponent ausgegeben (ab JDK 1.1 mit 16 Stellen).

Die Methode `print( Object o)` ruft ihrerseits die Methode `print( o.toString())` auf, um eine Textdarstellung des Objekts zu erhalten. Das liefert sinnvolle Ergebnisse, solange jedes Objekt die Methode `toString()` geeignet realisiert.

Einige der im nächsten Abschnitt beschriebenen Datenströme puffern die Daten aus Effizienzgründen. Mit `flush()` kann dieser Puffer entleert werden, um die bis dahin geschriebenen Zeichen auch wirklich auszugeben. Der Aufruf von `checkError()` leert den Puffer ebenfalls und ermittelt, ob bei der Ausgabe Fehler aufgetreten sind. Mit `close()` wird der `PrintStream` geschlossen.

Wahrscheinlich werden Sie Methoden vermissen, um die For-matierung der Ausgaben zu beeinflussen, etwa zur Ausgabe von Tabellen. Anders als C/C++ mit den `printf`-Funktionen bieten die Java-Bibliotheken dazu bisher keinerlei Unterstützung. Für Integerwerte kann durch den Aufruf von

*Keine*
*Formatierung*

```
print( Integer.toString( int i, int radix) );
```

eine Zahl auch zur Basis `radix` ausgegeben werden. Zum Bei-spiel erhält man mit `Integer.toString( wert, 16 )` die Sede-zimaldarstellung von `wert`. Ein Beispiel:

```
/* PrintDemo.java */

public class PrintDemo {
  public static void main( String argv[] ) {
    int     i = Integer.MAX_VALUE;
    long    l = Long.MIN_VALUE;
    double  d = Double.MAX_VALUE;
    double  e = Double.POSITIVE_INFINITY;
    float   f = Float.NaN;
    java.util.Date today = new java.util.Date();

    // PrintStream besorgen, ausgeben:
    java.io.PrintStream s = System.out;
    s.println( i );
    s.println( Integer.toString( i, 16 ));
    s.println( l );
    s.println( d + " " + e + " "  + f );
    s.println( today );
  }
}
```

und die zugehörige Ausgabe:

```
borneo>java PrintDemo
2147483647                 // dezimal
7fffffff                   // hex.
-9223372036854775808
1.79769e+308 Inf NaN       // max. 6 Stellen + Exp.
Fri Sep 13 11:42:30 MET DST 1996
```

Mit der folgenden trivialen Klasse gelingt zumindest die rechts-bündige Ausrichtung eines `String` oder einer Zahl innerhalb ei-nes Feldes der angegebenen Breite:

243

```
/* Format.java - Zahlen rechtsbündig ausgeben */

public class Format {

  static String format( String s, int places ) {
    int j = places - s.length();
    if (j > 0) {
      StringBuffer sb = null;
      sb = new StringBuffer( j );
      for( int k=0; k < j; k++) sb.append( ' ' );
      return sb.toString() + s;
    }
    else return s;
  }

  static String format( long wert, int places ) {
    return format( ""+wert, places );
  }

  static String format( double wert, int places ) {
    return format( ""+wert, places );
  }
}
```

## 6.6  Dateizugriff

Zum Zugriff auf Dateien stellt das `java.io`-Package vier Klassen bereit. Ein `FileInputStream` dient dazu, aus Dateien zu lesen und ein `FileOutputStrom` erlaubt es, Dateien anzulegen und zu schreiben. Mit der Klasse `File` können Dateien und Verzeichnisse plattformunabhängig verwaltet werden. Die Klasse `Random-AccessFile` schließlich erlaubt den wahlfreien Zugriff an beliebige Position innerhalb von Dateien.

*Applets eingeschränkt*   Um das Ausspähen oder Überschreiben von Daten zu verhindern, ist der Zugriff auf Dateien für Applets nur bedingt möglich. Abhängig vom verwendeten WWW-Browser werden Dateizugriffe entweder völlig ausgeschlossen oder nur für bestimmte Dateien in ausgewählten Verzeichnissen zugelassen.

### 6.6.1 FileInputStream und FileOutputStream

Die beiden Klassen `FileInputStream` und `FileOutputStream`
ermöglichen den Zugriff auf Dateien, stellen aber nur die elementaren `read()` bzw. `write()` Methoden für einzelne `bytes` und
`byte[]` zur Verfügung.

Wie bereits in Abschnitt 6.3 angedeutet wurde, können `File-`
`InputStream` und `FileOutputStream` beliebig mit Filterströmen
kombiniert werden, um deren erweiterte Methoden nutzen zu
können.

Die Konstruktoren der beiden Klassen erwarten entweder
einen Dateinamen in der systemüblichen Schreibweise oder ein
vorher initialisiertes `File`-Objekt (s.u.) als Argument:

```
FileInputStream( String name )
FileInputStream( File file )
FileOutputStream( String name )
FileOutputStream( File file )
```

Beide Klassen besitzen eine `finalize()`-Methode, die bei Bedarf
automatisch `close()` aufruft. Trotzdem ist es günstig, nicht mehr
benötigte Dateiströme sofort mittels `close()` zu schließen, um
die belegten Ressourcen wieder freizugeben.

Das folgende Programm kopiert eine Datei und illustriert dabei den typischen Umgang mit den Klassen `FileInputStream`
und `FileOutputStream`:

```java
/* FileCopy.java --- Dateien kopieren */

import java.io.*;

public class FileCopy {

  /** Datei "src" nach "dest" kopieren, ohne
   *  Rücksicht auf evtl. vorhandene Datei "dest" */
  static void copy( String src, String dest ) {
    FileInputStream   f_in = null;
    FileOutputStream  f_out = null;

    try {
      // Streams öffnen
      f_in  = new FileInputStream( src );
      f_out = new FileOutputStream( dest );
```

245

```
    // eigentliches Kopieren blockweise
    byte   buffer[] = new byte[1000];
    int    n_bytes;
    for(;;) {
      n_bytes = f_in.read(buffer);
      if (n_bytes == -1) break;
      f_out.write( buffer, 0, n_bytes );
    }
  }
  catch( IOException e ) {
    System.err.println( e.toString() );
  }
  finally {
    // auf jeden Fall aufräumen
    if (f_in != null)
      try { f_in.close(); }
      catch( IOException e ) { }
    if (f_out!= null)
      try { f_out.close(); }
      catch( IOException e ) { }
  }
}

static void usage() {
  System.out.println(
      "Usage: java FileCopy <src> <dest>" );
  System.exit(0);
}

public static void main( String argv[] ) {
  if (argv.length < 2) usage();
  copy( argv[0], argv[1] );
}
}
```

Eine eventuell bereits vorhandene Datei mit dem Namen src wird
von FileCopy ohne Rücksicht überschrieben. Die Klasse verhält
sich damit ähnlich wie das Unix-Programm cp.

### 6.6.2  File

Anders als C-Programmierer vermuten könnten, hat die Klasse
java.io.File nichts mit Ein- oder Ausgaben zu tun. Vielmehr

stellt sie eine plattformunabhängige Schnittstelle zu typischen Betriebssystemfunktionen bereit. Ein Objekt der Klasse `File` repräsentiert eine einzelne Datei oder ein Verzeichnis und enthält die folgenden Methoden:

```
public File( String path )
public File( String path, String name )
public File( File dir, String name )
```
> liefern eine Referenz auf ein `File`-Objekt unter dem angegebenen (betriebssystemabhängigen) Pfadnamen. Der Pfadname kann in einem Stück oder in Verzeichnis und Dateiname aufgeteilt angegeben werden. Die dritte Variante erwartet einen Dateinamen relativ zum Verzeichnis-Objekt `dir`.

```
static String pathSeparator
static char pathSeparatorChar
static String separator
static char separatorChar
```
> liefern die systemabhängigen Trennzeichen für Pfadnamen (etwa „/" unter Unix und „\" unter Windows) bzw. Suchpfade als Zeichen oder als String zurück.

```
String[] list()
String[] list( FileNameFilter filter )
```
> liefern für ein Verzeichnis-Objekt ein Feld mit den Namen aller im Verzeichnis enthaltenen Dateien.

```
long    length()
boolean isDirectory()
boolean canRead()
boolean canWrite()
boolean exists()
```
> ermitteln das jeweilige Attribut des `File`-Objekts.

`renameTo( File dest )` benennt die angegebene Datei um,

`boolean delete()` löscht die Datei oder das Verzeichnis,

```
boolean mkdir()
boolean mkdirs()
```
> versuchen, ein Verzeichnis (eine Ebene bzw. alle Ebenen auf einmal) zu erzeugen und liefern bei Erfolg `true` zurück. Der Verzeichnisname ist der bei der Erzeugung des `File`-Objekts angegebene Pfadname.

247

Die Klasse `File` stellt nur die Methoden zum Anlegen von Verzeichnissen und zum Löschen von Dateien und Verzeichnissen bereit. Dateien können mit der Klasse `File` nicht erzeugt werden. Wie im vorangegangenen Abschnitt erläutert, dient dazu ein `FileOutputStream`.

Eine ganze Reihe der oben angegebenen Methoden werden vom folgenden Beispielprogramm `DirInfo` genutzt. Es zeigt den Inhalt eines Verzeichnisses an und entspricht damit etwa dem Unix-Kommando `ls -l` bzw. dem DOS-Befehl `dir`. Der Name des anzuzeigenden Verzeichnisses wird als erster Parameter in der systemüblichen Schreibweise auf der Kommandozeile angegeben. Wenn `DirInfo` ohne Argument gestartet wird, ermittelt es über die System-Properties (siehe Abschnitt 13.1) das aktuelle Arbeitsverzeichnis und zeigt dieses an:

```java
/* DirInfo.java --- Verzeichnisse anzeigen */

import java.io.*;
import java.util.Date;
import Format;

public class DirInfo {

  /** alle Dateien im Verzeichnis 'dirname'
   *  in Unix 'ls -l' Notation anzeigen
   */
  static void list( String dirname ) {
    try {
      File dir = new File( dirname );
      if (!dir.isDirectory())
        throw new IOException(
            "Verzeichnis existiert nicht" );
      System.out.println(
        "Inhalt von " + dirname + ":" );

      // ermittelt alle Dateinamen im Verzeichnis:
      String[] names = dir.list();

      for( int i=0; i < names.length; i++ ) {
        // Dateiobjekt zum Namen besorgen,
        // Datum umwandeln, ausgeben
        File f = new File( dir, names[i] );
        Date d = new Date( f.lastModified() );
```

```
      System.out.println(
          (f.isDirectory() ? "d" : "-" )
        + (f.canWrite() ? "w" : "-" )
        + (f.canRead()  ? "r" : "-" )
        + "  " + Format.format( f.length(), 9)
        + "  " + d.toLocaleString()
        + "  " + names[i]
      );
    }
  }
  catch( IOException e ) {
    System.err.println( e.toString() );
  }
}


/** angegebenes Verzeichnis, sonst
 *  aktuelles Arbeitsverzeichnis anzeigen
 */
public static void main( String argv[] ) {
  if (argv.length > 0)
    list( argv[0] );
  else
    list( System.getProperty( "user.dir" ));
}
}
```

Hier ein Beispiel für die Ausgabe von DirInfo unter SOLARIS:

```
borneo>java DirInfo ~/tmp/
Inhalt von /usr/users/hendrich/tmp/:
-wr  608205  Fri Dec 22 11:37:55 1995  roget13a.txt.gz
-wr     323  Sat Dec 03 16:31:04 1994  pentium-bug.c
dwr     512  Wed Jan 10 17:13:58 1996  jokes
dwr     512  Wed Aug 07 17:02:01 1996  guavac-0.2.5
-wr  174956  Mon Dec 04 15:17:38 1995  javaspec.ps.gz
...
```

Die Ausgabe erfolgt leider nicht sortiert. Die mit einem d gekennzeichneten Dateien jokes und guavac-0.2.5 sind Unterverzeichnisse (guavac ist übrigens der Public-Domain Java-Compiler des
Projekts GNU).

### 6.6.3 RandomAccessFile

Anders als die bisher vorgestellten Datenströme erlaubt die Klasse RandomAccessFile den direkten Zugriff auf beliebige Positionen innerhalb von Dateien und entspricht in den Möglichkeiten damit etwa den aus C bekannten Funktionen mit FILE-Deskriptoren.

Obwohl RandomAccessFile wegen des wahlfreien Zugriffs nicht von InputStream oder OutputStream abgeleitet werden kann, implementiert die Klasse die beiden Schnittstellen DataInput und DataOutput mit eigenen Methoden und verfügt damit über dieselben Fähigkeiten wie ein DataInputStream und DataOutputStream.

Mit der seek()-Methode kann die Position in der Datei gewählt werden, ab der die nächsten Lese- oder Schreiboperationen ausgeführt werden.

```
RandomAccessFile( String name, String mode )
RandomAccessFile( File file, String mode )
```
> öffnet eine Datei mit wahlfreiem Zugriff. Die Datei kann entweder über einen betriebssystemabhängigen Dateinamen name oder ein vorher erzeugtes File-Objekt file angegeben werden. Mit mode wird die Art des Zugriffs eingestellt. Der Wert "r" öffnet die Datei zum Lesen, "rw" zum Lesen und Schreiben.

```
long length()
```
> liefert die Länge der Datei zurück,

```
long getFilePointer()
```
> liefert die aktuelle Position in der Datei,

```
void seek( long pos )
```
> setzt den „Filepointer" an die Position pos in der Datei.

Hier noch eine kleine Demonstration:

```java
/* RandomAccessFileDemo.java - Dateizugriff */

import java.io.*;

public class RandomAccessFileDemo {
  public static void main( String argv[] )
        throws IOException {
```

```
RandomAccessFile f =
        new RandomAccessFile( "tmp.txt", "rw" );
String s = "Ein Text mitt Schreibfehler.";
f.seek( 0 );
f.writeBytes( s );
System.out.println("Pos: " + f.getFilePointer());
f.seek( 9 );
f.writeBytes( "ohne" );
f.close();
  }
}
```

Das Programm erzeugt die Ausgabedatei "tmp.txt" und liefert
folgende Ausgabe:

```
borneo>java RandomAccessFileDemo
Pos: 28
borneo>more tmp.txt
Ein Text ohne Schreibfehler.
```

## 6.7  Pipes

Die Klassen PipedInputStream und PipedOutputStream eignen
sich dazu, Daten zwischen mehreren Threads innerhalb eines Programms auszutauschen. Sie basieren auf dem Vorbild der Unix-
„Pipes" zur Kommunikation zwischen mehreren Programmen.
Die nötige Synchronisation wird dabei von den beiden Klassen
selbständig durchgeführt:

```
PipedInputStream  s_in  = new PipedInputStream();
PipedOutputStream s_out = new PipedOutputStream(s_in);

PipedInputStream  t_in  = new PipedInputStream();
PipedOutputStream t_out = new PipedOutputStream(t_in);

// Thread A:            // Thread B:
s_out.write(127);

                        s_in.read();
                        t_out.write(42);
t_in.read();            ...
...
```

251

Threads können auf diese Weise bequem Daten austauschen. Alle Threads sind gleichzeitig aktiv, aber ein lesender Thread wartet automatisch solange, bis die angeforderten Daten verfügbar sind. Beispiele für den Umgang mit Threads sind das Thema von Kapitel 12.

## 6.8 StreamTokenizer

Neben den eigentlichen Datenströmen enthält das Package `java.io` noch die Klasse `StreamTokenizer`, die einige nützliche Methoden zur lexikalischen Analyse eines Datenstroms bereitstellt. Da die Token nicht als reguläre Ausdrücke angegeben werden können, erreicht der `StreamTokenizer` zwar nicht die Möglichkeiten von Programmen wie etwa `lex`/`flex`, erleichtert aber trotzdem das Schreiben von einfachen Parsern beträchtlich.

Dazu wird ein `StreamTokenizer` zunächst an einen Datenstrom angehängt. Danach kann die Syntax der gewünschten Sprache definiert werden. Jedes einzelne Zeichen (Byte) kann als Leerzeichen („whitespace"), normaler Buchstabe oder Ziffer oder als Sonderzeichen markiert werden. Außerdem kann die gewünschte Struktur von Kommentaren eingestellt werden. Anschließend wird durch jeden Aufruf von `nextToken()` ein einzelnes Token aus dem Datenstrom entnommen und zurückgeliefert. Zeichenketten und Zahlenwerte werden automatisch in Strings bzw. `double`-Werte umgewandelt.

Hier ein Beispiel für den Einsatz von `StreamTokenizer`:

```
/* TokenizerDemo --- einfacher Lexer/Parser */

import java.io.*;

public class TokenizerDemo {
  public static void usage() {
    System.out.println(
      "Usage: java TokenizerDemo <filename>" );
    System.exit(1);
  }

  public static void main( String argv[] )
        throws IOException {
    if (argv.length < 1) usage();
```

```
    InputStream s = new FileInputStream( argv[0] );

    StreamTokenizer st = new StreamTokenizer(s);
    st.ordinaryChar( '/' );
    st.slashSlashComments(true);   // xxx
    st.slashStarComments(true);    /* xxx */
    st.parseNumbers();
    st.eolIsSignificant(true);

    int tval;
    while( (tval=st.nextToken()) != st.TT_EOF) {
      //System.out.println( st.toString() );
      if (tval == st.TT_NUMBER)
        System.out.print( "[N: " + st.nval + "] ");
      else if (tval == st.TT_WORD)
        System.out.print( "[W: " + st.sval + "] ");
      else if (tval == st.TT_EOL)
        System.out.println();
      else
        System.out.print( "[X: " + st.ttype + "] ");
    }
    s.close();
  }
}
```

Rufen Sie diese Klasse einfach einmal mit dem Namen einer
Java-Quelldatei auf, um den `StreamTokenizer` in Aktion zu sehen: Alle Kommentare werden entfernt, Zahlen und Worte erkannt und geparst, Sonderzeichen direkt zurückgeliefert.

## 6.9  Persistente Objekte

Die bisher vorgestellten Datenströme aus `java.io` unterstützen
nur die Ein- und Ausgabe der elementaren Datentypen. In einer
objektorientierten Programmumgebung ist es aber wünschenswert, auch über Ein- und Ausgabefunktionen für Objekte zu
verfügen. Die Fähigkeit, Objekte auszugeben, zu speichern und
später oder auf einem anderen Rechner wieder einzulesen, erlaubt
*persistente Objekte*, die auch außerhalb ihrer Laufzeitumgebung
existieren.

*Objekt-I/O*

   Damit ein Objekt sinnvoll aus einem Bytestrom rekonstruiert
werden kann, ist es offenbar notwendig, alle vom Objekt direkt

und indirekt erreichbaren anderen Objekte ebenfalls mit zu speichern. Außerdem müssen natürlich alle benötigten Typinformationen mit in den Bytestrom aufgenommen werden.

Ein effizienter Algorithmus zur Umwandlung von Objekten in eine serielle Bytestrom-Darstellung besteht in der Vergabe von *Handles* für jedes referenzierte Objekt. Dazu werden ausgehend vom auszugebenden Objekt rekursiv alle Verweise auf andere Objekte gesammelt. Jedes neu gefundene Objekt wird mit einer eindeutigen Nummer (dem „Handle") gekennzeichnet und dann seinerseits auf den Bytestrom geschrieben. Falls ein Objekt bereits eine Nummer hat, wird nur diese und nicht das gesamte Objekt ausgegeben. Auch mehrfache Referenzen auf ein Objekt oder zyklische Referenzen zwischen Objekten bereiten bei diesem Vorgehen keine Probleme.

*Handles*

Bei der Konvertierung eines Objekts in die serielle Darstellung wird zunächst eine Signatur berechnet und dann ausgegeben, die die Typinformation inklusive aller Basisklassen sowie die Anzahl der Methoden und Variablen enthält. Anschließend werden alle lokalen Variablen des Objekts auf den Bytestrom geschrieben, wobei für Referenzen die Handle-Nummern verwendet werden.

Mit der Java *Object Serialization Specification* (OSS) steht seit kurzem eine Klassenbibliothek für diese Aufgabe zur Verfügung. Neben der oben skizzierten eigentlichen Serialisierung unterstützt das OSS auch weiter die Sicherheitsmechanismen von Java.

*OSS*

Damit ein Objekt serialisiert werden kann, muß es die `write-Object()`-Methode implementieren. Diese Methode ist aus Sicherheitsgründen immer `private` und kann nur von der Laufzeitumgebung des OSS aufgerufen werden. Die Default-Implementierung schreibt alle nicht statischen und nicht `transient` Variablen in einer eindeutigen Reihenfolge in den Ausgabestrom. Hier ein typisches Beispiel für die Anwendung von `writeObject()`. Das vollständige Programmbeispiel ist als Klasse `OSSDemo` auf der CD-ROM enthalten:

*writeObject*

```
FileOutputStream f = new FileOutputStream( "tmp" );
ObjectOutput    s = new ObjectOutputStream( f );

s.writeObject( "Datum: " );
s.writeObject( new Date() );
```

```
    Hashtable lexikon = new Hashtable();
    lexikon.put( "Kaffee",  "Java" );
    lexikon.put( "Tasse",   "cup" );
    lexikon.put( "trinken", "drink" );
  s.writeObject( lexikon );

  f.flush();
```

Die `writeObject()`-Methode leistet also die eigentliche Arbeit. Wie üblich kann auch der `ObjectOutput`-Strom mit den anderen Datenströmen aus `java.io`, hier einem `FileOutputStream`, kombiniert werden. Für die Ausgabe der elementaren Datentypen unterstützt `ObjectOutput` zusätzlich alle Methoden von `DataOutput`.

Zum Wiedereinlesen dient ein `ObjectInputStream`, aus dem die einzelnen Objekte mit `readObject()` extrahiert werden:

*readObject*

```
FileInputStream   f = new FileInputStream( "tmp" );
ObjectInputStream s = new ObjectInputStream( f );

String    today    = (String) s.readObject();
Date      date     = (Date) s.readObject();
Hashtable lexikon  = (Hashtable) s.readObject();

System.out.println(
  "Das englische Wort für 'Tasse' ist "
  + (String) lexikon.get( "Tasse" ) );
```

Auch `readObject()` ist eine `private`-Methode, die nur von der OSS Laufzeitumgebung aufgerufen werden kann.

Da die Objekte bei der Serialisierung bisher nicht verschlüsselt werden, kann der Bytestrom auch von anderen Programmen gelesen und möglicherweise modifiziert werden. Objekte, die persönliche oder sicherheitsrelevante Daten enthalten (Paßwort, Kreditkartennummer), sollten deshalb nicht in den Bytestrom aufgenommen werden. Durch Überschreiben der `writeObject()`-Methode kann für jede Klasse definiert werden, welche ihrer Variablen in den Bytestrom geschrieben werden.

*Vorsicht mit persönlichen Daten*

Auf der anderen Seite ist beim Wiederherstellen der Objekte ebenfalls Vorsicht geboten, falls diese sicherheitsrelevante Daten enthalten (etwa Dateinamen). Durch Definition einer entsprechenden `readObject()`-Methode kann verhindert werden, daß die Werte kritischer Variablen im Objekt gesetzt werden.

*SHAOutputStream*

Schließlich stellt das OSS mit der Klasse `SHAOutputStream` die Möglichkeit bereit, sowohl die per OSS serialisierten Objekte als auch andere Ausgaben aus Java-Programmen mit einer 160-bit Prüfsumme nach dem *Secure Hash Algorithm* zu versehen.

Bei der Serialisierung von Objekten muß ein interessantes Problem berücksichtigt und gelöst werden. In vielen Fällen sind die Klassen einer Applikation nicht konstant, sondern werden von

*Evolution*
*der Klassen*

Version zu Version weiterentwickelt, zum Beispiel durch Hinzufügen von weiteren Exemplarvariablen oder Methoden. Jede derartige Modifikation ändert aber auch die Typ-Signatur der Klasse, so daß ältere und aktuelle Objekte nicht mehr untereinander kompatibel sind.

Damit nicht bei jeder kleinen Änderung alle früher serialisierten Objekte auf einmal nutzlos werden, muß die Serialisierung eine Evolution der Klassen unterstützen und kleine Änderungen der Klassen tolerieren. So wird beim Lesen eines älteren Objekts in eine neue Klasse, die zwischenzeitlich um eine Variable erweitert wurde, einfach der Default-Wert für diese Variable eingesetzt. Größere Änderungen wie etwa eine neu strukturierte Klassenhierarchie lassen sich auf diese Weise nicht wieder ausgleichen. In solchen Fällen können die älteren Objekte nicht wieder rekonstruiert werden.

*OSS in JDK 1.1*

Die OSS-Klassen und Link-Bibliotheken sind nicht in der ursprünglichen Version des JDK 1.0 enthalten, können aber nachträglich hinzugefügt werden. Das JDK 1.1 enthält die OSS Klassen von Anfang an. Um die Klassen `ObjectOutputStream` und `ObjectInputStream` zur Ein- und Ausgabe von Objekten anwenden zu können, müssen Sie das OSS zunächst per `ftp` vom WWW-Server von Sun Microsystems laden und dann in zwei

*Installation*
*unter JDK 1.0*

Schritten installieren. Erstens muß das Verzeichnis mit den OSS-Klassen in den `CLASSPATH` aufgenommen oder zu den anderen `java.io` Klassen kopiert werden. Danach muß die dynamische Link-Bibliothek (`libobjio.so` für SOLARIS, bzw. `objio.dll` unter WINDOWS'95) in den Suchpfad für Link-Bibliotheken aufgenommen werden.

# Graphik mit dem Abstract Window Toolkit

## Kapitel 7

Dieses Kapitel präsentiert einen ersten Überblick über den „Abstract Window Toolkit" (AWT), die bisher umfangreichste Java-Klassenbibliothek. Der AWT enthält einerseits Klassen für elementare Graphikoperationen wie das Zeichnen von Linien, Rechtecken, Polygonen oder Texten mit Attributen wie Farbe oder Schriftart. Andererseits vereint der AWT eine Vielzahl von weiteren Klassen, aus denen komplexe Benutzeroberflächen mit Menüs, Zeichenflächen mit Scrollbalken, Dialogfenstern usw. aufgebaut werden können.

Angesichts der Bedeutung graphischer Fenstersysteme und Benutzeroberflächen wird die zentrale Rolle des AWT innerhalb der Java-Programmierumgebung deutlich. Er muß einerseits eine auf allen Plattformen nutzbare Schnittstelle für die wichtigsten Graphikoperationen zur Verfügung stellen, auf der anderen Seite diese Operationen dann aber auf dem jeweiligen Rechner in die Funktionsaufrufe des lokalen Betriebs- und Fenstersystems umsetzen.

Die grundlegenden Konzepte und der innere Aufbau des AWT werden in Abschnitt 7.1 erläutert. Anschließend präsentiert Abschnitt 7.2 eine erste vollständige Graphikapplikation. *Konzepte*

*Erstes Beispiel*

In Abschnitt 7.3 werden die wichtigsten Zeichenoperationen und in Abschnitt 7.4 das Zeichnen von Texten in verschiedenen Schriftarten vorgestellt. *Zeichenbefehle*

*Schriftarten*

Ein komplexeres Beispiel des Zusammenspiels der verschiedenen AWT Threads folgt in Abschnitt 7.5. In Abschnitt 7.6 wird die Anwendung mehrerer Fenster in einem Programm vorgeführt. In Abschnitt 7.7 wird schließlich der Umgang mit GIF- und JPEG-Bildern beschrieben. *Threads*

*Mehrere Fenster*

*Bilder*

257

*Kapitel 8:*

*Benutzer-*

*oberflächen*

Die Anwendung des AWT zum Aufbau komplexer Benutzer-oberflächen aus einfachen Dialogelementen ist dagegen dem nächsten Kapitel vorbehalten.

## 7.1  Das Konzept des AWT

*WIMP*

Alle zur Zeit verbreiteten Fenstersysteme basieren auf dem An-fang der achtziger Jahre im Xerox PARC Forschungslabora-torium entwickelten „WIMP"-Modell (windows, icons, menus, pointer) mit der Schreibtisch-Metapher: Die einzelnen Anwen-dungsprogramme werden auf dem Bildschirm ähnlich wie Blätter auf einem Schreibtisch angeordnet und stellen ihrerseits wie-der Zeichen- oder Schreibflächen zur Verfügung. Diese Arbeits-flächen werden durch typische Dialogelemente wie Tasten, Schal-ter, Menüs und Schieberegler (Scrollbars) ergänzt. Wichtig ist das Konzept der *direkten Manipulation*: Der Benutzer zeigt im-mer mit der Maus auf das gerade zu bearbeitende Objekt (Datei, Programm etc.).

*Gestaltungs-*

*richtlinien*

Trotz der gemeinsamen Herkunft und Konzepte gibt es gra-vierende Unterschiede zwischen den wichtigen Fenstersystemen. Dies betrifft zunächst das Aussehen und die Gestaltung, das „look and feel" der Benutzeroberflächen. Für alle verbreiteten Syste-me (WINDOWS'95, OS/2, MACOS und X11/MOTIF) gibt es fe-ste und strenge Richtlinien für die Gestaltung der Benutzerober-fläche, mit denen eine einheitliche Bedienung der einzelnen Pro-gramme erreicht werden soll.

Neben dem Aussehen der typischen Dialogelemente (etwa der Menüs oder Scrollbalken) werden Unterschiede vor allem bei fortgeschrittenen Funktionen deutlich, etwa den Tastenkombina-tionen für Kurzbefehle, der Unterstützung von Direktmanipulati-on mittels „drag & drop" und erst recht den Hilfesystemen.

### Ein portables Fenstersystem

Die Entwicklung einer portablen Klassenbibliothek, die sowohl das Aussehen entsprechend der Gestaltungsrichtlinien als auch alle Fähigkeiten der jeweiligen graphischen Benutzeroberfläche

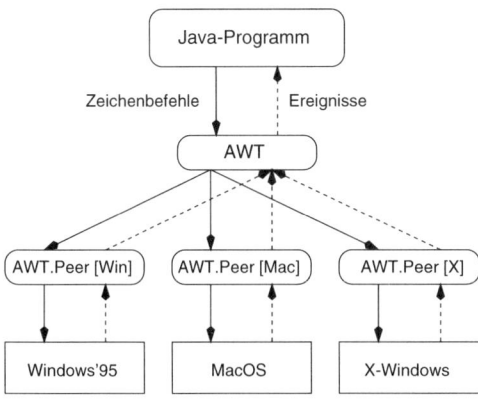

*Abbildung 7.1
Aufbau des AWT.
Java-Anwendungs-
programme
benutzen nur die
Klassen des AWT.
Die Klassen aus
awt.peer steuern
das Fenstersystem.*

unterstützt, ist deshalb fast unmöglich. Statt dessen definiert der AWT kurzerhand eigene Gestaltungsrichtlinien und ein eigenes, bisher noch recht schlichtes „look and feel". Viele Funktionen, etwa Tastenkombinationen als Abkürzung für Menüoperationen, oder drag & drop werden überhaupt nicht unterstützt.

*Eigenes, schlichtes
"look and feel"*

Anders als die Benutzeroberflächen, die trotz aller Details der Gestaltung auf einem gemeinsamen Konzept beruhen, ist der innere Aufbau der verschiedenen Fenstersysteme völlig unterschiedlich und wird stark von den Fähigkeiten der darunterliegenden Betriebssysteme beeinflußt. Um den Einsatz des AWT als graphische Oberfläche auf möglichst allen Plattformen zu erlauben, ist der AWT daher in zwei Teile aufgeteilt: Das Package `java.awt` enthält die allgemeine und portable API-Schnittstelle für Java-Programme. Das darunterliegende zweite Package `java.awt.peer` setzt die Funktionen aus `java.awt` in Aufrufe des jeweiligen Betriebssystems um. Die Funktionen aus `java.awt.peer` werden von normalen Java-Anwendungsprogrammen nie direkt aufgerufen — und daher in diesem Buch auch nicht besprochen. Sie stellen vielmehr eine weitere Abstraktionsschicht zwischen Java-Anwendungsprogrammen und dem lokalen Fenstersystem dar und sind vor allem für Programmierer interessant, die den AWT auf eine neue Rechnerplattform übertragen wollen.

*Zweiteilung in
java.awt und
java.awt.peer*

Angesichts der enormen Komplexität der Aufgabe, die wichtigsten Funktionen und auch die Eigenheiten der verbreiteten

Fenstersysteme WINDOWS'95, OS/2, MACOS und X11 unter
einer gemeinsamen API-Schnittstelle zu versammeln, grenzt der
AWT an ein Wunder. Eine ganze Reihe von Inkonsistenzen, klei-

*Kleinster*  neren Mängeln und einigen schweren Fehlern muß dafür in Kauf
*gemeinsamer*  genommen werden, und viele Funktionen wurden als kleinster
*Nenner*  gemeinsamer Nenner der oben genannten Systeme realisiert. Sun
Microsystems ist sich der Grenzen des AWT durchaus bewußt
und hat für die Zukunft eine ganze Reihe von zusätzlichen standardisierten Klassenbibliotheken für Java angekündigt, mit denen
die bisher im AWT noch fehlenden Möglichkeiten nachgeliefert
werden — unter anderem für 2D- und 3D-Graphik sowie Animationen.

### Das AWT-Graphikmodell

Eine Übersicht über die für einfache Zeichenoperationen nötigen
Klassen des AWT ist in Abbildung 7.3 auf Seite 263 dargestellt.
Wie in der Abbildung angedeutet, enthält der AWT noch viele
weitere Klassen mit den Dialogelementen. Diese weiteren Klassen im AWT werden in Kapitel 8 eingeführt.

*Klasse Graphics*  Alle eigentlichen Zeichenoperationen sind als Methoden der
Klasse `java.awt.Graphics` realisiert und basieren auf kartesi-
schen *Pixelkoordinaten*. Jeder Punkt wird also durch ein Koordi-
natenpaar `(x,y)` angegeben, und wie für Bildschirmdarstellungen
üblich, liegt der Ursprung in der linken oberen Ecke des Koordi-
*Koordinatensystem*  natensystems. Für Zeichenoperationen in einem Fenster auf dem
Bildschirm entsprechen die Koordinaten `(x,y)` damit direkt ei-
nem einzelnen Pixel auf dem Bildschirm.

Als einzige Transformation erlaubt das Koordinatensystem
des AWT Translationen, d.h. eine Verschiebung des Ursprungs
mittels `Graphics.translate(dx,dy)`. Rotationen oder Skalierung sind dagegen nicht möglich.

Die Klassen `Font` und `FontMetrics` versammeln die Information über verschiedene Schriftarten, und die Klasse `Image` erlaubt
die einfache Verwendung von GIF-, JPEG-, oder XBM-Bildern
in Java-Programmen. Die Klassen `Dimension`, `Point`, `Polygon`
und `Rectangle` definieren einfache Datenstrukturen für die Koordinaten der entsprechenden Objekte.

**Ereignissteuerung**

Wie alle modernen Benutzeroberflächen arbeitet auch der AWT mit einer *Ereignissteuerung*. Die eigentlichen Java-Anwendungsprogramme nehmen in diesem Modell eine passive Rolle an und müssen jederzeit bereit sein, auf *Ereignisse* („Events") — Mausbewegungen, Tastendrücke, Systemereignisse etc. — geeignet zu reagieren. Auch hat ein Anwendungsprogramm unter dem AWT keinen direkten Zugriff auf den Bildschirm, sondern darf nur auf Anfrage des AWT seine Fenster neu zeichnen.

Dieses Konzept ist zwar sehr benutzerfreundlich, da der Anwender (und nicht das Programm) entscheidet, welche Befehle und Operationen er gerade mit dem Programm durchführen möchte. Der Nachteil ist der leicht erhöhte Aufwand bei der Entwicklung entsprechender Programme. Falls Sie bisher noch nie ein Programm für eines der modernen Fenstersysteme wie WINDOWS'95 oder MACOS entwickelt, sondern etwa unter DOS oder mit X11/Xlib-Aufrufen gearbeitet haben, kommt allerdings einige Umstellung auf Sie zu.

Der prinzipielle Aufbau eines AWT-Programms und seine Interaktion mit dem Fenstersystem ist immer gleich:

1. Beim Start des Programms als Applikation wird die Funktion `main()` aufgerufen. Innerhalb von `main()` und allen daraus aufgerufenen Funktionen läuft das Programm in einem eigenen Thread und hat daher völlige Kontrolle über alle Operationen. *Der Haupt-Thread*

2. Für graphische Ausgaben muß das Programm zunächst ein oder mehrere Top-level Fenster öffnen. Diese Fenster werden direkt von der Klasse `java.awt.Frame` abgeleitet. *Fenster*

3. Alle Benutzereingaben, Mausbewegungen und Systemereignisse (etwa „Fenster verschoben") werden vom Java-Interpreter gesammelt und an alle vom jeweiligen Ereignis betroffenen Fenster weitergegeben. *Ereignisse*

   Dazu wird — in einem vom Programm unabhängigen zweiten Thread — die Funktion `handleEvent(Event evt)` aufgerufen, wobei der Paramter `evt` den Typ und alle Details des Ereignisses enthält. Innerhalb der Funktion

*Abbildung 7.2
Das Konzept des
AWT. Das
AWT-Programm
muß auf
Benutzereingaben
reagieren und bei
Bedarf den
Bildschirm neu
zeichnen.*

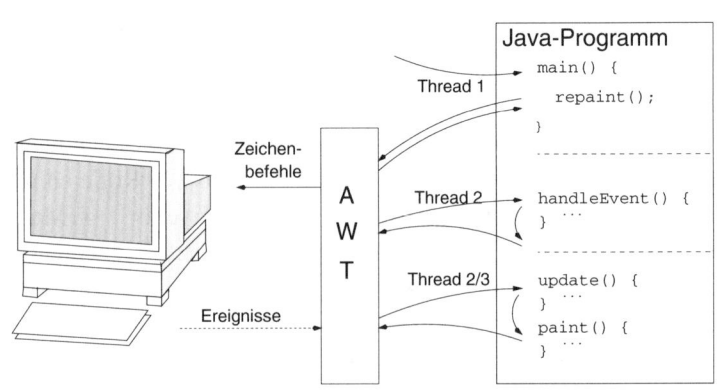

handleEvent() muß das Programm dann auf das Ereignis reagieren.

Die in der Basisklasse `Frame` vorhandene Version von handleEvent() ignoriert einfach alle Ereignisse. Durch Überladen dieser Funktion kann die abgeleitete Klasse für jedes Ereignis das gewünschte Verhalten realisieren.

*Zeichnen auf
Anforderung*

4. Sobald der Inhalt des Fensters neu gezeichnet werden muß, zum Beispiel weil ein bisher verdeckter Teil des Fensters wieder freigegeben wurde, ruft der Java-Interpreter die Methode paint( Graphics g ) auf — wiederum in einem vom Programm unabhängigen Thread. Innerhalb von paint() steht mit dem Parameter g das zum Zeichnen benötigte Objekt der Klasse `Graphics` zur Verfügung.

Die verwandte Methode update( Graphics g ) wird vom AWT als Reaktion auf eine entsprechende repaint()-Anfrage der Applikation aufgerufen (s.u.). Die übliche Version von update() löscht zunächst das gesamte Fenster und ruft anschließend die Funktion paint( Graphics g ) auf.

Durch Überladen von update() oder paint() aus `Frame` kann die Applikation daher jede gewünschte graphische Operation vornehmen.

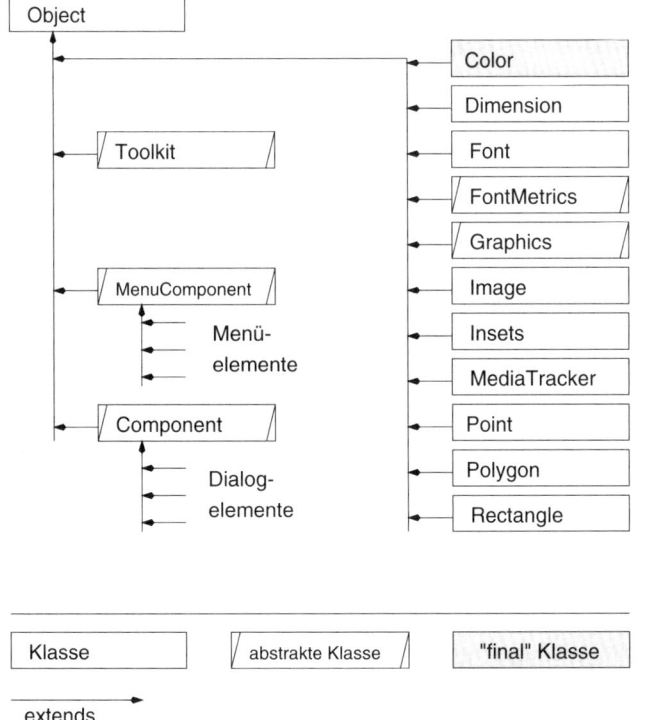

*Abbildung 7.3*
*Klassenhierarchie*
*des AWT (1): Die*
*Klassen für die*
*elementaren*
*Zeichen-*
*operationen.*
*Siehe Kapitel 8 für*
*die weiteren*
*Klassen des AWT.*

5.  Da das Programm nicht über das benötigte `Graphics`-Objekt verfügt, kann es nicht direkt `update()` oder `paint()` aufrufen. Um abhängig von den eigentlichen Berechnungen im ersten Thread des Programms neue graphische Ausgaben darzustellen, muß statt dessen die Methode `repaint()` aufgerufen werden. Dies ist quasi eine Bitte an den Java-Interpreter, bei nächster Gelegenheit die Funktion `update()` (im externen Thread) aufzurufen.

Dieses Konzept ist in Abbildung 7.2 noch einmal dargestellt. Der wichtige Aspekt ist die implizite Dreiteilung jedes AWT-Programms: Ausgehend von `main()` (bzw. `init()` für Applets) nimmt das Programm seine eigentlichen Berechnungen wahr. Nach Aufruf der Methode `handleEvent()` muß das Programm auf Ereignisse reagieren. Das Programm muß außerdem jederzeit bereit sein, nach dem Aufruf von `paint()` seinen Fensterinhalt neu zu zeichnen.

*Ein beliebter*
*Fehler*

Es ist übrigens gar keine gute Idee, das nach dem Aufruf von `paint()` verfügbare `Graphics`-Objekt innerhalb des Programms zwischenzuspeichern, um bei Gelegenheit an den anderen Threads vorbei direkt `paint` aufrufen zu können: Dieses Vorgehen funktioniert zwar zur Zeit (leider) auf einigen Plattformen, widerspricht aber eklatant dem Konzept des AWT. Schlimmer ist noch, daß die Kopie des `Graphics`-Objektes möglicherweise nicht mehr dem aktuellen Zustand des Fenstersystems entspricht — weil das Fenster zum Beispiel verschoben oder innerhalb des Fensters gescrollt wurde — und daher zu fehlerhaften Ergebnissen führt. Statt dessen kann mittels `paint(getGraphics())` ein sofortiges Neuzeichnen mit einem aktuellen `Graphics`-Objekt ausgelöst werden.

*Direktes*
*Neuzeichnen*

## 7.2  Eine erste AWT-Applikation

Alle graphischen Operationen im AWT erfolgen entweder in einer Hintergrund-Bitmap im Hauptspeicher des Rechners, für Applets im Fenster eines WWW-Browsers oder für eigenständige Applikationen in einem eigenen Fenster.

Das folgende winzige Programm genügt bereits, um ein eigenes „Top-Level" Fenster der Klasse `java.awt.Frame` zu erzeugen — allerdings gibt es keine Möglichkeit, anschließend etwas in dieses Fenster zu zeichnen oder das Programm zu beenden:

```
import java.awt.Frame;
public class A {
  public static void main( String argv[] ) {
    Frame f = new Frame();
    f.show();
    f.resize( 200, 150 );
  }
}
```

Sie werden das Programm wahrscheinlich mit CNTL-C abbrechen müssen.

*Eigene Fenster von*
*Frame ableiten*

Offenbar muß eine Möglichkeit gefunden werden, das `Frame`-Fenster nicht nur öffnen, sondern auch schließen zu können, und vor allem, um darin zeichnen zu können. Die objektorientierte Lösung ist wiederum, eine eigene Klasse von `Frame` abzuleiten und dabei die Funktion `paint()` zum Zeichnen und die Funktion `handleEvent()` für die Reaktion auf Ereignisse mit eigenen Funktionen zu überladen.

Das folgende Beispielprogramm illustriert dieses Vorgehen anhand einer Klasse `Nikolaus`:

```
/* Nikolaus.java --- erste AWT Graphik */

import java.awt.*;

public class Nikolaus extends Frame {
  ...
}
```

Die erste Zeile des Programms importiert zunächst alle Klassen aus dem AWT. Wenn ein Programm viele Klassen aus dem AWT benutzt, ist der pauschale `import` aller Klassen üblich und sogar übersichtlicher als die Aufzählung der einzelnen benötigten Klassen.

Anschließend wird die Funktion `paint( Graphics g )` definiert, die die eigentlichen Zeichenbefehle der Klasse `Nikolaus` enthält:

```
public void paint( Graphics g ) {
  g.setColor( Color.red );
  //          (x1, y1)  (x2, y2)
  g.drawLine(  30, 200, 200, 200 );
  g.drawLine( 200, 200, 200, 100 );
  g.drawLine( 200, 100, 150,  50 );
  g.drawLine( 150,  50, 100, 100 );
  g.drawLine( 100, 100, 100, 200 );
  g.drawLine( 100, 200, 200, 100 );
  g.drawLine( 200, 100, 100, 100 );
  g.drawLine( 100, 100, 200, 200 );
  g.drawLine( 200, 200, 270, 200 );
}
```

*Farbe setzen,*

*einige Linien
zeichnen*

Wie im vorigen Abschnitt besprochen, wird das `Graphics`-Objekt nicht lokal in der Klasse deklariert, sondern vom Java-Interpreter bzw. WWW-Browser zur Verfügung gestellt. In `paint()` wird zunächst mittels `Graphics.setColor( Color.red )` die Farbe rot als Zeichenfarbe ausgewählt. Anschließend werden neun Linienstücke gezeichnet: Die Funktion `Graphics.drawLine( x1, y1,` x2, y2 ) zeichnet eine gerade Linie in der aktuellen Farbe vom Punkt (x1,y1) zum Punkt (x2,y2). (Um die einzelnen Linien aneinanderzuhängen, bekommt in diesem Beispiel der Anfangspunkt einer Linie dieselben Koordinaten wie der Endpunkt der vorherigen Linie.)

Die Methode `handleEvent()` wird vom Java-Interpreter immer dann aufgerufen, wenn ein Ereignis — eine Mausbewegung, ein Tastendruck, eine Verschiebung oder Größenänderung des Fensters usw. — im entsprechenden Fenster auftritt:

*Programm
beenden*

*Andere Events
ans Frame
weitergeben*

```
public boolean handleEvent( Event e ) {
    if (e.id == Event.WINDOW_DESTROY) {
        System.exit(0);
    }
    else
        return super.handleEvent(e);
}
```

Der obige Code für diese Methode zeigt das typische Vorgehen. Die Klasse `Nikolaus` ist nur an einer einzigen Art von Ereignis interessiert: Falls der Benutzer das Schließen des Fensters anfordert, wird die Abfrage `e.id == Event.WINDOW_DESTROY` wahr, und der Aufruf von `System.exit(0)` beendet das Programm. Alle anderen Ereignisse werden dagegen mittels `super.handleEvent()` an die Funktion `handleEvent()` der Basisklasse `Frame` weitergegeben und dort behandelt — oder ignoriert.

Im Hauptprogramm wird schließlich eine Instanz der Klasse `Nikolaus` und damit ein eigenständiges „Top-Level" Fenster erzeugt, mit einem Titel versehen, auf die gewünschte Größe eingestellt und schließlich angezeigt:

*Das Fenster
erzeugen*

*und anzeigen;
mit resize-Trick*

```
public static void main( String argv[] ) {
    Frame f = new Nikolaus();
    f.setTitle( "Das Haus vom Nikolaus" );
    f.resize( 300, 250 );
    f.show();
    f.resize( 300, 250 );
}
```

Der doppelte Aufruf von `resize()` vor und nach dem Anzeigen des Fensters ist notwendig, um einen Fehler in den Java-Bibliotheken zu umgehen. So wird das Fenster auch unter WINDOWS'95 und SOLARIS korrekt angezeigt.

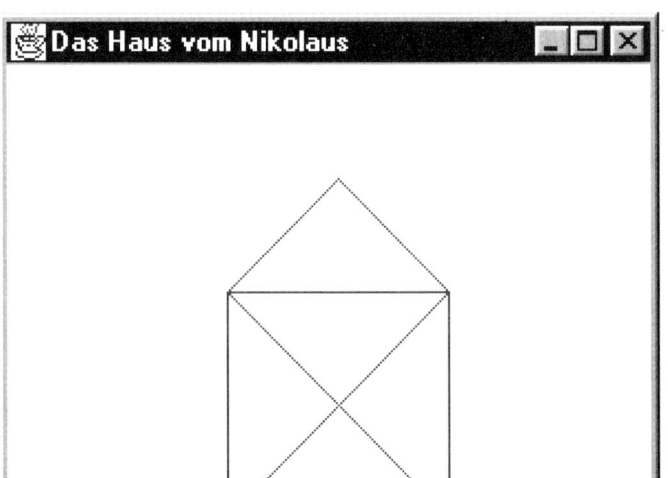

Abbildung 7.4
Eine erste AWT-
Applikation: Das
Haus vom Nikolaus

Hier ist noch einmal der vollständige Programmcode für die
Klasse Nikolaus im Überblick:

```
/* Nikolaus.java --- erste AWT Graphik */

import java.awt.*;

public class Nikolaus extends Frame {

  public void paint( Graphics g ) {
    g.setColor( Color.red );

    g.drawLine(  30, 200, 200, 200 );
    g.drawLine( 200, 200, 200, 100 );
    g.drawLine( 200, 100, 150,  50 );
    g.drawLine( 150,  50, 100, 100 );
    g.drawLine( 100, 100, 100, 200 );
    g.drawLine( 100, 200, 200, 100 );
    g.drawLine( 200, 100, 100, 100 );
    g.drawLine( 100, 100, 200, 200 );
    g.drawLine( 200, 200, 270, 200 );
  }
```

*Farbe setzen,*

*Boden,*
*rechts hoch,*
*Dach rechts,*
*Dach links,*
*links runter,*
*schräg hoch,*
*nach links,*
*schräg runter,*
*Boden rechts*

267

```
/**
 * handleEvent(): erlaubt, das Programm mittels
 * Window->Close zu beenden (WindowManager)
 */
public boolean handleEvent( Event e ) {
  if (e.id == Event.WINDOW_DESTROY) {
    System.exit(0);
  }

  return super.handleEvent(e);
}


public static void main( String argv[] ) {
  Frame f = new Nikolaus();
  f.setTitle( "Das Haus vom Nikolaus" );
  f.resize( 300, 250 );
  f.show();
  f.resize( 300, 250 );
}
}
```

*Programm
beenden*

*Andere Events
an die Basis-
klasse Frame
weitergeben*

*Das Fenster
erzeugen*

*und anzeigen;
mit resize-Trick*

## 7.3   Zeichenoperationen

In diesem Abschnitt sollen einige weitere wichtige Zeichenfunktionen der Klasse Graphics vorgestellt werden. Der Aufbau des
folgenden Beispielprogramms GraphikDemo entspricht ansonsten
genau dem letzten Beispiel. Auch GraphikDemo ignoriert alle Ereignisse mit Ausnahme von „Fenster schließen", so daß die Funktion handleEvent() direkt übernommen werden kann. Kernstück
von GraphikDemo ist damit die paint()-Methode. Vergleichen
Sie bitte die einzelnen Aufrufe in paint() mit der in Abbildung 7.5 gezeigten Bildschirmdarstellung von GraphikDemo:

```
import java.awt.*;

public class GraphikDemo extends Frame {

  /**
   * paint(): elementare AWT Graphikoperationen
   */
```

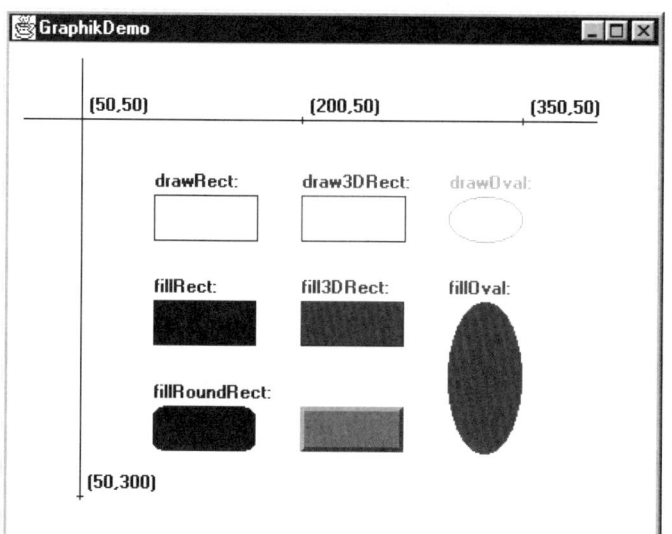

*Abbildung 7.5
Die Ausgabe von
GraphikDemo*

```
public void paint( Graphics g ) {
  g.setColor( Color.black );

  g.drawLine(  10, 50, 400,  50 );                 Koordinatensystem
  g.drawLine(  50, 10,  50, 302 );                 andeuten

  g.drawString( "(50,50)", 50+5, 50-5 );           und für einige
  g.drawLine(  48, 300, 52, 300 );                 Punkte
  g.drawString( "(50,300)", 50+5, 300-5 );         die Koordinaten
  g.drawLine( 200, 48, 200, 52 );                  als Text ausgeben
  g.drawString( "(200,50)", 200+5, 50-5 );
  g.drawLine( 350, 48, 350, 52 );
  g.drawString( "(350,50)", 350+5, 50-5 );

  g.setColor( Color.blue );                        Rechtecke:
  g.drawRect( 100, 100, 70, 30 );                  offen
  g.drawString( "drawRect:", 100, 100-5 );

  g.fillRect(  100, 170, 70, 30 );                 gefüllt,
  g.drawString( "fillRect:", 100, 170-5 );

  g.fillRoundRect( 100, 240, 70, 30, 20, 15 );     runde Ecken,
  g.drawString( "fillRoundRect:", 100, 240-5 );
```

269

*mit 3D-Effekt*

```
g.setColor( Color.red );
g.draw3DRect( 200, 100, 70, 30, true );
g.drawString( "draw3DRect:", 200, 100-5 );

g.fill3DRect( 200, 170, 70, 30, true );
g.drawString( "fill3DRect:", 200, 170-5 );

g.setColor( Color.gray );
g.fill3DRect( 200, 240, 70, 30, true );
g.fill3DRect( 201, 241, 68, 28, true );
g.fill3DRect( 202, 242, 66, 26, true );
```

*Ellipsen:*
*offen,*

```
g.setColor( Color.orange );
g.drawOval( 300, 100, 50, 30 );
g.drawString( "drawOval:", 300, 100-5 );
```

*und gefüllt*

```
g.setColor( new Color( 0, 180, 0 ));
g.fillOval( 300, 170, 50, 100 );
g.drawString( "fillOval:", 300, 170-5 );
}

/**
 * handleEvent(): erlaubt, das Programm mittels
 * Window->Close zu beenden (WindowManager)
 */
public boolean handleEvent( Event e ) {
  if (e.id == Event.WINDOW_DESTROY) {
     System.exit(0);
  }
  return super.handleEvent(e);
}

/**
 * main(): erzeugt ein GraphikDemo-Frame.
 */
public static void main( String argv[] ) {
```

*Ein Fenster*
*erzeugen*

```
  GraphikDemo f = new GraphikDemo();
  f.setTitle( "GraphikDemo" );
  f.resize( 450, 360 );
```

*und anzeigen;*
*mit resize-Trick*

```
  f.show();
  f.resize( 450, 360 );
}
}
```

```
Color.black              Color.white

Color.red                Color.magenta
Color.green              Color.cyan
Color.blue               Color.yellow

Color.gray               Color.pink
Color.darkGray           Color.orange
Color.lightGray
```

*Abbildung 7.6*

*Vordefinierte*

*Farben aus*

*java.awt.Color*

Die folgenden Zeichenbefehle der Klasse `Graphics` werden in `GraphikDemo` benutzt:

`setColor( java.awt.Color c)`
> setzt die Farbe `c` als aktuelle Farbe für alle folgenden Zeichen- und Fülloperationen. Die in Abbildung 7.6 genannten Farben sind in der Klasse `java.awt.Color` bereits als Konstanten vordefiniert.

Weitere Farben können durch Erzeugen eines neuen `Color`-Objektes angefordert werden. Die verschiedenen Konstruktoren der Klasse `Color` unterstützen zunächst das übliche RGB-Farbmodell, in dem die gewünschte Farbe direkt als Mischung des rot-, grün- und blau-Anteils ausgewählt wird. Die Farbanteile können entweder als `int` Werte im Bereich von 0 bis 255 oder als `float` Werte im Bereich von `0.0F` bis `1.0F` angegeben werden. Die `int` Werte können auch kombiniert werden, wobei der rot-Anteil die Bits `23... 16` umfaßt, grün die Bits `15... 8` und blau die Bits `7... 0`.

```
Color lindgrün, goldgelb, hellrot, hellblau;

lindgrün = new Color( 0, 255, 50 );                      RGB-Werte,
goldgelb = new Color( 255<<16 + 215<<8 + 0 );            RGB kombiniert,
hellrot  = Color.getColor( "brightRed" );                per Name,
hellblau = Color.HSBtoRGB( 0.5F, 1.0F, 1.0F );           HSB-Werte
```

Mit der Funktion `Color.getColor( String )` kann eine Farbe über ihren Namen ausgewählt werden, sofern dieser Name in der „System Properties Liste" definiert ist (siehe Abschnitt 13.1).

Mit der Funktion `Color.HSBtoRGB( float hue, float satu-ration, float brightness )` kann eine Farbe im sogenannten HSB-Farbmodell erzeugt werden.

Abhängig von den Graphikfähigkeiten des Rechners werden die angeforderten Farben möglicherweise nicht exakt angezeigt, sondern durch eine ähnliche Farbe angenähert. Leider gibt es derzeit keine Möglichkeit, um aus einem Java-Programm heraus festzustellen, welche Farben jeweils darstellbar sind oder ob es sich gar um ein schwarz-weiß-Gerät handelt.

`drawString( String s, int x, int y )`
zeichnet den String `s` in der aktuellen Schriftart und Farbe ausgehend von der Position (`x`, `y`) nach rechts.

Da der Ursprung des Java-Koordinatensystems links oben liegt, bewirkt der Aufruf `g.drawString( "drawOval:", 300+4, 100-5 )`, daß die Zeichenkette `"drawOval"` fünf Pixel oberhalb und vier Pixel rechts des Punktes (300, 100) nach rechts gezeichnet wird.

Zum Zeichnen von zentrierten oder rechts ausgerichteten Texten muß die Ausgangsposition für `drawString` entsprechend berechnet werden. Dies wird ebenso wie die Auswahl anderer Schriftarten im nächsten Abschnitt 7.4 erläutert. Gedrehte oder gespiegelte Texte können mit dem AWT bisher nicht gezeichnet werden.

`drawRect( int x, int y, int w, int h )`
zeichnet den Umriß eines Rechtecks mit der linken oberen Ecke im Punkt (`x`, `y`), der Breite `w` („width") und Höhe `h`.

`fillRect( int x, int y, int w, int h )`
füllt ein Rechteck mit der linken oberen Ecke im Punkt (`x`, `y`), der Breite `w` und Höhe `h`.

Achtung: Ein gefülltes Rechteck ist im AWT rechts und unten um 1 Pixel kleiner, als der Umriß des Rechtecks mit denselben Koordinaten. Dies ist bei genauer Betrachtung auch in Abbildung 7.5 zu erkennen.

`draw3DRect( int x,int y,int w,int h,boolean raised )`
zeichnet den Umriß eines Rechtecks. Abhängig vom Wert von `raised` wird dabei die Zeichenfarbe für die linke und obere Kante etwas heller/dunkler (`raised == true` bzw. `false`) und für die rechte und untere Kante etwas dunkler/heller gewählt, um einen 3D-Effekt zu erzielen.

Diese Darstellung wird häufig für Dialogelemente wie Tasten genutzt, um den Zustand des Elements (Knopf gedrückt oder nicht) direkt optisch hervorzuheben.

`fill3DRect( int x,int y,int w,int h,boolean raised )`

füllt analog zu `fillRect` das angegebene Rechteck mit der aktiven Farbe. Wie bei `draw3DRect` wird dabei die Zeichenfarbe für den Umriß angepaßt, um den 3D-Effekt zu erzielen.

Für einfache, nur 1-Pixel breite Linien oder für sehr helle oder dunkle Farben (vor allem schwarz) ist das allerdings nur schwer zu erkennen. Deutlicher wird die Wirkung, wenn mehrere derartige Rechtecke ineinander geschachtelt werden, um dickere Linien zu erreichen.

Dies ist an der Ausgabe von `GraphikDemo` gut zu sehen. Der 3D-Effekt ist für das obere (`draw3DRect`) und mittlere (`fill3DRect`) Rechteck kaum zu erkennen. Die Schachtelung von drei Rechtecken dagegen (unten) führt schon zu einem sehr deutlichen Ergebnis.

`drawOval( int x, int y, int w, int h )`

`fillOval( int x, int y, int w, int h )`

zeichnet den Umriß bzw. füllt eine Ellipse, die in das durch `x, y, w, h` definierte Rechteck hineinpaßt. Durch den Aufruf mit `drawOval( x, y, r, r)` kann ein Kreis gezeichnet werden.

`drawRoundRect(int x,int y,int w,int h,int dx,int dy)`

`fillRoundRect(int x,int y,int w,int h,int dx,int dy)`

Diese Funktionen zeichnen den Umriß bzw. füllen ein Rechteck mit abgerundeten Ecken. Jede Ecke wird dabei mit dem Viertel einer Ellipse mit Radien `dx` und `dy` gezeichnet.

`drawArc( int x, int y, int w, int h, int sa, int aa)`

`fillArc( int x, int y, int w, int h, int sa, int aa)`

Diese Funktionen zeichnen bzw. füllen Kreis- oder elliptische Bögen. Wie beim Aufruf von `drawOval` oder `fill-Oval` wird die Ellipse durch ihr umschreibendes Rechteck mit der linken oberen Ecke bei (x,y), Breite w und Höhe h definiert. Anders als mit `drawOval` wird aber nicht die gesamte Ellipse gezeichnet, sondern nur ein Ausschnitt von aa Grad, angefangen bei sa Grad. Die Winkelzählung beginnt an der 'drei-Uhr-Position' (mitte rechts), und positi-

ve Winkel zählen gegen den Uhrzeigersinn. Der folgende
Aufruf zeichnet daher die obere Hälfte eines Kreises im
Ursprung:

```
fillArc( -50, -50, 100, 100, 0, 180 );
```

## 7.4  Schriftarten

In diesem Abschnitt wird die Verwendung verschiedener Schriftarten zum Zeichnen von Texten erläutert. Wie im vorangegangenen Abschnitt bereits angedeutet, werden Zeichen und Zeichenketten mit der Funktion `Graphics.drawString()` gezeichnet. Leider kann dabei keine Zeichenrichtung angegeben werden;
der AWT unterstützt bisher nur die Ausgabe „normaler Texte"
von links nach rechts. Außer für spezielle Graphikeditoren oder
CAD-Programme bedeutet dies aber für die meisten Programme
keine gravierende Einschränkung.

*Fonts*  Die Verwendung unterschiedlicher Schriftarten ist dagegen
ein wichtiges und gängiges Mittel, um Texte zu gliedern und
wichtige Passagen hervorzuheben, oder auch einfach nur, um
das Aussehen eines Programms zu prägen. Wie üblich wird
auch im Java AWT eine Schriftart — ein Satz von zueinan-
der passenden Zeichen für alle Buchstaben, Ziffern usw. —
mit dem aus der Typographie entlehnten Begriff *Font* bezeichnet. Jede Schriftart im AWT wird durch ein eigenes Objekt
*Font-Attribute*  der Klasse `java.awt.Font` repräsentiert. Neben der allgemeinen
Form der Buchstaben werden einige weitere Attribute verwendet:
Die Klasse `java.awt.Font` definiert derzeit die Attribute `Font.`
`PLAIN` für aufrechte, „normale" Zeichen, `Font.ITALIC` für *kursive Schrift*, und `Font.BOLD` für **fette Schrift**. Die Kombination
von kursiv mit fett ist zwar möglich, wird aber seltener verwendet. Zusammengehörige Fonts werden in Fontfamilien zusammengefaßt. Zum Beispiel ist dieser Text in der Schriftart „Times"
gesetzt, die Überschriften in einer fetten Variante der „Helvetica"
und die Programmbeispiele in einer Schrift „`Courier`" mit fester
Zeichenbreite.

Die Größe der einzelnen Buchstaben wird in der Einheit Punkt
pt gemessen (mit 1 pt = 0.351 mm) und auf die Großbuchstaben
bezogen. Zum Beispiel ist dieser Text in 11 pt Schrift gesetzt

— die Großbuchstaben der Schrift sind also etwa 3.8 mm hoch. Da typische Computermonitore etwa 30 Bildpunkte pro Millimeter (75 dpi, bzw. 1 Pixel = 0.33 mm) darstellen, entspricht die Schriftgröße in Punkt auf einem Monitor fast genau der Schriftgröße in Pixeln.

Um eine bestimmte Schriftart zum Zeichnen verwenden zu können, muß sie zunächst geladen werden. Dazu muß ein `Font`-Objekt mit den gewünschten Parametern für Fontfamilie, Stil und Größe erzeugt werden:

`Font( String name, int style, int size)`
> lädt die Schriftart, die durch die Familie `name`, den Stil `style` und die Größe `size` in Punkt ausgewählt wird. Auf allen Java-Plattformen stehen die Fontfamilien `Times-Roman`, `Helvetica`, `Courier`, `Dialog` und (geplant) `Symbol` zur Verfügung. Andere Schriftarten sind optional und sollten für portable Programme nur sehr vorsichtig eingesetzt werden.

`Font getFont( String fontname )`
`Font getFont( String fontname, Font default )`
> Diese Funktionen durchsuchen die Liste der „system properties" nach einem Eintrag für den angegebenen Font. Falls kein Eintrag existiert, wird im ersten Fall der Systemfont bzw. der durch `default` angegebene Font zurückgeliefert.

Die Eigenschaften eines bereits geladenen Fonts können mittels der Methoden `String getName()`, `String getFamily()`, `int getSize()` und `int getStyle()` aus `java.awt.Font` auch wieder abgefragt werden. Die Funktionen `isPlain()`, `isItalic()` und `isBold()` liefern `true`, wenn der Font das entsprechende Attribut aufweist.

**FontMetrics**

Für komplexere Zeichenoperationen mit Texten — etwa das Aneinanderfügen von Zeichen aus verschiedenen Fonts, eine zentrierte oder rechtsbündige Formatierung von Zeilen und Absätzen — werden außer der Höhe der Großbuchstaben noch viele wei-

275

tere Angaben über die Größe der Zeichen in den Fonts benötigt. Im AWT werden diese zusätzlichen Parameter in einer eigenen Klasse `java.awt.FontMetrics` gesammelt. Mit dem Aufruf von `FontMetrics( Font f )` wird das entsprechende `FontMetrics`-Objekt zu dem angegebenen `Font` erzeugt.

Dic grundlegenden Parameter eines Fonts im AWT sind in Abbildung 7.7 dargestellt. Die einzelnen Zeichen werden entlang der sogenannten Grundlinie bzw. „baseline" ab der angegebenen Startposition (x,y) ausgerichtet. Der `Ascent`, die Höhe der typischen Großbuchstaben oberhalb dieser Linie definiert die Größe des Fonts. Einige besondere Zeichen können sogar noch etwas höher sein (`MaxAscent`). Andere Zeichen wie g oder y haben Unterlängen, die als `Descent` und `MaxDescent` bezeichnet werden. Der Abstand zwischen den Unterlängen einer Zeile und den Großbuchstaben der folgenden Zeile wird als `Leading` bezeichnet. Die Summe von `Ascent`, `Descent` und `Leading` gibt damit den Abstand zweier Grundlinien an.

*Abbildung 7.7*
*Die AWT*
*FontMetrics-*
*Parameter*

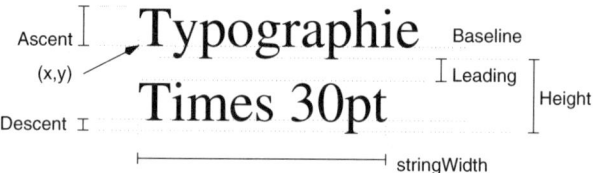

Die Klasse `FontMetrics` stellt eine ganze Reihe von Methoden bereit, um die im AWT definierten Parameter des zugehörigen Fonts auszumessen. Alle folgenden Größen werden dabei nur recht grob in Pixeln angemessen:

```
public int getLeading()
```
Der Abstand zwischen zwei benachbarten Zeilen.
```
public int getAscent()
public int getMaxAscent()
```
Die Höhe der typischen Großbuchstaben und des absolut größten Zeichens des Fonts oberhalb der Grundlinie.
```
public int getDescent()
public int getMaxDescent()
```
Die Größe der typischen und der maximalen Unterlängen des Fonts unterhalb der Grundlinie.

```
public int getHeight()
```
Die Summe von Ascent, Descent und Leading. Dieser Wert kann damit als typischer Zeilenabstand für zwei Zeilen des Fonts verwendet werden.

`public int getMaxAdvance()` Kursive Zeichen ragen ein bißchen in das folgende Zeichen hinein. Um ein Überlappen zu vermeiden, müssen `getMaxAdvance()` Pixel hinter dem letzten Zeichen bis zum nächsten Zeichen freigelassen werden.

```
public int stringWidth( String str )
public int charWidth( int ch )
```
Liefert die Breite des angegebenen einzelnen Zeichens oder eines ganzen Strings zurück.

Das folgende Programm demonstriert die typische Anwendung der Klassen `Font` und `FontMetrics` auf unterster Ebene. Zunächst werden insgesamt fünf verschiedene Schriften und dann die zugehörigen `FontMetrics` geladen. In der `paint()` Methode werden vier dieser Schriften ausgewählt und zum Zeichnen des berühmten Beispielsatzes *The quick brown fox jumps over the lazy dog* verwendet (siehe Abbildung 7.8 auf Seite 278).

Die oberen drei Sätze sind links ausgerichtet und zeigen das typische Aussehen der Schriftfamilien Times (oben), Helvetica (Mitte, mit Attribut fett) und Courier (darunter, feste Zeichenbreite).

Danach wird demonstriert, wie die Breite eines `String` mit `stringWidth()` ermittelt werden kann. Damit werden die Startpositionen der einzelnen Teilstrings berechnet, um die einzelnen Teile paßgenau hintereinander auszurichten und den gesamten Satz im Fenster zu zentrieren. Für Programme mit vielen derartigen Textformatierungen empfiehlt es sich natürlich, bequemere Funktionen zur Unterstützung bereitzustellen. *Text ausrichten*

Das Laden einer Schriftart oder ihrer FontMetrics ist eine relativ aufwendige Operation und sollte deshalb nur einmal beim ersten und nicht bei jedem Aufruf von `paint()` erfolgen. Anstatt für den Test, ob die Schriften bereits geladen sind, eine zusätzliche Variable (etwa „dieSchriftenSindGeladen") zu verwalten, testet das folgende Programm einfach, ob das mit `fh` bezeichnete Objekt für den Font Helvetica ungleich `null` und daher bereits definiert ist. Hier ist der vollständige Programmcode für `FontDemo`:

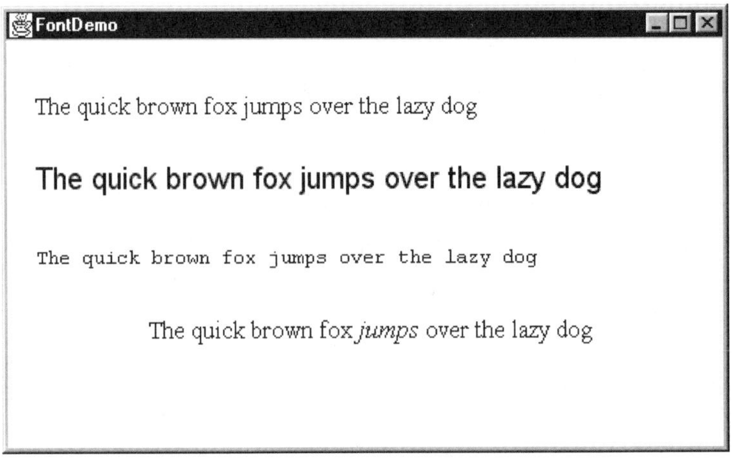

*Abbildung 7.8*
*Die Ausgabe von*
*FontDemo*

The quick brown fox jumps over the lazy dog

## The quick brown fox jumps over the lazy dog

`The quick brown fox jumps over the lazy dog`

*The quick brown fox jumps over the lazy dog*

```
/* FontDemo.java --- demonstriert Schriftarten */

import java.awt.*;

public class FontDemo extends Nikolaus {
  private Font       ft, fti, fh, fhb, fc;
  private FontMetrics fmt, fmti, fmh, fmhb, fmc;
  private static String
      s1 = "The quick brown fox ",
      s2 = "jumps ",
      s3 = "over the lazy dog";

  public void loadFonts( Graphics g ) {
    if (fh != null) return;
    ft  = new Font( "TimesRoman", Font.PLAIN, 17 );
    fti = new Font( "TimesRoman", Font.ITALIC, 17 );
    fh  = new Font( "Helvetica", Font.PLAIN, 20 );
    fhb = new Font( "Helvetica",
                        Font.BOLD+Font.ITALIC, 20 );
    fc  = new Font( "Courier", Font.PLAIN, 14 );
    fmt  = g.getFontMetrics( ft );
    fmti = g.getFontMetrics( fti );
    fmh  = g.getFontMetrics( fh );
    fmhb = g.getFontMetrics( fhb );
    fmc  = g.getFontMetrics( fc );
  }
```

*Fonts und*

*FontMetrics*
*laden*

```
public void paint( Graphics g ) {
  loadFonts( g );

  /* Schriftarten zeigen, Text links ausrichten */
  g.setColor( Color.black );
  g.setFont( ft );
  g.drawString( s1 + s2 + s3, 20, 50 );
  g.setFont( fh );
  g.drawString( s1 + s2 + s3, 20, 100 );
  g.setFont( fc );
  g.drawString( s1 + s2 + s3, 20, 150 );

  /* Schriftarten mischen, String zentrieren */
  int w1 = fmt.stringWidth( s1 );
  int w2 = fmti.stringWidth( s2 );
  int w3 = fmt.stringWidth( s3 );

  int x0 = (bounds().width - (w1+w2+w3)) / 2;
  g.setFont( ft );
  g.drawString( s1, x0, 200 );
  g.setFont( fti );
  g.drawString( s2, x0+w1, 200 );
  g.setFont( ft );
  g.drawString( s3, x0+w1+w2, 200 );
}

public static void main( String argv[] ) {
  FontDemo f = new FontDemo();
  //f.setBackground( Color.lightGray );
  f.setTitle( "FontDemo" );
  f.resize( 500, 300 );
  f.show();
  f.resize( 500, 300 );
}
}
```

*TimesRoman*

*Helvetica*

*Courier*

*plain,*
*italic,*
*plain*

*Startpunkt*
*fürs Zentrieren*

*Hintergrundfarbe*

Da sich die Parameter der Systemschriftarten auf den verschiedenen unterstützten Plattformen (WINDOWS'95, MACOS usw.) übrigens leicht unterscheiden, kann das Aussehen eines Java-Programms trotz Anforderung der gleichen Fonts (TimesRoman, italic, 12pt) etwas variieren. Für saubere Ergebnisse muß deshalb bei Kombination verschiedener Schriftarten immer das im Beispiel illustrierte Vorgehen angewendet werden, um die tatsächliche Größe (in Pixeln) aller gezeichneten Strings zu berechnen.

279

Leider gibt es bisher (JDK 1.0.x) noch keine Möglichkeit, die auf einem System verfügbaren Schriftarten zu ermitteln. Zwar ist die Funktion `Toolkit.getFontList()` im AWT definiert — sie ist jedoch bisher nicht korrekt implementiert und liefert statt dessen einfach die folgende Liste der auf allen Java-Plattformen vorhandenen Schriftarten zurück: Times, Helvetica, Courier, Dialog, Symbol. Leider wird die Schriftart Symbol mit ihren griechischen Buchstaben und mathematischen Symbolen noch nicht unterstützt, sondern stillschweigend durch die Schriftart Dialog ersetzt.

## 7.5 Ein vollständiges Beispiel

Nachdem die drei vorangegangenen Abschnitte die elementaren Zeichenoperationen im AWT demonstriert haben, ist es jetzt Zeit für ein vollständiges Beispiel des Zusammenspiels der verschiedenen Threads in AWT-Applikationen.

In diesem Abschnitt soll dazu das in Abschnitt 2.7.5 entwickelte rekursive Programm für das Acht-Damen-Problem um eine graphische Darstellung der Lösungen erweitert werden: *Graphische* Nach dem Programmstart soll das Programm zunächst die erste *Darstellung* Lösung berechnen und die Position der Damen auf dem Schach-*des Acht-Damen-* brett anzeigen. Nach jedem Mausklick soll dann die jeweils *Problems* nächste Lösung berechnet und dargestellt werden.

Eine Möglichkeit dazu wäre die Modifikation der Funktion `nextPosition()`, so daß bei jedem Aufruf nur genau die nächste Lösung berechnet würde. Diese Variante von `nextPosition()` könnte dann aus `handleEvent()` heraus aufgerufen werden, um jeweils eine neue Lösung zu berechnen und danach mittels `paint()` anzuzeigen. Der Hauptthread des Programms hätte dabei wiederum nur die Aufgabe, das Ausgabefenster zu erzeugen und anzuzeigen.

Hier soll ein anderer Lösungsansatz entwickelt werden, der die Interaktion der beteiligten Threads deutlich macht. Das Programm aus Abschnitt 2.7.5 wird dazu um ein Array

```
int positions[];    // Lösungspositionen der Damen
```

erweitert, in das die Positionen der Damen für die letzte gefundene gültige Lösung eingetragen werden, während das Array `int` x[] weiterhin alle im Lauf der rekursiven Berechnung untersuchten Positionen (also auch ungültige) enthält.

Die rekursive Berechnung wird wiederum durch Aufruf von nextPosition(1) gestartet. Sobald das Programm eine Lösung findet, wird wie bisher die Funktion print() aufgerufen, um die Lösung auszudrucken. Zusätzlich wird die neue gefundene Lösung jetzt auch in das Feld positions[] übernommen:

```java
public void print() {                               // Lösung ausgeben,
  for( int k=1; k <= N; k++) {
    System.out.print( x[k] + " " );
  }
  System.out.println();

  for( int i=0; i <= N; i++) positions[i] = x[i];   // speichern
  repaint();                                        // und anzeigen
  ...
}
```

Um die neue Lösung anschließend auch anzuzeigen, wird der AWT durch einen Aufruf von repaint() informiert, daß das Fenster des Programms neu gezeichnet werden muß.

An dieser Stelle muß das Programm zunächst gestoppt werden, denn die nächste Lösung soll ja nicht sofort, sondern erst *Programm* nach dem nächsten Mausklick berechnet werden. Die beste Mög- *unterbrechen* lichkeit ist, den Haupt-Thread des Programms einfach mit einem Aufruf von suspend() zu unterbrechen und später nach einem Mausklick fortzusetzen,

```java
// globale Referenz auf den Haupt-Thread
static Thread  thread;

...
public void print() {
  // Lösung drucken, dann warten
  ...
  thread.suspend();
}
```

Die Methode suspend() unterbricht den betroffenen Thread, bis er später von einem anderen Thread aus mit einem Aufruf von *fortsetzen* resume() wieder aufgeweckt wird. Damit beide Methoden auf den Haupt-Thread von Schach angewendet werden können, wird in `main()` eine Referenz auf diesen Thread ermittelt und in der Klassenvariablen `thread` gespeichert,

```
public static void main( String argv[] ) {
    ...
    // Referenz auf unseren Thread besorgen:
    thread = Thread.currentThread();
    ...
}
```

Im Gegensatz zu den bisher vorgestellten Programmen werden in der Funktion `handleEvent()` jetzt auch Mausklicks behandelt, *Ereignis-* indem der Event-Typ `Event.MOUSE_DOWN` abgefragt wird. Da-*behandlung* bei wird zusätzlich der Zustand der `Shift`-Taste mittels `Event.shiftDown()` ausgewertet — ist diese gedrückt, wird das Programm beendet. Ansonsten wird der unterbrochene Haupt-Thread von `Schach` mittels `resume()` wieder aktiviert, um die nächste Lösung zu berechnen:

```
public boolean handleEvent( Event e ) {
    if (e.id == Event.WINDOW_DESTROY) {
        System.exit(0);
    }
    else if (e.id == Event.MOUSE_DOWN) {
        if (e.shiftDown()) System.exit(0);
        else
            thread.resume(); // weiterrechnen
    }
    return super.handleEvent(e);
}
```

Um das Schachbrett mit den Positionen der Damen darzustellen, wird natürlich eine Funktion `paint()` benötigt:

```
public void paint( Graphics g ) {
    getOffsets();
    drawBoard( g );
    drawAllQueens( g );
}
```

Damit das Schachbrett im Fenster zentriert ist, berechnet die Funktion `getOffsets()` abhängig von der aktuellen Größe des Fensters die Position der linken oberen Ecke des Schachbretts.

Dann wird mit `drawBoard()` ein leeres Schachbrett gezeichnet, und `drawAllQueens()` ruft für alle einzelnen Damen einmal die Funktion `drawOneQueen()` mit der Position dieser Dame auf:

```
static int qx[]  = {  4,  8, 32, 36, 31, 28,
                     24, 20, 16, 12,  9,  4, };
static int qy[]  = { 19, 34, 34, 19, 24, 13,
                     22,  4, 22, 13, 24, 19, };
static int qxx[] = {  8, 17, 20, 23, 32, };
static int qyy[] = { 31, 31, 27, 31, 31, };


void drawOneQueen( Graphics g, int x, int y ) {
  g.translate( x, y );

  g.setColor( Color.white );
  g.fillPolygon( qx, qy, qx.length );
  g.setColor( Color.black );
  g.drawPolygon( qx, qy, qx.length );

  g.drawPolygon( qxx, qyy, qxx.length );
  g.translate( -x, -y );
}
```

*Polygon-*
*koordinaten*
*für eine Dame*
*im Nullpunkt*

*Eine Dame:*
*Koordinaten*
*verschieben,*
*zuerst mit weiß*
*füllen, dann*
*den Umriß*
*schwarz und*

*die innere Linie*

Die statischen Felder `qx` und `qy` enthalten die Koordinaten für das Zeichnen einer einzelnen Dame als Polygon. Das Polygon wird zunächst mit weiß gefüllt und anschließend noch einmal mit schwarz umrandet. Die Felder `qxx` und `qyy` geben die Koordinaten für die innere Linie in der Dame an.

*Polygone*

Mit dem Aufruf von `g.translate(x,y)` wird das Koordinatensystem so verschoben, daß die Polygonkoordinaten gerade in das richtige Feld passen:

`drawPolygon( int xp[], int yp[], int np)`
`fillPolygon( int xp[], int yp[], int np)`

> zeichnet bzw. füllt das durch die Punkte (`xp[i]`,`yp[i]`) mit 0 <= i < np definierte Polygon.

`drawPolygon( java.awt.Polygon p )`
`fillPolygon( java.awt.Polygon p )`

> zeichnet bzw. füllt das angegebene `Polygon`. Das dazu benötigte Objekt der Klasse `Polygon` wird zunächst mittels `new Polygon()` erzeugt. Anschließend können mit der Methode `Polygon.addPoint(x,y)` beliebig viele Punkte an das Polygon angefügt werden.

283

*Abbildung 7.9
Eine Lösung des
Acht-Damen-
Problems*

Obwohl der eigentliche Algorithmus des Acht-Damen Programms aus Abschnitt 2.7.5 nicht angetastet wurde, sind doch so zahlreiche Änderungen nötig, daß nur die Funktion nextPosition() direkt in den folgenden vollständigen Programmcode für die Klasse Schach übernommen werden kann. Durch die verschiedenen Zeichenfunktionen und die Eventbehandlung ist das Programm von gut einer Seite auf etwa vier Seiten Text — bei ansonsten gleicher Funktion — angewachsen:

```
/* Schach.java - Acht-Damen-Problem, mit Graphik */
import java.awt.*;

public class Schach extends Frame {
    static final int FSIZE= 40;
    static int N = 8;
    static int x_offset, y_offset;
    static int    x[];
    static int       positions[];

    static boolean a[];
    static boolean b[];
    static boolean c[];
    static Thread  thread;
```

*Pixel pro Feld*

*Aktuelle und
Lösungs-
Positionen
Reihen
/-Diagonalen
\-Diagonalen*

```
void drawBoard( Graphics g ) {
  g.setColor( Color.lightGray );
  g.fillRect( 0, 0,
              bounds().width, bounds().height );

  g.setColor( Color.lightGray );                          Rahmen mit
  g.draw3DRect( x_offset-2, y_offset-2,                   3D-Effekt
                N*FSIZE+3, N*FSIZE+3, true );
  g.draw3DRect( x_offset-3, y_offset-3,
                N*FSIZE+5, N*FSIZE+5, true );
  g.draw3DRect( x_offset-4, y_offset-4,
                N*FSIZE+7, N*FSIZE+7, true );

  for( int j=0; j < N; j++ ) {                            Brett
    for( int i=0; i < N; i++ )  {
      if ((i+j)%2 == 1) g.setColor(Color.red);
      else              g.setColor(Color.lightGray);
      g.fillRect( x_offset + i*FSIZE,
                  y_offset + j*FSIZE, FSIZE, FSIZE );
    }
  }
  g.setColor( Color.black );                              Usage-Meldung
  g.drawString( "<click>: next solution, ",
                x_offset, y_offset+N*FSIZE+20 );
  g.drawString( "<shift>+<click>: quit",
                x_offset, y_offset+N*FSIZE+40 );
}

static int qx[]  = {  4,  8, 32, 36, 31, 28,             Polygon-
                     24, 20, 16, 12,  9,  4, };           koordinaten
static int qy[]  = { 19, 34, 34, 19, 24, 13,             für eine Dame
                     22,  4, 22, 13, 24, 19, };           im Nullpunkt
static int qxx[] = {  8, 17, 20, 23, 32, };
static int qyy[] = { 31, 31, 27, 31, 31, };

void drawOneQueen( Graphics g, int x, int y ) {          Eine Dame:
  g.translate( x, y );                                    Koordinaten
  g.setColor( Color.white );                              verschieben,
  g.fillPolygon( qx, qy, qx.length );                     weiß füllen,
  g.setColor( Color.black );
  g.drawPolygon( qx, qy, qx.length );                     Umriß schwarz,

  g.drawPolygon( qxx, qyy, qxx.length );                  innere Linie
  g.translate( -x, -y );
}
```

285

*Alle Damen
zeichnen*

```java
void drawAllQueens( Graphics g ) {
  for( int i=0; i < N; i++ ) {
    drawOneQueen( g,
                x_offset+FSIZE*i,
                y_offset+FSIZE*(N-positions[i+1]) );
  }
}

public void paint( Graphics g ) {
  getOffsets();
  drawBoard( g );
  drawAllQueens( g );
}
```

*Lösung ausgeben*

```java
public void print() {
  for( int k=1; k <= N; k++) {
    System.out.print( x[k] + " " );
  }
  System.out.println();
```

*und speichern*

```java
  for( int i=0; i <= N; i++) positions[i] = x[i];
  repaint();
  thread.suspend(); // warten
}
```

*Position testen*

*Feld noch frei?*
*Ja! Dame setzen,*

*aktuelle Zeile
und Diagonalen
markieren*

*Rekursion*
*Lösung gefunden!*

*Aktuelle Zeile
und Diagonalen
wieder freigeben*

```java
public void nextPosition( int i ) {
  for( int j=1; j <= N; j++ ) {
    if (a[j] && b[i+j] && c[i-j+N]) {
      x[i] = j;

      a[j]      = false;
      b[i+j]    = false;
      c[i-j+N]  = false;

      if (i < N)   nextPosition(i+1);
      else         print();

      a[j]      = true;
      b[i+j]    = true;
      c[i-j+N]  = true;
    }
  }
}
```

```
void getOffsets() {
  x_offset = (bounds().width - (N*FSIZE)) / 2;
  y_offset = (bounds().height- (N*FSIZE)) / 2 - 10;
}

public boolean handleEvent( Event e ) {
  if (e.id == Event.WINDOW_DESTROY) {
      System.exit(0);
  }
  else if (e.id == Event.MOUSE_DOWN) {          Mausklicks
    if (e.shiftDown()) System.exit(0);          auswerten
    else
        thread.resume();                        Weiter geht's!
  }
  return super.handleEvent(e);
}

public static void main( String argv[] ) {      Hauptprogramm
  if (argv.length > 0) {
      N = Integer.parseInt( argv[0] );
  }
  Schach f = new Schach();
  f.setTitle( "" + N + "-Damen" );
  f.resize( N*FSIZE+90, N*FSIZE+130 );
  f.show();
  f.resize( N*FSIZE+90, N*FSIZE+130 );

  thread = Thread.currentThread();

  x = new int[N+1];
  a = new boolean[N+1];
  b = new boolean[2*N+1];
  c = new boolean[2*N+1];

  positions = new int[N+1];
  int i;
  for( i=1; i <= N; i++)  positions[i] = 1;
  for( i=1; i <= N;  i++) a[i] = true;          Zu Beginn sind
  for( i=1; i <= 2*N; i++) b[i] = true;         alle Zeilen und
  for( i=1; i <= 2*N; i++) c[i] = true;         Diagonalen frei

  f.nextPosition(1);                            Rekursion starten
}
}
```

Mit einem optionalen Parameter auf der Kommandozeile kann wieder die gewünschte Brettgröße eingestellt werden, etwa

```
borneo>java Schach 10
```

für zehn Damen auf einem $10 \times 10$-Schachbrett.

*Flackern*
Wenn Sie das Programm ausprobieren, werden Sie feststellen, daß der Bildschirm beim Zeichnen einer neuen Lösung leider sehr stark flackert. Dies ist darauf zurückzuführen, daß das Fenster zunächst vollständig mit der Hintergrundfarbe hellgrau gefüllt wird, bevor das Brett und die Damen neu gezeichnet werden. In Kapitel 9 werden verschiedene Möglichkeiten vorgestellt, um eine ruhige Bildschirmdarstellung zu erreichen.

## 7.6  Mehrere Fenster

Manchmal ist es günstig, die Ausgabe eines Programms auf mehrere eigenständige Fenster zu verteilen. Dazu genügt es natürlich, für jedes benötigte Fenster eine eigene Klasse von `Frame` abzuleiten und die `paint()` Methoden entsprechend zu überladen.

*Zentrale
Ereignis-
behandlung*
Jedes derartige von `Frame` abgeleitete Hauptfenster muß aber auch `handleEvent()` implementieren, um auf die möglichen Eingaben zu reagieren. Die gesamte Ereignisbehandlung des Programms ist dann auf viele Funktionen `handleEvent()` verteilt und damit vermutlich etwas unübersichtlich. Außerdem wird das Programm auf viele Eingaben — unabhängig vom Fenster, in dem die Eingabe erfolgt — ähnlich oder gleich reagieren müssen. In diesem Fall ist es häufig günstig, alle Eingaben in nur einer zentralen Methode `Rueckruf()` zu behandeln, die von den `handleEvent()` Funktionen der einzelnen Fenster aufgerufen wird.

Dazu gibt es zwei Möglichkeiten: Die einfache Methode besteht darin, jedem neuen Fenster `F` eine Referenz auf die Hauptklasse `H` zu übergeben. Anschließend kann das Fenster dann den Rückruf ausführen:

*Referenz auf
Hauptklasse:
Datenkapselung
verletzt!*

```
public class F extends Frame {
   Hauptklasse  H;
   ...
```

```
public boolean handleEvent( Event evt ) {
  if (evt.id == Event.XXX) {
     // dieses Event gleich hier behandeln
  }
  else
     return H.Rueckruf( evt );
}
```

Der Nachteil dieses Vorgehens ist, daß die Klasse F damit vollen Zugriff auf alle Methoden und Variablen der Hauptklasse H bekommt, was eklatant dem Prinzip der Datenkapselung widerspricht.

Die objektorientierte Lösung ist die Verwendung einer zusätzlichen Schnittstelle, die nur genau die Funktion Rueckruf bereitstellt:

```
/* Rueckruf.java */

import java.awt.Event;

public interface Rueckruf {
  public boolean Rueckruf( Event evt, String name );
}
```

Außer dem Event evt selbst übergibt die Funktion Rueckruf noch einen zweiten Parameter name, um das aufrufende Fenster leicht identifizieren zu können.

Die einzelnen Fenster F benötigen damit keine Referenz auf die ganze Hauptklasse H, sondern nur eine Referenz auf das Interface Rueckruf:

```
import Rueckruf;

public class F extends Frame {
  Rueckruf R;
  String name;

  ...

  public boolean handleEvent( Event evt ) {
    return R.Rueckruf( name, evt );
  }
}
```

Abbildung 7.10
Drei Fenster,
gemeinsame Events

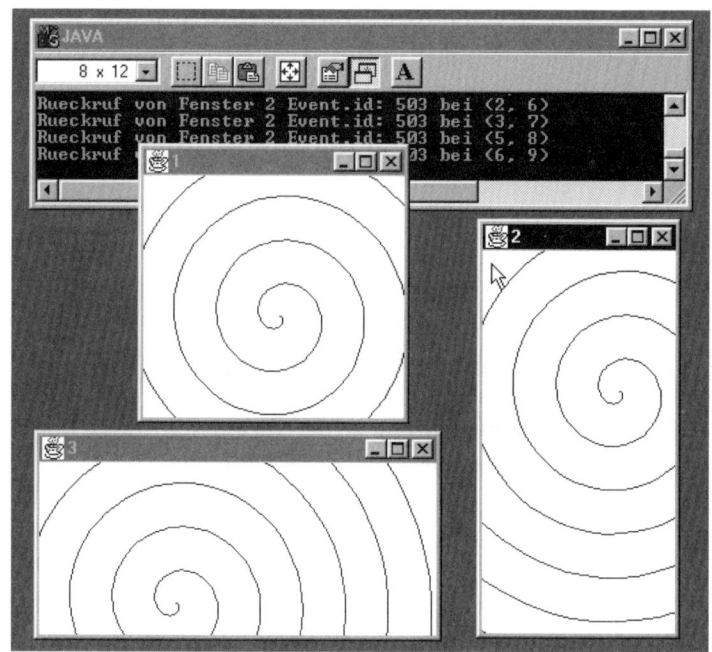

Die Klasse H implementiert das Interface Rueckruf, indem sie eine geeignete Funktion bereitstellt. Beim Erzeugen eines neuen Fensters F wird eine Referenz auf Rueckruf übergeben. Obwohl dies letztlich eine Referenz auf H selbst ist, überprüfen sowohl der Java-Compiler als auch die Java-Laufzeitumgebung, daß F nur auf die Funktion H.Rueckruf() zugreifen kann.

Die folgende Klasse EinFenster überschreibt handleEvent und übergibt alle Ereignisse direkt an die „parent"-Klasse. Die paint() Methode der einzelnen erzeugten Fenster zeichnet eine Spirale, die durch ein Polygon mit eng benachbarten Punkten angenähert wird:

```
/* EinFenster.java --- Fenster für Rueckruf-Demo */

import java.awt.*;
import Rueckruf;

class EinFenster extends Frame {
  private String   label;
  private Rueckruf parent;
  Polygon pg;
```

```
public EinFenster( String label,
                   Rueckruf parent ) {
  super();
  this.parent = parent;
  this.label  = label;
  this.setTitle( label );

  pg = new Polygon();
  for( int i=0; i < 500; i++) {
    pg.addPoint(100 + (int)(0.5*i*Math.cos(0.1*i)),
                100 + (int)(0.5*i*Math.sin(0.1*i)));
  }
  this.resize( 200, 200 );
  this.show();
  this.resize( 200, 200 );
}

public void paint( Graphics g ) {
  g.setColor( Color.blue );
  g.drawPolygon( pg );
}

public boolean handleEvent( Event evt ) {
  return parent.Rueckruf( evt, label );
}
}
```

*Fenster erzeugen, Rueckruf und Name registrieren*

*Spirale berechnen*

*Spirale zeichnen*

*Alle Events an parent weitergeben*

Das Hauptprogramm der Klasse `VieleFenster` erzeugt zunächst ein Objekt `vf` dieser Klasse. Anschließend werden drei Objekte der Klasse `EinFenster` erzeugt, denen jeweils die Referenz auf die Funktion `vf.Rueckruf()` übergeben wird. Das Programm selbst druckt anschließend für alle Events sowohl die internen Event-Ids als auch die Mauskoordinaten aus:

```
/*
 * VieleFenster.java: erzeugt N Fenster,
 * sammelt und druckt alle Events.
 */

import java.awt.*;
import Rueckruf;
import EinFenster;
```

```
public class VieleFenster implements Rueckruf {

  public static void main( String argv[] ) {
    VieleFenster vf = new VieleFenster();
    EinFenster f1 = new EinFenster( "1", vf );
    EinFenster f2 = new EinFenster( "2", vf );
    f2.resize( 150, 300 );
    EinFenster f3 = new EinFenster( "3", vf );
    f3.resize( 300, 150 );
  }

  public boolean Rueckruf( Event evt, String name ) {
    System.out.println(
      "Rueckruf von Fenster " + name +
      " Event.id: " + evt.id +
      " bei (" + evt.x + ", " + evt.y + ")" );
    if (evt.id == Event.WINDOW_DESTROY) {
      System.exit(0);
    }
    return true;
  }
}
```

*Drei Fenster
öffnen*

*Events sammeln,
Mausposition
ausgeben*

## 7.7   Bildobjekte

Zumindest zum Teil werden die mageren Graphikfunktionen des AWT durch die Klasse `java.awt.Image` und deren Fähigkeit ausgeglichen, direkt mit Bildobjekten umzugehen. Bisher unterstützt der AWT dabei die im WWW verbreiteten Formate XBM, GIF und JPEG. Für Bilder im GIF- und XBM-Format ist dabei die Verwendung eines transparenten Hintergrundes möglich.

*Image-Objekte
erzeugen*

Da `Image` als abstrakte Klasse definiert ist, können `Image`-Objekte nicht direkt mit `new` erzeugt werden. Statt dessen müssen fertige Bilder direkt aus einer Datei oder einer URL von einem WWW-Server geladen werden.

Mit der Methode `Component.createImage()` kann aber auch ein neues, leeres `Image`-Objekt im Hauptspeicher erzeugt werden. Mit der Methode `Image.getGraphics()` wird ein `Graphics`-Objekt für das `Image` erzeugt. Anschließend können beliebige Zeichenoperationen im `Image` ausgeführt werden.

**Bilder zeichnen**

Sobald ein Objekt der Klasse `Image` vorhanden ist, kann es mit den folgenden Funktionen der Klasse `Graphics` gezeichnet werden:

```
void drawImage( Image img, int x, int y,
                ImageObserver o )
void drawImage( Image img, int x, int y,
                Color background, ImageObserver o )
void drawImage( Image img, int x, int y, int w, int h,
                ImageObserver o )
void drawImage( Image img, int x, int y, int w, int h,
                Color background, ImageObserver o )
```

Allen Varianten von `drawImage()` wird das zu zeichnende `Image` als erster Parameter und die linke obere Ecke des Bildes im Koordinatensystem des `Graphics`-Objektes mit (x,y) übergeben. Ohne die Parameter `w` und `h` wird das `Image` in seiner natürlichen Größe gezeichnet. Falls dagegen `w` und `h` angegeben werden, wird *Bilder* das Bild automatisch in einem Hintergrundthread so skaliert, daß *skalieren* es genau das Rechteck `x,y,w,h` ausfüllt. Der vom AWT zur Skalierung eingesetzte Algorithmus interpoliert zwischen benachbarten Pixeln und führt zu akzeptablen Ergebnissen. Durch die Verwendung eines eigenen Threads für das Zeichnen von `Image`-Objekten werden diese allerdings gegenüber anderen Graphikoperationen leicht verzögert gezeichnet.

Der Umgang mit dem als letzten Parameter anzugebenden `ImageObserver` Interface aus dem Package `java.awt.image` wird in den nächsten beiden Abschnitten beschrieben.

Über den Parameter `background` kann für XBM-Bilder und als transparent markierte GIF-Bilder die beim Zeichnen zu verwen- *XBM und GIF* dende Hintergrundfarbe explizit angegeben werden; ansonsten *auch transparent* wird die Standard-Hintergrundfarbe benutzt. Das mittlere Bild in Abbildung 7.12 auf Seite 297 zeigt ein transparentes GIF-Bild, während für das Zeichnen des (ebenfalls transparenten) XBM-Bilds links die Hintergrundfarbe weiß angegeben wurde.

An dieser Stelle noch eine Warnung, falls Sie einen Rechner mit Schwarz-Weiß-Monitor verwenden: Die aktuelle Version *Probleme mit* JDK 1.0.2 des AWT stellt alle Bilder in weiß auf weiß und da- *Schwarz-Weiß-* mit völlig unbrauchbar dar. Die Darstellung auf Farbmonitoren *Darstellung* ist allerdings korrekt.

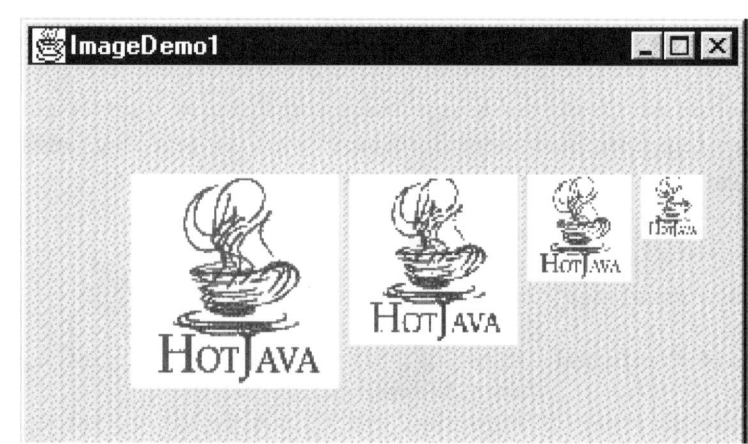

*Abbildung 7.11*
*ImageDemo1:*
*asynchrones Laden*
*und skaliertes*
*Zeichnen eines*
*GIF-Bildes*

## Bilder asynchron laden

Bevor ein `Image`-Objekt gezeichnet werden kann, muß es zunächst in Applikationen mittels `getImage()` bzw. in Applets (siehe Kapitel 10) mittels `loadImage()` geladen werden: Die Klasse `java.awt.Image` stellt keinen direkten Konstruktor zu Verfügung, so daß ein `Image`-Objekt nicht einfach mit `new Image()` erzeugt werden kann.

Mit der Methode `getImage()` aus der Klasse `java.awt.Toolkit` können Bilder in eigenständigen Java-Applikationen entweder aus lokalen Dateien oder direkt von WWW-Servern geladen werden:

`Image Toolkit.getImage( String filename )`
> Diese Methode versucht, die Datei `filename` auf dem lokalen Rechner zu öffnen und daraus ein Bild zu lesen.

`Image Toolkit.getImage( URL url )`
> versucht, ein Bild aus der angegebenen URL von einem WWW-Server zu laden.

Das eigentliche Laden der `Image`-Objekte erfolgt bei beiden Varianten von `getImage()` *asynchron*: Die beiden Funktionen liefern direkt nach ihrem Aufruf eine Referenz auf ein neues `Image`-Objekt zurück. Dieses enthält allerdings zu Anfang keinerlei sinnvolle Daten — noch nicht einmal die Bildgröße ist zu diesem Zeitpunkt bekannt. Vielmehr wird von getImage() ein neuer zusätzlicher Thread im Hintergrund gestartet, der die eigentlichen Bilddaten lädt.

Dieses komplizierte Vorgehen kann die subjektive Antwortzeit von Java-Applikationen drastisch verkürzen, weil das Programm bereits für Eingaben bereit ist, während Hintergrundbilder, Icons oder Hilfetexte noch geladen werden. Das asynchrone Laden von Bildern verleitet aber zu dem folgenden Fehler:

```
/* ImageDemo1.java --- GIF-Bild anzeigen. */
/* Korrekt, aber nicht beabsichtigt...    */

import java.awt.*;
import java.net.*;

public class ImageDemo1 extends Frame {
  static Image theGIF;

  public void paint( Graphics g ) {
    g.drawImage( theGIF, 50, 50, null );            Ein Bild,
    g.drawImage( theGIF, 155, 50, 80, 80, null );   vier Größen
    g.drawImage( theGIF, 240, 50, 50, 50, null );
    g.drawImage( theGIF, 295, 50, 30, 30, null );
  }

  public boolean handleEvent( Event e ) {
    if (e.id == Event.WINDOW_DESTROY)               Beenden
      System.exit(0);
    return super.handleEvent(e);
  }

  public static void main( String argv[] ) {
    Toolkit tk = Toolkit.getDefaultToolkit();       Toolkit holen,
    theGIF = tk.getImage( "cup.gif" );              Bild laden

    ImageDemo1 f = new ImageDemo1();                Fenster erzeugen
    f.setBackground( Color.lightGray );
    f.setTitle( "ImageDemo1" );
    f.resize( 350, 250 );
    f.show();                                       und anzeigen
    f.resize( 350, 250 );

    System.out.println( "Bitte 10 sec. warten..." );
```

295

```
     try {      // 10 Sekunden warten:
       Thread.currentThread().sleep( 10000 );
     }
     catch( InterruptedException e) { }

     f.repaint(); // neu zeichnen
   }
 }
```

Das Programm ist durchaus korrekt, verhält sich aber vermutlich nicht so, wie der Programmierer es sich gedacht hat: Das Fenster bleibt zunächst leer.

Zwar wird das angeforderte Bild geladen. Beim ersten Aufruf von update() und damit paint() sind aber noch keine Bilddaten verfügbar, so daß das Bild auch noch nicht gezeichnet werden kann. Später treffen die Bilddaten sukzessive ein und sind schließlich vollständig geladen — es wird jedoch kein weiteres *Kein repaint* repaint() ausgelöst, so daß das Bild frühestens beim nächsten Systemereignis gezeichnet wird. Dazu können Sie das Fenster von ImageDemo1 mit einem anderen Fenster überdecken und anschließend wieder freigeben. Dann wird das Bild — soweit es schon geladen ist — auch sofort gezeichnet. Nach zehn Sekunden Wartezeit ruft das Programm selbst noch einmal repaint() auf, worauf das Bild dann angezeigt wird.

Um ein funktionsfähiges Programm zu erhalten, muß das Fenster also mittels repaint() neu gezeichnet werden, sobald die Bilddaten verfügbar sind. Genau zu diesem Zweck dient *ImageObserver* der letzte Parameter des Typs ImageObserver in allen Varianten von Graphics.drawImage(). Die Idee ist, über das Interface ImageObserver eine Rückruf-Funktion anzugeben, die bei allen Änderungen des *überwachten* Image-Objektes aufgerufen wird. Sobald diese Informationen nicht benötigt werden, kann natürlich auch null anstelle eines ImageObserver übergeben werden.

Das Interface ImageObserver definiert neben einigen Konstanten vor allem eine einzige Funktion imageUpdate():

```
boolean ImageObserver.imageUpdate( Image img,
   int flags, int x, int y, int width, int height )
```

Der typische Einsatz von imageUpdate() wird im folgenden Programm gezeigt:

*Abbildung 7.12*
*Darstellung von*
*XBM-, GIF- und*
*JPEG-Bildern.*
*Das GIF-Bild ist*
*zusätzlich als*
*transparent*
*markiert.*

```
public boolean imageUpdate( ... ) {
   // Bild-Status ausgeben: nur zur Demonstration
   System.out.println(
      "imageUpdate: [" + width + ","
      + "height + "] " + flags );

   repaint();  // soweit vorhanden neuzeichnen

   // Bild fertig geladen?
   if ((Flags & ImageObserver.ALLBITS) > 0)
     // ja: fertig
     // repaint(); // fertiges Bild zeichnen
     return false;
   else
     return true;
}
```

Sobald beim asynchronen Laden der Bilder neue Bilddaten eintreffen, wird `imageUpdate()` aufgerufen. In der Funktion werden zunächst einige Statusinformationen über das Bild mittels `System.out.println()` ausgegeben, um die Aufrufe von `imageUpdate()` zu demonstrieren.

*Anwendung von*
*imageUpdate()*

Anschließend wird getestet, ob die Bilddaten vollständig vorliegen. Wenn ja, liefert die Funktion den Wert `false` zurück und bis dahin jeweils `true`. Dieser Rückgabewert informiert `drawImage()` darüber, ob noch weitere Aufrufe von `imageUpdate()` nötig sind.

Die obige Version von `imageUpdate()` ruft zusätzlich immer auch `repaint()` auf, um die bereits vorhandenen Teile der Bilder neu zu zeichnen. Manchmal ist es günstiger, mit dem Neuzeichnen zu warten, bis wirklich alle Daten vorliegen. Dazu müßte lediglich der Aufruf von `repaint()` nach dem Test auf `ALLBITS` auskommentiert werden.

Hier noch einmal der vollständige Programmcode für das Programm `ImageDemo2` mit Aufruf von `imageUpdate()`:

```
/* ImageDemo2.java --- XBM, GIF und JPEG laden */

import java.awt.*;
import java.awt.image.ImageObserver;
import java.net.*;

public class ImageDemo2 extends Frame
        implements java.awt.image.ImageObserver {
    static Image theGIF, theJPEG, theXBM;

    public void paint( Graphics g ) {
      g.drawImage( theXBM, 50, 70, Color.white, this);
      g.drawImage( theGIF, 150, 70, this );
      g.drawImage( theJPEG, 300,  70, this );
    }

    public boolean handleEvent( Event e ) {
      if (e.id == Event.WINDOW_DESTROY)
        System.exit(0);
      return super.handleEvent(e);
    }

    public boolean imageUpdate( Image img,
                                int flags,
                                int x,
                                int y,
                                int width,
                                int height )
    {
        System.out.println(
          "imageUpdate: [" + width + ","
          + height + "] " + flags );

        if ((flags & (SOMEBITS|FRAMEBITS|ALLBITS)) != 0)
          repaint( 100 );
```

*Bilder zeichnen:*
*XBM, GIF*
*und JEPG*

*Neue Bilddaten*
*verfügbar:*

*Status ausgeben,*

*neuzeichnen*

```
    if ((flags & (ALLBITS | ERROR)) > 0)
        // Bild fertig geladen:
        return false;
    else
        return true;   // noch nicht fertig
}

public static void main( String argv[] ) {
  Toolkit tk = Toolkit.getDefaultToolkit();
  // Bild aus Datei...
  theGIF = tk.getImage( "cupHotjava.gif" );
  // oder URL laden...
  try {
    theJPEG= tk.getImage( new URL(
      "http://tech-www.informatik." +
      "uni-hamburg.de/Icons/elefant.jpg" ));
    theXBM= tk.getImage( new URL(
      "http://tech-www.informatik." +
      "uni-hamburg.de/Icons/hobbes.xbm" ));
  }
  catch( MalformedURLException e ) {
      System.out.println( e.toString() );
  }

  ImageDemo2 f = new ImageDemo2();
  f.setBackground( Color.lightGray );
  f.setTitle( "XBM-, GIF- und JPEG-Images:" );
  f.resize( 450, 250 );
  f.show();
  f.resize( 450, 250 );
  f.setIconImage( theXBM );
  }
}
```

*Rückgabewert:*
*false:Bild ok.*
*true: Bild noch*
*nicht vollständig*

*Toolkit-Objekt*

*Bild aus Datei*

*oder URL laden*

*Fenster erzeugen,*

*anzeigen,*

*Icon setzen*

## Synchrones Laden

Zwar ist das asynchrone Laden von Bildern — gerade beim Zugriff auf entfernte WWW-Server über ein langsames Netzwerk
— oft die einzige Möglichkeit, akzeptable Antwortzeiten für ein
Applet oder eine Applikation zu erreichen. In manchen Fällen
ist es jedoch nötig, ein Bild oder Audiodaten erst vollständig zu

laden, bevor das Programm fortgesetzt werden kann. Für diese Fälle bietet die Klasse `java.awt.MediaTracker` eine bequeme
Möglichkeit, das Laden eines einzelnen oder mehrerer Bilder o.ä.

*MediaTracker*  abzuwarten. Die Idee dabei ist, die einzelnen Dateien weiterhin
mittels `getImage()` oder `getAudioClip()` asynchron zu laden,
diesen Ladevorgang aber mit dem `MediaTracker` zu überwachen
und zu synchronisieren. Beim gleichzeitigen Laden mehrerer Bilder können diese über Nummern im `MediaTracker` identifiziert
werden. Erst wenn alle benötigten Daten eingetroffen sind, wird
das Programm fortgesetzt:

```
...
Image img = tk.getImage( "cupHotjava.gif" );

Mediatracker mt = new MediaTracker( this );
mt.addImage( img, 1 );       // Bild Nummer 1
...

try {
  mt.waitForID( 1 );         // Bild 1 abwarten

  // mt.waitForAll();        // alle Bilder abwarten
}
catch( InterruptedExecption e ) { return; }

// Image img ist jetzt fertig geladen
...
```

*waitForID()*  Alle unter Einsatz des `MediaTracker` mit `waitForID()` oder
`waitForAll()` überwachten Bilder sind vollständig geladen, bevor das Programm fortgesetzt wird. Mit den beiden Methoden
*checkID()*  `checkID(id)` und `isErrorID(id)` kann während des Ladens ermittelt werden, ob das Bild mit Nummer `id` bereits fertig geladen
oder ob ein Fehler aufgetreten ist. Damit ergibt sich der folgende
vollständige Programmcode für das Beispielprogramm zum Laden der drei Bilder:

```
/* ImageDemo3.java --- XBM, GIF und JPEG laden */

import java.awt.*;
import java.net.*;
```

```
public class ImageDemo3 extends Frame {
  static Image theGIF, theJPEG, theXBM;

  public void paint( Graphics g ) {
    g.drawImage( theXBM, 50, 70, Color.white, null);
    g.drawImage( theGIF, 150, 70, null );
    g.drawImage( theJPEG, 300,  70, null );
  }

  public boolean handleEvent( Event e ) {
    if (e.id == Event.WINDOW_DESTROY)
      System.exit(0);
    return super.handleEvent(e);
  }

  public static void main( String argv[] ) {
    Toolkit tk = Toolkit.getDefaultToolkit();

    System.out.print( "Loading images..." );
    System.out.flush();
    theGIF = tk.getImage( "cupHotjava.gif" );
    try {
      theJPEG= tk.getImage( new URL(
        "http://tech-www.informatik." +
        "uni-hamburg.de/Icons/elefant.jpg" ));
      theXBM= tk.getImage( new URL(
        "http://tech-www.informatik." +
        "uni-hamburg.de/Icons/hobbes.xbm" ));
    }
    catch( MalformedURLException e ) {
      System.out.println( e.toString() );
    }

    ImageDemo3 f = new ImageDemo3();

    MediaTracker mt = new MediaTracker( f );
    mt.addImage( theXBM, 1 );
    mt.addImage( theGIF, 2 );
    mt.addImage( theJPEG, 3 );
    try {
      mt.waitForAll();
      //mt.waitForID( 1 ); ...
    }
    catch( InterruptedException e ) { return; }
    System.out.println( "ready." );
```

*Bilder zeichnen*

*Beenden*

*Toolkit-Objekt*

*Bild aus Datei*

*oder URL laden*

*Fenster und
MediaTracker
erzeugen*
*Bilder registrieren*

*und warten*

301

```
                  f.setBackground( Color.lightGray );
                  f.setTitle( "XBM-, GIF- und JPEG-Images:" );
                  f.resize( 450, 250 );
```
*Fenster anzeigen*
```
                  f.show();
                  f.resize( 450, 250 );
```
*Icon setzen*
```
                  f.setIconImage( theXBM );
               }
            }
```

## Bildausschnitte

*java.awt.image: Bildverarbeitung*

Manchmal wird nur ein kleiner Ausschnitt aus einem großen Bild-Objekt als eigenes `Image` benötigt. Natürlich kann diese Aufgabe mit den Klassen aus `java.awt.image` erledigt werden. Ein entsprechendes Programm mit der Klasse `java.awt.image.PixelGrabber` ist aber leider recht aufwendig.

*Ein großes in ein kleines Bild zeichnen*

Es gibt zum Glück eine wesentlich einfachere Lösung. Dazu wird zunächst das große Bild mit `getImage()` geladen und anschließend ein kleines, leeres Bild mit `createImage()` neu erzeugt. Schließlich wird das große Bild einfach um den gewünschten Offset verschoben in das kleine Bild gezeichnet. Mit der Funktion `Graphics.drawImage()` kann nämlich nicht nur ein kleines `Image` an eine beliebige Stelle in ein „großes" Graphics-Objekt (zum Beispiel ein Fenster oder ein anderes `Image`) gezeichnet werden, sondern umgekehrt auch der gerade passende Teil eines großen `Image` in ein kleines Graphics-Objekt:

```
/* GrabberDemo - Teilbilder ausschneiden */

import java.awt.*;

public class GrabberDemo extends Frame {
   Image big, small1, small2;

   public void load() {
      // 'big' synchron mit MediaTracker laden
```
*großes Bild laden*
```
      big = Toolkit.getDefaultToolkit().
                     getImage( "buttons.gif" );
      MediaTracker mt = new MediaTracker( this );
      mt.addImage( big, 1 );
      try { mt.waitForID( 1 ); }
      catch( InterruptedException e ) { }
```

```
  // zwei Teilbilder ausschneiden:
  small1 = createImage( 20, 20 );
  Graphics g = small1.getGraphics();
  g.translate( -80, -100 );
  g.drawImage( big, 0, 0, null );

  small2 = createImage( 20, 20 );
  g = small2.getGraphics();
  g.translate( -140, -140 );
  g.drawImage( big, 0, 0, null );

  this.setIconImage( small1 );
  repaint();
}

public void paint( Graphics g ) {
  if (small2 != null) {
    g.drawImage( big, 10, 40, null );
    g.drawImage( small1, 240, 40, null );
    g.drawImage( small2, 280, 40, null );
  }
}

public boolean handleEvent( Event e ) {
  if (e.id == Event.WINDOW_DESTROY)
    System.exit(0);
  return super.handleEvent( e );
}

public static void main( String argv[] ) {
  GrabberDemo f = new GrabberDemo();
  f.setTitle( "GrabberDemo" );
  f.setBackground( Color.lightGray );
  f.resize( 400, 320 );
  f.show();
  f.load();
  f.resize( 400, 320 );
}
}
```

*big in small1*
*zeichnen*

*Fertig: neuzeichnen*

*Bild abwarten*

*Beenden*

*Fenster erzeugen,*

*anzeigen,*
*Bilder laden*

Das Programm demonstriert auch gleich eine typische Anwendung für dieses Vorgehen: Knöpfe sind als Dialogelemente besonders gut zu erkennen, wenn sie mit *Icons* anstatt eines Textes versehen werden. Der Aufbau einer eigenen URL-Verbindung zum Laden jedes einzelnen von typischerweise einigen Dutzend

Abbildung 7.13
Ausschneiden von
Teilbildern aus
einem großen Bild

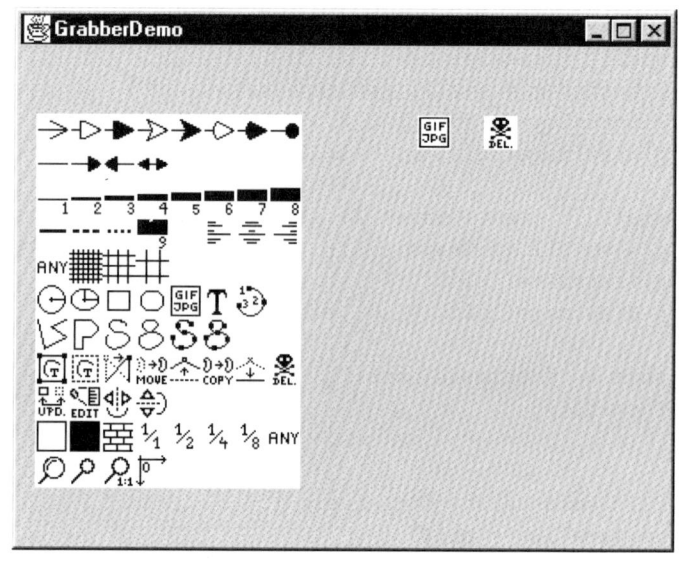

*Icons laden: besser
alle auf einmal,*

*dann
herausschneiden*

*Probleme mit
createImage*

Icons mittels `getImage()` ist aber sehr ineffizient. Der Übertragung von wenigen Bytes mit Nutzdaten für das kleine Bild steht ein riesiger Overhead zum Aufbau der Verbindung gegenüber. Deshalb ist es günstig, alle Icons in einem größeren Bild zu sammeln, nur dieses eine Bild mit `getImage()` zu laden und schließlich die einzelnen Icons herauszuschneiden.

Ein Beispiel ist in Abbildung 7.13 dargestellt. In der Funktion `loadIcons()` wird zunächst das GIF-Bild `buttons.gif` geladen, das insgesamt $8 \times 11$ kleinere Icons enthält. Da jedes dieser Icons gerade $20 \times 20$ Pixel groß ist, werden anschließend mit `createImage()` neue Bilder mit eben dieser Größe erzeugt. Die Verschiebung `g.translate( -80, -100)` vor dem Zeichnen von `big` in `small1` — um vier Bilder nach links und fünf nach unten — bewirkt also, daß gerade das „GIF/JPEG" Symbol in das Bild `small1` gezeichnet wird.

Das Programm illustriert noch einen weiteren Punkt beim Umgang mit `Image` Objekten in eigenständigen Java-Applikationen. Neue, leere `Image` Objekte können nur mit der Methode `createImage( int xsize, int ysize )` aus `java.awt.Component` erzeugt werden. Leider liefert der Aufruf von `createImage()` aber nur dann ein gültiges `Image` zurück, wenn das zugehörige `Frame` bereits sichtbar ist — also erst nachdem `show()` aufgerufen wurde. Nach dem Aufruf von `show()` wird aber recht schnell vom

AWT auch `paint()` das erste Mal aufgerufen — zu diesem Zeitpunkt ist der `MediaTracker` aber noch damit beschäftigt, die zu zeichnenden Bilder erst einmal zu laden.

Typisch für diese Art von Anwendungen ist deshalb die Abfrage in `paint()`, ob die benötigten Bilder schon vorhanden sind. Falls nicht, ist eine Statusmeldung für den Anwender sehr angenehm, etwa mittels:

```
public void paint( Graphics g ) {
  if (ready) {
    g.drawImage( big, 10, 40, null );
    ...   // weitere Zeichenoperationen
  }
  else {
    g.drawString(
      "loading the icons, please wait...",
      10, 40 );
  }
}
```

**Erweiterungen in JDK 1.1**

Da die Version JDK 1.1 die eigentlichen Zeichenfunktionen des AWT noch nicht erweitert, muß auf wichtige Graphikoperationen wie Füllmuster, rotierten Text oder Linien mit mehr als 1-Pixel Breite weiterhin verzichtet werden. Nur die internen Algorithmen des AWT zur Darstellung von `Image`-Objekten ändern sich in zwei wesentlichen Punkten.

*JDK 1.1: leider keine neuen Zeichenfunktionen*

Um die Darstellung von `Image`-Objekten zu beschleunigen, speichert die bisherige Implementation von `drawImage()` nicht das originale Bild, sondern eine Version, die bereits auf die Bildgröße beim Zeichnen zugeschnitten ist. Falls ein `Image` durch Aufruf der Varianten von `drawImage(w,h)` in mehreren Größen dargestellt wird, verwendet der AWT tatsächlich je einen Puffer für jede Bildgröße, was zu extremem Speicherbedarf führt. Außerdem muß das Bild jeweils neu vom Server geladen werden.

*Probleme mit drawImage() in JDK 1.0.2*

Um diese Probleme zu vermeiden, wird ab JDK 1.1 nur noch das originale `Image` selbst gespeichert. Beim Zeichnen des `Image`-Objekts mit `drawImage()` muß das Bild dafür jedesmal neu skaliert werden. Auf modernen schnellen Prozessoren bedeutet das

*JDK 1.1 skaliert beim Zeichnen*

nur wenig Performanzverlust, da die Speicherzugriffe auf das Originalbild und den Bildspeicher langsamer ablaufen, als die zusätzlich notwendigen Berechnungen.

*Neue Varianten
von drawImage()
in JDK 1.1*

Außerdem wird die Klasse Graphics um zwei neue Methoden zum skalierten Zeichnen von Image-Objekten erweitert. Mit den neuen Methoden ist es möglich, auch Ausschnitte aus einem Image direkt in der gewünschten Größe und sogar gespiegelt zu zeichnen:

```
drawImage( Image img,
           int dx1, int dy1, int dx2, int dy2,
           int sx1, int sy1, int sx2, int sy2,
           ImageObserver observer )
drawImage( Image img,
           int dx1, int dy1, int dx2, int dy2,
           int sx1, int sy1, int sx2, int sy2,
           Color background,
           ImageObserver observer )
```

Wie bei den bisherigen Varianten von drawImage() (siehe Seite 293) bezeichnet img das zu zeichnende Image-Objekt, observer den ImageObserver und background optional eine Hintergrundfarbe für transparente oder noch nicht vollständig geladene Bilder. Um auch gespiegelte Bilder darstellen zu können, wurde allerdings die Wahl der Koordinaten geändert. Die Werte von (dx1,dy1) und (dx2,dy2) bezeichnen die erste und zweite Ecke des „Ziel"-Rechtecks im Koordinatensystem des Graphics-Objekts. Entsprechend bezeichnen (sx1,sy1) und (sx2,sy2) die Ecken des „Quell"-Rechtecks im Image selbst. Der Aufruf von

```
public void paint( Graphics g ) {
  g.drawImage( img,
           300, 220, 100, 100,
            10,  20,  60,  50,
           Color.gray, (ImageObserver) null );
}
```

zeichnet also einen Ausschnitt von 50x30 Pixeln ab Position (10,20) im Originalbild img in einer Größe von 200x120 Pixeln ab Position (100,100) und in x-Richtung gespiegelt in das aktuelle Graphics-Objekt.

# Benutzeroberflächen

Mit der zunehmenden Bedeutung graphischer Fenstersysteme erweist sich die Gestaltung der Benutzeroberfläche für viele Programme als entscheidendes Qualitätskriterium. In diesem Kapitel werden deshalb die Möglichkeiten des AWT zum Aufbau von Benutzeroberflächen ausführlich vorgestellt.

Wie bereits im vorangegangenen Kapitel erläutert, ist es die Aufgabe des AWT, eine gemeinsame Schnittstelle zu den einzelnen Fenstersystemen auf verschiedenen Rechnerplattformen zu realisieren. Dieses Konzept wird vom AWT konsequent umgesetzt und ermöglicht die Erstellung von Programmen, die sowohl unter WINDOWS'95 als auch unter OS/2, MACOS und Unix/X11 einsetzbar sind. *Portable Benutzer-oberflächen*

Während alle zentralen Bestandteile der Benutzeroberflächen im AWT enthalten sind, muß auf einige „höhere" Funktionen wie automatische Hilfesysteme noch verzichtet werden. Auch bedeutet die zusätzliche Flexibilität im AWT an einigen Stellen den Verzicht auf eine absolute Kontrolle, etwa bei Verwendung der automatischen Layoutmanager. Der einzige wirklich gravierende Mangel ist die fehlende Unterstützung einer Druckerschnittstelle, die aber in der angekündigten Version JDK 1.1 enthalten sein wird. *Keine Drucker-schnittstelle*

Der Aufbau einer Benutzeroberfläche erfolgt auch im AWT im wesentlichen in drei Schritten. Aus der Aufgabe der jeweiligen Applikation ergibt sich zunächst die Liste aller benötigten Dialogbausteine. Neben den vordefinierten typischen Dialogbausteinen wie Knöpfen, Menüs, Zeichenflächen und Scrollbalken ist natürlich auch die Definition eigener Dialogelemente möglich. Der zweite Schritt besteht in der graphischen Anordnung der einzelnen Dialogbausteine im Hauptfenster der Ap- *Drei Schritte: 1. Auswahl der Dialogbausteine* *2. Anordnung* plikation, den Menüs oder zusätzlichen Dialogfenstern sowohl nach funktionell/ergonomischen als auch ästhetischen Kriterien. Im dritten Schritt werden schließlich die von den einzelnen Dialogbausteinen erzeugten Ereignisse den eigentlichen Funktionen der Applikation zugeordnet.

In diesem Kapitel werden diese Schritte noch „von Hand" durchgeführt und einzeln erläutert. Alle der neu angekündigten Entwicklungsumgebungen für Java enthalten aber unter anderem

jeweils auch einen Dialogeditor zur interaktiven Gestaltung der Benutzeroberfläche. Die benötigten Dialogelemente werden per Maus ausgewählt, plaziert und mit den benötigten Attributen versehen. Anschließend werden vom Dialogeditor automatisch Java-Quelltexte erzeugt, in die zuletzt nur noch die Ereignisbehandlung eingefügt werden muß.

Angesichts der komplexen Beziehung zwischen Dialogbausteinen, Containerklassen mit Layoutmanagern und den Ereignissen lassen sich in den folgenden Abschnitten einige Vorwärtsverweise, vor allem auf die Ereignisbehandlung in Abschnitt 8.5, leider nicht ganz vermeiden.

In Abschnitt 8.1 werden zunächst die im AWT vordefinierten

Dialogbausteine wie `Button`, `Canvas`, `Label`, `Scrollbar` usw. einzeln vorgestellt. Die Anordnung der einzelnen Dialogbausteine

in Fenstern erfolgt im AWT sehr flexibel unter der Kontrolle von `Layoutmanager`-Objekten. Die möglichen Anordnungen werden in Abschnitt 8.2 erläutert.

Die zur Gestaltung von „pop-up"-Fenstern und modalen Dia-

logen notwendigen Schritte werden in Abschnitt 8.3 diskutiert.

Danach werden in Abschnitt 8.4 die zum Aufbau von Menüs

erforderlichen Klassen beschrieben.

In Abschnitt 8.5 werden die Konzepte der AWT-Ereignisbe-

handlung erläutert. Nach der Darstellung der `Event`-Datenstruktur werden alle im AWT möglichen Ereignisse zusammengefaßt. Schließlich werden in Abschnitt 8.6 die wichtigsten Erweiterun-

gen des AWT in Java Version 1.1 skizziert.

## 8.1 AWT Dialogbausteine

In diesem Abschnitt werden alle derzeit verfügbaren Dialogelemente des AWT von `Button` bis `TextField` vorgestellt. Die Ver-

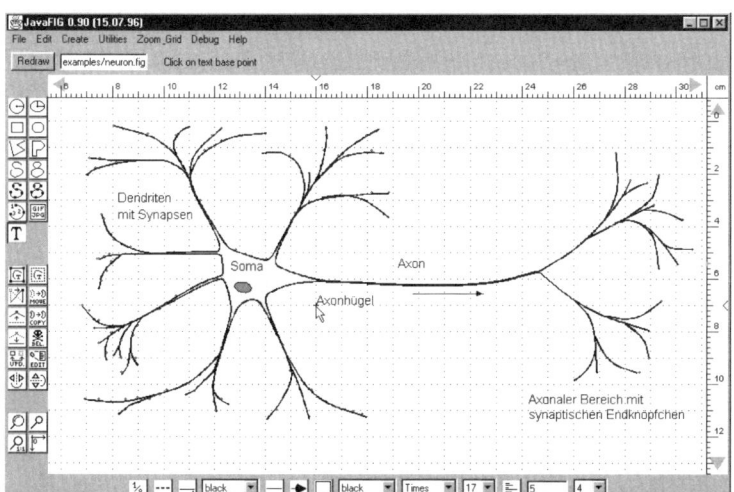

Abbildung 8.1
Ein Beispiel für die
Möglichkeiten des
AWT — JavaFIG.
Dieser
Graphikeditor
bietet Menüs,
Knöpfe mit Icons,
Auswahlmenüs und
eine Zeichenfläche
mit Zoomfunktion.

erbungshierarchie dieser von `java.awt.Component` abgeleiteten
Klassen ist in Abbildung 8.2 auf Seite 310 abgebildet.

Die zentrale Klasse `Component` definiert die gemeinsamen
Funktionen aller Dialogbausteine. Als abstrakte Klasse kann
`Component` allerdings nicht direkt erzeugt werden, sondern dient
nur als Basisklasse für zwei Gruppen von Unterklassen, erstens
den einfachen „elementaren" Dialogbausteinen und zweitens den
sogenannten *Container*-Klassen.

In diesem Abschnitt werden zunächst die einfachen Dialogelemente erläutert, die in Abbildung 8.2 rechts dargestellt sind.
Obwohl die Anwendung der Containerklassen erst im folgenden
Abschnitt 8.2 beschrieben wird, enthalten fast alle Programmbeispiele bereits Verweise auf die Containerklasse `Panel`. Mit- *Vorwärtsverweis*
tels `Panel.add( Component c )` werden Dialogelemente in das *auf Panel*
`Panel` eingetragen und anschließend von diesem verwaltet und
angeordnet.

Die Klasse `Button` repräsentiert einen einfachen, mit einem
Text beschrifteten Knopf, der bei Betätigung eine Aktion auslöst.
Ein `Canvas` ist eine zunächst leere Zeichenfläche und dient außerdem als Basisklasse für benutzerdefinierte Dialogbausteine.
Mit einer `Checkbox` läßt sich ein Ein-/Aus-Schalter, mit einem
`Choice` oder einer `List` eine Auswahl aus vorgegebenen Alternativen realisieren. Ein `Label` dient zum Zeichnen eines kur-

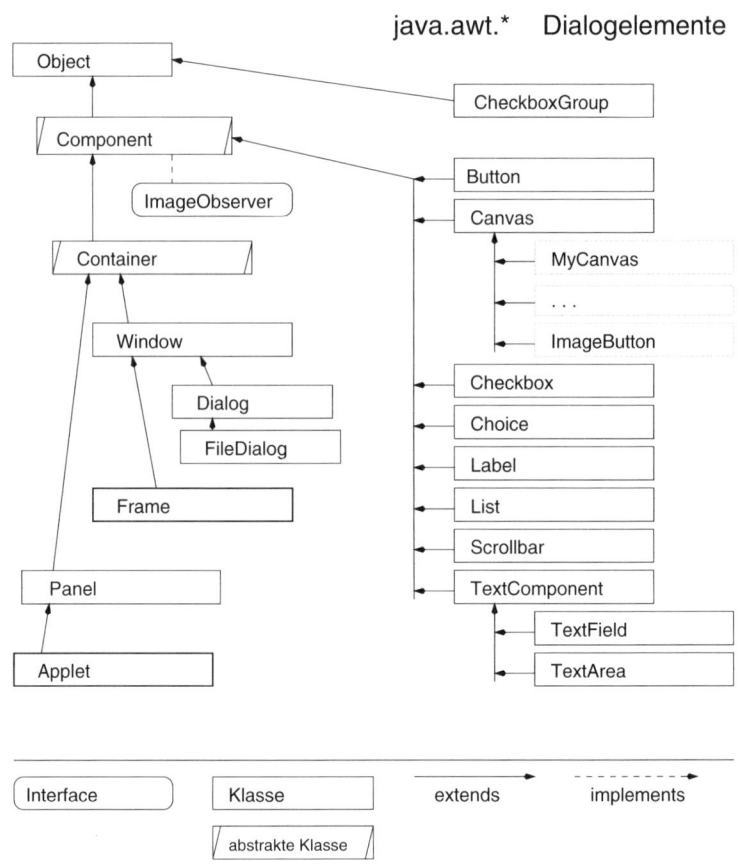

*Abbildung 8.2
Klassenhierarchie
des AWT (2):
Dialogelemente
und Container-
Klassen.
AWT-Programme
basieren entweder
auf Applet oder
Frame.*

zen Textes zur Unterstützung der anderen Elemente. Die Klasse `Scrollbar` ermöglicht horizontale und vertikale Scrollbalken. Mit einem `TextField` oder einer `TextArea` stehen fertige Klassen zur Eingabe und zum Anzeigen von Text bereit.

### 8.1.1  Label

Das einfachste AWT-Dialogelement ist die Klasse `Label`. Ein `Label` dient dazu, einen (kurzen) Text anzuzeigen. Häufig werden `Label`-Objekte neben andere Dialogelemente plaziert, um deren Funktion mit einem Text zu erläutern. Zur Erzeugung eines neuen `Label` dienen die folgenden Konstruktoren:

`Label()` erzeugt einen `Label` ohne Text,

`Label( String s )` erzeugt einen links ausgerichteten `Label` mit Text s,

`Label( String s, int align )` erzeugt einen `Label` mit Text s und Ausrichtung align. Mögliche Werte dafür sind `Label.LEFT`, `Label.CENTER` und `Label.RIGHT`.

Die Ausrichtung des `Label` definiert die Lage des Textes, sofern der `Label` nicht seine optimale Breite — die Breite seines Textes — einnehmen kann. Das folgende Beispiel erzeugt je einen links- und rechtsausgerichteten sowie einen zentrierten `Label`:

```
Label l1, l2, l3;
l1 = new Label( "links ausgerichtet" );
l2 = new Label( "zentriert", Label.CENTER );
l3 = new Label( "rechts ausgerichtet", Label.RIGHT );
```

Wie alle anderen Dialogelemente wird ein `Label` einfach durch Aufruf von `add()` in einen AWT-Container eingebaut, zum Beispiel in ein `Panel`:

```
Panel p = new Panel();
p.add( l1 ); p.add( l2 ); p.add( l3 );
l1.setFont( new Font( "Courier", 1, 14 ));

p.add( new Label( "Ecken:" ));
```

*Ein Label:*

**Ecken:**

Da ein `Label` sich automatisch selbst zeichnet und keine Ereignisse liefert, ist eine explizite Referenz nach der Erzeugung selten nötig. Die oben gezeigte knappe Schreibweise wird daher häufig verwendet.

Die Hintergrund- und Vordergrundfarbe sowie die Schriftart des `Label` werden direkt von `Component` übernommen und können mit `setBackground()`, `setForeground()` und `setFont()` gesetzt werden. Darüber hinaus definiert die Klasse `Label` die folgenden Methoden:

*Methoden von Label*

`String getText()` liefert den Text des `Label` zurück.

`setText( String s )` setzt einen neuen Text.

`int getAlignment()` liefert einen Integer als Wert für die aktuelle Textausrichtung des `Label`. Mögliche Werte sind 0 für `Label.LEFT`, 1 für `Label.CENTER` und 2 für `Label.RIGHT`.

`setAlignment( int align )` setzt eine neue Textausrichtung für den `Label` (siehe `getAlignment` für die Werte).

311

### 8.1.2 Button

Mit der Klasse `Button` stellt der AWT einen Baustein für eine „Taste" bzw. einen „Knopf" bereit, der mit einem Text beschriftet ist. Sobald der Benutzer mit der Maus auf einen `Button` klickt, wird ein entsprechendes Ereignis (`ACTION_EVENT`) ausgelöst. Eine typische Anwendung dieser Klasse wäre das Tastenfeld eines Taschenrechner-Applets mit einer Anzahl von Knöpfen — mit je einem `Button` pro Ziffern- und Funktionstaste. Die Klasse stellt zwei Konstruktoren bereit:

`Button()` erzeugt einen einfachen Knopf ohne Beschriftung.
`Button( String s )` erzeugt einen Button mit Beschriftung s.

Ein Beispiel für die Anwendung:

```
Panel p;

// mit expliziter Referenz:
Button b_quit = new Button( "Quit" );
p.add( b_quit );
```

*Zwei Buttons:*

```
// knapp ohne explizite Referenz:
p.add( new Button( "+" ));
p.add( new Button( "-" ));
```

Da ein `Button` über seinen Text identifiziert werden kann, ist eine explizite Referenz meistens entbehrlich. Beim Anklicken eines `Button` mit der Maus wird ein `ACTION_EVENT` ausgelöst (siehe Abschnitt 8.5), auf das in der Methode `action()` reagiert werden kann. Der betreffende `Button` wird dabei über seinen Text identifiziert, der als Argument `arg` zur Verfügung steht:

```
public boolean action( Event evt, Object arg ) {
   ...
   if (evt.target instanceof Button) {
      // alle Buttons testen und behandeln
      String s = (String) arg;
      if      (s.equals( "0" )) // '0' -Button
         ...
      else if (s.equals( "+" )) // '+' -Button
      else if (s.equals( "-" )) // '-' -Button
         ...
```

```
    else {
      System.err.println("unknown Button: " + s);
    }
  }
}
```

Leider gibt es im AWT derzeit keine „ImageButtons", also
Knöpfe, die mit einem Icon anstelle eines Textes gekennzeichnet
sind. Der Versuch, eine entsprechende eigene Unterklasse von
Button abzuleiten, ist aufgrund von Fehlern in der Schnittstelle
zwischen dem AWT und den awt.peer-Klassen leider problematisch. Statt dessen ist es aber möglich, eine Klasse ImageButton
von java.awt.Canvas abzuleiten (s.u.).

*Leider kein
"ImageButton"*

### 8.1.3  Checkbox

Eine Checkbox modelliert einen Schalter mit zwei Zuständen und
wird normalerweise verwendet, um eine Option (einen Wert) ein-
oder auszuschalten. Während ein Button meistens eingesetzt
wird, um direkt eine Aktion auszulösen, dient eine Checkbox nur
dazu, Parameter für eine Aktion einzustellen. Die folgenden Konstruktoren sind für Checkbox definiert:

*Konstruktoren von
Checkbox*

Checkbox() erzeugt eine inaktive Checkbox ohne Beschriftung,
Checkbox(String s) eine inaktive Checkbox mit Text s,
Checkbox(String s,CheckboxGroup cg,boolean selected)
     eine Checkbox mit Text s im Zustand selected. Der zwei-
     te Parameter gibt die CheckboxGroup an, zu der die neue
     Checkbox gehört. Für eine eigenständige Checkbox wird
     einfach der Wert null übergeben.

Ein Beispiel:

*Eine Checkbox:*
☑ gefüllt

```
Checkbox cb1, cb2, cb3;
cb1 = new Checkbox( "kursiv:" );
cb1 = new Checkbox( "fett:" );
cb3 = new Checkbox( "gefüllt:", null, true );
```

Die Werte einer Checkbox können auch nachträglich abgefragt
und geändert werden:

*Methoden von
Checkbox*

String getLabel() liefert den aktuellen Text (die Beschriftung)
     der Checkbox zurück,

313

setLabel( String s) setzt eine neue Beschriftung,

boolean getState() liefert den Zustand (true bzw. false) der
   Checkbox zurück,

setState( boolean selected ) setzt den Zustand der Checkbox.

### 8.1.4 Radiobuttons

Eine Variation der Checkbox sind die sogenannten *Radiobuttons*:
dabei darf aus einer Reihe von Optionen nur genau eine selektiert
werden. Beim Umschalten auf eine neue Option wird — genau
wie an den Wechselschaltern in alten Radios — die vorher aktive
Option automatisch ausgeschaltet.

Im AWT steht für Radiobuttons keine eigene Klasse zur
Verfügung. Statt dessen werden mehrere Checkbox-Objekte benutzt und in einer CheckboxGroup zusammengefaßt. Die CheckboxGroup stellt sicher, daß immer nur eine der überwachten
Checkboxes aktiviert wird.

Dies erfordert, daß zunächst die CheckboxGroup erzeugt wird.
Anschließend werden die einzelnen „Mitglieder" der Gruppe mit
Hilfe des Drei-Argumente-Konstruktors der Klasse Checkbox er-
zeugt:

```
CheckboxGroup cbg = new CheckboxGroup();

add( new Checkbox( "rot", cbg, true ));
add( new Checkbox( "grün", cbg, false ));
add( new Checkbox( "blau", cbg, false ));

Checkbox c1 =
    new Checkbox( "lila", cbg, false );
add( c1 );
```

Die Klasse CheckboxGroup definiert die Methoden getCurrent()
und setCurrent(), um die aktuell ausgewählte Checkbox zu ermitteln oder zu ändern.

Die Gruppe einer Checkbox kann mit den Methoden Check-
box.getCheckboxGroup() und Checkbox.setCheckboxGroup()
abgefragt und auch nachträglich geändert werden.

### 8.1.5 Choice Menüs

Die Klasse Choice erlaubt ebenfalls die Auswahl eines Wertes aus
einer Anzahl von Möglichkeiten. Die optische Darstellung eines
Choice besteht aber nicht aus mehreren nebeneinander sichtbaren
einzelnen Checkbox-Schaltern, sondern aus einem Popup-Menü.

Zunächst ist nur der aktive (der zuletzt selektierte) Eintrag des
Menüs zu sehen. Bei einem ersten Mausklick über dem Choice
öffnet sich das Popup-Menü, und anschließend kann mit dem
nächsten Mausklick ein neuer Wert selektiert werden, wobei ein
ACTION_EVENT ausgelöst wird. Danach schließt sich das Popup-
Menü wieder.

Um ein Choice Menü aufzubauen, wird zunächst ein leeres Choice-Objekt erzeugt. Anschließend werden die möglichen
Werte der Auswahl nacheinander mit addItem() hinzugefügt,
und zwar in der Reihenfolge, in der sie anschließend auch dargestellt werden sollen:

*Ein Choice:*

```
Choice c = new Choice();
c.addItem( "blau" );
c.addItem( "rot" );
c.addItem( "grün" );
c.addItem( "rosa" );
c.select( "blau" );

Panel p;
p.add( c );
```

Die folgenden Methoden stehen für ein Choice-Menü zur Verfügung:

String getItem( int i ) liefert den Text des Eintrags mit Index i. Die Numerierung beginnt wie für Arrays mit dem
Wert 0,

int countItems() liefert die Anzahl der Einträge im Choice,

int getSelectedIndex() und

String getSelectedItem() liefert den Index bzw. den Text des
selektierten Eintrags,

select( int i ) selektiert den Eintrag mit Index i,

select( String s ) selektiert den Eintrag mit Text s.

### 8.1.6 List

Mit der Klasse `List` steht noch ein weiterer Dialogbaustein für eine Auswahl vorgegebener Werte zur Verfügung. Anders als mit einem `Choice` oder einer `CheckboxGroup` können in einem `List`-Objekt mehrere Einträge gleichzeitig selektiert werden. Die Einträge der Liste werden dabei nicht in einem Popup-Menü, sondern untereinander direkt im Hauptfenster dargestellt. Die Anzahl der gleichzeitig sichtbaren Einträge kann mit dem `List`-Konstruktor eingestellt werden.

```
List( int lines, boolean multiple )
```
erzeugt ein neues `List`-Objekt mit der angegebenen Anzahl von sichtbaren Zeilen. Mit dem Wert von `multiple` wird mehrfache Selektion zugelassen oder verhindert.

*Eine Liste:*

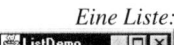

Falls es mehr Einträge gibt als Platz vorhanden ist, wird vom AWT automatisch ein Scrollbalken erzeugt:

```
List l = new List( 8, true );

l.addItem( "Tomate" );        // Index 0
l.addItem( "Käse" );          // Index 1
l.addItem( "Salami" );        // ...
l.addItem( "Schinken" );
...

l.select( 0 );
l.select( "Tomate" );

Panel p;
p.add( l );
```

Die Methoden von `List` entsprechen genau den Methoden von `Choice`. Zusätzlich gibt es zwei Funktionen zur Behandlung von mehrfachen Selektionen:

`String getItem( int i )` liefert den Text des Eintrags mit Index i. Die Numerierung beginnt wie für Arrays mit dem Wert 0,

`int countItems()` liefert die Anzahl der Einträge im `Choice`,

`int getSelectedIndex()` liefert den Index bzw.

`int[] getSelectedIndexes()` ein Feld mit den Indizes aller selektierten Einträge,

```
String getSelectedItem()
```
`String[] getSelectedItems()` liefern den Text der selektierten
Einträge als String bzw. als Feld von Strings,
```
select( int i )
```
`select( String s )` selektiert den Eintrag mit Index `i` bzw.
Text `s`.

`setMultipleSelections( boolean b )` erlaubt oder unterbindet mehrfache Selektion.

### 8.1.7 Canvas

Mit der Klasse `Canvas` stellt der AWT eine Basis für einfache Zeichenflächen (Canvas = „Leinwand") bereit. Die einzige Funktion eines `Canvas` besteht darin, seine gesamte Fläche
mit der Hintergrundfarbe auszufüllen. Diese kann mit `Compo-
nent.setBackground( Color c )` gesetzt werden.

Um einen `Canvas` wirklich als Zeichenfläche nutzen zu kön-
nen, gibt es zwei Möglichkeiten. Die einfache Variante besteht    *getGraphics()*
darin, mittels `g = Canvas.getGraphics()` das `Graphics`-Objekt
des `Canvas` anzufordern und anschließend entsprechende Zeichenfunktionen auf `g` anzuwenden. Tatsächlich ist die Methode `getGraphics()` bereits in `java.awt.Component` definiert und
kann daher auf alle AWT Dialogelemente angewendet werden.
Sie liefert `null` zurück, falls das entsprechende Dialogelement
nicht sichtbar ist:

```
Canvas cv;

draw() {
  try {
    Graphics g = cv.getGraphics();
    if (g == null) return;

    g.drawRect( 100, 90, 80, 70 );
    ...
  }
  finally {
    g.dispose();
  }
}
```

317

Eventuell muß der `Canvas` noch mit `resize( int x, int y )` auf die gewünschte Größe eingestellt werden — die voreingestellte Größe eines `Canvas` ist Null.

*Eigene Klassen von*
*Canvas ableiten*

Die objektorientierte Variante ist wiederum, eigene Unterklassen von `Canvas` abzuleiten und dabei die Methode `paint()` geeignet zu realisieren. Zusätzlich müssen die beiden Methoden `minimumSize()` und `preferredSize()` überschrieben werden, um die gewünschte bzw. erforderliche Größe für den `Canvas` einzustellen.

*Konstruktor*

Der Konstruktor von `Canvas` benötigt kein Argument, da alle Voreinstellungen von der Basisklasse `Component` übernommen werden. Wie alle anderen Dialogelemente wird ein `Canvas` anschließend mit `add()` in einen Container eingebaut:

```
Canvas cv = new Canvas();
Panel p;
p.add( cv );
```

*Beispiel*
*PolygonCanvas:*
*Vielecke*

Der folgende Programmtext zeigt anhand der Klasse `Polygon-Canvas`, wie eine eigene Klasse von `Canvas` abgeleitet werden kann. Aufgabe des `PolygonCanvas` ist es, ein in der Mitte der aktuellen Zeichenfläche zentriertes regelmäßiges Vieleck mit der angegebenen Anzahl von Ecken darzustellen. Zusätzlich kann die Farbe ausgewählt werden, und das Vieleck kann offen oder gefüllt gezeichnet werden. Dazu sind einige Exemplarvariablen notwendig, die zunächst auf sinnvolle Werte voreingestellt werden:

```
/* PolygonCanvas */

public class PolygonCanvas extends Canvas {
    Point    center = new Point( 60, 60 );
    Polygon  pg     = new Polygon();

    int      radius = 50;
    int      n      = 5;
    int      angle  = 0;
    Color    c      = Color.blue;
    boolean  fill   = false;

    ...
```

Der Konstruktor von `PolygonCanvas` erwartet die Anzahl der Ecken des Polygons. Er ruft erst mit `super()` den Konstruktor von `Canvas` auf und danach die Methode `buildPolygon()`, in der dann die eigentliche Geometrie des Polygons berechnet wird:

```
PolygonCanvas( int n ) {
  super();
  resize( 120, 120 );
  buildPolygon( n );
}
```

Die Methode `paint()` verschiebt das in `buildPolygon()` berechnete Polygon ins Zentrum und zeichnet es offen oder gefüllt. Um die aktuelle Größe des `PolygonCanvas` darzustellen, wird außerdem ein schwarzer Rahmen (mit `drawRect`) gezeichnet:

```
public void paint( Graphics g ) {
  g.setColor( Color.black );
  g.drawRect( 0, 0, bounds().width-1,          Rahmen
                    bounds().height-1 );
  g.setColor( c );
  g.translate( bounds().width/2,
               bounds().height/2 );
  if (fill) g.fillPolygon( pg );               Vieleck
  else      g.drawPolygon( pg );
}
```

Die beiden Methoden `preferredSize` und `minimumSize` liefern *Größe des* ein `Dimension`-Objekt zurück. Sie sind unbedingt notwendig, da- *PolygonCanvas* mit die AWT-Layoutmanager den `PolygonCanvas` korrekt zwischen den umliegenden Dialogelementen anordnen können:

```
public Dimension preferredSize() {
  return new Dimension( 2*radius+20,
                        2*radius+20 );
}
```

```
public Dimension minimumSize() {
  return new Dimension( 2*radius+20,
                        2*radius+20 );
}
```

Natürlich wird auch eine Unterklasse von `Canvas` vom AWT mit *Event-Behandlung* Events versorgt. Die Funktion `mouseDown()` in `PolygonCanvas` erhöht (bzw. verringert bei gedrückter SHIFT-Taste) mit jedem Mausklick die Anzahl der Ecken des Polygons um 1:

319

```
public boolean
mouseDown( Event evt, int x, int y ) {
  if (evt.shiftDown()) decrN();
  else              incrN();
  repaint();
  return true;
}
```

Die restlichen Methoden von `PolygonCanvas` sind einfache Zugriffsfunktionen und dienen dazu, die Werte der Exemplarvariablen zu verändern. Sie rufen jeweils `repaint()` auf, um den neuen Zustand des Polygons auch darzustellen. Hier der vollständige Code im Überblick:

```
/**
 * PolygonCanvas: zeichnet ein regelmäßiges
 * Vieleck mit n Ecken in beliebiger Größe.
 */

import java.awt.*;

public class PolygonCanvas extends Canvas {
  Point    center = new Point( 60, 60 );
  Polygon  pg     = new Polygon();
  int      radius = 50;
  int      n      = 5;
  int      angle  = 0;
  Color    c      = Color.blue;
  boolean  fill   = false;
```

*Vieleck aufbauen:*

```
  public void buildPolygon( int n ) {
    Polygon pg = new Polygon();
```

*mindestens drei Ecken*

```
    if (n < 3) n = 3;
    double phi  = angle*Math.PI/180;
    double dphi = 2*Math.PI/n;
    double x, y;
    for( int i=0; i <= n; i++, phi+=dphi) {
```

*Ecken des Polygons*

```
      x = radius*Math.cos( phi ) + 0.5;
      y = radius*Math.sin( phi ) + 0.5;
      pg.addPoint( (int) x, (int) y );
    }
    this.n = n;
```

*Bisheriges Polygon ersetzen*

```
    this.pg = pg;
  }
```

```
PolygonCanvas( int n ) {
  super();
  resize( 120, 120 );
  buildPolygon( n );
}


public void paint( Graphics g ) {
  g.setColor( Color.black );
  g.drawRect( 0, 0, bounds().width-1,                    Rahmen
                      bounds().height-1 );
  g.setColor( c );
  g.translate( bounds().width/2,
               bounds().height/2 );
  if (fill) g.fillPolygon( pg );                         Vieleck
  else      g.drawPolygon( pg );
}


public Dimension preferredSize() {
  return new Dimension( 2*radius+20,
                        2*radius+20 );
}


public Dimension minimumSize() {
  return new Dimension( 2*radius+20,
                        2*radius+20 );
}


public boolean mouseDown( Event e, int x, int y ) {    Lokale
  if (e.shiftDown() || e.metaDown()) decrN();           Ereignis-
  else                               incrN();           behandlung
  repaint();
  return true;
}


public void setFill( boolean f ) {
  fill = f; repaint();
}


public void setColor( Color c ) {
  this.c = c; repaint();
}


public void setRotation( int a ) {
  angle = a; buildPolygon( n ); repaint();
}
```

```
public void setRadius( int r ) {
  radius = r;
  buildPolygon( n );
  resize( 2*r+20, 2*r+20 );
  repaint();
}
```

*Anzahl der Ecken
verringern*

```
public void decrN() {
  buildPolygon( n-1 ); repaint();
}
```

*oder erhöhen*

```
public void incrN() {
  buildPolygon( n+1 ); repaint();
}
```

```
public int getN() { return n; }
}
```

Beispiele für die Darstellung des fertigen `PolygonCanvas` finden sich in den Abbildungen 8.7, 8.8 und 8.9 ab Seite 337.

*addNotify()*

Bei der Entwicklung komplexerer eigener Dialogbausteine auf der Basis von `Canvas` bietet es sich an, zusätzlich die `add-Notify()` Methode zu überschreiben.

```
public void addNotify() {
  super.addNotify();   // Peer erzeugen
  ...                  // ab hier Fonts
                       // etc. verwenden
}
```

Der Aufruf von `addNotify()` bewirkt nichts anderes, als das Erzeugen des plattformabhängigen zugehörigen `awt.peer` Objekts. Durch Überschreiben von `addNotify()` kann das Dialogelement sicherstellen, daß sein `peer` vorhanden ist und benutzt werden kann.

*ImageButton*

Ähnlich wie im obigen Beispiel vorgeführt, gelingt auch die Definition weiterer einfacher Dialogelemente. Für eine Klasse `ImageButton` reicht es zum Beispiel aus, dem Konstruktor eine Referenz auf ein `Image` zu übergeben und dieses in `paint()` mit `drawImage()` zu zeichnen. Das eigentliche `Image`-Objekt sollte wohl außerhalb von `ImageButton` geladen werden. Die Methoden `preferredsize()` und `minimumSize()` liefern dann die tatsächliche Größe des `Image` zurück, eventuell noch mit einem

kleinen Rand versehen. Für die Ereignisbehandlung können entweder die einfachen Events von Canvas übernommen werden,
oder es wird eine Rückruffunktion für ImageButton definiert.

### 8.1.8  Scrollbar

Scrollbalken werden im AWT mit der Klasse Scrollbar als eigenständige Dialogbausteine realisiert. Nur für Textfelder der
Klasse TextArea (s.u. ab Seite 326) verwaltet der AWT automatisch die benötigten Scrollbalken. Ein entsprechender Canvas
steht leider nicht zur Verfügung — bei Bedarf muß eine Java-
Applikation daher alle enthaltenen Scrollbar-Objekte selbst
steuern, die Scrollbalken-Events überwachen und die Darstellung
anderer Dialogelemente an die Positionen der Scrollbalken anpassen.

Die Klasse Scrollbar definiert die folgenden Konstruktoren:

Scrollbar() erzeugt einen vertikalen Scrollbalken mit Minimal-
und Maximalwert 0,

Scrollbar( int orient ) erzeugt einen Scrollbalken mit Mi-
nimal- und Maximalwert 0 in der durch orient angegebenen Ausrichtung. Mögliche Werte sind Scrollbar.
HORIZONTAL und Scrollbar.VERTICAL,

Scrollbar(int orient,int v,int w,int min,int max)
erzeugt einen Scrollbalken mit der Orientierung orient,
aktuellem Wert v, der Breite (bzw. Höhe) w des „Sliders"
sowie Minimal- und Maximalwerten min und max.

Ein Beispiel:

```
Scrollbar sb = new Scrollbar(
        Scrollbar.VERTICAL, 50, 10, 0, 100 );

Panel p = new Panel();
p.add( sb );
```

Durch Verschieben des Reglers kann direkt ein absoluter Wert
eingestellt werden. Anklicken der Pfeile an den Enden erhöht
oder verringert den aktuellen Wert des Scrollbalkens um das sogenannte *line increment*, Anklicken der Region zwischen den
Pfeilen und dem Regler um das *page increment*. Die Werte

323

können mit den folgenden Funktionen gesetzt bzw. abgefragt werden:

```
void setLineIncrement( int i )
void setPageIncrement( int i )
int getLineIncrement()
int getPageIncrement()
int getOrientation()
void setValue( int value )   setzt bzw.
int getValue() ermittelt die aktuelle Position des Reglers.
```

Abhängig von der Art der Bedienung löst ein `Scrollbar` fünf verschiedene Ereignisse aus:

```
Event.SCROLL_ABSOLUTE
Event.SCROLL_LINE_DOWN
Event.SCROLL_LINE_UP
Event.SCROLL_PAGE_DOWN
Event.SCROLL_PAGE_UP
```

Innerhalb von `handleEvent()` kann dann mit `getValue()` der aktuelle Wert des `Scrollbar` abgefragt werden, um die Darstellung des Programms entsprechend zu aktualisieren.

Ein Beispiel für die Anwendung eines `Scrollbar` zeigt das Programmbeispiel `PolygonDemo` in Abschnitt 8.2.5 ab Seite 340.

### 8.1.9  TextField

Mit der Klasse `TextField` stellt der AWT eine Möglichkeit zur Eingabe beliebiger Texte oder Werte zur Verfügung. Ein

*Texteingabe,*
*eine Zeile*

`TextField` nimmt alle Tasten-Events über seinem Bereich entgegen und baut daraus einen String auf, der allerdings auf eine Zeile begrenzt ist: Beim Betätigen der `return`-Taste wird zusätzlich ein `ACTION_EVENT` ausgelöst. Ein neues `TextField` wird mit einem der folgenden Konstruktoren erzeugt:

```
TextField() leer, 0 Zeichen breit,
TextField( int i ) leer, i Zeichen breit,
TextField( String s ) mit Text s, aber 0 Zeichen breit,
TextField( String s, int i) mit Text s, i Zeichen breit.
```

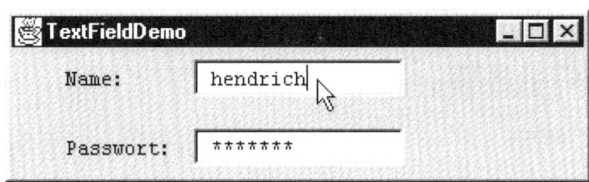

*Abbildung 8.3*
*TextFieldDemo:*
*Zwei Textfelder*

Falls der String mehr Zeichen hat, als sichtbar sind, wird vom TextField nur ein entsprechend passender Ausschnitt angezeigt. Der sichtbare Ausschnitt kann mit den Cursortasten verschoben werden.

Da ein TextField nur den Eingabetext selbst darstellt, wird zur Erläuterung häufig ein Label benutzt, wie im folgenden Beispiel:

```
TextField tf1, tf2;
Label    l1, l2;

l1  = new Label( "Name:    " );
tf1 = new TextField( "hendrich", 15 );

l2  = new Label( "Passwort:" );
tf2 = new TextField( 15 );
tf2.setEchoCharacter( '*' );

add( l1 );
add( tf1 );

add( l2 );
add( tf2 );
```

Durch Setzen eines „Echo-Zeichens" mit setEchoCharacter() kann die Anzeige des Textes verschleiert werden, etwa für die Eingabe eines Paßwortes. Außerdem stellt die Klasse TextField die folgenden, zum Teil der Basisklassse TextComponent entstammenden Methoden bereit:

int getColumns () liefert die Anzahl der sichtbaren Zeichen,
String getText() liefert den gesamten Text zurück,
setText( String s ) überschreibt den bisherigen Text mit s,
select( int start, int end ) bzw.

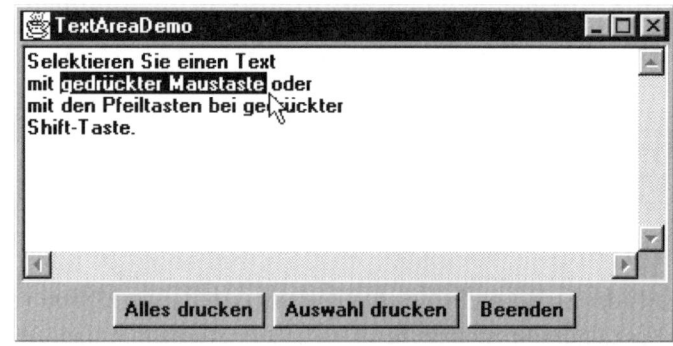

*Abbildung 8.4
Demonstration
einer TextArea*

selectAll() selektiert den angegebenen Bereich bzw. den gesamten Text im TextField,

String getSelectedText() liefert den gerade selektierten Teil
des gesamten Texts zurück,

int getSelectionStart() und

int getSelectionEnd() liefern die Start- und Endposition des
selektierten Bereichs,

boolean isEditable() liefert true, falls der Text geändert werden darf,

setEditable( boolean b) erlaubt oder unterbindet das Editie-
ren des Textes,

setEchoCharacter( char c ) setzt ein Echo-Zeichen,

getEchoChar() liefert das Echo-Zeichen (falls gesetzt),

echoCharIsSet() ermittelt, ob ein Echo-Zeichen gesetzt ist.

### 8.1.10 TextArea

Die Klasse TextArea dient dazu, längere Texte mit mehreren
Zeilen darzustellen. Bei Bedarf werden vom AWT automatisch
*Ein einfacher* Scrollbalken an ein TextArea-Objekt angefügt und verwaltet, um
*Texteditor* den sichtbaren Ausschnitt des Textes verschieben zu können.
Da außerdem Änderungen im Text möglich sind, steht mit der
Klasse TextArea im AWT bereits ein einfacher Texteditor zur
Verfügung. Ähnlich wie für TextField stehen auch für TextArea
mehrere Konstruktoren bereit:

TextArea()

```
TextArea( int nx, int ny )
TextArea( String s )
TextArea( String s, int nx, int ny )
```

Mit den Parametern nx und ny kann die Anzahl der in x- und y-Richtung in der TextArea sichtbaren Zeichen eingestellt werden. Bei Angabe des Parameters s wird das TextArea-Feld mit dem String s initialisiert. Da die Voreinstellung für nx und ny jeweils Null ist, sollte die gewünschte Größe der TextArea stets angegeben werden. Ein Beispiel:

```
TextArea ta;
ta = new TextArea( 40, 10 );
ta.setText( "Selektieren Sie einen Text\n "
      + "mit gedrückter Maustaste oder\n "
      + "mit den Pfeiltasten bei gedrückter\n "
      + "Shift-Taste.\n " );

Panel p = new Panel();
p.add( ta );
```

Da TextArea ebenso wie TextField von der AWT-internen Klasse TextComponent abgeleitet ist (siehe die Klassenhierarchie in Abbildung 8.2 auf Seite 310), können die im vorigen Abschnitt für das TextField aufgezählten Methoden zum Auslesen und Setzen des Textes sowie zur Selektion ebenfalls verwendet werden. Zusätzlich gibt es folgende Methoden:

int getColumns() und

int getRows() liefern die Anzahl der sichtbaren Spalten bzw. Zeilen,

insertText( String s, int pos ) fügt den als Parameter s übergebenen String ab der Position pos in den vorhandenen Text ein. Das erste Zeichen hat die Position 0.

replaceText( String s, int pos1, int pos2 ) ersetzt den Text zwischen den Positionen pos1 und pos2 durch s.

Das Verhalten der Scrollbalken um ein TextArea-Objekt kann bei Bedarf mit den Methoden getLineIncrement() und getPageIncrement() abgefragt bzw. mit setLineIncrement() und setPageIncrement() eingestellt werden.

Das folgende Programmbeispiel demonstriert einige Möglichkeiten der Klasse TextArea. Sie können mit der Maus einen Text-
bereich selektieren und — abhängig vom Fenstersystem, unter
Windows etwa über die Zwischenablage, — in andere Applikationen übernehmen. Ebenso ist es möglich, einen Text in anderen
Applikationen zu selektieren und in das Textfeld einzufügen:

```
/* TextAreaDemo - TextArea mit Selektion */

import java.awt.*;

public class TextAreaDemo extends Frame {
  TextArea ta;

  public TextAreaDemo() {
    setLayout( new BorderLayout() );
    ta = new TextArea( 40, 10 );
    ta.setText( "Selektieren Sie einen Text\n "
      + "mit gedrückter Maustaste oder\n "
      + "mit den Pfeiltasten bei gedrückter\n "
      + "Shift-Taste.\n " );
    add( "Center", ta );
    Panel p = new Panel();
    p.setLayout( new FlowLayout(FlowLayout.CENTER));
    p.add( new Button( "Alles drucken" ));
    p.add( new Button( "Auswahl drucken" ));
    p.add( new Button( "Beenden" ));
    add( "South", p );
  }

  public boolean action( Event e, Object arg ) {
    if (e.target instanceof Button) {
      String s = (String) arg;
      if (s.equals( "Beenden" ))
        System.exit(0);
      else if (s.equals( "Alles drucken" )) {
        System.out.println( ta.getText() );
      }
      else if (s.equals( "Auswahl drucken" )) {
        System.out.println(
          ta.getSelectedText() );
      }
    }
    return true;
  }
```

```
public static void main( String argv[] ) {
   TextAreaDemo TD = new TextAreaDemo();
   TD.setTitle( "TextAreaDemo" );
   TD.resize( 400, 200 );
   TD.show();
   TD.resize( 400, 200 );
}
}
```

Das Programm zeigt außerdem erneut den typischen Umgang mit `Button`-Knöpfen und die Eventbehandlung mit If-Ketten in der `action()`-Methode. Bei Betätigen von „`Auswahl drucken`" wird mit `getSelectedText()` der selektierte Bereich des Textes ermittelt und ausgegeben.

Ein weiteres Beispiel für den Nutzen einer `TextArea` und der Methode `appendText()` liefert die folgende Klasse `Console`. Zum Beispiel ist es beim Einsatz des JDK unter WINDOWS'95 sehr lästig, daß immer nur die letzten 24 oder maximal 50 Zeilen der Systemausgaben im DOS-Fenster zu sehen sind. Und einige WWW-Browser, etwa `hotjava`, bieten überhaupt keine Systemausgaben. Dies ist vor allem dann ärgerlich, falls Sie (wie Ihr Autor) ein Anhänger des guten alten „printf"-Debugging sind und gerne die Methode `System.out.println()` anwenden, um Informationen über Ihr Programm zu bekommen.

*Console*

Die einfache Abhlife besteht darin, die Ausgaben in ein eigenes Fenster mit einer `TextArea` umzulenken. Damit stehen automatisch Scrollbalken zur Verfügung, und es gehen keine Ausgaben verloren:

```
/* Console - TextArea als Systemkonsole */
import java.awt.*;

public class Console extends Frame {
   private TextArea ta;

   public Console() {
      setTitle( "Console" );
      setLayout( new BorderLayout() );
      setBackground( Color.lightGray );
      ta = new TextArea( 40, 10 );
      add( "Center", ta );
      Panel p = new Panel();
      p.setLayout( new FlowLayout(FlowLayout.CENTER));
```

```
    p.add( new Button( "Clear" ));
    p.add( new Button( "Quit" ));
    add( "South", p );
    resize( 400, 300 ); show(); resize( 400, 300 );
  }

  public boolean action( Event e, Object arg ) {
    if (e.target instanceof Button) {
      String s = (String) arg;
      if (s.equals( "Clear" )) ta.setText( "" );
      else if (s.equals( "Quit" ))
        System.exit(0);
    }
    return true;
  }

  public void println( String s ) {
    ta.appendText( s + '\n' );
  }

  public void setText( String s ) {
    ta.setText( s );
  }

  public static void main( String argv[] ) {
    Console con = new Console();
    // zum Test irgendwas ausgeben:
    for( int i=0; i < 500; i++ ) {
      con.println( "i " + i + "  i*i " + i*i );
    }
  }
}
```

Bei Bedarf können natürlich auch mehrere Console-Fenster erzeugt werden. Um einen String s in eine Console auszugeben, wird einfach Console.println(s) aufgerufen.

*Ein main()
pro Klasse*

Die Klasse Console illustriert noch eine weitere nützliche Möglichkeit. Jede Klasse darf eine eigene Methode main() enthalten, auch wenn main() in der typischen Anwendung der Klasse nie aufgerufen wird. In diesem Fall kann die Methode main() benutzt werden, um einen Selbsttest der Klasse auszuführen, etwa durch Aufrufen aller Methoden der Klasse. Im Beispiel kann zum Test der Klasse einfach java Console aufgerufen werden, ohne daß externe Klassen benötigt werden.

## 8.2 Container und Layoutmanager

Zur Gestaltung einer vollständigen Benutzeroberfläche müssen die bisher besprochenen einzelnen Dialogbausteine jetzt noch sinnvoll angeordnet werden. Dazu stellt der AWT die „Container-klassen" `java.awt.Panel` und `java.awt.Window` bereit, die auch tatsächlich von einer gemeinsamen Klasse `java.awt.Container` abgeleitet sind (siehe Abbildung 8.2 auf Seite 310).

*Container-klassen*

Wie bereits in den vorangegangenen Beispielen mehrfach vorgeführt, werden andere Dialogelemente einfach mittels `add()` in einen Container eingetragen und danach automatisch vom AWT verwaltet. Die graphische Anordnung der einzelnen Dialogbausteine wird dabei von einem sogenannten `Layoutmanager`-Objekt übernommen.

*Verwaltung und Anordnung der Dialogelemente*

Das Interface `java.awt.Layoutmanager` beschreibt alle Methoden, die zur Anordnung der einzelnen Dialogbausteine nötig sind. Einige häufig benötigte Anordnungen stehen mit den Klassen `FlowLayout`, `BorderLayout`, `GridLayout` und `CardLayout` fertig zur Verfügung. Wesentlich flexibler, aber auch mühsamer aufzubauen, ist das `GridBagLayout`. Die Layout-Klassen sind in Abbildung 8.5 dargestellt

*Vordefinierte Layouts*

Da ein `Panel` oder `Window` außer den einfachen Dialogbausteinen auch selbst wieder andere `Panel`-Objekte aufnehmen kann, ergeben sich vielfältige Gestaltungsmöglichkeiten. Im folgenden werden zunächst die wichtigsten Methoden der Klasse `Container` und `Panel` zusammengefaßt. Anschließend werden die vordefinierten Layout-Klassen vorgestellt.

*Hierarchische Anordnungen*

### 8.2.1 Panel

Die Klasse `Panel` ist der einfachste AWT Container. Ein `Panel` repräsentiert eine rechteckige Region, die elementare AWT Dialogelemente oder weitere `Panel`-Objekte aufnimmt. Obwohl die Klasse `Panel` über `Container` wiederum von `Component` abgeleitet ist und deshalb selbst alle AWT Zeichenfunktionen zur Verfügung stellt, werden außer dem Setzen der Hintergrundfarbe nur selten weitere Zeichenfunktionen mit dieser Klasse benutzt. Der übliche Einsatz eines `Panel` beschränkt sich vielmehr darauf,

*Abbildung 8.5
Klassenhierarchie
des AWT (3):
Menü-Dialog-
elemente und
Layoutmanager*

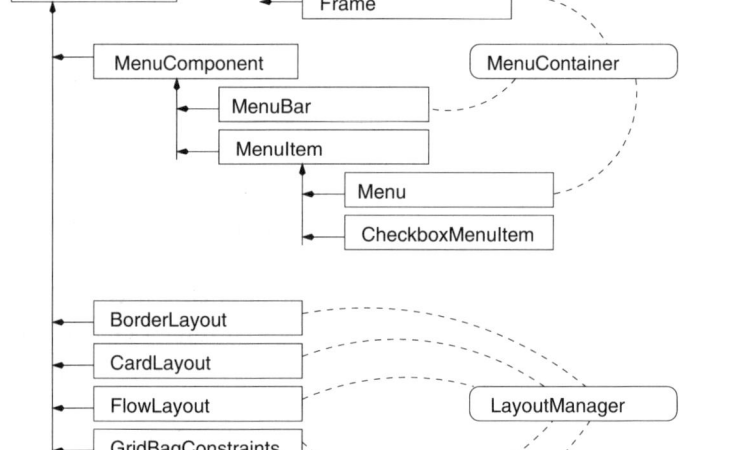

die mit add() eingetragenen einzelnen Dialogbausteine anzuordnen. Hier eine Aufzählung der wichtigsten anderen Methoden von Container:

```
Component add( Component c) bzw.
Component add( Component c, int pos)
```
>   setzen ein Dialogelement c in den Container ans Ende oder an Position pos ein,

```
Component add( String where, Component c)
```
>   fügt das Element c an die Position where in den Container ein (s.u. BorderLayout),

```
int countComponents()
```
>   liefert die Anzahl der enthaltenen Dialogelemente,

`Component getComponent(int i)` liefert das `Component`-Objekt an Position `i`,

`Component[] getComponents()` liefert ein Array mit allen enthalteten Dialogelementen

`LayoutManager getLayout()` liefert eine Referenz auf den aktiven LayoutManager,

`setLayout(LayoutManager lm)` setzt `lm` als den neuen `Layout-Manager`,

`layout()` ordnet die Dialogelemente in diesem Container neu an,

`Insets insets()` liefert das aktuelle `Insets`-Objekt. Mit den `Insets` können unabhängig voneinander die Einrückungen am linken, rechten, oberen und unteren Rand eingestellt werden (siehe Seite 346).

`list(PrintStream out, int indent)` gibt eine Liste aller enthalteten Elemente in den `PrintStream` `out` aus.

`locate(int x, int y)` ermittelt eine Referenz auf Element in diesem Container über der Position `(x,y)`.

`Dimension minimumSize()`

`Dimension preferredSize()` liefern ein `Dimension`-Objekt mit der minimal akzeptablen bzw. der gewünschten Größe (in Pixel) für diesen Container.

`paintComponents( Graphics g )`  zeichnet alle im Container enthaltenen Dialogelemente neu.

`remove(Component c)` und

`removeAll()` löschen das mit `c` angegebene bzw. alle Dialogelement(e) aus diesem Container.

### 8.2.2  Die Rolle der Layoutmanager

Die Anordnung der einzelnen, in einen Container verpackten Dialogelemente auf dem Bildschirm erfolgt über die Methoden des Interface `java.awt.LayoutManager`. Da dieses Interface von verschiedenen Klassen ganz verschieden implementiert werden kann, ergeben sich vielfältige Möglichkeiten zur graphischen Gestaltung der Benutzeroberfläche. Im AWT sind zur Zeit fünf Klassen vordefiniert, die ganz unterschiedliche Layoutstrategien verfolgen — das einfache `FlowLayout`, `GridLayout`, `BorderLayout`, `CardLayout` und schließlich das `GridBagLayout`. Diese werden

*Unterschiedliche Layoutstrategien*

333

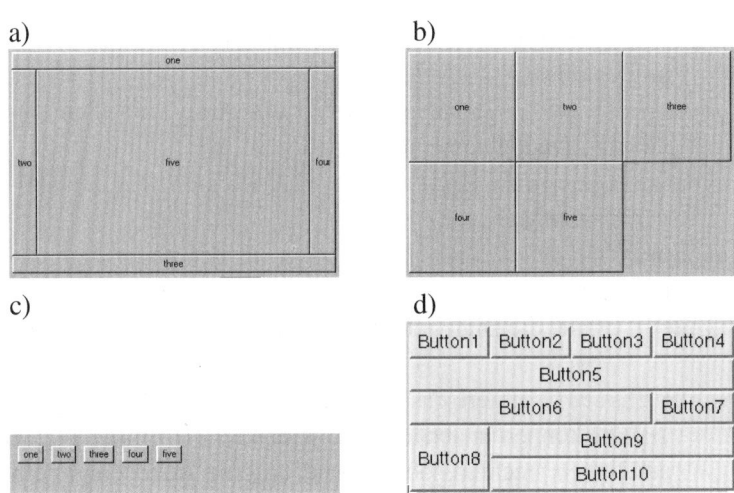

*Abbildung 8.6
Die Java
Layoutmanager:
a) Borderlayout,
b) GridLayout,
c) FlowLayout,
d) GridBagLayout.
Nicht dargestellt ist
das CardLayout.*

in den folgenden Abschnitten mit Beispielen erläutert.

Gegenüber der in anderen Fenstersystemen üblichen Praxis, die einzelnen Dialogelemente durch direkte Angabe der Koordinaten an eine absolute Position zu plazieren, mag das Konzept der Layoutmanager unnötig komplex erscheinen. Nur durch den Einsatz der Layoutmanager ist es aber möglich, eine AWT Benutzeroberfläche an unterschiedlichste Systemumgebungen anzupassen. Ein Java-Programm sollte auf einem Notebook mit einer Auflösung von nur $640 \times 480$ Bildpunkten ebenso einsetzbar sein wie auf einer Workstation mit $1600 \times 1200$ Bildpunkten bei völlig anders eingestellten Schriftarten. Nur durch die relative Positionierung der Dialogelemente und die Berücksichtigung der gewünschten Größe aller Elemente ist eine derartige Unabhängigkeit und Portabilität zu erreichen.

*Portable
Oberflächen*

Für besondere Aufgaben ist es darüber hinaus möglich, das Interface `LayoutManager` mit einer eigenen Klasse zu realisieren und damit eine spezielle Anordnung der Dialogbausteine zu erreichen. Im Notfall kann mit dem Aufruf von `Container.setLayout(null)` ein eventuell aktiver Layoutmanager ausgeschaltet werden:

*Eigene
Layoutmanager*

*Kein
Layoutmanager*

```
Button button = new Button( "Fixiert" );
Panel p;
p.setLayout( null );
p.add( button );
```

334

```
button.reshape( 50, 50, 60, 10 );
```

Ohne aktiven Layoutmanager können tatsächlich alle Dialogelemente absolut positioniert werden. Mittels `reshape( int x,` *reshape()*
`int y, int w, int h )` wird die linke obere Ecke des Elements
an die Position (`x`,`y`) verschoben und seine Größe auf (`w`,`h`) ein- *Absolute Position*
gestellt. Die Anordnung der Elemente wird anschließend aber
nicht mehr an die Fenstergröße angepaßt.

### 8.2.3 FlowLayout

Das einfachste und für ein `Panel` voreingestellte Layout ist das
`java.awt.FlowLayout`. Unter der Kontrolle eines `FlowLayout`
Layoutmanagers werden alle Dialogbausteine einfach von links
nach rechts in einer Reihe angeordnet. Jedem Dialogelement wird
dabei genau so viel Platz zugewiesen, wie dieses mit der Methode
`preferredSize()` anfordert. Dies ist in Abbildung 8.6(c) auf Seite 334 gut zu erkennen. Alle fünf `Buttons` liegen in einer Reihe
nebeneinander und sind auf ihre normale Größe eingestellt.

Die Anordnung der Elemente innerhalb einer Zeile kann mit
den Konstruktoren der Klasse `FlowLayout` ausgewählt werden:

`FlowLayout()` erzeugt ein `FlowLayout` mit linksbündiger Ausrichtung der Elemente,

`FlowLayout( int align )` erzeugt ein `FlowLayout` mit Ausrichtung `align`. Die möglichen Werte sind linksbündig
mit `FlowLayout.LEFT` (die Voreinstellung), zentriert mit
`FlowLayout.CENTER`, oder rechtsbündig mit `FlowLayout.`
`RIGHT`.

Falls abhängig von der Gesamtgröße des `Panel` oder `Window`
nicht alle Elemente nebeneinander Platz finden, werden nachfolgende Elemente in eine nächste Zeile plaziert usw. Sobald alle
verfügbaren Zeilen gefüllt sind, werden weitere Elemente einfach
abgeschnitten und nicht angezeigt.

Ein Beispiel für dieses Verhalten ist in Abbildung 8.7 auf Seite 337 dargestellt. Dabei werden vier Exemplare der oben beschriebenen Klasse `PolygonCanvas` anstelle der einfachen AWT-
Dialogbausteine eingesetzt. Hier der zugehörige Programmcode:

```
import java.awt.*;
import PolygonCanvas;

public class FlowLayoutDemo extends Frame {

  FlowLayoutDemo() {
    super();
    setBackground( Color.white );

    setLayout( new FlowLayout( FlowLayout.LEFT ));
    add( new PolygonCanvas( 3 ));
    add( new PolygonCanvas( 4 ));
    add( new PolygonCanvas( 5 ));
    add( new PolygonCanvas( 6 ));
  }

  public boolean handleEvent( Event e ) {
    if (e.id == Event.WINDOW_DESTROY) System.exit(0);
    return super.handleEvent(e);
  }

  public static void main( String argv[] ) {
    FlowLayoutDemo f = new FlowLayoutDemo();
    f.setTitle( "FlowLayout Demo" );
    f.resize( 800, 200 );
    f.show();
    f.resize( 800, 200 );
  }
}
```

### 8.2.4  GridLayout

Mit der Klasse `GridLayout` steht ein Layoutmanager zur Verfügung, der alle Dialogbausteine in einem regelmäßigen Gitter an-
ordnet. Die ny mal nx Felder werden zeilenweise von links nach
rechts und von oben nach unten gefüllt.

Die Größe der einzelnen Felder des Gitters ergibt sich dabei direkt aus der Gesamtgröße des `Panel` oder des Fensters und
der Anzahl der Felder. Alle Dialogelemente werden so skaliert,
daß sie ihre Felder vollständig ausfüllen, unabhängig von den mit
`preferredSize()` oder `minimalSize()` angeforderten Dimensio-

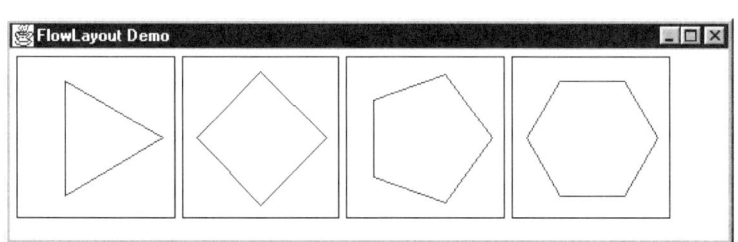

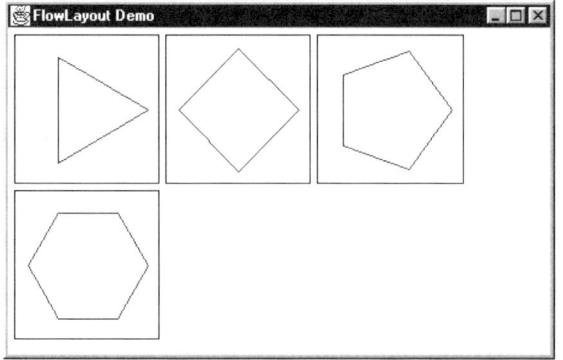

*Abbildung 8.7*
*Zwei Beispiele für*
*ein FlowLayout.*
*Alle Elemente*
*erhalten ihre*
*gewünschte Größe.*
*Falls nicht alle*
*Elemente in eine*
*Reihe passen,*
*werden weitere*
*Reihen begonnen.*

nen. Das ist auch in Abbildung 8.6(b) auf Seite 334 deutlich für die Button-Objekte zu erkennen. Die Klasse GridLayout definiert zwei Konstruktoren:

```
GridLayout( int ny, int nx )
```
> erzeugt ein Layout mit ny Reihen und nx Spalten,
```
GridLayout( int ny, int nx, int dx, int dy )
```
> erzeugt ein Layout mit ny Reihen und nx Spalten, dx Pixeln horizontalem Abstand und dy Pixeln vertikalem Abstand zwischen benachbarten Feldern.

Die Anwendung der Zwischenräume zwischen den Feldern ist in Abbildung 8.8 noch einmal für eine Anzahl von PolygonCanvas-Objekten dargestellt. Ohne Rücksicht auf die Wünsche der Komponenten wird ihre Größe auf die aktuelle Feldgröße eingestellt. Falls mehr als ny×nx Dialogelemente in ein GridLayout eingetragen werden, wird die Anzahl nx der Spalten automatisch entsprechend erhöht.

Das folgende Programmbeispiel zeigt ein GridLayout mit zwei Zeilen und drei Spalten zur Anordnung von PolygonCanvas-Objekten:

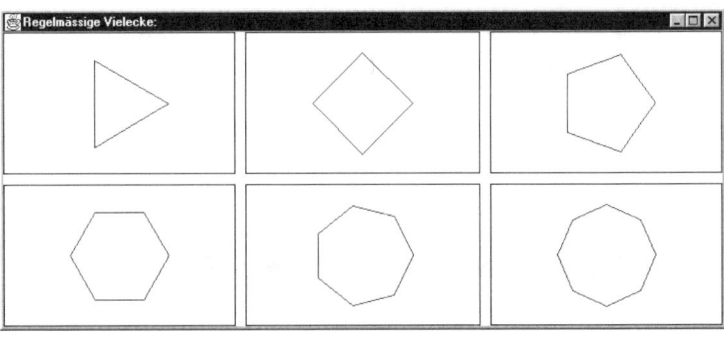

*Abbildung 8.8
Ein
Gridlayout(2,3).
Die Größe der
Elemente wird
angepaßt, bis sie in
die Felder passen.*

```java
import java.awt.*;
import PolygonCanvas;

public class GridLayoutDemo extends Frame {

  GridLayoutDemo() {
    super();
    setBackground( Color.white );

    setLayout( new GridLayout( 2, 3, 10, 10 ));
    add( new PolygonCanvas( 3 ));
    add( new PolygonCanvas( 4 ));
    add( new PolygonCanvas( 5 ));
    add( new PolygonCanvas( 6 ));
    add( new PolygonCanvas( 7 ));
    add( new PolygonCanvas( 8 ));
  }

  public boolean handleEvent( Event e ) {
    if (e.id == Event.WINDOW_DESTROY) System.exit(0);
    return super.handleEvent(e);
  }

  public static void main( String argv[] ) {
    GridLayoutDemo f = new GridLayoutDemo();
    f.setTitle( "GridLayout Demo" );
    f.resize( 600, 400 );
    f.show();
    f.resize( 600, 400 );
  }
}
```

## 8.2.5 BorderLayout

Die Klasse `BorderLayout` verwendet eine eigenwillige, aber erstaunlich vielseitige Anordnung der Elemente (siehe Abbildung 8.6(a) auf Seite 334). Das Layout besteht aus fünf Teilen — einer zentralen Region mit ihren vier Rändern.

Die Aufteilung der vorhandenen Fläche erfolgt in mehreren Phasen. Zunächst werden alle Komponenten im oberen und unteren Rand mit der maximalen Breite des Fensters, aber der von den Komponenten gewünschten Höhe angeordnet. Danach wird der linke und rechte Rand bis zur verbleibenden Höhe und der gewünschten Breite aufgefüllt. Der gesamte verbleibende Platz steht für die Komponente im Zentrum zur Verfügung.

Dieses komplexe Vorgehen erlaubt eine sehr einfache Gestaltung von Programmen, in denen eine zentrale Zeichen- oder Arbeitsfläche von einfachen Bedienungselementen und Scrollbalken umgeben ist. Bei einer Veränderung der Fenstergröße bleiben die außen angeordneten Bedienungselemente weitgehend sichtbar, und die zentrale Zeichenfläche bekommt automatisch allen verbleibenden Platz zugewiesen. Das `BorderLayout` ist der für `Frame`-Fenster voreingestellte Layoutmanager. *Zentrale Arbeitsfläche*

Neben dem einfachen Konstruktor `BorderLayout()` gibt es eine zweite Variante `BorderLayout( int dx, int dy )`, wobei mit `dx` der horizontale und mit `dy` der vertikale Abstand zwischen den einzelnen Regionen des Layouts festgelegt wird. Beim Hinzufügen eines Dialogelements c zu einem `BorderLayout` sollte die Methode `add( String where, Component c )` eingesetzt werden. Mit dem Parameter `where` wird angegeben, in welche Region das Dialogelement eingesetzt wird, mögliche Werte mit der offensichtlichen Bedeutung sind `"Center"`, `"North"`, `"South"`, `"West"` und `"East"`. *add()*

Das folgende Programm demonstriert ein `BorderLayout` anhand einer Auswahl der wichtigsten Dialogbausteine des AWT. Im Zentrum befindet sich ein `PolygonCanvas` als typisches Beispiel für eine Zeichenfläche. Die obere Reihe (`North`) enthält einen `Label` und zwei `Buttons`, mit denen die Anzahl der Ecken des Polygons eingestellt werden kann. Die untere Reihe (`South`) enthält eine `Checkbox` zum Umschalten zwischen gefüllter und offener Darstellung sowie ein `Choice`-Menü zur Auswahl der Farbe. Auf der rechten Seite (`East`) befindet sich ein `Scrollbar`, mit *Beispiel: BorderLayoutDemo*

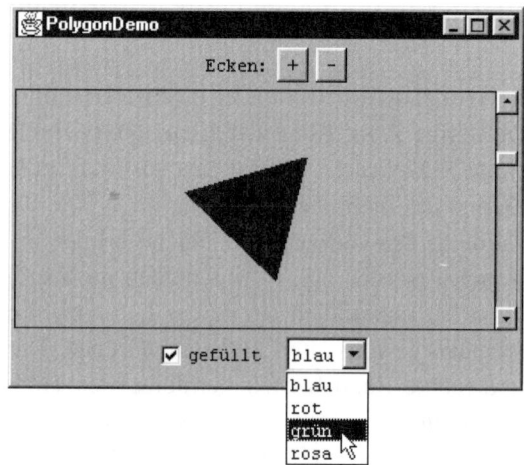

*Abbildung 8.9*
*Borderlayout mit*
*Label, Buttons,*
*Checkbox, Choice,*
*Scrollbar und*
*PolygonCanvas*

dem das Polygon gedreht werden kann. Die Ereignisbehandlung
für den Scrollbalken muß direkt in handleEvent() erfolgen:

```
/* BorderLayoutDemo (some dialog elements) */

import java.awt.*;
import PolygonCanvas;

public class BorderLayoutDemo extends Frame {
  PolygonCanvas pcv;

  BorderLayoutDemo() {
    super();
    setBackground( Color.white );
    setLayout( new BorderLayout() );

    // obere Reihe:
    Panel p = new Panel();
    p.setLayout( new FlowLayout(FlowLayout.CENTER));
    p.add( new Label( "Ecken:" ));
    p.add( new Button( "+" ));
    p.add( new Button( "-" ));
    add( "North", p );

    // PolygonCanvas in der Mitte:
    pcv = new PolygonCanvas( 5 );
    add( "Center", pcv );
```

```
  // untere Reihe:
  Panel q = new Panel();
  q.add( new Checkbox( "gefüllt" ));
  Choice c = new Choice();
  c.addItem( "blau" );
  c.addItem( "rot" );
  c.addItem( "grün" );
  c.addItem( "rosa" );
  q.add( c );
  add( "South", q );

  // rechte Seite:
  Scrollbar s = new Scrollbar(Scrollbar.VERTICAL);
  s.setValues( 45, 30, 0, 360 );
  add( "East", s );
}

public boolean action( Event evt, Object arg ) {
  if (evt.target instanceof Button) {
    String s = (String) arg;
    if      (arg.equals( "+" )) pcv.incrN();
    else if (arg.equals( "-" )) pcv.decrN();
  }
  else if (evt.target instanceof Checkbox) {
    pcv.setFill(
        ((Checkbox)evt.target).getState() );
  }
  else if (evt.target instanceof Choice) {
    String s = (String) arg;
    if      (arg.equals( "rot" ))
                 pcv.setColor( Color.red );
    else if (arg.equals( "grün" ))
              pcv.setColor( Color.green );
    else if (arg.equals( "blau" ))
               pcv.setColor( Color.blue );
    else if (arg.equals( "rosa" ))
            pcv.setColor( Color.magenta );
  }
  else
    System.out.println( evt.toString() );
    ;
  repaint();
  return true;
}
```

```
public boolean handleEvent( Event evt ) {
  if (evt.id == Event.WINDOW_DESTROY)
    System.exit(0);
  else if (evt.target instanceof Scrollbar) {
    pcv.setRotation(
          ((Scrollbar) evt.target).getValue() );
  }
  return super.handleEvent(evt);
}

public static void main( String argv[] ) {
  BorderLayoutDemo f = new BorderLayoutDemo();
  f.setBackground( Color.lightGray );
  f.setTitle( "BorderLayoutDemo" );
  f.setFont( new Font("Courier", 0, 12) );
  f.resize( 400, 400 );
  f.show();
  f.resize( 400, 400 );
}
}
```

### 8.2.6 CardLayout

Ein CardLayout verfolgt ein gänzlich anderes Konzept als die bisher vorgestellten Layouts. Nur jeweils eines der in das Card-Layout aufgenommenen Dialogelemente — meistens Panels mit eigenen Layoutmanagern — ist sichtbar. Mit den Methoden first(), next(), previous() und last() kann zwischen den einzelnen Seiten hin- und hergeschaltet werden, und mit show( Container c, String s) kann eine der Seiten über ihren Namen s direkt ausgewählt werden.

Ein CardLayout ist damit in etwa den aus WINDOWS'95 vertrauten „Karteikarten" vergleichbar.

```
Panel p1, p2, p3;
Panel master;
 ...

master.setLayout( new CardLayout() );
master.add( "Seite eins", p1 );
master.add( "Seite zwei", p2 );
```

```
master.add( "Seite drei", p3 );
```

```
master.show( master, "Seite drei" );
```

Ein schönes Beispiel für die Anwendung des CardLayout ist das CardTest-Applet in den Original-Beispielen zu Java Version 1.0.

### 8.2.7 GridBagLayout

Das vielseitigste, aber auch komplexeste im AWT vordefinierte Layout ist das GridBagLayout. Mit diesem Layout können durchaus auch sehr aufwendige Anordnungen realisiert werden, wie sie häufig für Dialogfenster nötig sind. Dem GridBagLayout liegt wie dem GridLayout ein rechteckiges Raster von nx mal ny Feldern zugrunde. Anders als beim GridLayout kann jedoch ein Dialogelement auch mehrere Felder belegen. Für jedes Dialogelement kann ein zusätzliches GridBagConstraints-Objekt erzeugt werden, um die gewünschte Anordnung genau vorzugeben.

Abhängig von den Werten der GridBagConstraints-Objekte, der gewünschten Größe aller Dialogelemente und natürlich der Größe des Containers selbst, ermittelt das GridBagLayout dann eine Anordnung der Dialogelemente. Ein Beispiel ist in Abbildung 8.6(d) auf Seite 334 dargestellt. Das Layout belegt dort ein Raster mit fünf Zeilen und vier Spalten. Die Buttons in der oberen Reihe nehmen jeweils ein Feld ein, der Button darunter jedoch alle vier Felder der zweiten Zeile, der Button links unten schließlich zwei übereinanderliegende Felder.

Die Anzahl der für ein GridBagLayout erforderlichen Felder wird automatisch aus der Anzahl der Dialogelemente und deren GridBagConstraints abgeleitet. Die zentrale Rolle zur Gestaltung des Layouts kommt daher den Einstellungen in den Exemplarvariablen der GridBagConstraints zu:

gridx, gridy setzen den Index des von der linken oberen Ecke des Dialogelements belegten Rasterfeldes im Layout. Das Feld links oben im GridLayout hat den Index (0,0). Wenn hier der voreingestellte Wert GridBagConstraints.RELA-TIVE angegeben wird, wird das Dialogelement rechts neben (für gridx) bzw. unter (für gridy) dem vorherigen Dialogelement plaziert.

343

`gridwidth`, `gridheight` spezifizieren die Anzahl der vom Dialogelement belegten Rasterfelder im Layout, die Voreinstellung ist jeweils 1. Die Angabe von `GridBagConstraints.REMAINDER` definiert das Dialogelement als letztes Element der Zeile bzw. Spalte. Analog kann das Element mit `GridBagConstraints.RELATIVE` als vorletztes Element der Zeile bzw. Spalte markiert werden.

`fill` definiert das Verhalten des Dialogelements, wenn der gesamte zur Verfügung stehende Platz die gewünschte Größe übersteigt. Mögliche Werte sind `GridBagConstraints.NONE`, `HORIZONTAL`, `VERTICAL` und `BOTH`. Bei `NONE` behält das Dialogelement seine `preferredSize()`, ansonsten wird es in eine oder beide Richtungen ausgedehnt.

`ipadx`, `ipady` setzt das "Padding", eine Art Zwischenraum zwischen der minimalen Größe des Dialogelements und seinen Nachbarn. Die resultierende Breite ist `minimum width + 2 * ipadx`, entsprechend für die Höhe.

`anchor` definiert die Ausrichtung des Dialogelements, sobald das Rasterfeld größer als das Element ist. Die Voreinstellung ist `GridBagConstraints.CENTER`, andere mögliche Werte sind `NORTH`, `NORTHEAST` usw. bis `SOUTHWEST`.

`insets` setzt den Rand zwischen dem `GridBagLayout` und seiner Umgebung.

`weightx`, `weighty` definiert das Verhalten bei einer Größenänderung. Unter der Voreinstellung 0 für beide Werte wird zusätzlicher Platz an den Rand des `GridBagLayout` eingefügt.

Die `Button`-Objekte im obigen Beispiel wurden mit folgenden `GridBagConstraints` erzeugt:

- Button1, Button2 und Button3: `weightx = 1.0`
- Button4: `weightx = 1.0, gridwidth = REMAINDER`
- Button5: `gridwidth = REMAINDER`
- Button6: `gridwidth = RELATIVE`
- Button7: `gridwidth  REMAINDER`
- Button8: `gridheight = 2, weighty = 1.0`
- Button9, Button10: `gridwidth = REMAINDER`

Die Flexibilität des `GridBagLayout` wird mit dem beträchtlichen Aufwand zur Definition aller benötigten `GridBagConstraints` erkauft. Der Einsatz eines Dialogeditors für die interaktive Erstellung eines GridBagLayouts ist daher sehr zu empfehlen. Selbst mit eigenen Hilfsfunktionen wie `makeButton()` im folgenden Beispiel ist der Entwurf noch recht mühsam. Als Beispiel hier das Programm für das Layout aus Abbildung 8.6(d):

*Möglichst mit Dialogeditor*

```
import java.awt.*;
import java.util.*;
import java.applet.Applet;

public class GridBagEx1 extends Applet {
  protected void makebutton(String name,
              GridBagLayout gridbag,
              GridBagConstraints c) {
    Button button = new Button(name);
    gridbag.setConstraints(button, c);
    add(button);
  }

  public void init() {
    GridBagLayout gridbag = new GridBagLayout();
    GridBagConstraints c = new GridBagConstraints();
    setFont(new Font("Helvetica", Font.PLAIN, 14));
    setLayout(gridbag);
    c.fill = GridBagConstraints.BOTH;
    c.weightx = 1.0;
    makebutton("Button1", gridbag, c);
    makebutton("Button2", gridbag, c);
    makebutton("Button3", gridbag, c);
    // letzter Button in der Zeile:
    c.gridwidth = GridBagConstraints.REMAINDER;
    makebutton("Button4", gridbag, c);

    // neue Zeile, weightx wiederherstellen:
    c.weightx = 0.0;
    makebutton("Button5", gridbag, c);
    // vorletztes Element der Zeile:
    c.gridwidth = GridBagConstraints.RELATIVE;
    makebutton("Button6", gridbag, c);
    // letztes Element:
    c.gridwidth = GridBagConstraints.REMAINDER;
    makebutton("Button7", gridbag, c);
```

345

```
// neue Zeile, Wert wiederherstellen:
c.gridwidth = 1;
c.gridheight = 2;
c.weighty = 1.0;
makebutton("Button8", gridbag, c);
c.weighty = 0.0;
c.gridwidth = GridBagConstraints.REMAINDER;
c.gridheight = 1;
makebutton("Button9", gridbag, c);
makebutton("Button10", gridbag, c);
resize(300, 100);
}

public static void main(String args[]) {
    Frame f = new Frame("GridBag Layout Example");
    GridBagEx1 ex1 = new GridBagEx1();
    ex1.init();
    f.add("Center", ex1);
    f.pack();
    f.resize(f.preferredSize());
    f.show();
}
}
```

Falls die Höhe des Fensters geändert wird, passen sich aufgrund der `weighty`-Attribute nur die unteren beiden Elemente (Button8 und Button10) an. Die erste Einstellung der Fenstergröße erfolgt elegant mit `f.resize(f.preferredSize())`.

### 8.2.8 Insets

Unabhängig von der Layoutstrategie kann die Anordnung der Dialogelemente in einem `Container` durch die Vorgabe von Rän-

*Insets: Ränder*

dern auf einen bestimmten Bereich eingeschränkt werden. Beim Layout des Containers wird die Methode `insets()` aufgerufen, die das `Insets`-Objekt des Containers zurückliefert. Dessen Exemplarvariablen `top`, `left`, `bottom` und `right` enthalten die aktuellen Werte für die Ränder (oben, links, unten und rechts).

Durch Überschreiben der Methode `insets()` in Unterklassen von `Container` kann die Breite der Ränder neu eingestellt werden. Dazu wird einfach ein `Insets`-Objekt mit den gewünschten Werten erzeugt und zurückgeliefert.

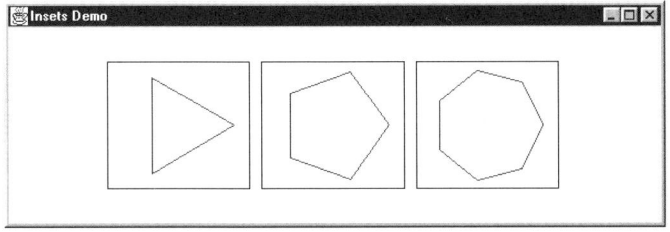

Abbildung 8.10
Insets: links und
rechts je 90 Pixel,
oben und unten je
30 Pixel

Besondere Bedeutung erhalten die `Insets` für Unterklassen von `Frame`, da der AWT die Titelzeile des Fensters und die Ränder um das Fenster mit systemabhängigen Werten für die `In-` *Insets für Frames* `sets` realisiert. Nach einem Aufruf von `resize(w,h)` beträgt die tatsächlich zum Zeichnen nutzbare Breite des Fensters also nur `w - insets().left - insets().right` Pixel und die linke obere Ecke der nutzbaren Fläche liegt bei (`insets().left`, `insets().top`). Natürlich dürfen die vom Fenstersystem vorgegebenen Ränder für Unterklassen von `Frame` nicht überschritten, sondern nur erweitert werden. Mit der folgenden Methode wer- *Frame: Ränder* den die vorhandenen Ränder links und rechts um je 90 Pixel, oben *nur vergrößern* und unten um je 30 Pixel vergrößert:

```
public Insets insets() {
  Insets in = super.insets();
  return new Insets( in.top+30, in.left+90,
                     in.bottom+30, in.right+90 );
}
```

*Insets vergrößern*

## 8.3 Fenster und Dialoge

Die Klasse `Window` und die davon abgeleiteten Klassen `Dialog`, `Frame` und `FileDialog` repräsentieren eigenständige Fenster. Wie in der Klassenhierarchie das AWT in Abbildung 8.2 auf Seite 310 zu erkennen, ist `Window` ebenso wie `Panel` von `Container` abgeleitet. Alle in Abschnitt 8.2.1 für `Panel` beschriebenen Methoden und LayoutManager stehen damit auch für `Window`, `Dialog` und `Frame` zur Verfügung. Beliebig viele einfache Dialogbausteine oder Panels werden mittels `add()` in ein `Window` eingebaut und unter der Kontrolle des LayoutManagers angeordnet.

### 8.3.1 Window

Mit der Klasse `java.awt.Window` stellt der AWT ein einfaches Fenster ohne Titelleiste und Rahmen zur Verfügung, das sich vor allem für Popup-Menüs anbietet. Der Konstruktor der Klasse `Window` benötigt eine Referenz auf ein eigenständiges `Frame`-Fenster. Ein `Window` kann daher nicht direkt in Applets verwendet werden:

`Window( Frame f )` erzeugt ein vom `Frame f` abhängiges und zunächst noch unsichtbares `Window`,

`show()` zeigt das `Window` an,

`toBack()` packt das `Frame f` unter das `Window`, und

`toFront()` packt das `Frame f` vor das `Window`. Aus Sicht des `Window` sind die Bezeichnungen also gerade vertauscht.

`dispose()` zerstört das `Window` und gibt alle belegten Ressourcen wieder frei,

`pack()` berechnet eine neue, möglichst kompakte Anordnung aller Dialogelemente im `Window`, die dabei gerade den per `minimumSize()` angeforderten Platz bekommen,

`String getWarningString()` liefert den Warnhinweis, mit dem Applet-Fenster markiert werden.

Wie in Kapitel 10 gezeigt wird, können Applets eigene `Frame`-Fenster und damit auch Dialogfenster erzeugen. Mit dem Warnhinweis an Applet-Fenstern soll verhindert werden, daß unerfahrene Anwender gutgläubig ihr Paßwort, Kreditkartennummern usw. in ein derartiges Dialogfenster eingeben.

Alle in Abschnitt 8.1 vorgestellten Dialogbausteine können in die Containerklasse `Window` eingefügt werden, um das `Window` mit der gewünschten Funktionalität zu versehen. Als Layoutmanager für `Window` dient ein `BorderLayout`.

Falls nur die Größe des `Window` mittels `resize()` oder `pack()` gesetzt wird, erscheint es beim ersten Aufruf zentriert über dem Fenster seines übergeordneten `Frame`. Mit der Methode `reshape( x, y, w, h )` kann die Lage und Größe des `Window` im Prinzip auch absolut angegeben werden, was gerade für Popup-Menüs fast immer notwendig ist. Leider funktioniert `reshape()` aber auch in JDK 1.0.2 noch nicht auf allen Plattformen zuverlässig.

### 8.3.2 Dialog

Die Klasse `java.awt.Dialog` bietet ein typisches Dialogfenster,
etwa zum Anzeigen von wichtigen Meldungen oder zur Eingabe von Dateinamen usw. Ein `Dialog`-Fenster wird mit einem
Rahmen und optional einem Titel versehen, ist aber ebenso wie
`Window` einem `Frame`-Fenster untergeordnet. Auf Wunsch kann
der `Dialog` als *modaler Dialog* eingesetzt werden. Dabei werden
weitere Eingaben in das `Frame`-Fenster solange unterdrückt, bis
der `Dialog` beendet wurde.

Die Klasse `Dialog` verfügt über folgende Methoden:

```
Dialog( Frame f, boolean modal )
Dialog( Frame f, String name, boolean modal )
```
> erzeugt ein neues vom Fenster `f` abhängiges Dialog-Fen-
> ster ohne Titel bzw. mit Titel `name`. Mit dem Parame-
> ter `modal` kann das Fenster als modaler Dialog ausgewählt
> werden,

`boolean isModal()` liefert `true` für einen modalen Dialog,

`setTitle( String name )` setzt bzw.

`String getTitle()` liefert den Namen des Dialogfensters,

`boolean isResizable()` liefert `true` falls die Größe des Dialogs
> verändert werden darf,

`setResizable( boolean flag )` erlaubt bzw. unterbindet eine
> Größenänderung des Fensters.

Leider funktioniert auch die Klasse `Dialog` bisher noch nicht zuverlässig, vor allem modale Dialoge bereiten Probleme. Statt dessen bietet es sich an, `Frame`-Fenster als Ersatz für `Dialog`-Fenster
zu mißbrauchen. In diesem Fall ist allerdings einiger zusätzlicher
Aufwand nötig, um einen modalen Dialog zu realisieren.

### 8.3.3 FileDialog

Die von `Dialog` abgeleitete Klasse `FileDialog` stellt einen Dialog
zur Auswahl von Verzeichnissen und Dateien bereit. Allerdings
wird ein `FileDialog` nicht mit den eigentlichen AWT-Dialogelementen realisiert, sondern ruft den plattformabhängigen Stan-
darddialog auf.

`FileDialog( Frame f, String name )` erzeugt einen von `f` abhängigen `FileDialog` zur Auswahl der zu lesenden Datei,

`FileDialog( Frame f, String name, int mode )` erzeugt einen `FileDialog`. Für `mode` sind die Werte `File-Dialog.LOAD` zum Lesen der Datei und `FileDialog.SAVE` zum Schreiben möglich.

`String getFile()` und

`String getDirectory()` liefern den ausgewählten Dateinamen bzw. den Verzeichnisnamen zurück,

`setDirectory( String s )` und

`setFile( String s )` setzen die Anfangswerte für den Dateinamen bzw. den Verzeichnisnamen. Diese Werte werden auch zurückgeliefert, wenn der Benutzer keine weitere Auswahl vornimmt.

`int getMode()` liefert den Mode (`LOAD` oder `SAVE`) des Dialogs zurück,

`setFilenameFilter( FilenameFilter ff )` setzt bzw.

`FilenameFilter getFilenameFilter()` liefert die Referenz auf den aktiven `Filenamefilter`.

Das Interface `FilenameFilter` dient dazu, die im `FileDialog` angezeigten Dateien einzuschränken, etwa auf Dateien mit der Endung `.gif` zum Laden von GIF-Bildern. Um einen `Filename-Filter` zu realisieren, muß nur eine einzige Methode `accept()` geschrieben werden:

```
public class GifFilter implements FilenameFilter {
  public boolean accept( File dir, String name ) {
    if (name.endsWith( ".gif" )) return true;
    else return (new File(dir,name)).isDirectory();
  }
}
```

Über das `File`-Objekt `dir` ist es in `accept()` möglich, die Auswahl abhängig vom aktiven Verzeichnis zu verändern. Da auch `FileDialog` noch nicht allzu zuverlässig funktioniert, wird in den Core-API Klassenbibliotheken allerdings nirgends ein `Filename-Filter` definiert oder verwendet.

### 8.3.4  Frame

Die bereits in Kapitel 7 eingeführte Klasse `Frame` schließlich
dient als eigenständiges Top-level Fenster mit Rahmen, Titel und
einer Menüleiste.

Hier noch einmal eine Zusammenfassung der wichtigsten
zusätzlichen Methoden der Klasse `Frame`:

```
setCursor(int type)
int getCursorType()
setIconImage(Image)
Image getIconImage()
setMenuBar(MenuBar)
setResizable(boolean flag)
boolean isResizable()
```

Mit `move( x,y )` bzw. `reshape( x,y,w,h )` kann ein `Frame` an
die Position `(x,y)` auf dem Bildschirm verschoben und auf die
Größe `(w,h)` eingestellt werden. Zum Beispiel kann ein `Frame`
auf dem Bildschirm zentriert werden:

```
Frame f;
Rectangle r = f.bounds();
Dimension d;
d = Toolkit.getDefaultToolkit().getScreenSize();

f.move( (d.width-r.width)/2,
        (d.height-r.height)/2 );
```

### 8.3.5  Ein Beispiel

Der Einsatz eines `Dialog` als modales Dialogfenster soll in diesem Abschnitt an einem vollständigen Beispiel erläutert werden.
Dazu wird eine Klasse `ConfirmDialog` von `Dialog` abgeleitet, die
einen minimalen Dialog der Art „wirklich löschen?" mit zwei
oder drei Buttons, etwa für die Auswahl „ja", „nein" oder „abbrechen", realisiert.

Da das Dialogfenster seine Ereignisse zunächst selbst abfängt,
muß zusätzlich wieder eine Callback-Funktion eingeführt werden. Dazu wird ein Interface mit einer Methode `callback()` definiert:

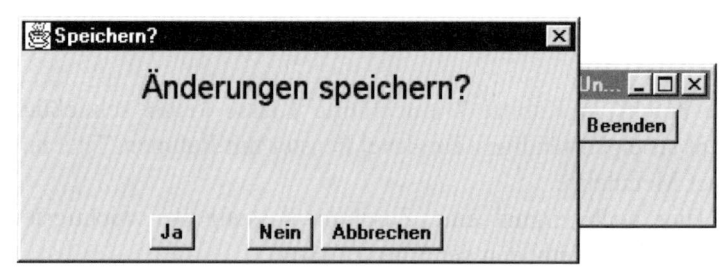

*Abbildung 8.11*
*ReallyQuitDemo:*
*Ein modaler*
*Dialog*

```
/* DialogCallback: einfacher Rückruf */

public interface DialogCallback {
  public boolean callback(
    String label, java.awt.Event evt );
}
```

Die Klasse `ConfirmDialog` definiert zwei Konstruktoren, um das
Dialogfenster mit entweder zwei oder drei Buttons zu versehen.
Neben den Strings für die Texte der Buttons und der eigentlichen
Meldung erhalten die Konstruktoren die benötigte Referenz auf
das übergeordnete `Frame` und das `DialogCallback`-Interface.

Außerdem werden in `ConfirmDialog` endlich einmal die Doc-
Kommentare inklusive HTML-Tags eingesetzt:

```
/* ConfirmDialog.java - einfacher Dialog */

import java.awt.*;
import DialogCallback;

/**
 * ConfirmDialog: Ein (modaler) Dialog mit
 * zwei oder drei Knöpfen, etwa so:
<pre>
    Noch nicht gespeichert! Wirklich beenden?
    [Beenden] [Sichern+Beenden] [Abbrechen]
</pre>
 */
public class ConfirmDialog extends Dialog {
  DialogCallback parent; // für Eventbehandlung
  Panel  buttonPanel;
  Button button1, button2, button3;
  String label;

  /** Konstruktor, zwei Knöpfe */
```

```java
public ConfirmDialog( Frame frame,
          DialogCallback parent, String title,
          String msg,
          String label1, String label2 ) {
  super( frame, title, true ); // modal
  this.parent = parent;
  this.label  = title;
  buildDialog( msg, label1, label2, null );
}


/** Konstruktor, drei Knöpfe */
public ConfirmDialog( Frame frame,
          DialogCallback parent, String title,
          String msg, String label1,
          String label2, String label3 ) {
  super( frame, title, true ); // modal
  this.parent = parent;
  this.label  = title;
  buildDialog( msg, label1, label2, label3 );
}


/** buildDialog(): interne Hilfsfunktion */
void buildDialog( String msg,
                  String l, String m, String r ) {
  setResizable( false );
  setLayout( new BorderLayout() );
  setBackground( Color.lightGray );
  if (msg != null) {
    Panel p = new Panel();
    p.setLayout( new FlowLayout(FlowLayout.CENTER));
    Label label = new Label( msg );
    label.setFont( new Font( "Helvetica", 0, 20 ));
    p.add( label );
    add( "Center", p );
  }
  buttonPanel = new Panel();
  buttonPanel.setLayout(
        new FlowLayout( FlowLayout.CENTER ));
  if (l != null) {
            buttonPanel.add( new Button( l ));
            buttonPanel.add( new Label( "  " ));
  }
  if (m != null)
            buttonPanel.add( new Button( m ));
  if (r != null)
```

```
                            buttonPanel.add( new Button( r ));
    add( "South", buttonPanel );
}

/** action(): ans Parent-Fenster weitergeben */
public boolean action( Event evt, Object arg ) {
  return parent.callback( label, evt );
}
}
```

Eine Anwendung des oben beschriebenen Dialogs zeigt die folgende Klasse ReallyQuitDemo. Das Programm öffnet ein Hauptfenster und zeigt in diesem einen „Beenden"-Button an. Bei Betätigung dieses Buttons öffnet sich das Dialogfenster mit der Auswahl „Ja", „Nein" und „Abbrechen":

```
/* ReallyQuitDemo: Beispiel für ConfirmDialog */

import java.awt.*;
import ConfirmDialog;
import DialogCallback;

public class ReallyQuitDemo extends Frame
    implements DialogCallback  {

  ConfirmDialog reallyQuitDialog;

  /** Hauptfenster mit einem 'Beenden'-Button */
  public void init() {
    setLayout( new FlowLayout(FlowLayout.CENTER));
    setBackground( Color.lightGray );
    add( "Center", new Button( "Beenden" ));

    reallyQuitDialog = new ConfirmDialog(
        this, this, "Speichern?",
        "Änderungen speichern?",
        "Ja", "Nein", "Abbrechen"
    );
  }

  /** action(): Events des Hauptfensters */
  public boolean action( Event evt, Object arg ) {
    if (evt.target instanceof Button) {
      String s = (String) arg;
```

```
      if (s.equals( "Beenden" ) &&
          !reallyQuitDialog.isShowing()) {
        reallyQuitDialog.resize( 350, 200 );
        reallyQuitDialog.show();
        reallyQuitDialog.resize( 350, 200 );
      }
    }
    return true;
  }

  /** Der callback fürs Dialogfenster */
  public boolean callback( String name, Event evt ) {
    if (name.equals( "Speichern?" )) {
      if (evt.target instanceof Button) {
        String s = (String) evt.arg;
        if (s.equals( "Nein" )) {
          System.exit( 0 );
        }
        else if (s.equals( "Ja" )) {
          // abspeichern,
          System.out.println( "...gesichert..." );
          System.exit( 0 );
        }
        else if (s.equals( "Abbrechen" )) {
          if (reallyQuitDialog.isShowing())
            reallyQuitDialog.hide();
        }
      }
    }
    else {
      // andere Ereignisse hier behandeln
    }
    return true;
  }

  public static void main( String argv[] ) {
    ReallyQuitDemo f = new ReallyQuitDemo();
    Dimension d;
    d = Toolkit.getDefaultToolkit().getScreenSize();
    f.resize( 100, 100 );
    f.init(); f.show();
    f.move( d.width/2-50, d.height/2-50 );
    f.resize( 100, 100 );
  }
} /* class ReallyQuitDemo */
```

Das Hauptfenster des Programms wird mit `Component.move()` in der Bildschirmmitte zentriert.

*Konsistenz*
*zwischen*
*Konstruktor und*
*action()*

Auch dieses kurze Beispiel zeigt schon deutlich, welches Problem die jeweils doppelte Verwendung der Button-Strings für den Button selbst und in der Ereignisbehandlung darstellt. Versuchen Sie ruhig einmal, einige der Texte zu ändern. Die Gefahr, wenigstens einige der Änderungen zu vergessen, wächst in größeren Programmen dramatisch an. In diesem Fall ist es sinnvoll, alle String-Konstanten in einer eigenen Klasse (oder einem Interface) zusammenzufassen und anschließend im Programm nur noch die Variablennamen anstelle der Strings selbst zu benutzen.

## 8.4  Menüs

Selbstverständlich unterstützt der AWT auch Menüs. Die Klasse `MenuBar` realisiert eine Menüleiste, in die eine beliebige Anzahl einzelner Menüs der Klasse `Menu` eingehängt werden kann. Jedes `Menu` wiederum enthält eine Anzahl von Einträgen der Klassen `MenuItem` bzw. `CheckboxMenuItem`. Die Menü-Klassen sind in Abbildung 8.5 dargestellt.

*Menüleiste*
*nur an Frame*

Eine Menüleiste kann natürlich nur an Top-level Fenstern der Klasse `Frame` oder ihrer Unterklassen angebracht werden, nicht jedoch an den anderen Containerklassen des AWT. Dies bedeutet vor allem, daß ein Applet als Unterklasse von `Panel` nicht selbst mit einer Menüleiste ausgestattet werden kann. Falls ein Applet unbedingt Menüs benötigt, muß das Applet ein eigenes Top-level `Frame` öffnen, an dem dann die Menüleiste angebracht wird.

Der Aufbau eines vollständigen und funktionsfähigen Menüs geht auch ohne die Hilfe eines Dialogeditors sehr schnell vonstatten. Dazu werden zunächst alle benötigten Menüeinträge mit den gewünschten Texten erzeugt:

```
MenuItem m_save   = new MenuItem( "Save" );
MenuItem m_saveAS = new MenuItem( "Save as..." );
MenuItem m_sep    = new MenuItem( "-" );
MenuItem m_quit   = new MenuItem( "Quit" );
...
CheckboxMenuItem cm =
          new CheckboxMenuItem( "Grid" );
```

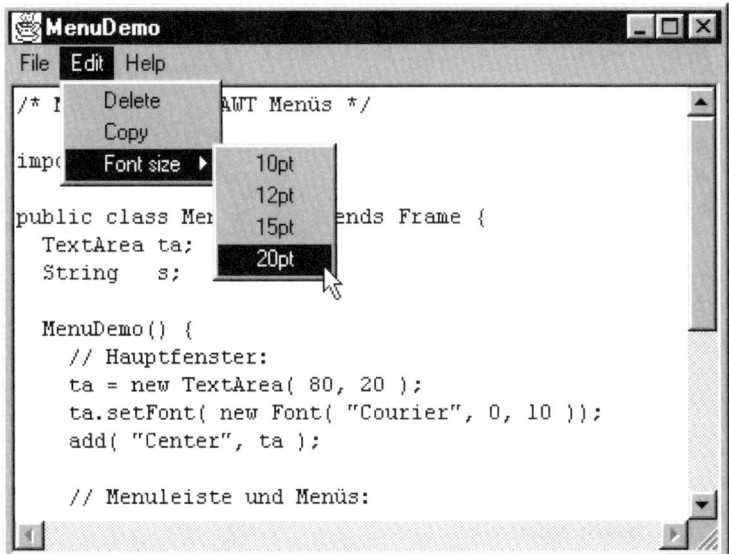

*Abbildung 8.12*
*MenüDemo:*
*Einfache und*
*geschachtelte*
*Menüs*

Der Aufruf von new MenuItem( "-") erzeugt einen „Separator", einen Querstrich zur optischen Trennung der Einträge davor und danach. Ein CheckboxMenuItem stellt wie eine Checkbox einen Ein/Aus-Schalter neben ihrem Text dar. Der Zustand des CheckboxMenuItem kann mit getState() abgefragt und mit setState() gesetzt werden.

Danach werden die Menüleiste und alle Menüs mit ihrem Namen erzeugt:

```
MenuBar mb = new MenuBar();

Menu    filemenu = new Menu( "File" );
Menu    editmenu = new Menu( "Edit" );
Menu    helpmenu = new Menu( "Help" );
...
```

Anschließend werden alle MenuItem-Objekte mit Menu.add() in ihr jeweiliges Menu eingehängt und die Menüs wiederum in den MenuBar:

```
// das erste Menü und einige Einträge:
MenuItem f1 = new MenuItem( "New" );
...
```

357

```
MenuItem f2 = new MenuItem( "-" );
MenuItem f3 = new MenuItem( "Quit" );

Menu filemenu = new Menu( "File" );
filemenu.add( f1 );
filemenu.add( f2 );
filemenu.add( f3 );

// Menüleiste erzeugen und
// die Menüs einhängen:
MenuBar mb = new MenuBar();
mb.add( filemenu );
mb.add( editmenu );
...

// Menüleiste des Fensters setzen:
this.setMenuBar( mb );
```

Damit ist der Aufbau der „Benutzeroberfläche" des Menüs fertig,
*Menü-Events* es fehlt aber noch die Reaktion des Programms auf Menüereignisse. Wie bereits in Abschnitt 8.13 angedeutet, ruft der AWT
für Menüereignisse die Methode `action()` auf. Die Abfrage auf
alle einzelnen Menüeinträge erfolgt wiederum mit den typischen
If-Ketten:

```
public boolean action( Event evt, Object arg ) {
  ...
  if (evt.target instanceof MenuItem) {
   String s = (String) arg;
   if      (s.equals( "New" ))  // neue Datei ...
   else if (s.equals( "Save" )) // Datei sichern
   ...
   else if (s.equals( "Quit" ))  // beenden
     System.exit(0);
   else {
     System.out.println( "unknown MenuItem:" + s );
   }
  }
  else
    ...
```

Das folgende Programm `MenuDemo` demonstriert diesen Aufbau
eines Menüs an einem vollständigen Beispiel:

```
/* MenuDemo --- AWT Menüs */

import java.awt.*;

public class MenuDemo extends Frame {
  TextArea ta;
  String    s;

  MenuDemo() {
    // Hauptfenster:
    ta = new TextArea( 80, 20 );
    ta.setFont( new Font( "Courier", 0, 10 ));
    add( "Center", ta );

    // Menuleiste und Menüs:
    MenuBar mb = new MenuBar();
     Menu filemenu = new Menu( "File" );
      MenuItem fn = new MenuItem( "New" );
      MenuItem fo = new MenuItem( "Open..." );
      MenuItem fs = new MenuItem( "Save..." );
      MenuItem fq = new MenuItem( "Quit" );
     filemenu.add( fn );
     filemenu.add( fo );
     filemenu.add( fs );
     filemenu.add( new MenuItem( "-" ));
     filemenu.add( fq );

     Menu editmenu = new Menu( "Edit" );
      MenuItem ed = new MenuItem( "Delete" );
      MenuItem ec = new MenuItem( "Copy" );
      MenuItem ei = new MenuItem( "Insert" );

      Menu fontsizemenu = new Menu( "Font size" );
       MenuItem i1 = new MenuItem( "10pt" );
       MenuItem i2 = new MenuItem( "12pt" );
       MenuItem i3 = new MenuItem( "15pt" );
       MenuItem i4 = new MenuItem( "20pt" );
       fontsizemenu.add( i1 );
       fontsizemenu.add( i2 );
       fontsizemenu.add( i3 );
       fontsizemenu.add( i4 );

     editmenu.add( ed );
     editmenu.add( ec );
     editmenu.add( fontsizemenu );
```

359

```
        Menu helpmenu = new Menu( "Help" );
         MenuItem ha = new MenuItem( "About..." );
         MenuItem hi = new MenuItem( "Index" );
        helpmenu.add( ha );
        helpmenu.add( hi );
      mb.add( filemenu );
      mb.add( editmenu );
      mb.add( helpmenu );
      mb.setHelpMenu( helpmenu );
      setMenuBar( mb );
    }

    public boolean action( Event e, Object arg ) {
      if (e.target instanceof MenuItem) {
        String s = (String) arg;
        if      (s.equals( "Quit" ))  System.exit(0);
        else if (s.equals( "New" )) {
          s = "";
          ta.setText( s );
        }
        else if (s.equals( "Open..." )) {
          FileDialog fd = null;
          fd = new FileDialog( this, "Open file..." );
          fd.show();
        }
        else if (s.equals( "Copy" )) {
          s = ta.getText();
          ta.setText( s + s );
        }
        else if (s.equals( "10pt" ))
          ta.setFont( new Font( "Courier", 0, 10 ));
        else if (s.equals( "12pt" ))
          ta.setFont( new Font( "Courier", 0, 12 ));
        else if (s.equals( "15pt" ))
          ta.setFont( new Font( "Courier", 0, 15 ));
        else if (s.equals( "20pt" ))
          ta.setFont( new Font( "Courier", 0, 20 ));
        // noch fehlende MenuItems behandeln:
        else {
          System.out.println(
                         "unknown MenuItem:" + s );
        }
      }
      return true;
    }
```

```
public static void main( String argv[] ) {
  MenuDemo f = new MenuDemo();
  f.setTitle( "MenuDemo" );
  f.resize( 400, 300 );
  f.show();
  f.resize( 400, 300 );
  }
}
```

Wie am Beispiel von `fontsizemenu` gezeigt, ist es möglich, ein `Menu` in ein anderes `Menu` einzuhängen und damit geschachtelte Menüs zu erstellen. Durch den Aufruf von `setHelpMenu()` wird das entsprechende Menü als „Hilfe-Menü" gekennzeichnet. Unter X-Windows wird ein Hilfe-Menü anschließend ganz nach rechts in der Menüleiste plaziert.

Die Tatsache, daß die Erzeugung der Menüs von der Eventbehandlung in der `action()`-Methode weit getrennt ist, führt wieder zu dem typischen Problem der Konsistenz. Schreibfehler in den Menüeinträgen oder den Abfragen in `action()` fallen nicht weiter auf, verhindern aber das Auslösen der beabsichtigten Funktion. Auch Menüs müssen also mit großer Sorgfalt programmiert und getestet werden. Viele Fehler lassen sich schnell finden, wenn die Abfragen in `action()` vollständig mit `else`-Zweigen und einer Fehlermeldung versehen werden, so daß unbekannte Strings sofort erkannt werden. *Konsistenz zwischen Menünamen und action()*

## 8.5 Ereignisse

Dieser Abschnitt erläutert die Ereignisbehandlung in AWT-Programmen. Zunächst wird die Datentruktur der Klasse `java.awt.Event` vorgestellt, die zur Darstellung aller Ereignisse im AWT dient. Dann werden alle bislang im AWT definierten Ereignisse und ihre Attribute zusammengefaßt. Danach wird die Reaktion auf Tastendrücke und die Auswertung der Modifier-Tasten zur Unterscheidung von Mausereignissen erläutert. Schließlich wird der Einsatz der Methode `handleEvent()` und der Hilfsfunktionen wie `mouseDown()` beschrieben. *Ereignismodell in JDK 1.0*

### 8.5.1  Die Klasse Event

Für jedes Ereignis (Tastendruck, Mausbewegung usw.) wird vom AWT ein neues Objet der Klasse Event erzeugt und mit den entsprechenden Werten initialisiert:

```
public class Event {
    // Definition der Konstanten. Beispiele:
    public static final int KEY_PRESS  = 401;
    public static final int MOUSE_DOWN = 501;
    public static final int SCROLL_LINE_DOWN = 602;
    ...


    public Object   target; // Quelle des Events
    public int      id;     // Art des Events
    public long     t;      // Zeitmarke
    public int      x, y;   // Koordinaten (Maus)
    public int      clickCount; // Doppelklick etc.
    public int      key;    // Taste (ASCII-Code)
    public int      modifiers;// Shift, Alt, Meta, Cntl
    public Object   arg;    // beliebig.
}
```

Das Feld target enthält eine Referenz auf das AWT Dialogelement, von dem oder über dem das Ereignis ausgelöst wurde (die Bezeichnung target ist schlecht gewählt, source ist aus Sicht des Anwenders eigentlich treffender — auch die Entwickler der Java-Bibliotheken machen kleine Fehler).

Das Feld id markiert die Art des Ereignisses. Alle zur Zeit im AWT für id definierten Werte und ihre Bedeutung sind in Abbildung 8.13 auf Seite 363 aufgezählt. Zusätzlich werden abhängig vom Typ des Ereignisses noch weitere Werte in die Event Datenstruktur eingetragen. Für alle Maus-Ereignisse und Tastendrücke wird mit den Koordinaten (x,y) die aktuelle Mausposition angegeben, außerdem der Zeitpunkt des Ereignisses mit der Zeitmarke t. Für viele Dialogelemente wird im Argument arg zusätzliche Information über das Ereignis bereitgestellt. So liefert zum Beispiel ein gedrückter Button seinen Label im Feld arg = (String) label zurück.

| Eventtyp (Event.id) | Auslöser (target) | Bedeutung | Argument / Typ t x y k m |
|---|---|---|---|
| | | Maus: | |
| MOUSE_ENTER | Component | betritt Komponente | t x y |
| MOUSE_EXIT | Component | verläßt Komponente | t x y |
| MOUSE_DOWN | Component | Taste gedrückt | t x y m |
| MOUSE_UP | Component | Taste losgelassen | t x y m |
| MOUSE_MOVE | Component | bewegt | t x y m |
| MOUSE_DRAG | Component | mit gedrückter Taste bewegt | t x y m |
| | | Taste: | |
| KEY_PRESS | Component | gedrückt | t x y k m |
| KEY_RELEASE | Component | losgelassen | t x y k m |
| KEY_ACTION | Component | Funktionstaste | t x y k m |
| KEY_ACTION_RELEASE | Component | losgelassen | t x y k m |
| SCROLL_LINE_UP | Scrollbar | Zeile hoch | Position / int |
| SCROLL_LINE_DOWN | Scrollbar | Zeile runter | Position / int |
| SCROLL_PAGE_UP | Scrollbar | Seite hoch | Position / int |
| SCROLL_PAGE_DOWN | Scrollbar | Seite runter | Position / int |
| SCROLL_ABSOLUTE | Scrollbar | abs. Position | Position / int |
| WINDOW_DESTROY | Window | geschlossen | |
| WINDOW_ICONIFY | Window | verkleinert | |
| WINDOW_DEICONIFY | Window | wiederhergestellt | |
| WINDOW_MOVED | Window | verschoben | x y |
| | | Dialogelement: | |
| GOT_FOCUS | Component | Tastenfokus aktiv | |
| ACTION_EVENT | Button | Knopf gedrückt | Label / String |
| ACTION_EVENT | Checkbox | betätigt | Zustand / boolean |
| ACTION_EVENT | Choice | Item selektiert | Item-Label / String |
| ACTION_EVENT | MenuItem | Item selektiert | Item-Label / String |
| ACTION_EVENT | TextField | Return-Taste | Text / String |
| ACTION_EVENT | List | Doppelklick | Item-Label / String |
| LIST_SELECT | List | Item selektiert | Item-Index / int |
| LIST_DESELECT | List | Item deselektiert | Item-Index / int |

t: Zeitpunkt, (x,y): Mausposition, k: Tastencode, m: Modifier-Tasten

*Abbildung 8.13*
*Übersicht der AWT*
*Ereignisse*

363

*Abbildung 8.14*

*Definition der*

*Funktionstasten für*

*KEY_ACTION*

| Tasten-Code | Taste (deutsche Tastatur) |
|---|---|
| Event.HOME | HOME (Pos.1) |
| Event.END | END (Ende) |
| Event.PGUP | PAGE UP (Bild zurück) |
| Event.PGDOWN | PAGE DOWN (Bild vor) |
| Event.UP | UP (Pfeiltaste hoch) |
| Event.DOWN | DOWN (Pfeiltaste runter) |
| Event.LEFT | LEFT (Pfeiltaste links) |
| Event.RIGHT | RIGHT (Pfeiltaste rechts) |
| Event.F1, ..., F12 | Funktionstasten F1 bis F12 |

### 8.5.2 Tasten-Events

Wie üblich liefert Java getrennte Ereignisse, wenn eine Taste
auf der Tastatur gedrückt (KEY_PRESS) oder wieder losgelassen
(KEY_RELEASE) wird. Der ASCII-Wert der betroffenen Taste wird
im Feld key eingetragen. Für Funktionstasten ohne ASCII-
Wert erzeugt Java die besonderen Event-Typen KEY_ACTION und
KEY_ACTION_RELEASE. Die dabei möglichen Werte sind in Abbildung 8.14 angegeben.

Sowohl für KEY_PRESS als auch für KEY_ACTION Ereignisse
kann der Zustand der sogenannten *Modifier*-Tasten SHIFT, CNTL,
ALT und META durch Auswertung des Feldes modifiers ermittelt

*Modifier-Tasten*    werden. Für jede gedrückte Modifier-Taste wird ein entsprechendes Bit in der int modifiers Variable gesetzt. Zur Auswertung
der Modifiers stellt die Klasse Event bereits drei Methoden mit
Rückgabewert boolean bereit: shiftDown(), controlDown() und
metaDown() liefern true zurück, wenn die entsprechende Taste
gedrückt ist. Die fehlende Funktion altDown() kann mit einer
UND-Operation auf der Variablen modifiers realisiert werden:

```
import java.awt.Event;

/** Alt-Taste gedrückt ? */
public boolean altDown( Event evt ) {
   return (evt.modifiers & Event.ALT_MASK) != 0;
}
```

Auf deutschen Tastaturen wird CNTL (Control) meistens als STRG
(Steuerung) bezeichnet, die META-Taste wird auf PCs — abhängig
vom Tastatur-Treiber — meistens mit der ALT-GR-Taste reali-

| Modifier-Code | Bedeutung |
|---|---|
| Event.SHIFT_MASK | SHIFT-Taste gedrückt, (oder SHIFT-Lock aktiv) |
| Event.CTRL_MASK | CTRL-Taste (STRG) gedrückt |
| Event.META_MASK | META-Taste (ALT-GR) gedrückt |
| Event.ALT_MASK | ALT-Taste gedrückt |

*Abbildung 8.15*
*Definition der*
*Modifier-Tasten*

siert. Das modifiers-Feld wird auch bei Mausereignissen verwendet, um bei Mäusen mit mehreren Tasten die gedrückte Taste zu kennzeichnen. Dabei gilt die in Abbildung 8.16 angegebene Zuordnung.

Mit diesem Verfahren können AWT-Programme auf allen Rechnern unabhängig von der Anzahl der vorhandenen Maustasten eingesetzt werden. Wenn die Maus über mehrere Tasten verfügt, kann durch Auswertung des modifiers-Feldes zwischen diesen unterschieden werden, um direkt entsprechende Funktionen auszulösen. Falls dagegen nur eine Maustaste vorhanden ist, etwa auf Macintosh-Rechnern, kann der Anwender immer noch durch gleichzeitiges Drücken der entsprechenden Modifier-Taste (META und ALT) die gewünschte Funktion auslösen.

*Mäuse mit*
*mehreren Tasten*

| Maustaste | in Event.modifiers gesetzte Bits: |
|---|---|
| links | keine |
| mittlere | Event.META_MASK |
| rechts | Event.ALT_MASK |

*Abbildung 8.16*
*Zuordnung der*
*Maustasten*

Nur für MOUSE_DOWN-Ereignisse wird vom AWT der Wert von clickCount in der Event-Datenstruktur gesetzt. Damit kann zwischen einfachen und doppelten (usw.) Mausklicks unterschieden werden.

### 8.5.3 Ereignisbehandlung

Die Ereignisbehandlung im AWT beruht auf einer Hierarchie der handleEvent()-Methoden. Jedes neu erzeugte Event wird vom AWT zunächst an die Funktion handleEvent() des auslösenden Dialogelements target direkt an der aktuellen Mausposition übergeben.

*Rückgabewert
von handleEvent():*

Innerhalb von `handleEvent( Event e )` hat das Dialogelement dann die Möglichkeit, selbst auf das Ereignis zu reagieren. Mit dem Rückgabewert von `handleEvent` kann anschließend die weitere Reaktion auf das Ereignis gesteuert werden: Falls die Methode den Wert `true` zurückliefert, gilt das Ereignis als vollständig bearbeitet. Falls `handleEvent()` dagegen den Wert `false` zurückliefert, wird vom AWT automatisch die Methode `handleEvent()` des nächsthöheren Containers aufgerufen. Dieser Vorgang wiederholt sich bei Bedarf, bis entweder ein Dialogbaustein oder Container den Wert `true` zurückliefert, oder das Top-level Fenster des Programms erreicht ist.

*true: fertig
false: weitergeben*

*Hilfsfunktionen*

Die Default-Realisierung von `handleEvent()` aus `Component` ruft abhängig von der Art des Ereignisses (d.h. der `Event-Id`) eine ganze Reihe von Hilfsfunktionen auf:

```
public boolean handleEvent(Event evt) {
  switch (evt.id) {
    case Event.MOUSE_ENTER:
      return mouseEnter(evt, evt.x, evt.y);
    case Event.MOUSE_EXIT:
      return mouseExit(evt, evt.x, evt.y);
    case Event.MOUSE_MOVE:
      return mouseMove(evt, evt.x, evt.y);
    case Event.MOUSE_DOWN:
      return mouseDown(evt, evt.x, evt.y);
    case Event.MOUSE_DRAG:
      return mouseDrag(evt, evt.x, evt.y);
    case Event.MOUSE_UP:
      return mouseUp(evt, evt.x, evt.y);
    case Event.KEY_PRESS:
    case Event.KEY_ACTION:
      return keyDown(evt, evt.key);
    case Event.KEY_RELEASE:
    case Event.KEY_ACTION_RELEASE:
      return keyUp(evt, evt.key);
    case Event.ACTION_EVENT:
      return action(evt, evt.arg);
    case Event.GOT_FOCUS:
      return gotFocus(evt, evt.arg);
    case Event.LOST_FOCUS:
      return lostFocus(evt, evt.arg);
  }
  return false;
}
```

Der Hauptvorteil dieser zusätzlichen Funktionen ist die Aufteilung der gesamten Ereignisbehandlung in mehrere kleine und übersichtliche Methoden mit einer bereits im Namen gut zu erkennenden Aufgabe. Ohne diese Aufteilung würde die Methode `handleEvent()` sehr lang geraten. Bereits die in der Methode `action()` nötigen If-Ketten zeigen deutlich, wie leicht ein Programm mit länglichen Funktionen unübersichtlich werden kann. Nur List-, Scrollbar- und Window-Ereignisse werden nicht an Hilfsfunktionen weitergereicht, sondern müssen direkt in `handleEvent()` behandelt werden.

Der obige Code für `handleEvent()` ist übrigens eines der in den Java-Klassenbibliotheken sehr seltenen Beispiele für ein „fall-through" in einer Switch-Anweisung (vgl. Seite 75).

Wie bereits in Kapitel 7 mehrfach für die Klasse `Frame` vorgeführt wurde, ist es beim Erstellen eigener Unterklassen üblich, auf die Methode `handleEvent()` der Oberklasse zurückzugreifen. Dazu wird eine Methode `handleEvent()` geschrieben, die nur die gesondert zu behandelnden Ereignisse auswählt und für alle anderen schließlich `super.handleEvent()` aufruft:

*Vererbung nutzen:*
*super.handleEvent*

```java
public class MyButton extends Canvas {
  String helpString = ""; // im Konstruktor setzen
  ...

  public boolean handleEvent(Event evt) {
    if (evt.id == Event.MOUSE_ENTER) {
      // Hilfemeldung für dieses Element ausgeben
      showStatus( helpString );
    }
    // die restliche Eventbehandlung
    // in der Basisklasse:
    return super.handleEvent(evt);
  }
}
```

Wegen der dynamischen Zuordnung von Funktionen können zusätzlich auch die Hilfsfunktionen wie etwa `mouseDown()` in der Unterklasse überdefiniert werden, ohne daß dies gesondert in `handleEvent()` berücksichtigt werden muß. Die neuen Funktionen werden für die entsprechenden Ereignisse automatisch von `handleEvent()` der Basisklasse aufgerufen.

## 8.6 Erweiterungen in JDK 1.1

*Übersicht über
AWT 1.1
Clipboard*

*Vier wichtige
Verbesserungen*

Neben diversen kleinen Verbesserungen in fast allen Klassen enthält die Version 1.1 des AWT auch weitreichende Erweiterungen. Der AWT beachtet jetzt die plattformabhängigen Farbpaletten der jeweiligen Fenstersysteme und ermöglicht über die Klasse `Clipboard` im neuen Package `java.awt.datatransfer` den Datenaustausch mit anderen Programmen über das Clipboard. Die vier wichtigsten Neuerungen sollen in diesem Abschnitt skizziert werden: Das neue „delegation"-Konzept zur Ereignisbehandlung, die portable Druckerschnittstelle, Popup-Menüs und die Klasse `ScrollPane` zur automatischen Verwaltung von Scrollbalken für verschiebbare Dialogelemente.

### 8.6.1 „Delegation"-Ereignismodell

*Siehe
Abschnitt 8.5*

Das im vorigen Abschnitt vorgestellte Modell zur Ereignisbehandlung in Java JDK 1.0 basiert auf Vererbung. Um auf Ereignisse zu reagieren, müssen Unterklassen der Dialogelemente gebildet werden, die die `handleEvent()` oder `action()`-Methoden geeignet überschreiben. Alternativ dazu können Ereignisse zentral in einem Container abgefangen werden, da nicht behandelte Ereignisse in der Hierarchie der Dialogelemente weitergegeben werden.

*JDK 1.0:
Entweder sehr
viele Klassen*

*oder geringe
Performanz*

Dieses Konzept funktioniert für kleine Programme sehr gut, führt aber nicht zu einer brauchbaren Trennung zwischen dem eigentlichen Programm und seiner Benutzeroberfläche, so daß sich mit wachsender Programmgröße zunehmend Probleme ergeben. Falls alle Dialogelemente selbst auf Ereignisse reagieren, wird eine sehr hohe Anzahl von Klassen nötig, die sich nur in ihren `handleEvent()`-Methoden unterscheiden. Andererseits ergibt die pauschale Bearbeitung der Ereignisse in einem Container Performanzprobleme, da alle Ereignisse bis zum Container durchgereicht werden müssen. Außerdem führt die Verteilung der Ereignisbehandlung auf die gesamte Hierarchie der Komponenten mitunter zu Fehlern, die nur sehr schwer aufzufinden sind (etwa ein vergessenes `return super.handleEvent()` usw.).

Um diese Probleme zu lösen, enthält der JDK 1.1 ein neues sogenanntes *delegation model* zur Ereignisbehandlung, das eine klare Trennung von Benutzeroberfläche und dem eigentlichen Programm ermöglicht. Wegen seiner Vorteile sollten neu entwickelte Programme ausschließlich das „delegation model" verwenden, obwohl das alte Ereignismodell noch weiter unterstützt wird.

*JDK 1.1:*
*delegation model*

Die verschiedenen Ereignisse (Mausbewegung, Tastendruck, usw.) werden dabei als einzelne Unterklassen einer neuen Basisklasse `java.awt.EventObject` realisiert und von einer Quelle („source") zu einem Abnehmer („listener") weitergegeben.

*EventObject*

Ein *Abnehmer* ist ein Objekt, das eine Unterschnittstelle von `java.util.EventListener` implementiert. In dieser Schnittstelle sind die Methoden definiert, die als Reaktion auf ein Ereignis ausgeführt werden sollen.

*Listener*

Eine *Quelle* ist ein Objekt, von dem die Ereignisse ausgehen. Für jedes von ihr ausgelöste Ereignis definiert eine Quelle eine Methode `set<EventType>Listener()` (genau ein Abnehmer) oder `add<EventType>Listener()` (mehrere Abnehmer), mit denen Abnehmer für dieses Ereignis registriert werden können.

*Source*

In einem AWT-Programm agieren die einzelnen Dialogelemente als Quellen, während die Abnehmer entweder direkt von der Applikation oder besser von zwischengeschalteten Adapterklassen realisiert werden, um eine vollständige Trennung zwischen Oberfläche und Applikation zu erreichen.

## Die EventObject-Hierarchie

Anders als in JDK 1.0 werden die verschiedenen Ereignisse nicht durch Variablenwerte (`Event.id`) in einer einzigen Klasse `Event` unterschieden, sondern als Unterklassen von `EventObject` realisiert, die nur die jeweils sinnvollen Daten enthalten. Alle Datenelemente sind `private` und können nur über ihre Zugriffsmethoden `getX()` und `setX()` bearbeitet werden. Einige Objekte wie `MouseEvent` fassen weiterhin verschiedene Ereignisse (Maus bewegt, Maustaste gedrückt, Maustaste losgelassen) zusammen.

Neben den sogenannten *low-level events* für die elementaren Funktionen des Fenstersystems unterscheidet der AWT 1.1 noch einige *semantic events*, die grob den bisherigen `ACTION`-Ereignissen entsprechen. Hier ein Ausschnitt der Klassenhierarchie von `EventObject`:

*Low-level*
*vs.*
*semantic*

```
java.util.EventObject
  java.awt.AWTEvent
    // low-level events
    java.awt.event.ComponentEvent // resize, move,...
      java.awt.event.FocusEvent    // got|lost Focus
      java.awt.event.InputEvent
        java.awt.event.KeyEvent    // press, release
        java.awt.event.MouseEvent  // move, drag, down

    // semantic events
    java.awt.event.ActionEvent      // Befehl
    java.awt.event.AdjustmentEvent  // Wert geändert
    java.awt.event.ItemEvent        // Zustandswechsel
```

*Abnehmer*

Zu jedem `EventObject` definiert der AWT die zugehörigen (low-level bzw. semantic) Unterschnittstellen von `java.util.Event-Listener`:

```
java.util.EventListener
  // low-level
  java.awt.event.ComponentListener
  java.awt.event.FocusListener
  java.awt.event.KeyListener
  java.awt.event.MouseListener
  java.awt.event.MouseMotionListener
  java.awt.event.WindowListener
  // semantic
  java.awt.event.ActionListener
  java.awt.event.AdjustmentListener
  java.awt.event.ItemListener
```

Jede dieser Schnittstellen wiederum definiert die zugehörigen Methoden, etwa:

```
public interface MouseListener
      extends EventListener {
  public void mouseClicked( MouseEvent e);
  public void mousePressed( MouseEvent e);
  public void mouseReleased(MouseEvent e);
  public void mouseEntered( MouseEvent e);
  public void mouseExited(  MouseEvent e);
}
```

Eine Java-Applikation stellt dann Klassen bereit, die diese Methoden und damit auch die Schnittstellen implementieren. Innerhalb einer Methode wie `mousePressed()` steht mit dem `Event-Object` die nötige Information über das Ereignis zur Verfügung.

Alle bisher im AWT definierten Dialogelemente können die erzeugten Ereignisse an beliebig viele Abnehmer weitergeben („multi-cast"), die sich durch Aufruf von `add<EventType>Listener()` am Quellen-Objekt eintragen. Da jeder Abnehmer das Ereignis verändern könnte, wird das originale Ereignis entsprechend der Anzahl der registrierten Listener kopiert und an diese weitergegeben, wobei die Reihenfolge allerdings nicht definiert wird.

*Zugehörige*
*Quellen*

Die zu den low-level Ereignissen gehörigen Methoden wie `addMouseListener()`, `addKeyListener()`, `addFocusListener()` usw. sind in allen Dialogelementen enthalten.

Analog dazu definieren die Klassen `Button`, `List`, `MenuItem` und `TextField` jeweils die Methode `addActionListener()`, da sie `ActionEvents` erzeugen. Schließlich enthalten die Klassen `Choice`, `Checkbox`, `CheckboxMenuItem` und `List` die Methode `addItemListener()`, `Dialog` und `Frame` die Methode `addWindow-Listener()`.

Objekte, die an einem bestimmten Ereignis interessiert sind, müssen explizit einen `Listener` bei der jeweiligen Quelle des Ereignisses eintragen. Dadurch ist es möglich, für jedes neu erzeugte Ereignis sehr schnell zu entscheiden, ob und wo es verwendet wird, was die Performanz gerade für häufige Ereignisse wie Mausbewegungen gegenüber dem bisherigen Modell deutlich erhöht.

*Ereignis-Filterung*
*und Performanz*

**Beispiel**

Die folgende Applikation zeigt ein Beispiel für die Anwendung des *delegation*-Ereignismodells. Das Programm ist in drei Klassen aufgeteilt: `PizzaService` enthält die eigentlichen Nutzfunktionen und `GUI` die Benutzeroberfläche. Die `ActionEvent`-Ereignisse in `GUI` werden in der zusätzlichen Adapterklasse `Cmd` registriert, die abhängig vom Ereignis die zugehörigen Methoden von `PizzaService` aufruft. Die Einführung einer zusätzlichen Adapterklasse `Cmd` mag für ein so kleines Programm übertrieben erscheinen, soll aber das prinzipielle Vorgehen für größere Applikationen demonstrieren:

*Dreiteilung:*
*1. Applikation*
*2. Oberfläche*
*3. Adapter*

371

```
import java.awt.*;
import java.awt.event.*;

/** class PizzaService: die Applikation */
public class PizzaService {
  public double getPrice( String s[]) {
    return 10.00+(1.50*s.length); // DM 1.50 je Belag
  }

  public void processOrder( String s[] ) {
    System.out.println( "Bestellung: Pizza mit " );
    for( int i=0; i < s.length; i++ )
      System.out.println( "   " + s[i] );
  }

  public static void main( String argv[] ) {
    PizzaService pz = new PizzaService();
    GUI gui = new GUI( pz );
  }
}

/** class Cmd: bekommt GUI Ereignisse und ruft
 *  die zugehörigen Methoden von PizzaService auf
 */
class Cmd implements ActionListener, ItemListener {
  private PizzaService pz;
  private GUI          gui;

  public Cmd( PizzaService pz, GUI gui ) {
    this.pz = pz; this.gui = gui;
  }

  public void actionPerformed( ActionEvent e ) {
    if (e.getActionCommand().equals( "Bestellen" ))
      pz.processOrder( gui.getItems() );
    else {
      gui.deselectAll();
      gui.showPrice( pz.getPrice(gui.getItems()));
    }
  }

  public void itemStateChanged( ItemEvent e ) {
    gui.showPrice( pz.getPrice(gui.getItems()) );
  }
}
```

*Applikation
und Benutzer-
oberfläche*

*Action-Events
Welcher Button?*

*Item-Events*

```
class GUI { // Benutzeroberfläche
   Button b_order, b_cancel; List l; Frame f;
   TextField tf;

   public GUI( PizzaService pz ) {
      // 1. Dialogelemente erzeugen:
      b_order  = new Button( "Bestellen" );
      b_cancel = new Button( "Cancel" );
      l = new List( 4, true );
         l.addItem( "Salami" ); l.addItem( "Schinken" );
         // ... weitere Items
      tf = new TextField( 8 );

      // 2. Ereignisbehandlung via Cmd definieren:
      Cmd orderCmd  = new Cmd( pz, this );            Cmd erzeugen,
      Cmd cancelCmd = new Cmd( pz, this );
      Cmd selectCmd = new Cmd( pz, this );
      b_order.addActionListener( orderCmd );          Event-
      b_cancel.addActionListener( cancelCmd );        Listener
      l.addItemListener( selectCmd );                 registrieren

      // 3. Dialogelemente anordnen:
      f = new Frame( "Wählen Sie Ihre Pizza:" );
      f.setLayout( new FlowLayout());
      f.add( b_order ); f.add( b_cancel ); f.add( l );
      f.add( new Label( "Preis: " )); f.add( tf );
      f.resize( 450, 120 ); f.show();
   }
   ...
   public String[] getItems() { ... }
   public void     showPrice() { ... }
   public void     deselectAll() { ... }
}
```

Um das allgemeine Vorgehen zu demonstrieren, werden im Beispiel die Ereignisse in verschiedenen Abnehmer-Objekten registriert. Ähnlich wie die JDK 1.0 `action()`-Methode kann auch `actionperformed()` ihre Quelle ermitteln.

Für das Ableiten neuer eigener Dialogelemente als Unterklassen von vorhandenen AWT-Klassen ist dieses Vorgehen aber *processEvent()* ungeeignet. Deshalb werden alle Ereignisse auch in AWT 1.1 zunächst durch eine Methode `void processEvent()` geschleust, die die Ereignisse an die verschiedenen Abnehmer weiterleitet. Durch Überschreiben dieser Methode und anschließendes Aufrufen von `super.processEvent()` können AWT-Unterklassen ihre zusätzliche Funktionalität bereitstellen. Anders als `handle-Event()` gibt `processEvent()` die Ereignisse aber *nicht* in der Komponentenhierarchie weiter.

*EventQueue*

Alle Ereignisse im AWT werden in einer zentralen Warteschlange verwaltet, die mit einem Singleton der Klasse `java.awt.EventQueue` realisiert wird. Applikationen können mit der Methode `getEventQueue()` eine Referenz auf dieses Objekt ermitteln und anschließend mit den Methoden `peekEvent()`, `getNextEvent()` oder `postEvent()` direkt die Liste der Ereignisse bearbeiten. Damit ist es zum Beispiel möglich, aus einer Anzahl von Mausbewegungen nur die Start- und Endposition zu filtern.

### 8.6.2 Druckerschnittstelle

Die für die Erstellung von eigenständigen Java-Applikationen wohl wichtigste Erweiterung des AWT betrifft die Einführung einer portablen Druckerschnittstelle. Alle Informationen über

*Klasse PrintJob*

einen Druckauftrag werden in einer neuen Klasse `java.awt.PrintJob` versammelt. Gleichzeitig wird die Klasse `Toolkit` um die Methode `getPrintJob( Frame f, String title, Properties props)` erweitert, die einen (plattformabhängigen) Dialog zur Einstellung von Parametern für den Druckauftrag, etwa zur Auswahl der Druckers und des Papierformats, anzeigt und daraus einen entsprechenden `PrintJob` erzeugt. Die gewählten Einstellungen werden im `Properties`-Objekt zurückgeliefert.

*Schnittstelle PrintGraphics*

Die eigentliche Druckausgabe wird über die Schnittstelle `java.awt.PrintGraphics` in einem „Drucker-Graphikkontext" definiert. Der Aufruf der Methode `getGraphics()` auf einem `PrintJob`-Objekt liefert ein derartiges Drucker-Graphikobjekt zurück, auf das alle normalen AWT-Zeichenoperationen (Linien, Rechtecke, Texte, Farben usw.) angewendet werden können.

*Aufteilung in Seiten*

Die Aufteilung eines komplexen Dokuments in einzelne Seiten bleibt dabei Aufgabe der jeweiligen Applikation. Jeder Aufruf von `getGraphics()` liefert den Graphikkontext für eine einzelne Seite, nach Aufruf von `dispose()` wird die Seite ausgegeben. Die Methoden `Dimension getPageDimension()` und `int getPageResolution()` von `java.awt.PrintJob` liefern die eingestellte Papiergröße und die Auflösung des Druckers zurück.

Mit `printAll( Graphcis g)` kann die gesamte Hierarchie von AWT-Dialogelementen und Containern der Applikation gedruckt werden. Hier ein Beispiel zur Anwendung von `getPrint-Job`:

```
public class YourFrame extends Frame {
   ...
   public void doPrint() {
      Toolkit   tk = Toolkit.getDefaultToolkit();
      Properties pp = new Properties();
      PrintJob pj;
      pj = tk.getPrintJob( this, "Print", pp )              Einstellungen
      if (pj != null) {
         System.out.println( "Auflösung des Druckers: "      Drucker-
            + pj.getPageResolution() + " dpi, "              Informationen
            + "Seitengröße "
            + pj.getPageDimension().width + " "
            + pj.getPageDimension().height + " "
            + "Drucker: "
            + pp.getProperty("awt.print.printer")
         );                                                  Drucker-
         Graphics pg = pj.getGraphics();                     Graphikkontext
         if (pg != null) {
            printAll(pg);                                    Seite aufbauen
            pg.dispose();                                    Seite ausgeben
            pj.end(); return true;
         }
      }
   }

   public boolean action( Event evt, Object arg ) {
      if ("Print".equals(arg))  doPrint();
      else ...
      return true;
   }
   ...
}
```

Für Applets gilt das Drucken als sicherheitskritische Funktion, damit bösartige Applets nicht unbemerkt beliebige Druckaufträge starten können. In der vorliegenden Version (JDK 1.1beta) unterliegt der Aufruf von `Toolkit.getPrintJob()` aus Applets heraus aber noch keinen Restriktionen. Sobald die Sicherheitsmechanismen in Java dies zulassen, wird die Druckausgabe nur noch für

*Drucken aus Applets*

375

vertrauenswürdige Applets möglich sein und in feineren Stufen geregelt werden.

Die Methode `getPrintJob()` erfordert eine Referenz auf ein `Frame`, um den Dialog zur Einstellung der Druckerparameter anzeigen zu können, so daß ein Applet dazu außerdem ein `Frame` erzeugen muß (siehe auch Abschnitt 10.1.2 auf Seite 412 und das Programm `PrintApplet` auf der CD-ROM).

*Drucker oder Bildschirm?*

Da das von `getPrintJob()` gelieferte `Graphics`-Objekt die Schnittstelle `PrintGraphics` implementiert, kann ein Java-Programm in `paint()` ermitteln, ob für den Bildschirm oder einen Drucker gezeichnet werden soll, und daher im Prinzip die höhere Auflösung des Druckers auch ausnutzen:

```
public void paint( Graphics g ) {
    if (g instanceof PrintGraphics) {
        ...  // Drucker
    }
    else {
        ...  // Bildschirm
    }
}
```

*JDK 1.1beta: bisher nur 72dpi*

Leider ignoriert die derzeitige Implementation (JDK 1.1beta) die tatsächliche Auflösung des Druckers und verwendet statt dessen die Auflösung (72 dpi) des Bildschirms. Damit werden Texte vom Drucker zwar in voller Auflösung berechnet, können jedoch ebenso wie alle anderen Graphikoperationen nur mit sehr geringer Genauigkeit positioniert werden.

### 8.6.3 Popup-Menüs

Eine weitere Erweiterung des AWT ist die Einführung von Popup-Menüs, die in modernen Benutzeroberflächen häufig zur kontextsensitiven Auswahl von Parametern eingesetzt werden. Dazu definiert der AWT eine neue Klasse `java.awt.PopupMenu`

*Kontextsensitive Auswahl*

als Unterklasse von `Menu`. Ein `PopupMenu` wird durch Aufruf der Methode `show( Component where, int x, int y )` angezeigt, wobei die linke obere Ecke des Menüs an der Position (x,y) im Dialogelement `where` liegt. Damit ein Popup-Menü beim Aufruf ohne Verzögerung angezeigt werden kann, muß es in ein gültiges (sichtbares) Dialogelement eingetragen werden, worauf es intern im AWT vorbereitet wird.

Das Popup-Menü kann jederzeit durch Aufruf seiner Methode show() angezeigt werden. Die Auswahl eines seiner Menüeinträge erzeugt dann ein entsprechendes action-Event. Bei der Verwendung von Popup-Menüs werden vom AWT die unterschiedlichen Konventionen der verschiedenen Fenstersysteme berücksichtigt: Unter Motif wird ein Popup-Menü daher automatisch durch Drücken der dritten (rechten) Maustaste aktiviert, unter WINDOWS'95 beim Loslassen der zweiten (rechten) Maustaste. Hier ein kurzes Beispiel zur Anwendung von PopupMenu:

*Konventionen:*
*Motif vs. Windows*

```java
import java.awt.*; import java.applet.Applet;

public class PopupMenuDemo extends Applet {
  PopupMenu popup;

  public void init() {
    popup = new PopupMenu( "Edit:" );
      popup.add( "Cut" );
      popup.add( "Copy" );
      popup.addSeparator();
      popup.add( "Paste" );
    this.add( popup );
  }

  public boolean handleEvent( Event evt ) {
    // if (evt.flags & Event.POPUP_TRIGGER) {
    if (evt.id == Event.MOUSE_DOWN) {
      popup.show( this, evt.x, evt.y );
      return true;
    }
    else return super.handleEvent( evt );
  }

  public boolean action( Event evt, Object arg ) {
    if ("Cut".equals(arg)) { ... }
    else if ("Copy".equals(arg)) { ... }
    else if ("Paste".equals(arg)) { ... }
    else { ... }
    return true;
  }
}
```

*Popup-Menü*

*In das Applet*
*eintragen*

*Anzeigen*

*Cut...*
*Copy...*
*Paste...*

### 8.6.4 ScrollPane

Wie in Abschnitt 8.1.8 beschrieben wurde, müssen Scrollbalken in JDK 1.0 vollständig vom jeweiligen Java-Programm selbst verwaltet werden. Das ist nicht nur sehr mühsam für den Programmierer, sondern auch ein Performanzproblem, weil jedes einzelne Scroll-Event vom Fenstersystem zum Java-Interpreter und von dort wieder zum Fenstersystem zurück geschickt werden muß.

*Automatisches Scrollen*

Deshalb stellt der AWT in JDK 1.1 eine zusätzliche Container-klasse java.awt.ScrollPane zur Verfügung, die automatisch das Scrollen für ein einzelnes abhängiges Dialogelement übernimmt. Dabei kann ausgewählt werden, ob die Scrollbalken immer, nur bei Bedarf (wenn das Dialogelement größer ist als der Scroll-Pane-Container) oder gar nicht angezeigt werden. Im letzten Fall muß das Dialogelement dann das Scrollen wieder selbst verwalten:

```java
import java.awt.*; import java.applet.*;

public class ScrollPaneApplet extends Applet {
  ScrollPane scroller;

  public void init() {
    ImageCanvas map = new ImageCanvas(
        "http://.../Hamburg/Stadtplan.gif" );
    scroller = new ScrollPane(
            ScrollPane.SCROLLBARS_AS_NEEDED );
    scroller.add( map );

    Adjustable v_bar = scroller.getVAdjustable();
    v_bar.setUnitIncrement( 10 );

    scroller.resize( 400, 400 );
    this.add( scroller );
  }
  ...    // keine Eventbehandlung fürs Scrollen nötig!
}
```

Über die Schnittstelle java.awt.Adjustable kann auf die internen Scrollbalken zugegriffen und ihr Verhalten eingestellt werden. Mit setScrollPosition( int x, int y) wird die ausgewählte Position angezeigt.

# Animationen

## Kapitel 9

Nachdem Java-fähige WWW-Browser mittlerweile für alle wichtigen Rechnerplattformen verfügbar sind, bieten Java-Applets sich tatsächlich als die einzige portable Möglichkeit an, um WWW-Seiten mit dynamischen Inhalten zu versehen. Zwar enthalten einige WWW-Browser wie etwa der Netscape Navigator seit kurzem die Möglichkeit, über sogenannte *plug-ins* direkt weitere Programme auszuführen und damit zum Beispiel auch Animationen darzustellen. Derartige plug-ins sind aber bisher noch sehr selten.

*Java oder plug-ins?*

Bei dem Versuch, komplexere Animationen in Java zu verwirklichen, dürfte sich aber schnell eine gewisse Enttäuschung einstellen: Die Java-Klassenbibliotheken bieten bisher keinerlei direkte Unterstützung für Animationen. Sowohl die Steuerung des zeitlichen Ablaufs der Animation mit Threads als auch die eigentliche graphische Darstellung muß aus den elementaren Aufrufen der Klassen `Thread`, `Graphics` usw. zusammengesetzt werden. Nur für die allereinfachste Art von Animationen — das starre Abspielen einer Anzahl von GIF- oder JPEG-Bildern — existiert mit der Klasse `Animator` eine geeignete Vorlage.

*Animation — auf unterster Ebene*

Diese Situation wird sich erst mit der Verfügbarkeit der angekündigten, aber noch nicht offengelegten Java Media-API Klassenbibliotheken deutlich verbessern. Bis dahin erfordert die Programmierung einer Animation in Java noch die Berücksichtigung vieler kleiner und ärgerlicher Details. Erschwerend kommt die im Vergleich zu C/C++-Programmen bisher noch geringere Geschwindigkeit von Java-Applikationen hinzu. Eine Animation erscheint erst dann wirklich flüssig, wenn mindestens 15 und besser 20 Bilder pro Sekunde berechnet und dargestellt werden können. Derartige Bildwiederholraten können auch mit moder-

*Media-API*

nen Workstations und PCs unter C nur mit viel Aufwand, unter Java bisher nur bei begrenzter Bildgröße erreicht werden.

In diesem Kapitel sollen exemplarisch einige Techniken zur Programmierung von Animationen an vollständigen Beispielen präsentiert werden.

*Grundlagen*

Am Beispiel einer einfachen Uhr wird zunächst in Abschnitt 9.1 ein quasi minimales Java-Programm für eine eigenständige Animation vorgestellt. Zentrale Idee ist die Verwendung eines eigenen Threads für die zeitliche Kontrolle des Ablaufs der Animation.

*Animator*

Falls die Animation nur aus dem Abspielen einer festen Folge von fertigen GIF-Bildern und evtl. dazugehörigen Audioclips besteht, steht mit der Klasse `Animator` bereits ein geeignetes Java-Applet zur Verfügung. Die Anwendung dieser Klasse und ihre Parameter werden in Abschitt 9.2 beschrieben.

*Clipping*

Häufig muß während einer Animation nicht der gesamte Bildschirm, sondern nur ein kleiner Ausschnitt neu gezeichnet werden. Mit Hilfe der in Abschnitt 9.3 erläuterten Verwendung von „Clip-Regionen" gelingt es in diesen Fällen, die Animation deutlich zu beschleunigen.

*XOR-Modus*

In Abschnitt 9.4 werden dann die Grundlagen des XOR-Zeichenmodus und eine Anwendung für das Zeichnen von „Gummibändern" vorgestellt.

*Double-buffering*

In Abschnitt 9.5 wird zum Abschluß noch die Technik des „double buffering" erläutert, um gleichmäßige und flackerfreie Animationen zu erreichen.

## 9.1 Grundlagen

Das folgende Programm `ClockDemo` demonstriert den minimalen Rahmen für eine Java-Animation am Beispiel einer einfachen analogen Uhr (Abbildung 9.1). Um eine Graphik darstellen zu können, wird die Klasse `ClockDemo` wie in den Beispielen aus Kapitel 7 von `java.awt.Frame` abgeleitet. Der Mittelpunkt der Uhr liegt fest an den Koordinaten (100,100) und der Radius des Zifferblatts beträgt fest 50 Pixel, damit die Zeichenoperationen möglichst einfach bleiben. Wie gewohnt wird die Methode `paint()` überladen, um die Uhr mit der jeweils aktuellen Zeigerstellung zu zeichnen:

*Ein Fenster,*

*paint(),*

*Abbildung 9.1*
*Eine minimale*
*Animation:*
*ClockDemo*

```
public void paint( Graphics g ) {
  // Hintergrund
  g.setColor( Color.lightGray );
  g.fillOval( 50, 50, 100, 100 );

  // Stunden, Minuten, Sekundenzeiger:
  g.setColor( Color.black );
  drawArm( g, 25, (d.getHours()%12)/12.0 );
  g.setColor( Color.blue );
  drawArm( g, 40, d.getMinutes()/60.0 );
  g.setColor( Color.red );
  drawArm( g, 45, d.getSeconds()/60.0 );
}

public void drawArm( Graphics g,
                     int     radius,
                     double  angle ) {
  // einen Zeiger zeichnen:
  double dx =  Math.sin( Math.PI*2*angle );
  double dy = -Math.cos( Math.PI*2*angle );
  g.drawLine( 100, 100,
              100 + (int) (radius*dx),
              100 + (int) (radius*dy) );
}
```

Die Methode `drawArm()` dient dazu, einen einzelnen Uhrzeiger der angegebenen Länge und Stellung (0 <= angle <= 1) zu zeichnen. Damit die Animation unabhängig ablaufen kann, wird ein eigener zusätzlicher Thread runner benötigt. Die Klasse `ClockDemo` implementiert dazu das Interface `Runnable` und

*Ein Thread,*

stellt die Methode `run()` bereit, in der die eigentliche Animation abläuft (siehe Kapitel 12).

In diesem einfachen Beispiel besteht der Kern von `run()` aus nur einer (Endlos-) Schleife, in der zunächst ein neues Datumsobjekt erzeugt wird. Das Datumsobjekt enthält unter anderem auch die aktuelle Systemzeit. Anschließend wird `repaint()` aufgerufen, um die Uhr neu zu zeichnen. Schließlich wartet der Thread genau eine Sekunde, bevor die nächste Wiederholung der Schleife beginnt:

*run()*

*Aktuelle Zeit*
*Neuzeichnen*
*1 Sekunde warten*

```java
public void run() {
  while (true) {
    d = new Date();
    repaint();
    try { Thread.sleep( 1000 ); }
    catch( InterruptedException e ) { }
  }
}
```

Für komplexere Animationen wird die Wartezeit zwischen zwei Bildern im allgemeinen nicht konstant und außerdem deutlich kürzer sein — am Prinzip ändert sich aber nichts. Hier der vollständige Programmtext für `ClockDemo`:

```java
/* ClockDemo.java --- minimale Animation */

import java.awt.*;
import java.util.Date;

public class ClockDemo extends Frame
        implements Runnable {
  Thread runner;
  Date   d;

  public void run() {
    while (true) {
      d = new Date();
      repaint();
      try { Thread.sleep( 1000 ); }
      catch( InterruptedException e ) { }
    }
  }
```

```
void init() {
  runner = new Thread(this);
  runner.start();
}

public void drawArm( Graphics g,
                     int      radius,
                     double   angle ) {
  // einen Zeiger zeichnen:
  double dx =  Math.sin( Math.PI*2*angle );
  double dy = -Math.cos( Math.PI*2*angle );
  g.drawLine( 100, 100,
              100 + (int) (radius*dx),
              100 + (int) (radius*dy) );
}

public void paint( Graphics g ) {
  // Hintergrund
  g.clearRect( 0, 0, 200, 200 );
  g.setColor( Color.lightGray );
  g.fillOval( 50, 50, 100, 100 );

  // Stunden, Minuten, Sekundenzeiger:
  g.setColor( Color.black );
  drawArm( g, 20, (d.getHours()%12)/12.0 );
  g.setColor( Color.blue );
  drawArm( g, 30, d.getMinutes()/60.0 );
  g.setColor( Color.red );
  drawArm( g, 40, d.getSeconds()/60.0 );
}

public static void main( String argv[] ) {
  ClockDemo f = new ClockDemo();
  f.setBackground( Color.white );
  f.setTitle( "ClockDemo" );
  f.init(); f.resize(200,200);
  f.show(); f.resize(200,200);
}
}
```

In ClockDemo wird jedes einzelne Bild der Animation neu berechnet. Eine Alternative besteht im Laden einer Anzahl von fertigen Bildern, aus denen dann abhängig vom Zustand des Animations-Threads jeweils eines zum Zeichnen ausgewählt wird.

383

## 9.2 Animator

Für Applets steht mit der Klasse `Animator` aus den Beispielen zum JDK-1.0 eine einfache Möglichkeit zur Verfügung, um Animationen in eine WWW-Seite zu integrieren. Die Klasse erlaubt, eine Reihe von fertigen GIF- oder JPEG-Bildern mitsamt zugehöriger Audiodaten zu laden und dann einmal oder wiederholt abzuspielen.

Das `Animator`-Applet wird über die Parameter im Applet-Tag mit allen notwendigen Daten versorgt. Dabei kann sowohl die Reihenfolge als auch die Dauer und die Zeichenposition für die einzelnen Bilder angegeben werden. Es ist außerdem möglich, neben einer „Hintergrundmusik" noch synchron zu jedem Bild einen eigenen Audiotrack abzuspielen.

Die von `Animator` unterstützten Applet-Parameter sind in Abbildung 9.2 aufgezählt. Über den Parameter `imagesource` wird das Verzeichnis angegeben, in dem sich die Dateien für die einzelnen Bilder der Animation befinden. Diese Dateien müssen mit den vorgegebenen Namen `T1.gif`, `T2.gif` usw. bezeichnet werden. Ein Hintergrundbild wird mit `background` ausgewählt. Entsprechend definiert `soundsorce` ein Verzeichnis mit den Audiodaten und `soundtrack` eine Hintergrundmusik, die unabhängig vom jeweils dargestellten Bild abläuft. Mit dem Wert von `pause` wird die Wartezeit zwischen den einzelnen Bildern voreingestellt. Dieser Wert kann bei Bedarf für einzelne Bilder durch Setzen eines Wertes für `pause` noch modifiziert werden.

Die Auswahl der darzustellenden Bilder erfolgt entweder durch Angabe des ersten und letzten Bildes mittels der Parameter `startimage` und `endimage` oder durch Spezifikation einzelner Indizes im `images`-Parameter. Nur wenn `repeat` auf `true` gesetzt wird, wiederholt der `Animator` die gesamte Folge der Animation.

Hier ein Beispiel für eine HTML-Seite mit einem `Animator` Applet und typischen Applet-Parametern:

```
<html>
<title>Ein Animator Beispiel</title>
<hr>
<applet code=Animator.class width=200 height=200>
  <param name=imagesource value="images/Duke">
  <param name=endimage value=10>
  <param name=soundsource value="audio">
```

| Parameter param: | Bedeutung value: |
| --- | --- |
| code | "Animator" |
| imagesource | Verzeichnis mit den GIF-Bildern |
| background | Hintergrundbild (optional) |
| startimage | erstes und |
| endimage | letztes Bild der Folge |
| pause | Millisekunden pro Bild, global |
| pauses | Dauer pro Bild, einzeln |
| repeat | Folge wiederholen? |
| positions | Position der Bilder (x@y) |
| images | Index der Bilder |
| soundsource | Verzeichnis mit Audiodaten |
| soundtrack | Hintergrundmusik |
| sounds | Audiodaten für einzelne Bilder |
| startup | Bild für „Start"-meldung |

*Abbildung 9.2*
*Die Parameter der*
*Klasse Animator*

```
   <param name=soundtrack value=spacemusic.au>
   <param name=sounds
      value="1.au|3.au|3.au|4.au|5.au|||8.au|">
   <param name=pause value=200>
 </applet>
 </html>
```

Das Beispiel zeigt auch, wie dem sounds-Parameter die einzelnen Audiodateien für die entsprechenden Bilder bekanntgegeben werden, getrennt durch das „|" Zeichen. Zu den Bildern 6, 7 und 9 wird kein zusätzlicher Audioclip abgespielt, zu den Bildern 2 und 3 derselbe. Diese Syntax gilt entsprechend auch für den images-Parameter.

Über die Werte des positions-Parameters kann die Position der einzelnen Bilder im Hintergrundbild in der Schreibweise x@y angegeben werden. Im folgenden Beispiel werden die Bilder gleichmäßig nach rechts und beschleunigt nach unten bewegt:

```
<param name=positions
  value="1@11|2@12|3@14|4@16|5@19|6@25|7@40|8@65|9@98"
>
```

Aus Copyright-Gründen kann der Code für die Klasse Animator leider nicht in diesem Buch erscheinen. Falls Sie das JDK oder eine andere Entwicklungsumgebung unter dem Pfad JAVA_HOME

385

installiert haben, finden sich der Quellcode und die Beispiele für die Klasse `Animator` unter dem Pfad:

```
JAVA_HOME
        /demo/Animator/
                        Animator.java
                        Animator.class
                        images/
                                Duke/
                                        T1.gif ... T9.gif
                        audio/
                                0.au ... 9.au
                                spacemusic.au
```

## 9.3  Clipping

Eine der zentralen Funktionen eines Fenstersystems ist das automatische Begrenzen der Ausgaben aller einzelnen Programme auf ihre eigenen Fenster. Zu jedem sichtbaren Fenster wird dazu eine sogenannte „Clip-Region" (engl. „to clip" = abschneiden) mit der aktuellen Größe des Fensters definiert. Innerhalb der Clip-Region werden alle Zeichenoperationen ausgeführt, außerhalb dagegen nicht.

*Clip-Regionen*

Es ist häufig günstig, innerhalb eines Fensters weitere eigene Clip-Regionen markieren zu können, um nachfolgende Zeichenoperationen auf diese Teilbereiche zu beschränken. Zum einen werden viele Zeichenoperationen schneller, wenn sie nur einen kleinen Bereich betreffen; zum anderen gelingt es mit einer Clip-Region zuverlässig, bestimmte Teile des Fensters vor einem Überschreiben durch spätere Zeichenbefehle zu schützen. Der AWT unterstützt das Setzen einer Clip-Region innerhalb eines vorhandenen `Graphics`-Objekts mit der Methode `Graphics.clipRect( x, y, w, h )`. Die Parameter `x`, `y`, `w`, `h` geben wie gewohnt die linke obere Ecke sowie die Breite und Höhe eines Rechtecks im Koordinatensystem des `Graphics`-Objekts an.

*clipRect()*

Alle folgenden Zeichenoperationen werden nur innerhalb dieses Rechtecks durchgeführt, außerhalb dagegen abgeschnitten:

```
public void paint( Graphics g ) {
  g.clipRect( 100, 100, 100, 200 );
  g.drawLine( 0, 200, 400, 200 );
  // zeichnet nur (100,200) bis (200,200)

  // nützt nichts:
  g.clipRect( 0, 0, 1000, 1000 );
  g.drawLine( 0, 200, 400, 200 );
  // ebenfalls (100,200) bis (200,200)
}
```

Etwas ungewöhnlich ist allerdings das Verhalten des AWT bei mehrfachem Aufruf von clipRect(). Das Clip-Rechteck wird nämlich keineswegs in absoluten Koordinaten angegeben, sondern immer als Schnittmenge des bisherigen Clip-Rechtecks und des neu angegebenen Rechtecks berechnet. Die aktive Zeichenfläche kann daher bei mehrfachem Aufruf von clipRect() immer nur weiter verkleinert, aber nie mehr vergrößert werden.

*clipRect Schachtelung in JDK 1.0*

Durch dieses Konzept wird zuverlässig verhindert, daß eine Java-Applikation durch Setzen eines zu großen clipRect außerhalb ihrer bereits bestehenden Grenzen (d.h. ihres Fensters) zeichnen kann.

Falls im Verlaufe einer komplexen Zeichenoperation mehrere verschiedene Clip-Regionen benötigt werden, muß daher vor dem Setzen des ersten Clip-Rechtecks eine Kopie des originalen Graphics-Objekts angefordert werden:

```
/* ClipDemo - demonstriert Graphics.clipRect */

import java.awt.*;

public class ClipDemo extends Frame {

  public void paint( Graphics g ) {
    Graphics g2 = g.create();

    g.clearRect( 0, 0, 1000, 1000 );

    g.clipRect( 100, 50, 60, 100 );
    g.setColor( Color.green );
    g.fillRect( 0, 0, 1000, 1000 );
```

*Kopie g2 von g*

*Clipt auf aktuelle Fenstergröße*

*Erstes clipRect*

*Abbildung 9.3*
*Setzen und*
*Verkleinern von*
*Clip-Regionen*

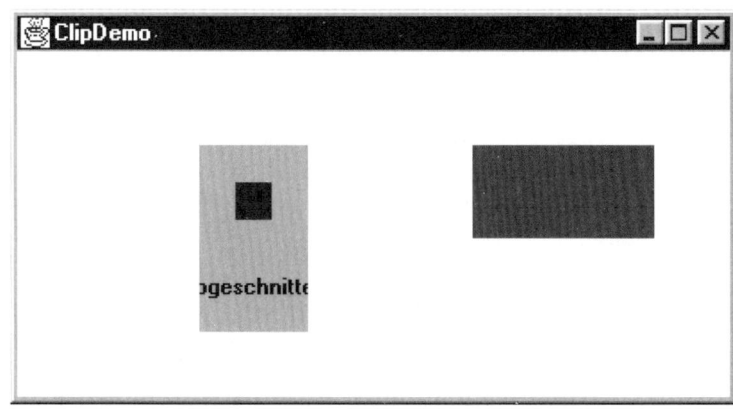

```
                    g.setColor( Color.black );
                    g.drawString( "abgeschnitten", 90, 130 );
```

*Zweites clipRect*
```
                    g.clipRect( 120, 70, 20, 20 );
                    g.setColor( Color.blue );
                    g.fillRect( 0, 0, 1000, 1000 );
```

*Graphics g2*
```
                    // g2: wieder volle Fenstergröße
                    g2.setColor( Color.red );
                    g2.fillRect( 250, 50, 100, 50 );
                  }

                  public static void main( String argv[] ) {
                    ClipDemo f = new ClipDemo();
                    f.resize( 400, 300 ); f.show();
                    f.resize( 400, 300 );
                    f.setTitle( "ClipDemo" );
                  }
                }
```

Natürlich muß die Kopie g2 des Graphics-Objekts erzeugt werden, bevor im weiteren Verlauf von paint() die Clip-Region verkleinert wird — ansonsten wäre auch im neuen Graphikkontext g2 bereits die Clip-Region gesetzt.

Die Ausgabe des obigen Programms ist in Abbildung 9.3 dargestellt. Es ist gut zu erkennen, daß nicht nur die gezeichneten großen Rechtecke (0, 0, 1000, 1000), sondern auch der String zuverlässig „abgeschnitten" wurde.

# 9.4 XOR-Modus

Für einige Animationen bietet sich die Ausführung der Zeichenoperationen im sogenannten „XOR-Modus" an. Dies wird im
AWT durch den Aufruf der Methode `Graphics.setXORMode(`   *setXORMode()*
`Color color_bg )` eingestellt. Während alle bisher vorgestell-
ten Zeichenfunktionen der Klasse `Graphics` die betroffenen Bild-   *PaintMode vs.*
punkte des `Graphics`-Objekts einfach mit der aktiven Vorder-   *XORMode*
grundfarbe `color_fg` überschreiben (`pixel[x][y] = color_fg`),
werden im XOR-Modus die neuen Werte für die Pixel mit den
bisherigen verknüpft:

```
pixel[x][y] = color_old ^ color_fg ^ color_bg;
```

Dabei stehen `color_old` für die bisherige Farbe des Bildpunkts,
`color_fg` für die aktuelle Farbe (foreground), und `color_bg` für
die beim Aufruf von `Graphics.setXORMode( Color color_bg )`
gesetzte Hintergrundfarbe (background). Diese drei Werte werden bitweise XOR-verknüft und ergeben den neuen Wert des Pi-
xels. Durch den Aufruf von `Graphics.setPaintMode()` kann auf   *setPaintMode()*
den üblichen Zeichenmodus zurückgeschaltet werden.

Die folgende Tabelle zeigt die Definition der „exklusiv-oder"-
Funktion: Der Ausgabewert ist genau dann 1, wenn „entweder a
oder b" (aber nicht beide) den Wert 1 haben:

```
a  b  a^b
0  0  0
0  1  1
1  0  1
1  1  0
```

Offenbar gilt `b^b = 0` und daher auch `(a^b)^b = a^(b^b) =`
`a^0 = a`. Im XOR-Modus wird durch das doppelte Zeichnen ei-   *Der XOR-Trick*
nes Objekts `b` also der ursprüngliche Zustand a wiederhergestellt,
und die Verknüpfung `a^1` invertiert den Wert von a.

Wenn beim Aufruf von `setXORMode( Color bg )` die aktuelle Hintergrundfarbe des betroffenen Fensters angegeben wird, erscheinen alle über dem Hintergrund gezeichneten Objekte in der
jeweils mit `setColor()` ausgewählten Farbe.

Der XOR-Modus ist besonders dann nützlich, wenn kleine und einfache Objekte vor einem komplexen Hintergrund gezeichnet oder verschoben werden müssen — zum Beispiel der

Mauszeiger. Das Neuzeichnen des gesamten Bildschirms mitsamt Mauszeiger nach jeder Mausbewegung wäre sehr langsam. Statt dessen wird der Mauszeiger an der alten Position einfach ein zweites Mal im XOR-Modus gezeichnet (wodurch das ursprüngliche Bild wiederhergestellt wird) und anschließend an der aktuellen Position gezeichnet.

### 9.4.1 Gummibänder

Eine weitere typische Anwendung ist das Zeichnen von „Gummibändern" in Graphikeditoren. Mit diesem Begriff wird die schnelle Darstellung von Linien bezeichnet, wenn diese nach jeder Mausbewegung wieder zwischen Startpunkt und dem Mauszeiger gezeichnet werden. Die Linie erscheint dabei wie ein zwischen Startpunkt und Mauszeiger gespanntes Gummiband. Diese Art der Darstellung ist aber nicht nur für Linien, sondern auch beim Zeichnen von komplexeren Objekten sehr nützlich.

*Ein Ellipsen-Editor*

Als Beispiel für den Einsatz des XOR-Modus zeigt das folgende Programm XorDemo das Grundgerüst eines kleinen Graphikeditors. Das Programm erlaubt das interaktive Zeichnen einer beliebigen Anzahl von Ellipsen.

*Bedienungs-anleitung*

Der erste Mausklick innerhalb des Fensters des Programms definiert den Mittelpunkt der ersten Ellipse und startet den XOR-Zeichenmodus. Nach jeder Mausbewegung wird danach die zur aktuellen Mausposition passende Ellipse mit dem XOR-Modus gezeichnet. Der zweite Mausklick definiert dann die Ecke (d.h. die Ecke des umschreibenden Rechtecks) der Ellipse, und das Programm wartet auf einen weiteren Mausklick für den Mittelpunkt der nächsten Ellipse. Durch Betätigen des Clear-Buttons werden alle bis dahin gezeichneten Ellipsen wieder gelöscht.

Obwohl das vollständige Programm für diese Aufgabe aus nur zwei Klassen besteht, müssen wegen des Umschaltens zwischen normalem Zeichenmodus und XOR-Modus viele der (komplexen) Details des AWT berücksichtigt werden. Die Beschreibung des folgenden Programms XorDemo ist daher mit etwa acht Seiten eine der umfangreichsten in diesem Buch:

Zunächst liegt es nahe, die Koordinaten einer Ellipse mit den Methoden zum Zeichnen in einer eigenen Klasse Ellipse zu kapseln. Als Koordinaten werden hier nebem dem Mittelpunkt

*Klasse Ellipse*

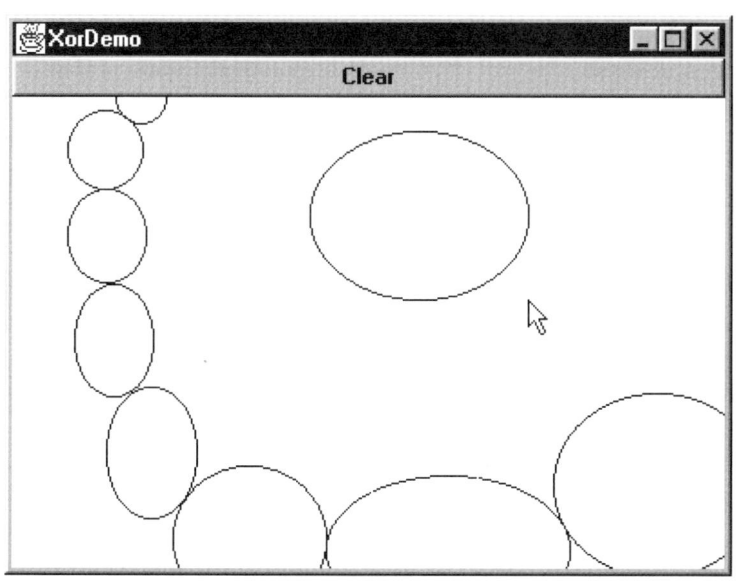

*Abbildung 9.4*
*Zeichnen im*
*XOR-Modus: Das*
*Programm paßt die*
*Größe der*
*aktuellen Ellipse*
*sehr schnell den*
*Mausbewegungen*
*an.*

(x,y) die Radien `rx`, `ry` der beiden Halbachsen in x- und y-Richtung verwendet. Um die AWT-Funktion `drawOval()` aufrufen zu können, muß die Ellipse immer parallel zu den Koordinatenachsen liegen; eine Rotation ist nicht möglich:

```
class Ellipse {
   int x, y, rx, ry;

   Ellipse( int x, int y, int rx, int ry ) {
      this.x = x; this.y = y;
      this.rx = rx; this.ry = ry;
   }

   void draw( Graphics g ) {
      g.drawOval( x-rx, y-ry, rx+rx, ry+ry );
   }

   void draw( Graphics g, int u, int v ) {
      int dx = Math.abs( x - u );
      int dy = Math.abs( y - v );
      g.drawOval( x - dx, y - dy, dx+dx, dy+dy );
   }
}
```

Die Methode draw( Graphics ) dient zum Zeichnen einer „fertigen" Ellipse. Sie ruft dazu einfach drawOval() auf, wobei die Koordinaten von Mittelpunkt und Radien der Ellipse in die von drawOval() benötigten Werte der linken oberen Ecke und der Breite und Höhe des umschreibenden Rechtecks umgerechnet werden.

Die Methode draw( Graphics, int u, int v ) zeichnet eine Ellipse mit Mittelpunkt (x,y) und einer Ecke des umschreibenden Rechtecks bei Punkt (u,v). Durch Aufruf dieser Methode mit den aktuellen Mauskoordinaten draw( Graphics, mouse_x, mouse_y) kann sehr einfach die zur Mausposition passende Ellipse gezeichnet werden.

*Klasse XorDemo*  Die Klasse XorDemo benutzt diese Ellipsen, um den oben beschriebenen einfachen Graphikeditor zu realisieren. Sobald die Maustaste zum ersten Mal gedrückt wird, erzeugt das Programm eine neue Ellipse cur_e mit Mittelpunkt an den aktuellen Mauskoordinaten. Um zwischen dem ersten und dem zweiten Punkt einer neuen Ellipse unterscheiden zu können, benutzt das Programm eine Variable boolean firstPoint:

```
Ellipse  cur_e;              // 'current ellipse'
boolean  firstPoint = true;
...

public boolean mouseDown( Event e, int x, int y ) {
  if (firstPoint) {
    cur_e = new Ellipse( x, y, 0, 0 );
    firstPoint = false;
  }
  else {
    cur_e.rx = Math.abs( x - cur_e.x );
    cur_e.ry = Math.abs( y - cur_e.y );

    e_vector.addElement( cur_e );

    cur_e = null;
    firstPoint = true;
  }
}
```

*Neue Ellipse mit*
*Mittelpunkt (x,y)*

*Radien berechnen*

*Ellipse anfügen*

*Nächste Ellipse*

Damit eine beliebige Anzahl von Ellipsen verwaltet werden kann,
*Klasse Vector*  benutzt XorDemo ein Objekt der für diese Fälle sehr nützlichen Klasse java.util.Vector. Ein Vector realisiert ein Feld mit Re-

ferenzen auf `Objekte`, das bei Bedarf automatisch wächst. Mit `Vector.addElement( Object o )` wird ein weiteres Objekt am Ende des `Vector` angefügt. Die aktuelle Anzahl der Elemente im `Vector` kann mit der Methode `int Vector.size()` ermittelt werden; ein leerer `Vector` wird einfach mit `new Vector()` erzeugt.

Ein `Vector` speichert nur Referenzen auf Objekte des Typs `Object`, so daß der Zugriff auf das Element an Position `i` mit `Object element_i = Vector.elementAt(i)` immer ein `Object` liefert. Dieses kann (bzw. muß) anschließend mit einer ausdrücklichen Typkonvertierung in den ursprünglichen Datentyp zurückgewandelt werden.

Zum Zeichnen aller bereits fertigen Ellipsen werden einfach in einer Schleife alle `size()` Elemente des `Vector` referenziert, in den Typ `Ellipse` zurückgewandelt und anschließend mittels `Ellipse.draw()` gezeichnet:

```
Vector   e_vector = new Vector();
Ellipse  e;

public void paint( Graphics g ) {
  ...
  if (e_vector == null) return;

  for( int i=0; i < e_vector.size(); i++ ) {
    e = (Ellipse) e_vector.elementAt(i);
    e.draw( g );
  }

  cur_e.draw( g, x_cur, y_cur );
}
```

Der letzte Aufruf von `cur_e.draw()` dient dazu, schließlich die aktuelle (noch nicht fertige) Ellipse zu zeichnen. Die globalen Variablen `x_cur` und `y_cur` sind nötig, um auch innerhalb der Funktion `paint()` auf die Mausposition zugreifen zu können, und werden nach jeder Mausbewegung mit der aktuellen Mausposition gesetzt.

Der obige Code zeichnet jeweils alle vorhandenen Ellipsen, und ist daher recht langsam. Um eine flüssige Darstellung bei der Größenanpassung der aktuellen Ellipse zu erreichen, muß das Programm möglichst schnell auf alle Mausbewegungen reagieren und die aktuelle Ellipse an die neue Mausposition anpassen.

*XOR-Modus*

393

Diese Aufgabe kann sehr effizient mit dem XOR-Modus und einigen globalen Variablen gelöst werden. In den Variablen (x_cur, y_cur) wird nach jedem Mausereignis die aktuelle Mausposition (*cur*rent position) gespeichert, in den Variablen (x_old, y_old) dagegen die letzte Position, an der die Ellipse gezeichnet wurde.

Nach einer Mausbewegung muß die Ellipse in der alten Größe gelöscht und mit der neuen Größe gezeichnet werden:

```
public void update( Graphics g ) {
    if (cur_e == null) return;
    g.setXORMode( Color.white );
    cur_e.draw( g, x_old, y_old );
    cur_e.draw( g, x_cur, y_cur );
    x_old = x_cur; y_old = y_cur;
}

public boolean mouseMove( Event e, int x, int y ) {
    x_cur = x; y_cur = y;
    repaint();               // AWT ruft update() auf
    return true;
}
```

Die Ellipse wird einfach im XOR-Modus in der alten Größe noch einmal gezeichnet (und damit gelöscht), wobei alle verdeckten darunterliegenden Objekte korrekt wiederhergestellt werden. Dann wird die Ellipse mit der neuen Größe gezeichnet, und schließlich werden die Werte von (x_old, y_old) aktualisiert. Falls keine aktive Ellipse vorhanden ist (cur_e == null), wird gar nichts gezeichnet.

Jetzt bleibt noch ein weiteres Problem zu lösen: Innerhalb des Programms muß die Entscheidung getroffen werden, ob nur die aktuelle Ellipse im XOR-Modus neu gezeichnet werden muß, oder ob der gesamte Bildschirm neu aufzubauen ist. Zum Glück liefert die Trennung zwischen update() und paint() bereits einen großen Teil der Lösung. Sobald das Fenster aufgrund von Systemereignissen neu gezeichnet werden muß, wird vom AWT ja automatisch paint() aufgerufen. In diesem Fall muß offensichtlich das gesamte Fenster mit allen bisherigen Ellipsen neu gezeichnet werden.

*Alles neuzeichnen?!*

Als Reaktion auf repaint() dagegen ruft der AWT die Methode update() auf, in der nur die aktuelle Ellipse gezeichnet

wird. Allerdings soll das Fenster auch dann komplett neu gezeichnet werden, wenn zum Beispiel eine Ellipse abgeschlossen
oder der Clear-Button betätigt wurde. In diesen Fällen reicht es
also nicht aus, einfach repaint() aufzurufen. Statt dessen verwendet das Programm den Aufruf paint( getGraphics()):

```
public boolean action( Event evt, Object arg ) {
   if (evt.target == clearbutton) {
      e_vector = new Vector();
      paint( getGraphics() );
   }
   return true;
}
```

*Alles neu zeichnen*

Hier der vollständige Programmcode für die Klasse XorDemo:

```
/* XorDemo --- demonstriert Xor-Zeichnen */

import java.awt.*;
import java.util.Vector;
import Ellipse;

public class XorDemo extends Frame {
   Button clearbutton;
   Vector e_vector;
   Ellipse cur_e, e;

   int     x_old, y_old, x_cur, y_cur;
   boolean firstPoint   = true;

   void init() {
      e_vector = new Vector();
      setLayout( new BorderLayout() );
      clearbutton = new Button( "Clear" );
      add( "North", clearbutton );
      setBackground( Color.white );
   }

   public void update( Graphics g ) {
      if (cur_e == null) return;
      g.setXORMode( Color.white );
      cur_e.draw( g, x_old, y_old );
      cur_e.draw( g, x_cur, y_cur );
      x_old = x_cur; y_old = y_cur;
   }
```

*aktuelle Ellipse
anpassen:
XOR-Modus,
bisherige weg,
neue zeichnen*

395

```
                      public void paint( Graphics g ) {
                        g.clearRect( 0, 0, bounds().width,
Hintergrund,                               bounds().height );
                        g.setColor( Color.black );
                        g.setPaintMode();

                        Ellipse e;
                        if (e_vector == null) return;
alle Ellipsen           for( int i=0; i < e_vector.size(); i++ ) {
   zeichnen                e = (Ellipse) e_vector.elementAt(i);
                          e.draw( g );
                        }
                        if (cur_e != null) cur_e.draw(g, x_cur, y_cur);
                        x_old = x_cur; y_old = y_cur;
                      }

                      public boolean mouseMove( Event e, int x, int y ) {
                        x_cur = x; y_cur = y;
                        repaint();
                        return true;
                      }

                      public boolean mouseDown( Event e, int x, int y ) {
                        x_cur = x; y_cur = y;
                        x_old = x; y_old = y;
Erster Punkt            if (firstPoint) {
einer neuen               cur_e = new Ellipse( x, y, 0, 0 );
   Ellipse                firstPoint = false;
                        }
Zweiter Punkt           else {
der aktuellen             cur_e.rx = Math.abs( x - cur_e.x );
   Ellipse                cur_e.ry = Math.abs( y - cur_e.y );
                          e_vector.addElement( cur_e );
                          cur_e = null;
                          firstPoint = true;
                        }
Alles zeichnen          paint( getGraphics() );
                        return true;
                      }

                      public boolean handleEvent( Event evt ) {
                        if (evt.id == Event.MOUSE_MOVE)
                          return mouseMove( evt, evt.x, evt.y );
                        else if (evt.id == Event.MOUSE_DOWN)
```

```
      return mouseDown( evt, evt.x, evt.y );
    else if (evt.id == Event.WINDOW_DESTROY)
      System.exit(0);
    //paint( getGraphics() );
    return super.handleEvent( evt );
  }

  public boolean action( Event evt, Object arg ) {
    if (evt.target == clearbutton) {
      e_vector = new Vector();
      paint( getGraphics() );
    }
    return true;
  }

  public static void main( String argv[] ) {
    XorDemo f = new XorDemo();
    f.init();
    f.setTitle( "XorDemo" );
    f.setCursor( Frame.CROSSHAIR_CURSOR );
    f.resize( 400, 300 );
    f.show();
    f.resize( 400, 300 );
  }
}
```

*Alles zeichnen*

Mit der Methode `Frame.setCursor()` kann das Aussehen des Mauszeigers (Cursors) verändert werden: *Cursor auswählen*

`Frame.DEFAULT_CURSOR` der „normale" Mauspfeil,

`Frame.CROSSHAIR_CURSOR` ein Fadenkreuz,

`Frame.TEXT_CURSOR` der in Texteditoren übliche Cursor

`Frame.WAIT_CURSOR` das (Sand-) Uhr-Symbol zum Andeuten eines „beschäftigten" Programms,

`Frame.N_RESIZE_CURSOR` usw. — acht Varianten des Cursors für eine Größenänderung des Fensters.

Wegen des komplexen Zusammenspiels der verschiedenen Komponenten in `XorDemo` seien hier noch einmal die wesentlichen Punkte zusammengefaßt:

- Das Programm benutzt einen `Vector`, um eine beliebige Anzahl von Objekten (hier Ellipsen) zu verwalten. Der Zugriff auf die im `Vector` enthaltenen Objekte erfolgt *Vector* mit der Methode `elementAt()` und erfordert die explizite Typkonvertierung `Ellipse e = (Ellipse) Vector.elementAt()`.

*Löschen*

- Um alle bis dahin gezeichneten Objekte zu löschen, erzeugt `XorDemo` einen neuen leeren `Vector` und überschreibt damit einfach die Referenz auf den bisherigen `Vector`.

  Der alte `Vector` und die darin referenzierten Objekte sind damit nicht mehr zugreifbar und werden vom Garbage-Collector später automatisch gelöscht.

*paint(): alles oder nur teilweise neuzeichnen?*

- Die `paint()`-Methode zeichnet alle vorhandenen Objekte, um das Fenster nach einem wichtigen (oder unerwarteten) Ereignis vollständig neu aufzubauen. Die Methode `update()` dagegen verwendet den XOR-Modus, um nur die aktuelle Ellipse an ihrer bisherigen Position zu löschen und an die neue Position zu zeichnen. Diese Operation erfolgt sehr schnell.

- Nach Mausbewegungen wird `repaint()` aufgerufen, um danach in `update()` nur die aktuelle Ellipse neu darzustellen.

  Bei Bedarf wird mit `paint( getGraphics())` genau wie für externe AWT-Ereignisse ein vollständiges Neuzeichnen des Bildschirms ausgelöst.

## 9.5  Double-Buffering

Bei komplexeren Animationen werden für jedes einzelne Teilbild viele einzelne Zeichenoperationen erforderlich. Wenn alle Zeichenoperationen direkt im sichtbaren Teil des Bildspeichers ausgeführt werden, führt das schnell zu einem ausgesprochen unruhigen, flackernden Bildeindruck.

Die offensichtliche Lösung für dieses Problem ist das sogenannte *double buffering*. Alle einzelnen Zeichenoperationen erfolgen dabei zunächst in einem Hintergrundpuffer. Der Bildspeicher wird nicht verändert, so daß das sichtbare Bild völlig ruhig bleibt. Schließlich wird der Inhalt des Hintergrundpuffers auf einmal (und daher ohne Flackern) in den Bildspeicher übertragen.

Einige professionelle Graphikkarten stellen gleich einen doppelten Bildspeicher für diesen Zweck zur Verfügung, zeigen aber jeweils nur ein Bild an. Das Umschalten zwischen den beiden Bildern kann in diesem Fall praktisch ohne Verzögerung erfolgen. Im allgemeinen wird jedoch der Hintergrundpuffer im Hauptspeicher des Rechners liegen, und die Übertragung des fertigen Bildes aus diesem Puffer erfordert einen (geringen) Zusatzaufwand.

Das folgende Programm `DoubleBufferDemo` demonstriert die Wirkung eines Hintergrund-Puffers anschaulich mit einer einfachen Animation. Dazu kann während der Animation zwischen direktem und gepuffertem Zeichnen umgeschaltet werden. Außerdem ist es möglich, die Wartezeit zwischen den einzelnen Bildern und damit die Geschwindigkeit der Animation einzustellen.

*Programmbeispiel für double-buffering*

Als eigentliche Animation verschiebt das Programm einfach ein dunkles blaues Rechteck vor einem hellen Hintergrund von links nach rechts. Beim direkten Neuzeichnen wird zunächst der Hintergrund mit weiß gefüllt und anschließend das Rechteck darüber gezeichnet, so daß diese Darstellung extrem stark flackert.

Mit aktivem Hintergrundpuffer erfolgt das Neuzeichnen unsichtbar, und erst das fertige Hintergrundbild wird auf einmal in den Graphikspeicher übertragen, so daß die Darstellung viel ruhiger wird. Vor allem auf langsamen Rechnern mit älteren Graphikkarten ist aber auch die gepufferte Animation möglicherweise noch unruhig. Abhängig von Rechner und Graphikkarte wird die Animation durch den zusätzlichen Aufwand bei der Übertragung der Bilddaten aus dem Puffer zur Graphikkarte eventuell etwas langsamer oder aber durch die geringere Anzahl einzelner Zeichenoperationen in der Graphikkarte sogar schneller.

*Performanzfragen*

Für die besonders einfache Animation in `DoubleBufferDemo` (Verschieben eines Rechtecks) sind natürlich auch andere (und sogar bessere) Lösungen denkbar, um eine ruhige und möglichst schnelle Animation zu erreichen. So könnte die Verschiebung des Rechtecks nach rechts durch einfaches Anfügen von Linien (links in weiß, rechts in blau) erreicht werden, ohne den Hintergrund des Fensters überhaupt neu zu zeichnen. Für komplexere Aufgaben ist das double-buffering aber häufig die einzige Möglichkeit, eine gleichmäßige und flackerfreie Animation zu erreichen.

Das Programm `DoubleBufferDemo` ist sehr einfach aufgebaut. Die Funktion `init()` erzeugt zunächst die „Benutzeroberfläche" des Programms: Eine `Checkbox` für die Umschaltung zwischen direktem und gepuffertem Zeichnen und ein `TextField` zur Eingabe der Wartezeit bis zum nächsten Bild. Diese Komponenten werden in einem Panel am oberen Rand des Fensters untergebracht. Schließlich wird in `init()` der `Thread scroller` erzeugt und gestartet, der für den Ablauf der Animation verantwortlich ist.

Die Methode `run()` besteht aus einer einzigen Endlosschleife. In dieser Schleife wartet der Thread die (in Millisekunden) angegebene Zeit ab, erhöht dann den Wert der x-Koordinaten für das Rechteck, um dieses nach rechts zu verschieben, und fordert schließlich mittels `repaint()` den AWT auf, das Fenster neu zu zeichnen.

Um den Wechsel zwischen direktem und gepuffertem Zeichnen durch einfachen Austausch des `Graphics`-Objekts deutlich zu machen, erfolgen die eigentlichen Zeichenoperationen innerhalb einer eigenen Methode `paintIt( Graphics g )`. Zunächst wird die Zeichenfläche gelöscht und anschließend wird das blaue Rechteck an die aktuelle Position (x,90) gezeichnet:

```
public void paintIt( Graphics g ) {
  g.clearRect( 0, 0, 1000, 1000 );
  g.setColor( Color.blue );
  g.fillRect( x, 90, 100, 100 );
}
```

Abhängig vom Zustand der `Checkbox cb` wird `paintIt()` entweder mit dem `Graphics`-Objekt g des Fensters oder `bufferG` des Hintergrundpuffers aufgerufen:

```
public void paint( Graphics g ) {
  if (cb.getState()) {
    ...
    // erst in den Hintergrundpuffer zeichnen,
    // dann zum Bildschirm übertragen
    paintIt( bufferG );
    g.drawImage( buffer, 0, 0, null );
  }
  else
    // direkt auf dem Bildschirm zeichnen
    paintIt( g );
}
```

Um sicherzustellen, daß der Hintergrundpuffer wirklich vorhanden ist und die richtige Größe hat, muß die `paint()`-Methode
noch leicht modifiziert werden. Die Methode `checkSize()` vergleicht die aktuelle Größe des Fensters mit der Größe des Hintergrundpuffers und erzeugt ihn bei Bedarf in der benötigten Größe
neu. Falls das `Graphics`-Objekt `bufferG` des Hintergrundpuffers
nicht zugreifbar ist, wird `paintIt()` einfach mit dem `Graphics`
des Fensters aufgerufen:

*Hintergrundpuffer*
*erzeugen*

```
void createBuffer() {
  buffer = createImage( bounds().width,
                        bounds().height );
  bufferG = buffer.getGraphics();
}

void checkSize() {
  if (buffer == null) ||
      bounds().width != buffer.getWidth(null) ||
      bounds().height!= buffer.getHeight(null))
    createBuffer();
}

public void paint( Graphics g ) {
  if (cb.getState()) {
    checkSize();
    if (bufferG != null) {
      paintIt( bufferG );
      g.drawImage( buffer, 0, 0, null );
    }
  }
  else
    // direkt auf dem Bildschirm zeichnen
    paintIt( g );
}
```

Die Eventbehandlung des Programms beschränkt sich auf die
übliche Abfrage in `handleEvent()`, ob das Programm beendet
werden soll. In der Methode `action()` werden alle Ereignisse aus
dem `TextField` `tf` abgefragt, um einen neuen Wert für die Wartezeit zwischen zwei Bildern zu setzen. Der mit `tf.getText()`
gelesene String wird mit `Integer.parseInt()` in einen Integer
umgewandelt, dabei wird auf jede Fehlerbehandlung verzichtet.
Es folgt der vollständige Code für `DoubleBufferDemo`:

401

```
/* DoubleBufferDemo.tex - flackerfreie Animation */
import java.awt.*;

public class DoubleBufferDemo extends Frame
                  implements Runnable {

  Image buffer = null; // Hintergrundpuffer,
  Graphics bufferG;    // Graphics für buffer
  Thread scroller;     // Animations-Threads
  int x = 0;
  int delay = 50;
  Checkbox cb;
  TextField tf;

  void init() {
    setTitle( "DoubleBufferDemo" );
    setLayout( new BorderLayout() );
    Panel p = new Panel();
     cb = new Checkbox( "use double buffering" );
     tf = new TextField( 4 );
     tf.setText( "" + delay );
    p.add( cb );
    p.add( new Label( "delay [ms]:" ));
    p.add( tf );
    add( "North", p );
    scroller = new Thread( this );
    scroller.start();
  }

  public void run() {
    while (true) {
      try {
        scroller.sleep( delay );
        x+=2; if (x > bounds().width) x = -100;
        repaint();
      }
      catch( InterruptedException e ) { }
    }
  }

  void createBuffer() {
    buffer = createImage( bounds().width,
                          bounds().height );
    bufferG = buffer.getGraphics();
  }
```

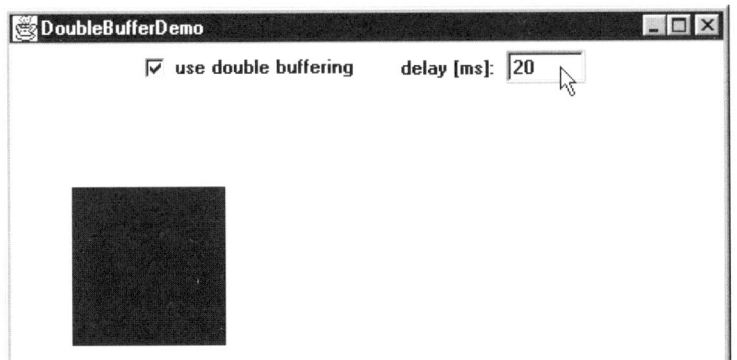

*Abbildung 9.5
Demonstration
einer Animation
mit oder ohne
Hintergrund-
Puffer. Ohne
double-buffering
wird das Bild sehr
stark flackern.*

```
void checkSize() {
  if (buffer == null
   || bounds().width != buffer.getWidth(null)
   || bounds().height!= buffer.getHeight(null))
    createBuffer();
}

public void paintIt( Graphics g ) {
  g.clearRect( 0, 0, 1000, 1000 );
  g.setColor( Color.blue );
  g.fillRect( x, 90, 100, 100 );
}

public void update( Graphics g ) {
  paint( g );
  Toolkit.getDefaultToolkit().sync();
}

public void paint( Graphics g ) {
  if (cb.getState()) {
    checkSize();
    if (bufferG != null ) {
      paintIt( bufferG );
      g.drawImage( buffer, 0, 0, null );
    }
  }
  else paintIt( g );
}
```

403

```
public boolean handleEvent( Event e ) {
  if (e.id == Event.WINDOW_DESTROY)
    System.exit(0);
  return super.handleEvent( e );
}

public boolean action( Event e, Object arg ) {
  if (e.target == tf)
    delay = Integer.parseInt( tf.getText() );
  return true;
}

public static void main( String argv[] ) {
  DoubleBufferDemo f = new DoubleBufferDemo();
  f.init();
  f.resize( 400, 220 );
  f.show();
  f.resize( 400, 220 );
}
}
```

Durch Veränderung der Wartezeiten zwischen den einzelnen Bildern kann die Geschwindigkeit des Rechtecks eingestellt werden. Probieren Sie einfach einmal aus, wie schnell die Animation auf Ihrem Rechner maximal ablaufen kann (unter SOLARIS gibt es allerdings Probleme, wenn die Wartezeit zu klein eingestellt wird). Um Objekte in einer Animation zu beschleunigen oder abzubremsen, werden die Wartezeiten innerhalb von run() abhängig vom jeweiligen Zustand des Threads (zum Beispiel die x-Koordinate des Rechtecks) angepaßt.

### 9.5.1  Animationen mit mehreren Objekten

Die in DoubleBufferDemo vorgeführte Methode eignet sich auch für komplexe Animationen, die zwischen je zwei Bildern deutliche Änderungen der Darstellung erfordern. Da der Hintergrundpuffer immer komplett neu aufgebaut wird, bevor sein Inhalt zum Bildschirm übertragen wird, kann das Double-Buffering problemlos für Szenen verwendet werden, in denen sich mehrere bewegte Objekte gegenseitig verdecken. (Die Objekte müssen dann natürlich auch in der richtigen Reihenfolge, von hinten nach vorn, in den Hintergrundpuffer gezeichnet werden.)

Als Beispiel enthält die CD-ROM eine Variante `Double-`
`BufferDemo2` des obigen Programms, die vier Objekte animiert.
Außer der Deklaration der zusätzlich benötigten Variablen und
einer Methode `drawRotatedTriangle()` ändert sich nur die Methode `paintIt()`:

```
public void paintIt( Graphics g ) {
  // Puffer löschen
  g.clearRect( 0, 0, bounds().width,
                     bounds().height);

    // grünes Dreieck zuerst: 'ganz hinten'
  g.setColor( dark_green );
  drawRotatedTriangle( g, 120, 140, angle );
    // das Rechteck
  g.setColor( Color.blue );
  g.fillRect( x, 90, 100, 100 );
    // oranges Dreieck
  g.setColor( Color.orange );
  drawRotatedTriangle( g, 300, 140, angle2 );
    // Schriftzug zuletzt: 'ganz vorne'
  g.setColor( Color.red );
  g.setFont( font );
  g.drawString( theString, x2, y2 );
}
```

In der Methode `run()` müssen jetzt die neuen Koordinaten und
Parameter aller Objekte aktualisiert werden. Im Beispiel sind die
Bewegungen der Objekte wiederum sehr einfach, so daß alle Be-
rechnungen direkt in `run()` vorgenommen werden können.

Für komplexere Animationen ist es vermutlich günstig, mehrere Threads zu verwenden (siehe Kapitel 12). Der erste Thread
wird als Zeitgeber verwendet, der periodisch ein Neuzeichnen des
Bildschirms veranlaßt und den anderen Threads seine „Simulationszeit" `t` zur Verfügung stellt. Bei höchsten Anforderungen
an die Darstellung sollte die Freqenz der `repaint()`-Aufrufe dabei zusätzlich an die (vorher zu messende) Geschwindigkeit des
Rechners angepaßt werden. Für jedes animierte Objekt wird ein
eigener Thread erzeugt, der abhängig von der Simulationszeit `t`
die aktuelle Position des Objekts `x(t)` und `y(t)` zurückliefert und
bei Bedarf die Parameter des Objekts (Farbe, Größe, Drehwinkel
etc.) anpaßt.

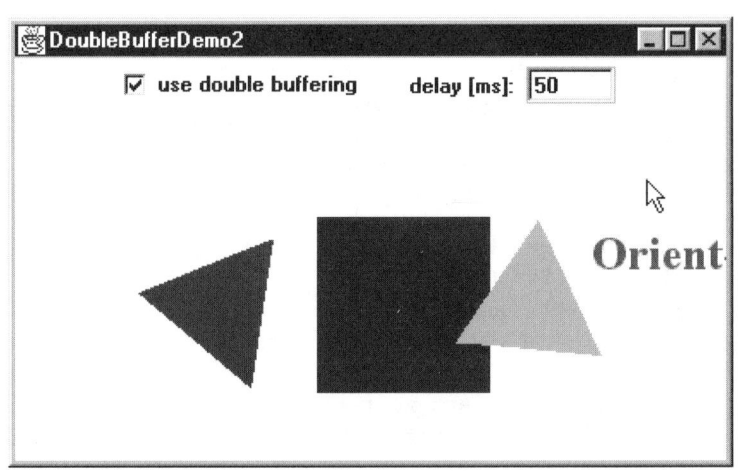

*Abbildung 9.6*
*Demonstration*
*einer Animation*
*mit mehreren*
*Objekten in*
*mehreren Ebenen*

### 9.5.2 Das Laufschrift-Applet

Für einfachere Animationen, wie das Verschieben eines festen Objekts vor einem einfachen Hintergrund, kann auch das bereits in Kapitel 1 für das Laufschrift-Applet vorgestellte Verfahren eingesetzt werden. Dazu wird zunächst ein kleiner Hintergrundpuffer erzeugt, der nur das zu bewegende Objekt aufnimmt. Anschließend wird dieser Hintergrundpuffer regelmäßig an die jeweils neue Position kopiert, und die „hinter" dem Objekt freiwerdenden Pixel werden mit der Hintergrundfarbe (oder einem Teil eines Hintergrundbildes) gefüllt.

Da pro Bild nur ein Teil des Bildschirms neu gezeichnet wird, ergibt sich gegenüber dem vollen Double-buffering des gesamten Bildschirms eine etwas flüssigere und schnellere Darstellung.

# Applets

## Kapitel 10

Trotz aller anderen Vorteile beruht der enorme Erfolg von Java ohne jeden Zweifel vor allem auf den *Applets*. Mit dieser Wortschöpfung — als Verkleinerungsform von Applikation — soll angedeutet werden, daß Applets nicht als eigenständige Programme, sondern innerhalb eines WWW-Browsers ausgeführt werden. Wie in Abschnitt 1.4 bereits skizziert, werden Applets in HTML-Seiten referenziert: Sobald ein Anwender mit einem Java-fähigen WWW-Browser eine WWW-Seite mit einem Applet anfordert, wird nach dem eigentlichen HTML-Text auch der Java-Bytecode für das Applet geladen und schließlich gestartet.

An dieser Stelle kommt das Sicherheitskonzept von Java zum Tragen. Das Laden und automatische Ausführen von unbekannten Programmen über ein unsicheres Netzwerk ist zwar auch ohne Java-Bytecode möglich, aber offensichtlich mit erheblichen Gefahren verbunden, da der Code Viren etc. enthalten könnte. Nur Java garantiert mit dem Bytecode-Verifier und einer restriktiven Laufzeitumgebung, daß fremder Code keinen Schaden anrichten kann. Der Verzicht auf explizite Pointer und die strenge Prüfung aller Feldzugriffe zur Laufzeit verhindern illegale Zugriffe auf Objekte und System-Speicherbereiche.

In diesem Kapitel wird die Programmierung von Applets und insbesondere das Wechselspiel zwischen WWW-Browser und Applets erläutert.

In Abschnitt 10.1 werden nach dem Aufbau des Package `java.applet` die zentralen Methoden der Klasse `Applet` vorgestellt, mit denen der WWW-Browser den Ablauf des Applets regelt. *Grundlagen*

Danach werden in Abschnitt 10.2 weitere Funktionen zur Interaktion eines Applets mit dem WWW-Browser und anderen Ap- *Applets und Browser* plets auf derselben WWW-Seite erläutert.

Die sicherheitsbedingten Einschränkungen der Applet-Funktionalität werden in Abschnitt 10.3 zusammengefaßt.

Manchmal ist es wünschenswert, ein Java-Programm sowohl als Applet als auch als eigenständige Applikation ausführen zu können (mit möglicherweise unterschiedlichem Funktionsumfang). Die Realisierung eines solchen doppelt nutzbaren Programms wird in Abschnitt 10.4 beschrieben.

## 10.1 Applet Grundlagen

Der Aufbau der Applet-Klassenbibliothek `java.applet` ist in Abbildung 10.1 dargestellt. Die Klasse `java.applet.Applet` selbst ist eine einfache Unterklasse von `java.awt.Panel` und damit wiederum von `Container` und `Component` abgeleitet. Damit stehen einem `Applet` alle Grafikfähigkeiten des AWT zur Verfügung, und die eigentlichen Zeichenoperationen werden wie gewohnt über die Methoden `paint()` und `update()` abgewickelt. Unter anderem können GIF- oder JPEG-Bilder daher in Applets genauso verwendet werden, wie in Abschnitt 7.7 erläutert wurde. Ein `ImageObserver` wird von `Component` realisiert.

Neben der Klasse `Applet` enthält das Package `java.applet` noch drei Schnittstellen: Der `AppletContext` stellt erweiterte Funktionen für die Interaktion des Applets mit dem Browser bereit. In `AppletStub` werden einige Methoden definiert, die für einen Appletviewer benötigt werden. Das `AudioClip`-Interface schließlich beschreibt drei elementare Methoden für das Laden und Abspielen von Audiodaten.

### 10.1.1 Der Lebenszyklus eines Applets

Eigene Applets werden natürlich wieder als Unterklassen von `java.applet.Applet` realisiert. Zentrale Bedeutung für die Programmierung haben dabei die folgenden vier Methoden der Klasse `Applet`, die die einzelnen Phasen beim Ablauf eines Applets in einem WWW-Browser regeln. Alle vier Methoden sind vom Typ `public void`:

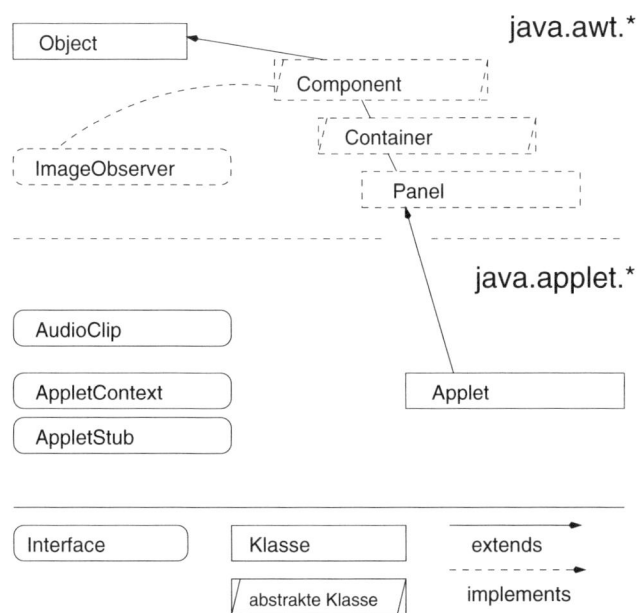

*Abbildung 10.1*
*Klassenhierarchie*
*des java.applet*
*Package*

init() Nachdem der Bytecode für das Applet geladen ist und den Bytecode-Verifier ohne Probleme passiert hat, wird vom WWW-Browser genau einmal die Methode init() aufgerufen. In dieser Methode sollten alle Initialisierungen erfolgen, die vor dem eigentlichen Starten des Applets erforderlich sind.

start() Kurz nach init() ruft der WWW-Browser die Methode start() des Applets auf. Ausgehend von dieser Methode erfolgen die eigentlichen Berechnungen des Applets. Da start() mit einem Systemthread des Browsers aufgerufen wird, muß ein Applet für längerandauernde Berechnungen (wie Animationen) eigene zusätzliche Threads erzeugen. Anderenfalls hängt der WWW-Browser.

Die Methode start() wird vom WWW-Browser auch dann aufgerufen, wenn ein bereits geladenes und initialisiertes Applet wieder sichtbar wird — zum Beispiel durch Scrollen in der HTML-Seite oder bei Wiederbetreten der Applet-HTML-Seite.

stop() wird vom WWW-Browser aufgerufen, wenn das Applet nach einer Benutzerinteraktion nicht mehr sichtbar ist —

beim Verlassen der Applet-HTML-Seite oder beim Weg-scrollen des Applets.

Alle Klassen des Applets bleiben allerdings in der Lauf-zeitumgebung des WWW-Browsers erhalten und werden mittels `start()` neu gestartet, sobald das Applet wieder sichtbar wird.

Ein Applet sollte angemessen auf `stop()` reagieren und zum Beispiel eigene externe Fenster schließen und rechen-intensive Threads stoppen.

`destroy()` wird vom WWW-Browser aufgerufen, bevor die Applet-Klassen aus der Laufzeitumgebung des WWW-Browsers gelöscht werden.

Wichtig sind vor allem geeignete Realisierungen für `init()`, `start()` und `stop()`, während die Methode `destroy()` meistens von `Applet` übernommen werden kann.

*Eigene*
*Applet-Threads*

Hier noch einmal die Warnung: Um längerandauernde Be-rechnungen vorzunehmen, muß ein Applet unbedingt ausgehend von `init()` oder `start()` eigene Threads erzeugen. Falls dage-gen der vom Browser in `start()` bereitgestellte Thread zweck-entfremdet wird, steht dieser Thread nicht mehr für den Browser zur Verfügung — der Browser hängt.

*Tip: Browser*
*neu starten*

Und die zweite Warnung: Da die einmal für ein Applet gela-denen Klassen in der Java-Laufzeitumgebung des Browsers aktiv bleiben, reicht ein Neuladen der umgebenden HTML-Seite nicht aus, um veränderte Bytecodes zu laden. Beim Austesten eines neuen Applets mit einem WWW-Browser wie Netscape Naviga-tor muß daher der Browser eventuell ständig neu gestartet wer-den.

### 10.1.2 Grafik in Applets

Da die Klasse `Applet` von `java.awt.Panel` abgeleitet ist, stehen einem Applet alle Möglichkeiten des AWT zur Verfügung. Dies sind vor allem die Methoden `paint()` und `update()`:

`paint( Graphics g )` wird vom WWW-Browser aufgerufen, um die gesamte Darstellung des Applets neu aufzubauen.

update( Graphcis g ) wird vom Browser nach einem re-
paint() aufgerufen, um die Darstellung des Applets zu
aktualisieren.

Die in java.applet.Applet vorgegebene Variante von
update() löscht zunächst die gesamte Fläche des Applets
und ruft anschließend paint() auf.

Außerdem ist es wiederum möglich, mit getGraphics() den
aktuellen Graphics-Kontext anzufordern, um in das Applet zu
zeichnen. Darüber hinaus können einem Applet alle Dialogelemente des AWT mit Ausnahme einer Menüleiste mittels add()
hinzugefügt werden. Als Layout ist für ein Panel zunächst ein
FlowLayout voreingestellt:

```
import java.applet.Applet;
import java.awt.*;

public class DialogApplet extends Applet {
  Button    b_plus, b_minus;
  Choice    cb;
  Label     l;
  Panel     p2;
  Scrollbar sb;
  ...

  public void init() {                          Elemente erzeugen,
    l       = new Label( "Anzahl der Ecken:" );
    b_plus  = new Button( "+" );
    b_minus = new Button( "-" );
    cb      = new Choice();
    ...

    p2 = new Panel();
    p2.add( l ); p2.add( b_plus ); p2.add( b_minus );
    ...

    this.setLayout( new BorderLayout());        Layout setzen,

    this.add( "North", p2 );                    Elemente
    add( "South", cb );                         hinzufügen
    add( "East", sb );
    ...
  }
}
```

Eine Menüleiste kann nur an `Frame`-Fenstern angebracht werden, nicht aber an einem `Panel`. Falls das Applet unbedingt auf Menüs angewiesen ist, muß es zunächst ein separates, eigenständiges `Frame` öffnen. An diesem `Frame` kann dann die Menüleiste angebracht werden:

*Applet mit externem Frame-Fenster*

```java
import java.applet.Applet;
import java.awt.*;
import YourFrame;
```

*Das Applet,*

```java
public class AppletWithFrame extends Applet {
  YourFrame f;
  ...
  public void init() {
    ... // andere Initialisierungen
    // Frame erzeugen
    YourFrame f = new YourFrame();
  }

  public void start() {
    f.show(); f.resize( w, h );
    //f.reshape( x, y, w, h );
  }

  public void stop() {
    f.hide();
  }
}
```

*sein Frame*

```java
class YourFrame extends Frame {
  YourFrame() {
    // Menüleiste erzeugen und aufbauen
    MenuBar  mb = new MenuBar();
    Menu     filemenu = new Menu();
    ...
    setMenuBar( mb );
  }
  ...
  public void paint( Graphics g ) { ... }
  public boolean handleEvent( Event evt ) { ... }
}
```

Die graphischen Darstellungen des Applets sollten in diesem Fall natürlich im `Frame`-Fenster und nicht im eigentlichen Applet-`Panel` erfolgen.

### 10.1.3 Ein Beispiel-Applet

An dieser Stelle ist es sinnvoll, die bisher vorgestellten Funktionen von Applet schon einmal in Aktion zu zeigen. Dazu soll die animierte Uhr aus Abschnitt 9.1 als Applet realisiert werden.

Um in einem WWW-Browser als Applet eingesetzt werden zu können, muß die Klasse ClockApplet von java.applet.Applet abgeleitet werden. Da die Uhr einen eigenen Thread benötigt, muß zusätzlich das Interface Runnable implementiert werden.

*ClockApplet*

In init() werden alle Initialisierungen vorgenommen, die nur einmal nötig sind: als Hintergrundfarbe wird weiß ausgewählt. Die Methoden start() und stop() haben im Beispiel nichts weiter zu tun, als einen Thread für die Animation zu erzeugen und zu starten bzw. wieder zu stoppen.

```java
import java.awt.*;
import java.applet.Applet;
import java.util.Date;

public class ClockApplet extends Applet
        implements Runnable {
  Thread runner;
  Date    d;

  public void init() {
    setBackground( Color.white );
  }

  public void start() {
    runner = new Thread(this);
    runner.start();
  }

  public void stop() {
    runner.stop();
  }
  ...
}
```

*Klasse Applet*
*und Runnable*

*Nur einmal,*

*sobald sichtbar,*

*sobald verdeckt*

Die Methode run() sowie die Methoden paint() und drawArm() zum Zeichnen der Uhr können ohne Änderung von ClockDemo übernommen werden. Dies ergibt den folgenden vollständigen Quellcode für ClockApplet:

413

```
/* ClockApplet.java --- Applet mit Animation */

import java.awt.*;
import java.util.Date;

public  class ClockApplet
        extends java.applet.Applet
        implements Runnable {
  Thread runner;
  Date    d;

  public void init() {
    setBackground( Color.white );
  }

  public void start() {
    runner = new Thread(this);
    runner.start();
  }

  public void stop() {
    runner.stop();
  }

  // Datum/Zeit besorgen, zeichnen, 1 Sekunde warten
  public void run() {
    while (true) {
      d = new Date();
      repaint();
      try { Thread.sleep( 1000 ); }
      catch( InterruptedException e ) { }
    }
  }

  public void drawArm( Graphics g,
                       int      radius,
                       double   angle ) {
    // einen Zeiger zeichnen:
    double dx =  Math.sin( Math.PI*2*angle );
    double dy = -Math.cos( Math.PI*2*angle );
    g.drawLine( 100, 100,
                100 + (int) (radius*dx),
                100 + (int) (radius*dy) );
  }
```

```
public void paint( Graphics g ) {
    // Hintergrund
    g.clearRect( 0, 0, 200, 200 );
    g.setColor( Color.lightGray );
    g.fillOval( 50, 50, 100, 100 );
    g.setColor( Color.black );
    g.drawOval( 50, 50, 100, 100 );

    // Stunden, Minuten, Sekundenzeiger:
    g.setColor( Color.black );
    drawArm( g, 20, (d.getHours()%12)/12.0 );
    g.setColor( Color.blue );
    drawArm( g, 30, d.getMinutes()/60.0 );
    g.setColor( Color.red );
    drawArm( g, 40, d.getSeconds()/60.0 );
    }
}
```

Falls Sie das Applet unter WINDOWS'95 ausführen, erleben Sie
möglicherweise eine kleine Überraschung: Aufgrund eines Feh- *Falsche Uhrzeit?*
lers in den Bibliotheken des JDK 1.0.2 liefert das Applet im
`appletviewer` abhängig von der Zeitzoneneinstellung eventuell
eine falsche Uhrzeit. Dieser Fehler tritt unter Unix oder mit dem
Netscape Navigator nicht auf.

## 10.1.4  Audiofunktionen

Nur für Applets, aber noch nicht für Applikationen, stehen bereits
Methoden zum Abspielen von Audiodateien im „. au"-Format zur *Audiounterstützung*
Verfügung. Das `.au`-Format von Sun Microsystems speichert *nur in Applets*
die Audiodaten mit mäßiger Klangqualität (Mono, 8 Bit, 8 KHz
Samplingfrequenz), ist andererseits aber recht kompakt und an-
gesichts der typischen Bandbreiten im Internet angemessen. Un-
terstützung für das unter WINDOWS'95 gebräuchliche „.wav"-
Format mit CD-Klangqualität ist angekündigt.

Das Interface `java.applet.AudioClip` definiert zunächst drei
`public void` Methoden:

`loop()` spielt einen Audioclip in einer Schleife wiederholt ab,
`play()` spielt den Audioclip genau einmal,
`stop()` stoppt das Abspielen des Audioclips.

Ein `AudioClip` muß vor dem Abspielen von einem WWW-Server geladen werden,

`getAudioClip( URL url )` und

`getAudioClip( URL url, String name )` laden einen Audio-Clip (eine Datei im `.au`-Format) aus der angegebenen `url` bzw. aus der Basis-URL `url` und dem Dateinamen `name`.

Anschließend können die Methoden `play()`, `loop()` und `stop()` angewendet werden. Eine Abkürzung ermöglicht die Methode `Applet.play( URL url, String name )`, die die Audiodaten direkt lädt und anschließend abspielt. Da die Audiodaten in einem eigenen Thread abgespielt werden, muß aus `Applet.stop()` heraus auf jeden Fall ausdrücklich einmal `AudioClip.stop()` aufgerufen werden. Sonst läuft die Musik weiter, während das Applet inaktiv ist, was vor allem für mittels `loop()` fortwährend wiederholte Hintergrundmusik sehr störend sein kann.

*Audio-Thread auf jeden Fall stoppen!*

Problematisch ist bisher noch die Synchronisation zwischen dem Abspielen von Audiodaten und gleichzeitigen graphischen Operationen. Hier wird erst das angekündigte Media-API (siehe Seite 216) für Abhilfe sorgen.

*Mangelhafte Synchronisation*

## 10.2 Interaktion mit dem WWW-Browser

Über die elementaren Funktionen `init()`, `start()` und `stop()` hinaus definieren die Klasse `Applet` und die Schnittstelle `Applet-Context` eine ganze Reihe von weiteren Methoden zur Interaktion zwischen Applets und dem WWW-Browser.

Die Größe eines Applets kann nachträglich mit den folgenden Aufrufen geändert werden, sofern der WWW-Browser dies unterstützt:

`resize( int x, int y )`

`resize( Dimension d )` fordert den Browser auf, die Größe für das Applet neu einzustellen. Dies überschreibt die entsprechenden Methoden `resize()` aus `Component`.

Die folgende Liste enthält die in der Schnittstelle `java.applet.AppletContext` definierten Methoden. Um diese Methoden aufrufen zu können, muß das Applet zunächst mit

```
AppletContext AC = getAppletContext();
```

einen `AppletContext` anfordern. Die Funktion `showStatus()` ist allerdings auch direkt in `Applet` selbst realisiert:

`getApplet( String name )` liefert eine Referenz auf das angegebene Applet oder `null`, falls das Applet auf der aktuellen WWW-Seite nicht existiert. Der Name eines Applets kann mit dem `name`-Parameter im Applet-Tag gesetzt werden (siehe Anhang A auf Seite 501).

`getApplets()` liefert eine `Enumeration` aller Applets (inklusive des aufrufenden) auf der aktuellen WWW-Seite.

Die beiden Funktionen `getApplet()` und `getApplets()` erlauben die Kommunikation mehrerer Applets auf der selben WWW-Seite.

`getAudioClip( URL url )` lädt Audiodaten im `.au`-Format aus einer URL (siehe Abschnitt 10.1.4).

`getImage( URL url )` lädt ein Bild aus einer URL.

`showDocument( URL url )` weist den Browser an, das angegebene Dokument zu laden und anstelle der bisherigen WWW-Seite anzuzeigen.

`showDocument( URL url, String s )`
weist den Browser an, das angegebene Dokument zu laden, und zwar abhängig vom Wert von `s`:

| Argument `s` | wo anzeigen: |
| --- | --- |
| `_self` | aktuelles Fenster |
| `_parent` | aktuelles Fenster |
| `_top` | oberstes Frame |
| `_blank` | neues Fenster (ohne Namen) |
| `window` | neues Fenster mit Namen `window` |

`showStatus( String s )` Zeigt den übergebenen String in der Statuszeile des Browsers an, bis die Meldung von der nächsten Statusmeldung anderer Applets oder des Browsers selbst überschrieben wird.

Je nach den Fähigkeiten des jeweiligen WWW-Browsers werden die Funktionen eventuell nur teilweise ausgeführt oder sogar ganz ignoriert. Zum Beispiel unterstützt `hotjava` zwar Java-Applets, nicht aber Frames in WWW-Seiten.

*AppletContext-
Funktionen evtl.
nur teilweise
realisiert*

417

Die Funktion `showStatus()` ist vor allem nützlich, um Status-meldungen aus Applets auszugeben, falls der verwendete Browser keine Konsolmeldungen (`System.out.println()`) erlaubt.

*Animation mit*
*showStatus?*
*Häufig lästig*

Durch regelmäßiges Aufrufen von `showStatus()` sind sogar animierte Texte und Laufschriften in der Statuszeile möglich. Leider werden dabei die Meldungen anderer Applets und des Browsers ebenso regelmäßig überschrieben, so daß derartige „Werbung" sehr lästig werden kann.

Das folgende Applet demonstriert einige der oben vorgestellten Funktionen aus `AppletContext`:

```
/* Bookmark.java - demonstriert AppletContext */
import java.awt.*;
import java.net.*;
import java.util.*;

public class Bookmark extends java.applet.Applet {
  java.applet.AppletContext  AC;

  public void init() {
    AC = getAppletContext();
    AC.showStatus( "Bookmark.init: please wait..." );
    setLayout( new BorderLayout() );
    Panel p = new Panel();
      p.add( new Button( "Altavista" ) );
      p.add( new Button( "Lycos" ) );
      p.add( new Button( "Springer" ) );
    add( "South", p );
  }

  public void paint( Graphics g ) {
    g.setFont( new Font( "Helvetica", 0, 15 ) );
    g.drawString( "Click below to load "
            + "a new WWW page:", 30, 30 );
  }

  public boolean action( Event e, Object arg ) {
    if (e.target instanceof Button) {
     try {
      String s = (String) arg;
      if (s.equals( "Altavista" ))
        AC.showDocument( new URL(
            "http://www.altavista.digital.com" ),
            "Altavista" );
```

*AppletContext*
*showStatus*

*showDocument:*
*Neues Fenster*

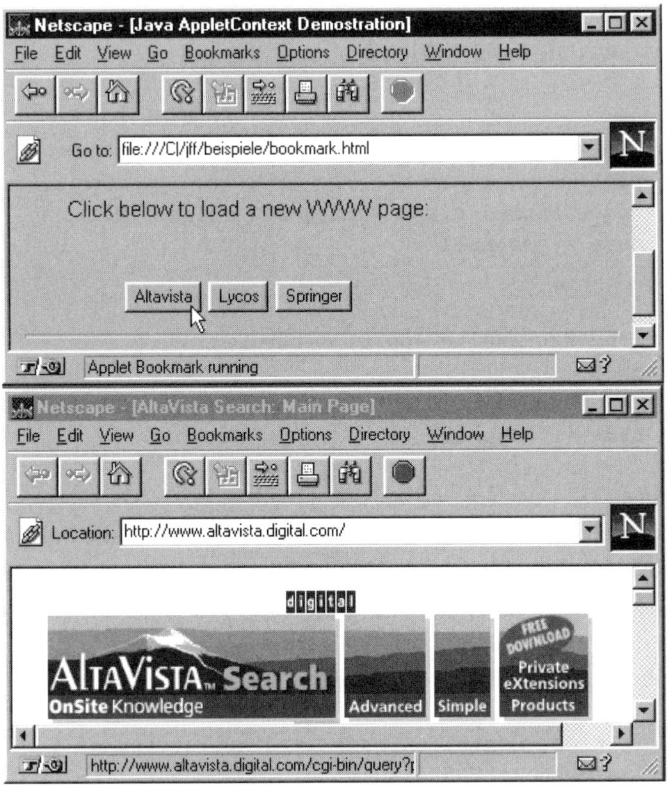

*Abbildung 10.2
Bookmark: Nach
Drücken eines
Knopfs wird über
den AppletContext
die entsprechende
WWW-Seite — im
Beispiel in einem
neuen Fenster —
geladen*

```
    else if (s.equals( "Lycos" ))
      AC.showDocument( new URL(
              "http://www.lycos.com"), "_top");
    else if (s.equals( "Springer" ))
      AC.showDocument(
         new URL( "http://www.springer.de" ));
    else
      AC.showStatus( e.toString() );
    }
    catch( MalformedURLException x) {
      showStatus( x.toString() );
    }
  }
  return true;
}
}
```

Die Interaktion von mehreren Applets auf derselben WWW-Seite demonstriert das folgende Applet `Doppel`. Die zugehörige WWW-Seite `Doppel.html` referenziert das Applet zweimal und setzt dabei die `NAME`-Attribute:

```
...                                    // HTML-Header
<hr><h2>Das erste Applet:</h2>
<applet
    code="Doppel.class" width=300 height=100
    name = "doppel1"
>

<hr><h2>Das zweite Applet:</h2>
<applet
    code="Doppel.class" width=300 height=100
    name = "doppel2"
>
```

Das Applet selbst enthält eine Variable `int count`, die bei jedem Mausklick durch Aufruf der Methode `incr()` inkrementiert wird, und zeigt in `paint()` jeweils deren aktuellen Wert an. Abhängig von der Position des Mausklicks wird in `mouseDown()` dabei die Methode `incr()` des ersten oder des zweiten Applets aufgerufen:

```
public class Doppel extends java.applet.Applet {
    private AppletContext AC;
    ...
    public boolean mouseDown( Event v, int x, int y ) {
        try {
            a1 = (Doppel) AC.getApplet( "doppel1" );
            a2 = (Doppel) AC.getApplet( "doppel2" );

            if (x < bounds().width/2)    a1.incr();
            else                         a2.incr();
        }
        catch( Exception e ) {
            showStatus( "error: " + e.toString() );
        }
        return true;
    }
}
```

Auf diese Weise können mehrere Applets auf derselben WWW-Seite sich gegenseitig referenzieren und danach alle `public`-

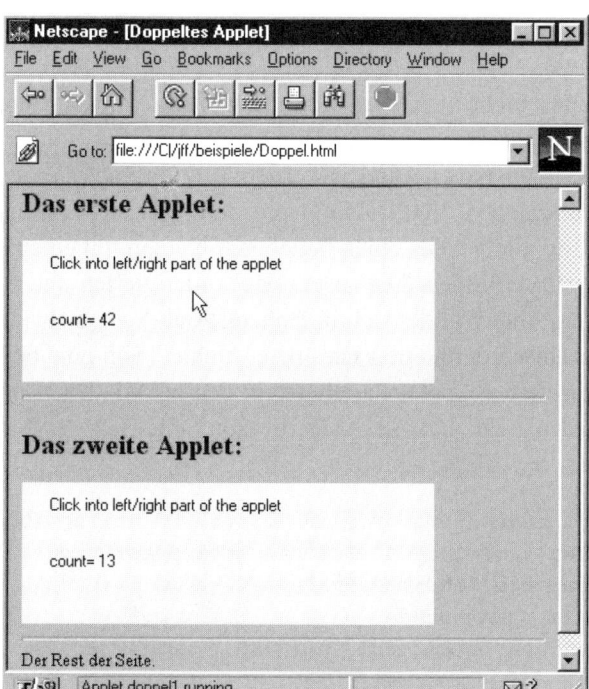

*Abbildung 10.3*
*Applet-Interaktion*
*mit zwei Applets.*
*Der Mausklick*
*wirkt entweder auf*
*das erste oder das*
*zweite Applet.*

Methoden in einem anderen Applet aufrufen. Bei höheren Anforderungen an die Performanz sollte das Applet die Referenz auf die anderen Applets natürlich nicht bei jedem Mausklick neu erfragen. Eine zuverlässige Initialisierung der Referenzen auf alle anderen Applets kann aber nicht bereits in `init()` erfolgen, da sonst das zuerst geladene Applet die erst später geladenen Applets noch nicht findet. Das `Doppel`-Applet ruft deshalb erst in `start()` die Methode `getApplets()` auf, um alle anderen Applets auf der WWW-Seite aufzuzählen:

*getApplets()*
*nicht in init(),*
*frühestens in start()*

```
public void start() {
  AC = getAppletContext();
  Enumeration e;
  for( e = AC.getApplets(); e.hasMoreElements(); ) {
    System.out.println( "AC.applet: " +
            ((Applet)e.nextElement()).toString() );
  }
}
```

### 10.2.1  Applet-Parameter

Da Applets nicht über eine Kommandozeile verfügen und keine Dateien auf dem lokalen Rechner lesen dürfen, muß ein anderer Mechanismus gefunden werden, um Parameter an ein Applet zu übergeben. Dies gelingt mit den `<param>`-Einträgen im Applet-Tag, die jeweils einen beliebigen Namen mit einem beliebigen Wert verbinden. Die Liste aller vordefinierten und nötigen Applet-Parameter findet sich in Anhang A ab Seite 501.

Über die vordefinierten Parameter hinaus kann eine beliebige Anzahl weiterer Applet-Parameter in der HTML-Datei angegeben werden. Ein Beispiel sind die auf Seite 384 vorgestellten Parameter der Klasse `Animator`, etwa

```
<applet code=Animator.class width=200 height=200>
  <param name=imagesource value="images/Duke">
  <param name=endimage value=10>
  <param name=sounds
    value="1.au|3.au|3.au|4.au|5.au|||8.au|">
  ...
</applet>
```

Das Applet ermittelt den Wert eines Parameters mit der Funktion `getParameter()`:

`String getParameter( String s )` sucht nach einem Applet-Parameter mit Namen `name == s` und liefert den zugehörigen Wert `value` bzw. `null` zurück. Für numerische Parameter müssen diese anschließend noch in den entsprechenden Datentyp konvertiert werden, etwa mittels

```
int delay;
try {
  delay = Integer.parseInt(
          getParameter( "delay" ));
}
catch( NumberFormatException e ) {
  delay = 50;  // Defaultwert
}
```

`String[][] getParameterInfo()` ist dual zur Methode `getParameter()`. Diese Methode muß ein Array von Strings mit den Parametern liefern, die von dem Applet unterstützt werden. Jeder Eintrag im Array ist wiederum ein Array mit

drei Einträgen für den Namen, den Typ und eine Kurzbeschreibung des Parameters:

```
String pinfo[][] = {
    {"fps",    "1-10",    "frames per second"},
    {"repeat", "boolean", "repeat image loop"},
    {"imgs",   "url",
     "directory in which the images live"}
    };
```

Ein Anwender des Applets kann mit dieser Methode ermitteln, welche Applet-Parameter gesetzt werden können.

String getAppletInfo() liefert einen String mit Informationen
über die Version, den Autor, das Copyright usw. des Applets.

## 10.3 Applet Restriktionen

Um ein Applet ohne Risiko für den lokalen Rechner ausführen
zu können, verwendet der Java-Interpreter eine ganze Reihe
von einander ergänzenden Sicherheitsmechanismen. Trotz aller Überprüfungen muß allerdings die Funktionalität von Applets gegenüber Applikationen zusätzlich noch beträchtlich eingeschränkt werden — beim Entwurf von Applets müssen diese Restriktionen von Anfang an berücksichtigt werden.

Eine bestimmte Klasse von Angriffen kann allerdings nicht
verhindert werden, wenn Applets überhaupt ausgeführt werden
dürfen: Ein bösartiges Applets kann durchaus versuchen, sehr
viel Speicher anzufordern, viele Threads zu starten, oder große
Mengen Daten über das Netzwerk zu laden, um den lokalen
Rechner sehr stark zu belasten. Das kann die Performanz des
Rechners stark beeinträchtigen und möglicherweise sogar einen
Neustart erforderlich machen.

*"denial of
service"-Angriffe*

Ebenso ist es natürlich möglich, daß ein Applet auf Ihrem
Rechner im Hintergrund Berechnungen durchführt und die Resultate an seinen Applet-Server zurückschickt. Über die verbrauchte
Rechenzeit hinaus entsteht dabei allerdings kein weiterer Schaden. Jeder Benutzer muß selbst entscheiden, wieviel Rechenzeit
für Applets akzeptabel ist.

### 10.3.1 ClassLoader und Verifier

*ClassLoader*      Zunächst garantiert die Klasse `java.lang.ClassLoader` separate Namensräume für System-Klassen und Applet-Klassen. Damit wird verhindert, daß ein Applet wichtige Systemklassen nachladen und damit durch seine eigenen Versionen ersetzen kann.

*Bytecode-Verifier*      Zweitens verifiziert der `ClassLoader` beim Laden alle Applet-Bytecodes und stellt damit sicher, daß diese den folgenden Bedingungen entsprechen:

- Alle Klassen des Applets sind gültiger Java-Bytecode, d.h. sie entsprechen der Definition der Java *virtual machine*. Insbesondere dürfen nur definierte Befehle vorkommen, und für jeden Befehl müssen der Typ und die Anzahl aller Argumente exakt stimmen.

- Der Bytecode vermeidet Overflow und Underflow des Stacks.

- Alle Register der *virtual machine* werden korrekt verwendet. Insbesondere müssen alle Register vor der ersten Benutzung initialisiert werden.

- Der Code enthält keine illegalen Typumwandlungen.

Zusammen stellen diese restriktiven Bedingungen sicher, daß keine illegalen Befehle (mit undefinierter Wirkung) ausgeführt werden und daß das Applet keine Pointer fälschen kann, um unzulässig oder auf nicht vorhandene Objekte zuzugreifen.

Die Überprüfung durch den Bytecode-Verifier verhindert auch Angriffe durch manipulierte Java-Compiler oder durch Manipulationen des Bytecodes während der Übertragung über das Netzwerk.

### 10.3.2 Eingeschränkte Funktionen

Die Funktionalität von Applets wird vom Java-Laufzeitsystem

*Korrekter, aber*      gegenüber lokalen Programmen (Applikationen) sehr stark ein-

*bösartiger Code*      geschränkt. Dies ist nötig, um Applets an der Ausführung von

zwar korrekten, aber bösartigen Operationen — zum Beispiel

dem Löschen von Dateien, dem Absenden gefälschter e-mail oder dem Ausspähen von Information — hindern zu können. Die folgenden Funktionen sind für ein über das Netzwerk geladenes Applet auf jeden Fall unmöglich:

- Dateien auf dem lokalen Rechner lesen oder schreiben.

- Dateien oder Verzeichnisse auf dem lokalen Rechner löschen oder umbenennen.

- Verzeichnisse auf dem lokalen Rechner anlegen.

  Ein Applet kann dementsprechend weder die Funktionen `File.delete()`, `File.renameTo()`, `File.mkdir()`, `File.mkdirs()` verwenden, noch die entsprechenden Betriebssystembefehle wie zum Beispiel `rm`, `mv`, `mkdir` (Unix) bzw. `del`, `rename`, `mkdir` (DOS) aufrufen.

- Verzeichnisse lesen oder Informationen über Dateien (Existenz, Typ, Größe, das Datum der letzten Änderung etc.) ermitteln.

- Netzwerkverbindungen zu Rechnern außer dem Applet-Server selbst aufbauen.

- Netzwerkverbindungen auf dem lokalen Rechner mithören oder neue Netzwerkverbindungen annehmen.

- Informationen über den Benutzer (Name, Login-Name, Home-directory) oder die folgenden System-Attribute ermitteln: `user.name`, `user.home`, `user.dir`, `java.home`, `java.class.path`.

- Weitere System-Attribute definieren.

- Irgendwelche Programme auf dem lokalen Rechner starten. Insbesondere haben Applets keinen Zugriff auf die Methoden `Runtime.exec()`.

- Den Java-Interpreter beenden. Ein Applet kann weder `System.exit()` noch `Runtime.exit()` aufrufen.

  Um ein Applet zu beenden, muß der Benutzer vielmehr die entsprechende WWW-Seite verlassen.

- Dynamische Link-libraries nachladen. Ein Applet darf also nicht `System.load()` oder `loadLibrary()` aufrufen.

- Ein Applet darf niemals einen `ClassLoader` oder einen `SecurityManager` erzeugen.

  Diese Klassen sind deshalb als „Einzelstücke" ausgelegt: es kann jeweils nur ein einziges Objekt dieser Klassen erzeugt werden. Dies erfolgt bereits beim Start des Interpreters, bevor die ersten Applets geladen werden.

- Applets dürfen keine Klassen außerhalb der *Core-API* Klassen — den Packages `java.applet`, `java.awt`, `java.awt.image`, `java.awt.peer`, `java.io`, `java.lang`, `java.net` und `java.util` — zugreifen oder laden.

- Applets können keine Klassen definieren, wenn diese bereits auf dem lokalen System vorhanden sind. Dies verhindert, daß ein Applet seine eigenen Klassen anstelle der (sicheren) Systemklassen benutzt.

- Applets dürfen keine `Threads` außerhalb ihrer eigenen `ThreadGroup` erzeugen oder beeinflussen.

*Netzwerkzugriff nur zum Applet-Server*

Die Einschränkung der Netzwerkzugriffe auf den Applet-Server selbst mag zunächst überraschen. Tatsächlich sind aber eine ganze Reihe von Szenarien denkbar, mit denen ein bösartiges Applet weitergehende Netzwerkzugriffe ausnutzen könnte. Ein Beispiel dafür ist der Angriff auf ein über einen Firewall-Rechner nach außen abgeschottetes lokales Netzwerk. Während innerhalb des Intranets beliebige Netzwerkzugriffe möglich sind, garantiert der Firewall-Rechner, daß nur bestimmte Daten von und nach außen durchgelassen werden. Sobald ein Applet auf einem Rechner im Intranet ausgeführt wird, könnte es daher auf Server innerhalb des Intranets zugreifen, die nach außen (etwa für den Applet-Server) gar nicht sichtbar sind. Dies wird verhindert, indem die Applet-Netzwerkzugriffe auf den Applet-Server selbst eingeschränkt werden.

*Siehe [Dean et al. 96]*

Die Beschränkung eines Applets auf Lesezugriffe ist übrigens nicht ausreichend, denn ein bösartiges Applet könnte immer noch Daten zu einem beliebigen Zielrechner senden. Ein möglicher Trick besteht darin, die Information als Dateinamen zu tarnen und zum Bespiel folgende URLs anzufordern:

| Operation | NA | NF | AV | AP |
|-----------|-----|-----|-----|-----|
| lokale Datei lesen | – | – | + | + |
| lokale Datei schreiben | – | – | + | + |
| lokale Datei löschen | – | – | – | + |
| lokale Datei Infos | – | – | + | + |
| `Properties` lesen, etwa `user.name` | – | + | + | + |
| externen Prozeß starten | – | – | + | + |
| Link-Bibliothek laden | – | + | + | + |
| `System.exit()` aufrufen | – | – | + | + |
| externes Fenster öffnen | mit Warnung | + | + | + |
| Netzwerkverbindung: zum Applet-Server | + | + | + | + |
| zu anderem Server | – | + | + | + |

*Abbildung 10.4*
*Applet Sicherheit.*
*Zulässige*
*Operationen in:*
*NA: Netscape URL,*
*NF: Netscape Datei,*
*AV: Appletviewer,*
*AP: Applikationen*

```
http://www.cracker.org/borneo/benutzer/hendrich
http://www.cracker.org/passwort/hendrich/Guldenstern
```

Der zugehörige Server speichert diese Informationen und liefert danach eine Fehlermeldung „Datei nicht vorhanden" zurück (natürlich gibt es `www.cracker.org` nicht).

### 10.3.3 Lokal gestartete Applets

Wenn ein Applet nicht von unbekannten Servern über ein unsicheres Netzwerk, sondern von einer lokalen Festplatte oder einem sicheren, vertrauenswürdigen Netzwerkserver — etwa innerhalb eines Intranets — geladen wird, ist die Lockerung oder gar der Verzicht auf die oben aufgezählten Restriktionen denkbar.

Zum Beispiel erlaubt der `appletviewer` im JDK, für lokal geladene Applets den Zugriff auf lokalen Dateien oder das Netzwerk freizugeben.

Die Tabelle in Abbildung 10.4 faßt die für Applets in verschiedenen Umgebungen erlaubten Operationen noch einmal zusammen. Die Dateioperationen sind im `appletviewer` nur möglich, wenn die entsprechenden Dateien und Verzeichnisse in der `appletviewer`-Konfigurationsdatei eingetragen werden (siehe Anhang B ab Seite 510).

427

### 10.3.4 Applet Zertifizierung

Auch für Applets, die über das unsichere Internet geladen werden, ist eine Lockerung der Applet-Restriktionen denkbar. Dazu können Applets ab Java 1.1 mit einer digitalen Unterschrift des Autors (einer „Signatur") versehen werden.

*javakey:*
*Siehe Anhang B*
*ab Seite 534*

Die Algorithmen dazu beruhen auf sogenannten „public-key" Verschlüsselungsverfahren. Alle Applet-Dateien werden mit fälschungssicheren Prüfsummen versehen, die nur der Autor mit seinem eigenen privaten Code erstellen kann. Über einen zweiten öffentlich zugänglichen Code kann jeder Anwender die Unterschrift prüfen und damit feststellen, ob die Applet-Dateien authentisch sind oder manipuliert wurden.

Ein Applet mit intakter Unterschrift ist also beim Transport über das Internet nicht modifiziert worden und könnte bei entsprechendem Vertrauen in den Autor — etwa beim Laden eines Applets von Sun, Microsoft oder der Universität Hamburg — mit vollen Rechten ausgeführt werden.

## 10.4 Applets und Applikationen

Es liegt nahe, ein Java-Programm sowohl als Applet als auch als eigenständige Applikation nutzen zu wollen. Die ersten Schritte beim Entwurf einer derartigen Klasse „AppletApplication" sind einfach: Da ein Applet für die Interaktion mit dem WWW-Browser zwingend von java.applet.Applet abgeleitet werden muß, gilt dies offenbar auch für die gewünschte Klasse AppletApplication. Außerdem müssen geeignete Realisierungen von init(), start() und stop() bereitgestellt werden. Andererseits muß ein eigenständiges Programm über eine Methode main() verfügen. Das ergibt als Grundgerüst

```
public class  AppletApplication
               extends java.applet.Applet {
   public void init()...
   public void start()...
   public void stop()...

   public static void main() ...
}
```

Ein `Applet` ist von `Panel` abgeleitet, während für eine Applikation ein `Frame` benötigt wird. Es liegt daher nahe, in `main()` zunächst ein `Frame` zu erzeugen und das `Applet`-Panel darin einzubetten:

```java
import java.awt.*;

public class AppletApplication
            extends java.applet.Applet {
  ...
  public static void main( String argv[] ) {
    Frame f = new Frame();
    AppletApplication aa = new AppletApplication();
    aa.init();
    f.add( "Center", aa );
    f.show();
    aa.start();
  }
}
```

Diese Umsetzung der Klasse `AppletApplication` funktioniert für einfache Applets schon ganz gut: Wenn die Klasse als Applet eingesetzt wird, ergibt sich keine Änderung gegenüber der reinen Applet-Realisierung, da die Methode `main()` nie aufgerufen wird. Als eigenständige Applikation gestartet, wird `main()` aufgerufen. Dort wird zunächst ein `Frame` und anschließend ein Exemplar aa des Applets erzeugt und gleich initialisiert. Das Applet wird in das Frame eingesetzt und dann gestartet. Zuletzt wird das Frame angezeigt. Die weitere Ereignisbehandlung erfolgt ausschließlich im eigentlichen Applet.

*Einfache Lösung*

*6-Phasen Initialisierung*

Anders als der WWW-Browser oder Appletviewer stellt ein `Frame` aber weder einen `AppletContext` noch einen `AppletStub` bereit. Falls das Applet daher die Methoden aus `AppletContext` oder `AppletStub` benutzt — etwa `showStatus()` oder `getAudioClip()` — wird das Programm nicht funktionieren, sondern mit einer `Exception` abgebrochen.

*Problem: AppletContext nicht implementiert*

Natürlich ist es viel zu aufwendig, einen vollständigen WWW-Browser zu schreiben, nur um ein Applet auch als Applikation einsetzen zu können. Eine Lösung für das Problem ist das Ableiten einer neuen Unterklasse von `Frame`, die eine minimale Realisierung der Methoden aus `AppletContext` und `AppletStub` enthält. Dazu bieten sich die folgenden Methoden an:

*Minimale Realisierung von AppletContext*

```
import java.awt.*;
import java.applet.*;
import java.net.*;
import java.util.Enumeration;

public class AppletWrapper extends Frame
        implements AppletContext, AppletStub {
    ...

    // Methoden für AppletStub
    public boolean isActive() { return true; }

    public URL getDocumentBase() {
        return getCodeBase();
    }
    public URL getCodeBase() {
        try { return new URL( "file://" +
                    System.getProperty( "user.dir" ) +
                    System.getProperty( "file.separator" ));
        }
        catch( MalformedURLException e ) {return null;}
    }
    public String getParameter( String name ){return "";}
    public AppletContext getAppletContext(){return this;}
    public void appletResize( int w, int h ) { }

    // Methoden für AppletContext
    public AudioClip getAudioClip( URL u ) {return null;}
    public Image getImage( URL u ) {
        return Toolkit.getDefaultToolkit().getImage(u);
    }
    public Image getImage( URL u, String s ) {
      try { return getImage( new URL(u,s) ); }
      catch( MalformedURLException e ) {return null;}
    }

    public Image getImage( URL url, String s ) {
      try { return getImage( new URL(url,s) ); }
      catch( MalformedURLException e ) { return null; }
    }
    public Applet getApplet( String s ) {return null;}
    public Enumeration getApplets() {return null;}
    public void showDocument( URL url ) { }
    public void showDocument( URL url, String where ) { }
    public void showStatus( String status ) { }
```

*Arbeitsverzeichnis ermitteln*

Der Konstruktor für den `AppletWrapper` realisiert genau die oben erläuterten sechs Phasen. Zusätzlich wird der `AppletStub` des Applets mit `setStub()` auf die Realisierung dieser Methoden in `AppletWrapper` gesetzt:

```
class AppletWrapper extends Frame
        implements AppletContext, AppletStub {
  ...
  AppletWrapper( Applet a, int w, int h ) {
    this.resize( w, h );
    this.add( "Center", a );
    a.setStub( this );
    a.init();
    this.setTitle( a.getClass().getName() );
    this.show();
    a.start();
  }
}
```

Damit das Fenster des `AppletWrapper` auch wieder geschlossen werden kann, muß wie in den Beispielen aus Kapitel 7 noch die Methode `handleEvent()` überschrieben werden:

```
public boolean handleEvent( Event e ) {
  if (e.id == Event.WINDOW_DESTROY)
     System.exit(0);
  return super.handleEvent( e );
}
```

Mit der Klasse `AppletWrapper` ist der Umbau eines Applets in eine Applikation jetzt ausgesprochen einfach: Es muß nur noch die Funktion `main()` hinzugefügt werden, die ein `AppletWrapper`-Objekt mit einer Referenz auf das Applet erzeugt. Noch einfacher ist es allerdings, eine neue Klasse vom bestehenden Applet abzuleiten, die ausschließlich die neue Methode `main()` enthält. So gelingt der Umbau des `ClockApplet` Beispiels zurück in eine Applet/Applikation:

```
public class ClockAppletApplication
        extends ClockApplet {

  public static void main( String argv[] ) {
    new AppletWrapper( new ClockApplet(), 200, 200 );
  }
}
```

*Ohne Browser kein*
*showDocument*

Auch das `Bookmark`-Applet aus Abschnitt 10.2 kann auf diese Weise als Applikation gestartet werden. Da die Methode `show-Document` in `AppletWrapper` aber als leere Funktion realisiert ist, ist `Bookmark` als Applikation nicht allzu nützlich.

*Problem mit*
*createImage*

Leider ergibt sich für Applets, die mit `createImage()` Hintergrundbilder anlegen, noch ein letztes Problem mit `Applet-Wrapper`. Aufgrund der (fragwürdigen) Implementierung liefert `createImage()` nur dann ein gültiges Bild zurück, wenn das zugehörige Fenster der Applikation bereits sichtbar ist. Da der Aufruf von `createImage()` typischerweise in `init()` erfolgt — also bevor das Fenster des `AppletWrapper` sichtbar ist — wird kein Hintergrundbild erzeugt. In diesem Fall hilft manchmal die folgende, eigentlich unschöne Änderung der Initialisierungsreihenfolge in `main()`,

```
AppletWrapper( Applet a, int w, int h ) {
  this.resize( w, h );
  this.add( "Center", a );
  a.setStub( this );
  this.setTitle( a.getClass().getName() );
  this.show();    // erst show(),
  a.init();       // dann init()...
  a.start();
  f.resize( w, h );
}
```

In der obigen Realisierung liefern sowohl `getCodeBase()` als auch `getDocumentBase()` eine Datei-URL auf das aktuelle Arbeitsverzeichnis zurück. Dieses Vorgehen sollte für die meisten Applets ausreichen, die Bilder über einen Aufruf von `getImage( getCodeBase(), imagename )` laden.

# Netzwerkzugriff

Java ist die erste Programmiersprache, die ausdrücklich für verteilte Applikationen in Netzwerken und speziell dem WWW entwickelt wurde. Dies kommt nicht nur in den integrierten Sicherheitsmechanismen zum Ausdruck. Bereits das Java-Package java.net stellt alle Klassen und Methoden zur Verfügung, die für herkömmliche Netzwerkoperationen wie URLs, Sockets und alle üblichen Client-Server-Applikationen benötigt werden.

*Package java.net*

Vier weitere kürzlich von Sun Microsystems angekündigte Java-Packages erlauben weit höhere Abstraktion als die einfachen Socket-Zugriffe und werden die Entwicklung verteilter Applikationen stark erleichern: Das *Java Database Connectivity* Package (JDBC) stellt eine vollständige Schnittstelle für den Zugriff auf SQL-Datenbanken bereit. Entsprechend bietet das *Java Interface Description Language* Package (Java IDL) den Zugriff von Java-Programmen auf CORBA-Objekte und -Server.

*JDBC [SUN-96c]*

*Java IDL*

Mit dem in Abschnitt 6.9 beschriebenen Object Serialization Protokoll können Objekte in einen Bytestrom umgewandelt und daraus wieder rekonstruiert werden. Damit gelingt es, vollständige Java-Objekte inklusive aller Referenzen über ein Netzwerk zu übertragen und auf dem Zielrechner wieder aufzubauen.

*OSS [SUN-96a]*

Das Java *Remote Method Invocation* Protokoll beruht auf dem OSS und erlaubt, Objekte über ein Netzwerk zu referenzieren und deren Methoden aufzurufen. Das RMI erweitert damit die unter Unix bereits üblichen Remote-procedure-call (RPC) Aufrufe entscheidend auf das objektorientierte Programmieren und garantiert außerdem weiterhin die in Java mögliche Sicherheit.

*RMI [SUN-96b]*

In diesem Kapitel sollen die Netzwerkfähigkeiten von Java exemplarisch an einigen vollständigen Beispielen vorgestellt werden. Für den direkten Zugriff auf Dokumente im WWW stehen

*URL-Zugriff*

*URLConnection*

*UDP-Protokoll*

*TCP, Client-
Server-Modell*

*Applet-Client*

*RMI*

*Klassenhierarchie
von java.net*

die Klassen URL und URLConnection zur Verfügung. In Abschnitt 11.1 wird zunächst der Aufbau von URLs und die Anwendung der Klasse URL erläutert.

Anschließend wird in Abschnitt 11.2 der Einsatz der Klasse URLConnection demonstriert, um detaillierte Informationen über ein URL-Dokument zu erhalten. Mit den Methoden dieser Klasse können auch die Inhalte von URLs geladen werden, die nicht direkt von der Klasse URL unterstützt werden.

Die Übertragung einzelner Datenpakete zwischen zwei Rechnern mittels UDP („user datagram protocol") ist das Thema von Abschnitt 11.3.

Darauf aufbauend wird in Abschnitt 11.4 die Anwendung von TCP/IP-Verbindungen erläutert. Anders als UDP stellt das TCP-Protokoll sicher, daß alle Daten korrekt übertragen wurden, und eignet sich daher auch für komplexere Aufgaben. Dazu wird das Konzept von Client-Server-Applikationen anhand eines einfachen Beispielprogramms vorgestellt.

Abschnitt 11.5 erläutert anschließend, wie auch ein Applet als Client auf den im vorigen Abschnitt entwickelten Server zugreifen kann.

In Abschnitt 11.6 wird schließlich eine kurze Einführung in das Remote-Method-Invocation Package präsentiert.

Die Klassenhierarchie des java.net Package ist in Abbildung 11.1 dargestellt. Trotz der geringen Anzahl der Klassen wirkt das Bild wegen der zahlreichen Attribute recht unübersichtlich. Diese Attribute — einige der Klassen sind abstrakt, final oder besitzen keinen public-Konstruktor — sind notwendig, um die Sicherheitsmechanismen von Java garantieren zu können. So ist die Klasse URL als final deklariert, um eine Überdefinition und damit die Möglichkeit verboteter Netzwerkzugriffe zu verhindern.

Für Java-Anwendungsprogramme sind vor allem die Klassen URL und URLConnection sowie Socket und ServerSocket interessant. Die Interfaces ContentHandlerFactory, SocketImplFactory und URLStreamHandlerFactory dienen ebenso wie die Klassen ContentHandler, SocketImpl und URLStreamHandler zur Definition sogenannter „Content-Handler" für die automatische Behandlung spezieller Dateiformate (siehe den nächsten Abschnitt) und werden normalerweise nicht von Java-Anwendungsprogrammen verwendet.

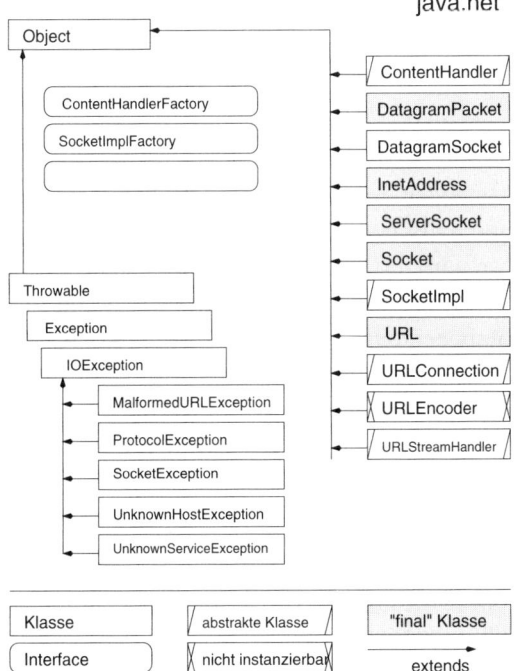

java.net

*Abbildung 11.1
Klassenhierarchie
des java.net
Package*

## 11.1 Zugriff auf URLs

Alle einzelnen Dokumente im WWW werden über die sogenannten *Uniform Resource Locators* (URLs) referenziert und angesprochen. Dazu kombiniert eine URL drei Komponenten: den
Namen des für die Übertragung einzusetzenden Protokolls (http,
ftp, gopher, news, ... ), den Namen oder die IP-Adresse des Servers und schließlich den (Datei-) Namen des Dokuments auf dem
Server. Das Internet Protocol (IP) bezeichnet das im Internet verwendete grundlegende Protokoll zur Identifikation aller einzelnen
Rechner über eine weltweit eindeutige Nummer. Einige Beispiele
für URLs sind:

*URL: Eindeutige
Referenz auf
ein Dokument
im WWW*

```
http://www.web.de/
ftp://134.100.9.41/pub/

file://C:/java/demo/DrawTest/example1.html
file:///users/hendrich/java/helloWorld.java
```

*http-Zugriff*
*ftp-Zugriff*
*Dateizugriffe:*
*Windows*
*und Unix*

```
// Usenet news:
news://news.uni-hamburg.de/comp.lang.java.announce
```

In Java werden URLs direkt durch die Klasse URL im Package java.net unterstützt. Es genügt, zunächst ein Objekt der
Klasse URL zu erzeugen und dann desssen getContent() oder
openStream() Methoden aufzurufen, um ein Dokument aus dem
WWW zu laden. Falls der Server der URL über einen DNS-
Namen angegeben wird, erfolgt die Umsetzung in eine IP-Adresse automatisch im Hintergrund. Mehrere Konstruktoren für URLs
erlauben, die Komponenten entweder getrennt (Protokoll, Server,
Port, Dateiname) oder in einem einzelnen gemeinsamen String
anzugeben. Außerdem können URLs auch relativ zu einer Basis-
URL angegeben werden:

```
String basename, filename;

basename = "http://134.100.13.168/applets/";
filename = "prima/prima.html";
myURL = new URL( basename, filename );
```

Die folgende Applikation interpretiert den ersten Parameter der
Kommandozeile als URL und versucht, das angegebene Dokument zu laden:

```
/* LoadURL.java --- Lädt den Inhalt einer URL.
 * Funktioniert nur für MIME-Typ: text/plain
 */
import java.io.*;
import java.net.*;

public class LoadURL {
    static String loadText( String address ) {
        try {
            URL textURL = new URL( address );
            return (String) textURL.getContent();
        }
        catch (MalformedURLException e) {
            return "Malformed URL: " + address;
        }
        catch (IOException e) {
            return "IO-Error ";
        }
    }
```

*URL aufbauen,*
*Inhalt holen,*

*Fehler abfangen*

```
public static void main( String[] argv ) {
    if (argv.length < 1)  return;
    System.out.println( loadText( argv[0] ));
  }
}
```

Über URLs kann eine Vielfalt von Dokumenten referenziert werden — Textdateien, Bilder, Video- und Audio-Clips, komprimier-
te Dateien in verschiedenen Formaten usw. Zu jeder URL wird
daher vom Server auf Anfrage der sogenannte MIME-Typ („Multipurpose Internet Mail Extension") angegeben, um den Inhalt der
URL zu kennzeichnen. Abhängig vom Dokumententyp werden
dann *content handler* aufgerufen, die den Inhalt der URL entsprechend interpretieren.

*URL-Typen:
(MIME)*

In Java sind bisher nur die Content-handler für Textdateien
(„text/plain") und einige Bildformate („image/gif", „image/
jpeg") vordefiniert. Im obigen Programm leistet die Typumwandlung in der Zeile (String) textURL.getContent() die direkte Umwandlung von Text-URLs („text/plain") in ein String-
Objekt. Es funktioniert deshalb nur für URLs mit Inhalt „text/
plain", nicht aber für URLs des Typs „text/html" oder lokale
Dateien:

```
>java loadURL http://134.100.13.168/jff/README.txt
http://tech-www/jff/README.txt:
Eine Beispieldatei im 'text/plain' Format zur
Demonstration der Funktion java.net.URL.getContent()
...
```

*OK: Typ
text/plain*

```
>java loadURL file:///etc/passwd
java.lang.ClassCastException:  ...
```

*Nicht Typ
text/plain*

Für eine Bilddatei im GIF- oder JPEG-Format hätte der Aufruf
(Image) URL.getContent() direkt ein java.awt.Image Objekt
zurückgeliefert. Natürlich kann jedes Programm weitere eigene Funktionen bereitstellen, um andere Inhalte und Formate aus
URLs zu interpretieren.

## 11.2  Kontrolle von URL-Übertragungen

Für Anwendungen, die eine feinere Kontrolle über die Parameter einer URL-Verbindung benötigen, stellt Java die Klasse URL-

Connection bereit. Mit dieser Klasse können unter anderem der Dokumententyp, die Größe, das Datum der letzten Änderungen etc. der URL ermittelt werden. Verschiedene Parameter können gesetzt werden, bevor die eigentliche Verbindung mittels URL-Connection.connect() hergestellt wird. Insbesondere kann eingestellt werden, ob Cache-Server (Proxies) benutzt werden sollen.

Außerdem ermöglicht die Klasse URLConnection bidirektionale URL-Verbindungen, falls das zugrundeliegende Protokoll und der Server dies erlauben; dazu muß setDoOutput() aufgerufen werden.

Das folgende Beispielprogramm öffnet die in der Kommandozeile angegebene URL und zeigt einige der „Header"-Parameter an:

```java
/* LoadURLInfo.java --- Lädt URL-Infos
 * und zeigt die Header-Parameter
 */
import java.io.*;
import java.net.*;
import java.util.Date;

public class LoadURLInfo {
    static void getURLInfo( URLConnection c )
        throws IOException
    {
      System.out.println(
        "Content type: " + c.getContentType()
        + "\n Length: " + c.getContentLength()
        + "\n Last modified: "
              + new Date(c.getLastModified())
        + "\n Expiration: " + c.getExpiration()
        + "\n Encoding: " + c.getContentEncoding() );
    }

    static void getURLData( URLConnection c )
        throws IOException
    {
      DataInputStream I; String line;
      I = new DataInputStream( c.getInputStream());
      while( (line = I.readLine()) != null ) {
         System.out.println( line );
      }
    }
```

*Header-Infos
einer URL lesen*

*Inhalt der URL
holen*

*InputStream*

```
public static void main( String[] argv )
    throws MalformedURLException, IOException
{
  if (argv.length < 1)  return;
  URL url = new URL( argv[0] );
  URLConnection conn = url.openConnection();
  conn.setUseCaches( false );
  getURLInfo( conn );
  getURLData( conn );
}
}
```

*URL aufbauen,
Header-Infos und
Inhalt laden*

Anders als beim vorigen Beispiel werden die beim Aufbau
der URL möglichen Ausnahmen nicht selbst abgefangen, sondern in throws Anweisungen deklariert. Mit dem Aufruf von
setUseCaches wird eingestellt, ob eine zwischengespeicherte
Version der URL (etwa von einem Proxy-Server) akzeptabel ist;
mit dem Aufruf setUseCaches(false) kann ein Neuladen (re-
load) des Dokuments erzwungen werden.

*Ausnahme-
behandlung*

Die Funktion getURLInfo() liefert zunächst einige der „Header"-Parameter der URL: den MIME-Typ, das Datum der letzten Änderung, ein Gültigkeitsdatum usw. Das von getLast-
Modified() zurückgelieferte Datum der letzten Änderung der
URL ist zunächst in Sekunden seit dem 1.1.1970 angegeben. Dieser Wert wird mit dem entsprechenden Konstruktor der Klasse
java.util.Date in eine lesbare Darstellung umgewandelt.

In der Funktion getURLData wird anschließend der Input-
Stream der URL geöffnet, um zeilenweise den Inhalt zu lesen.
Für spezielle Inhalte oder Dateiformate muß diese Funktion ent-
sprechend angepaßt werden.

## 11.3   Einfache UDP-Übertragungen

Beim Einsatz von URL-Verbindungen laufen alle Protokollauf-
gaben der eigentlichen Übertragung vollautomatisch im Hintergrund ab. Für einige Anwendungen ist diese automatische Verwaltung aber nicht notwendig oder sogar unerwünscht, und es
sollen einfach einige Bytes möglichst schnell von einem Rechner
zu einem anderen Rechner übertragen werden.

*URL: bequem,
aber langsam*

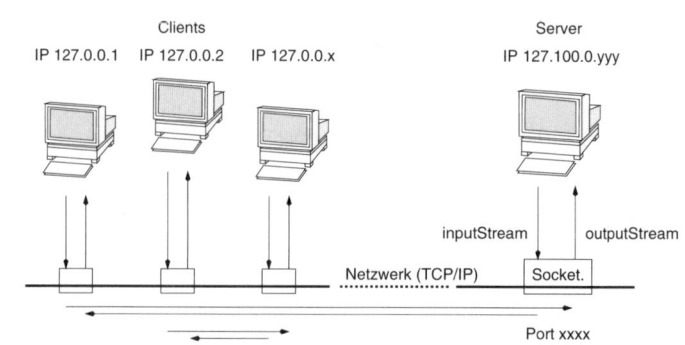

*Abbildung 11.2
Aufbau eines
TCP/IP Netzwerks*

*UDP: schnell
und unzuverlässig*

   In diesen Fällen bietet sich der Einsatz der einfachen Protokolle TCP/IP und UDP an. Das Datagram-Protokoll (UDP, user
datagram protocol) arbeitet paketorientiert und sehr schnell, bietet aber keine Gewähr, daß die einzelnen Pakete in der richtigen
Reihenfolge oder überhaupt ankommen. TCP/IP erweitert die
Übertragung der Pakete um eine zusätzliche Protokollschicht und
stellt sicher, daß alle Daten korrekt übertragen und empfangen
werden.

   Der prinzipielle Aufbau eines Netzwerks mit dem UDP bzw.
TCP/IP-Protokoll ist in Abbildung 11.2 skizziert. Alle Rechner
sind an das gemeinsame Netzwerk angeschlossen und werden
über ihre IP-Adresse identifiziert und angesprochen. Jeder Rechner „zapft" das Netzwerk über einen (oder mehrere) sogenannte
*Socket*-Anschlüsse an, die durch eine Port-Nummer ausgewählt
werden. Jeder Socket stellt in Richtung Rechner zwei Datenströme für Ein- und Ausgaben zur Verfügung und sorgt für das
Absenden und den Empfang der Datenpakete über das Netzwerk.
Das Anwenderprogramm muß daher lediglich einmal einen entsprechenden Socket öffnen und kann anschließend die Funktionen der Datenströme genau wie für lokale Dateien benutzen.

   Um eine UDP-Übertragung von Daten vorzunehmen, müssen
die Daten zunächst zusammen mit der numerischen IP-Adresse
des Zielrechners in einem entsprechenden Paket zusammenge-

*Pakete packen* faßt und anschließend über das Netzwerk gesendet werden. Dabei muß zusätzlich die gewünschte Port-Adresse des Zielrechners angegeben werden — ein Integer-Wert zwischen 0 und
65535 (wobei die unteren 1024 Portadressen für Systemdienste

reserviert sind). Java stellt die Klassen `DatagramPacket` und
`DatagramSocket` für UDP-Übertragungen zur Verfügung.

Das folgende Programm erwartet den Namen des Zielrechners, den zu verwendenden Port (1024 ... 65535) und den zu
übertragenden Text auf der Kommandozeile. Es ermittelt dann
die IP-Adresse des Zielrechners und sendet die Daten als UDP-
Paket über den angegebenen Port:

```
/* UDPsend.java --- Sendet ein UDP Paket */
import java.io.*;
import java.net.*;

public class UDPsend {

    public static void main( String argv[] )        Hauptprogramm,
        throws Exception                             keine Fehler-
    {                                                behandlung
      if (argv.length != 3) {                        Drei Argumente?
        System.out.println( "Usage: java UDPsend "
         + "<hostname> <port> <data>" );
        System.exit( 0 );
      }


      InetAddress IP;                                IP-Adresse
      IP = InetAddress.getByName(argv[0]);           für Hostname
      int port = Integer.parseInt(argv[1]);          ermitteln

      byte[] data = new byte[ argv[2].length() ];    String in Bytes
      argv[2].getBytes( 0, data.length, data, 0 );   umwandeln

      DatagramPacket packet;                         Paket mit Daten
      packet = new DatagramPacket( data, data.length, und IP-Adresse
                                   IP, port );        füllen
      DatagramSocket socket = new DatagramSocket();
      socket.send(packet);                           Absenden
    }
}
```

Damit die gesendeten UDP-Pakete empfangen werden können,
muß auf dem Zielrechner ein weiterer `DatagramSocket` auf dem
korrekten Port erzeugt werden. Ein Socket kann jeweils nur einen
einzelnen Port bedienen; die Port-Nummern müssen auf beiden
Rechnern also unbedingt übereinstimen. Außerdem wird ein

DatagramPacket mit fester Puffergröße vorbereitet, das die empfangenen Daten aufnehmen kann. Anschließend wird (in einer Endlosschleife) die Funktion `DatagramSocket.receive()` aufgerufen. Diese Funktion wartet jeweils, bis auf dem angegebenen Port ein UDP-Paket erscheint, und liefert dieses dann zurück. Zuletzt werden die Daten aus dem Paket ausgepackt und der Absender ermittelt.

```
/* UDPreceive.java --- Wartet auf UDP Pakete */
import java.io.*;
import java.net.*;

public class UDPreceive {
```

*Hauptprogramm, keine Fehlerbehandlung*

```
    public static void main( String argv[] )
        throws Exception
    {

        if (argv.length != 1) {
            System.out.println(
                "Usage: java UDPreceive <port>" );
            System.exit(0);
        }
```

*Welcher Port?*

```
        int port = Integer.parseInt( argv[0] );
```

*Ein Puffer und ein Paket*

```
        byte[] buffer = new byte[1024];
        DatagramPacket packet = new DatagramPacket(
                                buffer, buffer.length );
        DatagramSocket socket =
                        new DatagramSocket(port);
```

*Endlosschleife: Paket abwarten, auspacken,*

*ausgeben*

```
        while(true) {
            socket.receive(packet);
            String s = new String( buffer,0,0,
                                    packet.getLength());
            System.out.println( "UDPreceive: from "
                + packet.getAddress().getHostName()
                + ":" + packet.getLength()
                + ":" + packet.getPort() + ":" + s );
            packet = new
                DatagramPacket( buffer, buffer.length );
        }
    }
}
```

Wenn Ihnen nur ein Computer zur Verfügung steht, können Sie natürlich den Sender und den Server auch auf demselben Rechner starten:

```
rechner1>java UDPreceive 5543
rechner1>

rechner2>java UDPsend rechner1 5543 "Ein UDP-Paket!"
rechner2>

rechner1>UDPreceive from rechner1:5543:Ein UDP-Paket!
```

Um die Programme so einfach wie möglich zu gestalten, wurde auf jegliche Fehlerbehandlung verzichtet — statt dessen deklarieren sowohl UDPsend als auch UDPreceive jeweils eine throws Exception Klausel.

Das folgende Programm ist ebenfalls manchmal nützlich. Falls Ihr Netzwerk über einen Nameserver verfügt, ermittelt es zu dem auf der Kommandozeile angegebenen beliebigen Hostnamen die numerische IP-Adresse:

*NSlookup*

```
/* NSlookup.java - IP-Adresse zu Hostname ermitteln */
import java.io.*;
import java.net.*;

public class NSlookup {
  public static void main( String argv[] )
    throws IOException
  {
    InetAddress addr =
      InetAddress.getByName( argv[0] );
    System.out.println(
      "IP-Adresse: " + addr.toString() );
  }
}
```

Hier einige Beispiele:

```
borneo>java NSlookup www.gamelan.com
IP-Adresse: www.gamelan.com/204.168.26.11
borneo>java NSlookup ftp.javasoft.com
IP-Adresse: ftp.javasoft.com/206.26.48.103
borneo>
```

443

Ohne aktiven Nameserver können die IP-Adressen nur für die in der Host-Tabelle (unter Unix ist das normalerweise die Datei /etc/hosts) eingetragenen Rechnernamen ermittelt werden. Falls Ihnen gar kein anderer Nameserver zur Verfügung steht, können Sie notfalls unseren Server mit der IP-Adresse 134.100.13.167 versuchen — abhängig von der Netzwerkanbindung können die Antwortzeiten jedoch sehr lang werden, und Abkürzungen außerhalb der Domain `informatik.uni-hamburg.de` können nicht aufgelöst werden.

## 11.4 Client-Server-Applikationen

*TCP: schnell und zuverlässig*

Für eine zuverlässige Kommunikation über das Netzwerk muß statt UDP das TCP-Protokoll (*Transmission Control Protocol/ Internet Protocol*) eingesetzt werden. Es erweitert die UDP-Datenübertragung um eine zusätzliche Protokollschicht, die unvollständige oder beschädigte Datenpakete anhand von Prüfsummen erkennt und ebenso wie ganz verlorengegangene Pakete erneut überträgt. Die Verwendung von TCP/IP-Verbindungen ist damit die Methode der Wahl, um Daten zwischen Java-Applikationen über das Netzwerk auszutauschen. Einziger Nachteil von TCP/IP gegenüber UDP ist der höhere Protokollaufwand, der unter Umständen die erreichbaren Übertragungsraten begrenzt. Die im PC-Bereich verbreiteten alternativen Netzwerkprotokolle von NOVELL und MICROSOFT sind im Internet nicht üblich und werden von Java nicht unterstützt.

*Ein Server, viele Clients*

In diesem Abschnitt soll an einem einfachen Beispiel der typische Aufbau von Client-Server-Applikationen dargestellt werden. Auf den Server können daher beliebig viele Clients gleichzeitig und von beliebigen Rechnern im Internet zugreifen. Um das Beispiel überschaubar zu halten, ist die vom Server erbrachte Funktion allerdings trivial: Er liest die vom Client übergebenen Eingabedaten, wandelt alle Kleinbuchstaben in Großbuchstaben um und schickt das Ergebnis an den Client zurück. Trotzdem enthält das Beispielprogramm bereits alle wichtigen Fähigkeiten „richtiger" Client-Server-Programme. Durch Erweiterung der Klasse `TCPtoUpper` um die gewünschten Funktionen kann das Programm als Vorlage auch für komplexe Applikationen dienen.

## Das Server-Programm

Es ist günstig und üblich, das Server-Programm in zwei Teile auf-
zuspalten: Der innere „zentrale" Server TCPServer wartet auf Anfragen von Client-Programmen über einen bestimmten TCP/IP-
Port. Für jeden neuen Client wird anschließend ein Objekt der
Klasse TCPtoUpper erzeugt, das dann die weitere Verbindung zu
diesem Client verwaltet und auch die eigentliche Funktion er-
bringt. Damit mehrere Client-Programme quasi gleichzeitig auf
den Server zugreifen können, müssen sowohl der zentrale Server
als auch alle erzeugten einzelnen Verbindungen parallel ablaufen
können — in Java kann das leicht über eigene Threads realisiert
werden.

*Ein zentraler
Server, viele
Unterserver*

Das folgende Programmbeispiel zeigt zunächst die Klasse
TCPServer für den zentralen Server. Die einfachste Möglichkeit,
den TCPServer in einem eigenen Thread ablaufen lassen zu
können, ist in diesem Fall, die Klasse TCPServer direkt von
Thread abzuleiten.

Der Server muß als Applikation gestartet werden. In der
Funktion main() wird zunächst geprüft, ob eine Port-Nummer
als Argument angegeben wurde oder ob die Voreinstellung (hier
willkürlich Port 4242) zu verwenden ist. Anschließend wird ein
Objekt der Klasse TCPServer mit dem angegebenen Port erzeugt.

*Nur als
Applikation*

Der Konstruktor versucht zunächst, einen ServerSocket zu
initialisieren und startet dann den Thread des Servers:

```
...
serverSocket = new ServerSocket( serverPort );
...
this.start()
```

Zentraler Teil des Servers ist dann eine einzige Endlosschleife in
seiner run()-Methode:

```
for(;;) {
  Socket clientSocket = new serverSocket.accept();
  TCPtoUpper tcpc = new TCPtoUpper( clientSocket );
}
```

Die Klasse java.net.ServerSocket stellt bereits einen großen
Teil der Funktionalität eines Servers bereit. Das Programm wartet nach dem Aufruf von ServerSocket.accept(), bis ein Client

auf den ServerSocket (auf dem angegebenen Port) zugreift. Der
ServerSocket liefert dann einen neuen, bisher noch freien Socket
zurück, über den anschließend die Kommunikation mit dem neu-
en Client erfolgen kann.

Im Beispiel wird der neue Socket clientSocket benutzt, um
über ein neues Objekt der Klasse TCPtoUpper eine eigene Verbindung zwischen Client und Server-Rechner aufzubauen:

```java
import java.io.*;
import java.net.*;
import TCPtoUpper;

public class TCPServer extends Thread {
  final static  int DEFAULT_PORT = 4242;
                int serverPort;
  ServerSocket   serverSocket;

  /** Erzeugt einen TCPServer und startet ihn */
  TCPServer( int port ) {
    this.serverPort = port;
    try {
      serverSocket = new ServerSocket( serverPort );
    }
    catch( IOException e ) {
      System.out.println( "TCPServer: Aufbau des"
        + "Server-Sockets fehlgeschlagen." );
      System.exit(2);
    }
    this.start();
    System.out.println( "TCPServer auf Port "
      + serverPort + " gestartet..." );
  }

  /**
   * run(): Die zentrale Methode des TCPServers.
   * Wartet auf Anfragen und erzeugt eine neue
   * Verbindung (TCPtoUpper) für jeden Client.
   */
  public void run() {
   try {
    for(;;) {
     Socket clientSocket = serverSocket.accept();
     TCPtoUpper tcpc = new TCPtoUpper( clientSocket );
    }
   }
```

```
    catch( IOException e) {
      System.out.println( "TCPServer: Fehler" +
        "beim Aufbau einer neuen Verbindung..." );
      System.exit(1);
    }
  }

  /**
   * main(): Das Hauptprogramm. Startet den
   * TCPServer (auf dem angegebenen Port).
   */
  public static void main( String argv[] ) {
    int port = DEFAULT_PORT;
    if (argv.length == 1) {
        try { port = Integer.parseInt( argv[0] ); }
        catch( NumberFormatException e) {
           port = DEFAULT_PORT; }
    }
    new TCPServer( port );
  }
}
```

Damit auch jede einzelne Verbindung zwischen mehreren Clients
und dem Server-Rechner parallel ablaufen kann, wird auch die
Klasse TCPtoUpper wiederum von Thread abgeleitet. Wie oben
bereits erläutert, wird für jeden neuen Client ein neues Objekt von
TCPtoUpper erzeugt, um die Verbindung zwischen dem Client-
Programm und dem Server-Rechner zu übernehmen. Die Klasse
TCPtoUpper liest alle Anfragen (Eingaben) vom Client, bearbeitet
sie und schickt die Antwort an den Client zurück.

Da ein geeigneter Socket für die Kommunikation zwischen
Client und Server bereits von ServerSocket.accept() erzeugt
wurde (s.o.), speichert der Konstruktor für die Klasse TCPtoUpper
lediglich eine lokale Referenz (this.clientSocket) und versucht anschließend, mit clientSocket.getInputStream() und
clientSocket.getOutputStream() die Eingabe und Ausgabe
über diesen Socket zu öffnen. Falls dies gelingt, wird der Thread
für die neue Verbindung gestartet.

In der run()-Methode des Threads erfolgt die eigentliche
Verarbeitung der Eingabedaten. In einer Endlosschleife wartet
TCPtoUpper auf eine neue Zeile Eingabedaten vom Client, liest
diese, konvertiert sie in Großbuchstaben und sendet sie schließlich zurück:

447

```
import java.net.*;
import java.io.*;

/**
 * TCPtoUpper --- eine eigenständige TCP-
 * Verbindung zu einem Client. Konvertiert alle
 * Eingaben in Grossbuchstaben.
 */
public class TCPtoUpper extends Thread {
  private Socket clientSocket;
  private DataInputStream in;
  private PrintStream out;


  /**
   * erzeugt einen TCPtoUpper auf dem gewünschten
   * Socket und startet den zugehörigen Thread.
   */
  public TCPtoUpper( Socket clientSocket ) {
    this.clientSocket = clientSocket;
    try {
      in = new DataInputStream(
              new BufferedInputStream(
                clientSocket.getInputStream()));
      out= new PrintStream(
              new BufferedOutputStream(
                clientSocket.getOutputStream()));
    }
    catch( IOException e ) {
      try { clientSocket.close(); }
      catch( IOException ee ) { }
      System.out.println( "TCPtoUpper: Fehler"
        + " beim Aufbau des clientSocket..." );
        return;
    }
    this.start();
  }


  /**
   * run(): in diesem Thread erbringt der TCPtoUpper
   * seine eigentliche Leistung: alle Eingaben werden
   * in Grossbuchstaben konvertiert und zurück-
   * gesendet.
   */
```

*Socket I/O öffnen*

*Socket schließen*

```
public void run() {
  String line;
  StringBuffer line2 = new StringBuffer();
  try {
    for(;;) {
      line = in.readLine();
      if (line == null) break;

      line2.setLength( line.length());
      for( int i=0; i < line.length(); i++ ) {
        line2.setCharAt( i,
            Character.toUpperCase( line.charAt(i) ));
      }
      out.println( line2.toString() );
      out.flush();
    }
  }
  catch( IOException e ) {
    System.err.println( "TCPtoUpper: IO-Fehler" );
  }
  finally {
    try { clientSocket.close(); }
    catch( IOException ee ) { }
  }
}
}
```

*Zeile lesen, leer? Auf nächste Zeile warten*

*Konvertierung*

*Ergebnis an den Client zurückliefern*

*Auf jeden Fall den clientSocket wieder schließen*

Man beachte den Aufwand, um den `clientSocket` unter allen Umständen, auch nach dem Auftreten einer `Exception`, wieder zu schließen. Da auch beim `close()` des Socket eine `IOException` ausgelöst werden kann, muß auch diese noch abgefangen werden.

## Ein Client

Das folgende Programm `TCPClient` dient als Beispiel-Client für den obigen Server. Es liest Eingaben von der Tastatur, sendet sie an den Server und druckt dessen Antwort.

*Textbasierter Client*

Sobald das Programm für neue Eingaben bereit ist, meldet es sich mit dem Prompt „>" und sorgt durch den Aufruf von `System.out.flush()` dafür, daß dieses auch ohne Zeilenvorschub sofort ausgegeben wird:

```
import java.io.*;
import java.net.*;

/**
 * TCPClient --- baut eine TCP-Verbindung zum
 * angegebenen Server (Hostname und Port) auf.
 */
public class TCPClient {
  static final int DEFAULT_PORT = 4242;
  static int port;
  static Socket socket = null;

  static void Usage() {
    System.err.println( "Usage: java TCPClient"
      + " <hostname> [<port>]" );
    System.exit(1);
  }

  public static void main( String argv[] ) {
    if (argv.length < 1 || argv.length > 2) Usage();
    if (argv.length == 1) port = DEFAULT_PORT;
    else {
      try { port = Integer.parseInt( argv[1] ); }
      catch( NumberFormatException e) { Usage(); }
    }

    try {
      socket = new Socket( argv[0], port );
      DataInputStream sin =
        new DataInputStream( socket.getInputStream());
      PrintStream sout =
          new PrintStream( socket.getOutputStream());

      DataInputStream in =
                  new DataInputStream( System.in );

      String line;
      for(;;) {
        System.out.print( ">" ); System.out.flush();
        line = in.readLine();
        if (line == null) break;

        sout.println(line);
        line = sin.readLine();
```

*Parameter überprüfen, Port ermitteln*

*Socket zum Host aufbauen, I/O öffnen*

*Endlosschleife:*

*Eingabezeile lesen,*

*zum Server damit Antwort abwarten*

450

```
      if (line == null) {
        System.out.println( "TCPClient: Verbindung"
          + " zum Server verloren..." );
        break;
      }
      System.out.println( line );
    }
  }
  catch( IOException e ) {
    System.err.println( "TCPClient Fehler: " + e );
  }
  finally {
    try { if (socket != null) socket.close(); }
    catch( IOException ee) { }
  }
 }
}
```

*Antwort drucken*

*Socket schließen*

Beim Programmstart müssen der Hostname oder die IP-Adresse des Server-Rechners sowie optional eine Portadresse angegeben werden. Mit diesen Angaben versucht TCPClient in der main()-Funktion zunächst, einen Socket( hostname, port ) zu initialisieren. Anschließend werden die Ein- und Ausgabeströme des Sockets geöffnet. Außerdem wird mit

```
DataInputStream in =
  new DataInputStream( System.in );
```

ein Eingabestrom auf die Standardeingabe (die Tastatur) geöffnet. In der folgenden Endlosschleife druckt TCPClient dann sein Prompt „>" und wartet auf eine Zeile line von der Tastatur. Mittels

```
...
sout.println(line);
line = sin.readLine();
```

wird die Eingabezeile direkt zum Server geschickt (der Stream sout ist ja mit dem OutputStream des Socket verbunden) und anschließend die Antwort vom Server gelesen und wieder in line gespeichert. Falls der Server antwortet, wird die Antwort anschließend mit System.out.println(line) gedruckt. Andernfalls wurde die TCP/IP-Verbindung vom Server unterbrochen.

451

Auch der `TCPClient` versucht sehr sorgfältig, den geöffneten TCP-Socket nach Fehlern wieder zu schließen. Das Programm muß mit `CNTL-C` abgebrochen werden.

Hier ein Beispiel für den Start des Servers und einiger Clients:

*Server starten, Port 5555*
```
rechner1>java TCPServer 5555 &
TCPServer auf Port 5555 gestartet...
rechner1>
```

*Falscher Port*
```
rechner2>java TCPClient rechner1
TCPClient Fehler: java.net.SocketException: ...
```

*Hostname fehlt*
```
rechner2>java TCPClient 5555
TCPClient Fehler: java.net.UnknownHostException: 5555
```

*Ok!*
*Selber Rechner*
```
rechner2>java TCPClient rechner1 5555
> Es war einmal
  ES WAR EINMAL
>
...
```

*Ok!*
*Fremder Rechner*
```
rechner2>java TCPClient rechner1 5555
> Und es begab sich zu der Zeit...
  UND ES BEGAB SICH ZU DER ZEIT...
>
  ...
```

Der Server wird nur einmal als Hintergrundprozeß gestartet; anschließend können beliebig viele Clients von demselben oder von beliebigen anderen Rechnern auf den Server zugreifen.

Leider ist der oben vorgestellte Server noch sehr langsam und *Schlechte* daher nur für kleinere Datenmengen geeignet. Eine offensichtli-*Performanz* che Verbesserung wäre das Puffern der Datenströme sowohl im Server als auch im Client durch Einfügen von `BufferedInput-Stream` und `BufferedOutputStream` Objekten nebst Aufruf von `flush()` wo nötig. Zusätzlich könnte statt des `PrintStream` direkt ein `DataOutputStream` verwendet werden; und es könnten mehrere Zeilen zu größeren Datenpaketen zusammengefaßt werden. Eine weitere Steigerung ist möglich, indem die Objekte `String` und `StringBuffer` in `TCPtoUpper` durch einfache Felder von Bytes `int byte[]` ersetzt werden. Mit dem durchgängig objektorientierten Konzept geht dabei allerdings auch die Lesbarkeit des Programms verloren.

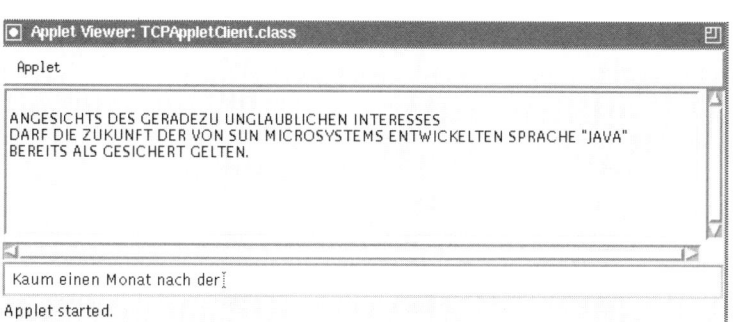

*Abbildung 11.3*
*Bildschirm-*
*darstellung von*
*TCPAppletClient*

## 11.5 Ein Applet-Client

Um das Sicherheitskonzept von Java nicht zu gefährden, sind
Netzwerkzugriffe für Java-Applets nur eingeschränkt möglich.
Insbesondere muß verhindert werden, daß Applets einen Rech-
ner „ausspähen" und die gewonnenen Informationen heimlich im
Hintergrund über das Netzwerk verschicken.

Die wichtigste Restriktion ist zunächst, daß ein Applet prinzipiell nur als Client und nie als Server arbeiten kann. Aber auch
als Client darf ein Applet Netzwerkzugriffe nicht auf beliebige
Rechner durchführen, sondern nur genau auf den einen Server,
von dem es selbst geladen wurde.

*Verbindung nur*
*zum Applet-Server*
*möglich*

Das folgende Beispiel zeigt einen minimalen Applet-Client
für den in Abschnitt 11.4 vorgestellten TCP-Server. Die Benutzeroberfläche des Applets besteht aus einer `TextArea` (oben), in
der die Antworten des Servers gesammelt angezeigt werden, und
einem `TextField` (unten) zur Eingabe von Texten. Statusmeldungen werden sowohl mit `showStatus()` als auch in die `TextArea`
ausgegeben.

Das Applet besorgt sich zunächst einen `Socket` für den voreingestellten Port:

```
Socket  socket = new Socket(
                getCodeBase().getHost(),
                DEFAULT_PORT );
```

Anschließend werden wie bisher die Ein- und Ausgabeströme des
Socket geöffnet. Die Statusmeldung am Ende des Applet-Codes
demonstriert außerdem, wie zu gegebenem Socket die IP-Adresse

und der Host-Name des angesprochenen Rechners sowie der verwendete Port ermittelt werden können:

```
String hostname =
  socket.getInetAddress().getHostName();
int port = socket.getPort();
```

Sobald eine Zeile im `TextField` mit `<return>` abgeschlossen wird, wird die `action()`-Methode aufgerufen. Von dort wird die Eingabezeile zum Server geschickt und anschließend der Inhalt des Eingabefeldes wieder gelöscht.

Ein eigener Thread `TCPrunner` wartet auf die Antwort vom Server und hängt diese an den bereits im Ausgabefeld vorhandenen Text an:

```
/* TCPAppletClient --- demonstriert Netzwerk-
 * zugriff für Applets.
 */

import java.applet.Applet;
import java.awt.*;
import java.io.*;
import java.net.*;

public class TCPAppletClient extends Applet {
  TextField tf;
  TextArea  ta;
  final int DEFAULT_PORT = 4242;
  Socket          socket;
  PrintStream     sout;
  DataInputStream sin;

  /**
   * init(): AWT-Dialogelemente aufbauen,
   * Netzwerkverbindung herstellen.
   */
  public void init() {
    setLayout( new BorderLayout() );
    ta = new TextArea( 80, 10 );
    ta.setEditable( false );
    tf = new TextField( 80 );
    add( "Center", ta );
    add( "South",  tf );
```

*Eingabefeld*
*Antworten*
*des Servers*

*Dialogelemente*

```
   try {
      socket = new Socket(
                 getCodeBase().getHost(),
                 DEFAULT_PORT );
      sin = new DataInputStream(
                 socket.getInputStream() );
      sout= new PrintStream(
                 socket.getOutputStream() );

      TCPrunner runnner = new TCPrunner( sin, ta );

      showStatus( "connected to "
         + socket.getInetAddress().getHostName()
         + ":" + socket.getPort() );
   }
   catch (IOException e) {
      showStatus( e.toString() );
   }
}


/* Eingabezeile abschicken */
public boolean action( Event evt, Object arg ) {
   if (evt.target == tf) {
      sout.println( (String) arg );
      tf.setText( "" );
      return true;
   }
   return false;
}


/* Applet stoppen: Den Socket schließen */
public void stop() {
   try {
      if (socket != null) socket.close();
   }
   catch( IOException e ) {
      ta.appendText( "\n" + e.toString() );
   }
}
}
```

*Socket erzeugen*
*und Streams*
*öffnen*

*Eigener Thread*
*für Daten*
*vom Server*

*Zeile fertig?*
*Zum Server damit*

*Andere Events*
*ignorieren*

455

```
class TCPrunner extends Thread {
  DataInputStream is;
  TextArea  ta;

  public TCPrunner( DataInputStream is,
                    TextArea ta ) {
    this.is = is; this.ta = ta;
    this.start();
  }

  public void run() {
    try {
      String line;
      for (;;) {
        line = is.readLine();
        if (line == null) break;
        ta.appendText( "\n" + line );
      }
    }
    catch( IOException e ) {
      ta.appendText( e.toString() );
    }
    finally {
      ta.appendText(
        "\n Connection closed by Server" );
    }
  }
}
```

*Antwort abwarten,*

*und ausgeben*

## 11.6 Erweiterte Netzwerkfunktionen

Mit den kürzlich von Sun Microsystems angekündigten Packages *JDBC*, *JavaIDL* und *RMI* werden die Netzwerkfähigkeiten von Java noch entscheidend erweitert. Unter kommerziellen Gesichtspunkten ist an erster Stelle das *Java Database Connectivity Package* (JDBC) interessant: Mit dieser API stehen alle Funktionen bereit, die zum Zugriff auf SQL-Datenbanken benötigt werden. Der Entwicklung von Client-Applikationen als Frontend für vorhandene zentrale Datenbanken steht damit nichts mehr entgegen. Analog dazu enthält das Java *Interface Description Language* Package (JavaIDL) alle Funktionen, die zum Zugriff auf

*JDBC — Java SQL-Zugriff*

*JavaIDL — Java CORBA-Clients*

CORBA-Server und -Objekte nötig sind. Damit können auch CORBA-Clients portabel in Java erstellt werden.

Mit dem *Remote Method Invocation* Protokoll (RMI) schließlich ist es möglich, über ein Netzwerk auf entfernten Servern Java-Objekte zu referenzieren und deren Methoden aufzurufen. Da beliebig viele Rechner gegenseitig Objekte erzeugen und benutzen können, steht damit ein vollständiges, verteiltes Objektmodell für Java, das sogenannte *Java Distributed Object Model* (DOM), zur Verfügung. Das DOM unterstützt die Java-Sicherheitsmechanismen und sogar die automatische garbage-collection aller Objekte.

*RMI — verteilte Objekte*

Leider ist eine ausführliche Darstellung dieser erweiterten Netzwerkfunktionen in diesem Buch aus Platzmangel unmöglich — allein die vorläufige Beschreibung der JDBC-Funktionen umfaßt bereits 150 Seiten. Wegen der enormen Möglichkeiten des RMI sollen an dieser Stelle trotzdem noch die Konzepte des RMI-Package kurz skizziert werden.

Der Hauptvorteil des RMI ist das Anheben des Abstraktionsniveaus für Netzwerkoperationen. Während Sockets und URLs erlauben, den Netzwerkzugriff auf Dateien genauso wie für lokale Dateien zu realisieren, erscheint über das RMI der Zugriff auf entfernte Objekte bis auf einige zusätzliche `Exceptions` genau wie der Zugriff auf lokale Objekte.

*Höhere Abstraktion*

Ein `remote Object` wird im Java Distributed Object Model über ein oder mehrere `remote interfaces` beschrieben, in denen alle `remote` aufrufbaren Methoden aufgeführt werden. Das Client-Programm besorgt sich über den Aufruf von `RMI registry`-Funktionen zunächst eine Referenz auf ein `remote object` und kann anschließend alle im `remote interface` beschriebenen Methoden aufrufen, obwohl das eigentliche Objekt nur auf dem Server in einer fremden virtuellen Java Maschine — und damit in einem anderen Adreßraum — vorhanden ist. Als `interface` können Referenzen auf `remote objects` als Parameter von Methoden und als Rückgabewerte genau wie lokale Objekte übergeben werden. Der `instanceof`-Operator kann auf `remote objects` ebenso angewendet werden wie die üblichen Typkonvertierungen. Die Übergabe von Parametern zwischen verschiedenen virtual machines muß natürlich über Kopien der Argumente erfolgen, da Referenzen nur innerhalb eines einzelnen Adreßraums sinnvoll sind.

*Das Java distributed object model*

*Operationen auf remote-Objekten*

Die Basisklasse für alle `rmi`-Objekte ist das einfache Interface
`java.rmi.Remote`, das zunächst nur die grundlegenden Methoden von `Object` deklariert. Jedes RMI-Programm leitet eigene
Interfaces als Unterklassen von `Remote` ab, in denen dann die
zusätzlich benötigten Methoden aufgeführt werden:

```
import java.rmi.*;

public interface BankKonto extends Remote {
    public void einzahlen( long summe )
        throws RemoteException;
    public void abheben( long summe )
        throws NoCreditException, RemoteException;
    public long kontoStand()
        throws RemoteException;
}
```

Nur die Methoden dieser Schnittstelle(n) können anschließend
über das RMI auf die `remote objects` angewendet werden.

Im Prinzip sind abhängig vom zugrundeliegenden Netzwerk-
protokoll viele Varianten von RMI-Servern denkbar, die als Un-

*Unicast-*
*RemoteObject*

terklassen von `RemoteServer` realisiert werden. Bereits implementiert ist die Klasse `UnicastRemoteObject`, die eine TCP/IP
Punkt-zu-Punkt Verbindung zur Kommunikation zwischen Client
und Server verwendet.

Die RMI-Server für eigene Programme müssen daher wiederum als Unterklassen von `UnicastRemoteObject` gebildet werden,
die das entsprechende `Remote`-Interface realisieren. Eine mögliche Klasse für den Server des `BankKonto`-Beispiels sieht daher
etwa so aus:

```
import java.rmi.*;
import java.rmi.server.UnicastRemoteObject;

public class BankKontoServer
        extends UnicastRemoteObject
        implements BankKonto {

    private wert = 0;
```

*Konstruktor*

```
    public BankKontoServer() throws RemoteException {
        super();
    }
```

```
// Methoden aus der Schnittstelle BankKonto
public void einzahlen( long summe )
       throws RemoteException {
  wert += summe;
}

public void abheben( long summe )
       throws NoCreditException, RemoteException {
  if (summe <= wert) wert -= summe;
  else throw new NoCreditException();
}

public long kontoStand()
       throws RemoteException {
  return wert;
}
...
}
```

Der BankKontoServer wird auf dem Server-Rechner als Java-Applikation gestartet. Da die Clients später Methoden auf dem Server aufrufen können, muß in main() ein SecurityManager gestartet werden, der die Client-Zugriffe überwacht. Anschließend wird ein Exemplar von BankKontoServer erzeugt und über die Klasse java.rmi.Naming mit einem netzwerkweit sichtbaren Namen (hier „KontoServer") versehen:

```
public class BankKontServer extends ... {
  ... // andere Methoden s.o.

  public static void main( String argv[] ) {
    System.setSecurityManager(             Security-
      new RMISecurityManager());           Manager setzen
    try {
      BankKontoServer serv = new BankKontoServer();   Server starten
      Naming.rebind( "KontoServer", serv );
      System.out.println( "BankKontoServer "
          + " mit Namen 'KontoServer' erzeugt" );
    }
    catch( Exception e ) {
      System.out.println( "BankKontoServer.main:" );
      e.printStackTrace();
    }
  }
}
```

459

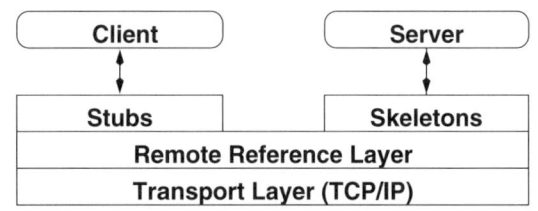

Abbildung 11.4
RMI-Architektur

Ein Client benutzt die Dienste des RMI-Servers, indem er eine
Verbindung zum Server aufbaut und danach Objekte auf dem Server referenziert oder erzeugt und deren Methoden aufruft. Der
*rmi-URL* Verbindungsaufbau zwischen Client und Server erfolgt mit der
Klasse java.rmi.Naming. Der RMI-Server wird dabei über eine URL der Art rmi://hostname:port/ServerName angegeben,
wobei der von Sun neu definierte Wert rmi:// als Protokoll eingesetzt wird:

```
import java.rmi;

public class KontoApplet extends java.applet.Applet {
   private BankKonto konto = null;
   private long      value = 0;

   public void init() {
      ... // andere Initialisierungen
      try {
         konto = (BankKonto) Naming.lookup( "rmi://"
            + getCodeBase().getHost() + "/KontoServer" );

         value = konto.kontoStand();
      }
      catch( Exception e ) {
         System.out.println("KontoApplet: Exception:");
         e.printStackTrace();
      }
   }
}
```

*Remote-Objekt*
*referenzieren*

*und zugreifen*

Nach dem Verbindungsaufbau kann das remote-Objekt genau wie
ein lokales Objekt benutzt werden, wie im Beispiel am Aufruf
*Remote-Zugriffe* von konto.kontoStand() gezeigt wird. Dazu werden die Para-
*transparent* meter des Funktionsaufrufs und der Rückgabewert von konto-
Stand() automatisch zwischen Client und Server ausgetauscht.
Die intern vom RMI benötigten einzelnen Zwischenschritte für

460

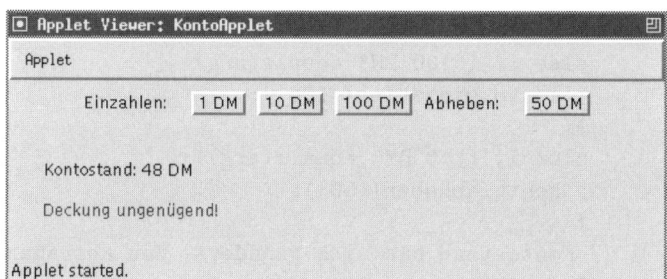

Abbildung 11.5
Zugriff auf den
BankKontoServer
über das
KontoApplet

den Aufruf von Methoden an einem `remote`-Objekt bleiben für den Anwender völlig unsichtbar.

Im obigen Beispiel liefert die Methode `Naming.lookup()` zunächst eine Referenz auf ein internes sogenanntes „Stub"-Objekt, das seinerseits die Methoden der Schnittstelle `Bank-Konto` implementiert. Die entsprechende Klasse `BankKontoSer-ver_Stub.class` wird dabei automatisch von der Virtual Machine des Clients nachgeladen. Beim Aufruf einer Methode des `konto`-Objekts werden anschließend alle Parameter des Funktionsaufrufs kopiert und über das Netzwerk zum Server gesendet. Zur eigentlichen Übertragung werden die Java-Objekte dazu serialisiert (vergleiche Abschnitt 6.9 ab Seite 253).

*Ablauf eines remote-Zugriffs*

Die Virtual Machine des RMI-Servers packt die Funktionsparameter aus und ruft die gewünschte Methode am jeweiligen Objekt auf. Der Rückgabewert wird wieder serialisiert und zum Client zurückgeschickt.

Abbildung 11.5 zeigt ein `KontoApplet` in Aktion. Über die Buttons können Buchungen auf dem Server vorgenommen werden, darunter wird der jeweils aktuelle Kontostand (und evtl. der Warnhinweis auf nicht ausreichende Deckung) angezeigt. Interessant ist vor allem, wie nahtlos sich der Zugriff auf das Remote-Objekt `konto` in den übrigen Programmcode integriert:

```
public boolean action( Event evt, Object arg ) {
  try {
    if (evt.target instanceof Button) {
      if ("1 DM".equals(arg)) {
        konto.einzahlen( 1 );
      }
      else if ("10 DM".equals(arg)) {
        konto.einzahlen( 10 );
```

461

```
    }
    else if ("100 DM".equals(arg)) {
      konto.einzahlen( 100 );
    }
    else if ("50 DM".equals(arg)) {
      konto.abheben( 50 );
    }
    // Kontostand hat sich geändert, neu abfragen
    value = konto.kontoStand();
  }
  catch( RemoteException e ) {
    statusmsg = "Deckung ungenügend!";
  }
  finally {
    repaint();
    return true;
  }
}
```

Die vollständigen Dateien für die Schnittstelle BankKonto sowie die Klassen BankKontoServer und KontoApplet befinden sich zusammen mit einem Makefile (für JDK 1.1 unter Solaris) auf der CD-ROM.

Um das Beispiel möglichst einfach zu halten, können zwar verschiedene Applets gleichzeitig auf den KontoServer zugreifen, dieser aber verwaltet nur ein einziges Konto.

### 11.6.1 Starten eines RMI-Servers

Das Starten eines RMI-Servers erfordert mehrere Schritte. Zu-
*1. Compilieren*   nächst werden wie gewohnt die .java-Quelltexte für alle Remote-Interfaces und Remote-Server mit einem Java-Compiler übersetzt:

```
borneo>javac BankKonto.java
borneo>javac BankKontoServer.java
```

Danach wird das Programm rmic mit den Namen aller Server-
*2. Stubs erzeugen*   klassen aufgerufen, um die intern vom RMI benötigten Hilfsklassen („Stubs") zu generieren:

```
borneo>rmic BankKontoServer
```

Zu einer Klasse `X.class` erzeugt der `rmic`-Compiler dabei die Hilfsklassen `X_Stub.class` (Clientseite) und `X_Skel.class` (Serverseite). Anschließend wird das Programm `rmiregistry` gestartet, das die Anfragen von Remote-Clients entgegennimmt und an den jeweiligen RMI-Server weiterleitet. Die RMI-Registry verwendet den Port 1099, sofern beim Aufruf nicht explizit eine andere Port-Nummer ausgewählt wird:

*3. Registry starten*

```
borneo>rmiregistry &        // Port 1099 (Default)
borneo>rmiregistry 2001 &   // Port 2001
```

Falls eine von 1099 abweichende Port-Nummer für die Registry eingestellt wird, müssen die entsprechenden URL-basierten Aufrufe von Methoden der Klasse `Naming` im Quelltext der RMI-Server ebenfalls angepaßt werden:

```
Naming.rebind( "//hostname:2001/KontoServer", serv );
```

Natürlich müssen in diesem Fall auch die RMI-Clients angepaßt werden. Für Applets bietet sich dazu ein Applet-Parameter an:

```
<PARAM name="serverURL"
       value="//hostname:2001/KontoServer" );
```

Nach jeder Änderung der Remote-Interfaces oder der Klassen des Servers muß der Registry-Server neu gestartet werden, damit die Änderungen auch für Clients wirksam werden.

*Registry neu starten!*

Als letzter Schritt wird der eigentliche RMI-Server aufgerufen. Dabei muß über die Property `java.rmi.server.codebase` eine URL angegeben werden, unter der die späteren Clients die zur Kommunikation benötigte Hilfsklasse `X_Stub.class` finden und herunterladen können. Der `BankKontoServer` wird also etwa folgendermaßen gestartet:

*4. RMI-Server starten*

```
borneo>java -Djava.rmi.server.codebase=\
http://borneo/classes/   BankKontoServer &
```

Das abschließende /-Zeichen der URL muß dabei unbedingt angegeben werden. Im Beispiel suchen die RMI-Clients die Stub-Datei unter dem Namen `http://borneo/classes/BankKonto-Server_Stub.class`. Der Registry-Server und der `BankKonto-Server` laufen jetzt als Hintergrundprozesse und sind für Anfragen von RMI-Clients bereit.

Die Abfolge dieser vier Schritte mag beim ersten Lesen abschreckend kompliziert erscheinen. Aber natürlich läßt sich der Ablauf der letzten Schritte (Aufruf des `rmic`-Compilers, Start der `rmiregistry` und Start des Servers) mit Skripten oder Makefiles automatisieren, so daß der Zusatzaufwand für die RMI-Funktionen tatsächlich sehr klein ist.

### 11.6.2   Zugriff auf den RMI-Server

Sowohl Applets als auch Applikationen können als Clients auf einen RMI-Server zugreifen. Wie auf Seite 460 beschrieben wurde, deklariert das Client-Programm eine Variable mit dem Typ der entsprechenden Remote-Schnittstelle und erhält durch einen Aufruf von `Naming.lookup()` eine Referenz auf das Remote-Objekt. Die Client-Programme werden wie üblich mit dem Java-Compiler übersetzt:

*5. Clients
compilieren*

```
borneo>javac KontoApplet.java
```

Für Applets muß natürlich auch eine entsprechende HTML-Seite erstellt werden, die das Applet referenziert. Falls nicht der Default-Port 1099 benutzt wird, muß im Applet-Tag ein Parameter gesetzt werden, der dem Applet die Einstellung der korrekten Port-Nummer für den RMI-Registry-Server erlaubt.

Schließlich kann das Client-Programm gestartet werden und auf den RMI-Server zugreifen. Während Client-Applikationen über die Methoden der Klasse `Naming` Objekte auf beliebigen RMI-Servern anfordern können, ist auch der RMI-Zugriff für Applets nur auf ihren eigenen Applet-Server möglich:

*6. Client starten*

```
borneo>appletviewer konto.html &
```

Bitte beachten Sie, daß Sie die RMI-Funktionen nur nutzen können, wenn Sie bereits Java Version 1.1 mit dem Package `java.rmi` installiert haben. Auch RMI-Client-Applets können bisher nur mit dem `appletviewer` des JDK 1.1 oder einer bereits angepaßten Version des Browsers `hotjava` genutzt werden.

*RMI funktioniert
nur ab JDK 1.1*

# Threads — parallele Programme

## Kapitel 12

Die Unterstützung beliebig vieler, parallel ablaufender Threads zur gleichzeitigen Bearbeitung mehrerer Aufgaben ist eines der zentralen Konzepte von Java. Anders als in C++ sind Threads und die nötigen Mechanismen zur Synchronisation bereits in die Sprache Java integriert und können auf allen Java-Plattformen eingesetzt werden.

Natürlich können die Threads auf Rechnern mit nur einem Prozessor nicht wirklich parallel bearbeitet werden, sondern die einzelnen Threads erhalten unter Kontrolle der Java-Laufzeitumgebung jeweils etwas Rechenzeit zugeteilt, bis zum nächsten aktiven Thread gewechselt wird. Die Details des *Scheduling*, der Auswahl des als nächstem auszuführenden Threads, sind bisher leider nicht exakt festgelegt, sondern auf die Möglichkeiten des Betriebssystems angewiesen und daher implementationsabhängig. Das Verhalten eines Java-Programms mit mehreren Threads kann sich daher auf verschiedenen Plattformen durchaus unterscheiden.

*Scheduling*

In diesem Kapitel werden die wichtigsten Konzepte und die typischen Probleme bei der Formulierung von parallelen Programmen in Java erläutert.

In Abschnitt 12.1 werden zunächst die grundlegenden Methoden der Klasse `Thread` vorgestellt.

*Grundlagen*

Anschließend wird in Abschnitt 12.2 das `Runnable`-Interface erläutert, über das jede Klasse durch Definition einer Methode `run()` auf die Fähigkeiten von Threads zurückgreifen kann.

*Runnable*

Die Einteilung aller aktiven Threads in Thread-Gruppen und die Eigenschaften der System-Threads werden in Abschnitt 12.3 erläutert.

*ThreadGroup*

465

*Synchronisation*

Schließlich zeigt Abschnitt 12.4 die Gefahren des gleichzeitigen Zugriffs mehrerer Threads auf die gleichen Objekte und die Auflösung dieser Konflikte mit synchronized-Methoden.

## 12.1 Die Klasse Thread

Durch Erzeugen eines neuen Objektes der Klasse java.lang. Thread oder einer Unterklasse von Thread wird in Java gleichzeitig ein neuer Thread angelegt. Ein mittels new Thread() neu erzeugter Thread ist aber nicht sofort aktiv, sondern muß zusätzlich noch mit start() gestartet werden. Dadurch gelangt der Thread in den Zustand „runnable" und ist damit zur Ausführung bereit. Dieses Verhalten ist in Abbildung 12.1 angedeutet.

*runnable und blocked*

Wieviel Rechenzeit ein „runnable" Thread tatsächlich zugeteilt bekommt, hängt vom Scheduling-Algorithmus der Laufzeitumgebung ab und ist daher plattformabhängig. Möglicherweise muß der Thread noch warten, bis andere Threads mit höherer Priorität beendet werden. Sobald ein Thread im Zustand „runnable" Rechenzeit bekommt, führt er seine Methode run() aus. Durch Überladen dieser Methode der Klasse Thread kann eine Unterklasse von Thread daher alle gewünschten Operationen durchführen. Natürlich können von run() aus beliebige andere Methoden aufgerufen werden.

*sleep() und suspend()*

Durch den Aufruf einer der beiden Methoden sleep() oder suspend() gelangt ein „runnable" Thread in den Wartezustand „blocked". In diesem Zustand bleiben zwar alle Variablen des Threads erhalten, er bekommt aber keine Rechenzeit mehr zugeteilt. Von „blocked" kann der Thread nur über den jeweils inversen Weg wieder in den Zustand „runnable" gelangen. Dies erfolgt für sleep() automatisch nach Ablauf der angegebenen Wartezeit. Nach suspend() muß dagegen explizit (von einem anderen Thread aus) resume() aufgerufen werden, wie bereits im Programmbeispiel Schach in Abschnitt 7.5 demonstriert wurde.

*I/O Operationen*

Sobald ein „runnable" Thread bei Ein-/Ausgabeoperationen warten muß, geht er ebenfalls in den Wartezustand "blocked" über, wird aber von der Java Laufzeitumgebung automatisch wieder aktiviert, wenn die Operation abgeschlossen ist. Die Methoden wait() und notify() sind für die Synchronisation mehrerer Threads erforderlich und werden in Abschnitt 12.4 erläutert.

*wait() und notify()*

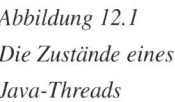

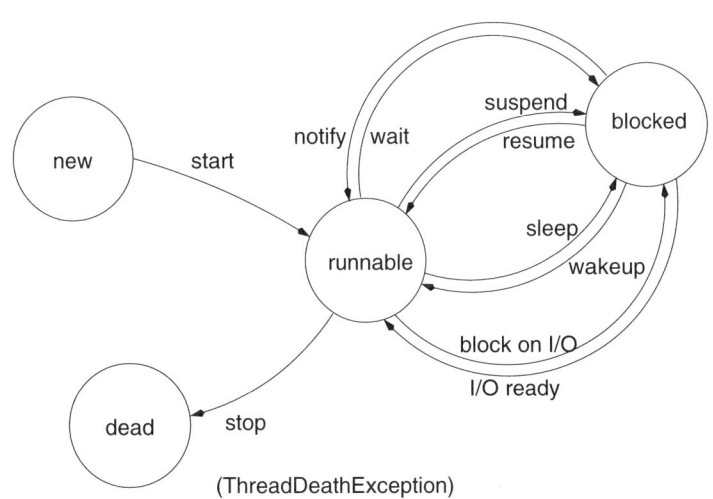

*Abbildung 12.1*
*Die Zustände eines*
*Java-Threads*

Ein „runnable" Thread wird durch Aufruf der Methode stop()
beendet. Dies erfolgt automatisch, sobald ein Thread seine Methode run() abgearbeitet hat und aus run() zurückkehrt. Um alle reservierten Systemressourcen sofort wieder freizugeben, kann
auch destroy() aufgerufen werden.

Hier die wichtigsten Methoden der Klasse Thread:

Thread() und

Thread( String name ) erzeugen einen neuen Thread, optional
mit Namen name. Der Thread ist zunächst noch nicht aktiv,
sondern muß erst noch mit start() gestartet werden,

currentThread() liefert eine Referenz auf den gerade aktiven
Thread,

destroy stoppt und zerstört einen Thread ohne Rücksicht auf
Verluste,

resume() setzt die Ausführung eines mittels suspend() unterbrochenen Threads fort,

run() der vom Thread auszuführende Programmcode,

sleep(long millis) bzw.

sleep(long millis, int nanos)

unterbricht den aktiven Thread für die angegebene Zeit
millis in Millisekunden und optional zusätzlich nanos in
Nanosekunden,

467

start() startet den Thread,

stop() bzw.

stop( Throwable t ) stoppt den Thread, wobei das Objekt (die Ausnahme) t geworfen wird,

suspend() unterbricht die Ausführung des Threads, bis dieser mit resume() anschließend wieder aufgeweckt wird,

yield() unterbricht den aktiven Thread und gibt damit anderen Threads die Gelegenheit zur Ausführung. Abhängig vom Thread-Scheduling der Laufzeitumgebung wird der Thread entweder nach kurzer Zeit automatisch fortgesetzt oder muß darauf warten, daß andere Threads mit gleicher Priorität ihrerseits yield() aufrufen.

Hier noch eine Auswahl der seltener benötigten Methoden der Klasse Thread:

int getPriority() liefert bzw.

setPriority setzt die Priorität des Threads zwischen den Werten Thread.MIN_PRIORITY und Thread.MAX_PRIORITY,

dumpStack() gibt den Inhalt des Stacks des Threads aus,

String getName() liefert bzw.

setName( String name ) setzt den Namen für diesen Thread,

boolean isAlive() liefert true solange der Thread lebt,

boolean isDaemon() liefert für einen Dämon-Thread true,

join() wartet darauf, das der entsprechende Thread stirbt.

Das folgende Programm ThreadDemo demonstriert das Erzeugen einer beliebigen Anzahl von Threads und das Thread-Scheduling. Wie oben erläutert, ist die Klasse ThreadDemo von Thread abgeleitet und überschreibt die Methode run() mit einer eigenen Version. Die triviale Aufgabe des Threads innerhalb von run() ist, seine Exemplarvariable n in einer Schleife willkürlich bis 50 hochzuzählen. Nach jedem Inkrement von n gibt der Thread seinen Namen und den aktuellen Wert von n aus. Der Aufruf von plot() deutet durch die Position eines Sternches den Index des Threads an, um die Scheduling-Strategie der Java-Laufzeitumgebung zu illustrieren.

Sobald n bei 50 angekommen ist, verläßt der Thread die Methode run() und wird anschließend automatisch beendet:

```
public class ThreadDemo extends Thread {
  int n = 0;
  int index = 0;

  ...

  /** n hochzählen, aktiven Thread ausgeben */
  public void run() {
    while(n < 50) {
      n++;
      System.out.println(
        "run: " + currentThread().getName() + " "
              + plot( index )   + n );
      //currentThread().yield();
    }
  }
  ...
```

In der Methode `main()` der Klasse `ThreadDemo` werden insgesamt 20 Exemplare der Klasse und damit auch 20 Threads neu erzeugt. Jeder neue Thread bekommt einen `index` und den Namen T<index>,

```
main() {
  ...
  Thread t[] = new Thread[ 20 ];

  for( int i=0; i<t.length; i++ ) {            Threads
    t[i] = new ThreadDemo( "T" + i, i );       erzeugen,
  }
  t[1].setPriority( Thread.MAX_PRIORITY );      Attribute setzen
  t[7].setPriority( Thread.MIN_PRIORITY );

  for( int i=0; i<t.length; i++ ) {            und starten
    t[i].start();
  }
}
```

Der Konstruktor von `ThreadDemo` ruft zunächst mittels `super()` den Konstruktor von `Thread` auf und initialisiert anschließend nur noch die Variable `index`. Schließlich wird die Priorität von Thread T1 auf den maximalen und die von Thread T7 auf den minimalen Wert eingestellt. Hier der vollständige Programmtext für `ThreadDemo`:

```
/* ThreadDemo - Scheduling mit 20 Threads */

public class ThreadDemo extends Thread {
  int n = 0;
  int index = 0;

  ThreadDemo( String s, int index ) {
    super( s );
    n = 0;
    this.index = index;
  }

  /** n hochzählen, aktiven Thread ausgeben */
  public void run() {
    while(n < 50) {
      n++;
      System.out.println( "run: "
        + currentThread().getName() + " "
        + plot( index )   + n );
      //currentThread().yield();
    }
  }

  /** Thread-Index mit '*' andeuten */
  static String plot( int pos ) {
    StringBuffer sb = new StringBuffer( 50 );
    for( int i=0; i < 50; i++ )
      sb.append( ' ' );
    sb.setCharAt( pos, '*' );
    return sb.toString();
  }

  public static void main( String arv[] ) {
    Thread t[] = new Thread[ 20 ];

    for( int i=0; i<t.length; i++ ) {
      t[i] = new ThreadDemo( "T" + i, i );
    }
    t[1].setPriority( Thread.MAX_PRIORITY );
    t[7].setPriority( Thread.MIN_PRIORITY );
    for( int i=0; i<t.length; i++ ) {
      t[i].start();
    }
  }
}
```

Das Verhalten des Programms hängt sehr stark vom Thread-Scheduling ab. Die bisherige Implementierung von Java unter WINDOWS'95 verwendet ein Zeitscheibenverfahren, um allen Threads entsprechend ihrer Priorität Rechenzeit zuzuteilen. Unter WINDOWS'95 werden deshalb alle Threads regelmäßig ausgeführt, der Thread T1 mit der höchsten Priorität etwas häufiger und der Thread T7 mit der niedrigsten Priorität nur selten.

*Scheduling: Windows*

Unter SOLARIS dagegen vergibt der bisherige Scheduler alle verfügbare Rechenzeit an den Thread mit der höchsten Priorität. Das Programm führt daher zunächst nur den Thread T1 aus, bis dieser fertig ist. Anschließend werden nacheinander die Threads T0, T2, T3 usw. ausgeführt. Als letztes kommt der Thread T7 an die Reihe. Sun Microsystems hat aber bereits angekündigt, daß die nächste Version des Thread-Scheduling auch unter SOLARIS ein Zeitscheibenverfahren verwenden wird.

*und Solaris*

Wenn Sie die Kommentarzeichen vor der Zeile

```
run() {
  // Thread.currentThread().yield();
}
```

entfernen, übergibt jeder Thread in run() freiwillig die Kontrolle an den nächsten aktiven Thread. Unter WINDOWS'95 ändert sich das Verhalten des Programms kaum. Unter SOLARIS dagegen erhalten die Threads T0, T2, T3 usw. dann abwechselnd Rechenzeit. Der Thread T1 wird aber weiterhin vollständig zuerst und T7 ganz zuletzt abgearbeitet.

Führen Sie das Programm einmal aus. Als Beispiel hier der Ausschnitt des Protokolls, kurz bevor Thread T1 fertig gezählt hat und nachdem anschließend unter SOLARIS die Threads T0, T2 usw. reihum aktiviert wurden:

```
borneo>java ThreadDemo
...
run: T1  *                         48
run: T1  *                         49
run: T1  *                         50
run: T0 *                           1
run: T2   *                         1
run: T3    *                        1
run: T4     *                       1
run: T5      *                      1
...
```

471

Der Java-Interpreter beendet die Programmausführung, wenn sowohl der eigentliche Haupt-Thread in `main()` als auch alle zwischenzeitlich erzeugten zusätzlichen Threads beendet sind. Dies ist im Beispiel erst dann der Fall, wenn auch der Thread T7 mit der geringsten Priorität bis 50 gezählt und danach seine Methode `run()` verlassen hat.

## 12.2  Das Interface Runnable

*Direkt von Thread ableiten?*

Wegen der Beschränkung auf Einfachvererbung wird es nur in seltenen Fällen möglich sein, jede Klasse, die auf eigene Threads angewiesen ist, auch direkt von `java.lang.Thread` abzuleiten. Trotzdem können auch alle anderen Klassen auf Threads zurückgreifen. Dies gelingt über das in `java.lang` definierte Interface `Runnable`, das nur eine einzige Funktion `run()` enthält.

*Schnittstelle Runnable!*

Auch in diesem Fall erweist sich das Konzept der Schnittstellen als Lösung für die durch die Einfachvererbung entstehenden Engpässe. Die benötigten Threads werden einfach als Objekte der Klasse `Thread` erzeugt — und zusätzlich wird den neuen Threads über das Interface `Runnable` gleichzeitig eine Referenz auf die eigentlich auszuführende Methode `run()` übergeben. Dazu definiert die Klasse `Thread` vier Konstruktoren, die ein `Runnable`-Objekt als Parameter erwarten:

```
Thread( Runnable r )
Thread( ThreadGroup tg, Runnable r )
Thread( Runnable r, String name )
Thread( ThreadGroup tg, Runnable r, String name )
```

Alle vier Varianten erzeugen einen Thread, der nach dem Starten mittels `start()` die übergebene Methode r ausführt. Optional kann mit `name` ein Name für den Thread angegeben und mit `tg` seine `ThreadGroup` gesetzt werden.

Jede Klasse, die einen Thread benutzen soll, definiert eine Methode `public void run()` und zeigt dies über das Konstrukt `implements Runnable` auch an:

```
class Primzahlen implements Runnable {

  public void run() {
    // Primzahlen in eigenem Thread berechnen
    ...
  }
  ...  // andere Methoden der Klasse
}
```

Um die Berechnung wirklich auszuführen, werden sowohl ein Objekt der Runnable-Klasse als auch ein neuer Thread benötigt, der dann noch gestartet werden muß. Die letzten beiden Vorgänge können sehr kompakt geschrieben werden:

```
// Berechnung in eigenem Thread starten:
Primzahlen p = new Primzahlen();
new Thread(p).start();      // Runnable p
...
```

Falls das Runnable-Objekt informiert werden muß, wenn sein Thread (evtl. von anderen Threads aus) gestoppt wird, hilft der folgende Code:

```
class Primzahlen implements Runnable {

  public void run() {
    ...
  }

  public void main( String argv[] ) {
    Thread t = new Thread( new Primzahlen() );
    try {
      t.start();   // Berechnung starten
      ...
      f();         // Methoden, die den Thread t
                   // evtl. stoppen
      ...
    }
    catch( ThreadDeath td ) {
      ...          // aufräumen und
      throw td;    // td weitergeben
    }
  }
}
```

473

Das folgende Programm demonstriert die Anwendung des Interface `Runnable` am Beispiel aus Abschnitt 12.1. Die Methode `run()` ist in einer Klasse `Runner` definiert, die nicht von `Thread` selbst abgeleitet ist.

Die triviale Aufgabe jedes Threads innerhalb der Methode `run()` ist wiederum, den Wert einer Variablen `wert` zu erhöhen und dann eine vom Index des Threads abhängige Zeit abzuwarten. Die `while`-Schleife wird abgebrochen, wenn die Variable den Wert 20 erreicht hat. Danach verläßt der Thread die `run()`-Methode und wird automatisch gestoppt.

Der Konstruktor der Klasse `Runner` speichert den Parameter `index` und erzeugt einen neuen Thread, wobei mit dem `this`-Pointer die erforderliche Referenz auf ein `Runnable`-Objekt übergeben wird:

```
Runner( int index ) {
    this.index = index;
    t = new Thread( this, ("T"+index) );
    t.start();
}
```

Die Klasse `RunDemo` erzeugt nacheinander zehn Exemplare der Klasse `Runner`. Da die Instanzvariable `Thread t` in `Runner` weder als `private` noch `protected` deklariert ist, kann `RunDemo` anschließend direkt auf diese Threads zugreifen und so die Priorität von zwei willkürlich ausgewählten Threads ändern:

```
/* Runner --- Interface Runnable demonstrieren */

class Runner implements Runnable {
    int     index = 0;
    int     wert  = 0;
    Thread  t     = null;

    Runner( int index ) {
        this.index = index;
        t = new Thread( this, ("T"+index) );
        t.start();
    }

    /* run(): Schleife mit 20 Iterationen,
     * demonstriert Thread.sleep().
     */
```

*Index setzen,*
*Thread erzeugen,*
*starten*

```
  public void run() {
    while(wert < 20) {
      wert++;
      System.out.println( "run: "
        + Thread.currentThread().getName()
        + " " + plot( index ) + wert );
      try {
        Thread.currentThread().sleep(index*50+35);
      }
      catch( InterruptedException e ) { }
    }
  }

  static String plot( int pos ) {
    StringBuffer sb = new StringBuffer( 20 );
    for( int i=0; i < 20; i++ )
      sb.append( ' ' );
    sb.setCharAt( pos, '*' );
    return sb.toString();
  }
} /* Klasse Runner */


/* RunDemo --- 10 Runner erzeugen */
public class RunDemo {

  public static void main( String arv[] ) {
    Runner r[] = new Runner[ 10 ];

    for( int i=0; i<r.length; i++ ) {
      r[i] = new Runner( i );
    }

    r[1].t.setPriority( Thread.MAX_PRIORITY );
    r[7].t.setPriority( Thread.MIN_PRIORITY );
  }
}
```

*Thread-Information ausgeben*

*Warten*

*Zehn Threads erzeugen*

*Schnell, langsam*

Zu Anfang des Programms werden zehn Threads erzeugt und gestartet. Außerdem wird willkürlich für Thread T1 die höchste und für Thread T7 die geringste Priorität gesetzt. Auf meinem Rechner werden dabei alle zehn Threads einmal ausgeführt, und zwar T1 mit der höchsten Priorität zuerst und T7 zuletzt.

Nach seinem ersten Start ruft jeder Thread innerhalb von run() die Methode Thread.sleep() auf, wobei die Wartezeit in

RunDemo ebenfalls willkürlich vom Index des Threads abhängt —
T0 hat die geringste und T9 die längste Wartezeit. Deshalb wird
nach dem ersten Aufruf aller Threads der Thread T0 sehr häufig,
T1 trotz seiner höheren Priorität seltener und T9 schließlich nur
sehr selten ausgeführt.

Gegen Ende des Programmablaufs sind die „schnelleren"
Threads (mit kurzer Wartezeit) bereits fertig, und es werden nur
noch die langsamen Threads und schließlich nur noch T9 ausgeführt.

Das Programm deutet mit der Position des Sternchens * den
gerade aktiven Thread wieder graphisch an. Hier die Ausgabe
auf meinem Rechner:

```
borneo>java RunDemo
            T:   0123456789
```

| | | |
|---|---|---|
| *Alle Threads* | run: T1  * | 1 |
| *gestartet und* | run: T0 * | 1 |
| *je einmal* | run: T2   * | 1 |
| *ausgeführt* | run: T3    * | 1 |
| *T1 zuerst* | run: T4     * | 1 |
| *(höchste Priorität)* | run: T5      * | 1 |
| | run: T6       * | 1 |
| | run: T8         * | 1 |
| | run: T9          * | 1 |
| *T7 zuletzt* | run: T7        * | 1 |
| *(geringe Priorität)* | run: T0 * | 2 |
| *T0 geringste War-* | run: T0 * | 3 |
| *tezeit* | run: T1  * | 2 |
| | run: T0 * | 4 |
| | run: T2   * | 2 |
| | . . . | |
| | | |
| *T0 fertig,* | run: T0 * | 20 |
| *T7, T8, T9 bei 'zwei'* | run: T7        * | 3 |
| | run: T1  * | 10 |
| | run: T2   * | 7 |
| | run: T5      * | 4 |
| | run: T8         * | 3 |
| | run: T1  * | 11 |
| | run: T3    * | 6 |
| | run: T4     * | 5 |
| | run: T9          * | 3 |
| | . . . | |

Schon dieses kurze Programm zeigt offenbar ein recht komplexes
Verhalten mit einer kaum vorhersehbaren Reihenfolge des Ablaufs der einzelnen Threads. Die Fehlersuche in Programmen mit
mehreren Threads kann durchaus zu einer Herausforderung geraten, weil sich die Fehler aufgrund des Thread-Scheduling kaum
reproduzieren lassen.

Auf den ersten Blick ist es erstaunlich, daß alle Threads
gleichzeitig ein und dieselbe Methode der Klasse Runner ausführen können. Tatsächlich hat aber jeder Thread in Runner seinen
eigenen Stack mit allen lokalen Variablen und damit auch seine
eigene Laufzeitumgebung. Der gemeinsam genutzte Programmcode dagegen — die Methode run() — wird von den Threads ja
nicht verändert und kann ohne Probleme von mehreren Threads
gelesen werden.

## 12.3 System-Threads

Um die mögliche Vielzahl aller Threads zu organisieren, erlaubt
die Klasse java.lang.ThreadGroup, mehrere Threads in Grup-      *Threadgroups*
pen zusammenzufassen. Eine dieser Gruppen enthält die System-
threads mit ihren besonderen Privilegien. Für jede Applikation
bzw. jedes Applet und seine Threads wird automatisch eine weitere ThreadGroup angelegt. Diese gibt unter anderem auch den
Wert der maximal möglichen Priorität für alle Applet-Threads an.
Alle weiteren vom Applet erzeugten Threads dürfen maximal diese Priorität aufweisen. Aus Sicherheitsgründen wird überwacht,
daß ein Applet nur Threads in seiner eigenen ThreadGroup manipulieren (zum Beispiel anhalten) kann. Unter anderem stellt die
Klasse ThreadGroup die folgenden Methoden bereit:

int activeCount() die Anzahl der Threads in dieser Gruppe,
enumerate( Thread[] t, boolean recursive )
      liefert ein Feld mit allen aktiven Threads in dieser Gruppe,
      auf Wunsch auch rekursiv alle weiteren Threads in allen
      ThreadGroups innerhalb der aktuellen ThreadGroup,
int activeGroupCount() liefert die Anzahl der in der Thread-
      Group enthaltenen weiteren ThreadGroup-Objekte,

enumerate( ThreadGroup[] tg, boolean recursive )
> liefert ein Feld mit allen in dieser Gruppe enthaltenen weiteren ThreadGroups, auf Wunsch auch rekursiv,

int getMaxPriority()   liefert die höchste in dieser ThreadGroup für einen Thread mögliche Priorität,

ThreadGroup getParent()
> ermittelt die Referenz auf die nächsthöhere ThreadGroup, sofern vorhanden,

resume()  nimmt die Ausführung aller vorher mittels suspend() unterbrochenen Threads in dieser Gruppe und ihren Untergruppen wieder auf,

suspend()  unterbricht bzw.

stop()  stoppt alle Threads in dieser Gruppe und allen ihren Untergruppen.

*ThreadLister*

Das folgende Programm ermittelt ausgehend von seinem eigenen Thread in der Methode listThreads() zunächst seine eigene ThreadGroup und anschließend rekursiv alle höheren ThreadGroup-Objekte mit ihren Threads. Zu jedem Thread wird mit der Funktion printThreadInfo() der Name, seine Priorität und das Dämon-Flag ausgegeben.

Die Methode listThreadGroup druckt zunächst die entsprechende Information über die als Parameter übergebene ThreadGroup aus. Danach wird die Anzahl der in der ThreadGroup enthaltenen Threads mit activeCount() ermittelt, ein Feld Thread t2[] der benötigten Größe angelegt und mit enumerate( t2, false ) mit Referenzen auf diese Threads gefüllt. Für jeden Thread wird printThreadInfo() aufgerufen:

```
Thread t2[];
t2 = new Thread[ tg.activeCount() ];
tg.enumerate( t2, false );

for( int i=0; i < t2.length; i++ ) {
  printThreadInfo( t2[i], indent+"  " );
}
```

Anschließend wird dieses Verfahren für alle enthaltenen Thread-Untergruppen wiederholt. Die Methode main() erzeugt zunächst ein Objekt der Klasse ThreadLister und ruft die Funktion listThreads() auf:

```
public class ThreadLister {

  /* Information über einen Thread ausgeben */
  void printThreadInfo( Thread t, String indent ) {
    if (t == null) return;
    System.out.println( indent +
      "Thread '" + t.getName() +
      "' Priorität: " + t.getPriority() +
      " Dämon: "     + t.isDaemon()
    );
  }

  void listThreadGroup(ThreadGroup tg, String indent){
    if (tg == null) return;

    System.out.println( indent +
        "ThreadGroup '" + tg.getName() +
        "' Max.Priorität: " + tg.getMaxPriority() +
        (tg.isDaemon() ? "Dämon " : "" )
    );

    Thread      t2[];
    t2 = new Thread[ tg.activeCount() ];
    tg.enumerate( t2, false );
    for( int i=0; i < t2.length; i++ ) {
      printThreadInfo( t2[i], indent+" " );
    }

    ThreadGroup tg2[];
    tg2 = new ThreadGroup[ tg.activeGroupCount() ];
    tg.enumerate( tg2, false );
    for( int i=0; i < tg2.length; i++ ) {
      listThreadGroup( tg2[i], (indent+" ") );
    }
  }

  void listThreads() {
    ThreadGroup tg_current, tg_parent, tg_root;

    // die ThreadGroup unseres Threads:
    tg_current =
      Thread.currentThread().getThreadGroup();
    tg_parent = tg_current;
    tg_root   = tg_parent;
```

```
    // rekursiv getParent() aufrufen:
    while( tg_parent != null ) {
      tg_root   = tg_parent;
      tg_parent = tg_parent.getParent();
    }
    // und ausgeben:
    listThreadGroup( tg_root, "" );
  }

  public static void main( String argv[] ) {
    ThreadLister L = new ThreadLister();
    L.listThreads();
  }
}
```

Der ThreadLister liefert auf meinem Rechner als eigenständiges Programm ausgeführt die folgende Ausgabe:

```
borneo>java ThreadLister
ThreadGroup 'system' Max.Priorität: 10
 Thread 'clock handler' Priorität: 11 Dämon: true
 Thread 'Idle thread' Priorität: 0 Dämon: true
 Thread 'Garbage Collector' Priorität: 1 Dämon: true
 Thread 'Finalizer thread' Priorität: 1 Dämon: true
 ThreadGroup 'main' Max.Priorität: 10
  Thread 'main' Priorit"at: 5 Dämon: false
```

Der eigentliche Thread des ThreadLister ist natürlich „main" in der gleichnamigen ThreadGroup. In der Gruppe „system" sind unter anderem der Systemprozeß clock handler mit sehr hoher Priorität sowie der Garbage-Collector und der finalize-Thread mit sehr geringer Priorität aktiv.

*Dämon-Threads*        Anders als der Name Daemon vermuten läßt, sind Dämon-Threads nicht bösartig, sondern erbringen im Gegenteil lediglich „Dienstleistungen" für andere Threads. Der einzige Unterschied zu normalen Threads besteht darin, daß ein Java-Programm unabhängig vom Zustand der Dämon-Threads beendet wird, sobald alle normalen Threads abgearbeitet sind. Jeder Thread kann durch Aufruf von isDaemon(true) als Dämon-Thread gekennzeichnet werden.

*Universell*        Interessanter wird die Ausgabe von ThreadLister in größeren
*einsetzbar*        Programmen. Dazu genügt es, die Klasse ThreadLister in eine andere Klasse zu importieren, ein Objekt von ThreadLister

zu erzeugen und schließlich `listThreads()` aufzurufen. Einige Programme wie etwa `hotjava` verwenden abhängig von der Anzahl der geladenen und aktiven Applets leicht mehrere Dutzend verschiedener Threads.

Das Programm `ThreadLister` zeigt übrigens auch eine der verbleibenden Sicherheitslücken im Java-Konzept. Ein Applet kann mit `listThreads()` alle in der virtual machine aktiven Threads ermitteln und erfährt dabei auch die Namen der gleichzeitig aktiven anderen Applets. Ein bösartiges Applet kann die fremden Threads zwar nicht direkt manipulieren, aber trotzdem Rückschlüsse auf andere Applets ziehen und durch geeignetes Starten und Anhalten seiner eigenen Threads zumindest behindern.

*Eine Sicherheitslücke*

## 12.4  Synchronisation

Die in Abschnitt 12.1 und 12.2 vorgestellten Programme benutzen zwar viele gleichzeitig aktive Threads — aber jeder einzelne Thread greift exklusiv nur auf seine eigenen Variablen zu, so daß die verschiedenen Threads sich nicht stören.

Sobald aber mehrere Threads auf gemeinsam genutzte Variablen zugreifen, ergeben sich Probleme:

```
public class Bank {
  private Konto k1, k2, k3;

  // nicht für Threads geeignet:
  boolean transfer( Konto k1, Konto k2, int summe ) {
    if (k1.deckung() > summe) {
      k1.abheben( summe );
      k2.einzahlen( summe );
      return true;
    }
    else
      return false;
  }

  ... // weitere Methoden
}
```

481

Auf den ersten Blick scheint alles in Ordnung. Es liegt nahe, mehrere Transaktionen jeweils in eigenen Threads parallel auszuführen. Solange die einzelnen Threads auf unterschiedlichen Konten arbeiten, geht auch alles gut.

Sobald aber mehrere Threads gleichzeitig auf dasselbe Konto zugreifen, beginnt der Ärger. Angenommen, der erste Thread T1 möchte 10.000 DM von Konto k1, auf Konto k2 überweisen und ein zweiter Thread T2 die Summe von 7.000 DM ebenfalls von Konto k1 nach Konto k3. Der aktuelle Betrag in k1 sei 11.000 DM,

```
Konto k1, k2, k3;
// Deckung von k1 ist DM 11000

// Thread t1:
transfer( k1, k2, 10000 );

// Thread t2
transfer( k1, k3, 7000 );
...
```

Nach Aufruf von transfer( k1, k2, 10000 ) überprüft der Thread T1 zunächst die Deckung des Kontos und findet einen ausreichenden Betrag vor. Mit einer gewissen Wahrscheinlichkeit wird der Thread T1 an dieser Stelle aber vom Thread-Scheduler unterbrochen und statt dessen Thread T2 gestartet. Da T1 seine Buchung noch nicht vorgenommen hat, findet auch T2 einen ausreichenden Betrag vor und bucht die 7.000 DM vom Konto k1 ab. Anschließend wird T1 fortgesetzt und überzieht das Konto k1 beträchtlich.

*Thread darf nicht unterbrochen werden*

Das Problem besteht offensichtlich darin, daß der Thread T1 nicht zwischen den Aufrufen von deckung() und abheben() unterbrochen werden darf.

Noch schlimmer wird es, wenn man sich die tatsächliche Realisierung der Buchungen selbst ansieht. Fast alle heutigen Mikroprozessoren müssen eine Variable erst in eines ihrer Register laden, um arithmetische Operationen ausführen zu können. Der wirkliche Code für Konto.abheben() sieht im Detail also etwa so aus (mit dem Programm javap des JDK können Sie .class-Dateien disassemblieren und die tatsächlichen Java-Bytecodes anschauen):

*Bytecode-Befehle*

```
public class Konto {
  private int wert;

  public void abheben( int summe ) {
    // wert -= summe ausgeschrieben:
    int register = wert;          // laden
    register = register - summe;  // rechnen
    wert = register;              // speichern
  }
}
```

Wenn der Thread T1 innerhalb von `abheben()` gerade dann unter-brochen wird, wenn der aktuelle Kontostand `wert` (11.000 DM) in das `register` geladen wurde, liest Thread T2 bei seinem Trans-fer ebenfalls noch den alten Wert von 11.000 DM und zieht da-von 7.000 DM ab. Anschließend wird Thread T1 wieder aktiviert — und bezieht seine Buchung von 10.000 DM auf den bereits im Register gespeicherten, aber nicht mehr aktuellen Wert von 11.000 DM. Schließlich speichert T1 sein Ergebnis in `wert` ab. Die Buchung von Thread T2 wird dabei überschrieben und geht verloren.

Um diese Probleme zu vermeiden, muß offenbar verhindert werden, daß ein Thread während der Bearbeitung einer *Folge* von Befehlen unterbrochen wird. Dazu bietet Java das Konzept von `synchronized`-Methoden bzw. `synchronized`-Blöcken innerhalb von Methoden. Die Java-Laufzeitumgebung verwaltet automa-tisch einen sogenannten Monitor für jedes `synchronized`-Objekt und stellt damit sicher, daß sich maximal ein aktiver Thread zur Zeit innerhalb des Objekts befindet:

*Synchronisation*

```
// für Multithreading schon fast geeignet:
boolean synchronized
transfer( Konto k1, Konto k2, int summe ) {
  if (k1.deckung() > summe) {
    k1.abheben( summe );
    k2.einzahlen( summe );
    return true;
  }
  else
    return false;
}
}
```

Diese Variante von `transfer()` vermeidet zwar das erste Problem, da T2 warten muß, bis T1 seine Buchung vorgenommen hat. Es ist aber immer noch möglich, daß eine andere Methode außer `transfer()` den Wert des Kontos `k1` ändert, während T1 seine Methode `transfer()` abarbeitet. Tatsächlich müssen in diesem Beispiel also auch die Methoden `einzahlen()` und `abheben()` in der Klasse Konto als `synchronized` deklariert werden.

Wegen der aufwendigen internen Verwaltung von `synchronized`-Objekten, aber auch wegen der unnötigen Einschränkung der möglichen Parallelverarbeitung, ist es natürlich keine gute Idee, einfach alle Methoden als `synchronized` zu deklarieren. Vielmehr sollten die `synchronized` Anteile jedes Programms so klein wie möglich gehalten werden.

Die interne Realisierung von `synchronized`-Methoden erfolgt über sogenannte *Monitore*. Die entsprechenden Fähigkeiten sind bereits in der Klasse `java.lang.Object` enthalten und stehen daher für alle Java-Objekte zur Verfügung. Für jede synchronized-Methode wird dazu eine Queue verwaltet, in der alle Threads eingetragen werden, die die Methode ausführen möchten. Immer nur einer dieser Threads darf die Methode ausführen. Wenn dieser fertig ist, wird der wartende Thread mit der höchsten Priorität als nächster ausgewählt.

*wait und*
*notify*

Zur Synchronisation dieser wartenden Threads gibt es noch weitere Möglichkeiten. Ein Thread kann sich durch Aufruf von `wait()` selbst in die Wartequeue des synchronized-Objekts eintragen und damit das `synchronized`-Objekt wieder freigeben. Er wird erst dann wieder aktiviert, wenn ein anderer Thread mittels `notify()` bekanntgibt, daß das Objekt modifiziert wurde. Im Beispiel könnte der abhebende Thread bei nicht ausreichender Deckung des Kontos darauf warten, bis eine Einzahlung erfolgt:

```
boolean synchronized
transfer( Konto k1, Konto k2, int summe ) {
   // auf ausreichende Deckung warten...
   while( k1.deckung() < summe ) {
      try { wait(); }
      catch( InterruptedException e) { }
   }
   // jetzt buchen
   k1.abheben( summe );
   k2.einzahlen( summe );
```

```
    // andere wartende Threads informieren
    notify();        // oder notifyAll();
  }
```

Am Ende der Methode ruft der Thread selbst `notify()` auf, um andere möglicherweise wartende Threads von der Veränderung zu informieren. Falls ein Thread nur eine bestimmte Zeit auf die Verfügbarkeit eines synchronisierten Objekts warten soll, gelingt dies mit einem Aufruf von `wait( long timeout )`. Die Methoden `wait()`, `notify()` und `notifyAll()` können nur innerhalb von `synchronized` Blöcken aufgerufen werden.

Um nur einen Teil einer Methode zu synchronisieren, wird der Monitor mit der folgenden Schreibweise nur für einen Block erzeugt:

```
class A {

  void f() {
    ...
    synchronized(this) {
      ...   // dieser Block ist gesichert
    }
    ...   // f() fortsetzen
  }
}
```

Unter Umständen muß auch der Zugriff auf Klassenvariablen mit einem `synchronized` gesichert werden. Da jedes Exemplar der Klasse auf die nur einmal vorhandene Klassenvariable zugreifen kann, nützt das Anbringen eines Monitors an einem Exemplar der Klasse über seinen `this`-Pointer gar nichts. In diesem Fall muß ein Monitor mit `getClass()` direkt an der Klasse angebracht werden:

```
class B {
  private static int  wichtigerWert;

  void g() {
    synchronized(getClass()) {
      wichtigerWert++;
    }
  }
}
```

*Deadlocks*

Gegen das Problem eines *Deadlock*, eine Situation, in der mehrere Threads gegenseitig aufeinander warten und das Programm daher blockiert ist, hilft Java natürlich nicht: Der Nachweis eines deadlock-freien Programms ist im allgemeinen unmöglich. Bei der Entwicklung von Programmen mit mehreren Threads, und erst recht mehreren synchronisierten Threads, muß deshalb von vornherein ausgeschlossen werden, daß eine Deadlock-Situation auftreten kann.

# Systemaufrufe

## Kapitel 13

Dieses Kapitel präsentiert einige der Möglichkeiten, aus Java-Programmen heraus auf das Betriebssystem des jeweiligen Rechners zuzugreifen. Die Details dieser Zugriffe, etwa zum Starten eines externen Programms aus einer Java-Applikation heraus, hängen natürlich vom verwendeten Betriebssystem ab. Außerdem gibt es auf einigen Plattformen leider noch schwere Fehler in den bisher verfügbaren Versionen der `java.lang`-Klassen. Die im folgenden vorgestellten Programme und Aufrufe sind daher nicht auf allen Rechnern ausführbar, sondern sollten vielmehr als Anregung für eigene Entwicklungen verstanden werden.

Java definiert einen eigenen portablen Mechanismus, um Umgebungsvariablen und Parameter an Applets und Applikationen zu übergeben. Diese System-Properties werden in Abschnitt 13.1 vorgestellt.

*System-Properties*

Abschnitt 13.2 erläutert an einem Beispiel die Anwendung der Methode `Runtime.exec()`, mit der von Java-Applikationen aus beliebige andere Programe auf dem Hostrechner ausgeführt werden können. Außerdem werden die wichtigsten Methoden der Klassen `System`, `Runtime` und `Process` vorgestellt.

*Externe Programme*

In Abschnitt 13.3 wird schließlich das Einbinden von compiliertem C/C++ oder Assemblercode in Java-Programme skizziert.

*Native Code*

## 13.1 Die System Properties

Weder Java-Applikationen noch Applets dürfen auf die aus C und C++ vertrauten Umgebungsvariablen zugreifen. Statt dessen definiert Java mit den *Properties* („Attribute") einen eigenen, plattformunabhängigen Mechanimus, um Parameter an Applikationen und Applets übergeben zu können. Durch Setzen eines entsprechenden Attributs ist es so zum Beispiel möglich, Schriftarten, die optimale Fenstergröße oder den Namen einer Initialisierungsdatei voreinzustellen.

Die in der Klasse `java.util.Properties` definierte Datenstruktur erweitert die einfache Hashtabelle aus `java.util.Hashtable`. Mit dem Konstruktor `Properties()` kann ein neues Attribut-Objekt erzeugt werden, dem mit `put( key, object )` beliebig viele neue Einträge hinzugefügt werden können.

Die häufigste Anwendung besteht aber im Auslesen der vordefinierten (derzeit 15) Systemproperties, die mit `Properties p = System.getProperties()` referenziert werden. Anschließend kann der Wert eines Attributs `name` mit `String getProperty( String name )` abgefragt werden. Die alternative Form `getProperty( String name, String default )` liefert anstelle von `null` den Wert `default` zurück, falls das Attribut `name` nicht definiert ist. Die Methode `propertyNames()` liefert eine `Enumeration` aller vorhandenen Attribute.

Alle bisher definierten System-Properties sind in Abbildung 13.1 aufgezählt. Einige dieser System-Properties, insbesondere alle Informationen über Verzeichnisse, dürfen von Applets nicht gelesen werden, um das Ausspähen sicherheitsrelevanter Daten zu verhindern. Die Werte von `file.separator` und `path.separator` erlauben es, die plattformabhängigen Details beim Aufbau von Dateinamen zu beachten.

Die aktuellen Werte aller Attribute können ganz einfach mit `System.getProperties().list()` ausgegeben werden:

```
/* GetProperties - druckt die System-properties */

public class GetProperties {
  public static void main( String argv[] ) {
    System.out.println(
      "Aktuelle System-Attribute:" );
    System.getProperties().list( System.out );
  }
}
```

Auf meinem Rechner erhalte ich die folgenden Werte:

```
borneo>java GetProperties
Aktuelle System-Attribute:
```

| Name | Bedeutung | von Applet lesbar: |
|---|---|---|
| `java.version` | Version des Interpreters | ja |
| `java.vendor` | Hersteller des Interpreters | ja |
| `java.vendor.url` | URL zum Hersteller | ja |
| `java.home` | Home-Verzeichnis der Java-Installation | nein |
| `java.class.version` | Version der Klassenbibliotheken | ja |
| `java.class.path` | aktueller Suchpfad (CLASSPATH) | nein |
| `os.name` | Betriebssystem | ja |
| `os.arch` | Hardware | ja |
| `os.version` | Version des Betriebssystems | ja |
| `user.name` | Benutzername | nein |
| `user.home` | Home-Verzeichnis des Benutzers | nein |
| `user.dir` | aktuelles Arbeitsverzeichnis | nein |
| | Systemabhängige Zeichen: | |
| `file.separator` | Trennzeichen in Dateinamen $(/, \backslash)$ | ja |
| `path.separator` | Trennzeichen in Suchpfaden $(:, ;)$ | ja |
| `line.separator` | Zeilenvorschub $(CR, LF, CR+LF)$ | ja |

*Abbildung 13.1*
*Die System-*
*Properties*

```
-- listing properties --
java.home=/opt/java/bin/..
java.version=1.0.2
file.separator=/
line.separator= '\n'
java.vendor=Sun Microsystems Inc.
user.name=hendrich
os.arch=sparc
os.name=Solaris
java.vendor.url=http://www.sun.com/
user.dir=das aktuelle Verzeichnis
java.class.path=.:/opt/java/classes:/opt/java/...
java.class.version=45.3
os.version=2.x
path.separator=:
user.home=mein Homedirectory
```

Weitere Properties können für Java-Applikationen durch Angabe einer -D Option auf der Kommandozeile gesetzt werden:

```
borneo>java -DjavaFIG.font.name=Times javaFIG
```

## 13.2 Systemaufrufe

Das folgende Programm demonstriert die Interaktion eines Java-Programms mit dem Betriebssystem und dabei die zentralen Methoden der Klassen `System`, `Runtime` und `Process`. Die Klasse `System` dient dabei als plattformunabhängige Schnittstelle zu einigen wichtigen Betriebssystemfunktionen, etwa zum Auslesen der aktuellen Systemzeit, während die Information über die Laufzeitumgebung des Java-Interpreters in der Klasse `Runtime` gekapselt ist. Ein `Process` enthält die Schnittstelle zum Aufrufen eines (plattformabhängigen) externen Programms.

Zentrale Bedeutung haben natürlich die drei Klassenvariablen von `System`,

```
public static InputStream in
public static PrintStream out
public static PrintStream err
```

Diese Variablen repräsentieren die aus Unix gewohnten drei I/O-Kanäle für ein Programm: die Standardeingabe `in`, die Standardausgabe `out` und den meistens für Fehlermeldungen verwendeten Datenstrom `err`. Der Aufruf `System.out.println()` ist also einfach der Aufruf der Methode `println()` auf dem statischen `PrintStream out` der Klasse `System`. Darüber hinaus stellt die Klasse `System` die folgenden wichtigen Methoden bereit:

`arraycopy(Object s,int o,Object d,int o2,int len)`
> kopiert `len` Elemente ab Positon `o` des Feldes `s` in das Feld `d` ab Position `o2`. Diese Funktion ist deutlich effizienter als ein komponentenweises Kopieren.

`long currentTimeMillis()` liefert die aktuelle Systemzeit in
> Millisekunden (GMT) seit Mitternacht des 1. Januar 1970,

`exit( int value )` beendet die Ausführung des Programms
> mit dem Rückgabewert `value`,

`gc()` startet eine Garbage-Collection,

`Properties getProperties()`

`getProperty( String name, String default )` liest alle bzw.
> die angegebene `Property`,

`getSecurityManager()` liefert bzw.

`setSecurityManager( SecurityManager sm )`
> setzt den aktiven `SecurityManager`.

Die für die Sicherheit der Java-Umgebung zentralen Methoden wie etwa das Setzen des `SecurityManager`-Objekts oder das Auslesen aller System-Properties sind für Applets natürlich verboten.

Einige Methoden wie etwa `gc()` rufen einfach die entsprechenden Methoden der Klasse `Runtime` auf. Das `Runtime`-Objekt versammelt alle Informationen über den Ablauf des Java-Programms. Wichtige Methoden der Klasse `Runtime` sind:

`load( String filename )` lädt die mit dem absoluten Pfadnamen `filename` angegebene dynamische Link-Bibliothek,

`loadLibrary( String libname )` lädt eine dynamische Link-Bibliothek mit dem Namen `libname`. Diese Bibliothek wird in plattformabhängigen Verzeichnissen gesucht (etwa `/usr/lib` unter Unix, `C:\windows` unter WINDOWS'95). Beide Methoden werfen einen `UnsatisfiedLinkError`, falls die Bibliothek nicht gefunden wird,

`Process exec( String command )`
`Process exec( String command, String envp[] )`
`Process exec( String commands[] )`
`Process exec( String commands[], String envp[] )`
führen den mit `command` bzw. alle in `commands[]` angegebenen externen Prozess(e) aus und liefern eine Referenz auf den erzeugten `Process` zurück,

`gc()` startet eine Garbage-Collection,

`getLocalizedInputStream( InputStream in )`
`getLocalizedOutputStream( OutputStream in )`
liefern Datenströme zurück, die automatisch alle Zeichen zwischen der Java-internen Unicode-Darstellung und der plattformabhängigen externen Darstellung umwandeln,

`traceMethodCalls( boolean flag )` bzw.

`traceInstructions( boolean flag )` schalten ein Protokoll aller Funktionsaufrufe bzw. aller ausgeführten Befehle ein oder aus.

Die Anwendung dieser Methoden von `System` und `Runtime` wird im folgenden Beispiel demonstriert. Wegen des Aufrufs von zwei externen Programmen ist das Beispiel natürlich plattformabhängig: Es funktioniert nur auf Unix-Rechnern, auf denen die Programme `/bin/ls` und `/bin/cp` zur Verfügung stehen:

```
/* Syscall.java --- Systemaufrufe unter Unix */

import java.io.*;

public class Syscall {
  static Runtime RT = null;
  static Process PR = null;
  static DataInputStream IS = null;
  static String s = null;

  public static void printMemory() {
    System.out.println(
      "Verfügbarer Speicher: "
      + RT.totalMemory() + " bytes gesamt, "
      + RT.freeMemory()  + " bytes frei" );
  }

  public static void main( String argv[] ) {
    System.out.println( "System call test..." );
    RT = Runtime.getRuntime();
    try {
      PR = RT.exec( "/bin/ls -l" );
      if (PR != null) {
        System.out.println( "Ausgabe von /bin/ls: " );
        IS = new DataInputStream(PR.getInputStream());

        while( (s = IS.readLine()) != null ) {
          System.out.println( s );
        }
      }

      RT.exec( "/bin/cp Syscall.java kopie.java" );
    }
    catch( java.io.IOException e ) {
      System.out.println( "Fehler: " + e.toString());
    }
    printMemory();
    System.gc();
    printMemory();
    System.exit( 0 );
  }
}
```

*Verzeichnis auflisten*

*Datei kopieren*

*Garbage-Collection auslösen*

Das Programm ermittelt zunächst mit der statischen Methode RT
= Runtime.getRuntime() eine Referenz auf seine Laufzeitum-

gebung. Mit den Aufrufen von `long totalMemory()` und `long freeMemory()` kann der gesamte bzw. noch frei verfügbare Speicher des Java-Interpreters ermittelt werden.

Auf einem Unix-System liefert das Programm durch den Aufruf von `/bin/ls -l` die ausführliche Liste aller Dateien im aktuellen Verzeichnis und versucht danach, mit dem Befehl `/bin/cp` die Datei `Syscall.java` in die Datei `kopie.java` zu kopieren. Leider können die Befehle `dir` und `copy` auf einem WINDOWS'95-System nicht entsprechend aufgerufen werden — `dir` und `copy` sind keine eigenständigen Programme, sondern in die DOS-shell `command.com` eingebaut.

*Unix vs. Windows*

Über die Methoden `Process.getInputStream()`, `getOutputStream()` und `getErrorStream()` können Datenströme erzeugt werden, um Eingaben an den externen `Process` zu übermitteln und seine Ausgabewerte sowie eventuelle Fehlermeldungen zu lesen.

Da das Programm sehr einfach ist und nur wenige temporäre Objekte erzeugt, vermag der Aufruf der Garbage-Collection mit `System.gc()` nur wenig Speicher freizugeben. Außerdem arbeitet die automatische Garbage-Collection von Java in den meisten Fällen unauffällig und ausreichend effizient. Das explizite Auslösen der Garbage-Collection ist eigentlich nur dann sinnvoll, wenn im Verlauf eines Algorithmus auf einmal eine größere Menge Speicher (d.h. Objekte) nicht mehr benötigt wird und wieder freigegeben werden kann.

*Aufruf der Garbage-Collection*

Zusätzlich wird noch einmal die Methode `System.exit( int value )` demonstriert. Da ein Rückgabewert ungleich `0` auf den meisten Betriebssystemen einen Fehler signalisiert, kann mit dem Wert `value` die Fehlerursache näher angegeben werden.

## 13.3 Native-code

In diesem Abschnitt wird die Programmierung und die Anwendung von `native`-Methoden skizziert, deren eigentlicher Code in einer anderen Sprache als Java — meistens wohl C — realisiert wird. Neben der Neugier, es einmal zu versuchen, gibt es zwei Gründe, `native`-Methoden ernsthaft zu erwägen.

Erstens muß offensichtlich zusätzlicher externer Code geschrieben werden, falls ein Java-Programm Zugriff auf Funktionen benötigt, die nicht mit dem Java-API realisiert werden können. Dies betrifft zum Beispiel die Anbindung an vorhandene C-Programmbibliotheken oder Funktionen, die direkt auf die Hardware eines bestimmten Rechners zugreifen sollen. Eine typische Anwendung auf PCs wäre der direkte Zugriff auf I/O-Adressen, um eine Einsteckkarte oder ein I/O-Gerät aus Java heraus steuern zu können. Dies ist mit den Standard-Klassenbibliotheken nicht möglich und erfordert deshalb `native`-Methoden.

*Zugriff auf Hardware oder externe Bibliotheken*

Der zweite Grund betrifft die Geschwindigkeit von Java-Programmen. Untersuchungen zufolge verbringen typische Programme etwa 90% ihrer gesamten Rechenzeit in weniger als 10% des Programmcodes, meistens sogar in nur einer einzelnen inneren Schleife. Um die Vorteile von Java mit der geforderten Performanz zu kombinieren, kann es daher manchmal sinnvoll sein, die zeitkritischen Teile des Programms — genau die eine innere Schleife — in C zu schreiben. Durch die effiziente Zeigerarithmetik und den Verzicht auf Indexüberprüfungen kann sich dabei unter Umständen tatsächlich ein beträchtlicher Performanzgewinn einstellen.

*Performanz*

Dies sollte aber nur versucht werden, nachdem alle anderen Möglichkeiten zur Effizienzsteigerung bereits ausgereizt sind. Wichtigster Ansatzpunkt ist natürlich die Verwendung der besten bekannten Algorithmen. Auch innerhalb eines bestehenden Java-Programms sind oft deutliche Verbesserungen zu erreichen, eventuell unter Verzicht auf eine perfekt objektorientierte Struktur. Zum Beispiel sollten alle Methoden in den zeitkritischen Schleifen des Programms als `final` deklariert werden, um die Inline-Optimierung dieser Methoden zu erlauben. Temporäre Objekte sollten nicht innerhalb einer Schleife ständig neu erzeugt, sondern zwischen mehreren Iterationen nur neu zugewiesen werden. Tief geschachtelte Aufrufe von Methoden lassen sich manchmal durch Umstellen der Klassenhierarchie deutlich effizienter gestalten.

Den Vorteilen einer etwas höheren Performanz stehen sehr gravierende Nachteile von `native`-Methoden gegenüber: Ein Java-Programm mit Anteilen von `native`-Code kann natürlich nur noch auf Rechnern ausgeführt werden, auf denen die benötigte Link-Bibliothek zur Verfügung steht. Da Applets aus Sicherheitsgründen keine native-Code Bibliotheken laden dürfen, kann das Programm auch nicht als Applet, sondern nur noch als ei-

*native code: nicht für Applets, nicht portabel*

genständige Applikation gestartet werden. Der Versuch, `native` realisierte Methoden auf einen anderen Rechner zu portieren, erfordert außerdem die Anpassung an einen neuen Compiler und fast immer Änderungen im Quellcode.

### 13.3.1 Ein Beispiel

Eine typische Anwendung von `native`-Code wäre der Zugriff auf externe Schnittstellen des jeweiligen Rechners. Als Beispiel definiert die folgende Klasse `SerialIO` einige Methoden, die für die Ansteuerung einer seriellen Schnittstelle benötigt werden. Mit `init()` kann die Schnittstelle initialisiert werden und `sendByte()` sendet ein Zeichen. Mit `hasByte()` wird ermittelt, ob ein Zeichen für `getByte()` zum Lesen bereitsteht:

```
public class SerialIO {
  long baudrate = 0;

  public native void    init( int i );
  public native void    sendByte( byte b );
  public native byte    getByte();
  public native boolean hasByte();

  static {
    System.loadLibrary( "SerialIO" );
    // sucht die Bibliothek 'libSerialIO.so'
    //System.load(
    // "/users/hendrich/java-src/SerialIO.so" );
  }
}
```

*static Initializer*

Die Klasse `SerialIO` kann von Java-Programmen anschließend wie gewohnt benutzt werden:

```
import SerialIO;

public class UseSerialIO {

  public static void main( String argv[] ) {
    String s = new String();

    SerialIO port = new SerialIO();
```

495

```
port.init( 9200 );

for( int i=0; i < 255; i++ ) {
    port.sendByte( (byte) i );
}

int count = 0;
while( port.hasByte() && count < 50 ) {
  s = s + (char) port.getByte();
  count++;
}
System.out.println( s );
  }
}
```

Damit das funktioniert, muß allerdings zunächst auch eine Implementation der Klasse vorliegen. Das erfolgt in drei Schritten:

1. Der Java-Quelltext für die Klasse wird mit einem Java-Compiler compiliert.

2. Mit Hilfe des javah-Compilers wird eine C-Headerdatei sowie eine C-Quelldatei mit sogenannten *Stubs* („Stummelfunktionen" für die Schnittstelle zwischen Java und C) für die Klasse erzeugt.

3. Der C-Quelltext für die Klasse wird vervollständigt und anschließend in eine dynamische Bibliothek („shared library", DLL) compiliert.

Die ersten beiden Schritte sind einfach. Im Beispiel sind nur die folgenden Aufrufe nötig:

```
borneo>javac SerialIO.java        // .class
borneo>javah SerialIO             // .h
borneo>javah -stubs SerialIO      // .c
```

Die von javah erzeugte C-Headerdatei SerialIO.h bindet die Java-Includedateien ein und enthält eine Definition einer struct für die Daten (Exemplarvariablen) der Klasse und anschließend Funktionsprototypen für alle Methoden. Das sieht etwa so aus:

```
/* DO NOT EDIT THIS FILE - it is machine generated */
#include <native.h>
```

```
/* Header for class SerialIO */

typedef struct ClassSerialIO
    int64_t baudrate;
 ClassSerialIO;
HandleTo(SerialIO);


extern void SerialIO_init(struct HSerialIO *,long);
extern void SerialIO_sendByte(struct HSerialIO *,char);
extern char SerialIO_getByte(struct HSerialIO *);
extern /*boolean*/
        long SerialIO_hasByte(struct HSerialIO *);
```

Der eigenartige Pointer HSerialIO * ist nichts anderes als der this-Pointer der Klasse SerialIO. Über ein Dereferenzieren dieses Pointers mittels des unhand()-Makros kann auf die Exemplarvariablen der Klasse zugegriffen werden (s.u.). Die durch den Aufruf von javah -stubs erzeugte Datei SerialIO.c enthält die stub-Funktionen, die die Schnittstelle zwischen Java und C definieren:

```
/* DO NOT EDIT THIS FILE - it is machine generated */
#include <StubPreamble.h>

/* Stubs for class SerialIO */
/* SYMBOL: "SerialIO/init(I)V",
                        Java_SerialIO_init_stub */
stack_item *Java_SerialIO_init_stub(
        stack_item *_P_,struct execenv *_EE_)
{
        extern void SerialIO_init(void *,long);
        (void) SerialIO_init(_P_[0].p,((_P_[1].i)));
        return _P_;
}
...
```

Diese Datei darf nicht geändert werden. Statt dessen wird der eigentliche native C-Code in eine zusätzliche Datei, im Beispiel etwa SerialIONative.c, gespeichert. Diese Datei schließt die erzeugte C-Headerdatei SerialIO.h mit einem include ein und realisiert dann die Methoden der Klasse SerialIO:

```
/* SerialIONative.c - C-Code für Klasse SerialIO */
```

*Java Header*
*weitere C-Header*

```
#include "SerialIO.h"
#include <stdio.h>

void SerialIO_sendByte( struct HSerialIO * handle,
                        char c )
{
```

*Der C-Code*

```
  /* hier der plattformabhängige Aufruf... */
  printf( "SerialIO_sendByte('%c')\ n ", c );
}
...
```

Innerhalb des C-Codes können natürlich alle C-Bibliotheken und beliebige eigene Funktionen aufgerufen werden.

Schließlich müssen die einzelnen Dateien noch mit einem C-Compiler übersetzt und zu einer dynamischen Link-Bibliothek gebunden werden,

```
borneo>cc -c SerialIO.c
borneo>cc -c SerialIONative.c
borneo>ld -r SerialIO.o SerialIONative.o
              -o libSerialIO.so
```

Die Befehle zum Aufruf des C-Compilers (meistens cc oder gcc) und die eventuell benötigten Optionen hängen natürlich vom Betriebssystem, Compiler und der Installation ab. Typischerweise muß zumindest der Pfad zu den Java Headerdateien mit einer Option gesetzt werden, etwa:

```
gcc -I/opt/java/include \
    -I/opt/java/include/solaris -c SerialIO.c
...
```

### 13.3.2 Die Schnittstelle zwischen Java und C

Der Zugriff auf Java-Variable aus dem C-Code erfolgt über eine Reihe von Makros und Funktionen. Einige wichtige Beispiele:

```
Object   *unhand( Handle * h)
int      obj_length( HArray * a )
```

```
[    array (des nachfolgenden Typs)
L    Klasse

V    void              Z    boolean
B    byte              C    char
S    short             D    double
I    int               F    float
J    long
```

*Abbildung 13.2*
*Signaturen für*
*Java-Methoden*

Das Makro `unhand()` liefert eine Referenz auf die Daten des angegebenen Objekts und `obj_length()` liefert die Länge eines Feldes.

Es ist auch möglich, aus der C-Welt heraus direkt Java-Funktionen aufzurufen. Dazu muß der volle Name der Java-Methode angegeben werden, der sich aus dem Package- und dem Klassennamen, dem eigentlichen Namen der Methode und einer Signatur ihrer Argumente zusammensetzt. Auf diese Weise kann jede Java-Methode trotz eines eventuellen Overloading eindeutig auch aus C heraus angesprochen werden.

*Java-Funktion aus*
*C heraus aufrufen:*
*mit Signatur*

Die Signatur einer Methode besteht aus einer Zeichenkette, die in runden Klammern nacheinander einen Kennbuchstaben für den Typ jedes einzelnen Arguments und daran anschließend den Typ des Rückgabewerts angibt. Die definierten Kennbuchstaben sind in Abbildung 13.2 zusammengestellt.

Angenommen, die oben vorgestellte Klasse `SerialIO` befände sich zusätzlich in einem Package `my_package`. Dann ergeben sich nach der obigen Regel die folgenden vollständigen Namen für die Methoden aus `SerialIO`:

*Namenskonvention*

```
"my_package/SerialIO/init(I)V"
"my_package/SerialIO/sendByte(B)V"
"my_package/SerialIO/getByte()B"
"my_package/SerialIO/hasByte()Z"

// ein Beispiel aus den Java-Packages:
// int java.io.InputStream.read()
// int java.io.InputStream.read( byte[], int, int )
"java/io/InputStream/read()I"
"java/io/InputStream/read([BII)I"
```

499

Mit der passenden Signatur kann dann jede Methode in der Laufzeitumgebung des Java-Interpreters aufgerufen werden. Die eigentlichen Argumente der Methode werden anschließend an die Signatur in der nötigen Anzahl übergeben:

```
ClassClass *FindClass( struct execenv *,
                           char * name, bool_t resolve);
long execute_java_static_method(ExecEnv *,
                           ClassClass *cb,
                           char *method_name,
                           char *signature, ...);
long execute_java_dynamic_method(ExecEnv *,
                           HObject *obj,
                           char *method_name,
                           char *signature, ...);
```

*FindClass()*

*execute_()*

Die Funktion `FindClass` ermittelt (und lädt bei Bedarf) eine Klasse mit Namen `name`. Die `execute_xx` Funktionen rufen eine statische bzw. dynamische Java-Methode auf und liefern einen 32-Bit Wert zurück, der abhängig vom Typ der Methode einen `int`-Wert, Pointer `Handle *` oder einen anderen 32-Bit C-Datentyp bedeuten kann. Als Wert für `ExecEnv` kann `NULL` übergeben werden. Ein Beispiel für den Aufruf der statischen Methode `java.lang.Math.max( int, int )` könnte etwa so aussehen:

```
int j, k, l;
ClassClass * cc;

/* Referenz auf Klasse java.lang.Math besorgen */
cc = FindClass( NULL,"java/lang/Math",(bool_t)1 );

/* Werte setzen, Math.max() aufrufen */
j= 13; k = 453;
l = execute_java_static_method(
                   NULL, cc, "max", "(II)I",
                   j, k );

printf( "max(%d, %d) ist %d\ n" , j, k, l);
```

In der Datei `interpreter.h` finden sich viele weitere interessante Methoden, die aus `native`-Methoden heraus ausgerufen werden können.

# Java-spezifische HTML-Syntax

Dieser Abschnitt beschreibt die Java-spezifischen Erweiterungen der HTML-Syntax — die `<APPLET>` und `<EMBED>` Tags (Marken) mit allen bisher definierten Parametern. Diese Marken weisen einen Java-fähigen WWW-Browser oder `appletviewer` an, den angegebenen Java-Bytecode zu laden und auszuführen; nicht Java-fähige WWW-Browser ignorieren das Applet einfach. Am Ende dieses Kapitels folgt ein vollständiges Beispiel, das als Basis für weitere Entwicklungen dienen kann. Eine Einführung in HTML ist zum Beispiel über `http://www.ncsa.uiuc.edu/Gene-ral/Internet/WWW/htmlPrimer.html` erhältlich.

*HTML-Einführung*

## Das Applet-Tag

Java-Applets werden mittels des speziellen `<APPLET>` Tags in HTML-Seiten eingebunden. Nur die Angaben zu `CODE` und `WIDTH` und `HEIGHT` zur Geometrie des Applets sind notwendig, alle anderen optional.

*Applet-Tag*

APPLET  Die `<APPLET>` und `<PARAM>` Marken weisen einen Java-fähigen WWW-Browser an, ein Java-Applet mit den angegebenen Parametern zu laden und auszuführen.

Nicht Java-fähige Browser ignorieren das `<APPLET>` und seine Marken und zeigen statt dessen den *alternativen HTML-Text* zwischen `<APPLET>` und `</APPLET>` an:

```
<APPLET
    [CODEBASE = Applet-URL]
    CODE = Applet-Dateiname
    WIDTH = Applet-Breite
    HEIGHT = Applet-Höhe
    [NAME = Applet-Name]
    [ALT = alternativer HTML-Text]
    [ALIGN =  Ausrichtung]
    [VSPACE = vertikale Einrückung]
    [HSPACE = horizontale Einrückung]
    [ARCHIVES = JAR-Archiv-Liste (JDK 1.1)]
    [OBJECT = serializedApplet (JDK 1.1)]
>
    [<PARAM NAME=Parameter VALUE=Wert]
    [<PARAM NAME=Parameter VALUE=Wert]
    ...
    [ alternativer HTML-Text]
</APPLET>
```

Im einzelnen bedeuten:

CODEBASE Mit diesem Attribut kann die Basis-URL der Applet-
Bytecodes (absolut oder relativ) angegeben werden. Wenn
CODEBASE nicht angegeben wird, werden die Java-Klassen
relativ zum aktuellen Dokument gesucht.

CODE Mit dem notwendigen Parameter CODE wird der Dateiname
für die auszuführende Java-Klasse angegeben.

Die Datei wird relativ zum aktuellen Dokument gesucht
oder relativ zum CODEBASE-Verzeichnis, falls CODEBASE gesetzt ist.

WIDTH Der Parameter WIDTH muß gesetzt werden. Er bezeichnet
die anfängliche Breite (angegeben in Pixeln) des Applets
im WWW-Dokument.

HEIGHT Der Parameter HEIGHT muß gesetzt werden. Er bezeichnet die anfängliche Höhe (angegeben in Pixeln) des Applets im WWW-Dokument.

NAME Mit diesem optionalen Parameter kann ein Name für das
Applet gesetzt werden. Mehrere gleichzeitig ablaufende
Applets können sich gegenseitig über diese Namen identi-
fizieren und miteinander kommunizieren.

ALT Der dem Parameter ALT folgende HTML-Text wird von WWW-Browsern angezeigt, die zwar das <APPLET>-Tag verstehen, trotzdem jedoch nicht Java-fähig sind.

ALIGN Dieser Parameter gibt die Ausrichtung des Applets auf der WWW-Seite an. Dabei sind dieselben Werte möglich wie beim ALIGN-Attribut des <IMG>-Tags, unter anderem top, middle und bottom.

VSPACE Gibt an, ob und wieviel Platz der WWW-Browser über und unter dem Applet freilassen soll. Der Wert wird in Pixeln angegeben.

HSPACE Gibt an, ob und wieviel Platz der WWW-Browser links und rechts neben dem Applet freilassen soll. Der Wert wird in Pixeln angegeben.

PARAM Zwischen den <APPLET> und </APPLET> Marken kann eine beliebige Anzahl von <PARAM> Attributen folgen. Jedes <PARAM> Attribut enthält einen Namen und einen zugehörigen Wert, die vom Applet über die Funktion java.lang.Applet.getParameter() ausgewertet werden können.

Die <PARAM> Attribute können damit für Applets ähnlich eingesetzt werden, wie Kommandozeilenargumente für Applikationen.

ARCHIVES Mit diesem Parameter kann ab Java Version 1.1 eine Liste von JAR-Archiven als Quelle für das Applet angegeben werden (siehe Anhang B ab Seite 530). Durch die Verwendung von JAR-Archiven kann der Zeitbedarf für das Laden der Applet-Klassen und weiterer vom Applet benötigten Dateien deutlich verringert werden. Dieser Parameter wird von JDK 1.0 Programmen ignoriert.

OBJECT Mit diesem Parameter kann ab Java Version 1.1 eine Datei benannt werden, aus der ein serialisiertes Applet (siehe Abschnitt 6.9 ab Seite 253) gelesen und anschließend wieder aktiviert wird. Dabei wird nur start(), nicht aber init() aufgerufen. Das neu gestartete Applet kann nur auf die aktuellen PARAM-Attribute zugreifen. Für jedes Applet muß entweder OBJECT oder CODE angegeben werden.

503

## Das EMBED-Tag

Angesichts des raschen Anwachsens des WWW ist es unwahr-
scheinlich, daß Java-Applets die einzige Art von dynamischem
Inhalt in WWW-Seiten bleiben werden. Um nicht für jede neue
Art von Applets jeweils ein neues HTML-Tag wie <APPLET> de-
*Embed-Tag*    finieren zu müssen, wird derzeit eine weitere Marke <EMBED> diskutiert, die allgemein einsetzbar ist und als Standard dienen kann.
In der <EMBED> Marke werden die CODEBASE und CODE Attribute
des <APPLET>-Tags zu einem einzigen Attribut SRC zusammengefaßt.

## Ein Beispiel

Die folgende HTML-Seite demonstriert an einem Beispiel die
Anwendung der wichtigsten <APPLET>-Parameter:

```
<HTML><HEAD><TITLE>Applet-HTML</TITLE></HEAD><BODY>
<H2>Java Applet-Tag Demonstration</H2>

Diese Seite enth&auml;t zwei Java-Applets:
<APPLET
  CODE= "Animator.class" width=500 height=350
>
    <PARAM name="imagesource"
           value="images">
    <PARAM name=endimage value=10>
    <PARAM name="pause" value="100">
  Ihr Browser beherrscht leider keine Applets.
</APPLET>

Manche Autoren schreiben HTML-Tags klein.
Der Applet-Server kann auch direkt mit seiner
numerischen IP-Adresse angegeben werden:
<applet
 codebase="http://134.100.13.168/applets/cmos/"
 code="CMOS_nand3.class" width=500 height=350
 archives=cmos.jar
>
 Hier sollte die Simulation eines CMOS-Gatters
 erscheinen, aber leider beherrscht Ihr Browser
 keine Java-Applets.
</applet>
</BODY></HTML>
```

# Die Java
# JDK-Programmierwerkzeuge

Dieser Anhang präsentiert Kurzbeschreibungen zu den Programmen des offiziellen Java Development Kit (JDK) von Sun Microsystems. Das JDK ist in der Version 1.0.2 für die Betriebssysteme SOLARIS, WINDOWS'95, WINDOWS-NT und MAC-OS verfügbar; Portierungen auf weitere Betriebssysteme sind geplant. Neben einer allgemeinen Erklärung zur Funktion der Programme werden alle wichtigen Optionen angegeben. Außerdem wird mit Beispielen vor beliebten Fehlern gewarnt. Das JDK enthält die folgenden Programme:

*JDK 1.02*

`appletviewer` Der Appletviewer lädt HTML-Dokumente und zeigt darin eingebettete Java-Applets an.

`java` Der Java-Interpreter lädt Java-Bytecode und führt ihn aus.

`javac` Der Java-Compiler übersetzt Java-Quelltexte in maschinenunabhängigen Bytecode.

`javadoc` Liest Java-Quelltexte und erzeugt daraus direkt eine Hypertext-Dokumentation der enthaltenen Klassen.

`javah` Das Programm `javah` erlaubt die Verknüpfung von Java-Klassen mit externem Code. Die resultierenden Programme kombinieren Java mit C oder einer anderen Programmiersprache und sind daher nicht mehr maschinenunabhängig.

`javap` Der Java-Disassembler liest compilierten Java-Bytecode und erzeugt daraus soweit möglich eine lesbare Text-Repräsentation der Klassen.

505

jdb Dieser kommandozeilenorientierte Java-Debugger erlaubt das Testen und die effiziente Fehlersuche in (multithreaded) Java-Programmen.

Seit Dezember 1996 ist die Beta-Version des JDK 1.1 verfügbar. Zusätzlich zu den oben aufgeführten Programmen enthält das JDK 1.1 noch die folgenden weiteren Programme:

*JDK 1.1 (beta)*

jar Das Programm jar erzeugt und verwaltet Java-Archive (.jar-Dateien). Ein jar-Archiv faßt beliebig viele Java-Klassendateien mit anderen Dateien zusammen, um alle Klassen eines Applets mit einem einzigen Datentransfer übertragen zu können.

javakey Verwaltet die öffentlichen und privaten Schlüssel, die für die erweiterten Sicherheitskonzepte des JDK 1.1 wie zum Beispiel signierte Applets benötigt werden.

rmic Der RMI-Interface-Compiler erzeugt aus dem Bytecode von Serverklassen die zur Kommunikation zwischen Clients und Servern benötigten Hilfsklassen (siehe Abschnitt 11.6 ab Seite 462).

rmiregistry Der RMI-Registry-Server wird zum Verbindungsaufbau zwischen Client und Server benötigt (siehe Abschnitt 11.6 ab Seite 463).

serialver Ermittelt, ob und mit welcher Versionsnummer eine Java-Klasse in eine externe Darstellung serialisiert werden kann (siehe Abschnitt 6.9 ab Seite 253).

Ebenfalls interessant und über den WWW-Server von Sun Microsystems erhältlich ist die aktuelle Version des WWW-Browsers HotJava, der selbst in Java geschrieben ist:

hotjava Ein WWW-Browser, der dynamisch erweitert werden kann. Die bisherige Beta-Version von hotjava unterstützt leider weder HTML-Frames noch HTML-Tabellen.

# Installation und Hinweise

Dieser Abschnitt gibt Hinweise zur Installation des JDK. Die Archivdateien mit dem JDK enthalten sowohl die Programme und *Programme*
Link-Bibliotheken für das jeweilige Betriebssystem als auch den
Quelltext der Klassenbibliotheken und viele Beispiele. Hinweise
zur Version und zur Installation finden sich in einer README-Datei.
Die API-Klassendokumentation dagegen ist nur in einer separa- *Dokumentation*
ten Datei erhältlich.

Die SOLARIS-Version des JDK ist als gepacktes tar-Archiv
auf den in Anhang D angegebenen FTP-Servern verfügbar. Zum *Solaris*
Auspacken des Archivs, für die SPARC-Workstations derzeit also
JDK-1_0_2-solaris2-sparc.tar.gz, benötigen Sie die Programme gzip und tar bzw. gtar, die auf praktisch allen SOLARIS-
Rechnern vorhanden sind. Falls nicht, müssen Sie erst das Programm gzip installieren. Als Installationsverzeichnis bietet sich
/opt/java an, obwohl jedes beliebige Verzeichnis gewählt werden kann. Bei Auswahl von /opt/java müssen Sie das JDK
wahrscheinlich von Ihrem Systemadministrator installieren lassen.

Die Windows-Versionen (für WINDOWS'95 oder WINDOWS-
NT) werden als "selbstauspackendes" Archiv geliefert. Zur In- *Windows'95/NT*
stallation müssen Sie einfach nur die entsprechende .exe-Datei,
derzeit in Version JDK 1.0.2 also JDK-1_0_2-win32-x86.exe einmal ausführen. Über die langen Dateinamen hinaus erfordern die
Programme des JDK noch viele weitere Fähigkeiten des win32s- *Nicht für*
Systems. Unter WINDOWS'3.11 läuft das JDK in keinem Fall! *Windows'3.11*

Bei hartnäckigen Problemen hilft oft ein Blick in die aktuelle
Liste der häufigsten Fragen und Anworten sowie der bekannten
Fehler:

```
http://www.javasoft.com/JDK-1.0/faq.html
http://www.javasoft.com/JDK-1.0/KnownBugs-JDK.html

http://www.javasoft.com/products/JDK/1.1/index.html
```

Für die korrekte Funktion des JDK müssen nach der Installation
aller Dateien bei Bedarf noch zwei Umgebungsvariablen gesetzt
werden, die im folgenden beschrieben werden.

## Die CLASSPATH-Variable

*Dateiname vs.*
*Klassenname*

Zentrale Bedeutung für alle Programme des JDK hat die Umgebungsvariable CLASSPATH, mit der alle Verzeichnisse angegeben werden, in denen nach Java-Klassen gesucht wird. Dabei gilt die in Kapitel 3.5 beschriebene Konvention zur Abbildung von Klassennamen auf Dateinamen auf dem jeweiligen Betriebssystem. Zum Beispiel wird eine Klasse *package.name* auf einem WINDOWS'95-System als Datei *name.class* im Unterverzeichnis *package* aller durch die CLASSPATH-Variable aufgezählten Verzeichnisse gesucht, zum Beispiel C:\java\package\name.class, C:\users\hendrich\java\package\name.class usw.

*classes.zip*

Eine Ausnahme von dieser Namenskonvention bildet die Datei classes.zip, die alle Klassen der Standard-Packages (von java.applet bis java.util) als *Zip-Archiv* enthält: Bei Verwendung von ZIP-Archiven muß direkt der Dateiname des Archivs in den CLASSPATH aufgenommen werden.

Ein solches ZIP-Archiv faßt ein oder mehrere Dateien mit ihrer Verzeichnishierarchie zusammen, stellt aber für das Betriebssystem nur eine einzelne Datei dar. Für die Dateinamen innerhalb eines ZIP-Archivs gelten nicht die auf Betriebssystemebene gültigen Beschränkungen. So hält das im JDK verwendete Archiv classes.zip die alte MSDOS-Konvention von 8+3 Zeichen für Dateinamen ein und kann damit auf MSDOS-Rechnern installiert werden, obwohl intern (im ZIP-Archiv) alle Klassen die üblichen Namen tragen.

Als Voreinstellung suchen alle Programme des JDK im Installationsverzeichnis selbst nach den Systemklassen und im aktuellen Arbeitsverzeichnis nach weiteren Klassen. Diese Voreinstellung reicht für die ersten Beispiele zunächst aus.

Falls Sie jedoch weitere Java-Klassen und Applikationen auf Ihren Rechner installieren — vor allem wenn Sie selbst weitere Applikationen und Applets entwickeln — muß der CLASSPATH entsprechend erweitert werden. Zum Beispiel sollte der CLASSPATH um das Verzeichnis /users/hendrich/javafig erweitert werden, wenn dort die Klassen für den JavaFIG Graphikeditor installiert sind:

```
setenv CLASSPATH = /opt/java/lib/classes.zip:\
    /users/hendrich/javafig:.
```

Der mit der CLASSPATH-Variable eingestellte Suchpfad kann durch Setzen der -classpath Option für jedes Programm des JDK überschrieben werden.

### PATH: Der Suchpfad

Damit die Programme des JDK nicht nur aus dem Installationsverzeichnis selbst gestartet werden können (normalerweise $JAVADIR/bin), ist es empfehlenswert, den Suchpfad für Programme um das Verzeichnis $JAVADIR/bin zu erweitern.

Auf WINDOWS'95-Systemen müssen Sie dazu die MSDOS-Umgebungsvariable PATH setzen und das JDK-Installationsverzeichnis anfügen, also etwa:

```
set PATH=C:\dos;C:\windows;c:\java\bin;
```

Unter SOLARIS müssen Sie ebenfalls den Suchpfad Ihrer Shell entsprechend erweitern. Für die csh oder tcsh Shells gelingt dies zum Beispiel mit dem Kommando:

```
borneo>setenv PATH ${PATH}:/opt/java/bin
borneo>setenv JAVA_HOME /opt/java
```

Für andere Betriebssysteme gilt dies entsprechend; bitte beachten Sie dazu die Dokumentation des JDK.

# appletviewer — führt Java-Applets aus

## Synopsis

```
appletviewer [-debug] urls
```

## Beschreibung

`appletviewer` ermöglicht es, Java-Applets ohne einen WWW-Browser auszuführen.

Dazu lädt `appletviewer` alle in den über die `urls` angegebene(n) HTML-Seite(n) enthaltenen Applets und öffnet für jedes Applet ein eigenes Fenster. Da Applets per Definition in eine HTML-Seite eingebettet sind, erwartet `appletviewer` als Argumente nicht die Namen der eigentlichen Java-Bytecodes, sondern die URLs der umgebenden HTML-Seiten, also etwa:

```
appletviewer http://javasoft.sun.com/index.html
appletviewer file://C:/java/demo/Animator/ex1.html
```

## Optionen

`-debug` Diese Option weist `appletviewer` an, alle im HTML-Dokument gefundenen Applets mit dem Java-Debugger `jdb` zu starten, so daß auch Applets auf Fehler getestet werden können.

## Voreinstellungen

*Voreinstellungen* Verschiedene Eigenschaften von `appletviewer` können über ein Optionen-Menü oder über die Einstellungen in der Datei `~/.hotjava/properties` (Unix-Systeme) bzw. `.hotjava\properties` (WINDOWS'95, WINDOWS-NT) im JDK-Installationsverzeichnis gesetzt werden. Dies betrifft unter anderem die folgenden wichtigen Einstellungen zu Sicherheitsaspekten:

`acl.read` Dieses Attribut gibt die Liste aller Dateien an, die ein unsicheres Applet lesen darf (`acl`: Access Control List).

Die einzelnen Einträge werden auf Unix-Systemen durch Doppelpunkte, unter Windows durch ein Semikolon getrennt. Falls die Liste den Eintrag „+" enthält, wird sie um alle unter `acl.read.default` angegebenen Dateien erweitert.

Wegen des damit verbundenen Sicherheitsrisikos — ein fremdes Applet könnte Daten vom eigenen Rechner ausspähen — ist `acl.read` in der Voreinstellung leer, so daß Applets überhaupt keine Dateien auf dem eigenen Rechner lesen dürfen.

`acl.read.default` Die Liste aller Dateien, die ein unbekanntes („untrusted") Applet lesen darf, wenn in `acl.read` ein Pluszeichen „+" vorkommt.

`acl.write` Die Liste aller Dateien, die ein unsicheres Applet auf dem lokalen System schreiben darf (siehe die Erläuterung zu `acl.read`). In der Voreinstellung ist `acl.write` anfangs leer, so daß Applets keine Dateien schreiben dürfen.

`acl.write.default` Die Liste aller Dateien, die ein unbekanntes Applet schreiben darf, wenn `acl.write` ein Pluszeichen „+" enthält.

`appletviewer.security.model` Gibt an, welche Netzwerkzugriffe ein Applet ausführen darf: Der Wert `none` unterbindet alle Netzwerkzugriffe durch das Applet; die Voreinstellung ist `host`, womit Verbindungen zu genau dem Rechner erlaubt sind, von dem das Applet geladen wurde. Der Wert `unrestricted` erlaubt beliebige Netzwerkverbindungen, sollte aber wegen der damit verbundenen Sicherheitsrisiken nur für vertrauenswürdige Applets gesetzt werden.

`package.restrict.access.`*`package-prefix`* Durch die Angabe des Wertes `true` wird dem Applet der Zugriff auf das entsprechende Package und alle darin enthaltenen weiteren Packages und Klassen verboten. In der Voreinstellung ist der Wert `package.restrict.access.sun=true` bereits gesetzt; Applets können daher zum Beispiel keinen weiteren `appletviewer` oder `jdb` starten.

`package.restrict.definition.`*`package-prefix`* Diese Attribute können gesetzt werden, um Applets die Definition neuer Klassen in den angegebenen Packages und darunter zu untersagen. Die Voreinstellung setzt `package.restrict.definition.java=true`, so daß Applets keine neuen Klassen in den Standard-Java-Packages definieren können.

`firewallHost` Mit dieser Variable wird der Hostname (oder die IP-Adresse) des Firewall-Rechners angegeben, falls `firewallSet=true` gesetzt ist.

`firewallPort` Gibt den für alle Netzwerkzugriffe zu verwendenden TCP/IP-Port auf dem Firewall-Rechner an, falls `firewallSet=true`.

`firewallSet` Wird gesetzt (`firewallSet=true`), wenn alle Netzwerkzugriffe über einen Firewall-Rechner erfolgen sollen.

`proxyHost` Diese Variable setzt den Hostname (oder die IP-Adresse) des zu verwendenden Proxy-Servers.

`proxyPort` Setzt den für Zugriffe auf den Proxy-Server zu verwendenden TCP/IP Port.

`proxySet` Wird gesetzt (`proxySet=true`), falls Netzwerkzugriffe über einen Proxy-Server erfolgen sollen.

### Umgebungsvariablen

`CLASSPATH` Siehe Seite 508

# java — Der Java-Interpreter

## Synopsis

```
java [options] classname [program arguments]
```

## Beschreibung

java ist der Java-Interpreter — java führt Java-Programme aus.

Das auszuführende Programm ist der Java-Bytecode aus der mit `classname` angegebenen Klasse. java erwartet dabei nicht einen Dateinamen, sondern den vollständigen Namen `classname` gemäß der Java-Konventionen: die Komponenten durch Punkte getrennt und ohne `.class`-Endung. Die Klasse wird in allen Verzeichnissen gesucht, die in der Umgebungsvariable `CLASSPATH` oder der `-classpath`-Option enthalten sind. Ein Beispiel für den Aufruf von java ist:

```
borneo>java javafig.editor monalisa.fig
```

In der entsprechenden Klasse (`javafig/editor.class`) sucht java nach einer Funktion `main()` mit genau der folgenden Signatur:

```
public static void main( String argv[] )
```

und ruft diese Funktion auf, wobei alle Kommandozeilenargumente nach `classname` in das Feld `argv[]` kopiert und an die Klasse übergeben werden.

Die Ausführung wird beendet, sobald die Funktion `main()` selbst und alle der von `main()` möglicherweise erzeugten Threads beendet sind.

Die für die Ausführung der angegebenen Klasse zusätzlich benötigten Klassen werden von java bei Bedarf automatisch nachgeladen. Sie werden zunächst im aktuellen Verzeichnis und dann im Java-Systemverzeichnis gesucht. Weitere Verzeichnisse können über die `CLASSPATH`-Umgebungsvariable oder die `-classpath`-Option angegeben werden. Die zu einer Klasse gehörende Bytecode-Datei muß in einem der `package`-Hierarchie entsprechenden Verzeichnis liegen und denselben Namen wie die Klasse mit der Endung `.class` aufweisen. Zusätzlich ist es auch möglich, einzelne Klassen zu `Zip`-Archiven zusammenzufassen. Die Klasse `java.lang.String` wird daher in einer Datei `java/lang/String.class` oder in `Zip`-Archiven gesucht.

### Optionen

`-debug` Diese Option ermöglicht es, nachträglich den Java-Debugger `jdb` zu starten und auf die ausgeführte Klasse `classname` anzuwenden. Um unberechtigte Eingriffe des Debuggers zu verhindern, generiert `java` beim Start mit der `-debug`-Option ein Paßwort. Der Debugger kann nur dann auf die Klasse `classname` angewendet werden, wenn `jdb` mit diesem Paßwort gestartet wird.

`-cs`, `-checksource` Weist `java` an, für jede geladene Klasse den Zeitpunkt der letzten Änderung des Bytecodes und der Quelldateien zu vergleichen. Falls die Quelldatei jünger ist, wird sie automatisch (durch Aufruf von `javac`) neu compiliert und erst dann die Klasse geladen.

`-classpath` *path* Setzt den Pfad, unter dem `java` nach Klassen (Java-Bytecodes) sucht. Siehe dazu die Erläuterung zur `-classpath` Option und der `CLASSPATH` Umgebungsvariable auf Seite 507.

`-mx` *x*

`-ms` *y* Setzt den maximalen (`-mx`) und anfänglichen (`-ms`) Wert für die Größe des Java-Speichers (der Halde). Die Werte für *x* und *y* werden in Bytes angegeben, ein nachgestelltes k steht für Kilobytes, ein m für Megabytes. Voreingestellt sind `-mx 16m` und `-ms 1m`, die Mindestwerte sind jeweils `1k`.

`-noasyncgc` Schaltet die asynchrone Speicherfreigabe (Garbage-Collection) ab. Eine Garbage-Collection wird dann nur gestartet, wenn sie mittels System.gc() ausdrücklich aufgerufen wird oder kein weiterer Speicher mehr zur Verfügung steht (siehe die Option `-mx`). Diese Option ist eigentlich nur zum Debugging sinnvoll, wenn der Verdacht besteht, daß der normale Hintergrund-Thread der Speicherfreigabe zu Problemen führt.

`-ss` *x*

`-oss` *y* Jeder Java-Thread verfügt über zwei Stacks — je einen für Java- und einen für C-Code. Mit der Option `-ss` wird die maximale Größe des C-Code Stacks auf *x* Bytes, mit `-oss` die maximale Größe des Java-Code Stacks auf *y* Bytes gesetzt. Beide Stacks müssen jeweils mindestens 1000 Bytes groß sein; die Voreinstellungen sind `-ss` `100k` und `-oss` `400k`.

`-t` Weist `java` an, alle ausgeführten Java-Bytecodes auszugeben.

`-v`, `-verbose` Weist `java` an, ein Protokoll aller geladenen Klassen auszugeben.

`-verify` Wenn diese Option gesetzt wird, überprüft `java` alle geladenen Bytecodes auf Fehler und Sicherheitsprobleme.

`-verifyremote` Weist `java` an, alle über das Netzwerk geladenen Bytecodes auf Fehler zu überprüfen, lokal geladene Bytecodes jedoch nicht. Dies ist die Voreinstellung.

`-noverify` Schaltet die Überprüfung aus.

`-verbosegc` Aktiviert Statusmeldungen der Speicherfreigabe.

`-D`*propertyName*`=`*Value* Definiert ein Attribut und setzt den entsprechenden Wert. `java` akzeptiert eine beliebige Anzahl dieser Attribute auf der Kommandozeile.

## Umgebungsvariablen

`CLASSPATH` Siehe Seite 508

# javac — Der Java-Compiler

## Synopsis

```
javac [option] filename [filenames]
```

## Beschreibung

javac ist der Java-Compiler — er übersetzt Java-Quelltexte (aus
.java Dateien) in Java-Bytecodes (in .class Dateien). Der Java-
Compiler des JDK ist selbst in Java geschrieben und daher portabel, aber auch deutlich langsamer als einige konkurrierende Java-
Compiler.

Alle zu übersetzenden Java-Quelldateien werden javac über
die Kommandozeile übergeben und müssen die Endung .java
aufweisen. javac erzeugt für jede einzelne in diesen Quelldatei-
en definierte Java-Klasse eine eigene Ausgabedatei mit Endung
.class. Für jede als public deklarierte Klasse (public class
xxx) überprüft und erzwingt javac, daß ihr Name mit dem Namen der Quelldatei (xxx.java) übereinstimmt. Damit können
zwar durchaus mehrere Klassen in einer einzelnen Quelldatei deklariert werden, aber nur eine einzige davon als public.

Ohne Angabe der -d Option werden die compilierten Byte-
code-Dateien im selben Verzeichnis wie die Quelldateien abgelegt.

Für alle in den Quelldateien referenzierten Klassen sucht
javac nach einer entsprechenden .class-Datei in den über den
CLASSPATH oder die -classpath Option angegebenen Verzeichnissen. Falls keine .class-Datei für die referenzierte Klasse vorhanden ist, wird die Übersetzung mit einem Fehler abgebrochen.

## Optionen

-classpath *path* Diese Option setzt den Pfad, unter dem javac
   nach referenzierten Klassen sucht. Das Setzen dieser Option überschreibt die Voreinstellung und alle durch die Umgebungsvariable CLASSPATH angegebenen Pfade. Der an-

gegebene *path* ist eine Liste von Verzeichnissen und zip-Dateien. Die einzelnen Verzeichnisse werden unter Unix durch Doppelpunkte und unter Windows durch ein Semikolon voneinander getrennt.

Um weitere Verzeichnisse in den Suchpfad von `javac` aufzunehmen, ohne die voreingestellten Systemverzeichnisse daraus zu überschreiben, sollte die `CLASSPATH` Umgebungsvariable entsprechend gesetzt werden.

`-d` *directory* Diese Option setzt das Verzeichnis, in das die übersetzten Klassen gespeichert werden. Als Voreinstellung schreibt `javac` die Klassen (die `.class` Dateien) in dasselbe Verzeichnis, in dem die `.java` Quelldateien liegen. Falls die `-d` Option verwendet wird, schreibt `javac` die Klassen in das angegebene Verzeichnis oder das dem `package` der jeweiligen Klasse entsprechende Unterverzeichnis. Falls diese Verzeichnisse noch nicht existieren, werden sie von `javac` automatisch angelegt.

Als Beispiel erzeugt `javac` durch den Befehl

```
borneo>javac -d javafig src/javafig/Circle.java
```

aus der Quelldatei `Circle.java` die Bytecodes der Klasse `Circle` und speichert den Bytecode unter `javafig/Circle.class` (ausgehend vom aktuellen Arbeitsverzeichnis). Falls die Klasse `Circle.class` zusätzlich in einem Package `geometry` enthalten ist (`package geometry`), wird die übersetzte Klasse unter `javafig/geometry/Circle.class` abgelegt.

`-depend` Diese Option weist `javac` an, automatisch alle Abhängigkeiten zwischen Quellcodes und Bytecodes zu kontrollieren und bei Bedarf alle Klassen neu zu übersetzen, deren Quellcode sich geändert hat. Alle von `javac` benötigten Quelldateien müssen dazu über den `CLASSPATH` erreichbar sein.

Durch Anwendung dieser Option kann auf externe Programme zur Projektverwaltung der Quelltexte wie `make` in vielen Fällen verzichtet werden. Natürlich haben Makefiles weiterhin ihre Berechtigung, sobald außer `javac` weitere Programme ausgeführt werden müssen (etwa zur Installation der übersetzten Bytecodes in bestimmte Systemverzeichnisse oder zum Start eines RMI-Servers).

-g  Diese Option veranlaßt `javac`, zusätzliche Informationen (insbesondere die Zeilennummern und die Definitionen lokaler Variablen) in die erzeugten `.class` Bytecodes aufzunehmen, um das Debugging dieser Klassen zu erleichtern. Der Name -g entspricht der traditionell in C-Compilern verwendeten Option für die Erzeugung von „Debug"-Informationen.

Ohne die -g Option schreibt `javac` nur die Zeilennummern, mit der -O Option nicht einmal diese.

-nowarn  Unterdrückt die Warnungen, nicht aber die Fehlermeldungen des `javac`-Compilers.

-nowrite  Weist den Compiler an, nach der Übersetzung keine `.class`-Datei zu schreiben.

-O  Optimiert die erzeugten Bytecodes. Derzeit versucht `javac` unter anderem, alle als `static`, `final` oder `private` deklarierten Funktionen als Inline-Funktionen zu übersetzen. Dies vermeidet den eigentlichen Funktionsaufruf und führt zu schnelleren Programmen, die derart erzeugten Klassen sind dafür größer. Außerdem verhindert die Optimierung die Aufnahme von Debug-Informationen, selbst der Zeilennummern, in die erzeugten `.class` Bytecodes.

-verbose  Aktiviert detaillierte Statusmeldungen über den Fortschritt der Übersetzung. Unter anderem wird jede einzelne von `javac` geladene Klasse angegeben.

## Umgebungsvariablen

`CLASSPATH` Siehe Seite 508

# javadoc — Klassendokumentation

## Synopsis

```
javadoc [option] packagename
javadoc [option] filenames
```

## Beschreibung

`javadoc` erzeugt eine API-Dokumentation im HTML-Format für das auf der Kommandozeile angegebene `package` oder die angegebenen einzelnen Dateien.

Die von `javadoc` für jede einzelne Klasse (oder Interface) erzeugten HTML-Dateien enthalten die Hierarchie ihrer Oberklassen und beschreiben alle nicht-`private` Variablen und Methoden der Klasse. Die Dokumentation der Oberklassen kann — falls vorhanden — direkt über Hypertext-Links erreicht werden.

Alle im Quelltext vorhandenen Doc-Kommentare (`/** */`) werden von `javadoc` in die Dokumentation übertragen. Diese speziellen Kommentare können ihrerseits wieder beliebige HTML Markup-Tags enthalten (siehe Anhang A).

Falls der Name eines `package` als Argument an `javadoc` übergeben wird, muß dieser der Java-Schreibweise (Komponenten getrennt durch Punkte gehorchen). Dabei muß wahrscheinlich entweder der `CLASSPATH` oder die `-classpath` Option gesetzt werden, damit `javadoc` sowohl die referenzierten Klassen aus dem `package` als auch die zugehörigen Quelltexte finden kann.

Wenn `javadoc` dagegen mit den Namen einzelner Java-Quelldateien aufgerufen wird, müssen diese mit der jeweiligen Syntax für Dateinamen und mit der Endung `.java` angegeben werden.

## Optionen

`-classpath` *path*

Setzt den Suchpfad für die referenzierten Klassen und Quelldateien. Anders als beim Setzen der Umgebungsvariablen `CLASSPATH` werden die Systemverzeichnisse nicht automatisch an *path* angehängt.

519

`-d`  `directory`

Setzt das Verzeichnis, in das die erzeugten HTML-Dateien geschrieben werden. Die Voreinstellung ist das aktuelle Arbeitsverzeichnis.

`-verbose` Aktiviert detaillierte Statusmeldungen über den Verlauf der Übersetzung.

## Doc-Kommentare

Für die Formatierung eines Doc-Kommentars stehen zunächst alle üblichen HTML-Marken zur Verfügung, insbesondere `<PRE>` und `<TT>` für Programmbeispiele innerhalb des Kommentars, `<BR>` und `<P>` zur gezielten Formatierung und `<A href="...">` für eigene Hyperlinks. Strukturelle Marken wie `<H1>` oder `<HR>` sollten allerdings nicht verwendet werden, da sie die Formatierung der nachfolgenden Einträge für Variablen und Methoden beeinflussen.

Zusätzlich versteht `javadoc` einige spezielle zusätzliche Marken, die jeweils mit @ beginnen und an erster Stelle in ihrer Textzeile stehen müssen. Es ist üblich, diese Marken entsprechend zu sortieren, etwa alle **@param** Marken vor der **@return** Marke usw. Folgende `javadoc`-Marken sind bisher definiert:

`@see` `classname`
`@see` `full-classname`
`@see` `full-classname#method-name`    Fügt einen „`see also:` `classname`" Hinweis mit Hyperlink auf die Dokumentation der angegebenen Klasse `classname` oder der angegebenen Methode `method-name` in dieser Klasse in die Dokumention einer Klasse, Methode oder Variablen. Der Name kann entweder vollständig `full-classname` mit Package oder einfach als `classname` angegeben werden.

`@version` `text` Diese Marke darf nur vor der Definition einer Klasse angegeben werden und fügt einen Hinweis „Version:" `text` in die Dokumentation der Klasse ein.

`@author` `text` Diese Marke darf nur vor der Definition einer Klasse angegeben werden und fügt einen Hinweis „Author:" `text` in die Dokumentation der Klasse ein.

@param *param-name description* Diese Marke darf nur vor der Definition einer Methode angegeben werden und erzeugt einen Hinweis „Parameters:" *param-name description* zur Dokumentation ihrer Parameter.

@return *param-name description* Diese Marke darf nur vor der Definition einer Methode angegeben werden, um einen Hinweis auf den Rückgabewert der Methode zu erzeugen, „Returns:" [*param-name description*].

@exception *full-classname description* Diese Marke darf nur vor der Definition einer Methode angegeben werden, um einen „Throws:"-Hinweis für möglicherweise ausgelöste Ausnahmen zu erzeugen.

@deprecated Diese Marke weist ab JDK 1.1 auf eine veraltete Methode oder Klasse hin, die für Neuentwicklungen nicht mehr benutzt werden sollte.

### Umgebungsvariablen

CLASSPATH Siehe Seite 508

### Beispiel

Die folgenden Befehle erzeugen die Klassendokumentation für das gesamte Package javafig und eine weitere einzelne Datei export-ps.java im Verzeichnis C:\users\hendrich\java\src auf einem WINDOWS'95-System und schreiben die Dokumentation in das Verzeichnis C:\users\hendrich\java\classdoc:

```
borneo>cd /users/hendrich/java
borneo>javadoc -d classdoc javafig
borneo>javadoc -d classdoc export-ps.java
```

Anschließend kann man in der erzeugten Dokumentation mit einem WWW-Browser navigieren:

```
borneo>netscape file:///users/hendrich/
    java/classdoc/index.html
```

# javah — Anbindung von Java an C-Code

## Synopsis

```
javah [option] classname [classnames]
```

## Beschreibung

javah erzeugt die C-Headerdateien und C-Quelldateien mit den stubs für die Anbindung von Java-Klassen an C-Code. Die Verwendung von C-Code kann nötig sein, wenn bestimmte Funktionen (etwa direkte Hardwarezugriffe) nicht von Java aus möglich sind oder höchste Performanz gefordert ist.

Die von javah erzeugten Dateien enthalten die Definitionen für C struct Datenstrukturen, mit denen auf die Methoden und Variablen der Klasse classname zugegriffen werden kann.

Der Name der von javah erzeugten Headerdatei und der darin definierten Strukturen wird von classname abgeleitet, wobei der Name des Packages vorangestellt und Unterstriche _ zur Trennung der einzelnen Namensbestandteile verwendet werden.

## Optionen

-o outputfile Kombiniert die Header- oder Quelldateien für alle auf der Kommandozeile angegebenen Dateien in eine einzige Ausgabedatei outputfile. Als Voreinstellung erzeugt javah einzelne Ausgabedateien für jede Eingabedatei.

-d directory Setzt das Verzeichnis, in dem die Ausgabedatei(en) angelegt werden.

-td directory Setzt das Verzeichnis, in dem temporäre Datei(en) angelegt werden. Falls diese Option nicht angegeben wird, verwendet javah das durch die Umgebungsvariablen TEMP oder TMP eingestellte Verzeichnis.

-stubs Weist javah an, nicht nur die Headerdateien, sondern auch Quelldateien (Templates) zu erzeugen.

-verbose Aktiviert detaillierte Statusmeldungen.

-classpath *path* Setzt den Suchpfad für Java-Klassen, siehe
Seite 507.

**Umgebungsvariablen**

CLASSPATH Siehe Seite 508

**Beispiel**

Die folgenden Befehle erzeugen die C-Headerdateien und Code-
Templates zur Anbindung einer Klasse SerialIO.java an C-
Code, der in der Datei SerialIONative.c enthalten ist.

Im ersten Schritt wird die Java-Klasse compiliert. Anschließend werden mit javah eine C-Headerdatei SerialIO.h und die
Code-Templates SerialIO.c erzeugt:

```
borneo>javac SerialIO.java        // .class
borneo>javah SerialIO             // .h
borneo>javah -stubs SerialIO      // .c
```

Anschließend muß der native C-Code (in der Datei SerialIO-
Native.c) geschrieben, compiliert und in eine dynamische Link-
Bibliothek umgewandelt werden (siehe Abschnitt 13.3):

```
borneo>cc -c SerialIO.c
borneo>cc -c SerialIONative.c
borneo>ld -r SerialIO.o SerialIONative.o
            -o libSerialIO.so
```

Die Java-Klasse SerialIO muß diese Link-Bibliothek laden und
kann anschließend auf die nativen C-Funktionen zugreifen. Die
Details der Befehle zum Aufruf des Compilers und zum Binden
sowie zur Anwendung von dynamischen Link-Bibliotheken sind
natürlich systemabhängig. Die obigen Befehle gelten für SOLA-
RIS. Ein vollständiges makefile ist auf der CD-ROM (im Verzeichnis beispiele/kap13) enthalten.

# javap — Klassen-Disassembler

## Synopsis

```
javap [options] classnames
```

## Beschreibung

javap disassembliert den Java-Bytecode der mit classnames angegebenen Klassen. Ohne die -c Option erzeugt javap lediglich
eine Übersicht über die in den angegebenen Klassen deklarierten lokalen Variablen und Methoden. Mit der -c Option erzeugt
javap dagegen eine lesbare Darstellung des gesamten Bytecodes
dieser Klassen.

## Optionen

-l     Weist javap an, zusätzlich zu den public Variablen und
         Methoden auch eine Tabelle der lokalen Variablen und die
         zugehörigen Zeilennummern im Quellcode auszugeben.

         Die Information über die lokalen Variablen ist allerdings
         nur im Bytecode enthalten, falls bei der Übersetzung der
         Klassen mit javac die Debug-Option -g angegeben wurde.
         Entsprechend sind Zeilennummern nur enthalten, falls die
         Klasse nicht mittels -O optimiert wurde.

-p     Zusätzlich zu den public Feldern der Klassen werden auch
         alle als protected und private deklarierten Variablen und
         Methoden ausgegeben. Abhängig vom verwendeten Java-
         Compiler sind die Namen der private Variablen und Me-
         thoden aber möglicherweise „verschlüsselt", um so das Di-
         sassemblieren zu erschweren.

-c     Erzeugt ein vollständiges Listing des disassemblierten By-
         tecodes — die Befehle für die Java Virtual Machine — der
         angegebenen Klassen, inklusive der protected und pri-
         vate Methoden.

-classpath *path* Setzt den Suchpfad für Java-Klassen, siehe
    Seite 507.


**Umgebungsvariablen**

CLASSPATH Siehe Seite 508


**Beispiel**

Der Aufruf von javap ohne Optionen für die in Kapitel 11.4 auf
Seite 11.4 vorgestellte Klasse TCPServer ergibt das folgende Resultat:

```
borneo>javap TCPServer
Compiled from TCPServer.java
public class TCPServer extends java.lang.Thread {
    static final int DEFAULT_PORT = 4242;
    int serverPort;
    java.net.ServerSocket serverSocket;
    TCPServer(int);
    public void run();
    public static void main(java.lang.String []);
```

javap zeigt also alle öffentlich sichtbaren (nicht private) Methoden und Variablen an. Mittels javap -c TCPServer wird dagegen das vollständige Bytecode-Listing der angegebenen Klasse
ausgegeben. Hier ein Ausschnitt:

```
borneo>javap -c TCPServer
...
Method void main(java.lang.String [])
    0 sipush 4242
    3 istore_1
    4 aload_0
    5 arraylength
    6 iconst_1
    7 if_icmpne 28
   10 aload_0
   11 iconst_0
   12 aaload
...
```

# jdb — Der Java-Debugger

## Synopsis

```
jdb [java options] classname
jdb [-host hostname] -password password
```

## Beschreibung

jdb ist ein textbasierter und kommandozeilengesteuerter Debugger für Java-Klassen, der sich stark an die UNIX-Debugger dbx und gdb anlehnt. Ein graphischer Debugger steht im JDK noch nicht zur Verfügung.

jdb selbst ist ein Java-Programm und wird im java-Interpreter ausgeführt. Wenn jdb mit dem Namen einer Java-Klasse aufgerufen wird, startet jdb einen weiteren java-Interpreter für die Klasse classname mit den angegebenen java options. Dieser zweite java-Interpreter lädt die Klasse classname und wartet auf Befehle von jdb, bevor die Programmausführung von classname beginnt.

Wenn jdb dagegen mit dem -password und optional dem -host Argument aufgerufen wird, versucht jdb, ein bereits laufendes java-Programm — mit -host sogar auf einem fremden Rechner — zu kontrollieren. Dies ist nur möglich, wenn der bereits laufende java-Interpreter mit der -debug Option gestartet wurde. In diesem Fall gibt java ein Paßwort aus, das dann wiederum beim Aufruf von jdb als -password Argument angegeben werden muß.

Die folgende Liste enthält alle in jdb unterstützen Befehle:

?       Siehe help. Gibt eine Liste aller jdb Befehle aus.

!!      Wiederholt den letzten jdb Befehl. Zusätzlich kann weiterer Text angefügt werden.

catch [ exception class ] Nimmt die angegebene Exception in die Liste der von jdb abzufangenden Exceptions auf. Wenn anschließend diese Exception ausgelöst wird, stoppt jdb und setzt einen Breakpoint. Ohne die optionale Angabe einer *exception class* gibt jdb die derzeit abgefangenen Exceptions aus.

classes Gibt die Liste aller bereits geladenen Java-Klassen aus.

clear [ *class:line* ] Löscht den angegebenen Breakpoint. Ohne Angabe eines zu löschenden Breakpoints gibt jdb alle aktuell gesetzten Breakpoints aus.

cont Setzt die Ausführung eines an einem Breakpoint gestoppten Threads fort.

down [ *n* ] Siehe die Beschreibung von up. Wechselt im Stack des aktuellen Threads wieder um einen (bzw. n) Funktionen nach unten. Das ist natürlich nur möglich, falls die entsprechende Ebene des Stacks bereits existiert.

dump *IDs* Gibt die Werte alle Felder der mit *IDs* angegebenen Objekte aus. Für Klassen gibt dump alle Klassenfunktionen (static) und alle Variablen sowie die Basisklasse und die Liste der implementierten Interfaces aus.

Klassen können dazu entweder mit ihrem Namen (etwa java.lang.Thread oder nur Thread) oder der internen numerischen ID angegeben werden (zum Beispiel dump 0x12345678.myCache[3].foo).

exit Beendet jdb.

gc Ruft den Garbage-Collector auf.

help Gibt eine Liste aller jdb Befehle aus.

ignore *exception class* Dieser Befehl macht einen früheren catch Befehl rückgängig. Die angegebene Exception wird danach nicht mehr von jdb abgefangen.

list [ *line number* ] Gibt die mit *line number* ausgewählte Zeile sowie einige Zeilen davor und danach aus dem Quelltext der jeweils aktiven Klasse (auf dem Stack-Frame des aktiven Threads) aus. Ohne Angabe der Zeilennummer wird die aktuelle Programmzeile verwendet.

load *classname* Lädt die angegebene Klasse.

`locals` Gibt eine Liste aller lokalen Variablen auf dem aktiven Stack-Frame aus. Dies ist nur möglich, wenn die entsprechende Klasse mit der –g Option (Debug) übersetzt wurde.

`memory` Zeigt eine Übersicht über den Speicherbedarf des untersuchten Programms `classname`.

`methods` *class* Gibt eine Liste aller Methoden der angegebenen Klasse aus. Variablenwerte können mit `dump` angezeigt werden.

`print` *IDs* Gibt den Wert der angegebenen Variablen und Objekte aus. Für Objekte wird dazu die `toString()`-Methode aufgerufen.

`resume` [ *threads* ] Reaktiviert die mit *threads* angegebenden Threads. Wenn kein Parameter angegeben wird, werden alle `suspend` Threads wieder aufgenommen (siehe auch `suspend`).

`run` [ *class* ] [ *args* ] Führt die `main()`-Methode der angegebenden Klasse *class* mit Argumenten *args* aus. Wird `run` ohne Argumente angegeben, werden die beim Start von `jdb` übergebenen Argumente verwendet.

`step` Führt genau die aktuelle Zeile des aktiven Threads aus und hält sofort wieder an.

`stop` [ *at class:line* ]

`stop` [ *in class.method* ] Setzt einen Breakpoint an der angegebenen Zeile oder Methode in *class*. Wird `stop` ohne Argumente aufgerufen, gibt `jdb` alle gesetzten Breakpoints aus.

`suspend` *threads* Stoppt die angegebenen Threads *threads*. Wird `suspend` ohne Argumente angegeben, werden alle Threads (außer `jdb` selbst) angehalten. Die Threads können mit `resume` wieder gestartet werden.

`thread` *thread* Setzt *thread* als aktiven Thread, wobei *thread* als Name oder über die Nummer `t@`*thread-number* angegeben werden kann.

`threadgroup` *groupname*

> Setzt *groupname* als aktive `threadgroup`.

`threadgroups` Gibt eine Liste aller aktiven Threadgroups aus.

`threads [ threadsgroups ]` Gibt eine Liste aller Threads in der angegebenen Gruppe aus.

`up [ n ]` Wechselt im Stack des aktuellen Threads um einen (bzw. n) Funktionsaufrufe nach oben. Das ist nützlich, um sich die lokalen Variablen auf der entsprechenden Stufe des Stacks anzusehen (siehe auch die Beschreibung von `down`).

`use [ source-path ]` Setzt den Suchpfad, unter dem `jdb` nach den Quelltexten für geladene Klassen sucht. Ohne Argument wird der aktive Suchpfad ausgegeben.

> Häufig werden die Java-Quelltexte und die compilierten Klassen im selben Verzeichnis gespeichert, so daß die Einstellung aus `CLASSPATH` bereits ausreicht.

`where [ thread ] [ all ]` Gibt den Zustand des Stacks für den angegebenen Thread (oder mit dem `all` Argument für alle Threads) aus.

`quit` Beendet `jdb`.

## Optionen

`-host` *hostname* Gibt den Rechner an, auf dem der zu untersuchende `java`-Prozeß bereits läuft.

`-password` *password* Diese Option wird benutzt, um `jdb` an einen bereits laufenden `java`-Prozeß anzubinden. Dieser `java`-Prozeß muß mit der `-debug` Option gestartet worden sein, und das von `java` erzeugt Paßwort muß beim Start von `jdb` als *password* angegeben werden. Die Sicherheit dieses Paßwortmechanismus ist nicht besonders hoch.

# jar — verwaltet Java-Archive

## Synopsis

```
jar [options] [filenames]
```

## Beschreibung

*Ab JDK 1.1*

`jar` ist eine allgemein verwendbare Applikation zur Erzeugung und Verwaltung von JAR-Archiven (*Java ARchive* Dateien). Ein JAR-Archiv komprimiert und vereinigt beliebig viele andere Dateien mitsamt ihrer Verzeichnisstruktur in einer einzelnen Datei. Das JAR-Datenformat erweitert das zugrundeliegende `zip` und `zlib`-Format um die Möglichkeit, die enthaltenen Dateien mit digitalen Signaturen zu versehen.

Die Hauptaufgabe von `jar` ist das Zusammenfassen aller zu einem Applet oder einer Applikation zugehörigen Dateien (neben den Java-Klassen auch die jeweiligen Ressourcen wie Icons oder Konfigurationsdateien) in ein einziges JAR-Archiv. Dies ermöglicht die Übertragung aller für ein Applet benötigten Dateien in einer einzigen HTTP-Transaktion (siehe den `archives`-Parameter im Applet-Tag auf Seite 501). Der Zeitbedarf zum Download eines Applets zum Browser wird damit gegenüber dem bisher nötigen Aufbau einer eigenen HTTP-Verbindung für jede einzelne Java-Klasse und jede weitere Datei drastisch reduziert. Da `jar` die Archivdateien zusätzlich auch komprimiert, wird der Zeitbedarf zum Download der Klassen weiter verringert.

Da `jar` in Java geschrieben ist, können JAR-Archive auf allen Plattformen gelesen und geschrieben werden, auf denen ein Java-Interpreter zur Verfügung steht. Sie eignen sich damit auch zum Datenaustausch zwischen verschiedenen Systemen.

## Optionen

c    Erzeugt ein neues Archiv („create") und gibt dieses an die Standardausgabe `stdout` aus.

t    Gibt das Inhaltsverzeichnis des Archivs an die Standard-
     ausgabe `stdout` aus.

x *[filenames]* Extrahiert („extract") alle oder nur die mit den
     Dateinamen `filenames` angegebenen Dateien aus dem Ar-
     chiv, das über die Standardeingabe `stdin` gelesen wird.
     Ohne Angabe von Dateinamen werden alle im Archiv ent-
     haltenen Dateien extrahiert.

     Wenn ein Dateiname aus `filenames` ein Verzeichnis be-
     zeichnet, werden rekursiv alle Dateien und Unterverzeich-
     nisse in diesem Verzeichnis ebenfalls bearbeitet.

v    Diese Option meldet ausführliche („verbose") Statusmel-
     dungen an die Fehlerausgabe `stderr`.

f *archivname* Wenn dieses Argument auf die c, t oder x Optio-
     nen folgt, wird über `archivname` der Dateiname des anstel-
     le von `stdout` oder `stdin` zu bearbeitenden JAR-Archivs
     angegeben („file").

m *manifestfile* Nimmt zusätzliche „Manifest-Informationen"
     (digitale Signaturen) aus der Datei `manifestfile` in das
     JAR-Archiv auf.

Die Syntax zum Aufruf von `jar` entspricht weitgehend den einfachen Optionen des Unix-Kommandos `tar`. Durch die Verwendung der Standardeingabe- und ausgabe ist es unter Unix möglich, `jar`-Aufrufe mit anderen Programmen zu kombinieren.

**Beispiel**

Der folgende Aufruf von `jar` erzeugt ein neues JAR-Archiv mit
Namen `server.jar` und nimmt die Dateien `Server.class` und
`ToUpper.class` in das Archiv auf:

```
borneo>jar cf server.jar Server.class ToUpper.class
borneo>
```

Durch Angabe eines „*" werden unter Unix oder DOS alle im
aktuellen Verzeichnis befindlichen Dateien (inklusive Unterverzeichnisse) in das Archiv aufgenommen. Mit der v-Option gibt
`jar` ein Protokoll des Programmablauf aus:

531

```
borneo>ls
audio classes images
borneo>jar cvf animator.jar *
adding: audio/0.au
adding: audio/1.au
adding: audio/2.au
adding: classes/Animator.class
adding: classes/ParseException.class
adding: images/cupHotjava.gif
adding: images/Hamburg.jpg
borneo>ls
animator.jar audio classes images
```

Der Inhalt des Archivs wird mit der t-Option angezeigt, auf Wunsch durch zusätzliches Angeben der v-Option auch mit Details:

```
borneo>jar tf animator.jar
META-INF/MANIFEST.MF
audio/0.au
audio/1.au
audio/2.au
classes/Animator.class
classes/ParseException.class
images/cupHotjava.gif
images/Hamburg.jpg
borneo>jar tvf animator.jar
  941 Fri Dec 20 16:43:56 1996 META-INF/MANIFEST.MF
 1010 Fri Dec 20 16:42:42 1996 audio/0.au
  946 Fri Dec 20 16:42:42 1996 audio/1.au
 1039 Fri Dec 20 16:42:42 1996 audio/2.au
  ...
borneo>
```

Mit der x-Option werden einzelne (oder alle) Dateien aus dem Archiv extrahiert. Noch nicht vorhandene Unterverzeichnisse werden automatisch erzeugt:

```
borneo>ls
animator.jar
borneo>jar xvf animator.jar classes
extracted: classes/Animator.class, 16322 bytes
extracted: classes/ParseException.class, 304 bytes
borneo>ls
animator.jar classes
```

## Manifest-Dateien und digitale Signaturen

Die Datei META-INF/MANIFEST.MF wird von jar automatisch erzeugt und an erster Stelle im Archiv gespeichert. Eine vorhandene Datei mit dem Namen META-INF/MANIFEST.MF kann daher nicht in ein JAR-Archiv aufgenommen werden.

Diese „Manifest"-Datei enthält Meta-Information über die anderen Dateien im Archiv, insbesondere die eventuell vorhandenen digitalen Signaturen für die „normalen" Einträge im Archiv. Mit der Option -m manifestfile kann zusätzliche Information aus einer Datei mainfestfile in die Manifest-Datei aufgenommen werden.

Für das im letzten Beispiel erzeugte Archiv animator.jar enthält die Datei META-INF/MANIFEST.MF unter anderem die folgenden Hashwerte (Checksummen) für die im Archiv enthaltenen Dateien audio/0.au und audio.1.au:

```
borneo>more MANIFEST.MF
Manifest-Version: 1.0

Name: audio/0.au
Hash-Algorithms: MD5 SHA
MD5-Hash: i9PjDmfbyfI4nXclh1eW3g==
SHA-Hash: wEnK1NdntoxZBHe31xUTbSgSaK4=

Name: audio/1.au
Hash-Algorithms: MD5 SHA
MD5-Hash: PkO6pbFJtsJr7vXi37jyPw==
SHA-Hash: Xrs2hy+A9E1MIxW1Yqly9dGpdqA=
...
```

Die eigentlichen digitalen Signaturen werden in weiteren Dateien *.SF im Verzeichnis META-INF im Archiv gespeichert, je eine Datei pro „Unterzeichner". Diese Signatur-Dateien sind ähnlich aufgebaut wie die Datei MANIFEST.MF und zählen alle zu einem Unterzeichner gehörigen Dateien mit ihren Soll-Checksummen auf.

Eine Datei a.class im Archiv gilt nur dann als authentisch, wenn sowohl die Checksummen aus MANIFEST.MF und der zugehörigen Signatur-Datei (xxx.SF) als auch die mit den eigentlichen Daten aus a.class und dem öffentlichen Schlüssel des Unterzeichners berechnete Checksumme alle übereinstimmen.

# javakey — digitale Signaturen

## Synopsis

```
javakey [options]
```

## Beschreibung

*Ab JDK 1.1*
`javakey` ist eine kommandozeilenbasierte Java-Applikation zur Erzeugung und Verwaltung von digitalen Signaturen für Java-Archive mit „public-key" Kryptoverfahren. Eine digitale Signatur („digitale Unterschrift") garantiert, daß eine bestimmte Datei tatsächlich vom Unterzeichner stammt und später nicht modifiziert wurde.

Jeder Unterzeichner benötigt für die von `javakey` unterstützten Verfahren ein Paar aus einem privaten und einem öffentlichen Schlüssel. Deshalb dient `javakey` auch dazu, eine persistente Datenbank mit Unterzeichnern, ihren Schlüsseln und Zertifikaten aufzubauen und zu aktualisieren.

Eine *digitale Signatur* besteht aus einer Checksumme für die jeweilige Datei, die nur vom Unterzeichner selbst mit seinem privaten Schlüssel berechnet werden kann. Der Anwender dieser Datei kann jederzeit mit dem öffentlichen Schlüssel des Unterzeichners prüfen, ob die Checksumme stimmt und die Datei daher authentisch ist. Die Korrektheit des öffentlichen Schlüssels selbst wird mit einem oder mehreren sogenannten „Zertifikaten" von einer unabhängigen Organisation garantiert. Damit wird verhindert, daß zusammen mit einer gefälschten Datei auch ein gefälschter (und passender) öffentlicher Schlüssel verbreitet wird. Bislang gelten diese public-key Verschlüsselungsalgorithmen als ausgesprochen sicher.

**Identitäten** („Identities") sind Personen, Firmen oder Organisationen, die über einen öffentlichen Schlüssel verfügen, der möglicherweise von einem oder mehreren Zertifikaten authentisiert wird.

**Unterzeichner** („Signer") sind Identitäten, die zusätzlich zu einem öffentlichen Schlüssel auch über einen zugehörigen privaten Schlüssel verfügen. Nur private Schlüssel können eingesetzt werden, um digitale Signaturen zu berechnen. `javakey` fordert außerdem, daß jeder Unterzeichner mindestens ein unabhängiges Zertifikat für seinen öffentlichen Schlüssel besitzt.

**Zertifikate** („certificates") werden von unabhängigen Organisationen ausgestellt, um die Korrektheit von öffentlichen Schlüsseln zu bestätigen.

Neben dem Import und der Verwendung bereits existierender Schlüssel vermag `javakey` auch, neue private/public Schlüsselpaare zu generieren. Auch Zertifikate können mit `javakey` importiert oder neu erzeugt werden.

In JDK 1.1 kann der Anwender (bzw. Systemverwalter) für jede Identität getrennt einstellen, ob er ihr vertrauen will — sowohl der Echtheit ihrer öffentlichen Schlüssel als auch der Qualität ihrer Software. Digital unterzeichnete Applets oder Applikationen von vertrauenswürdigen Identitäten werden mit vollen Rechten ausgeführt, während andere Applets weiterhin über keinerlei Rechte (siehe Abschnitt 10.3 ab Seite 423) verfügen. Für spätere Java-Versionen wird eine feinere Abstufung dieser Sicherheitsstufen erwogen.

## Optionen

-c `identity` [true|false] Erzeugt eine neue Identität mit Namen *identity* in der `javakey` Datenbank. Mit dem Flag kann eingestellt werden, ob die neue Identität vertrauenswürdig ist. Der Defaultwert ist `false`.

-cs `signer` [true|false] Erzeugt einen neuen Unterzeichner mit Namen *signer* in der `javakey` Datenbank. Mit dem Flag kann eingestellt werden, ob die neue Identität vertrauenswürdig ist. Der Defaultwert ist `false`.

-t `idOrSigner` true|false Setzt für *idOrSigner* (Unterzeichner bzw. Identität), ob ihr in Zukunft vertraut werden soll.

-l Gibt alle in der `javakey` Datenbank vorhandenen Namen (Identitäten/Unterzeichner) aus.

`-ld`   Wie `-l`, aber mit allen Details.

`-li` *idOrSigner* Gibt Information über den Namen *idOrSigner* aus.

`-r` *idOrSigner* Entfernt den Eintrag über *idOrSigner* aus der javakey Datenbank.

`-ik identity keysrcfile`

Importiert einen öffentlichen Schlüssel im X.509-Format aus der Datei *keysrcfile* für die Identität *identity*.

`-ikp signer pubfile privfile`

Importiert ein Schlüsselpaar im X.509-Format für den Unterzeichner *signer*. Der öffentliche Schlüssel steht in der Datei *pubfile*, der private in *privfile*.

`-ic idOrSigner certfile`

Import ein Zertifikat im X.509-Format für den öffentlichen Schlüssel von *idOrSigner* aus der Datei *certfile*. Falls mehrere Zertifikate für *idOrSigner* vorliegen, überprüft javakey diese auf Konsistenz.

`-ii` *idOrSigner* Interaktive Eingabe aller von javakey benötigten Informationen für einen Unterzeichner oder eine Identität. javakey fordert solange neue Eingabezeilen, bis alle Informationen vorhanden sind.

`-gk signer algorithm keysize [pubfile][privfile]`

Erzeugt ein Schlüsselpaar (einen privaten und den zugehörigen öffentlichen Schlüssel) für den Unterzeichner *signer* mit dem Algorithmus *algorithm* und einer Länge von *keysize* Bits (zwischen 512 und 1024). Falls *pubfile* oder sogar *privfile* angegeben werden, speichert javakey die generierten Schlüssel zusätzlich in diesen Dateien ab. Das Abspeichern des privaten Schlüssels in einer Datei sollte nur mit äußerster Vorsicht erfolgen: wenn der private Schlüssel für andere zugänglich ist, können diese Nachrichten unter dem Namen von *signer* fälschen.

Bisher unterstützt javakey nur den DSA-Algorithmus. Trotzdem muß DSA auf der Kommandozeile als Name für den Algorithmus angegeben werden.

-g `signer algorithm keysize [pubfile][privfile]`
   Abkürzung für -gk

-gc `cmdfile` Erzeugt ein Zertifikat aus den Angaben in `cmd-
   file`.

-dc `certfile` Zeigt das Zertifikat aus der Datei `certfile` an.

-s `cmdfile jarfile` Signiert das JAR-Archiv `jarfile` entsprechend der Angaben aus `cmdfile`. Der Suffix des signierten
   Archivs ist `.sig`.


**Beispiele**

Die folgenden Aufrufe erzeugen erst eine neue Identität mit Namen `jane` und dann einen Unterzeichner mit Namen `joe`. Beide
gelten als vertrauenswürdig:

```
javakey -c jane true
javakey -cs joe true
```

Falls der öffentliche Schlüssel von `jane` im X.509-Format in der
Datei /tmp/`jane_pubkey` vorliegt, kann er mit dem folgenden Befehl in die `javakey` Datenbank importiert werden:

```
javakey -ik jane /tmp/jane_pubkey
```

Entsprechend könnten der öffentliche und der private Schlüssel
für `joe` aus den Dateien /tmp/`joe_pubkey` und /tmp/`joe_privkey`
importiert werden:

```
javakey -ikp joe /tmp/joe_pubkey /tmp/joe_privkey
```

Zum Erzeugen eines neuen Schlüsselpaars für den Unterzeichner
`john` dient die -gk-Option. Der folgende Aufruf erzeugt Schlüssel mit 512 Bit Länge für den DSA-Algorithmus und speichert
den öffentlichen Schlüssel in der Datei /tmp/`john_pubkey`:

```
javakey -gk john DSA 512 /tmp/john_pubkey
```

Bevor john Dateien signieren darf, muß sein öffentlicher Schlüssel noch mit einem Zertifikat authentisiert werden. Dazu muß eine Datei mit den entsprechenden Anweisungen geschrieben werden, die dann mit der -gc-Option importiert wird:

```
javakey -gc /tmp/johnCertCmdFile
```

Ein Beispiel für die Datei /tmp/johnCertCmdFile:

```
# CN: common name, OU: organizational unit,
# O: organization, C: country
# Wer schreibt das Zertifikat?
issuerName=hendrich
issuerCN=Norman Hendrich
issuerOU=Fachbereich Informatik
issuerO=Universitaet Hamburg
issuerC=Germany
# Wessen public key wird zertifiziert?
subjectName=john
subjectCN=John Wayne
subjectOU= ...
# Gültigkeitsdauer, eindeutige 'Seriennummer'
startDate=1 Apr 1997
endDate=1 Apr 1997
serial=124
```

Der folgende Aufruf erzeugt aus dem JAR-Archiv animator.jar das entsprechend der Befehle aus der Datei /tmp/cmdfile signierte JAR-Archiv animator.sig:

```
borneo>javakey -s /tmp/cmdfile animator.jar
borneo>ls
animator.jar animator.sig cmdfile
```

Ein Beispiel für den Inhalt der Datei /tmp/cmdfile:

```
# Wer unterschreibt? Name aus der javakey-Datenbank
signer=john
# Welches Zertifikat für john? (laufende Nummer)
cert=1
# Zertifikat-Kette - in JDK1.1beta nicht unterstützt
chain=0
# Name für die Signatur-Datei(en) im JAR-Archiv,
# mit <= 8 Zeichen, Großbuchstaben. Das Beispiel
# erzeugt META-INF/JOHNSIGN.SF META-INF/JOHNSIGN.DSA
# im Archiv:
signature.file=JOHNSIGN
```

# Überblick über die Java-Grammatik

Diese Übersicht über die Java-Grammatik ist als Hilfe gedacht, um das Verständnis zu erleichtern, ersetzt jedoch nicht die exakte Sprachdefinition aus [SUN-96]. Insbesondere definiert die folgende Grammatik eine Obermenge der zulässigen Java-Konstrukte. Um sinnlose, jedoch syntaktisch korrekte Konstrukte auszuschließen, müssen zusätzlich die Regeln zur Auflösung von Mehrdeutigkeiten und zu Typumwandlungen beachtet werden.

Die Grammatik verwendet eine LALR-1 Darstellung, wie sie als Eingabe für den Compilergenerator `yacc` dienen kann. Dabei sind Terminalsymbole mit `dieser Schriftart` gekennzeichnet, Nichtterminale mit *dieser Schriftart* und optionale Symbole mit dem Suffix $_{opt}$.

## C.1  Lexikalische Struktur

*Escaped Input Character:*
    *UnicodeEscape*
    *RawInputCharacter*

*UnicodeEscape:*
    \ u  *HexDigit*
    \ u  *HexDigit HexDigit*
    \ u  *HexDigit HexDigit HexDigit*
    \ u  *HexDigit HexDigit HexDigit HexDigit*

*RawInputCharacter:*
    *Any Unicode Character*

*HexDigit:* one of

539

0 1 2 3 4 5 6 7 8 9 0 a b c d e f A B C D E F

*LineTerminator:*
    CF
    LF
    CR LF

*InputCharacter:*
    *EscapedInputCharacter*, but nor CR and not LF

*Input:*
    *InputElements*$_{opt}$

*InputElements:*
    *InputElement*
    *InputElements InputElement*

*InputElement:*
    *Comment*
    *WhiteSpace*
    *Token*

*WhiteSpace:* one of
    SP HT FF *LineTerminator*

*Token:*
    *Keyword*
    *Identifier*
    *Literal*
    *Separator*
    *Operator*

*Comment:*
    / * *TraditionalCommentTail*
    / * * *DocCommentTail*
    / / *CharactersInLine*$_{opt}$*LineTerminator*

*TraditionalCommentTail:*
    * /
    *InputCharacter TraditionCommentTail*
    *LineTerminator TraditionalCommentTail*

*DocCommentTail:*
    /
    *InputCharacter TraditionalCommntTail*
    *LineTerminator TraditionalCommentTail*
    *TraditionalCommentTail*

*CharactersInLine:*
    *InputCharacter*
    *CharactersInLine InputCharacter*

*Keyword:*
    siehe die Liste der Schlüsselwörter in Anhang C auf Seite 553

*Identifier:*
    *UnicodeLetter*
    *Identifier UnicodeLetter*
    *Identifier UnicodeDigit*

*Literal:* one of
    *IntegerLiteral FloatingPointLiteral BooleanLiteral*
    *CharacterLiteral StringLiteral NullLiteral*

*IntegerLiteral:*
    *DecimalLiteral IntegerTypeSuffix$_{opt}$*
    *HexLiteral IntegerTypeSuffix$_{opt}$*
    *OctalLiteral IntegerTypeSuffix$_{opt}$*

*DecimalLiteral:*
    *NonZeroDigit Digits$_{opt}$*

*Digits:*
    *Digit*
    *Digits Digit*

*Digit:*
    0
    *NonZeroDigit*

*NonZeroDigit:* one of
    1 2 3 4 5 6 7 8 9

*HexLiteral:*
    0x *HexDigit*
    0X *HexDigit*
    *HexLiteral HexDigit*

*OctalLiteral:*
    0
    *OctalLiteral OctalDigit*

*OctalDigit:* one of
    0 1 2 3 4 5 6 7

*OneToThree:* one of
    0 1 2 3

*FloatingPointLiteral:*
    *Digits . Digits$_{opt}$ ExponentPart$_{opt}$ FloatTypeSuffix$_{opt}$*
    *. Digits ExponentPart$_{opt}$ FloatTypeSuffix$_{opt}$*
    *Digits ExponentPart FloatTypeSuffix$_{opt}$*

*ExponentPart:*
    *ExponentIndicator SignedInteger$_{opt}$*

*ExponentIndicator:* one of
  e  E

*SignedInteger:*
  Sign<sub>opt</sub> *Digits*

*Sign:* one of
  +  −

*FloatTypeSuffix:* one of
  f  F  d  D

*BooleanLiteral:*
  true
  false

*CharacterLiteral:*
  ’  *SingleCharacter*  ’
  ’  *Escape*  ’

*SingleCharacter:*
  *InputCharacter* (aber nicht  ’  \  )

*Escape:* one of
    \n \t \b \r \f \\ \’ \"
  *OctalEscape*

*OctalEscape:*
    \  *OctalDigit*
    \  *OctalDigit OctalDigit*
    \  *ZeroToThree OctalDigit OctalDigit*

*StringLiteral:*
  "  *StringCharacters* "

*StringCharacters:*
  *StringCharacter*
  *StringCharacters StringCharacter*

*StringCharacter:*
  *InputCharacter,* aber nicht "
  *Escape*

*NullLiteral:*
  null

*Separator:* one of
  (  )  {  }  [  ]  ;  ,  .

*Operator:* one of
    =  >  <  !  ~  ?  :
    == <= >= || && ++ --
    +  -  *  /  &  |  ^  %  << >>  >>>
    += -= *= /= &= |= ^= %= <<= >>= >>>=

## C.2 Typen und Namen

*Literal:*
> *IntegerLiteral*
> *FloatingPointLiteral*
> *BooleanLiteral*
> *CharacterLiteral*
> *StringLiteral*
> *NullLiteral*

*Type:*
> *PrimitiveType*
> *ReferenceType*

*PrimitiveType:*
> *NumericType*
> `boolean`

*NumericType:*
> *IntegralType*
> *FloatingPointType*

*IntegralType:* one of
> `byte short int long char`

*FloatingPointType:* one of
> `float double`

*ReferenceType:*
> *ClassOrInterfaceType*
> *ArrayType*

*ClassOrInterfaceType:*
> *Name*

*ClassType:*
> *ClassOrInterfaceType*

*InterfaceType:*
> *ClassOrInterfaceType*

*ArrayType:*
> *PrimitiveType* [ ]
> *Name* [ ]
> *ArrayType* [ ]

*Name:*
> *SimpleName*
> *QualifiedName*

*SimpleName:*
> *Identifier*

*QualifiedName:*
    *Name . Identifier*

## C.3  Programmstruktur

*CompilationUnit:*
    *PackageDeclaration*$_{opt}$ *ImportDeclarations*$_{opt}$ *TypeDeclarations*$_{opt}$

*ImportDeclarations:*
    *ImportDeclaration*
    *ImportDeclarations ImportDeclaration*

*TypeDeclarations:*
    *TypeDeclaration*
    *TypeDeclarations TypeDeclaration*

*PackageDeclaration:*
    `package` *Name* `;`

*ImportDeclaration:*
    *SingleTypeImportDeclaration*
    *TypeImportOnDemandDeclaration*

*SingleTypeImportDeclaration:*
    `import` *Name* `;`

*TypeImportOnDemandDeclaration:*
    `import` *Name* `.` `*` `;`

*TypeDeclaration:*
    *ClassDeclaration*
    *InterfaceDeclaration*
    `;`

*Modifiers:*
    *Modifier*
    *Modifiers Modifier*

*Modifier:* one of
    `public protected private`
    `static`
    `abstract final native synchronized`
    `transient volatile`

*ClassDeclaration:*
    *Modifiers*$_{opt}$ `class` *Identifier Super*$_{opt}$
        *Interfaces*$_{opt}$ *ClassBody*

*Super:*
    `extends`  *ClassType*

*Interfaces:*
    implements *InterfaceTypeList*

*InterfaceTypeList:*
    *InterfaceType*
    *InterfaceTypeList* , *InterfaceType*

*ClassBody:*
    { *ClassBodyDeclarations*$_{opt}$ }

*ClassBodyDeclarations:*
    *ClassBodyDeclaration*
    *ClassBodyDeclarations ClassBodyDeclaration*

*ClassBodyDeclaration:*
    *ClassMemberDeclaration*
    *StaticInitializer*
    *ConstructorDeclaration*

*ClassMemberDeclaration:*
    *FieldDeclaration*
    *MethodDeclaration*

*FieldDeclaration*
    *Modifiers*$_{opt}$ *Type VariableDeclarators* ;

*VariableDeclarators:*
    *VariableDeclarator*
    *VariableDeclarators* , *VariableDeclarator*

*VariableDeclarator:*
    *VariableDeclaratorId*
    *VariableDeclaratorId* = *VariableInitializer*

*VariableDeclaratorId:*
    *Identifier*
    *VariableDeclaratorId* [ ]

*VariableInitializer:*
    *Expression*
    *ArrayInitializer*

*MethodDeclaration:*
    *MethodHeader MethodBody*

*MethodHeader:*
    *Modifiers*$_{opt}$ *Type MethodDeclarator Throws*$_{opt}$
    *Modifiers*$_{opt}$ void *MethodDeclarator Throws*$_{opt}$

*MethodDeclarator:*
    *Identifier* ( *FormalParameterList*$_{opt}$ )
    *MethodDeclarator* [ ]

545

*FormalParameterList:*
    *FormalParameter*
    *FormalParameterList* , *FormalParameter*

*FormalParameter:*
    *Type VariableDeclaratorId*

*Throws:*
    `throws` *ClassTypeList*

*ClassTypeList:*
    *ClassType*
    *ClassTypeList* , *ClassType*

*MethodBody:*
    *Block*
    ;

*StaticInitializer:*
    `static` *Block*

*ConstructorDeclaration:*
    *Modifiers*$_{opt}$ *ConstructorDeclarator Throws*$_{opt}$ *ConstructorBody*

*ConstructorDeclarator:*
    *SimpleName* ( *FormalParameterList*$_{opt}$ )

*ConstructorBody:*
    { *ExplicitConstructorInvocation*$_{opt}$*BlockStatements*$_{opt}$ }

*ExplicitConstructorInvocation:*
    `this` ( *ArgumentList*$_{opt}$ ) ;
    `super` ( *ArgumentList*$_{opt}$ ) ;

*InterfaceDeclaration:*
    *Modifiers*$_{opt}$ `interface` *Identifier*
        *ExtendsInterfaces*$_{opt}$*InterfaceBody*

*ExtendsInterfaces:*
    `extends` *InterfaceType*
    *ExtendsInterfaces* , *InterfaceType*

*InterfaceBody:*
    { *InterfaceMemberDeclarations*$_{opt}$ }

*InterfaceMemberDeclarations:*
    *InterfaceMemberDeclaration*
    *InterfaceMemberDeclarations InterfaceMemberDeclaration*

*InterfaceMemberDeclaration:*
    *ConstantDeclaration*
    *AbstractMethodDeclaration*

*ConstantDeclaration:*
    *FieldDeclaration*

*AbstractMethodDeclaration:*
    *MethodHeader* ;

*ArrayInitializer:*
    { *VariableInitializers*$_{opt}$ ,$_{opt}$ }

*VariableInitializers:*
    *VariableInitializer*
    *VariableInitializers* , *VariableInitializer*


## C.4 Blöcke und Anweisungen

*Block:*
    { *BlockStatements*$_{opt}$ }

*BlockStatements:*
    *BlockStatement*
    *BlockStatements BlockStatement*

*BlockStatement:*
    *LocalVariableDeclarationStatement*
    *Statement*

*LocalVariableDeclarationStatement:*
    *LocalVariableDeclaration* ;

*LocalVariableDeclaration:*
    *Type VariableDeclarators*

*Statement:*
    *StatementWithoutTrailingSubstatement*
    *LabeledStatement*
    *IfThenStatement*
    *IfThenElseStatement*
    *WhileStatement*
    *ForStatement*

*StatementNoShortIf:*
    *StatementWithoutTrailingSubstatement*
    *LabeledStatementNoShortIf*
    *IfThenElseStatementNoShortIf*
    *WhileStatementNoShortIf*
    *ForStatementNoShortIf*

*StatementWithoutTrailingSubstatement:*
    *Block*
    *EmptyStatement*
    *ExpressionStatement*
    *SwitchStatement*

547

    *DoStatement*
    *BreakStatement*
    *ContinueStatement*
    *ReturnStatement*
    *SynchronizedStatement*
    *ThrowStatement*
    *TryStatement*

*EmptyStatement:*
    ;

*LabeledStatement:*
    *Identifier* : *Statement*

*LabeledStatementNoShortIf:*
    *Identifier* : *StatementNoShortIf*

*ExpressionStatement:*
    *StatementExpression* ;

*StatementExpression:*
    *Assignment*
    *PreIncrementExpression*
    *PreDecrementExpression*
    *PostIncrementExpression*
    *PostDecrementExpression*
    *MethodInvocation*
    *ClassInstanceCreationExpression*

*IfThenStatement:*
    if ( *Expression* ) *Statement*

*IfThenElseStatement:*
    if ( *Expression* ) *StatementNoShortIf*
        else *Statement*

*IfThenElseStatementNoShortIf:*
    if ( *Expression* ) *StatementNoShortIf*
        else *StatementNoShortIf*

*SwitchStatement:*
    switch ( *Expression* ) *SwitchBlock*

*SwitchBlock:*
    { *SwitchBlockStatementGroups*$_{opt}$ *SwitchLabels*$_{opt}$ }

*SwitchBlockStatementGroups:*
    *SwitchBlockStatementGroup*
    *SwitchBlockStatementGroups SwitchBlockStatementGroup*

*SwitchBlockStatementGroup:*
    *SwitchLabels BlockStatements*

*SwitchLabels:*
    *SwitchLabel*
    *SwitchLabels SwitchLabel*

*SwitchLabel:*
    `case` *ConstantExpression* :
    `default` :

*WhileStatement:*
    `while` ( *Expression* ) *Statement*

*WhileStatementNoShortIf:*
    `while` ( *Expression* ) *StatementNoShortIf*

*DoStatement:*
    `do` *Statement* `while` ( *Expression* ) ; .

*ForStatement:*
    `for` ( *ForInit*$_{opt}$ ; *Expression*$_{opt}$ ; *ForUpdate*$_{opt}$ )
        *Statement*

*ForStatementNoShortIf:*
    `for` ( *ForInit*$_{opt}$ ; *Expression*$_{opt}$ ; *ForUpdate*$_{opt}$ )
        *StatementNoShortIf*

*ForInit:*
    *StatementExpressionList*
    *LocalVariableDeclaration*

*ForUpdate:*
    *StatementExpressionList*

*StatementExpressionList:*
    *StatementExpression*
    *StatementExpressionList* , *StatementExpression*

*BreakStatement:*
    `break` *Identifier*$_{opt}$ ;

*ContinueStatement:*
    `continue` *Identifier*$_{opt}$ ;

*ReturnStatement:*
    `return` *Expression*$_{opt}$ ;

*ThrowStatement:*
    `throw` *Expression* ;

*SynchronizedStatement:*
    `synchronized` ( *Expression* ) *Block*

*TryStatement:*
    `try` *Block Catches*
    `try` *Block Catches*$_{opt}$ *Finally*

*Catches:*
    *CatchClause*
    *Catches CatchClause*

*CatchClause:*
    `catch` ( *FormalParameter* ) *Block*

*Finally:*
    `finally` *Block*

## C.5 Ausdrücke

*Primary:*
    *PrimaryNoNewArray*
    *ArrayCreationExpression*

*PrimaryNoNewArray:*
    *Literal*
    `this`
    ( *Expression* )
    *ClassInstanceCreationExpression*
    *FieldAccess*
    *MethodInvocation*
    *ArrayAccess*

*ClassInstanceCreationExpression:*
    `new` *ClassType* ( *ArgumentList*$_{opt}$ )

*ArgumentList:*
    *Expression*
    *ArgumentList* , *Expression*

*ArrayCreationExpression:*
    `new` *PrimitiveType DimExprs Dims*$_{opt}$
    `new` *ClassOrInterfaceType DimExprs Dims*$_{opt}$

*DimExprs:*
    *DimExpr*
    *DimExprs DimExpr*

*DimExpr:*
    [ *Expression* ]

*Dims:*
    `[ ]`
    *Dims* `[ ]`

*FieldAccess:*
    *Primary* . *Identifier*
    `super` . *Identifier*

*MethodInvocation:*
>      *Name* ( *ArgumentList*$_{opt}$ )
>      *Primary* . *Identifier* ( *ArgumentList*$_{opt}$ )
>      super . *Identifier* ( *ArgumentList*$_{opt}$ )

*ArrayAccess:*
>      *Name* [ *Expression* ]
>      *PrimaryNoNewArray* [ *Expression* ]

*PostfixExpression:*
>      *Primary*
>      *Name*
>      *PostIncrementExpression*
>      *PostDecrementExpression*

*PostIncrementExpression:*
>      *PostfixExpression* ++

*PostDecrementExpression:*
>      *PostfixExpression* --

*UnaryExpression:*
>      *PreIncrementExpression*
>      *PreDecrementExpression*
>      + *UnaryExpression*
>      - *UnaryExpression*
>      *UnaryExpressionNotPlusMinus*

*PreIncrementExpression:*
>      ++ *UnaryExpression*

*PreDecrementExpression:*
>      -- *UnaryExpression*

*UnaryExpressionNotPlusMinus:*
>      *PostfixExpression*
>      ~ *UnaryExpression*
>      ! *UnaryExpression*
>      *CastExpression*

*CastExpression:*
>      ( *PrimitiveType Dims*$_{opt}$ ) *UnaryExpression*
>      ( *Expression* ) *UnaryExpressionNotPlusMinus*
>      ( *Name Dims* ) *UnaryExpressionNotPlusMinus*

*MultiplicativeExpression:*
>      *UnaryExpression*
>      *MultiplicativeExpression* * *UnaryExpression*
>      *MultiplicativeExpression* / *UnaryExpression*
>      *MultiplicativeExpression* % *UnaryExpression*

*AdditiveExpression:*

551

*MultiplicativeExpression*
*AdditiveExpression* + *MultiplicativeExpression*
*AdditiveExpression* – *MultiplicativeExpression*

*ShiftExpression:*
 *AdditiveExpression*
 *ShiftExpression* << *AdditiveExpression*
 *ShiftExpression* >> *AdditiveExpression*
 *ShiftExpression* >>> *AdditiveExpression*

*RelationalExpression:*
 *ShiftExpression*
 *RelationalExpression* < *ShiftExpression*
 *RelationalExpression* > *ShiftExpression*
 *RelationalExpression* <= *ShiftExpression*
 *RelationalExpression* >= *ShiftExpression*
 *RelationalExpression* `instanceof` *ReferenceType*

*EqualityExpression:*
 *RelationalExpression*
 *EqualityExpression* == *RelationalExpression*
 *EqualityExpression* != *RelationalExpression*

*AndExpression:*
 *EqualityExpression*
 *AndExpression* & *EqualityExpression*

*ExclusiveOrExpression:*
 *AndExpression*
 *ExclusiveOrExpression* ^ *AndExpression*

*InclusiveOrExpression:*
 *ExclusiveOrExpression*
 *InclusiveOrExpression* | *ExclusiveOrExpression*

*ConditionalAndExpression:*
 *InclusiveOrExpression*
 *ConditionalAndExpression* && *InclusiveOrExpression*

*ConditionalOrExpression:*
 *ConditionalAndExpression*
 *ConditionalOrExpression* || *ConditionalAndExpression*

*ConditionalExpression:*
 *ConditionalOrExpression*
 *ConditionalOrExpression* ?
  *Expression* : *ConditionalExpression*

*AssignmentExpression:*
 *ConditionalExpression*
 *Assignment*

*Assignment:*
    *LeftHandSide AssignmentOperator AssignmentExpression*

*LeftHandSide:*
    *Name*
    *FieldAccess*
    *ArrayAccess*

*AssignmentOperator:* one of
    = *= /= %= += -= <<= >>= >>>= &= ^= |=

*Expression:*
    *AssignmentExpression*

*ConstantExpression:*
    *Expression*


## Java Schlüsselwörter

Die folgenden Wörter sind als Java-Schlüsselwörter reserviert und können daher insbesondere nicht als Bezeichner verwendet werden:

| | | | | |
|---|---|---|---|---|
| abstract | default | goto | null† | synchronized |
| boolean | do | if | package | this |
| break | double | implements | private | throw |
| byte | else | import | protected | throws |
| case | extends | instanceof | public | transient |
| catch | false† | int | return | true† |
| char | final | interface | short | try |
| class | finally | long | static | void |
| const | float | native | super | volatile |
| continue | for | new | switch | while |

Die Schlüsselwörter const und goto sind reserviert, obwohl sie derzeit nicht von Java verwendet werden: Dies erlaubt dem Java-Compiler, bessere Fehlermeldungen zu erzeugen, falls diese Schlüsselwörter aus C++ fälschlich in Java-Programmen verwendet werden.

†: Im technischen Sinne sind true und false keine eigentlichen Java-Schlüsselwörter, sondern die Bool'schen Literale. Ebenso ist null kein Schlüsselwort, sondern das „Null"-Literal.

# Interessante WWW-Server

Diese Seite nennt einige — zum Zeitpunkt der Drucklegung des Buches — besonders interessante WWW-Server zum Thema Java. Aktuellere Hinweise finden sich auf den für dieses Buch eingerichteten Seiten auf dem folgenden Server:

JAVA FÜR FORTGESCHRITTENE

`http://tech-www.informatik.uni-hamburg.de/jff/`

Dieser Server versammelt aktuelle Informationen zu Java für Fortgeschrittene, die nicht mehr in die vorliegende Auflage übernommen werden konnten. Falls erforderlich, erscheint hier eine Liste aller bekannten Fehler im Buch.

Zusätzlich bietet der Server die jeweils neuesten Versionen der compilierten Bytecodes und Quelltexte für alle Beispielprogramme des Buches an. Weitere Hyperlinks führen auf ausgewählte Applets und wichtige Java-Server.

SPRINGER.DE `http://www.springer.de/`

Aktuelle Informationen zu Java für Fortgeschrittene auf dem WWW-Server des Springer-Verlags.

JAVASOFT `http://www.javasoft.com/`

Der zentrale Java-WWW-Server von Sun Microsystems versammelt alle aktuellen Informationen zu neuen Java-Versionen, Hinweise für Entwickler und Anwender, Java-Rezensionen usw. Über diesen WWW-Server können auch die aktuellen Java-Distributionen und Klassenbibliotheken geladen werden.

JAVA MIRROR HAMBURG

```
ftp://ftp.uni-hamburg.de/
```

Der FTP-Server der Universität Hamburg hält die jeweils aktuellen Versionen von Java-Software bereit. Derzeit sind dies die Versionen JDK-1.02 und JDK-1.1beta des Java Development Kit sowie die Version 1.0pre-beta von HotJava. Diese Dateien und diverse Dokumentation zu Java, insbesondere auch die aktuelle API-Dokumentation, finden sich in den Verzeichnissen:

```
/pub/soft/lang/java/
/pub/soft/lang/java/docs/
```

GAMELAN `http://www.gamelan.com/`

Der Gamelan-Server verzeichnet praktisch alle derzeit verfügbaren Java-Applets und Java-Applikationen. Der Server ist nach inhaltlichen Kriterien eingeteilt und bietet eine Suchmaschine zum schnellen Auffinden von Applets zu bestimmten Themen. Besonders gelungene Applets und Applets, deren Quellcode zugänglich ist, sind entsprechend gekennzeichnet.

BLACK-COFFEE `http://www.km-cd.com/black_coffee/`

Ein weiteres Verzeichnis von Java-Ressourcen.

THE JAVA REPOSITORY

```
http://java.wiwi-uni.frankfurt.de/
```

Ein Java-Verzeichnis an der Universität Frankfurt.

ALTAVISTA `http://www.altavista.digital.com/`

Altavista ist die derzeit bei weitem größte und schnellste Suchmaschine im WWW und Usenet mit weit über 30 Millionen indizierten WWW-Seiten. Neben der gezielten Suche im WWW (etwa mit einem Suchstring `+Java +applets +de`) erlaubt Altavista auch die Themensuche nach Artikeln aus dem Usenet.

YAHOO, YAHOO DEUTSCHLAND

> `http://www.yahoo.com/, http://www.yahoo.de/`

LYCOS, LYCOS DEUTSCHLAND

> `http://www.lycos.com/, http://www.lycos.de/`

WEB.DE `http://www.web.de/`

> Diese Suchmaschinen sind nach Themenbereichen orga-
> nisiert. Web.de erfaßt nur WWW-Server in Deutschland.
> Yahoo und Lycos sind die Klassiker unter den Internet-
> Suchmaschinen.

COMP.LANG.JAVA

> ```
> news://comp.lang.java.advocacy
> news://comp.lang.java.announce
> news://comp.lang.java.api
> news://comp.lang.java.misc
> news://comp.lang.java.programmer
> news://comp.lang.java.security
> news://comp.lang.java.setup
> news://comp.lang.java.tech
> ```

> Diese Usenet-Newsgroups versammeln Java-Neulinge und
> Entwickler. Wegen der sehr hohen Anzahl von Anfragen ist
> die ursprüngliche Newsgroup `comp.lang.java` in die oben
> aufgeführten Untergruppen mit speziellen Themen aufge-
> teilt worden. Mit etwas Glück sind in diesen Gruppen
> schnell Antworten auf drängende Fragen und Hinweise zu
> Problemen zu bekommen. Häufig findet sich die gesuchte
> Antwort bereits in den FAQs (frequently asked questions).

PIZZA LANGUAGE `http://wwwipd.ira.uka.de/~pizza/`

> Die Sprache Pizza realisiert eine echte Obermenge von
> Java, die unter anderem parametrischen Polymorphismus
> (Typ-Templates), Funktionen höherer Ordnung und alge-
> braische Datentypen enthält.

> Der Compiler für `Pizza` ist frei auf dem WWW-Server
> erhältlich und übersetzt Pizza-Programme in Java-Byte-
> code, der anschließend auf jeder Java-VM ausgeführt wer-
> den kann.

# Hinweise zur CD-ROM

Die CD-ROM zu diesem Buch enthält alle Beispielprogramme aus dem Buch sowohl im Quelltext als auch als übersetzte und unter Java 1.0 bzw. Java 1.1 lauffähige Klassen. Als Beispiel für etwas größere Java-Programme sind außerdem einige andere Applets und eine vorläufige Version des Graphikeditors `JavaFIG` auf der CD-ROM enthalten.

**Installation**

Die CD-ROM verwendet das standardisierte ISO-9660-Format, das auf den meisten Rechnern gelesen werden kann. Dafür unterliegen die Dateinamen auf der CD-ROM aber der alten DOS-Konvention mit 8+3 Zeichen, so daß die von Java benötigten langen Dateinamen nicht direkt auf der CD-ROM verwendet werden können. Die CD-ROM enthält deshalb separate Unterverzeichnisse mit Archivdateien für die Betriebssysteme WINDOWS'95/ WINDOWS-NT, MACOS und SOLARIS:

```
win95/
        README.1ST      // aktuelle Informationen
        jff.exe         // Beispiele zum Buch
        applets.exe     // JavaFIG-Editor
mac/
        readme
        jff.sea
        applets.sea
solaris/
        README
        jff.tar
        applets.tar
```

557

Die README-Dateien enthalten jeweils die Anleitung zur Installation der einzelnen Archive und eventuell Hinweise und aktuelle Informationen zu den Beispielprogrammen.

Die „jff.xxx" Archive enthalten alle Dateien mit den Programmbeispielen zu diesem Buch, die „applets.xxx" Archive die Dateien für die etwas größeren Beispiele. In den Archiven sind die Dateien mit ihren vollen Dateinamen gespeichert und in einer Verzeichnishierarchie angeordnet, die sich an den Kapiteln des Buches orientiert. Zum Beispiel enthält das Verzeichnis jff/kap13/ alle Beispiele zur Demonstration der Netzwerkfunktionen (Kapitel 11):

```
jff/
    index.html
    kap1/
        Anfang.html
        Anfang.java
        HelloWorld.class
        HelloWorld.java
        ...
    kap2/
```

Da die Beispiele in den Archiven nicht direkt zugegriffen werden können, müssen Sie die Archive zunächst auf Ihren Rechner kopieren und dort entpacken. Das Vorgehen dazu unterscheidet sich für die verschiedenen Rechnerplattformen leicht:

**Windows**

Die zip-Archive für WINDOWS'95 sind als selbstauspackende Archive realisiert:

1. Wechseln Sie in das Verzeichnis windows auf der CD-ROM. Verwenden Sie einen Editor, um die Datei readme.txt zu lesen.

2. Erzeugen Sie ein neues Unterverzeichnis für die Beispielprogramme und wechseln Sie in dieses Verzeichnis.

3. Führen Sie die selbstauspackenden Archive aus. In einem MS-DOS Fenster können Sie zum Beispiel folgenden Befehl eingeben (E: sei das CD-ROM-Laufwerk):
   ```
   E:\win95\jff.exe
   ```

**Solaris**

1. Wechseln Sie in das Verzeichnis `solaris` auf der CD-ROM. Verwenden Sie das `more`-Kommando oder einen Editor, um die `README`-Datei zu lesen.

2. Erzeugen Sie ein neues Unterverzeichnis für die Beispielprogramme und wechseln Sie in dieses Verzeichnis. Kopieren Sie die `tar`-Archive in dieses Verzeichnis.

3. Benutzen Sie das `tar`-Kommando, um das Archiv zu entpacken, zum Beispiel

```
tar -xvf jff.tar
tar -xvf applets.tar
```

**Macintosh**

1. Wechseln Sie in das Verzeichnis `mac` auf der CD-ROM. Doppelklicken Sie auf die Datei `readme` um die aktuellen Informationen anzuzeigen.

2. Kopieren Sie die Archivdateien auf Ihre Festplatte. Klicken Sie auf die Archive, um sie automatisch zu entpacken.

Beachten Sie aber, daß die Beispielprogramme aus diesem Buch nur unter SOLARIS und WINDOWS'95 getestet wurden, so daß unter MACOS durchaus Fehler auftreten könnten. Die erweiterten Funktionen des JDK 1.1 und daher auch die entsprechenden Beispielprogramme können unter MACOS derzeit noch nicht ausgeführt werden.

**Applets vs. Applikationen**

Falls Sie über einen WWW-Browser verfügen, erhalten Sie durch Öffnen der Datei `jff/index.html` eine Indexseite mit Hypertext-Links auf die einzelnen Kapitel. Diese Datei enthält einen alphabetischen Index mit direkten Hypertext-Verweisen auf alle Beispielprogramme und Links auf die in Anhang D aufgezählten WWW-Server.

*index.html*

*Applets*

Zum Ausführen der Beispiel-Applets benötigen Sie entweder einen Java-fähigen WWW-Browser (zum Beispiel Netscape Navigator 3.x oder Microsoft Internet Explorer 3.x) oder den `appletviewer` des JDK.

*Applikationen*

Die Mehrzahl der Beispielprogramme liegt aber als Applikation vor, da Applikationen einfacher zu schreiben und zu verstehen sind, unbeschränkten Datei- und Netzwerkzugriff erlauben und keine zusätzlichen HTML-Seiten erfordern. Die Beispiel-Applikationen können *nicht* mit einem WWW-Browser ausgeführt werden, sondern erfordern einen eigenständigen Java-Interpreter. Dieser ist in einigen neuen Betriebssystemen (OS/2 Warp 4 und aktuelle Versionen von Linux) bereits enthalten. Ansonsten benötigen Sie eine der mittlerweile für alle wichtigen Rechnerplattformen verfügbaren Java-Entwicklungsumgebungen.

*Keine Entwicklungsumgebung*

Auf dieser CD-ROM ist keine Entwicklungsumgebung (Interpreter, Compiler usw.) enthalten. Das JDK (Version 1.0 und 1.1) von Sun Microsystems ist weiterhin gratis über das Internet erhältlich (siehe Seite 554). Aus lizenzrechtlichen Gründen konnte es leider nicht mit auf diese CD-ROM aufgenommen werden. Außerdem stand zur Drucklegung des Buches nur die erste Betaversion des JDK 1.1 zur Verfügung.

*Dokumentation*

Ebenfalls über das Internet ist die jeweils aktuelle Version der in Abschnitt 5.4 vorgestellten Klassendokumentation der API-Packages erhältlich.

## Beispiele zu Java 1.1

*Thematische Anordnung*

Die Beispielprogramme zur Demonstration der neuen Klassen und Fähigkeiten von Java Version 1.1 sind auf der CD-ROM in den jeweiligen Kapiteln — und daher zusammmen mit den Beispielen zu Java 1.0 — eingeordnet.

Beachten Sie bitte, daß diese Programme bisher nur mit den Programmen (`java` bzw. `appletviewer`) des JDK 1.1 ausgetestet werden können. Alle anderen derzeit verfügbaren Entwicklungsumgebungen und WWW-Browser (Netscape 3.x, Microsoft Internet Explorer 3.x, Hotjava 1.0) verwenden nur Java 1.0 und können die Beispielprogramme daher nicht ausführen. Es ist zu erwarten, daß Java 1.1 ab Mitte 1997 von WWW-Browsern und Entwicklungsumgebungen unterstützt wird.

# Glossar

Das folgende Glossar enthält kurze Erklärungen zu den im Buch benutzten Java- und Internet-Begriffen sowie einigen der wichtigsten Konzepte der objektorientierten Programmierung.

**API** (Application Programmer Interface)

Als API einer Programmbibliothek werden alle Funktionen und Variablen bezeichnet, die für normale Applikationen zur Verfügung stehen. Das Java-API besteht bisher aus den `public` und `protected` Variablen und Methoden der `public`-Klassen und Interfaces aus den Bibliotheken (packages) `java.applet`, `java.awt`, `java.awt.image`, `java.awt.peer`, `java.io`, `java.lang`, `java.net` und `java.util`.

Weitere APIs, unter anderem für Bibliotheken mit 2D- und 3D-Graphikoperationen sowie für Audiofunktionen werden derzeit für Java diskutiert.

**Applet** Bezeichnung für ein Java-Programm, das in eine HTML-Seite integriert ist.

Beim Laden der entsprechenden HTML-Seite mit einem Java-fähigen WWW-Browser wird neben dem eigentlichen HTML-Text auch der Java-Bytecode für das Applet übertragen und dann ausgeführt. Dies ermöglicht dynamische WWW-Seiten und vielfältige Interaktion zwischen WWW-Clients und WWW-Servern.

Da der Programmcode über das Netzwerk übertragen wird und von einem fremden Server stammt, sichert der Java-Interpreter mit verschiedenen Überprüfungen, daß das Applet keinen Schaden anrichten kann. Dazu muß die Funk-

561

tionalität von Applets gegenüber eigenständigen Applikationen stark eingeschränkt werden, so sind etwa Dateizugriffe auf dem Client nicht möglich.

**AWT** (Abstract Window Toolkit)

Der Abstract Window Toolkit ist die plattformunabhängige Java-Bibliothek für einfache zweidimensionale Graphik, Fensteroperationen und die Benutzerschnittstelle (Fenster, Dialogelemente, Ereignisse etc.).

Der Umgang mit dem AWT wird in den Kapiteln 7 und 8 ausführlich erläutert.

**Ausnahme** (Exception)

Ein zuerst in der Sprache Algol68 vorgeschlagenes Konzept zur Beschreibung und Behandlung von Fehlern und sonstigen außergewöhnlichen Programmzuständen.

In Java wird die Ausnahmebehandlung mit den `try/``catch/finally` Blöcken und den Klassen `Throwable` und `Exception` für Fehlerobjekte realisiert (siehe Kapitel 2.6 für eine ausführliche Erläuterung).

**Basisklasse** (auch Oberklasse, Superklasse)

Bezeichnung für die vererbende Klasse in einer Klassenhierarchie. In Java kann jede Klasse nur von einer einzigen Basisklasse abgeleitet werden.

**Bildformate** Zwar gibt es Hunderte von Dateiformaten für die Speicherung von Bildern und Graphiken. Von Java werden bisher aber nur die im Internet gebräuchlichen Formate unterstützt: GIF, JPEG und XBM/XPM.

Das **JPEG**-Format (standardisiert vom Expertengremium Joint Picture Experts Group) ist vor allem für Fotos geeignet. Es erlaubt Echtfarbdarstellungen (24 Bit pro Pixel) und benutzt ein sehr effizientes, aber verlustbehaftetes Kompressionsverfahren, so daß JPEG-Bilder sehr kompakt gespeichert (und übertragen) werden können. Für Diagramme und Zeichnungen ist JPEG kaum geeignet, da typische Bildstörungen auftreten. Neuere Varianten von JPEG unterstützen ein Interlaced-Bildformat.

Das **GIF**-Format (Graphic Interchange Format) wurde von COMPUSERVE eingeführt und geschützt. Es erlaubt bis zu 256 Farben (8 Bit pro Pixel), verwendet eine zeilenweise Komprimierung und ist für Diagramme und Zeichnungen besser geeignet als JPEG. Zusätzlich kann eine einzelne Farbe als transparent markiert werden, so daß der Hintergrund des WWW-Browsers durchscheint. Ab Version GIF89a werden Interlaced-Darstellungen unterstützt.

Die einfachen Bildformate **XBM** (X Bitmap, schwarzweiß) und **XPM** (X Pixmap, 8 Bit pro Pixel) erlauben keine Kompression und werden deshalb höchstens für kleine Icons verwendet.

**Browser** (siehe WWW-Browser)

Ein Programm, das Dokumente oder Bilder eines bestimmten Typs anzeigen kann.

**class** (siehe Klasse)

**DNS** (Domain Name Service)

Alle Rechner im Internet werden zunächst nur numerisch über ihre IP-Adresse (etwa 134.100.13.168) eindeutig identifiziert. Der Domain Name Service erlaubt es, jedem Rechner zusätzlich einen oder mehrere weltweit eindeutige Namen zuzuorden.

Die DNS-Namen sind hierarchisch aufgebaut und werden von einer zentralen Stelle (dem Network Information Center NIC, `http://nic.org`) verwaltet. Dazu ist das gesamte Internet zunächst in die sogenannten Domains aufgeteilt, zum Beispiel `COM`, `EDU` und `GOV` für kommerzielle Anbieter, Universitäten (educational) und Regierungsbehörden (government) in den USA. Jedes Land außerhalb der USA erhält eine eigene Domain, etwa `DE` für Deutschland. Diese Domains werden dann regional weiter unterteilt (uni-hamburg.de, informatik.uni-hamburg.de) bis schließlich ein einzelner Rechner identifiziert wird (`tech-www.informatik.uni-hamburg.de`).

**Exception** (siehe Ausnahme)

**Exemplar** Ein einzelnes Objekt einer Klasse.

563

**Factory** (Fabrik)

Ein typisches Konzept der objektorientierten Programmierung: Eine Fabrik dient als zusätzliche Abstraktion für die "Produktion" und "Lieferung" von Objekten und verallgemeinert damit die üblichen Konstruktoren. Eine Fabrik liefert fertige Objekte (möglicherweise verschiedene Typen).

**FAQ** (Frequently Asked Questions, bzw. Frequently Answered Questions) Eine für viele Themen im Usenet verfügbare Liste der häufigsten Fragen und Antworten.

**Firewall** Als Firewall (wörtlich: „Brandmauer") wird ein Netzwerk-Server bezeichnet, der ein Intranet an ein größeres Netzwerk (vor allem an das Internet) anbindet und gleichzeitig abschottet.

Ein Firewall wird typischerweise eingesetzt, um gewisse Sicherheitsstandards garantieren zu können. Nur überprüfte und ungefährliche Daten und Dienste werden vom Firewall von außen nach innen durchgelassen. In die andere Richtung läßt der Firewall nur jene Datenpakete passieren, die ausdrücklich nach außen gesendet werden.

Falls die → Nameserver-Dienste (DNS) durch einen Firewall eingeschränkt werden, kann auch die Funktion von Java-Applets betroffen sein.

**FTP** (File Transfer Protocol)

ist das im Internet übliche Verfahren zur Übertragung von einzelnen Dateien ("file transfer") zwischen verschiedenen Rechnern. Über die Variante *anonymous ftp* werden Dateien häufig für beliebige Benutzer (Gäste ohne Benutzerkennung auf dem FTP-Server) zur Verfügung gestellt.

Das FTP-Protokoll ist im HTTP integriert und wird von allen WWW-Browsern unterstützt.

**Garbage-Collection** („Speicherfreigabe")

Als „Garbage-Collection" wird das automatische Auffinden und Löschen von nicht mehr benötigten Objekten bezeichnet, um den belegten Speicher wieder freizugeben und für neue Objekte verwenden zu können. Der Java-Interpreter verwendet einen unauffällig im Hintergrund ablaufenden eigenen Thread für eine automatische Garbage-Collection.

**GIF** (Graphic Interchange Format, siehe Bildformate)

**Hotjava** ist ein vollständig in Java geschriebener WWW-Browser, der ursprünglich vor allem als Technologie-Demonstration für Java geplant war. Während alle anderen verbreiteten WWW-Browser eine feste Anzahl von Funktionen aufweisen, kann Hotjava durch das Laden zusätzlicher Klassen ständig um neue Funktionen erweitert werden (siehe Seite 15). Wegen der geringen Verbreitung von Hotjava gegenüber anderen WWW-Browsern gibt es aber bisher kaum WWW-Server, die von dieser Fähigkeit Gebrauch machen.

**HTML** (HyperText Markup Language)

ist die im WWW verwendete Sprache zur Speicherung von Dokumenten. Ein HTML-Dokument enthält neben dem eigentlichen Text zusätzlich Formatierungsanweisungen und als besonderes Merkmal *Querverweise* — die sogenannten Hypertext-Links — auf weitere HTML-Dokumente oder beliebige andere WWW-Inhalte. Eine kurze Übersicht über den Aufbau von HTML und die wichtigsten Marken findet sich auf Seite 501.

**HTTP** (HyperText Transfer Protocol)

ist das im WWW verwendete einheitliche Übertragungsverfahren für HTML-Dokumente und die darin referenzierten weiteren Inhalte. Die einzelnen Dokumente werden in HTTP über ihren MIME-Typ identifiziert.

**Interface** (Schnittstelle)

Ein Interface definiert in Java einen eigenen abstrakten Datentyp. Das Konzept der Interfaces wurde aus Objektive-C in Java übernommen, um einige der Beschränkungen des *single inheritance* zu lockern.

*Siehe [SUN-96]*

Jede Java-Klasse kann zwar nur von einer einzigen Basisklasse abgeleitet werden (`class A extends B`), zusätzlich aber eine beliebige Anzahl von Interfaces implementieren (class A extends B implements I1, I2, ... I_n) und damit auch als Typ I1 ... verwendet werden. Eine ausführliche Erklärung findet sich in Kapitel 3.4 ab Seite 148.

**Internet** Bezeichnung für das weltweite Netzwerk von Rechnern, die über das TCP/IP Protokoll miteinander kommunizieren. Der bei weitem wichtigste und allgemeinste Dienst im Internet ist derzeit das WWW.

**Intranet** Bezeichnung für das Netzwerk innerhalb einer Firma oder Universität etc. Da ein Intranet vollständig von einer Organisation kontrolliert wird, können — anders als im Internet — hohe Bandbreiten und Sicherheitsanforderungen erreicht und garantiert werden. Intranets gelten daher derzeit als besonders attraktive Umgebungen für netzwerkorientierte Anwendungen.

**IP** (Internet Protocol, siehe TCP/IP)

**Instanz** (bzw. Exemplar, von engl. „instance")

Ein einzelnes Objekt einer Klasse.

**Iterator** (Enumeration)

Ein für Container-Klassen (wie Listen, Bäume, Felder usw.) sehr nützliches Interface, das eine Möglichkeit bereitstellt, alle Elemente des Containers nacheinander zu referenzieren.

Das folgende Beispiel zeigt die typische Anwendung einer Enumeration e:

```
for (Enumeration e = v.elements();
     e.hasMoreElements();) {
  System.out.println(e.nextElement());
}
```

**Java** 1. Insel im indischen Ozean, 2. „Kaffee" im amerikanischen Sprachgebrauch, 3. Die neue objektorientierte Programmiersprache für verteilte Internet-Anwendungen von Sun Microsystems.

**Java Virtual Machine** Die Java Virtual Machine (VM) definiert den abstrakten Rechner, der Java-Bytecode ausführt. Obwohl es im Prinzip möglich ist, die VM direkt als Hardware (Prozessor) zu realisieren, wird die VM typischerweise als Interpreter auf einem bestehenden Rechner realisiert.

**JDK** (Java Development Kit)

Eine vollständige Entwicklungsumgebung (mit Compiler, Interpreter, Debugger und Dokumentengenerator) für Java-Programme von Sun Microsystems. Das JDK ist zur Zeit (noch) kostenlos über das WWW erhältlich (siehe `http://www.javasoft.com` auf Seite 554).

**JPEG** (Joint Picture Experts Group, siehe Bildformate)

**Klasse** Das zentrale Konzept der objektorientierten Programmierung. Als benutzerdefinierter (abstrakter) Datentyp vereint eine Klasse Daten mit den auf diesen Daten operierenden Methoden.

Über den Mechanismus der *Vererbung* können Gemeinsamkeiten zwischen verschiedenen Klassen ausgedrückt und genutzt werden.

**Klassenhierarchie** Darstellung der Beziehungen zwischen einzelnen Klassen. In Java gibt es zwei verschiedene Klassenhierarchien.

Die eigentliche Vererbungshierarchie kann, da nur Einfachvererbung möglich ist, mit einem Baum dargestellt werden, dessen Wurzel die Klasse `java.lang.Object` bildet. Alle anderen Klassen in Java sind von `Object` abgeleitet.

Eine zweite Hierarchie wird durch die Interfaces beschrieben, die die einzelnen Objekte implementieren. Da jede Klasse beliebig viele Interfaces realisieren darf, kann die Interface-Hierarchie durch einen gerichteten, azyklischen Graph beschrieben werden (siehe Kapitel 3.4).

**Konstruktor** Eine Methode, die ein Objekt einer Klasse erzeugt und initialisiert. Jede Klasse kann mehrere Konstruktoren definieren, die sich aber in Anzahl und Art ihrer Argumente unterscheiden müssen. Beim Aufruf des `new`-Operators für eine Klasse, `myA = new A( arg1, ... , arg_n )` wird von Java automatisch der benötigte Speicherplatz reserviert und der den Argumenten entsprechende Konstruktor aufgerufen. Damit ist garantiert, daß jedes erzeugte Objekt korrekt initialisiert ist.

**Methode** Bezeichnung für eine in einer Klasse enthaltene Funktion.

**MIME** (Multipurpose Internet Mail Extension)

Bezeichnung für ein standardisiertes Format zur Übertragung von elektronischen Mails im Internet. Jede Komponente der Mail wird mit einem MIME-Typ gekennzeichnet, der das verwendete Dokumentenformat oder die Kodierung angibt.

**Modifier** Sammelbegriff für die in Java möglichen Attribute für Packages, Klassen, Methoden und Variablen, `abstract`, `final`, `static`, `volatile`, `public`, `protected`, `private protected` und `private`. Alle Modifier werden ausführlich in Kapitel 3 erläutert.

**multithreaded** (siehe Thread)

Bezeichnung für ein Programm oder eine Programmumgebung mit mehreren gleichzeitig aktiven Threads.

**Nameserver** Ein Rechner, der Rechnernamen zu IP-Adressen zuordnen kann, etwa (vergleiche das Programm `NSlookup` auf Seite 443)

`www.javasoft.com / 206.26.48.100`

Jeder Nameserver verfügt über eine Tabelle mit allen Rechnernamen und deren IP-Adressen im lokalen Netzwerk sowie über die Adressen von weiteren Nameservern. Für unbekannte Rechner wird automatisch ein nächsthöherer Nameserver angesprochen, bis schließlich die gesuchte Adresse ermittelt wird.

**Oberklasse** (siehe Basisklasse)

**Objekt** Die zentrale Metapher der objektorientierten Programmierung. Jedes Objekt im Programm repräsentiert eine abstrakte Darstellung eines entsprechenden Objekts in der ab-
gebildeten Wirklichkeit. Dazu kombiniert ein Objekt die
relevanten Daten und die auf diesen Daten möglichen Operationen.

In den üblichen objektorientierten Programmiersprachen
wird jedes Objekt als Exemplar einer entsprechend definierten Klasse erzeugt.

**Overloading** („Überladen")

Bezeichnung für die Möglichkeit, bestimmte Namen mit
mehrfacher Bedeutung zu verwenden. Java erlaubt das
sogenannte *function overloading* — mehrere Methoden
dürfen denselben Namen aufweisen, solange sie über die
Typen ihrer Argumente unterschieden werden können.

Das bei vielen C++-Programmieren beliebte *operator overloading* dagegen ist in Java nicht realisiert. Die Möglichkeit, die üblichen Operatoren wie +, -, *, . . . mit neuer Bedeutung zu versehen oder auf neue benutzerdefinierte Datentypen (Klassen) anzuwenden, erlaubt zwar sehr elegante Programme, wenn sie vorsichtig angewendet wird. Ein
Mißbrauch des operator overloading dagegen führt zu völlig unlesbaren Programmen.

**Package** Ein Package in Java ist eine Sammlung von zusammen-
gehörigen Klassen. Neben der Organisation einer großen
Anzahl von Klassen führt jedes Package auch eine eigene Ebene der Sichtbarkeit und einen eigenen Namensraum
ein.

**Persistenz, persistente Objekte**

Bezeichnung für „langlebige" Objekte, die auch außerhalb
ihrer ursprünglichen Laufzeitumgebung verwendet werden
können. Ein persistentes Objekt kann nach seiner Erzeugung extern gespeichert und später wieder eingelesen werden — inklusive aller Werte der Instanzvariablen und aller
Referenzen auf andere Objekte. In Java werden persistente
Objekte mit dem OSS-Package möglich, das eine eindeu-

tige Umsetzung von Objekten in einen linearen Bytestrom definiert.

**Polymorphismus** („Gestaltvielfalt")

Eines der zentralen Konzepte des objektorientierten Programmentwurfs (neben Datenabstraktion und Vererbung). Polymorphismus steht für die Möglichkeit, einem Namen abhängig von einem Kontext verschiedene Bedeutung zu geben.

Das wichtigste Beispiel ist das Überladen der Namen von Funktionen: So kann eine Klasse `class shape` eine Methode `paint()` definieren, die dann in den abgeleiteten Klassen `class rectangle extends shape` und `class circle extends shape` mit unterschiedlicher (aber doch ähnlicher) Funktionalität überschrieben wird.

Alle Klassen, die Objekte `S` vom Typ `shape` verwenden, sind von diesen Details unabhängig und können sich darauf verlassen, daß der Aufruf der Methode `S.paint()` ein geeignetes Ergebnis liefert.

**Proxy**  (caching proxy, Zwischenspeicher)

Bezeichnung für einen zentralen Rechner, der alle WWW-Anfragen aus einer Netzwerk-Domain sammelt und die Anworten zwischenspeichert. Sobald ein Dokument innerhalb der Domain ein zweites Mal angefordert wird, verfügt der Proxy bereits über eine Kopie und kann diese sofort zurückschicken ohne den originalen Server und damit das Internet zu belasten.

Um einen Proxy zu umgehen, der unvollständige oder veraltete Kopien der eigentlichen Dokumente speichert, erlauben die meisten WWW-Browser ein vollständiges Neuladen der Dokumente.

**TCP/IP**  (Transmission Control Protocol / Internet Protocol)

Das im Internet verwendete grundlegende Übertragungsprotokoll. TCP/IP ermittelt den Zielrechner über seine eindeutige IP-Adresse und arbeitet paketorientiert. Mit Prüfsummen wird sichergestellt, daß die einzelnen, möglicherweise auf unterschiedlichen Wegen übertragenen Datenpakete, schließlich korrekt und vollständig wieder zusammengesetzt werden.

**Thread** (Ausführungsfaden, lightweight process)

Ein Thread ist ein einzelner Prozeß der Programmausführung mit eigenem Programmzähler und Stack, innerhalb des allen Threads gemeinsamen Adreßraums. Beliebig viele Threads können in einem Java-Programm gleichzeitig aktiv sein und auf alle Objekte des Programms zugreifen.

Um Threads zu unterstützen, stellt Java geeignete Synchronisationsmechanismen (über die Modifier `synchronized` und `volatile`) zur Verfügung.

Das Thread-Scheduling ist allerdings bisher nicht eindeutig definiert, sondern implementationsabhängig. Das Verhalten von Applikationen mit mehreren Threads kann daher plattformabhängig sein.

**Toolkit** (wörtlich etwa „Werkzeugkasten", eher „Baukasten" )

Bezeichnung für eine Klassenbibliothek, die Bausteine (Werkzeuge) für den Aufbau komplexer Benutzeroberflächen zur Verfügung stellt.

**Überladen** (siehe Overloading)

**Unicode** Unicode ist der in Java verwendete internationale Standard zur einheitlichen Darstellung von Schriftzeichen der verschiedenen nationalen Schriften mit ihren Sonderzeichen. Jedes Unicode-Zeichen wird mit zwei Bytes (16 Bit) dargestellt. Die ersten Unicode-Zeichen entsprechen den üblichen ASCII (`\u0000` bis `\u007f`) bzw. ISO-8859-Latin1 Zeichen (`\u0000` bis `\u00ff`).

Der vollständige Satz aller Unicode-Zeichen ist in *The Unicode Standard, Worldwide Character Encoding, Vol. 1 and 2* (Addison Wesley, ISBN 0-201-56788-1 und ISBN 0-201-60845-6) definiert. Weitere Information ist unter `ftp://unicode.org/` verfügbar. Unicode ist ein Warenzeichen des Unicode Consortiums.

**Unterklasse** (abgeleitete Klasse, Subklasse) Bezeichnung für eine Klasse, die Methoden und Variablen von einer Basisklasse erbt.

**URL**  (Uniform Resource Locator)

Ein weltweit eindeutiger Name für eine Internet-Ressource. Die URL setzt sich aus dem Namen für das verwendete Protokoll (etwa `http`, `ftp`, `file`, `news`, `gopher`), dem Namen des entsprechenden Servers und einem Dateinamen auf diesem Server zusammen. Beispiele für URLs sind:

*http-Zugriff*
*ftp-Zugriff, Adresse numerisch*
*Dateizugriff,*
*Windows*
*und Unix*
*Usenet News*

```
http://www.web.de/
ftp://134.100.9.41/pub/


file://C:/java/demo/DrawTest/example1.html
file:///users/hendrich/java/helloWorld.java
news://news.uni-hamburg.de/comp.lang.java
```

**Usenet**  Bezeichnung für die Gesamtheit aller „Newsgruppen" und „News-Server" im Internet. Diese Server nehmen Dateien (Nachrichten) von Teilnehmern entgegen und verteilen diese anschließend an alle anderen News-Server. Jeder Teilnehmer kann alle auf dem lokalen Server vorhandenen Nachrichten lesen und selbst Artikel für bestimmte Gruppen verfassen.

Das Usenet ist hierarchisch in einzelne Gruppen mit je einem bestimmten Thema, zum Beispiel `comp.lang.java`, gegliedert.

**UTF-8**  (8-Bit Darstellung des Unicode-Zeichensatzes)

Traditionell verwenden viele Computer eine 8-Bit Zeichendarstellung anstelle der in Java vorgesehenen Unicode-Zeichen mit 16-Bit. Die UTF-8 Darstellung erlaubt die effiziente Übertragung von Unicode-Zeichen durch Kodierung jedes Unicode-Zeichens in ein oder mehrere 8-Bit Zeichen. Dazu stehen die Funktionen `DataInputStream.readUTF()` und `DataOutputStream.writeUTF()` im Package `java.io` zur Verfügung:

| Unicode-Zeichen (Bereich) | Datenbits | UTF-8 Darstellung ($x=$ Datenbit) |
|---|---|---|
| \u0000 ... \u007F | 7 | 0$xxxxxxx$ |
| \u0080 ... \u07FF | 11 | 110$xxxxx$ 10$xxxxxx$ |
| \u0800 ... \uFFFF | 16 | 1110$xxxx$ 10$xxxxxx$ 10$xxxxxx$ |

Jede ASCII-Zeichenkette ist daher eine gültige UTF-8 Zeichenkette. Für die Übertragung von reinen ASCII-Zeichen ist die UTF-8 Darstellung sogar doppelt so effizient wie die Übertragung der Unicode-Zeichen, da jedes Zeichen nur ein Byte benötigt. Durch Auswertung der oberen Bits jedes Bytes kann der Start eines neuen Zeichens im UTF-8 Datenstrom ermittelt werden.

**Vererbung**  (Inheritance)

Eines der drei zentralen Konzepte des objektorientierten Programmentwurfs. Mittels Vererbung können Gemeinsamkeiten zwischen mehreren Klassen explizit ausgedrückt und ausgenutzt werden.

In der sogenannten *Basisklasse* werden alle Variablen und Methoden definiert, die allen einzelnen Klassen gemeinsam sind. In *abgeleiteten* Klassen wird nur die von der Basisklasse abweichende oder zusätzliche Funktionalität realisiert.

**Web**  (siehe WWW)

**WWW**  (World-Wide-Web, „weltweites Netz")

Als WWW wird der Verbund aller Rechner im Internet bezeichnet, die Dokumente im HTML-Format über das HTTP-Protokoll (oder die darin integrierten Protokolle) anbieten. Durch die in HTML-Format möglichen Querverweise auf andere Dokumente (Hypertext-Links) ergibt sich ein weltumspannendes Netzwerk („Web") von miteinander verknüpften Informationen. Neben den eigentlichen HTML-Texten integriert das WWW auch die Übertragung von Bildern und Graphiken, Mails und mit Java auch von Programmen.

Jeder an das Internet angeschlossene Rechner kann als Client mit einem *WWW-Browser* auf die Dienste der WWW-Server zugreifen. Das WWW hat sich seit den ersten Versuchen (1990) zu dem zentralen Dienst im Internet entwickelt.

**WWW-Browser**  (auch Browser)

Ein Programm, das über das HTTP-Protokoll den Zugriff auf die Dienste des WWW erlaubt. Die meisten WWW-Browser unterstützen neben der Darstellung von Text-Dokumenten im HTML-Format auch mehrere Bildformate und oft die Einbindung externer Programme (Plug-Ins) für weitere Dokumenttypen. Für fast alle WWW-Browser ist die Unterstützung von Java-Applets angekündigt oder bereits realisiert.

**XBM, XPM** (siehe Bildformate)

# Literaturverzeichnis

[Cornell & Horstmann 96] Gary Cornell and Cay S. Horstmann, **Core Java**, SunSoft Press / Prentice Hall, 1996 ISBN 0-13-565755-5

[Dean et al. 96] Drew Dean, Edward W. Felten, and Dan. S. Wallach, **Java security: from HotJava to Netscape and beyond** Proc. IEEE Symposium on Security and Privacy, Oakland, 1996

Eine gründliche Analyse der Sicherheitsmechanismen und der verbleibenden Sicherheitslücken von Java und HotJava. Der Artikel ist auch über das WWW erhältlich, etwa über http://www.cs.princeton.edu/~ddean/java/

[Flanagan 96] David Flanagan, **Java in a Nutshell**, O'Reilly and Associates, Inc., 1996 ISBN 1-56592-183-6

Eine kompakte Zusammenstellung aller Funktionen der Java-Bibliotheken mit verschiedenen nützlichen Indizes (etwa die nach Exceptions geordnete Liste der Funktionen).

[Gamma et al. 95] Erich Gamma, Richard Helm, Ralph Johnson, John Vlissides, **Entwurfsmuster — Elemente wiederverwendbarer objektorientierter Software**, Addison-Wesley Verlag, 1996 ISBN 3-89319-950-0

Das Buch führt das Konzept von Entwurfsmustern ein und präsentiert einen Katalog mit 23 grundlegenden Mustern. Zu jedem Muster gibt es einen einprägsamen Namen (Adapter, Fabrik, Fliegengewicht usw.) und Beispiele.

[Gorlen, Orlow & Plexico 90] Keith E. Gorlen, Sanford M. Orlow, and Perry S. Plexico, **Data Abstraction and Object-Oriented Programming in C++**, John Wiley & Sons, Chichester, England ISBN 0-471-92346-X (pbk)

Eine grundlegende Einführung in die Konzepte der objektorientierten Programmierung und Datenabstraktion mit C++. Als Beispiel wird dabei die von den Autoren entwickelte Klassenbibliothek NIH detailliert beschrieben.

[Gosling & McGilton 95] James Gosling and Henry McGilton, **The Java Language Environment — A White Paper**, Sun Microsystems, MV, California, 1995

Die erste Darstellung der Konzepte von Java und Hotjava.

[IEEE-754 85] **IEEE/ANSI Standard for Binary Floating Point Arithmetic**, Institute of Electrical and Electronics Engineers, 1985, IEEE Std.754-1985

[Kernighan & Ritchie 88] B. W. Kernighan, D. M. Ritchie, **Die C-Programmiersprache**, Carl Hanser Verlag, 1988 ISBN 3-446-15497-3

Die klassische Beschreibung der Programmiersprache C.

[Knuth 92] Donald E. Knuth, **Literate Programming**, Center for the study of language and information lecture notes, 27, ISBN 0-9370-7380-6

Eine Sammlung von Aufsätzen von D. Knuth. Das Buch propagiert die Idee, daß Quelltexte von Programmen weit häufiger von Programmierern als von Compilern gelesen werden und deshalb auch für Programmierer gut lesbar sein müssen. Viele Beispiele für effizientes und perfekt dokumentiertes Programmieren.

[Krol 94] E. Krol, **The whole internet. User's guide and catalog**, 2nd Ed., O'Reilly and Associates, 1994, ISBN 1-5659-2063-5

[Plauger 92] P. J. Plauger, **The Standard C Library**, Prentice Hall Inc., Englewood Cliffs, New Jersey, ISBN 0-13-131509-9

[Plauger 95]  P. J. Plauger, **The Draft Standard C++ Library**, Prentice Hall Inc., Englewood Cliffs, New Jersey

Das Buch beschreibt die in der C++-Standardbibliothek enthaltenen Funktionen. Dabei wird eine effiziente und robuste Implementierung für alle Funktionen entwickelt und im vollständigen Quelltext vorgestellt.

[Rumbaugh et al. 91]  J. Rumbaugh, M. Blaha, W. Premerlani, F. Eddy, and W. Lorenson, **Object-oriented Modeling and Design**, Prentice-Hall, Englewood Cliffs, New Jersey, 1991 ISBN 0-13-629841-9

[Sebesta 96]  R. Sebesta, **Concepts of programming languages**, 3. Auflage, Addison-Wesley Verlag, 1996 ISBN 0-8053-7133-8

Eine Diskussion allgemeiner Konzepte von Programmiersprachen, dargestellt anhand ausgewählter Beispiele der relevanten Programmiersprachen.

[Sedgewick 92]  R. Sedgewick, **Algorithmen in C++**, Addison-Wesley Verlag, 1992.

Das Buch enthält eine umfassende Auswahl der besten Algorithmen von elementaren Operationen wie Sortieren bis hin zu komplexen Graphalgorithmen und geometrischen Operationen. Zu jedem Algorithmus wird ein kommentiertes und getestetes Quellprogramm in C++ vorgestellt. Leider ist noch keine Java-Version dieses Klassikers verfügbar.

[Stroustrup 92]  B. Stroustrup, **Die C++ Programmiersprache**, 2. Auflage, Addison-Wesley Verlag, 1992 ISBN 3-89319-386-3

[Stroustrup 94]  B. Stroustrup, **Design und Entwicklung von C++**, Addison-Wesley Verlag, 1994

Die beiden klassischen Referenzen zu C++ vom Entwickler der Sprache.

[SUN-95a]  **Java Application Programming Interface Users Guide**, Sun Microsystems Inc., Mountain View, California, 1995

Die mit `javadoc` erstellte Online-Dokumentation der Java JDK 1.0.x Bibliotheken im HTML-Format. Zum Programmieren in Java unverzichtbar.

[SUN-96] J. Gosling, B. Joy, and G. Steele, **The Java language specification**, Sun Microsystems Inc., Addison Wesley Publishers, 1996 ISBN 0-201-63451-1

Die Sprachdefinition von Java 1.0.

[SUN-96a] **Java Object Serialization Specification** (Revision 0.9), Sun Microsystems Inc., Mountain View, California, 1996

Beschreibt ein Verfahren zur Umwandlung von Java-Objekten in eine eindeutige Byte-Repräsentation. Mit diesem Protokoll können einzelne Java-Objekte sicher über ein Netzwerk auf einen anderen Rechner übertragen werden.

[SUN-96b] **Java Remote Method Invocation Specification** (Revision 0.9), Sun Microsystems Inc., Mountain View, California, 1996

Beschreibt ein verteiltes Objektmodell für Java. Unter Verwendung des **Java Remote Method Invocation Protokolls** können die Methoden von Java-Klassen auf fremden Rechnern aufgerufen werden.

[SUN-96c] **JDBC — A Java SQL API** (Version 1.00), Sun Microsystems Inc., Mountain View, California, 1996

Beschreibt das JDBC-Package zur Anbindung von Java-Applikationen an Datenbanken mit SQL-Schnittstelle.

[Wirth 83] Niklaus Wirth, **Algorithmen und Datenstrukturen**, B. G. Teubner, Stuttgart, 1983, ISBN 3-519-02250-8

Die klassische Einführung in das *strukturierte Programmieren* anhand der Sprache Pascal.

# Index